요 한 복 음

바이블 코어 성경 주석 강해 시리즈

BIBLE CORE SERIES

JOHN

Yu Dong Keun (Ph.D)

Korean Edition

420-867 | 123, Buil-ro, Wonmi Gu, Bucheon City, Gyeonggi Do, Korea

요 한 복 음

JOHN

유 동 근

IMC

서 문

나는 요한복음 강해서를 세상에 내놓는 것이 매우 기쁩니다. 이 책을 통해 역사하실 주님을 기대하기 때문입니다. 나는 개인적으로 사랑하는 나의 복음 친구들을 위해, 내 사랑하는 친구들이 이 말씀을 읽으면서 구주되신 예수를 알고 주님을 영접하게 되며 구원받을 일을 생각하며 매우 기쁘게 생각합니다. 국내외의 다른 많은 분들의 서적을 참고하였지만 하나님의 은혜로 저에게 주신 말씀의 빛과 해석을 많이 기록하였습니다. 다른 어떤 서적에서 다루지 않은 많은 난해구절들을 최선을 다해 해설해 넣었습니다. 나는 독자들이 진정으로 이 강해서를 통해 요한의 복음서를 이해하는데 큰 도움이 될 수 있기를 원합니다. 나는 독자들에게 이 책이 그저 단순한 일반적인 도움이 아니라 그리스도인 생활의 일대 전환이 되는 자료가 될 수 있기를 간절히 소망합니다.

본인에게는 〈요한복음 강해〉가 20번째의 강해서 출간입니다. 나는 개인적으로 요한복음을 강해하면서 주님께 대한 더욱더 깊은 이해와 사랑을 갖게 되었습니다. 이 강해서는 2007년부터 2008년까지 매주 주일 낮에 설교한 내용을 중심으로 녹취한 것을 거의 그대로 기록한 것입니다. 따라서 그 문체가 정교하게 다듬어지지 못한 부분들이 있습니다. 이 부분에 있어서 독자들에게 양해를 구합니다. 또한 다른 강해서와는 달리 한 절 한 절에 대한 설명이 충실치 못한 부분도 있습니다. 부족한 부분에 대하여는 독자들의 넓은 양해를 구합니다. 이 강해서를 녹취하고 교정하고 편집한 사무실 직원들에게도 진심으로 감사를 표합니다. 나는 이 강해서가 독자들의 손에 들려져 진정으로 영적인 축복과 유익이 되기를 무릎꿇어 기도합니다.

2008. 9. 10.

2012. 9 월 보완 개정

저자 유동근

차 례

요한복음 강해

서 론

요한복음은 그리스도의 전기이지만 전기의 형식을 갖추지는 않는다. 그 문체는 매우 단순하지만 내용은 매우 심오하다. 요한복음에는 앞의 세 공관복음에는 없는 가나의 혼인 잔치, 니고데모 이야기, 사마리아 여인, 베데스다의 병자, 나사로의 부활 등 이 복음서만이 갖고 있는 독특한 기적들이 있다. 또한 14~17장의 내용은 주님의 고별 설교로서 다른 복음서에는 없는 것들이다. 요한의 책은 내적으로 매우 깊이 있는 생명을 다루고 있다. 그러므로 주님 안에 거하는 깊은 생명의 체험을 이 책에서만 볼 수 있다. 실로 요한복음은 공관복음을 보충하는 책(supplement)이라고 할 수 있다.

요한복음은 예수 그리스도께서 하나님의 아들이신 그리스도라는 것을 분명히 입증하기 위한 목적으로 기록되었다. 따라서 요한은 예수의 많은 표적 중에서 특별히 일곱 가지를 선택하여 실었다.

1. 물로 포도주를 만드심
2. 왕의 신하의 아들을 고치심
3. 혈기 마른 병자를 고치심
4. 오천 명을 먹이심
5. 물 위로 걸어가심
6. 나면서 소경된 자를 고치심
7. 죽은 나사로를 살아나게 하심

이 책에는 '믿는다'라는 동사가 98번이나 나타나고 있어서 특히 사람들로 하여금 예수가 하나님의 아들이심을 믿을 수 있도록 도와주는 데 그 중점이 있다. 대신에 이 책에는 예수의 세례받으신 것, 40일의 시험, 산상수훈, 천국 비유, 변화산상의 사건, 겟세마네의 고민 등을 생략하였다. 분명히 요한은 그의 위임에 충실했던 것이다.

마태, 마가, 누가복음은 공관복음으로서 예수 그리스도를 사람으로서 (왕, 종, 사람) 서술했지만, 요한은 예수 그리스도가 사람일 뿐 아니라 하나님이심을 증거했다. 즉, 그리스도의 신성을 강조해서 요한복음을 기록한 것이다. 세 권의 공관복음은 AD 50-60년에 썼지만 요한복음은 그로부터 20-30년 후인 90년경에 기록되었다.

요한은 주 예수님의 12제자 중 하나이고 가장 오랫동안 살아남아서 요한복음과 계시록을 기록했다. 그는 갈릴리 어부 출신임에도 그 문체가 대단히 깊고 비밀스러운 계시를 담고 있음에 놀라게 된다.

1 장

1-2절, 태초에 말씀이 계시니라 이 말씀이 하나님과 함께 계셨으니 이 말씀은 곧 하나님이시니라 2 그가 태초에 하나님과 함께 계셨고

"태초에 말씀이 계시니라" 이 말씀은 무엇을 말하고자하는 것인가? 요한이 기록한 단순한 문체인 요한복음은 때론 한 문장도 이해하기가 결코 쉽지 않다. 여기서 말씀(로고스, λόγος)은 바로 예수가 누구인지를 말하고자 하는 것이다. 예수가 누구인가를 알도록 도와주는 것이 요한복음의 기록 목적이다(요20:31). 태초란 영원 과거(eternity past), 즉 창조와 시간이 있기 전의 '영원'을 말한다. 따라서 요한복음 1장 1절의 태초는 창세기 1장 1절의 창조시점의 '태초'보다 더 오랜 '태초'이다. 다른 복음서에서 예수는 성령으로 잉태된 분이며 동정녀에게서 출생하였다고 말한다. 그러나 요한은 예수가 영원 전에 존재하시던 '말씀'이라고 말한다. 성경을 좀 읽은 사람들은 구약의 여호와(Jehovah)와 신약의 예수(Jesus)와의 관계가 어떤 것인가를 묻는다. 그 대답은 이러하다. 신약의 특히 요한의 복음서에서 영원 전에 예수는 바로 그 여호와이시다(요8:24, 28, I AM THAT AM, 출3:15 참조). 그분은 아브라함이 나기 전부터 계셨던 분이다(요8:58). 바로 이렇게 요한은 그들과 함께 3년 반이나 계셨던 예수가 하나님이심을 말하고 있다(이 말씀은 곧 하나님이시니라).

그러면 요한은 왜 예수를 말씀이라고 표현했을까? 우리는 이에 대하여 요한이 특별히 설명한 것이 없으므로 분명하게 말하기 어렵다. 그러나 우리는 요한의 복음서를 읽으며, 또 서신서와 계시록을 읽으며 그의 성품이 매우 자상하고 섬세한 사람임을 알 수 있다. 요한일서 1장에서 그는 예수를 "태초부터 있는 생명의 말씀"이라고 표현했다. 자기는 그분을 눈으로 보고 주목하여 손으로 만져봤다고 말한다. 그는 예수를 자세히 주목하면서 만지면서 살폈다는 말이다. 그리고 그분이 영원 전부터 존재한 말씀임을 확신했다. 그는 그분의 입에서 나오는 말씀을 주의해서 들었다. 그분의 입에서 나오는 말씀은 한 마디 한 마디 헛된 말이 없었다. 그분의 말씀은 그대로 되지 않는 것이 없었다. 죽은 나사로를 "나사로야 나오라" 부르실 때 죽은 자가 살아나서 무덤에서 걸어 나왔다. 한 마디 말로 바람과 파도가 잠잠하였다. 요한과 제자들은 그분에게서 창조주의 권위의 말씀을 보았을 것이다. 요한은 그들 앞에 서 계셨던 그 예수가 창세기 1장의 말씀으로 만물을 창조하신 하나님, 첫째 날 '빛이 있으라!' 하실 때 빛이 있게 되었던 바로 그 말씀이시라는 것을 보았다. 오늘도 우리는 어떤 사람의 입에서 나오는 말과 그 사람을 나눌 수 없다. 그 사람이 어떤 능력과 지위가 있으면 그 말에는 그 사람의 능력과 권세가 실린다. 요한은 3년 반 따르며 수많은 기적을 베푸신 예수에게서 전능자의 권세와 위엄과 능력이 실린 말씀을 들으며 보았던 것이다. 그리고 그는 믿었다. 예수는 하나님과 함께 계셨던 바로 그 말씀이라고...

요한복음 1장을 열 때 다른 복음서와 다른 점은 무엇인가? 다른 복음서는 예수 그리스도의 족보와 출생을 말한다. 그러나 요한복음은 그리스도의 족보나 출생 문제를 논하지 않는다. 요한복음은 그리스도를 하나님으로, 영원부터 존재하시던 하나님으로 말해야 하기 때문이다. 예수님은 두 면이 있으시다. 우리 같은 혈육을 입은 사람으로 오신 분이지만 그분은 동시에 영원하신 하나님이시다. 요한복음은 마태, 마가, 누가(공관복음이라고 한다)와 달리 그리스도의 신성(divinity, 하나님이심)을 강조하여 말하고 있다. 마태는 예수를 왕으로, 마가는 종으로, 누가는 인자로 각각 예수의 인성(humanity)의 다른 면을 강조하여 말한 반면 요한은 예수의 하나님이심을 증명하고 있다.

이 구절에서 우리는 하나님과 그분의 아들 예수와의 삼위일체적인 비밀도 약간 들여다 볼 수 있다. 성부와 성자는 구분이 있지만 또한 본질적으로 하나이다. 이 말씀이 하나님과 함께 계셨다는 말은 '함께 계신 존재이니' 성부와 성자의 구분이 있다는 말이다. 그러기에 예수는 창세 전부터 성부의 사랑하는 아들인 것이다. 그러나 또한 "이 말씀은 곧 하나님이시니라"고 하여 본질상 성자와 성부는 나눌 수 없는 한 분이라고 말한다. 이 삼일성(trinity)의 비밀은 인간의 머리로는 이해할 수도 없고 어떠한 말로도 다 설명할 수 없다. 하나님은 물질적인 한계 안에 있는 분이 아니기 때문이다.

3절, 만물이 그로 말미암아 지은 바 되었으니 지은 것이 하나도 그가 없이는 된 것이 없느니라

"만물이 그로 말미암아 지은 바 되었으니". 만물은 말씀으로 말미암아 지어졌다는 것이다. 여기서 요한은 예수께서 창조의 근본이심을 말하고자 한다(계3:14). 예수가 누구인가? 요한은 그가 바로 창조의 장본인이라고 선포한다. 이것은 매우 위대한 선언이다. 예수! 그분이 바로 창조의 주인이라는 말이다. 온 우주와 만물, 그 가운데 여러분과 우리, 모든 것이 그로 말미암아 지은 바 되었다. 다시 한 번 읽어보자! "만물이 그로 말미암아 지은 바 되었으니 지은 것이 하나도 그가 없이는 된 것이 없느니라"

모든 만물은 하나님이 말씀으로 지었는데, 하나님의 입에서 나오는 능력의 말씀이 바로 그리스도라고 말한다. 하나님이 왜 이 땅에 그리스도를 보내셨는가? 우리에게 그 말씀을 받으라고 보내셨다. 그 말씀을 읽고 이해하라고 보내신 것이다. 예수 그리스도가 없이는 하나님의 입의 말씀이 없으시다. 예수 그리스도는 하나님의 말씀이다. 하나님과 그분의 말씀은 나눌 수 없다. 14절에 보면 예수는 말씀이 육신이 되신 분이다.

4절, 그 안에 생명이 있었으니 이 생명은 사람들의 빛이라

"그 안에 생명이 있었으니". 요한복음은 한 절 한 절이 보통 말이 아니다. 예수가 없으면 생명이 없다고 말한다. 우리나 여러분의 목숨은 진정한 의미에서 생명이 아니다. 참 생명은 오직 예수 안에 있는 것이다(요11:25,

14:6). 우리의 생명은 영원 안의 그 세계에서 존재할 수 있는 생명(영생)이 아니다. 그저 유한한 물질세계에 잠시 존재할 수 있는 생명이다. 그러기에 온전한 생명으로 간주할 수 없다. 요한은 예수 안에 참 생명, 영원한 생명이 있다고 선포한다.

요한복음에서는 거듭남, 생명을 얻는 문제를 많이 말했다. '믿는 자는 생명을 가졌나니', '나는 하늘로부터 내려온 생명의 떡이다', '나도 살았고 너희도 살겠음이라', '나는 부활이요 생명이다', '내 이름을 믿는 자는 영원한 생명을 얻게 된다' 생명 이야기를 계속했다. 어디에 생명이 있는가? 말씀(예수) 안에 있다. 그리스도는 말씀이고 그 말씀 안에 '생명'이 있다고 말한다.

우리가 예수 그리스도를 영접하면 이 '생명'을 얻게 된다. 이 '생명 얻는 것'을 가리켜서 '거듭나는 것'이라 말한다. 오늘날 많은 사람들이 예수를 믿으면 죄 사함을 받는다는 것은 안다. 그러나 '생명' 얻는 것을 모르는 사람이 많다. 요한복음은 특히 예수를 믿으면 '생명'을 얻는다는 것을 말하고 있다. 이것은 놀라운 것이다. 원래 사람은 하나님이 창조하실 때부터 이 생명을 얻도록 창조되었다. 그래서 에덴동산에 '생명나무' 실과를 놓아두었고 그것을 먹으면 생명을 얻고 영생을 하도록 되어 있었다. 그 생명이 결국 그리스도이다. '나는 길이요 진리요 생명이니', '나는 부활이요 생명'이다. 사실 이 생명이 예수 그리스도이다. 그리스도가 말씀이고 그 안에 생명이 있기에 그 생명이 그리스도인 것이다.

사람은 지어질 때부터 그 안에 생명이신 그리스도를 받아들이고 그리스도를 담도록 지어진 존재이다. 그래서 성도들을 하나님의 성령이 거하시는 성전이라고 하는 것이다(고전3:16). 우리는 어떻게 생명이신 그리스도를 받아들이는가? 믿음으로이다. 머리로 믿는 것이 아니라, 마음으로 '받아들여야' 한다. 받아들이지 않으면 생명은 없다. 그런데 아담과 하와는 동산에서 이 생명을 얻지 못했다. 반대로 이것을 먹는 날에는 너희가 정녕 죽으리라 하셨던 선악과를 먹었다. 먹은 후에 아담은 육신적으로는 죽지 않고 900살 이상 살았지만, 사실은 먹은 그때부터 사람은 죽은 것이다. 생명을 얻지 못했고, 선악을 알게 하는 지식의 열매를 먹었으니 죽은 것이다. 지금도 예수 그리스도를 생명으로 받지 않은 사람은 살았다 하지만 다 죽은 것이다(엡2:1). 예수를 믿는 것은 살아나는 것이다. 믿을 때에서야 비로소 산 사람이 되는 것이다.

“이 생명은 사람들의 빛이라” 예수 그리스도께서 오시기 전 세상은 어두움이었다. 그가 비로소 세상의 빛으로, ‘태양’으로 오신 것이다. 여러분의 마음에 예수가 없으면 빛이 없고 어두움 뿐이다. 어두운 인생은 어디로 갈지 무엇을 할지 알지 못한다. 빛이 속에 들어왔을 때부터 인생은 새롭게 시작이 된다. 예수께서 말씀하셨다. “나는 세상의 빛이니 나를 따르는 자는 어두움에 다니지 아니하고 생명의 빛을 얻으리라”(요8:12) 어두움에 있으면 그 삶은 죄와 방탕으로 얼룩진 삶을 살게 되며 목적없는 인생을 살게 되는 것이다. 하나님의 말씀과 생명이 없으면 그 인생은 한 발 한 발 걸어가는 발에 등이 없으며 인생길에 빛이 없는 것이다.

5절, 빛이 어두움에 비취되 어두움이 깨닫지 못하더라

빛은 예수를 말하고 어두움은 세상과 어두운 우리들 인생을 말한다. 2천 년 전 어느 날 예수가 어두운 세상에 오셔서 참 빛을 비추셨다. 그러나 세상은 그가 누군지 전혀 알지 못하더라는 말이다. 주 예수는 세상에 태양처럼 빛으로 오셔서 사람을 살리고 구원하려 오셨지만 사람들은 그것을 깨닫지 못하였다.

오늘 날 많은 사람들이 예수가 누구인지 알지 못하고 주의 복음과 진리를 받아들이지 않는데, 이는 그들의 마음이 어두워져서 참된 진리를 이해하지 못하기 때문이다. 사람들의 천연적인 마음은 둔하고 막혀 있어서 하나님의 진리를 깨닫기에는 너무나 무능하다. 여기서 깨닫지 못하더라는 헬라어는 “카타람바노”로서 ‘굳게 잡다’ ‘이해하다’ ‘이기다’ 등으로 번역된다. 죄악의 세상 속에 죽어가는 영혼을 구원하러 오신 주 예수를 사람들은 알지 못하고, 이해하지 못하고 십자가에 넘겨주었다는 것이 복음서의 골자이다. 그들은 어둡되 너무나 어두워서 빛이시요 생명이신 예수가 누구인지 알지 못하고 십자가에 넘겨준 것이다.

철학과 과학은 빛인가? 도덕과 여러 종교는 어떠한가? 모두 어두움이다.

구약의 율법은 어떠한가? 율법도 하나님이 주신 것이지만 아직 참 빛이 아니다. 그것은 그저 그림자에 불과한 것이다. 오직 예수만이 세상의 빛이다. 사람들의 생각은 도덕과 철학과 심리학과 성공학은 있지만 하나님을 알지 못한다. 이미 다른 것들로 머리가 굳어져 있기 때문이다. 심지어 성경에 대한 지식적인 추구도 예수를 아는데 방해가 될 수 있다. 오늘 우리가 예수를 참되게 알고 믿게 될 때만이 참 생명과 빛을 얻게 된다.

6-7절, 하나님께로서 보내심을 받은 사람이 났으니 이름은 요한이라 7 저가 증거하러 왔으니 빛에 대하여 증거하고 자기를 인하여 믿게 하려 함이라

세례 요한에 대한 간단한 서술이다. 구약의 여러 선지자가 있는데 세례 요한은 예수 오시기 바로 직전의 선지자로서 매우 중요한 일을 한 자이다. 선지자 중 가장 큰 자라고 볼 수 있다. 구약의 선지자의 가장 중요한 기능은 메시아를 소개하는 것이었다. 예를 들어 이사야 선지자는 멀리서 예수를 바라보았다. 그러나 요한은 예수와 동시대 태어나서 그분을 보며 예수를 천거하는 사역을 한 것이다. 그는 메시아(예수)에 앞서 길을 예비하기 위해 보내심을 받은 선지자이다. 그는 그의 어머니 엘리사벳의 태중에서부터 성령으로 충만된 자였다. "하나님께로 보내심을 받은 사람"이란 말은 모든 사역자들에게 공통적으로 사용될 수 있는 말이다. 하나님은 그분의 일을 위하여 그분의 마음에 합한 자들을 세우시고 보내시는 일을 하신다. 요한의 사역은 그의 전파를 통하여 사람들로 하여금 예수 그리스도를 믿게 하려는데 있다.

기독교 가르침의 특징

기독교(christianity)란 말은 성경에 있는 말은 아니다. 그러나 사람들은 기독교를 많은 종교 중 하나로 여기기에 불가피하게 우리는 이 말을 쓴다. 실제로 기독교는 종교가 아니라 사람으로서 정당하게 받아들여할 진리이다. 피조물인 사람이 우리의 창조주시며 근원이신 하나님을 믿는 정상적인 회개와 믿음이다. 불가불 타 종교와 비교해본다면 기독교는 창시자(교주)와 교리가 떨어져 있지 않다. 기독교 곧 성경의 중점은 차라리 교리보다도 예수 그리스도 자신에 있다. 예를 들어 유교나 불교의 창시자들인 공자 자신이나 석가 자신에 대하여는 많은 말을 하지 않는다. 오히려 그들의 가르침과 설법을 중요시한다. 그 교주 자신에 대하여는 잘 몰라도 그들의 교리를 잘 배워서 습득하고 배우면 그 교의 신자가 된다. 그러나 기독교는 처음부터 다르다. 성경은 한 분 예수 그리스도에 집중한다. 즉 그분이 누구냐 하는 것을 아는 데 있다. 성경에도 예수의 가르침(교훈)이 없는 것은 아니다. 그러나 그 모든 교리를 아는데 앞서 예수가 누구인지를 알지 못하면 결코 그리스도인이 되지 못한다(요3장 참조).

성경에는 사람들에게 예수가 누구인지를 알라고 말하고 그분을 믿고 그분을 사랑하고 심지어 그분을 먹고 마셔야 한다고 말한다. 그 어떤 종교도 그 창시자를 사랑하라, 먹으라, 영접하라 하지 않는다. 기독교는 예수 그리스도와의 믿음으로 인한 하나님과 사람의 연합과 관계성을 기초로 하고 있다. 그러기에 요한복음 첫 장부터 무엇을 말하고 있는가? 다른 것이 아니라 예수를 증거하는 일을 하는 것이다. 예수가 과연 누구냐는 것이다. 요한은 마지막 선지자로서 메시아로 오신 예수를 증거하러 예수 바로 앞에 보내심을 받은 자라는 말이다. 그는 다른 것을 말한 것이 아니라 예수가 누구인가를 사람들에게 말해주고 알려주는 일을 한 것이다. 예수는 생명 중의 생명이요 빛 중의 빛이시다.

8-9절, 그는 이 빛이 아니요 이 빛에 대하여 증거하러 온 자라 9 참 빛 곧 세상에 와서 각 사람에게 비취는 빛이 있었나니

그리스도만이 빛의 근원이시요 그는 다만 증거자일 뿐이다. 참 빛이라는 말은 모든 거짓된 빛에 반대되는 유일한 빛이라는 뜻도 있고 불완전한 빛이 아니라 완전한 빛이라는 뜻도 된다. 요한도 켜서 비취는 등불(요 5:35)이라고 한 적이 있다. 그러나 요한이나 어떤 사람도 참 빛은 될 수가 없다.

우주 가운데 빛이 있다. 물질적인 빛이다. 태양, 달, 별들의 빛이 그것이다. 전등 빛 등도 있다. 그러나 인간은 물질로만 되어 있는 존재가 아니다. 사람은 유한한 육신과 영원한 영혼의 존재가 결합된 피조물이다. 따라서 두 종류의 빛, 두 종류의 생명, 두 종류의 양식이 필요하게 되어 있다. 사람은 비록 이 땅에서 햇빛이 있어 밝은데 다니더라도 마음 속에 예수의 빛이 없으면 결코 어두움과 죄 속에서 벗어나지 못하게 된다(요8:12). 예수만이 참된 생명의 빛임을 하나님께 감사하고 찬미한다.

10-11절, 그가 세상에 계셨으며 세상은 그로 말미암아 지은 바 되었으되 세상이 그를 알지 못하였고 11 자기 땅에 오매 자기 백성이 영접지 아니하였으나

인류 역사상 한 번 창조주가 사람이 되어 이 땅에 오셨던 적이 있다는 말이다. 이것을 작은 말이라고 생각하는가? 자기 땅이란 세상이 주님 자신의 거처이고 그 모든 소유권은 그리스도께 있는 것임을 말한다. 여러분은 이 요한복음이란 책에서 역사상 한 번 창조주가 사람의 모양으로 인간 세상에 오셨다는 것을 듣고 있다. "그가 세상에 계셨으며"란 예수의 성육신 후부터 승천까지 주 예수께서 33년 간 세상에 계셨음을 말하는 것이다. 요한은 다시 한번 예수의 창조자이심을 증거한다. "세상은 그로 말미암아 지은 바 되었으되" 하나님은 마지막 선지자 요한까지 보내서 그리스도를 세상에 알리셨지만 사람들은 믿지 않았다. 주 예수는 자기가 지으신 세상에 오셨지만 특별히 이스라엘(그분의 백성)은 그분을 알지 못하고 영접하지 않았다. "세상이 그를 알지 못하였고" 창조주 하나님이 육신을 입고 이 세상에 오셨는데 사람들은 그를 알지 못하였다고 말한다.

12-13절, 영접하는 자 곧 그 이름을 믿는 자들에게는 하나님의 자녀가 되는 권세를 주셨으니 13 이는 혈통으로나 육정으로나 사람의 뜻으로 나지 아니하고 오직 하나님께로서 난 자들이라

12절은 그러나(but)로 시작한다. 사람들이 예수가 누군지 알지도 아니하고 영접하지도 않았다. 그렇지만(but) 누구든지 예수를 영접한다면 하나님의 자녀가 되는 권세를 얻는다고 말한다. 신약에는 믿는다는 말이 많이 나오고 믿는 것이 매우 중요하다. 믿을 수만 있다면 모든 것이 해결된다. 12절에서 믿는다는 것은 영접하는 것이라고 말한다. 영접하는 것은 우리의 마음을 열고 기꺼이 받아들이는 것을 말한다. 예수는 여러분의 마음으로 받아들일 수 있는 분이다. 마음을 열고 그분을 환영하고 받아들이며 영접하면 된다. 예수는 사람이 마음 속에 받아들일 수 있는 존재이다. 사람은 창조될 때부터 생명이신 하나님을 먹고 받아들일 수 있도록 지어졌다(창 2:9, 생명나무는 사람이 하나님의 생명을 얻어야 하는 존재임을 말해준다). 예수는 생명나무의 열매로 오신 분으로서 사람은 그분을 먹을 수 있고 받아들일 수 있으며 영접할 수 있다.

13절에는 '나는' 문제를 말한다. 여기서 '난다'는 말은 태어난다(born)는 말이다. 그리스도인은 뭔가를 배워서 되는 것이 아니라 '태어나서' 된다. '거듭난다'는 말은 다시 태어나는 것을 말한다. 우리는 원래 육신의 부모로부터 태어날 때 인간의 생명을 얻었다. 그것이 한 번 태어난 것이다. 그런데 요한복음에서는 사람은 반드시 거듭나야 한다고 말한다. 두 번째로 다시 태어나야 한다. 누구로부터인가? 하나님으로부터이다. 하나님으로부터 새로 태어나니 하나님의 자녀가 되는 것이다.

이 예수 그리스도가 말씀이신 분, 그 안에 생명이 있고 빛인 분이시다. 그가 육신을 입고 이 땅에 왔는데, 자기 땅에 왔는데 백성들은 그가 누군지도 모르고 영접하지 않았다. "영접하는 자, 그 이름을 믿는 자들에게는 하나님의 자녀가 되는 권세를 주셨으니"(12절). 이 예수를 믿고 영접하기만 하면 하나님으로부터 태어난다. 하나님으로부터 태어나려면 무엇을 하는 것이 아니라 예수 그리스도를 여러분의 마음을 열고 받아들이면 된다. 그 때 우리 속에 생명이요 빛이신 예수께서 들어오신다. 우리는 새로운 생명을 받게 되고 예수 안에 있던 생명을 얻어 새롭게 태어나게 된다. 이렇게 태어나지 않으면 그리스도인이 되지 못한다. 교회를 오래 다닌다고 되는 것이 아니고, 성경을 많이 읽는다고 되는 것도 아니고, 봉사를 많이 한다고 되는 것도 아니다. 예수 그리스도를 마음에 영접하여 하나님으로부터 다시 태어나야 되는 것이다.

어떤 사람들은 예수 믿는 것을 수도하는 것으로 잘못 안다. 하지만 원숭이가 아무리 도를 닦아도 사람처럼 되지 않는다. 예수 믿는 것을 그런 식으로 생각하는 사람이 많다. 10년, 20년을 믿어도 똑같은 이유는 생명이 안 바뀌어서 그렇다. 거듭나지 않은 것이다. 원숭이에게 예배드리는 것, 찬송하는 것, 기도하는 것을 계속 훈련시켜도 돌아서면 다시 바나나 먹고 나무에 올라가듯 그렇게 되돌아가가게 된다. 생명이 바뀌지 않아서 그렇다. 그러나 사람은 아무리 어린아이라도 조금만 크면 원숭이 짓을 하지 않는다. 인간으로서의 고상한 지성적인 것이 자라나온다. 생명이 다르기 때문이다. 요한복음은 바로 이 생명의 문제를 다루고 있다.

이렇게 하나님으로부터 나면 하나님의 자녀가 되는 권세를 얻는다. 자녀의 권세는 큰 것이다. 첫째는 아버지의 사랑과 돌봄을 받는다. 그분의 자녀이기 때문이다. 둘째는 그분의 모든 유업을 물려받게 된다. 셋째는 우리가 당당히 아버지께 요구하고 기도할 수 있다. 하나님을 아버지로 얻게 된 여러분은 이 세상에서 가장 복된 자들이다. "믿는 자들에게는 하나님의 자녀가 되는 권세를 주셨으니" 하나님의 아들의 권세(authority)를 얻게 된 것이다.

"혈통으로나 육정으로나 사람의 뜻으로 나지 아니하고" 구원받고 하나님의 자녀가 되는 일은 육신적으로 유전되지 않는다. 이것이 혈통으로 되지 않는다는 뜻이다. 아버지가 믿었다고 아들이 자동적으로 하나님의 자녀가 되지 못한다. 또한 사람이 의도한다고 해서 사람이 거듭나지 못한다. 강압으로도 안되고 사정해서도 안된다. 사람이 거듭나고 하나님으로부터 새롭게 태어나는 일은 오직 하나님의 뜻으로 되어진다. 따라서 우리는 가족과 이웃의 구원을 위해 기도해야 한다.

14절, 말씀이 육신이 되어 우리 가운데 거하시매 우리가 그 영광을 보니 아버지의 독생자의 영광이요 은혜와 진리가 충만하더라

말씀이 육신이 되어

요한은 예수를 직접 자기 눈으로 보고 주목하며 체험한 그분을 '말씀이 육신이 되어 우리 가운데 거하신 분'이라고 했다. 여기서 "말씀"이란 삼위일체 하나님의 제 2격에 대한 호칭이다. 예수께서 육신이 되셨다고 말하는 것이나 그리스도께서 육신이 되셨다고 할 수 없는 것은, 예수 그리스도라는 호칭은 인간이 타락한 후에 구원하기 위해서 성육신되신 주님의 호칭이기 때문이다. '말씀'이란 곧 하나님이신 영원한 아들의 위격을 말하는 또 하나의 성호(聖號)인 것이다. 말씀이 육신이 되었다고 말해야 맞는 것이다.

"되어(became)"란 창조되었다는 것이 아니라 '낳은바 되었다'고 말해야 할 것이다. 아타나시우스 신조는 "성자는 성부로부터 말미암았으되 만들어지거나 창조되지 않았고 오직 낳은바 되었다"고 표현하고 있다.

"육신"이라는 말은 분명 '사람'과는 구분되는 단어이다. 이 육신이라는 말은 주 예수께서 성육신 되셨을 때 모든 면으로 우리와 같은 본성을 가지신 분으로서 혈육을 입으셨다는 말이다. 이는 어떠한 비밀인지! 그분은 우리와 같은 혈육을 입으신 것이다. 즉 사람이 가지고 있는 진정한 몸(body)과 이성적인 영혼(soul)으로 이루어진 육신을 입으셨다는 말이다. 그분이 만일 참된 육신을 입지 않으셨다면 사람의 영혼을 구원할 수 없으셨을 것이다. 또한 이 육신이라는 말은 피곤하고 연약하기 쉬운 인간이 타락한 후의 나약한 그 육체를 그대로 입고 오셨다는 것을 뜻한다. 그분은 타락하기 전의 아담과 같이 연약한 것으로부터 자유로운 몸을 입은 인간이 되신 것이 아니다. 그럼에도 불구하고 그분은 한 순간도 하나님이시기를 그치신 적이 없으시다. 그분은 사람이 되셨을 때 그분의 신성과 능력을 감추시기를 기뻐하셨다. 그분은 자신으로부터 나타나는 영광의 모습을 포기하셨고 목수의 아들로 나타나신 것이다. 그러나 그분은 한 번도 그분의 신성을 포기하신 적이 없으시다. 그분이 이 땅 위에서 사시고 고난 당하시고 죽고 부활하신 모든 것은 '하나님-사람'으로서 하신 일이다. 그분이 십자가에서 흘리신 피는 단순히 인간의 피만이 아니라 하나님이시기도 하신 분의 피인 것이다.

따라서 그분은 아타나시우스가 말한 것처럼 '하나님이시요 사람'이시다. 하나님의 본체를 가지신, 그러면서도 이 세상에 태어난 하나의 인간이셨다. 따라서 그분은 완전한 하나님이신 동시에 온전한 사람이셨다(complete God, perfect Man). 현재 하늘에 계신 주 예수는 하나님이실 뿐 아니라 인간이시다. 그분의 신성뿐 아니라 인성 또한 하늘에 계시다. 우리의 본성을 지니신 우리의 맏형이 되시는 그리스도는 우리의 선구자로서 먼저 하늘로 가셔서 첫 열매가 되셨다. 그분이 육신이 되셨을 때 그분은 우리와 모든 면에서 같은 육신을 가지고 계시지만 죄는 없으셨다. 그분은 우리와 같이 죄를 범하기 쉬운 육신을 가지고 오신 것이 아니라 '죄 있는 육신의 모양'으로만 오셨다. 그분은 죄를 알지 못하셨으며 거룩하고 흠이 없으시고 죄인으로부터 멀리 떨어져 계신 분이었다. 그러한 분이 우리를 위해서 죄가 되신 것이다(고후 5:21).

우리 가운데 거하시매

'거한다'는 말은 원문에서 '거처를 정하신다', '장막 가운데 거하신다'의 뜻이다. 그리스도는 인간의 몸을 장막으로 취하셔서 33년 동안 사람들 가운데 거하셨다는 뜻이다. 그분은 환영이나 보이지 않는 영으로 잠시 나타나셨다가 사라지신 것이 아니었다. 그분은 33년 동안 그분의 육신 안에 거처를 두시고 팔레스틴 땅에 거하신 것이다.

우리가 그 영광을 보니

요한은 그분의 육신적인 모습 속에서 때때로 그분이 하나님의 독생자의 영광을 발하고 계심을 보았다고 말한다. 제자들은 적어도 "변화산 상에서 영광의 모습으로 변형되셨을 때", "가나의 혼인잔치에서 물을 포도주로 만드셨을 때", "그물이 찢어지도록 고기를 잡게 하셨을 때" 등 하나님의 아들로 나타나신 그분의 영광을 볼 수 있었던 것이다. "우리가 그 영광을 보니" 복음은 보는 문제이다. 그러니 지식과 머리로는 구원받을 수 없다. 바울은 "예수 그리스도의 얼굴에 있는 하나님의 영광을 아는 빛"을 우리 마음에 비추셨다고 말한다. 이것이 복음이다. 복음은 광채로서 정신적인 두뇌 활동이 아니라 영으로 보는 문제이다. 나도 예수 그리스도의 은혜의 얼굴을 본 적이 있다. 한 번 보면 그것으로 된다, 그 영광의 얼굴은 우리 마음 속에 은은히 비춰진다. 비춰진 것으로 새 창조는 시작된다(고후4:6). 우리 속에 한 번 비추어지면 다시는 지워지지 않는다. 살아계신 하나님의 영으로 우리의 육의 심비에 기록한 것이기 때문이다(고후3:3). 그 본 것은 마음 속에서 영원히 사라지지 않는다. 그러기에 주 예수님은 사마리아 여인에게 "이 물을 먹는 자마다 다시 목마르려니와 내가 주는 물은 영생하도록 솟아나는 샘물이 되리라"고 하셨다. 구원받은 자의 기쁨과 든든함과 평안과 만족은 영원히 사라지지 않는다.

물론 베드로처럼 구원받은 후에 잠시 약해질 수도 있다. 그러나 이내 회복이 된다. 마태복음 16장에서 베드로는 예수가 누구인지를 보았다. 그리고 예수가 그리스도임을 고백하였다. 그 때 주 예수님은 그를 칭찬하셨다. "이를 네게 알게 한 이는 혈육이 아니요 하늘에 계신 내 아버지시니라"고... 여기서 알게 한 것은 바로 본 것, 계시(revelation)이다. 계시란 정신적인 작용이나 이성적 이해가 아니라 영 안에서 그분의 얼굴빛을 보는 것이다. 베드로가 잠시 육신으로 약해져서 그가 본 것을 부인한 적이 있을지라도 그는 그분의 눈빛을 다시 보고 이내 회복되었고 밖에 나가서 통곡했던 것이다. 베드로로 하여금 일생 주를 따르게 한 것은 나사렛 사람 예수 구주를 본 것이다.

아버지의 독생자의 영광이요

아버지의 독생자라는 단어는 이 땅에 오신 예수를 말하는 것보다는 그리스도의 영원한 출생을 말하는 것이다. 그분은 영원 전 부터 유일하게 아버지로부터 출생한 "그분의 사랑하는 아들이었던" 그러한 위격이었다. 시편 2편 7절은 "너는 내 아들이라 오늘 날 내가 너를 낳았도다"라고 한다. 요한이 말하는 아들(예수)은 영원 전 부터 존재하고 영원토록 존재하실 분이다. 그분은 영원 전부터 아버지로부터 출생하셨고 언제나 사랑하는 아들이었다. 그러면서도 신격에 있어서는 아버지와 동등하시다. 요한이 본 예수 그리스도의 얼굴에서는 "아버지의 독생자의 영광"이 빛났다. 요한은 어떻게 그분에게서 그것을 볼 수 있었을까? 요한 일서에서 요한은 그분에 대하여 "태초부터 있는 생명의 말씀"이라고 말하고 "영원한 생명"이라고 말했다. 그는 그러한 분을 보았고 증거하여 너희에게 전한다고 말했다(요일 1:2). 제자들은 주 예수에게서 태초부터 있는 하나님의 영광을 보았던 것이다. 이것은 진정 놀라운 선언이 아닐 수 없다.

은혜와 진리가 충만하더라

그리스도께서 이 땅에 계실 때 제자들은 그분의 행함과 말에서 놀라운 은혜로움을 느꼈다는 말이다. 또한 그분의 말과 행함에서 거짓이 조금도 없이 진리가 충만했던 것이다. 그분은 이 땅에 거하시면서 사람들에 대한 온유와 사랑과 호의가 충만했다. 그분은 사람들에게 율법의 무거운 짐을 안겨주는 식으로가 아니라 언제나 은혜의 복음으로 가득하여 사람들을 자유케 하고 치유하며 공급하는 식으로 사역하셨다.

16절, 우리가 그의 충만한데서 받으니 은혜 위에 은혜러라

바울 사도는 "아버지께서는 모든 충만으로 예수 안에 거하게 하시고"라고 말했다(골1:19). 그분 안에는 무한한 충만함이 있다는 말이다. 그분 안에는 지혜와 지식의 모든 보화가 감춰어져 있으며 그분의 자비와 사랑, 죄인들이 필요로 하는 모든 것들은 그분 안에 충만하다. 그분의 성결과 의와 구속 등 사람들이 필요로 하는 모든 것도 그리스도 안에 가득하다. 이 후의 모든 그리스도인들은 그분으로부터 모든 공급을 받아들여야 한다. 이것이 바로 "우리가 그의 충만한데서 받으니"가 의미하는 바이다. "받으니"란 단어는 매우 중요한 단어이다. 우리는 주님으로부터 받을 수 있다. 그분의 충만한데서이다. 모든 충만이 예수 안에 있는데 그 충만을 받을 수 있는 그릇이 사람이다. 할렐루야!

성도들이나 모든 만민들의 영적인 필요를 채워주실 분은 하나님의 모든 충만으로 충만되신 그리스도인 것이다. 하나님은 인생들의 모든 필요를 채우실 분으로 오직 그리스도를 주셨다. 그리스도보다 못한 것은 사람을 채울 수 없다. 따라서 그분으로 부터 모든 것을 받는 자들은 "은혜 위에 은혜를 얻는다" 은혜 위에 은혜(grace upon grace)란 부족함이 없이 채워주시는 그리스도의 무한 무량(無限無量)한 은혜의 공급을 가리킨다. 그분의 은혜는 다함이 없이 우리의 모든 필요를 채우시고 지속적이고 신선하게 우리의 부족함을 채우신다. 우리는 예수 그리스도를 믿는다는 것이 보통일이 아니라는 것을 알아야 한다. 우리 성도들은 그리스도의 모든 충만을 다 받아들일 수 있는 특별한 그릇이다. 그러니 그분으로부터 받은 자들은 부족함을 느끼지 않는다(시23편, 여호와는 나의 목자시니 내가 부족함이 없으리로다.. 나의 잔이 넘치나이다). 골로새서 2장 9절은 "그 안에는 신격의 모든 충만이 육체로 거하시고"라고 하며 "너희도 그 안에서 충만하여졌으니"라고 말한다. 그리스도는 그분 안에 있는 충만을 그분 홀로 가지신 것이 아니라 그분의 교회와 성도들에게 참여케 하신 것이다(엡3:19).

17절, 율법은 모세로 말미암아 주신 것이요 은혜와 진리는 예수 그리스도로 말미암아 온 것이라

율법은 모세에 의해 주어졌는데 율법으로는 사람의 약함이나 죄성을 드러내기는 하지만 사람의 필요를 채우거나 구원에 이르게 하는 죄사함과 생명의 역사를 이루지 못한다. 이에 반해 예수 그리스도께서 오실 때는 은혜와 진리가 왔는데 이는 온전한 용서와 생명의 구원이 이루어지는 것이기 때문이다. 율법은 우리 인간의 연약함을 드러내주기는 하지만 치료가 불가능하다. 그러나 예수로부터 온 은혜와 진리 안에는 우리를 구원해주시는 충족함이 들어있다. 나는 이 17절의 말씀도 보통의 말이 아니라고 믿는다. 구약의 모세 시대에는 소위 은혜라는 것이 없었고 진리도 없었다는 말이 된다. 은혜와 진리는 비로소 예수 그리스도로 말미암아 왔다는 말이다.

구약의 율법은 은혜가 오기 전에 준비작업에 불과했다. 구약의 예언과 예표 등은 신약의 진리가 오기 전의 예비였다. 실상 율법은 그림자에 불과한 것이다. 신약의 진리(truth, 알레쎄이아)는 '절대적인 진실'이라는 말이다. 영어로 번역할 때 오히려 실제(reality)에 가깝다. 여러분이 햇빛을 등지고 서 있다면 그림자가 질 것이다. 그 그림자는 실제의 모양은 있지만 실제는 아니다. 구약의 많은 것들은 예수 그리스도를 예표하고 예언하며 그림자로 나타내고 있었다. 심지어 율법조차 그러했다. 율법은 장차 올 좋은 일의 그림자라고 했다. 그러한 분이 어느 날 실제로 오셨다. 그리고 그분이 선포하셨다. "내가 바로 진리(실제)이다." 그런데 더 놀라운 것은 그 진리가 은혜라는 것이다. 주님이 우리에게 참으로 주시고자 했던 것은 은혜이다. 주 예수는 누구인가? 진리이다. 또 누구인가? 은혜이다. 나는 당신이 참으로 그분에게서 은혜를 보지 못했다면 구원을 받지 못한 것이라고 말하겠다. "우리가 그의 충만한데서 받으니 은혜 위에 은혜러라"

18절, 본래 하나님을 본 사람이 없으되 아버지 품 속에 있는 독생하신 하나님이 나타내셨느니라

아무도 하나님을 보지 못했다. 아니 타락한 인간은 하나님을 볼 수 없다. 지극히 거룩하고 영광스럽고 전능자이신 하나님을 볼 수 없는 것이다. 모세가 한 번 하나님을 보여 달라고 했다.하나님은 그의 요청에 잠시 지나가시는 그분의 등을 보여주실지라도 그를 온전히 보여주시지 않았다. 하나님은 당신을 보고 살자가 없다고 하셨다. 오늘 날도 어떤 사람들은 하나님이 계시면 왜 자신을 똑똑히 나타내보여주지 않느냐, 보여주면 믿겠다는 사람들이 있다. 그러나 그분의 능력과 기(氣)는 우주를 창조하신 엄청난 것이다. 고압전류는 함부로 가까이 할 수 없듯이 하나님을 직접 보고 살자가 없다. 그러나 그분이 그분 자신을 나타내지 않으신 것이 아니다. 성경에는 그분이 지으신 만물을 보고 하나님의 신성과 능력을 알 수 있다고 하신다(롬1:20).

더욱이 그분은 말씀이 육신이 되어 오신, 사람으로 오신 아들을 보고 하나님을 알고 만날 수 있다고 하신다. 예수 그리스도를 보내신 이유도 예수 그리스도를 보고 나를 알라고 하신 것이다(요14:9, 나를 본 자는 아버지를 보았거늘). 예수는 하나님을 나타내신 독생하신 하나님이시다. 나는 이 구절을 읽을 때마다 그렇게 기쁘고 감사할 수가 없다. 사람들은 성경을 많이 읽으면서도 '예수님 따로 하나님 따로'의 관념을 가지고 있다. 예수님은 어린아이도 사랑하시고 불쌍한 사람 동정하시고 병자도 고치시는 분인데, 하나님은 사람에게 무섭게 심판과 진노하는 하나님이라고 오해하고 있다. 이 구절은 '본래 하나님을 본 사람이 없는데, 아버지 품속에 있는 독생하신 하나님이 나타내셨느니라'고 하신다.

하나님을 보려면 예수님을 보면 된다. 그 창조주이시며 전능하시고 유일하신 그 놀라운 영광의 하나님이 이 땅에 오신 것이다. 그분은 죄인들을 보고서 불쌍히 여기고 간음을 해서 잡혀온 여인을 용서해서 보내고 니고데모 같은 사람이 와서 물어보면 친절하게 대답해주고 38년 된 병자를 만나더니 고쳐주시고 '다시는 죄를 범하지 말라. 자리를 들고 걸어가라'고 하시며 용기를 주셨다. 사람들이 달려들어 따져도 그것을 무시하지 않고 말해주시고, 허리에 수건을 두르고 제자들의 발을 씻겨주신 이렇게 사랑스러우신 분이 바로 하나님이라는 것이다. 그리고 십자가의 고통을 참으시고 피를 흘리시어 죄로 신음하고 고통받는 인류를 구출해내신 구주이시다!

이런 하나님을 사랑하지 않을 사람이 어디 있는가? 그 사랑이 얼마나 지극한지 십자가에서

우리 죄인을 구원하기 위해서 죽기까지 사랑하신 바로 우리의 하나님이시라는 것이다. 그분이 우리를 창조한 우주의 주인이신 하나님이시라는 것이다. 이것이 꿈이라도 꿀 수 있는 일인가? 하나님과 예수 그리스도는 나눌 수 없는 하나님과 말씀의 관계, 하나님의 말씀이 육신이 되신 분이 바로 예수이다. 이런 분을 이 땅에 보내서 영접하라. 영접하면 하나님의 자녀가 되는 특권을 얻을 수 있다고 영원히 살 수 있다고 이 아들을 이 땅에 보내주셨는데, 이제는 여러분들 어떻게 할 것인가? 거절할 것인가? 여러분 마음으로 이 예수를 받아들여서 모시고 살 것인가? 이것이 요한복음에서 우리에게 말해주고 있는 것이다.

나는 확신한다. 오늘 이 자리에서도 '아 그렇구나. 예수가 그런 분이었구나'하고 예수를 믿으면 내가 확신하건대 여러분의 삶이 변한다. 나는 예수 믿고 변한 사람들을 매우 많이 보았다. 나는 최근에 만난 고등학교 동창에게 복음을 전한 적이 있다. 고등학교 졸업 이후로 30여년 만에 만나는 친구였다. 그 친구는 오랜만에 다시 나를 만났을 때 내가 믿는 사람처럼 느껴지지 않았다고 했다. 그리고는 내가 교회에 한번 오라고 했더니 그는 '비 오는 날에나 한 번씩 갈까? 좋은 날에는 놀러가야 하니까'라고 대답했었다. 그런데 얼마 되지 않아서 바로 그 친구가 예수를 믿고 가는 데마다 복음을 전하니까 친구들이 놀랬다. 사람이 그렇게 변할 수 있단 말인가? 예수를 믿으면 여러분 인생이 변한다. 이것이 바로 거듭나는 이야기이다. 그리고 거듭나는 것은 다른 것이 아니라 예수가 누군가를 아는 것이다. 요한복음 17장 3절, "영생은 곧 유일하신 참 하나님과 그의 보내신 자 예수 그리스도를 아는 것이니이다". 영생은 예수를 아는 것이다.

고기 잡던 시몬 베드로, 갈릴리 어부가 베드로 전후서를 기록한 예수님의 수제자가 될지 어떻게 알았겠는가? 그 베드로를 지금 누가 어부라고 기억하는가? 후대의 사람들은 그를 대단하게 여긴다. 베드로는 왜 바뀌었는가? 예수를 만나서 바뀐 것이다. 예수가 누구인가를 아는 그 순간 바뀐다. 사마리아 여인도 왜 바뀌었는가? '당신 누구인가? 메시아가 온다더니..' '내가 바로 그다' 이렇게 예수를 안 순간에 그 여자의 인생이 바뀌었다. 여러분도 거짓되이 믿지 말고 어떤 신념으로 믿지 말고 기록한 대로 예수를 알고 믿고 이 영원한 생명을 얻고 축복을 얻기 바란다.

19-20절, 유대인들이 예루살렘에서 제사장들과 레위인들을 요한에게 보내어 네가 누구냐 물을 때에 요한의 증거가 이러하니라 20 요한이 드러내어 말하고 숨기지 아니하니 드러내어 하는 말이 나는 그리스도가 아니라 한 대

당시 유대인들은 세례 요한에 대하여 매우 궁금해 했다. 많은 이들의 질문은 "도대체 당신이 누구냐?"였다. 그 때 요한은 드러내놓고 자신은 메시아가 아니라고 말했다. 그 대신 요한은 오실 예수 그리스도, 메시아에는 대하여 밝히 증거하였다. "하나님께로서 보내심을 받은 사람이 났으니 이름은 요한이라"(요1:6) 1장에는 요한에 대한 말이 많이 나온다. 왜 요한을 많이 말할 필요가 있었을까? 요한은 마지막 구약의 선지자이다. 구약의 선지자의 기능은 무엇인가? 오실 예수 그리스도를 증거하는 것이다. 예수님이 마태복음 11장에서 요한에 대해서 말했다. "너희가 무엇을 보려고 나갔더냐…선지자를 보려더냐 옳다 내가 너희에게 이르노니 선지자보다도 나은 자니라". 요한은 선지자보다 더 나은 자이다. 주님은 여자가 나은 자 중에 요한보다 더 큰 자가 없다고 말씀하셨다.

왜 요한이 선지자 중에 가장 큰 자라고 했는가? 선지자의 크고 작은 것은 예수 그리스도와 가까운 정도에 따른 것이다. 이사야가 놀라운 선지자의 역할을 했다. "처녀가 잉태하여 아들을 낳을 것이요 그 이름을 임마누엘이라 하리라". 언젠가 그리스도가 날 것을 예언했다. 예레미야, 에스겔, 마찬가지로 훌륭한 선지자였다. 그러나 세례 요한은 예수 그리스도를 목격하면서 소개했다. "보라 세상 죄를 지고 가는 하나님의 어린 양이다". 그 예수를 이스라엘에 나타내게 하기 위해서 동시대에 예수를 천거한 사역을 한 분, 그가 요한이다.

요한에 대해서 강조하는 이유는 이것이다. 구약에서 메시아가 나타나고 메시아의 왕국이 나타나려면 반드시 엘리야가 나타나야 한다고 했다. 말라기 마지막 장에 '내가 엘리야를 보내리니'라는 말씀이 있다. 마태복음 17장에서 예수님이 변화산에서 변화되었다가 그분이 죽고 다시 부활하겠다는 여러가지 가르침을 주셨다. 그때 제자들은 '그러면 엘리야가 먼저 와야하리라고 했는데 엘리야는 어디 있습니까' 라고 물었고 주님은' 엘리야가 이미 왔지만 너희들이 그를 임의로 대우했는데 바로 그 엘리야가 세례 요한이다'라고 하셨다. 메시아가 나타나려면 반드시 엘리야 같은 선지자가 나타나야 한다. 엘리야가 있어야 메시아가 되기 때문이다. 그러므로 예수가 구약 시대부터 모든 선지자가 이야기하던 그 기름부음 받은 자, 바로 그 그리스도라는 것을 말해주기 위해서 요한이 여기서 대두되는 것이다.

세례 요한이 이 땅에 왔을 때 그는 약대 털옷을 입었고 메뚜기와 석청을 먹었고 가죽 띠를 띠었다. 제사장 집안 출신임에도 제사장 같지 않았다. 그래서 사람들은 그가 선지자임을 알 수 있었다. 그는 능력으로 많은 사람을 이끌어서 요단 강에서 세례를 주었다. 그럴 때 사람들은 '당신은 누구인가?' 의구심을 갖기 시작했다. '오실 그리스도가 오신 것인가?'

능력 있게 회개의 사역을 하다보니 요한도 민중들에게 인기도 생기고 높아졌다. 그럼에도 그는 좋은 선지자였다. 자기 자신을 부정할 수 있었다. '나는 아니다'라고 할 수 있었다. 오늘날 하나님의 사역자들이 반드시 이것을 알아야 한다. 하나님이 능력으로 많이 역사하다보면 성도들 가운데 명성도 있게 되고 높아진다. '아! 저 사람 정말 대단하다. 뭔가 있는 사람이다'라고 보이기 쉽다. 그럴 때 어떤 사람들은 부정도 긍정도 하지 않으면서 사람들의 인기와 명성을 누린다.

사도 바울도 말했다. '나는 아니다. 우리는 아무것도 아니다' 그가 받은 계시가 탁월하기 때문에 사람들이 자신을 대단한 사람으로 볼까봐 그는 그 본 것을 말하지 않았다. 그는 사람들 가운데서 자기 자신이 높여지는 것을 매우 경계했다. 그 좋은 본이 세례 요한에게 있다. "나는 그리스도가 아니라". 그는 자신이 그리스도가 아님을 분명하게 말했다. 그렇다면 그는 엘리야인가? 장차 오리라 예언되었던 그 엘리야인가? 사실 요한은 엘리야로 왔고 예수님도 그것을 인정했다. 그런데 요한은 자신이 엘리야도 아니라고 말했다. 자기를 대단한 자로 보지 말라는 말이다. 이사야 선지자가 예언한 것처럼 다만 광야에서 외치는 자의 소리일 뿐이라고 했다. 예수 그리스도는 '말씀(로고스, λόγος)'이시다. '나는 소리일 뿐 아무것도 아니다'라고 한 것이다. 크게 소리를 질러서 말씀이신 그분을 알려주는 것이 요한의 가장 큰 마음의 소원과 갈망이며 또한 그의 위임이라고 생각했다. 자기가 '말씀(word)'이 아니라 다만 '소리(voice)'가 되어 사람들이 그 말씀(호 로고스, ο λόγος)이신 예수 그리스도에게서 듣게 하고자 했다.

오늘날 기독교의 수많은 분열과 혼란이 왜 생기는가? 성경의 하나님 말씀 외에 자기에게도 무엇이 있는 것처럼 행하는 많은 잘못된 사람들에 의해서 하나님의 백성들이 미혹되고 분열되고 혼란되는 것이다. 즉 많은 사람이 메시아의 위치에 자기가 서서 주님 대신 교주가 되어버리는 것이다.

오늘 우리의 간절한 소원은 세례 요한처럼 행하는 것이다. 오직 우리는 주님에게서만 듣고 성경 말씀으로 돌아가서 그 말씀만 순종하면 된다. 사역자란 한 번 소리치고 끝나면 아무것도 보이지 않는 그런 존재가 되는 것이 가장 좋은 것이다.

사람들이 요한에게 물었다. '당신이 아무것도 아니라면 왜 그렇게 많은 사람에게 세례를 주는가?' 요한은 대답했다. '나는 물로 세례를 주지만 사람들이 알지 못하는 한 분이 있는데, 그분은 성령으로 세례를 주시는 분이시다. 나는 바로 그분을 여러분에게 소개해주고 싶다. 내가 세례를 주는 것은 여러분으로 회개하게 해서 그분을 만나게 하는 것이다' 그리고 예수 그리스도가 나타나셨을 때 요한은 사람들을 향해서 외쳤다. "보라, 세상 죄를 지고 가는 어린 양이로다!"

1장 후반부에서 그리스도에 대해서 네 가지를 알 필요가 있다. 주님은 1. 세상 죄를 지고 가시는 분 2. 성령으로 세례 주시는 분 3. 모든 것을 아시는 분 4. 하늘에 속한 사다리이다. 그분은 말씀이시고 하나님이신데 육신이 되어 이 땅에 오셨다. 얼마나 위대하신 분인가? 온 만물을 지으시고 우리 인간을 지으신 창조주 아니신가? 그런 분이 자기 땅에 오셨다. 그런데 그분이 세상 죄를 지러 왔다고 했다.

29절, 이튿날 요한이 예수께서 자기에게 나아오심을 보고 가로되 보라 세상 죄를 지고 가는 하나님의 어린양이로다

보라!

요한은 보라고 외쳤다. 신약에서 믿는 것은 보는 것이다. 장대에 높이 달린 예수를 바라보는 일이다. 한 번도 우리의 죄를 위해 십자가에 높이 달리사 피를 흘리신 예수를 바라보지 않은 사람은 구원받지 않은 사람이다. 우리는 세례요한의 높이 외치는 소리를 듣고 예수를 바라보아야 한다. 그분은 우리의 죄를 짊어지기 위해 십자가에 달리신 구주이시다. 결국 보는 것이 믿는 것이다. 믿는 것은 또한 영접하는 것이다. 믿고 영접할 때 그분의 생명을 사람 속에 들어온다.

하나님의 어린 양

"세상 죄를 지고 가는 하나님의 어린 양이로다". '지고 간다'는 뜻의 헬라어 '하이론'이라는 말은 '무덤에서 돌을 옮겨 놓는다'고 할 때와 같은 말이다. '치워버린다'는 뜻도 있다. 예수님은 왜 이 땅에 오셨는가? 세상 사람들의 죄를 짊어지고 치워버리고 옮겨버리려고 오셨다.

사랑하는 여러분, 참으로 반갑고 기쁘고 놀라운 소식은 우리의 많은 죄들을 짊어지고 가신 분이 있다는 것이다. 복음, 기쁜 소식, 감사한 소식, 놀라운 소식이 무엇인가? 주님이 우리 죄를 지고 가셨다는 것이다. 영원히 지고 가셨다는 것이다. 어떤 죄를 지었어도 예수님이 십자가에서 죽으심으로 단번에 지고 가셨음을 말해주는 것이 성경이다. 예수를 믿는다고 하면서도 이것을 모르는 사람들이 있다. 사람들은 일반적으로 자기의 죄를 자신이 책임져야 한다는 생각을 갖고 있다. 기차를 탄 할머니가 보따리를 메고 내려놓지 않는 것과 같다. "아유, 공짜로 기차를 태워준 것만도 고마운데 내 짐은 내가 져야지!"라고 한다. 우리는 얼마나 많은 시간 주님을 믿는다 하면서, 십자가에서 예수께서 우리 죄를 짊어지시고 가셨다는 말씀을 들었으면서도 우리의 짐을 십자가에 내려놓지 않으려 한다. 내 짐은 내가 져야지! 한다. 그러나 세례요한이 외친다. "세상 죄를 지고 가는 어린 양을 보라!" 그분이 내 모든 죄짐을 지고 가신 것이다. 성경에서 가장 기본적이고 중점적으로 우리에게 알려주는 것은 바로 우리의 죄가 예수의 피로 사함받았다는 것이다.

이사야 2장 18절, "오라 우리가 서로 변론하자 너희 죄가 주홍 같을지라도 눈과 같이 희어질 것이요 진홍 같이 붉을지라도 양털 같이 되리라". 시편 103편 12절, "동이 서에서 먼 것 같이 우리 죄과를 우리에게서 멀리 옮기셨으며". 미가서 7장 19절, "다시 우리를 긍휼히 여기셔서 우리의 죄악을 발로 밟으시고 우리의 모든 죄를 깊은 바다에 던지시리이다". 예레미야 31장 34절, "그들이 다시는 각기 이웃과 형제를 가리켜 이르기를 너는 여호와를 알라 하지 아니하리니 이는 작은 자로부터 큰 자까지 다 나를 앎이니라 내가 그들의 죄악을 사하고 다시는 그 죄를 기억지 아니하리라".

성경에서 우리에게 알려주는 것은 우리의 죄가 용서되었다는 사실이다. 우리가 지은 죄가 얼마나 많은가! 하나님의 아들 예수 그리스도께서 이 땅에 오셔서 골고다 언덕을 올라가시고 십자가에 높이 달리셔서 온 몸의 피와 물을 다 쏟으시면서 하신 일은 부끄럽고 흉악하고 더러우며 말로 하기 힘든 우리의 모든 죄를 다 용서하셨다는 것이다. 영원한 형벌과 심판으로 인도하는 우리의 죄악을 다 짊어지고 가셨다는 것이다. 그러므로 예수를 믿는 사람들은 죄 사함을 받는 것이다. 우리의 생명이시고 빛이실 뿐 아니라 말씀이 육신이 되신 분이며 하나님의 어린 양이신 주님이 십자가에서 피 흘리시고 죽으심으로 모든 죄를 다 용서받은 것이 바로 하나님의 백성들의 특권이다.

복음은 그리스도의 속죄의 죽음을 그 진수로 하고 있다. 그러므로 사랑하는 성도 여러분, 교회를 다닌 햇수를 자랑하지 말라. 10년, 20년을 다녔다는 것이 중요한 것이 아니다. 성경에서 과연 우리에게 말해주시고자 하는 것이 무엇인가를 알아야 한다. '아, 성경은 내 죄가 용서되었다는 것을 가르쳐주고 있구나. 이미 십자가에서 영원히 용서되었다고 가르쳐 주는구나'라고 믿는 순간 여러분은 완전히 죄에서 해방된다. 여러분은 예수님이 십자가에서 여러분의 죄를 속죄했다고 믿는가? 주님이 우리 죄를 지고 갔다고 믿는가? 그렇다면 여러분에게는 죄가 없어야 맞다. 그리고 여러분은 그 죄 사함의 자유와 기쁨과 해방을 누려야 맞다. '주님, 감사합니다. 나는 죄 용서 받았습니다. 내 죄는 다 골고다에서 해결되었습니다' 이렇게 고백할 수 있어야 한다.

복음은 다름이 아니라 주 예수 그리스도께서 하나님의 어린 양으로 오셔서 인류의 모든 죄를 대신 짊어지고 가셨다는 것이다. "피 흘림이 없은즉 사함이 없느니라"고 하신 말씀대로 그분은 피를 흘리셔서 우리의 죄를 사하셨다. 레위기에는 속죄제와 속건제가 있다. 이는 다 예표로서 우리가 어떻게 죄사함을 받을 수 있는가에 대하여 미리 알려주신 내용이다. 그 말씀에 보면 죄를 지은 사람이 제물에게 안수한 후 잡아서 그 피를 휘장 앞에 뿌리게 되어 있다. 안수란 동일시를 의미하는 일인데(제사를 드리는 자와 제물이 하나됨을 의미한다.) 주 예수께서 이 땅에 육신을 입고 오신 것은 바로 그분이 우리와 하나된 것을 의미한다.

그러므로 고린도 후서 5장 21절은 "하나님이 죄를 알지도 못하신 자로 우리를 대신하여 죄를 삼으신 것은"라고 한다. 그분은 육신을 입고 오셨을 때 당신과 나의 죄가 되신 것이다. 죄인은 죽어야 마땅하고 형벌을 받아야 하기 때문에 그분은 당신과 나의 죄를 짊어지시고 십자가에 올라가신 것이다. 그리고 그 십자가에서 피를 흘리시며 하나님의 진노와 심판을 감당하시므로 우리의 죄를 다 해결하신 것이다. 이와 같이 예수는 당신과 나의 죄를 지러 오셨다. 세례 요한은 지금 바로 이것을 선포하고 있는 것이다. 이분이 바로 구약에서 예표하고 있는 바로 그 하나님의 어린 양으로서 세상 죄를 해결하러 오신 분이라는 것이다.

그러나 여기서 중요한 것이 하나있다. 사람의 일생 자신의 양심을 괴롭히고 정죄하는 죄는 몇 가지 안된다는 점이다. 물론 하나님 앞에는 무수한 죄안(罪案)이 있다. 그러나 우리의 양심은 그 모든 것에 의해 괴롭혀지는 것이 아니다. 이 세상에 범죄 박사가 없다는 말이 있다. 수많은 죄를 기억하며 거기에 시달리는 사람이 없다는 말이다. 우리가 죄에서 해방되는 것은 우리가 아는 죄에서 해방된다는 말이 있다. 우리가 아는 죄, 우리를 정죄하는 죄는 한 두가지 일 것이다. 주 예수 당시에 치료를 위해 온 병자들도 마찬가지이다. 병을 종합병원으로 가지고 온 사람은 별로 없다. 문둥병이면 문둥병, 중풍병이면 중풍병, 소경이면 소경, 주 예수님은 그들의 일생 매여 고생하는 한 두가지 병에서 그들을 놓여 자유케 하신 것이다. 죄인들도 마찬가지다. 사마리아 여인은 많은 결혼을 한 부정한 여인이다. 거의 창기 수준이 아니던가? 그 부분에서 그녀는 전문적인 죄를 지은 것이다. 그 죄는 그녀를 매우 무겁게 하고 그녀의 인생을 황폐하게 하였다. 삭개오는 돈을 사랑한 죄인이다. 동족의 피를 빨아가면서도 돈이라면 벌어댔다. 그런 죄들은 그들의 양심을 멍들게 하고 정죄감에서 헤어나지 못하여 목마름을 금할 길이 없게 했다.

오늘 날도 여러분은 가슴에 손을 얹고 자신의 일생 범한 죄악 중 늘 꺼

림직하고 불안하며 특별히 정죄감을 주는 죄가 무엇인지 생각해보기 바란다. 한 두가지 있을 것이다. 어떤 사람은 사마리아 여인처럼 부정한 과거 때문에 괴로워하는 사람이 있을 것이다. 남모를 임신에.. 낙태에.. 유산에.. 이것은 어쩌면 다윗처럼 간음과 살인에 맞먹는 죄들이다. 나는 여러분 중 한 번도 과거에 지은 죄로 인하여 고민하고 근심하며 정죄감에 한 번도 시달려보지 않은 사람이 없을 것이라고 생각한다. 학교 때나 군대 생활에서 어떤 사람을 사정없이 두드려 팬 것도 있고, 술집을 전전하며 수없는 부정과 방탕을 일삼은 것.. 남의 천금같은 돈을 떼어먹은 것, 물건이나 책을 빌리고 안 돌려준 것 등 크고 작은 죄들은 생각할수록 우리의 양심을 고소하는 죄들이다.

여러분이 만일 오늘 깨끗한 양심으로 돌아갈진대 그 양심은 여러분을 정죄하며 불안감을 야기시키는 것이다. 오늘 여러분은 여러분의 구주 예수께서 당신의 바로 그 특정한 죄를 인하여 십자가에서 피를 흘리며 고난을 당하며 운명하신 것을 깊이 묵상해보기 바란다. 그리고 조용히 여러분의 모든 죄악을 골고다의 예수의 십자가 아래 내려놓기 바란다. 여러분은 여러분의 죄악을 스스로 감당할 필요가 없다. 그리스도는 여러분의 죄짐을 지어주러 오신 구주이기 때문이다. 또 예수는 여러분과 우리의 죄악을 홀로 지고 가신 구주시다(요1:29). 이것은 우리에게 거저 주신 은혜이다. 예수는 도살장에 끌려가는 어린 양처럼 여러분과 우리의 수치스런 죄악을 다 지고 십자가로 가신 것이다.

오! 진리란 무엇이며 복음이란 무엇이가? 바로 하나님께서 그리스도를 통하여 이루신 모든 역사이다. 우리가 믿는 것은 우리의 느낌이나 생각이나 상상이 아니라 하나님이 그리스도 안에서 우리를 위하여 다 이루어 놓으신 사실(이것이 구원의 복음이요 진리의 말씀이다.)을 믿는 것이다. 구원의 역사는 예수 그리스도의 죽음과 부활을 통해 이루셨다. 그리스도의 죽음은 우리의 죄 문제를 완전히 해결한 것이며(그러기에 예수 그리스도는 십자가 상에서 '다 이루었다'고 선포하신 것이다.), 그리스도의 부활은 우리의 죄 문제가 완전히 해결되었다는 하나님의 선포이다. 즉, 속죄 제물 되신 그리스도의 구속사역을 하나님께서 온전히 열납하셨다는 증거가 바로 부활이라는 것이다.

그리스도의 죽음은 하나님을 향한 것이요 그리스도의 부활은 믿는 우리를 향한 것이다. 그리스도의 죽음은 우리의 속죄에 대해서 하나님을 위한 것이고 그리스도의 부활은 우리의 구원의 확신을 위하여 우리를 위한 것이다. 그리스도께서 부활하시지 않았다면 우리가 온전히 사함받았다는 것에 대한 증거를 가질 수 없지만 그리스도의 부활을 볼 때 우리의 속죄가 그리스도 안에서 완전히 이루어졌다는 것을 확신할 수 있다. 이를 인하여 하나님께 감사하고 찬양한다.

33절, 나도 그를 알지 못하였으나 나를 보내어 물로 침례를 주라 하신 그이가 나에게 말씀하시되 성령이 내려서 누구 위에든지 머무는 것을 보거든 그가 곧 성령으로 침례를 주는 이인줄 알라 하셨기에

성령으로 세례를 주시는 분

33절 하반절에서 세례 요한은 자기는 물로 세례를 주러 보내심을 받았지만 예수님은 성령으로 세례를 주시는 분이라고 말했다. 요한은 사람들을 그리스도에게 이끌어 죄사함받고 성령을 선물로 받게 하는 일을 잘 수행했다. 사람들을 자기에게로 이끄는 자들은 사람들에게 죄사함의 선물과 성령의 침례의 기쁨을 누리지 못하게 한다. 자기들이 죄사함과 성령을 얻어 누리려는 사람들의 절연체 노릇을 하는 것이다.

주 예수는 곧 성령으로 세례를 주는 분이다. 물세례(침례)는 도덕적인 회개를 촉구해서(타락한 사람은 죽기에만 합당하다), 우리로 하여금 생각이 바뀌게 하고 예수 그리스도를 믿도록 우리를 돌이켜지게 하는 것이다. 그러나 성령의 세례는 우리 인간의 본성을 변화시키는 것이다. 고린도 전서 12장 13절, “우리가 유대인이나 헬라인이나 종이나 자유자나 다 한 성령으로 침례를 받아 한 몸이 되었고 또 다 한 성령을 마시게 하셨느니라”. ‘한 몸이 되었고’ 한 몸 즉 교회가 된다는 것은 새 사람이 된다는 것을 의미한다. 또한 부활하신 그리스도의 몸이 되는 것을 말한다. 이것은 성령의 세례를 받음으로 말미암는다. 주 예수의 사역을 한 마디로 성령의 세례를 주시는 것이라고 한 것에 대하여 거기에는 깊은 뜻이 있을 것이다. 그리고 그것은 분명 우리에게 가장 축복된 것이며 하나님의 뜻에는 가장 핵심적인 요소가 들어 있을 것이다. 이 성령침례의 결과에 대하여 분명히 말한 사람은 바울이다. 한 성령으로 침례를 받은 결과는 한 몸(교회)이 되는 것이다.

결국 몸이 무엇인지 모르면 주님의 사역의 핵심을 모르는 것이다. 그리스도의 역사가 다만 죄사함이라고 생각지 말라! 심지어 부활의 새 생명을 얻는 것에만 있다고도 생각지 말라! 이것들은 다 한 몸 안으로 성령의 침례를 받기 위한 것이다. 우리가 집을 지을 때 여러 기초 공사를 하지만 그 결과는 한 채의 집이 지어지는 것이다. 하나님의 모든 축복이 교회에 주어지는 것임을 아는 것은 매우 중요하다. 그분은 당신의 몸인 교회에 그분 자신과 그분이 얻으신 모든 충만을 부어주신다. 그것이 바로 오순절 성령을 부어주신 뜻이다.

그 오순절 성령은 그분의 인생을 통하여 얻으신 모든 요소와 죽음과 부활, 승천을 통하여 획득하신 모든 것을 몸에 부어주신 사건이다. 오늘 우리가 개인으로만 남아 있고 아직 그리스도의 몸인 교회를 알지 못하면 큰 축복을 놓칠 수 있다. 이것은 신약 전반에 결쳐 볼 수 있다. 그리스도의 부활의 능력과 승천 초월의 능력, 만물을 정복하는 능력은 교회에 주셨다. 그분의 지식에 넘치는 사랑을 체험하는 곳도 교회이다(엡3장 참조). 따라서 여러분이 만일 정상적인 그리스도의 몸의 일부가 되었다면 그리스도께서 주신 모든 축복을 누리는 위치에 있는 것이다(시133편 참조). 모세나 다윗과 솔로몬이 한 일이 무엇이었든가? 그분의 거처인 성막과 성전을 건축하는 일이었다. 그러면 바울의 일은 무엇이며 모든 사역자를 세우신 목적은 무엇인가? 에베소서 4장 11-12절은 성도를 온전케 하여 그리스도의 몸을 건축하는 것이라고 한다. 오늘 성도들이 항상 성령 침례의 축복을 누리고자 한다면 몸의 위치를 떠나서는 안된다. 그리스도의 몸의 위치에 있어야 침례를 얻은 성령을 매일 마실 수 있다(고전12:13, 한 몸이 되었고 또 다 한 성령을 마시게 하셨느니라). 여러분이 만일 몸을 떠나 단독적으로 성령을 체험코자 한다면 빌립처럼 복음을 전하며 심지어 기적을 행할 수 있을지 모르나 몸에 부어진 성령침례의 축복을 누릴 수 없다.

우리는 사도행전 2장에서 오순절 성령강림과 침례가 한 몸에 부어진 것을 안다. 8장에는 빌립이 사마리아 성에 복음을 전하여 많은 기적을 행하고 믿는 사람이 많이 생기게 하였을지라도 아직 성령의 부어짐은 허락하지 않으신 것을 볼 수 있다. 이는 하나님의 한 몸을 위한 조치라고 볼 수 있다. 당시 몸의 대표격인 예루살렘의 베드로와 요한이 사마리아에 와서 안수할 때 비로소 성령의 침례가 사마리아 성도들에게도 주어졌다. 10장에는 베드로가 고넬료 집에 가서 복음을 전할 때 비로소 이방인들에게 성령의 침례가 주어진 것이다. 이처럼 성령의 침례는 그분의 몸의 역사와 함께 한다.

사도행전 19장에서 사도 바울은 에베소 지방을 여행하다가 12명쯤 되는 제자들을 만났다. 그들은 소위 믿었다는 사람들이었다. 믿었다고 해도 성령의 세례를 받지 못한 사람들이 있었다는 말이다. 사도행전 19장 1-4절, "아볼로가 고린도에 있을 때에 바울이 윗지방으로 다녀 에베소에 와서 어떤 제자들을 만나 가로되 너희가 믿을 때에 성령을 받았느냐 가로되 아니라 우리는 성령이 있음도 듣지 못하였노라 바울이 가로되 그러면 너희가 무슨 침례를 받았느냐 대답하되 요한의 침례로라 바울이 가로되 요한이 회개의 침례를 베풀며 백성에게 말하되 내 뒤에 오시는 이를 믿으라 하였으니 이는 곧 예수라 하거늘". 당시에 요한의 물로 주는 세례만 알았던 사람들이 있었다. 그래서 사도 바울이 그들에게 예수 그리스도를 직접적으로 믿고 성령의 세례를 받도록 도와주었다. 5절, "저희가 듣고 주 예수의 이름으로 침례를 받으니".

이 사도행전 19장의 역사를 통해 우리는 그리스도의 몸 안으로 들어오도록 주시는 성령의 침례가 진리가 온전히 가르쳐지는 것과 관계가 있음을 알 수 있다. 그리스도의 몸은 온전한 진리가 가르쳐지는 곳에서 세워진다. 우리는 이에 대하여 구약의 성막이나 성전을 생각해보면 알 수 있다. 그 모든 기구들과 성막의 재료들이 하나님이 보이신 식양에 의하지 않으면 지어질 수 없다. 그리고 그 말씀대로 그대로 지었을 때 성령의 구름, 하나님의 임재가 그 성막과 성전을 가득채웠던 것이다. 이것이 어찌 교회의 예표가 아니겠는가? 당시 에베소 지방의 12제자들은 받은 말씀이 온전하지 않았다. 그러기에 그들은 믿었지만 성령의 침례를 받지 못한 것이다.

성령께서는 믿는 사람을 거듭나게 하고 그 사람 안에 들어오셔서 내주하시며 그를 변화시킨다. 새 생명 안에 살게 한다. 하나님과의 교통을 가능하게 한다. 성령으로 인해서 우리는 하나님을 알 수 있게 되고 하나님의 인도를 분별할 수 있게 되고 비밀한 하나님의 모든 말씀의 뜻들을 이해할 수 있게 된다. 매일의 생활 가운데 하나님의 인도를 받을 수 있게 된다. 성령의 기름 부음 가운데 우리는 하나님의 능력을 얻기도 하고 우리를 자유케 하는 은혜를 얻기도 한다. 이 모든 말씀들이 요한복음 14-16장에 기록되어 있다. 성령이 오심으로 인한 축복이다. 그러나 죄사함을 분명히 얻지 못한 자들에게는 성령이 주어질 수 없다. 구약에도 피가 있는 곳에 기름(성령)이 있다. 주 예수를 온전하고 참되게 소개받은 자들은 다 죄사함을 받으며 성령의 침례를 받게 된다. 주 예수는 우리가 만나야 할 바로 그분이요, 요한은 그분을 만나도록 소개하는 선지자에 불과한 것이다. 우리가 참되게 주 예수를 만난다면 죄에서 놓여 자유케 되며 피의 씻음을 받을 때 성령의 인침이 동시에 발생하는 것이다.

예수 그리스도는 누구신가? 바로 세상 죄를 지고 가는 분이요 또 성령으로 세례 주시는 분이시다. 그러므로 요한은 예수님과 자신의 사역을 비교할 수 없다고 한 것이다. '나는 예수님의 신들메 풀기도 감당치 못하겠다. 나는 그저 예수님께서 걸어가실 수 있도록 그분의 길을 예비하러 온 것이다. 그리스도의 사역의 최종 목표는 그분의 신부인 교회를 얻으시는 것이다. 그분의 몸인 교회는 성령의 침례를 주심으로서 얻어지는 것이다. 나는 독자들이 전적으로 그리스도의 몸을 말하는 에베소서 강해서 역시 정독하기를 권한다.

35-36절, 또 이튿날 요한이 자기 제자 중 두 사람과 함께 섰다가 36 예수의 다니심을 보고 말하되 보라 하나님의 어린 양이로다

요한의 사역은 오직 예수 그리스도를 사람들에게 증거하는 일이다. 다시 말하거니와 기독교의 핵심 진리는 예수가 누구냐를 아는 것이다. 그분은 구약에서 계속적으로 예표하고 예언하던 죄인을 구원하기 위해 보내심 받은 하나님의 어린양이시다. 구약의 번제, 속죄제, 화목제의 제물로 오신 것이다. 요한은 예수가 바로 그 하나님의 어린양이라고 소개한다.

"자기 제자". 요한에게도 제자가 있었다. 매우 영향력 있는 회개의 세례의 사역을 하다보니 그에게도 제자가 생겼다. 그는 제자 두 사람에게 예수님을 보고 '보라 하나님의 어린 양이다'라고 말했다. 요한은 예수를 자신의 제자들에게도 소개했다는 것이다. 이렇게 하기는 쉽지 않다. 어떤 사역자들이 오늘날 자기보다 뛰어난 사역자들이 있다고 할 때 자기를 따르는 교인들에게 '저분에게 배우면 더 잘 배울 것 같으니 나에게서 떠나 그분에게 가라'고 할 사람이 과연 몇 명이나 되겠는가?

요한의 사역도 영향력이 있었다. 그도 하나님의 보내심을 받아서 예수님을 천거하는 사역을 했으며 그를 따르는 제자들이 있었다. 그러나 이제 예수님이 자기 앞에 나타났을 때 그는 자기 제자들에게 '여기에 바로 하나님의 어린 양이 있다'고 말했다. 그러자 두 제자들이 예수님을 따라간 것이다. 오늘 날 그리스도의 참 복음의 사역을 하지 않아도 제자가 많다는 것은 이상한 일이 아니다. 당시 예수께서 아직 오시지 않고 메시아를 천거하는 요한의 회개하는 사역만으로도 많은 제자를 얻을 수 있었다는 말이다.

37절, 두 제자가 그의 말을 듣고 예수를 좇거늘

요한의 말을 듣고 두 제자는 주저없이 예수님을 따라갔다. 세례 요한이 그가 보내심 받은 일을 잘 수행했다. 마태복음에서 예수님은 요한을 칭찬했다. 진리에 있어서 차한 사역은 승한 사역에 자리를 내어주어야 한다. 진보한 계시와 진리가 있다. 부족한 계시를 갖고 사역하면서, 다른 곳에 진보한 것을 보았으면서도 자기를 따르는 사람들을 보내주지 않는 사람은 사욕이 있는 사람들이다. 우리는 이 부분에서 세례요한에게서 배울 점이 있다.

38절, 예수께서 돌이켜 그 좇는 것을 보시고 물어 가라사대 무엇을 구하느냐 가로되 랍비여 어디 계시오니이까 하니 (랍비는 번역하면 선생이라)

그들은 요한과 함께 있다가 많은 고생을 했을 것이다. 요한이 광야에 다니면서 메뚜기 석청을 먹었으니 제자들이 과연 잘 먹었겠는가? 아마도 힘들었을 것이다. 그런 사람들이 예수님에게 왔을 때 주님은 '나한테 오면 좋은 것이 생길 줄 알고 왔느냐'라고 물으신 것이다. 그러자 그들은 '어디 계십니까'라고 물었다. 이들은 안드레와 요한복음을 쓴 요한이었다.

39절, 예수께서 가라사대 와 보라 그러므로 저희가 가서 계신 데를 보고 그날 함께 거하니 때가 제십시쯤 되었더라

많은 학자들이 예수님이 계신 곳이 어디였을까 궁금해 한다. 별로 좋은 데는 아니었을 것이다. 아파트도 단독주택도 아니었을 것이다. 어쩌면 어떤 산기슭에 얼기설기 지어놓은 곳은 아니었을까? 그들은 그날 거기서 함께 거했다.

40절, 요한의 말을 듣고 예수를 좇는 두 사람 중에 하나는 시몬 베드로의 형제 안드레라

세례 요한의 말을 듣고 간 두 사람 중 하나는 안드레이다. 다른 한 사람은 기록을 하지 않았는데 그는 바로 요한복음을 기록한 요한 자신이다.

41-42절, 그가 먼저 자기의 형제 시몬을 찾아 말하되 우리가 메시아를 만났다 하고 (메시아는 번역하며 그리스도라) 42 데리고 예수께로 오니 예수께서 보시고 가라사대 네가 요한의 아들 시몬이니 장차 게바라 하리라 하시니라 (게바는 번역하면 베드로라)

안드레는 자기 형제 시몬을 데리고 예수님께 왔다. 예수님이 시몬을 보더니 '네 이름은 게바'라고 하셨다. 헬라어로 번역하면 '베드로'인데 이는 '산 돌'이라는 뜻이다. 원래는 그는 산 돌이 아니었다. 그는 반석같이 견고한 돌이 아니라, 사실은 물이나 진흙처럼 믿을 수 없는 사람이었다. 장담했다가 금방 변하는 사람이었다. 그런데 예수님이 그를 보시고 이름을 바꿔 주셨다.

예수님을 참되게 만나면 그 사람의 인생이 바뀐다. 용도가 바뀐다. 왜 그렇게 되는가? 그분은 조물주이시기에 그분을 만나면 하나님이 원래 사람을 창조한 목적을 회복하기 때문이다. 그 진가를 회복하게 된다. 원래 부모는 베드로를 잘 모르기에 시몬이라고 지었다. 자기가 낳았어도 이 아이가 도대체 어떤 사람인지 모른다. 그러나 창조자는 아신다. 부모는 시몬이라고 지었는데, 예수님이 그를 만나자 '아, 이는 귀한 그릇이다' 하시며 이름을 게바라고 바꿔주셨다. 여러분도 주님을 만나면 창조의 목적대로 살 수 있는 길이 열린다. 그리고 바뀐다. 첫째는 죄 사함이 이루어진다. 둘째는 성령으로 세례를 받는다. 이 두 가지 사실을 영접한 사람들은 바뀐다. 시몬이 게바로, 베드로로 바뀌는 것이다. 여러분이 진정으로 주님을 만나면 바뀐다. 시몬이 베드로로 바뀌듯이 여러분의 인생도 바뀌게 될 것이다.

43절, 이튿날 예수께서 갈릴리로 나가려 하시다가 빌립을 만나 이르시되 나를 좇으라 하시니

이제 이야기는 갈릴리로 나가다가 빌립을 만나는 장면으로 이어진다. 주님은 빌립의 경우 직접 부르셨다. 사도 바울도 직접 부르셨다. 오늘 날도 어떤 사람의 전파없이 직접 부르심 받는 사람들이 있다. 빌립은 안드레와 베드로와 한 동네인 벳새다 사람인데, 복음이 전파되려면 이렇게 주변 사람들로, 친구들에게로 전파되는 것이다. 내 친구들도 많은 수가 예수님을 믿고 함께 교회생활을 하게 되었는데, 그것은 당연한 일이다. 친구들이 구원받지 않으면 누가 구원받겠는가? 동네 사람들이 구원받지 않으면 누가 구원받겠는가?

44-45절, 빌립은 안드레와 베드로와 한 동네 벳새다 사람이라 45 빌립이 나다나엘을 찾아 이르되 모세가 율법에 기록하였고 여러 선지자가 기록한 그이를 우리가 만났으니 요셉의 아들 나사렛 예수니라

빌립이 나다나엘을 찾았다고 했다. 빌립은 주님이 직접 부르셨고 빌립은 복음을 받은 후 바로 복음 전도를 시작했다. 빌립은 나다나엘을 찾았다. 우연히 만나서 복음을 전한 것이 아니다. 일부러 찾아서 만난 것이다. 41절에서도 안드레가 자기 형제 시몬을 찾아 말했다고 했다. 주님을 만났으면 먼저 가장 사랑하는 사람들을 찾는 것은 당연한 것이다. 우리가 귀한 주님을 먼저 만났다면 반드시 우리 사랑하는 가족, 친구를 찾아서 그 소식을 말해주어야 한다.

46-48절, 나다나엘이 가로되 나사렛에서 무슨 선한 것이 날 수 있느냐 빌립이 가로되 와 보라 하니라 47 예수께서 나다나엘이 자기에게 오는 것을 보시고 그를 가리켜 가라사대 보라 이는 참 이스라엘 사람이라 그 속에 간사한 것이 없도다 48 나다나엘이 가로되 어떻게 나를 아시나이까 예수께서 대답하여 가라사대 빌립이 너를 부르기 전에 네가 무화과나무 아래 있을 때에 보았노라

빌립은 나다나엘을 데리고 예수님께로 왔다. 데리고 가기 전에 빌립이 나름대로 복음을 전했다. "모세가 율법에 기록했고 여러 선지자가 기록한 그이를 우리가 만났으니 요셉의 아들 나사렛 예수니라"(45절). 전한 말씀이 그렇게 분명치는 않다. 그렇게 영적이고 뛰어나지는 않다. 굳이 요셉의 아들이라고 할 필요가 없다. 마리아로부터 출생했지 요셉은 사실 아무 관계가 없다. 그러나 정확하지는 않더라도 자기가 아는 대로 전했던 것이다. 나다나엘이 나사렛에서 무슨 선한 것이 날 수가 있겠느냐고 묻자 빌립이 말이 막히니까 '와 보라'고 했다. 우리가 많은 성경 말씀을 알지 못해도 이것은 할 수 있지 않은가? 42절에서 안드레도 베드로를 데리고 왔다고 했다.

데리고 오는 것이 중요하다. 우리가 사랑하는 사람들을 데리고 와서 주님을 만나게 해주면 되는 것이다.

나다나엘에게도 나사렛에서 무슨 선한 것이 날 수 있겠느냐는 고정관념이 있었다. 그런데 주님이 나다나엘이 오는 것을 보시고 '이는 참 이스라엘 사람이다. 그 속에 간사한 것이 없다'라고 하시자, 그는 '어떻게 나를 아시나이까?'라고 물었다. '내가 너를 안다. 빌립이 너를 부르기 전에 네가 무화과 나무 아래 있었지 않느냐. 네가 거기서 무엇을 하고 있었는지 나는 다 알고 있다' 여기서 강조하는 것은 예수님은 다 아신다는 것이다. 베드로도 어떤 사람인지를 척 보고 아셨기에 이름을 바꿔주셨다. 예수님은 그로 인해서 만물이 지어진 창조주이시고 전능하신 분이고 모든 것을 아시는 분이시다. 하나님은 전지전능하신 분이시다. 이분이 바로 예수로 이 땅에 오셨고 그분의 죽음은 우리의 모든 죄를 해결했고 그분을 믿을 때 우리는 성령의 선물을 받고 그분을 믿을 때 우리의 인생은 변화된다는 것을 말해주는 것이 요한복음 1장이다.

간사함이 없는 것, 정직한 것을 주님은 매우 좋아하신다. 우리 피조물, 또 죄인이 가질 수 있는 최대의 태도는 간사하지 않은 것이다. 그릇으로 따지면 물을 쉽게 받을 수 있게 덮개가 열려진 상태이다. 비뚤어진 마음, 궤사스런 마음, 간사한 마음은 예수를 믿고 구원에 이르기 어렵다. 세례요한의 사역은 사람들의 마음부터 바로 잡는 것이었다.

49절, 나다나엘이 대답하되 랍비여 당신은 하나님의 아들이시오 당신은 이스라엘의 임금이로소이다

나다나엘의 믿음의 고백이다. 사마리아 여인처럼 자기를 거울처럼 다 아시는 주 예수를 만난 나다나엘은 그분이 메시아임을 고백하였다. 이렇게 나다나엘처럼 주님으로부터 한 두마디만 들어도 그분이 누군지 알 수 있다면 그는 복된 사람이다. 그는 사마리아 여인처럼 "나를 다 아시다니 당신은 선지자입니까?"라고 묻지 않았다. 그는 단번에 그분이 메시아임을 알게 된 것이다. "당신은 하나님의 아들이시요 이스라엘의 왕이시로소이다"

50-51절, 예수께서 대답하여 가라사대 내가 너를 무화과나무 아래서 보았다 하므로 믿느냐 이보다 더 큰 일을 보리라 51 또 가라사대 진실로 진실로 너희에게 이르노니 하늘이 열리고 하나님의 사자들이 인자 위에 오르락내리락 하는 것을 보리라 하시니라.

요한복음 1장 초반부에서 말씀이신 하나님을 본다. 후반부에서 시몬, 요한, 빌립, 나다나엘 등 사람들을 본다. 그들은 다 죄인이었다. 그러나 세상 죄를 지고 가신 예수를 통하여 하나님과 사람들이 연결되었다. 그리고 이 땅에 하늘과 연결된 사닥다리가 세워졌다. 이것이 바로 교회이다.

"하늘이 열리고". 예수를 믿으면 하늘이 열린다. 이것이 창세기에 있는 야곱의 꿈이다(창28장). 야곱이 하란으로 도망가다가 벧엘에 이르렀을 때 돌베개를 베고 자다가 꿈을 꾸었다. 사닥다리가 있고 하나님의 천사들이 오르락내리락 하는 것이다. 그가 꿈을 깨고서 '두렵다. 이곳이 하나님의 전이로다' 하고는 베고 잤던 돌을 기둥으로 세우고 기름을 부었다. 오늘날 교회는 하나님의 전이다. 하늘이 열리고 하늘과 이 땅이 연결되어 천사들이 오르락내리락 하기 때문이다. 요한복음은 하늘과 땅이 연결되는 것을 보여준다. 어린양이신 그리스도를 통해서이다.

"인자 위에 오르락내리락 하는 것을 보리라". 예수 그리스도가 이 땅에 오시기 전에는 이 땅에는 하늘에 연결되는 사닥다리가 없었다. 하늘은 막혀 있었다. 우리의 죄 문제가 해결이 될 길이 없었기 때문이다. 죄는 하나님과 우리 사이에 담을 만들고 간격을 만든다. 이 죄를 예수 그리스도께서 치우신 것이다. 죄가 사해질 때 성령이 임한다. 그리고 성령을 우리에게 선물로 주실 때 이 성령은 우리가 하늘과 교통할 수 있게 하신다. 누구로 말미암아 가능한가? 예수로 말미암아서이다. 죄사함을 받은 영혼의 마음 속에는 모든 막힘이 사라지고 하늘이 열리게 된다. 하늘이 열리고 천사가 사닥다리에 오르락내리락 한다. 교회는 사닥다리가 세워져 있는 곳이다. 예수를 모시고 있는 곳, 사닥다리가 세워져 있는 곳이 교회이다. 죄 사함, 성령의 축복을 갖고 있는 곳이 교회이다.

하늘이 열려진 곳이 교회이다. 교회의 기도는 어디로 가는가? 천사들이 가지고 하늘로 올라간다. 그리고 천사들은 기도의 응답을 가지고 교회로 내려온다. 축복도 주시고 은혜도 주시는 곳이 바로 교회이다. 이 사닥다리가 최종적으로 완성된 곳이 새 예루살렘 성이다. 그것은 하늘과 땅이 완전히 하나된 곳이다. 이곳에서 우리는 하나님을 만난다.

11절에 보면 그분이 자기 땅에 오셨는데 사람들이 영접치 않았다. 12-13절에서는 영접하는 자 곧 그 이름을 믿는 자들에게는 하나님의 자녀가 되는 권세를 주셨다고 했으며, 이는 혈통으로나 육정으로나 사람의 뜻으로 나지 아니하고 오직 하나님께로서 난 자들이라고 했다. 예수를 믿기만 하면, 영접하기만 하면 우리는 우리의 모든 죄를 사함받고 성령을 선물로 얻고 하늘에 속한 사닥다리를 얻어 하늘로 통하는 길이 열린다. 오늘 우리는 이런 놀라운 사람들이 될 수 있다. 또 우리가 이런 분을 먼저 만났다면 다른 사람들도 메시아를 만날 수 있도록 소개해주는 사람들이 되기를 바란다.

2 장

요한복음은 생명에 관한 말씀이다. 요한복음은 전체가 21장인데 1장은 서론과 같은 말씀이다. 1장의 내용을 간략하게 말하면 사람들이 말씀이 육신이 되어 오신 예수 그리스도를 만나서 그분을 영접하면 하나님의 자녀가 되고 생명을 얻는다는 것이다. 2장부터는 1장에 대한 자세한 설명이 된다.

가나의 혼인 잔치

1절, 사흘 되던 날에 갈릴리 가나에 혼인이 있어 예수의 어머니도 거기 계시고

"사흘되던 날에". 이는 영어로는 셋째 날이라는 뜻이다. 1장에는 세 번의 '다음 날'이 나온다. 다음 날은 두 번째 날이고 영어로는 'next day'이다. 29절에 이튿날, 35절에 이튿날, 43절에도 이튿날이 나온다. 그렇다면 언제부터 날짜를 세기 시작했는가? 19절부터이다. 유대인들이 예루살렘에서 제사장들과 레위인들을 요한에게 보내었을 때부터이다. 29절은 그 다음 날이다. 요한이 예수님을 보고 하나님의 어린 양이라고 외쳤다. 그리고 안드레와 요한이 예수님을 만난 날이 있고 그 다음이 나다나엘을 만난 날이다.

여기서 '사흘 되던 날'이라고 했다. 이를 언제부터 계산했는지는 모른다. 1장부터 날짜를 하루 하루 계산한 것은 아니다. 그렇다면 사흘이 넘는다. 그러므로 이 사흘에는 어떤 영적인 뜻이 있다. 사흘은 예수 그리스도께서 죽은 자 가운데서 부활하신 날이다. 바로 직전부터 따지자면 안드레와 요한이 예수님을 만나서 하루를 지낸 날이다. 그리고 뱃세다 사람 나다나엘이 예수를 만난 날이 사흘째가 된다. 인생의 참된 시작은 사람이 예수 그리스도를 진정으로 만난 시점부터 시작된다.

예수님이 그들을 만났을 때 예수님은 그들이 누군지 아셨다. 시몬이 왔을 때 예수님은 그의 이름을 즉시 바꿔주셨다. 나다나엘을 만났을 때 예수님은 그가 무엇을 하던 사람인지 즉시 아셨다. 그분은 영원하신 말씀이신 하나님이시기 때문이다. 전지전능한 하나님이시기 때문에 인간 세상의 모든 것을 다 아시는 분이다. 나다나엘이 예수를 만나기 전에 무화과 나무 밑에서 무엇을 했는지 다 아셨다. 그런데 그런 일은 '사흘'이 아니더라도, 죽고 부활한 사건이 없어도 예수님이 다 하실 수 있는 일이었다. 그런데 요한복음 2장에 있는 가나의 혼인 잔치의 물을 포도주로 만드는 일은 예수님이 죽고 부활하시지 않고는 이 역사를 사람들에게 주실 수 없다는 뜻이 들어 있다. 그래서 이 날은 특별히 '사흘 되던 날'이라고 붙인 것이다. 여기에는 특별히 '부활'이 들어 있다. 부활과 생명은 관련이 있는 말이다(요 11:25). 부활하지 않고는 인생들에게 포도주를 주실 수 없다는 것이다.

1장에서 초점이 되는 단어는 '생명'이다. 우리 사람은 하나님의 생명, 말씀(로고스, λόγος)이신 예수 그리스도 안에 있던 그 생명을 얻어야 한다. 이것이 거듭나는 것이고 하나님의 자녀로 나는 것이다. 그런데 이 생명은 2장에서 포도주로 나타난다. 이 포도주는 예수님이 죽고 부활하셔야만 우리에게 줄 수 있다. 그리고 이 일이 일어난 곳은 갈릴리 가나였다. 갈릴리는 당시 이방의 갈릴리였다. 그곳은 유대인들의 순수한 혈통만 사는 곳이 아니라 섞여져 있는 곳이었다. 당시 유대인들은 순수한 유대인들만 인정했지 이방 사람들은 별로 인정하지 않았다. 하류로 여겼고 멸시했다. 갈릴리 땅은 멸시 받는 땅이었다. 그런데 가나는 어느 곳인가? 갈릴리 지방의 한 도시로서 '갈대'라는 뜻이다. 갈대는 그때나 지금이나 연약하고 흔들리는 인간들을 뜻한다. 하나님의 생명의 역사, 생명 주는 역사가 어떤 곳에서 일어나는가? 천대받고 멸시받는 자들 가운데서이다. 하나님은 멸시받는 자를 택하신다.

고린도 전서 1장에서 하나님은 문벌 없는 자, 멸시받는 자, 약한 자, 없는 자를 택하셔서 지혜로운 자, 강한 자들을 부끄럽게 하신다고 했다. 그러므로 2장부터는 하나님이 어떤 사람들을 찾아와서 생명 주는 역사를 하시는가를 자세히 설명하고 있다. 하나님은 '가나'가 뜻하듯이 연약하고 불쌍한 인생들, 멸시받는 자들을 찾아오셨다. 만일 누군가 '나는 문벌이 좋은 사람이고 이 세상에서 뛰어난 사람이다'라고 한다면 주님이 그런 사람을 택하지 않으실 가능성이 있다. '나는 약한 것이 없다, 나는 모든 것을 할 수 있는 강한 사람이다'라고 한다면 예수님이 그런 사람을 안 찾아가실 수 있다. 그런데 혼인 잔치가 벌어진 곳, 예수님이 가신 그 곳은 어떤 곳이었나? 바로 그렇게 슬픔이 많고 사연이 많고 멸시받는 땅이고 연약한 인간들, 갈대 같은 인간들이 모여 사는 곳이었다.

11절에서는 "예수께서 이 처음 표적을 갈릴리 가나에서 행하여 그 영광을 나타내시매"라고 하셨다. 물로 포도주를 만든 사건은 처음 표적이다. '표적(sign)'은 헬라어로는 '쎄메이온(σημεῖον)'이다. 이는 기적과는 다르다. 기적은 그 역사 자체가 놀라운 일이지만, 표적은 그 기적에 어떤 의미가 부여된 것이다. 그러므로 표적에는 의미가 있다.

혼인이라고 하면 인생에서 가장 즐거운 때이다. 복음을 혼인 잔치로 비유한다. 예수님이 복음을 말씀하실 때 아들의 혼인 잔치로 비유해서 이야기하셨다. 살찐 것을 잡아 놓고 사람들을 초청해서 '먹으라'는 것이다. 복음은 혼인 잔치이다. 하지만 율법은 그렇지 않다. '와서 일하라, 올바르게 행하라, 금식하라, 열심히 신앙생활해라'는 등 사람을 힘들게만 하는 것이다. 이것이 율법이다. 그러나 복음은 일할 것 없이 잔치를 벌여 놓았으니 와서 마음대로 먹으라는 것이다. 이것이 복음으로의 초대이고 혼인이다. 요한복음 1장의 생명 주는 일, 사람들이 말씀이요 그 안에 생명이 있고 참 빛이신 예수를 믿어서 하나님의 자녀 되는 일은 복음이다. 혼인 잔치라고 말할 수 있다. 그래서 이 사건이 가장 먼저 나온다. 그리고 예수의 어머니가 그 자리에 계셨다.

2절, 예수와 그 제자들도 혼인에 청함을 받았더니

예수님이 계시기 때문에 이야깃거리가 있는 것이다. 예수님이 안 계시면 아무 이야깃거리가 없다. 복음의 이야기는 예수로부터 시작된다. 신약의 시작도 예수로 시작된다. 요한복음의 시작도 말씀(예수)로 된다. 1장의 안드레, 요한, 게바, 바돌로매, 빌립 등의 인생의 이야기가 예수를 만나고부터 펼쳐진다. 어쩌면 그 혼인집은 어머니 마리아와 친한 집안이어서 그곳에 가서 일을 도왔을지도 모르겠다. 그러다가 예수님과 제자들도 와서 드시라고 초청을 받은 것 같다.

3-4절, 포도주가 모자란지라 예수의 어머니가 예수에게 이르되 저희에게 포도주가 없다 하니 4 예수께서 가라사대 여자여 나와 무슨 상관이 있나이까 내 때가 아직 이르지 못하였나이다

'가나'라는 말은 연약하다는 뜻이다. 연약한 인생들은 뭔가 즐거움을 추구한다. 혼인 잔치의 꽃은 술이다. 술이 없으면 혼인 잔치는 재미가 없다. 맛있는 음식을 아무리 내놓아도 술을 찾는다. 인간이 이 세상에 살면서 그래도 인생의 가장 꽃피는 시절은 혼인 때이다. 그 혼인 시절 중에서도 가장 즐거운 꽃은 술 곧 포도주이다. 오늘 날도 우리 나라 고급 호텔의 혼인식에는 포도주가 나온다. 사람들은 이 달콤한 포도주로 인생의 맛을 내고 싶어 한다. 학문적 성취를 위해서 애쓰고 부를 축적하기 위해, 어떤 사람들은 권력을 잡으려고, 벗들과 우정을 돈독히 하기 위해서, 또 어떤 사람들은 행복한 가정을 꾸리기 위해서 좋은 배우자를 얻음으로 달콤한 이 세상의 포도주를 맛보려고 뛰어다닌다. 그것이 나름대로의 인생의 맛을 더하는 포도주이다. 그런데 문제는 이 포도주가 언제나 존재하는 것이 아니라는 사실이다. 언젠가는 떨어진다는 말이다. "포도주가 모자란지라". 영어로는 'run out', 즉 닳아 없어지는 것이다.

혼인 잔치에 포도주가 떨어지니 문제가 생겼다. 사람들이 즐거워야 하는데, 그 즐겁게 하는 요인인 포도주가 떨어진 것이다. 어떤 혼인식에 가면 포도주가 비싸니 조금만 주문해서 모자란다. 하객들은 약간 불평스러워하는 것을 본 적이 있다. 이 예수님이 초청받은 혼인잔치에 포도주가 떨어졌단다. 오늘날 병원에 가보면 소망 없이 누워있는 많은 환자들 얼굴에서 인생의 포도주가 떨어진 모습을 본다. 나이 들어서 돈도 없고 버림받은 것 같은 노인들, 그런 분들의 얼굴에서 포도주가 떨어진 듯한 무표정을 읽는다. 그들도 젊었을 때는 달콤한 포도주를 누릴 때가 있었다. 청년 시절이 있었고, 친구들과 보냈던 즐거운 시절이 있었으며, 연애 시절과 혼인 시절이 다 있었다. 그러나 그런 인생의 포도주는 세월이 가면서 떨어진다. 청년들은 떨어질 것 같지 않다고 여겨지겠지만 나이가 들어보라.

이 세상의 정욕과 즐거움과 모든 것이 떨어져버린다. 그리고 인생의 재미가 별로 없게 된다. 그러다보니 재밌는 포도주를 또 만들어보려고 애를 쓴다. 동창회를 조직하기도 하고 친구들끼리 재미있는 인터넷 카페도 만든다. 계속 포도주를 만들어보려고 애를 쓰는 것이다. 실상 종교 생활도 일종의 포도주를 만들려는 생활이다. 만일 그곳에 예수가 없고 십자가가 없이 율법만 있다면 그 종교 생활도 역시 포도주가 떨어지게 된다. 갈라디아 교회들이 복음 진리에서 벗어났을 때 성령의 포도주가 사라지고 물고 먹으며 서로 헛된 영광을 추구하며 분쟁과 다툼에 떨어지는 것을 보았다. 고린도 교회도 마찬가지이다. 그들 가운데도 거짓교사들의 가르침이 들어왔을 때 참된 포도주인 사랑이 사라졌다. 교회 생활이 재미가 없다. 사람을 더욱 피곤하고 지치게 만드는 것이다. 이것이 포도주가 떨어진 교회생활이다. 그러나 결국 시간이 지나고 나이가 먹어가면서 '아, 인생은 별것이 아니구나' '교회 생활도 참 힘들구나' 모두 '가나'로구나! 라는 것을 깨닫게 된다. 처음에는 조금 열도 나고 좋은 것도 있고 하던 삶이라는 것이 세월이 흐르면서 아무 맛도 없는 맹물임을 느끼게 된다. 그리고 조금 남아 있던 포도주는 떨어져 버리고 만다. 그런데 주님은 바로 그런 사람들에게 생명의 역사를 하시러 오신다는 것이 요한복음 2장의 요점이다. 1장에서는 대원칙만 이야기하고 있지만 2장에서는 그 원칙이 어떻게 적용되는 것인가를 하나씩 설명하고 있는 것이다.

"예수의 어머니가…저희에게 포도주가 없다 하니". 이런 상황에서 나선 것은 예수님의 어머니였다. 포도주가 떨어진 사정을 제일 잘 아는 사람, 예수님에게 그것을 알려줄 수 있는 사람이 마리아였다. 1장 13절을 보면 하나님의 자녀가 되는 놀라운 역사, 이 생명 얻는 놀라운 역사는 혈통으로

나 육정으로나 사람의 뜻으로 하지 아니하고 사람의 뜻으로 나지 아니하고 오직 하나님께로서 난 자들이라고 하셨다. 생명 얻는 일은 사람의 뜻으로 되지 않는다. 이것은 하나님이 하시는 일이다. 그분의 때에 하나님이 역사하셔서 새 생명이 주어지는 것이다. 사람이 구원받는 일은 사람의 뜻대로 되지 않는다. 오늘 날 사람이 하면 생명의 역사든 성령의 역사든 무엇이든지 하면 된다고 생각하고 열을 내는 사람들이 얼마나 많은가? 하나님의 뜻대로, 하나님께서 역사하시고 성령이 도와주시지 않으면 아무 것도 되는 일은 없다.

5절, 그 어머니가 하인들에게 이르되 너희에게 무슨 말씀을 하시든지 그대로 하라

어머니가 조금 더 아시는 것이 있을 수 밖에 없다. 주님과 함께 있었던 시간이 많은 연고이다. 따라서 마리아는 예수님의 말씀을 듣고 즉시 순종을 하고 돌이킴이 있다. 그러면서 하인들에게 예수님이 무엇을 시키든지 그대로 하라고 당부한다. 예수를 오래 따른 자와 어린 자의 차이는 바로 이것이다. 육체적인 어린 성도들은 진리가 도달해도 쉽게 돌이키지 않는 것이 있는 것이다.

6-7절, 거기 유대인의 결례에 따라 두세 통 드는 돌 항아리 여섯이 놓였는지라 7 예수께서 저희에게 이르시되 항아리에 물을 채우라 하신즉 아구까지 채우니

당시에 유대인들은 정결례를 했다. 그것은 구약 성경에 있는 것은 아니라 장로들이 만든 규례이다. 음식을 먹을 때는 반드시 씻어야 한다. 집에 들어갈 때는 손을 씻어야 한다. 나갈 때도 씻어야 한다. 이것이 정결케 되는 결례이다. 그렇게 하면 정결케 된다고 생각했다. 그런 용도로 돌 항아리 6개가 있었다. 이 여섯이라는 숫자에도 의미가 있다. 사람이 여섯째 날에 창조되었다. 여섯째 날에 창조되었기에 인간을 표시하는 숫자는 항상 6이다. 666은 피조물의 숫자이다. 하나님의 숫자는 1이나 3이다. 사람의 숫자는 4이나 6이다. 주님은 항아리에 물을 채우라고 했다. 이 돌 항아리는 결례를 위한 것이지 신약의 필수 요소가 아니다. 그러나 예수님이 어떤 역사를 하기 위해서는 그 주위에 있는 것, 그들이 하는 어떤 것을 그대로 사용하시는 것을 볼 수 있다.

주님은 물을 채우라고 하셨다. 그럴 때 하인들은 예수님의 말씀을 듣고 하라는 대로 했다. 물을 채웠다. 그들은 '지금 필요한 것은 포도주입니다. 물을 채운다고 무슨 소용이 있겠습니까?'라고 하지 않았다. 6개 항아리에 물을 채우라고 하자 하인들은 아무 말 없이 물을 채웠다. 이것은 예수의 방법이다.

사람들이 죄를 짓고 탐욕이 있고 나쁜 기질이 있고 습관이 있는데 어떻게 그것을 버려야 하는가? 이 세상 사람들의 생각 같아서는 아주 눈물을 많이 흘리고 고통스럽고 참담한 심정을 느껴야 하고 많은 시간 회개해야 한다고 이야기할 것이다. 그러나 예수님은 그런 식으로 말씀하시지 않는다. 늘 간단하다. 방법이 다르시다. '주 예수를 믿으라. 나를 따르라. 나를 따르는 자는 생명의 빛을 얻는다' 단순하다. 그대로 하면 된다.

예수님은 돌 항아리 6개(6은 인간을 표시하는 수이다.)에 물을 가득 채우라고 했고, 그들은 말씀 그대로 아구까지 가득 채웠다. 예수님의 말씀을 듣고 하라는 대로 순종하는 사람들은 온전한 방식으로 해야 한다. 물이 두세 통이 드는 항아리라고 했으니 그 돌 항아리에는 물이 굉장히 많이 들어간다. 그리고 '아구까지'라는 말은 조금 하다가 멈추는 것이 아니라 계속 부어서 넘실넘실하게 가득 채웠다는 이야기이다. 이것이 하나의 믿음이요 순종이다. 믿음과 순종이 없는 곳에서 주님의 기적은 일어나지 않는다.

아구까지 채우라

여러분이 만일 주님의 기적, 물이 포도주가 되는 기적, 생명의 놀라운 역사가 일어나게 하려면 주님이 하신 명령을 단순한 마음으로 따라야 한다. 이것이 바로 믿음의 행위이다. 그렇게 해서 될까라고 의심하지 말고 시키는 대로 하면 된다. "마지막이 가까워옴을 볼수록 너희는 모이기를 폐하지 말라"는 말씀이 있다. 여러분 가운데 '그렇게 맨 날 모인다고 뭐가 되겠어. 맨 날 모여도 아무게 보니까 하나도 안 변하던데'라고 생각하는 사람들이 있을지 모른다. 그런 사람들은 두세 통 드는 항아리에 한 통정도만 채워놓고서 '한 번 포도주가 되게 하려면 해보라' 하는 사람과 비슷하다. 그러나 아구까지 채워야 하는 것이다.

전도하는 것도 마찬가지이다. 땅끝까지 다니면서 복음을 전하라고 하셨는데 한두 번 해보다가 안 된다고 그만 두고 만다. 한 통 정도 붓고서 '기적이 일어나는가 보자'라고 하지만 안 되는 것이다. 그리고는 아예 하지 않는 것이다. 하지만 정말 전도를 많이 해본 사람은 경험이 있다. '오늘 한 사람은 반드시 구원시켜야지' 하면서 다니다가 5명을 만났는데 한 사람도 못 얻고는 피곤해서 집에 돌아가려다가 '그래도 한 명만 더 해보자' 하고 6명째 전했을 때 사람을 얻는다는 이야기를 많이 들었다. 이처럼 주님의 말씀을 순종해서 아구까지 채워서 넘치게 하는 사람에게 기적이 일어난다.

우리가 외국에 나가서 선교를 할 때 한 나라에 가서 그저 한 번 전하고 두 번 전한 후에 '아, 교회가 안 일어나는구나' 하고 포기했다면 지금 어느 나라에도 교회는 없을 것이다. 우리는 주님이 가라 하셨기에 갔다. 전하라 하셨기에 전했다. 처음에는 전해도 잘 안 되었다. 그런데 될 때까지, 아구까지 넘치도록 부었다. 우리들이 3-4년 동안에 7-8번 가서 전했을 때, 그때 교회가 일어났다. 주님의 놀라운 역사가 그때 일어났다. 우리는 이것을 한두 번 체험한 것이 아니다. 우리가 가서 교회를 세운 나라가 10개국이 넘는다. 그런 많은 체험을 통해서 어떤 일을 대할 때 안 될 것 같더라도 주님의 말씀대로 우리 편에서 해야 할 일을 다 할 때에 역사가 일어난다는 것을 배웠다.

그래서 아구까지 채우라는 명령에 따라 아구까지 채우는 일은 대단히 중요하다. 주님의 명령을 순종할 때는 온 마음으로 온 정성으로 해야 함을 기억하기 바란다. 어떤 일이든지 똑같다. 성경 읽는 것도 마찬가지이다. 나는 젊을 때부터 성경을 사랑해왔다. 성경을 잘 알고 깊이 이해하며 잘 가르치는 사람들을 볼 때 나도 그렇게 되기를 간절히 원했다. 그래서 성경을 많이 읽었다. 한두 번 읽어도 안 되었다. 서너 번 더 읽어도 안 되었다. 나는 성경을 아구까지 채우는 방식으로 읽었다. 지금도 그렇게 읽는다. 읽고 또 읽다보면 아구까지 넘치는 날이 온다. 그때 물은 포도주가 되고 마는 것이다. 기도도 마찬가지이고 전도도 마찬가지이다. 이것이 주님이 생명의 역사를 하시는 원칙이다.

미국의 전도자 D.L Moody는 "나는 게으른 사람이 구원받는 것을 한 번도 본적이 없다"고 말했다고 한다. 종교개혁자 루터는 신부였다. 그는 신부로서 할 수 있는 최선을 다했다고 한다. 그는 자신의 신부의 고행하는 수련이 주님을 만나게 하는 것이라면 그 할 수 있는 일을 가장 최선으로 다 행하였다고 술회했다. 나는 바울도 동일하다고 생각한다. 그는 유대교도로서, 바리새인으로서 하나님을 위한다는 일을 최선을 다해 행하였다. 자신의 안위와 행복도 버리고 그저 하나님을 위한다는 일이라면 예수믿는 자들을 잡으러 외국까지도 쫓아다녔다. 끝창까지 가는 사람에게 길이 있는 법이다. 중도파는 주님을 만나지 못한다. 어느 정도 하면서 만족하고 이 정도면 좋은거야... 자위하며 신앙생활하는 사람들은 아구까지 물을 채운 사람들이 아니다.

사도 바울은 고린도전서 3장에서 "나는 심었고 아볼로는 물을 주었으되"라고 했다. 사역자들은 이렇게 한다. 심으라고 하셨으니 심는다. 물을 주라고 하셨으니 물을 준다. 물을 주는 것은 성도들을 양육하는 것이다. 그러나 자라나게 하시는 분은 하나님이시다. 기적이 일어나도록 역사하는 분은 하나님이시다. 나에게 병자들을 위해서 기도해달라는 부탁을 하시는 분들이 많다. 최근에는 동창 친구들이나 그들의 아내들 중에서 몸이 아프고 심각한 질병에 걸린 사람들이 있다. 자신들의 교회 담임목사님도 있는데, 굳이 나를 부른다. 내일 새벽에도 가야할 곳이 있다. 나는 기도하러 갈 때마다 기적을 일으키러 간다는 생각이 없다. 그것은 하나님이 하실 일이다. 나는 다만 물을 아구까지 채우러 갈 뿐이다. 그것이 우리가 할 최선의 일이다.

아구까지 채운다는 것은 무엇을 하든지 우리의 힘을 다해 '말씀대로 따라 하는 것'이다. 예수님의 말씀이기에 따르는 것이다. 우리 편에서 말씀에 따라 순종하여 온 정성으로, 온 마음으로, 힘을 다하는 것이다. 예를 들어 기도 하나를 하더라도 집에서부터 써보기도 하고, 또 그 기도를 하는 것 자체를 위해서도 기도를 한다. 성도들에게도 기도해 달라고 부탁한다. 지나가다 한 번 기도하는 것이 아니라 무엇을 하든지 한 가지를 할 때 물을 아구까지 채우는 방식으로 하는 것이다. 그 자체가 무슨 기적을 행사하는 방식으로 하는 것이 아니라, 우리 편에서 주님의 말씀을 순종하여 온 마음으로 한다는 것이다.

하나님의 동역자

바울이 "나는 심었고 아볼로는 물을 주었으되 오직 자라게 하시는 이는 하나님이시니라"고 말했듯이 능력과 기적은 그분께 속한 것이다. 우리에게 속한 것이 아니다. 우리가 이렇게 성실하게 온 마음으로 주님의 뜻을 수행할 때 하나님은 우리의 동역자가 되신다. 하나님께서 우리와 함께 일하실 것이다. 고린도 후서 6장 1절에서 바울은 '하나님과 함께 일하는 자로서 너희를 권하노니'라고 말했다. 우리가 하나님의 말씀을 따라 행할 때 우리는 하나님과 함께 일하는 동역자가 될 것이다.

하나님은 홀로 일하기를 원치 않고 언제나 이 땅에 하나님의 도구를 두신다. 모세 같은 사람, 바울 같은 사람, 그리고 이 시대에도 우리 같은 사람들을 두시고 우리를 통해서 그분이 원하시는 대로 놀라운 역사를 하게 하시는 것이다.

하나님께서는 교회로 하여금 성령으로 충만케 하고 인수도 더해지게 하고 부흥이 일어나게 하는 등의 많은 역사를 하시기 원하지만 그런 역사를 준비하도록 하는 일은 우리에게 맡겨진 것이다. 하나님은 무에서 유를 창조하신 분이시니까 물을 퍼다 부을 것도 없이 그냥 다 만드시는 식으로 그렇게 역사하지 않으신다. 사람들이 할 수 있는 것은 하게 하신다. 물도 거기 있고 항아리도 거기 있다. 주께서 가져다 부으라고 하실 때 믿음으로 순종하는 한 무리가 필요한 것이다. 온전한 마음으로 그분의 말씀을 이행하는 한 무리가 필요한 것이다. 게으르고 마땅히 할 일을 하지 않는 자들에게는 어떤 일도 맡기시지 않는다.

비록 그들은 멸시받는 땅에 살고, 비록 그들은 연약한 갈대 같은 인생들이지만, 비록 그들에게는 포도주가 다 떨어졌지만, 그러나 그들에게는 주님의 최소한의 명령을 순종하는 그러한 귀함이 있었던 것이다. 적어도 주님의 복음을 듣고 그 말씀에 귀 기울이면서 믿어보려고 하는 마음이 그들에게 보였던 것이다. 그러한 자들에게는 하나님이 역사할 수 있는 근거가 있게 된다.

8-10절, 이제는 떠서 연회장에게 갖다 주라 하시매 갖다 주었더니 9 연회장은 물로 된 포도주를 맛보고 어디서 났는지 알지 못하되 물 떠온 하인들은 알더라 연회장이 신랑을 불러 10 말하되 사람마다 먼저 좋은 포도주를 내고 취한 후에 낮은 것을 내거늘 그대는 지금까지 좋은 포도주를 두었도다 하니라

그리고 그들이 아구까지 채웠을 때에 이제는 떠서 연회장에게 갖다 주라고 하셨다. 연회장이란 그 잔치의 호스트이다. 모든 잔치를 책임지는 사람이다. 그런데 그 연회장이 물로 된 포도주의 맛을 보고는 '이것은 어디서 난 포도주인가?'하고 의아해했다. 그는 그 출처를 몰랐던 것이다. 그런데 물을 떠온 하인들은 알았다(9절). 왜 물 떠온 하인들은 알지만 연회장은 모르는가? 연회장은 교회로 말하면 지위만 갖고 거드름만 피우는 사람이다. 그런데 물을 떠온 사람은 자기들이 직접 항아리에 물을 부었고 그것을 다시 떠다 주었을 때 그것이 포도주가 된 것을 보았지 않은가? 물을 가득채워보았고 그 물을 떠온 사람들은 인생의 끝물까지 갔다가 물을 포도주가 되게 하신 주님의 기적을 체험한 사람들이다. 직접 그 기적을 체험한 사람들은 그 포도주가 어떻게 생긴 것인 줄 알지만, 연회장은 그런 것을 일일이 하지 않기에 모르는 것이다.

나는 최근에 교회당을 새로 옮기는 과정에서 진정으로 이 말씀을 체험하였다. 진짜로 불가능을 가능케하는 방식으로 하나님은 교회당을 새로 구입하도록 인도하셨다. 그러나 불순종하는 몇몇 사람들도 있었다. 이 일을 하는 가운데 하나 하나 순종하면서 함께한 사람들은 주님의 기적을 체험하였다. 그러나 그 모든 시설을 누리기만 하는 사람들은 이것이 어떻게 되어서 생겨났는지를 알지 못했다. 그 일에 동참한 형제들은 이 장면의 하인들처럼 "물 떠온 하인들은 알더라"의 체험을 확실히 했다. 그들은 사람이 도저히 할 수 없는 여러 가지 일을 하나님께서 한 가지씩 도와주시고 역사하심을 보았다. 그리고 그들의 믿음이 증가되었다.

무엇이든 남을 시키고 대우나 받기를 좋아하는 사람들이 교회에도 있을 수 있다. 그런 사람들은 '이게 어떻게 된 일인가?'하며 성도들 속에 일어나는 기적의 생명의 역사를 모른다는 것이다. 그래서 잘못하면 그런 사람들이 어린 생명들을 죽이는 일을 한다. 그는 생명의 귀한 회개의 역사와 성장의 역사와 변화의 역사가 일어나는데 모른다. 그래서 그런 사람들을 탄압하고 핍박하기도 한다. 이 생명의 역사는 주관적으로 그 일에 참여한 사람들만이 안다. 나는 성도들이 교회생활이든지 봉사든지 직접 참여하기를 권하겠다. 그럴 때만이 그 기적의 역사를 친히 맛보게 된다. 연회장이 신랑을 불러서 말했다. "말하되 사람마다 먼저 좋은 포도주를 내고 취한 후에 낮은 것을 내거늘 그대는 지금까지 좋은 포도주를 두었도다"(10절).

일반적으로 이 세상 사람들은 먼저 좋은 포도주로 취하게 한 다음에 정신이 없을 때 안 좋은 포도주를 낸다. 그런데 여기 있는 이 포도주, 이전에 마셨던 것보다 더 좋은 포도주는 무엇인가? 하나님의 생명을 말하는 것이 아니겠는가? 이전에 인생 가운데서 혼인 잔치와 그 가운데 포도주를 맛보고 누렸던 체험이 우리 모두에게 있다. 사람들은 지금도 이리저리 다니면서 나름대로 포도주를 찾고 있다. 혼인 잔치의 즐거움, 그 꽃인 포도주를 찾고 있다. 이 세상의 행복과 쾌락, 많은 친구들, 성공, 부귀, 물질 등이 혹시나 인생에게 포도주를 갖다 줄까 해서 찾아다니는 것이다. 그런데 이 포도주가 다 떨어져서 이제 물을 가득 채웠다. 돌 항아리 6개는 인생을 의미한다. 그리고 물을 아구까지 가득 채우라고 하셨다.

물은 두 가지의 반대적인 용법으로 쓰인다. 하나는 생명을 뜻하기도 하고 반대로 사망을 뜻하기도 한다. 홍해의 물은 사망의 물이다. 물을 포도주로 바꾼다고 할 때 물이 좋은 것이면 왜 포도주로 바꾸겠는가? 따라서 이 말씀에서의 물은 적극적인 용법(이를테면 말씀이라든가 생명의 물이라든가)으로 사용된 것이 아니다. 사망의 물, 침례의 물로 해석함이 옳다. 이는 요한복음 3장의 물도 같은 것이다.

이 아구까지 물을 채우라는 것은 무슨 의미인가? 어떤 때에 물이 생명으로 화하는가? 바로 사람의 상태가 극도로 사망에 이르렀을 때 기적이 일어나는 수가 많다는 것이다. 내가 거듭날 때도 그러했다. 완전히 이 사망의 물이 아구까지 찼을 때이다. 당시 나는 대학교 3학년이었다. 더 가면 폭발했을 것이다. 그 때 나는 술집을 전전하며 방탕의 생활의 극을 달리고 있었다, 그 이전의 날도 술집에 빠져서 거의 고주망태가 될 정도의 술을 마셨다. 그러나 내 깊은 속에 "이건 아닌데!" 하는 느낌이 들었다. 그것은 나의 방탕생활이 아구까지 찬 느낌이었던 것이다. 바로 그 다음 날 나의 인생을 바꾸는 역사가 일어나게 되었고 주님이 나를 생명으로 바꿔주셨다. 이 구절은 그것을 예표하는 것이 아니겠는가? '아구까지 채워라' 어떤 사람은 예수 믿으라고 하면 '아직 멀었어. 좀 더 즐기다가…'라고 한다. 이런 사람은 아직 아구까지 차지 않은 사람이다. 재미를 좀 더 보려고 한다. 하지만 세상에서 할 것을 다 해보고, 맛볼 것을 다 맛보고 나니 결국 이 세상 아무것도 없다는 것을 깨달은 사람들이 있다. 하나님이 아구까지 채워주신 사람들이 있다. 있던 재산 다 날리고 명예도 다 날리고 재미도 다 끝나버렸다. 그것이 사망이 아구까지 찬 것이다. 그때 하나님이 찾아오신다. 생명의 역사는 바로 그때 일어난다.

교회생활이든 사역이든 마찬가지이다. 누가 나에게 당신의 사역의 경험을 말해달라고 한다면 나는 한 마디로 할 말이 있다. '실패'라는 단어이다. 지난 세월을 돌이켜 보면 잘 한 것이 별로 없고 온통 실수와 실패뿐이다. 나는 이 말이 진정이고 나는 내가 무엇을 말하는지 안다. 그런데 하나님의 역사하시는 원칙은 기묘하다. 사람의 끝장의 그 순간이 그분의 일의 시작이다. 내가 사역의 실패로 인하여 절망과 좌절 속에 눈물을 흘리는 그 순간 주 예수는 사망의 물을 생기와 활력의 포도주로 바꾸는 일을 하셔왔다. 그래서 나는 주님의 일은 주님이 하신다는 말을 하게 된다. 그러나 유감스럽게도 오늘날 결코 끝장에 가지 않는 답답한 사람들이 많이 있다. 그들은 한 면으로 포도주를 맛보기 원하지만 물이 아구까지 차지 않음으로 답답한 생활을 계속하고 있다. 어느날 물이 아구까지 차는 때가 올 때 그들은 기적같이 물이 포도주가 되는 체험을 하게 될 것이다.

이처럼 2장에서는 1장의 생명의 역사가 어떤 방식으로 어떤 원칙으로 일어나야 하는지 알려준다. 귀한 생명의 역사는 일어나는 것을 물과 포도주로 비교했다. 원래 인간이 가지고 있던 것은 물이다. 포도주는 새 생명을 가리키는 것이다. 포도주는 마시면 우리를 기쁘게 한다. 열광하게 하는 것이 있다. 평상시와 좀 다른 기쁨을 누리게 하는 것이 있다. 그래서 사람들이 술을 마시는 것이다. 술이라고 하는 것은 삶에 어떤 맛을 준다. 그래서 세상 사람들이 술을 좋아한다. 술을 못 마신다고 하면 사람들은 무슨 맛으로 사느냐고 묻는다. 그러나 요한복음 2장은 우리 그리스도인들은 더 좋은 포도주를 얻은 사람들이라고 말해주고 있다. 그래서 우리도 되묻는다. '예수를 안 믿으면 무슨 맛으로 사는가?' 주님은 우리의 인생에 기쁨과 맛을 주기 위해 오신 분이다. 이분이 없으면 활력이 나지 않는다. 산 소망, 산 생명, 그 살아 있는 느낌이 생기지 않는다. 그러나 주님이 있으면 진짜 살맛이 나고 활력이 나고 솟아나는 소망이 있다.

또한 물이 포도주로 변하는 것은 인간의 생각을 뛰어넘는다. 어떻게 물이 포도주로 변할 수 있는가? 포도주가 되려면 포도나무를 심고 가꾸고 열매를 거두고 짜서 발효의 과정을 거치는 등의 수고가 필요하다. 그래서 포도주가 생산된다, 그러나 주 예수님은 그냥 물을 포도주로 순식간에 변하게 하신 것이다. 이런 일이 우리 인생 가운데 일어날 수 있음을 보여주는 그림이다. 여러분이 절망스럽고 이제 끝이다 할 바로 그때 주님은 물을 포도주로 변케 할 수 있는 분임을 알려주신다. 절망스러운가? 사망이 아구에까지 찼는가? 잠시만 기다려보라! 순종과 믿음으로 말씀을 따라 움직여보라! 상상할 수 없는 역사가 일어날 수 있다.

11절, 예수께서 이 처음 표적을 갈릴리 가나에서 행하여 그 영광을 나타내시매 제자들이 그를 믿으니라

하나님의 영광을 나타내심

이것은 실제로 있었던 일이다. 실제로 예수님은 물을 포도주로 만들어서 많은 사람들을 마시게 하는 기적을 행하셨다. 주 예수님은 이렇게 놀라운 영광을 가나에서 나타내셨다. 물을 포도주로 만드신 일은 보통 일인가? 그렇지 않다. 사람의 생각으로는 상상조차 할 수 없는 일이다. 물을 술(포도주)로 변케 하신 것은 인간의 능력 밖의 일이기 때문이다. 창조주만이 하실 수 있는 일이다. 따라서 요한은 이를 처음 표적을 갈릴리 가나에서 행하여 하나님의 영광을 나타냈다고 말한다. 우리는 일반적으로 포도주를 만드는 것이 그저 포도를 따다가 눌러짜서 숙성시키면 자연히 발효하여서 포도주가 될 것이라고 생각한다. 그러나 좋은 포도주가 만들어지려면 그렇게 쉽지 않다는 것을 알게 될 것이다. 포도주에 관한 전문지식이 있는 사람들은 좋은 포도주를 만들기 위해서는 좋은 포도를 재배해야 된다고 말한다. 그러나 좋은 포도를 생산하는데 있어서는 천혜지형이어야 하지 아무데서나 좋은 포도를 재배할 수 없다. 좋은 포도를 생산하려면 그 포도밭이 위치한 곳의 기후가 좋아야 하고 적당한 낮과 밤의 일교차가 있어야 하며 남향의 곳이나 경사도가 상당한 곳에서 좋은 포도가 열린다고 한다. 전문가들은 포도의 생산과 포도주를 만드는 많은 과정에서 좋은 포도주를 만들기 위해서 사람이 할 수 있는 것이 별로 없다고 말한다. 과학과 미생물학이 이렇게 발전된 현실에서도 포도주가 어떻게 숙성되고 발효하는지 그 매커니즘조차도 설명하지 못하고 있다고 한다. 이렇게 좋은 포도주를 만드는 일은 간단한 일이 아니다. 주님은 어떻게 최상의 포도주를 만드실 수 있었는가? 포도주를 잘 아는 중동의 사람들은 그 사실이 매우 놀라운 사건이 아닐 수 없었을 것이다. 실로 창조주의 능력이 아니고서는 이런 일을 할 수 없다. 요한복음은 그분이 태초부터 계신 말씀으로서, 창조주로서 말씀이 육신이 되신 분임을 증명하고 있다. 우리는 요한복음 2장에서부터 인간이 도무지 이를 수 없는 경지의 일을 해내시는 한 분을 대하게 된다. 아! 이분이 누구신가? 모든 사람이 대답해야 할 질문이다.

처음 표적

이는 또한 단순한 기적 이상의 특별한 의미가 담겨 있는 '표적'으로서 주님이 행하신 처음 표적이었다. 요한복음에서 1장에서 21장까지 주의깊게 읽어보면 많이 나오는 단어가 있는데 그것은 생명이라는 단어이다. 요한복음을 읽으면서 그것을 느끼지 못했다면 그것은 요한복음을 잘 읽지 못한 것이다. 1장에서도 중심적인 단어는 생명이다. 1장 4절에는 "그 안에 생명이 있었으니 이 생명은 사람들의 빛이라". 생명의 떡, 생명의 물 등, 요한복음에는 생명이라는 말이 많이 나온다. 10장 10절에서 주님은 "내가 온 것은 양으로 생명을 얻게 하고 더 풍성히 얻게 하려는 것이라"고 하셨다. 예수님은 우리에게 생명을 주러 오셨다. 우리 인간에게는 생명이 없기 때문이다. 성경에서 말하는 생명은 원래 우리에게는 없다.

요한복음 2장에서 예수님은 물을 포도주로 만드는 기적을 처음 베푸셨다. 그때 물을 돌 항아리 6개에 담으라고 하셨다. 6은 사람의 숫자, 인간의 숫자이다. 물은 사망도 뜻한다. 물은 포도주와는 다르다. 포도주는 마실 때 뭔가 그 내용이 있다. 그러나 맹물은 맹탕이다. 원래 그대로의 인간을 물이라고 한다. 여기에서의 물은 생명이라고 말할 수 없다. 이 물이 포도주가 되어야 뭔가 내용이 있게 된다. 돌 항아리에 가득 들은 물, 그것이 바로 여러분이다. 그것이 우리 인간이다. 그런 우리가 주 예수를 믿었다. 주님이 기적을 베푸는 순간 믿은 사람은 그 내용물이 변한다. 물이 포도주로 변한다. 과거에 우리가 갖지 못했던 생명을 얻는다. 이것을 표적으로 보여주신 것이다.

물을 포도주로 변하게 하신 일은 특별한 의미가 담겨 있는 '표적'으로서 주님이 행하신 처음 표적이었다. 이것은 기적일 뿐 아니라 표적인 것이다. 헬라어로 기적은 '두나미스(δυναμις)"라는 말을 사용했고(다이나마이트 할 때), 표적이라고 말할 때는 그것은 사인(sign)으로서 거기에는 어떤 뜻이 포함되어 있다. 여기서 물로 포도주를 만든 사건은 표적이라고 했다. 뭔가 의미하는 바가 있는 것이다. 표적은 '쎄메이온(σημεῖον)'이다. 그것은 바로 어떤 뜻을 상징을 통해서 우리에게 보여주는 그런 기적이라는 것이다.

물은 마시면 그냥 우리를 살게 한다. 생명을 유지하게 한다. 그런데 포도주는 마셨을 때, 뭔가 들뜨게 하고, 일깨우고, 재미있고 활력 있게 만든다. 첫 사람 아담은 산 혼(living soul)이 되었고 마지막 아담은 살려주는 영(life giving spirit)이 되었다.

그러므로 인생이 예수를 안 믿으면 생명이 없다. 포도주가 없다. 그 사람은 그냥 아무 맛도 없이 그냥 살아간다. 그러므로 사람들은 이 세상의 술로써 그 맛을 내려고 한다. 세상 사람들은 술이라도 마셔야 살 수 있는 것이다. 그러나 하나님을 믿은 사람은 성령이 곧 술이다. 이 예수를 믿으면 성령을 받는데 이 성령의 술은 이 세상의 술과는 달리 영원한 술이다. 세상의 술은 한 번 마실 때는 좋은 듯하지만 깰 때마다 머리가 아프다. 그런데 성령의 포도주는 이 세상이 주는 평화와도 다르고 즐거움이 그치지 않는다. 우리 속에서 끊임없이 솟아나는 용기와 지혜와 능력과 은혜를 주며 우리가 살아나갈 수 있는 원동력을 제공한다. 이것이 바로 요한복음의 '생명'이다. 예수를 믿었는데도 이 생명의 누림이 없고 이 생명의 체험이 없다면 그 사람은 점검해봐야 한다. 아직 주 예수를 개인적으로, 또 인격적으로 만나지 못했을 수가 있다. 다만 종교적으로 율법적으로 교회생활이라는 카데고리에 사로잡혀서 단체생활만 할 따름이다. 주 예수를 개인의 구주로 만나지 못했으니 죄사함과 성령을 받지 못했을 수도 있다. 제대로 주님을 만나지 않았다는 말이다. 제대로 믿었다면 세상 술 안 마셔도 살 수 있는 그 어떤 것이 속에 있게 된다.

이것을 말해주는 것이 요한복음 2장의 물을 포도주로 변화시킨 사건이다. 그래서 사람들은 원래 술보다 나중에 예수님이 물을 포도주로 만들어 주신 그 포도주가 더 맛있다고 한 것이다. 원래 인간이 추구했던 쾌락이나 즐거움 같은 세상의 술보다 예수를 믿어서 얻은 그 생명의 술이 훨씬 좋다는 것이다. 이것은 가나 갈릴리에서 있었던 일이다. 이는 예수님의 고향에서 일어났던 역사적인 사건이다.

주의 전을 사모하는 열심

13-15절, 유대인의 유월절이 가까운지라 예수께서 예루살렘으로 올라가셨더니 14 성전 안에서 소와 양과 비둘기 파는 사람들과 돈 바꾸는 사람들의 앉은 것을 보시고 15 노끈으로 채찍을 만드사 양이나 소를 다 성전에서 내어 쫓으시고 돈 바꾸는 사람들의 돈을 쏟으시며 상을 엎으시고

요한복음 2장은 두 단락으로 되어 있다. 하나는 가나의 혼인 잔치이고 또 하나는 성전에 올라가서 정결케 하신 일이다. 이 두 번째 사건은 갈릴리가 아니라 예수님이 예루살렘으로 올라갔을 때에 있었던 일이다. 그때는 유월절이었다. 이스라엘의 모든 남자들은 1년에 3차씩 절기 때마다 성전에 올라가서 제물을 드리고 다 같이 하나님을 경배해야 했다. 그런데 성전에 가보니까 소, 양, 비둘기 파는 사람과 돈 바꾸는 사람이 앉아 있었다. 거기서 장사를 하는 것이다. 예수님은 노끈을 구해다가 채찍을 만드셨다.

"노끈으로 채찍을 만드사 양이나 소를 다 성전에서 내어 쫓으시고 돈 바꾸는 사람들의 돈을 쏟으시며 상을 엎으시고"(15절). 예수님은 원래 성품이 이런 분이 아니시다. 온유하고 자비로우시고 사랑스러우시고 어린 아이들을 보더라도 쫓지 말라고 하시고 상한 갈대를 보더라도 꺾지 말라고 하신 분이시다. 그런데 여기서는 참지 않으시고 장사하는 사람들을 내쫓으셨다.

16절, 비둘기 파는 사람들에게 이르시되 이것을 여기서 가져가라 내 아버지의 집으로 장사하는 집을 만들지 말라 하시니

"내 아버지의 집". 이는 성전이다. 오늘날로 말하면 교회이다. 아버지의 집이 교회이다. 당시에는 예루살렘 성전이고 하나님의 거처였다. 그러나 예수님이 십자가에 돌아가시고 부활하시고 성령을 주시고 나서, 이제는 하나님의 집이 교회로 바뀐 것이다. '너희가 하나님의 성전'이라고 했다.

요한복음에서 우리에게 강조해주는 것이 두 가지이다. 첫째는 생명을 얻는 문제이다. 둘째는 생명을 얻은 결과이다. 최종적인 생명의 결과가 무엇인가? 자라고 자라서 하나의 교회로, 하나님의 집으로 건축된다는 이야기이다. 이것이 요한복음에 비밀스럽게 전개되고 있는 스토리이다. 이것은 감춰졌다. 요한이 이 글을 쓸 때는 예수님이 십자가에 돌아가시고 부활하신 후로서 거의 90세가 되었을 때였을 것이다. 그때는 지구상에 교회가 생겨났을 때였다. 그러므로 요한 당시의 교회는 어떻게 보면 사람들 눈에 감춰진 존재이지만 그것은 사실 성전을 대치한 개념이다. 결국은 사람들이 그 생명을 얻어서 결과적으로 이루어지는 것이 아버지의 집이다.

우리 주 예수님은 그분의 생명 주시는 사역의 최종적인 목적, 아버지 집을 이 땅에서 얻고자 하는 것을 대단히 관심하고 계신다. 그래서 주님은 당시 아버지 집인 성전에 오신 것이다. 그런데 상황은 어떠했는가? 사람들이 거기서 장사를 하고 있었다. 사람들은 그곳에서 왜 소를 팔았는가? 왜 양을 팔았는가? 왜 돈을 바꿔주었는가? 당시에 모든 이스라엘 사람들은 아무리 멀리 살더라도 1년에 3번씩은 다 예루살렘에 와야 했다. 유월절 행사를 하고 죄를 속죄하는 일을 하려면 소가 필요하고, 어떤 사람은 양을 필요로 하고, 어떤 사람들은 비둘기를 필요로 하고, 또 성전에 반 세겔의 속전을 내려면 당시의 화폐 말고 성전에 드리는 세겔로 바꿔야 해다. 그러므로 성전에서 파는 모든 것들은 다 유월절 행사를 위해 필요한 것들이었다.

이스라엘 백성들이 거기서 제물을 드리긴 드려야하는데 먼 곳에 사는 사람들, 예를 들어 대전, 수원이나 평택, 서산이나 당진, 강릉 같은 곳에서 소나 양을 몰고 오겠는가? 성전에서 다 파니까 그냥 돈을 가져와서 거기서 사서 제사를 드렸던 것이다. 돈도 성전에서 세겔로 바꿔서 드리기에 편리하게끔 장사를 벌이고 있었던 것이다. 그들이 대제사장이나 성전을 운영하는 사람들의 종교행사에 편리를 제공했기에 그들의 상행위는 용인되었을 것이다. 또 장사들이 돈을 많이 벌면 아마도 성전 책임자들에게도 이익의 얼마간을 나누었을 것이다. 또한 예배에 참석한 백성들도 그들로 인해 굉장히 편리하다고 생각했을 것이다.

이는 예비군이나 민방위 훈련 장면과도 비슷하다. 깜빡 잊고서 모자나 완장을 가져오지 않으면 교관들에게 책망을 당하지 않으려고 그런 물건을 가지고 와서 파는 사람들에게 사는 식이다. 예루살렘에 있는 하나님의 백성들, 성전 가까이 사는 이스라엘 백성들은 다른 일을 할 필요 없이 성전에서 장사를 하면 좋겠다고 생각했던 것이다. 그것은 보장된 장사였다.

주님이 성전에 가보니 그런 짓을 하고 있었던 것이다. 주님은 분노하셨다. 한쪽에 가서 노끈으로 채찍을 만들어서 양과 소를 내쫓았다. 몽둥이가 아니라 노끈을 사용했으므로 짐승들을 아프게 하는 것이 아니라 다만 내몰기 위한 것이다. 돈 바꾸는 사람들의 돈을 그 자리에 쏟았으니 다시 주으면 된다. 주님은 손해는 안 보게 하셨다. 무조건 다 흩어버린 것이 아니다. 비둘기는 날아가면 찾기 어려우니까 파는 사람에게 이것은 그냥 가져가라고 하셨다. 주님은 분노하셔도 거룩한 절제가 있으셨다.

오늘날 소위 '의로운 분노'라고 하며 화를 내는 사람들이 이런 절제가 있는가? 또는 자식이 잘못했다고 혼을 내는 부모들은 절제를 잘 하는가? 닥치는 대로 집어서 때리는 경우도 있다. 우리 주님은 그렇게 하지 않으셨다. 주님은 아버지 하나님에 의해서 철저히 통제된 조절된 분노로 모든 상황을 해결하셨다. 오늘날 주님이 소위 교회라는 곳에 오신다면 과연 기뻐하시면서 칭찬하실 것인가? 아니면 한쪽에서 채찍을 만들고 계시지는 않으실까? 오늘 소위 아버지 집이라고 하는 많은 교회들을 가서 주님이 보시고 '이곳은 참으로 만민의 기도하는 집이다, 너무 좋다'라고 하실 것인가? 아니면 주님은 또 다른 어떤 채찍을 준비하실 것인가? 어떤 사람들은 교회에 가서 돈 벌 생각을 한다. 또 성가대에서 지휘를 하고 한 달에 얼마를 받기도 한다. 오페라를 만들어서 지휘를 해서 돈을 번다면 말하지 않겠다. 그러나 교회에서 하나님을 찬양하는 일에 봉사하고 돈을 벌고, 피아노 쳐주고 돈을 벌고, 소프라노를 해주고 돈을 벌고, 테너를 해주고 돈을 벌겠다면, 이런 일이 있을 수 있는 일인가?

앞으로 사역할 여러분들에게 말하겠는데, 하나님의 성전인 교회를 장사하는 집으로 만들지 말아야 한다. 우리는 그곳에서 성도들과 함께 거룩하신 하나님을 경배하고 섬기는 것이지 그것이 우리의 직업이 될 수 있는 것이 아니다. 그것을 우리의 생계의 수단으로 삼는 것이 아니다. 우리는 성경에서 그런 힌트를 전혀 발견할 수 없다. 누가 그런 본을 보였던가? 사도 바울인가, 디모데인가? 우리는 성경에서 진실한 주의 종들이 교회를 돈벌이 직장으로 만든 예를 하나도 보지 못했다.

우리 주님이 맨 먼저 하나님의 성전, 아버지의 집에 가셔서 하신 일이 의미하는 바는 크다. 장차 주님이 십자가에서 고난당하시고 피흘리시고 구속을 하시고 거듭나게 하셔서 이를 하나님의 집인 교회가 이렇게 되면 어떻게 하는가라는 생각으로 그렇게 하신 것이 아니겠는가? 그곳에서 사람들에게 가장 요긴한 것으로 장사를 하더라도 주님은 '아버지의 집으로 장사하는 집을 만들지 말라'고 하셨다. 정말 필요한 장사를 했음에도 그렇게 말씀하셨다. 그 장사로 인해 성전 주변의 사람들이 먹고 살았다. 누군가 거기다 생계를 대고 있다면 둘러엎어야 한다. 주님이라면 오셔서 둘러엎으신다. 연보궤를 통해서 몇 몇 사람들이 먹고 산다면 그것도 둘러엎어야 한다.

주님이 이런 마음으로 이렇게 한 것이 아니라면 과연 이것은 무엇을 시사하기 위해서 하신 행동이란 말인가? 내 아버지의 집으로 장사하는 집을 만들지 말라고 하셨다. 3년 반 후에 주님이 마지막 사역을 다 마치시고 죽으시기 직전에 마지막으로 예루살렘에 올라가셨을 때도 상황은 똑같았다. 같은 일을 두 번 하신 것이다. 시작할 때 한 번 하셨고 마지막에 십자가에 돌아가시기 전에 가셨을 때도 또 그렇게 하고 있어서 한 번 더 하셨다. 그때는 사람들을 내쫓아버리셨다. 2장에서는 짐승들을 쫓아냈다. 그러자 사람들이 자기 재물들을 쫓아서 나갔을 것이다. 3년 반 후에는 아예 사람들을 쫓아버리셨다. 그러면서 '너희들은 아버지의 집을 강도의 굴혈로 만든다'고 하셨다. 다시 말하면 이들은 강도짓을 하는 사람들이라는 것이다. 이것이 심한 말이라고 생각하지 않는가? 과연 심한 말인가? 아니면 진리인가? 이는 주님의 참된 말씀이다.

시장에서 염소를 팔면 누가 뭐라고 하겠는가? 그러나 교회는 장사를 해서 이득을 챙기는 곳이 아니다. 그런 것으로 이득을 챙기는 자는 강도라는 것이다. 그런데 그에 관해서 요한은 요한복음 10장에서 기록했다. 주님보다 먼저 온 자는 강도이고 삯꾼이라는 것이다. 선한 목자는 자기 양들을 위해서 생명을 버린다고 했다. 삯꾼은 도적이 오고 이리가 오면 양떼를 놓고 도망간다고 했다. 그의 목적은 돈 버는 것이기에 양떼를 위해서 죽을 이유가 없다는 것이다. 그는 그저 학교에 부임해 온 담임선생 정도에 불과한 것이다. 전별금을 받아서 인사하고 가면 그만인 것이다. 이것을 하나님의 집이라고 생각하는가? 이것은 변질된 것이다. 참다운 주님의 집은 그런 곳이 아니다.

17절, 제자들이 성경 말씀에 주의 전을 사모하는 열심이 나를 삼키리라 한 것을 기억하더라

주님이 하신 일은 제자들이 보기에 엄두도 못낼 일이었다. 당시에 이스라엘 사람들은 성전을 중심으로 대제사장 이하 똘똘 뭉쳐 있다. 결국 그 세력이 예수님을 십자가에 못 박은 것이다. 그런데 성전에 가셔서 이런 일을 하시니 제자들이 놀란 것이다. 그러면서 생각한 구절이 '주의 전을 사모하는 열심이 나를 삼키리라'였다. 제자들은 구약의 이 말씀을 기억했던 것이다. "내 열성이 나를 소멸하였나이다"(시 119:139). 이는 '내가 이미 하나님의 전을 위해서 힘을 다하였노라'는 뜻이다. 예수님이 아버지의 집을 사모하는 열심이 넘치다 보니 자기를 삼켰다는 것이다. 우리 앞에는 많은 일들이 펼쳐져 있다. 우리의 위신도 있고 안일과 평안도 있고 안정된 직업도 있고 가족도 있고 삶도 있다. 그것이 주님을 사랑하는 많은 종들에게 혹은 사역자들에게 교회와 주님 자신이나 주님의 전을 위한 일과 경쟁이 되고 충돌이 될 때, 주님을 진정 사랑하는 종들은 자기의 모든 안일과 가족 평안이나 모든 것을 돌아보지 않고 주의 전을 위해서 투자하는 것이다. 그러므로 당시 제자들이나 사람들은 주님의 그런 겁 없는 행동을 보고 '아 어떻게 되려고 저러시나, 앞으로 할 일에 대해서는 조금도 돌아보지 않으시네. 안정되게 찬찬히 해나가셔야 할 텐데 처음부터 너무 강하게 나가시네'라고 했을 것이다. 하지만 주님은 성전의 상황을 보실 때 참지 않으시고 자신을 삼키는 정도의 열성을 보이셨다.

주님을 사랑하는 사람들은 예수를 닮아서 하나님의 집인 교회를 위해서 이렇게 하는 것이다. 사도 바울이 고린도 후서 2장 12-13절에서 이런 말을 했다. "내가 그리스도의 복음을 위하여 드로아에 이르매 주 안에서 문이 내게 열렸으되 내가 내 형제 디도를 만나지 못하므로 내 심령이 편치 못하여 저희를 작별하고 마게도냐로 갔노라". 사도 바울이 고린도 전서를 강하게 써서 보내놓고 이제 그 소식을 가지고 오는 사람이 디도였다. 그를 마게도니아에서 만나기로 한 것이다. 지금 바울은 드로아에 있다. 드로아에서는 전도의 문이 열려서 복음 전할 좋은 기회가 있다. 그런데 사도 바울은 고린도 교회의 소식을 듣기 전에는 심령이 편치 않았다. 교회를 사랑하는 마음 때문에 죽어가는 영혼들에게 복음을 전할 여지도 없었던 것이다. '내가 빨리 마게도니아로 가서 교회의 소식을 듣기 전에는 아무것도 하지 못한다…밥도 먹을 수가 없다' 그리고 그곳으로 달려갔다는 것을 기록한 것이다.

시편 기자는 시편 27편 4절에서 "내가 여호와께 청하였던 한 가지 일 곧 그것을 구하리니 곧 나로 내 생전에 여호와의 집에 거하여 여호와의 아름다움을 앙망하며 그 전에서 사모하게 하실 것이라"고 노래했다. 하나님의 집을 사모했다는 것이다. 그 아름다움을 앙망했다는 것이다. 그는 여호와께 오직 한 가지, 생전에 여호와의 집에 거하게 해 달라고 청했다는 것이다. 또 84편 10절은 "주의 궁정에서 한 날이 다른 곳에서 천 날보다 나은즉 악인의 장막에 거함보다 내 하나님 문지기로 있는 것이 좋사오니"라고 했다. 교회에서 꼭 내가 한 자리를 해야 맛이 아니라 그저 구석에서 하나님의 집에 문지기로 있는 것이 좋다는 것이다. 그리스도의 몸의 작은 지체라도 좋다는 것이다.

"주의 종들이 시온의 돌들을 즐거워하며 그 티끌도 연휼히 여기나이다"(시102:14)라고 했다. 성전의 돌들이 그렇게 사랑스럽고 심지어 그 먼지, 티끌도 사랑스럽다는 것이다. 교회가 사랑스럽다보니 카펫트 바닥의 먼지까지도 사랑스럽다는 것이다. 이런 말씀들은 모두 구약의 성도들이 하나님의 집을 사모할 때의 예이다. 다시 말하지만 하나님을 사랑하는 자들은 하나님의 집을 사랑하게 되어 있다.

18-19절, 이에 유대인들이 대답하여 예수께 말하기를 네가 이런 일을 행하니 무슨 표적을 우리에게 보이겠느뇨 19 예수께서 대답하여 가라사대 너희가 이 성전을 헐라 내가 사흘 동안에 일으키리라

유대인들이 예수님께 물었다. 그러자 주님은 알쏭달쏭한 대답을 하셨다. 유대인들이 예수님께 표적을 보여 달라고 했던 일은 마태복음에도 있다. 그때 주님께서는 요나의 표적밖에는 너희에게 보여줄 표적이 없다고 대답하셨다. 예수님이 이 땅에 오셔서 행하시는 표적은 딱 한 가지, 십자가에 죽고 부활하시는 것이다.

20절, 유대인들이 가로되 이 성전은 사십육 년 동안에 지었거늘 네가 삼 일 동안에 일으키겠느뇨 하더라

그러자 유대인들은 오해했다. 46년 동안 지은 이 성전을 어떻게 3일 동안에 다시 짓느냐는 것이다.

21절, 그러나 예수는 성전된 자기 육체를 가리켜 말씀하신 것이라

결국 주님의 말씀대로 그들은 예수님의 육체를 헐었다. 지금 성전은 예수님인데, 그들은 그분을 십자가에 못 박았다. 그것이 성전을 헐은 것이다. 예수님은 이 땅에 말씀이신 하나님이 육신 되어서 장막을 치고 거하셨던 실제 성전이었다. 이제 이 성전이 바뀌어가는 순간이다. 이것은 어떤 표적인가? 새로운 성전을 건립한다는 것이다. 죽고 부활해서 그렇게 하신다는 말씀을 하고 계시는 것이다. 하지만 그들은 이 말씀을 이해하지 못하고 있다.

22절, 죽은 자 가운데서 살아나신 후에야 제자들이 이 말씀하신 것을 기억하고 성경과 및 예수의 하신 말씀을 믿었더라

죽은 자 가운데서 부활하신 후에 왜 믿을 수 있는가? 구약의 성전은 하나의 예표이고 이제 그림자가 아닌 실제 하나님의 성전이 세워졌기 때문이다. 그제서야 그들은 '아, 이것을 말씀하셨구나' 하고 이해했던 것이다. 교회는 이 땅에 부활하신 예수의 몸이다. 예수가 이 땅에 계실 때는 마리아로부터 받은 몸을 갖고 계셨다. 그분이 십자가에 죽고 사흘만에 부활하신 후 이 땅에는 그분의 부활하신 몸이 있게 되었는데 그것을 바로 교회(그리스도의 몸, 또는 하나님의 성전)라고 한다.

23-24절, 유월절에 예수께서 예루살렘에 계시니 많은 사람이 그 행하시는 표적을 보고 그 이름을 믿었으나 24 예수는 그 몸을 저희에게 의탁지 아니하셨으니 이는 친히 모든 사람을 아심이요

인간은 믿을 만하지 못하다는 말이다. "저희에게 의탁지 아니하셨으니". 의탁지 않았다는 말을 여기서 쓴 이유는 무엇인가? 나는 오랫동안 이 말씀이 왜 여기에 있는지 이해하지 못했다. 인간이 이렇게 나쁘다는 소리를 왜 여기다 쓰신 것인가? 여기서 예수님은 성전이 건축되는 것에 관해서 말씀하고 계신다. 사흘 후에 짓는 것은 부활하신 예수 그리스도의 몸이다. 그것이 교회이다. 예루살렘 성전이 건축된 것처럼 부활로 말미암아 예수 그리스도의 몸도 건축되는 것이다. 교회가 건축되는 것은 물질적인 벽돌이 건축되는 것과는 달라서 이것은 생명이 성장함으로 이루어지는 것이다.

우리 주님이 아직 사역을 하시고 기적을 나타내실 때 사람들은 믿기는 믿었지만 아직 교회는 없었다. 교회가 생긴 것은 예수님이 십자가에 피 흘리시고 죽으시고 부활하시고 승천하신 후에 성령이 오순절날 강림하시고 나서이다. 그러므로 이때는 전환적인 시기이다. 예수님이 계시니까 그 이름을 믿는 사람은 생겼지만 아직 교회는 없었다. 그러므로 교회가 생기기 전에는 주님이 참으로 의탁할 사람이 없다는 것이다.

오늘날에도 그저 예수를 믿는 것만 가지고는 부족하다. 이 구절에서도 의탁할 수 없다고 말씀하신 그들은 이방인들이 아니다. 23절 하반절부터 읽어 보라. "그 이름을 믿었으나…의탁하지 않으셨으니". 교회가 건축되는 것은 적은 일이 아니다 마태복음 16장 16-18절에서 주님은 '내가 이 반석 위에 내 교회를 건축하리라'고 말씀하셨다. 그리고 음부의 권세가 이기지 못하리라고 하시면서 너희가 땅에서 풀면 하늘에서 풀릴 것이요 땅에서 묶으면 하늘에서도 묶을 것이라고 하셨다. 이것이 바로 주님이 그 이름을 의탁하는 말씀이다. 교회가 이 땅에서 제대로 세워졌을 그때에 교회는 그리스도의 몸이 된다. 주님은 그 몸의 머리이시다.

머리와 몸은 하나로 움직이는 것이다. 머리가 몸을 의탁하지 못하고 반란을 일으킨 사람들은 재활병동에 가면 많이 있다. 믿기는 믿어서 생명이 있다고 해도, 주님으로 하여금 그 지체들 각자에게 생명을 미치게 해서 움직이게 할 수는 없는 것이다. 그렇게 되려면 주님은 반드시 십자가에 죽으시고 부활하셔서 생명을 나눠 주셔야 했다. 그 생명이 성장해서 인간의 사악한 육체와 모든 천연적인 것이 제거되고, 자아가 제거되고, 서로 연합하여 건축되어질 때 하나님은 그곳에 당신의 임재를 두시겠다는 것이다. 그래서 2장 전반부에는 생명을 얻는 이야기를 비유로 하셨고 2장 후반부에서는 그 생명을 얻은 자들이 그리스도의 몸을 이루어서 주님을 그 안에 모신다는 것을 말씀하고 있는 것이다.

이렇게 요한복음 2장은 전반부에 생명이 나오고 후반부에는 건축이 나오는 것이다. 건축이 생명의 목표이다. 왜 주님이 생명의 사역을 하는가? 그리스도의 몸의 유기적인 건축을 위한 것이다. 이 건축은 유기적인 생명의 건축이기에 한 면으로는 그리스도 외의 것, 진리 외의 것은 '제하는 것'이고 또 한 면으로는 '증가하는 것'이다. 그럴 때 건축되는 것이다. 신랑이 신부와 연합해서 한 몸이 되는 것처럼 그리스도도 몸의 머리로서 교회와 한 몸이 되어서 그런 비밀을 이룰 수 있다는 것이 이 구절의 숨겨진 뜻이다. 이렇게 해석하지 않으면 왜 본문에서 그들이 믿었지만 그들에게 의탁하지 않으신다는 말씀을 하셨는지 이해가 되지 않는다. 오늘날 우리가 참으로 예수 그리스도의 몸으로서 성장하고 건축된다면 예수 그리스도는 우리에게 그분 자신을 의탁하신다는 것이다. 그분의 이름을 맡기실 그러한 무리가 일어나야 그분 자신을 의탁하신다는 말이다. 나는 진실로 우리가 주님을 우리 가운데 모셔오고 그분 자신을 우리에게 의탁할 수 있는 그런 무리가 되길 원한다.

3장

1절, 바리새인 중에 니고데모라 하는 사람이 있으니 유대인의 관원이라

요한복음 3장은 바리새인 중에 니고데모라는 사람이 밤에 찾아와서 예수님과 대화한 내용이다. 니고데모는 '백성들을 정복하는 사람'이라는 뜻이다. '니코'는 정복한다는 뜻으로 계시록 2장의 니골라당이라는 단어에도 쓰인 말이다. '데모'는 백성이다. 민주주의를 말하는 데모크라시(democracy)는 백성들이 다스리는 정치라는 뜻이다. 그러므로 니고데모라는 이름은 큰 이름이다. 백성들을 정복하는 사람이라는 것이다. 니고데모의 아버지는 그를 낳고 이름을 크게 지어주었다. 그 이름 때문인지 그는 성공해서 유대인의 관원이 되었다.

그는 산헤드린의 일원으로 공회원이었다. 이는 우리나라의 국회위원 정도에 해당되며 미국으로 말하면 상원위원이다. 대단한 지위에 있는 사람이었다. 헬라어로 '아르콘(ἄρχων)'은 공회원의 일원이었다는 뜻이다. 공회원은 인원수가 약간씩 달라지기도 했지만 보통 71명 정도였다. 그들은 조상들의 율법에 대해서 정통하고 모든 백성들로부터 존경을 받는 사람이었다. 또한 종교 의식을 집전할 수 있는 특전을 갖고 있는 사람이었으며 어떤 죄나 형벌에 대해서 판결을 내릴 수 있는 사람이기도 했다. 그러므로 니고데모는 상당한 지위를 갖고 있었던 나이 드신 분이었다. 이는 문맥 중에서 알 수 있다.

이런 분이 어느 날 밤에 예수님을 밤에 찾아왔다. 낮에도 찾아올 수 있었을 텐데 왜 이런 지위가 있는 사람이 밤에 왔을까? 아마도 니고데모라는 사람은 사려가 깊고 신중한 사람이었을 것이다. 다른 사람들의 이목이 두려운 것도 있고 소심한 것도 있고 부끄럽기도 해서 그는 담대하지 못했기에 밤에 예수님을 만나러 왔다.

2절, 그가 밤에 예수께 와서 가로되 랍비여 우리가 당신은 하나님께로서 오신 선생인 줄 아나이다 하나님이 함께하시지 아니하시면 당신의 행하시는 이 표적을 아무라도 할 수 없음이니이다

니고데모는 가나에서 물로 포도주를 만드신 기적을 비롯해서 예수님이 여기저기서 행하시는 표적을 보고 들었다. 예수님은 사람이 할 수 없는 어떤 일을 하신 분이시라는 소식을 들었다. 그래서 그는 예수님을 '랍비여'라고 불렀다. 이 칭호는 당시 유대인들 가운데 가장 존경하는 사람들에게 붙여졌던 이름이었다. 랍비는 수년간의 정규적인 연구과정을 거쳐야 했고 전승 자료라든가 한라카의 해석 방법을 통달하게 된 사람이었다. '한라카'는 모세 율법 외에 그들 나름대로 만든 관습법들이다. 그들은 그런 일정한 과정을 거쳐야 했고 40세가 넘은 후에 천주교로 말하면 일종의 서품을 받고 안수를 받은 후에 비로소 랍비라는 칭호를 받게 된다.

그런데 예수님처럼 랍비의 교육을 받지 않고 일정한 과정을 수료하지 않고 서품도 받지 않은 사람들은 그런 호칭으로 불림받았을는지는 모르지만 그와 동일한 특권은 행사할 수가 없었다. 어쨌든 당시에 니고데모나 제자들도 예수님을 랍비라고 불렀다. 그것은 당시 예수님이 많은 일을 행하시고 훌륭한 가르침을 가르치시고 기적을 행하심으로 '저분은 랍비로 존경받을 만한 분이다'라고 대중적으로 인식이 되신 상태라고 볼 수 있다.

니고데모는 예수님께 밤에 찾아와서 정치나 경제 문제를 논한 것이 아니다. 그는 신앙의 문제를 가지고 이야기했다. '당신은 어떤 누구도 할 수 없는 일을 하십니다. 나는 당신에게 뭔가를 배우고 싶습니다'라는 뜻이다. '당신을 볼 때 하나님이 함께하시지 않으면 그런 능력, 기적, 역사를 행할 수 없습니다'라는 것이다. 이 사람은 총명한 사람이다. 다른 사람은 주님을 무시했기에 찾아오지 않았지만 니고데모는 그 사실을 부정할 수가 없었다. 그는 겸손하게 예수님을 찾아왔다. 예수님은 30대의 젊은 나이였음에도 그 하시는 일을 볼 때 분명 하늘로부터 하나님께로부터 오신 분이시기에 '나는 당신에게서 뭔가를 배우고 싶습니다'라고 표현한 것이다.

여기서 우리는 누구든지 주의깊은 생각을 갖지 않은 사람은 참 신앙을 갖기 어렵다는 것을 알 수 있어야 한다. 니고데모는 확실히 다른 관원들과는 사고를 달리하는 사람이었다. 다른 사람들은 그 고관의 지위에 취해 그것을 족하게 여기며 살았겠지만 니고데모는 인생에 그것만이 아닌 그 무엇이 더 있다면 반드시 배우고 진보해야 할 것이라고 생각한 사람이다. 이런 사람에게 길이 있는 것이다.

거듭남의 비밀

3절, 예수께서 대답하여 가라사대 진실로 진실로 네게 이르노니 사람이 거듭나지 아니하면 하나님 나라를 볼 수 없느니라

이 구절에서 우리는 사람이라는 단어와 하나님이라는 단어를 주목해주기를 요청한다. 사람은 하나님의 세계를 볼 수 있고 접할 수 있는 피조물 가운데 특별한 존재이다. 사람은 하늘과 연결되고 영생과 연결될 수 있는 피조물 가운데 놀라운 존재이다. 니고데모는 하나님으로부터 온 선생에게 하나님 나라에 대해서 뭔가 배우고 싶어 왔다. 하나님 나라에 대해서 뭔가를 알 수 있기를 원했다. 그런데 예수님은 학문으로 지식을 더 증가시켜서는 절대로 하나님 나라를 볼 수 없음을 말씀하셨다. '진실로 진실로'란 매우 중요한 말이요 중대한 말씀이라는 뜻이다. 사람이 하나님 나라에 대하여 거듭나지 않으면 결코 볼 수 없다고 하신다. 거듭남이란 정말 중요한 말씀이다. 니고데모는 다른 사람보다 종교적으로 신앙적으로 총기가 있는 사람이다. 다른 사람은 인정하지 않는 것을 관원임에도 인정하는 사람이었다. 젊지만 뭔가 비범한 일을 하시는 분에 대해서 인정하고 배우려 했다. 그는 또한 바리새인이었기에 율법을 잘 지키고 각종 규정을 잘 지키고 일주일에 두 번씩 금식도 했을 것이고 소득의 십일조도 바쳤을 것이고 도덕적이나 모든 면으로 사람들에게 인정을 받고 명망이 있는 사람이었을 것이다. 외모로 볼 때 조금도 손색이 없는 사람이었을 것이다. 그런데 예수님은 그런 사람에게 '거듭나야 한다'라고 단도직입적으로 말씀하셨다. 하나님의 나라를 볼 수 있는 문제는 하나의 영역이 바뀌는 문제인 것이다.

사마리아 여인같이 부정한 여자나 간음 중에 현장에서 잡힌 여자나 당시에 아주 좋지 않은 직업이었던 세리에게 '당신은 거듭나야 한다'라고 말한다면 이해가 가지만, 이 사람은 도덕적으로나 모든 면에서 모범적이고 아주 훌륭한 이스라엘 백성의 선생이다. 그런 사람에게 '거듭나지 않으면 하나님의 나라를 볼 수 없다'라고 말씀하신 것이다. 이것은 작은 말이 아니다. 니고데모는 예수님으로부터 뭔가를 더 배우고 지식이 더 많아지면 하나님의 나라에 대해서 더 많이 알 수 있을 것으로 기대했지만, 예수님은 그에게 거듭나야 한다고 말씀하셨다.

이 거듭난다는 말에 대해서 니고데모는 문자적으로는 이해를 잘 했다. 영어로는 'born again', 즉 다시 태어나야 한다는 말이다. 그런데 헬라어에는 또 다른 뜻이 있다. '아노쎈(ἄνωθεν)'이라는 헬라어에는 '위로부터'라는 뜻이 있다. 우리가 원래 부모에게 태어날 때는 육신으로 태어났다. 아래로부터 났다. 육신적인 출생을 가졌다. 예수님이 말씀하시는 바는 새로운 출생으로 다시 한 번 나야 한다는 것이다. 거듭나야 한다. 위로부터 나야 한다. 하늘로부터 나야한다는 뜻이다. 그리스도인은 수양이나 도덕을 함양하는 것이 아니라 출생의 문제임을 기억하기 바란다.

우리는 땅에서부터 났는데 사람이 하나님 나라를 보려면 하늘로부터 나야 한다는 것이다. 즉 새로운 생명의 영역 안으로 들어가지 않으면 새로운 세계를 볼 수 없다. 동물의 생명은 동물의 왕국을 이해할 수 있다. 인간으로 태어나면 인간의 왕국의 돌아가는 것을 이해한다. 하나님의 나라는 하나님의 생명을 얻어야 알 수 있다. 오늘날 기독교를 오해하는 사람이 많다. 선행을 하고 수행을 하고 지식을 많이 배우고 도를 닦으면 조금씩 조금씩 개선될 것이라고 생각한다. 우리 인간은 원래 좋지 않은데(죄를 짓고 안 좋다는 것은 인정한다), 계속 배우고 개선하고 노력하고 수도를 하다보면 조금씩 좋아질 것이라고 생각하는 관념이 사람들에게 많이 있다. 교회를 다니는 사람들 중에도 이런 사람이 많다.

그런데 요한복음 3장에서 예수님께서 예수 믿는 도에 대해서 이 늙은 선생에게 가르치는 바는 무엇인가? 그렇게 뭔가 학식을 더해서 하나님 나라에 대해서 알 수 있는 것이 아니라 '너는 반드시 다시 태어나야 한다'는 것이다. 하늘로부터의 생명, 위에서부터 오는 생명을 얻어야 한다. 이는 born again, 즉 새로 태어나는 문제이다. 기독교는 뭔가를 많이 배우는 종교가 아니라 새로 태어나는 종교이다. 이것을 모르는 사람이 너무나 많다. 오늘날 유감스러운 것은 많은 크리스천들이 교회를 다닌다고 하면서도 이 비밀을 모르는 것이다. 그저 많이 알면 되는 것으로 생각한다. 그러나 다시 태어나지 못하면, 새 생명을 받지 못하면 아무 소용이 없다. 그들은 하나님 나라와 관계없는 사람들이다. 신학을 열심히 공부해서 박사학위를 몇 개씩 가지고 선생 소리를 아무리 많이 듣는다 해도 거듭나지 않으면 하나님 나라 밖에 있는 사람들이다.

마태복음 1장에는 족보 이야기가 나온다. 신약을 열면 '아브라함은 이삭을 낳고 이삭은 야곱을 낳고…'라는 말씀이 이어진다. 신약의 말씀은 '낳는 것'이다. 기독교는 '낳는 종교'이다. 그래서 우리는 하나님을 아버지라고 부른다. 아무리 나이가 들어도 자녀를 한 명도 못 낳으면 아버지 소리를 듣지 못한다. 하나님은 우리를 낳으셨기에 우리의 아버지가 되시는 것이다. 이것도 모르고 교회 다니는 사람이 너무나 많다. 다시 태어나는 것을 모르고 예수 믿는다는 사람이 많다. 그들은 도대체 무엇을 믿는다는 것인가?

예수님은 여기서 "사람이 거듭나지 아니하면"이라고 말씀하셨다. 이는 사람이라면 다 거듭나야 한다는 것이다. 니고데모는 성경 교육을 잘 받은 사람이다. 도덕적으로 율법을 잘 지킨 사람이 분명할 것이다. 금식도 잘하고 자선하는 일도 잘하고 반복적으로 기도도 많이 하고 십일조도 빼놓지 않았을 것이다. 여러 면에서 좋았지만 그는 거듭나지 못했다. 우리가 낡은 전통을 개선하고 우리의 좋지 않은 습관을 고쳐서, 또 모르는 것을 깨달아서 좋은 교인이 되는 것이 아니다. 우리는 반드시 부모로부터 태어나듯이 다시 태어나야 한다. 우리가 어떻게 부모님의 자녀가 되었는가? 태어났기 때문이다. 여러분이 훌륭한 선생님에게 가서 많이 배운다고 그의 자식이 될 수 있는가? 하나님의 자녀가 되는 것도 마찬가지이다. 하나님으로부터 나지 아니하면 우리는 하나님과 아무런 관계가 없다. 창조자와 피조물의 관계밖에 안 된다. 그런데 거듭나면 우리가 원래 갖고 있지 않았던 하나님의 생명을 얻게 된다. 이것이 요한복음 1장에서 말하는 생명이다. 요한복음 2장에서 물이 포도주로 변하는 사건이다. 이런 기적의 역사, 생명의 역사가 있다. 그럴 때 우리 속에 변화가 생긴다. 이것은 생명으로 인한, 새로 태어남으로 인한 변화이지 무엇을 배워서가 아니다. 우리 속에 새로운 것이 들어온 것이다. 하늘에 속한 어떤 것이 우리 속에 들어왔다는 것이다.

베드로도 이 신기한 일에 대해서 말했다. 베드로 전서 1장 23절, "너희가 거듭난 것이 썩어질 씨로 된 것이 아니요 썩지 아니할 씨로 된 것이니 하나님의 살아 있고 항상 있는 말씀으로 되었느니라". 썩지 아니할 씨가 우리 속에 떨어짐으로 우리는 거듭났다. 살아있는 하나님의 말씀을 통해서 그렇게 된 것이다. 베드로 후서 1장 4절, "이로써 그 보배롭고 지극히 큰 약속을 우리에게 주사 이 약속으로 말미암아 너희로 정욕을 인하여 세상에서 썩어질 것을 피하여 신의 성품에 참여하는 자가 되게 하려 하셨으니". '신의 성품'이 곧 '하나님의 성품'이다. 우리는 원래 썩을 육신으로 태어났는데 거듭날 때 썩지 않는 하나님의 성품을 얻었다는 말이다. 마가복음 4장 26절, "또 가라사대 하나님의 나라는 사람이 씨를 땅에 뿌림과 같으니". 하나님의 나라가 이루어지는 것은 많이 가르쳐서 되는 것이 아니다. 하나님의 나라는 사람이 씨를 땅에 뿌리는 것과 같다고 했다. 우리 주님은 씨를 뿌리러 오셨다고도 말씀하셨다. 27절, "저가 밤낮 자고 깨고 하는 중에 씨가 나서 자라되 그 어떻게 된 것을 알지 못하느니라". 29절, "열매가 익으면 곧 낫을 대나니 이는 추수 때가 이르렀음이니라".

이와 같이 거듭나는 것이란 우리 사람의 영혼 속에 영원한 말씀이신 하나님의 말씀이 씨앗으로 떨어지는 것이다. 그 씨, 그것이 말씀이다. 그 말씀 안에는 생명이 있다. 우리가 예수 그리스도를 믿을 때 제대로 믿었다면 이 생명의 씨가 여러분의 마음속에 떨어진 것이다. 나는 종종 이것을 '유전자'라고 표현한다. 이를테면 하나님의 유전자이다. 그 씨가 떨어진 것이다. 이것은 아직 완전하지 않다. 자라야 한다. 그럴 때 우리가 예수 그리스도의 형상으로 자라게 되는 것이다. 만약 당신이 아직 이 생명을 소유하지 않았다면 아직은 하나님과 부자관계가 아니다. 하나님 나라를 볼 수 없고 들어갈 수도 없다.

여기서 우리는 기타 종교와 예수 믿는 도와 다른 점을 알 수 있다. 유교나 불교나 회교나 다른 종교는 그 사람이 그 종교에 가입했다 해서 변할 것이 없다. 그 사람의 상태를 개선해보려는 노력에 불과하다. 그 인간의 내용물에는 제거되는 것도 없고 주입되는 것도 없다. 그 인간의 상태를 개발 내지는 개선해보려는 노력이다. 그러나 예수 믿는 도는 그 사람을 그대로 두는 것이 아니다. 그들 안에 있어서는 안될 죄를 제거해주고 반드시 있어야 할 생명을 주는 것이다. 모든 피조물 중에 인간만이 하나님의 영원한 생명을 얻어서 하나님의 나라를 볼 수 있고 그 나라에 들어갈 수 있는 존재이다. 또한 하나님과 연합할 수 있는 존재이다. 이것은 매우 놀라운 일이다.

4절, 니고데모가 가로되 사람이 늙으면 어떻게 날 수 있삽나이까 두 번째 모태에 들어갔다가 날 수 있삽나이까

예수님께서 거듭나야 한다고 대답을 하시자, 니고데모는 다시 묻는다. 다시 태어나야 한다면 모태에 들어갔다가 다시 태어나야 한다는 말이냐고 묻는 것이다. 이는 오해한 것은 아니다. 그는 완전히 문자대로 이해한 것이다. 이것은 니고데모의 거듭나는 것이 어떻게 이루어지는 것인가에 대한 질문이다. 주님은 정확하고 구체적으로 답변하신다.

5-6절, 예수께서 대답하시되 진실로 진실로 네게 이르노니 사람이 물과 성령으로 나지 아니하면 하나님 나라에 들어갈 수 없느니 6 육으로 난 것은 육이요 성령으로 난 것은 영이니

3절과 5절은 비슷한 말씀의 반복이 아니다. '물과 성령'으로 난다는 말씀은 무슨 말씀인가? 이 물은 무슨 물인가? 이에 대해서 신학자마다 다르게 말한다. 어떤 사람은 물을 말씀이라고도 하고 또 다른 물이라고도 한다. 그러나 요한이 1장에서 세례 요한을 말할 때 '물로 세례를 주는 자'라고 했다(31절). 그리고 이어서 성령이 비둘기같이 내려왔다고 말했다(32절). 성령이 비유가 아니라 문자적이라면 물 또한 같이 문자적으로 해석해야 일리가 있다.

다시 말해서 이것은 침례의 물이다. 즉 세례 요한의 사역과 주님의 사역을 함께 놓으신 것이다. 이 침례의 물은 어떤 역할을 하는가? 우리의 육체를 끝내는 것이다. '우리의 육체는 죽어야 마땅합니다. 그래서 내가 예수님과 함께 물속에 들어가서 죽습니다. 그리고 장사를 지냅니다'라고 선포하는 것이 세례, 즉 침례이다. 그래서 세례 요한은 예수님 앞에 와서 무슨 일을 했는가? 회개의 세례를 주었다. 즉 당신의 육체는 죽기에만 합당하다는 것을 알려준 것이다. 그래서 다들 요단강으로 가서 세례를 받은 것이다. '우리는 더 이상 소망이 없습니다. 죽어야 합니다'라는 것이다.

요한은 마지막 선지자이다. 이스라엘의 역사는 자기들의 육체로 노력으로 율법을 지켜보려고 애를 썼던 역사이다. 그것이 결과적으로 가능했는가? 철저히 실패했다. 최종적으로 요한이 왔을 때 그런 뜻으로 침례를 베풀었던 것이다. 여러분의 육체로는 율법을 지킬 수 없다. 가능하지 않다. 다 어길 수 밖에 없다. 우리의 육체는 무용한 것이고 죽기에만 합당한 것이고 끝나야만 한다. 그래서 예수님이 십자가에서 다 끝내신 것이다. 이에 대해서 찬성하게 만드는 것이 바로 요한의 사역이다. 요한의 물침례는 회개의 사역인데 회개란 곧 자신이 죽어 마땅하고 아무 쓸모없는 죄인이라는 것을 인정하는 것이다. 따라서 회개는 자신을 있는 그대로 아는 것을 위해 필요한 것이며 이것이 곧 율법의 목적이다.

요한은 구약의 마지막 선지자이며 신약을 여는 선지자이다. 그는 구약을 마무리 지었다. 어떻게 마무리 지었는가? 침례로 마무리 지은 것이다. 이스라엘에게 소망이 있는가? 타락한 인간에게 어떤 소망이라도 있는가? 없다. 요한은 물로 침례를 베풀면서 선포했다. "나는 물로 세례를 주거니와... 내 뒤에 오시는 이는 성령과 불로 세례를 주시리라" 그는 타락한 인간에게 죽음과 매장이 길임을 결론짓고 있다. 요한은 구약의 사역의 종결자

되는 선지자이다. 물론 진정한 종결은 그리스도의 십자가에서 이루어졌다. 그리고 참 시작을 알리는 선지자가 요한이지만 참 시작은 그리스도의 부활이다. 그분의 부활로 인류 역사는 새로운 시작을 갖게 되었다.

죄인이 왜 회개가 필요한가? 이는 사람이 자신이 죄인이면서도 죄인인것을 알지 못하기 때문이다. 주 예수는 의사처럼 죽어가는 환자를 죄인을 불러서 구원하러 오셨는데 만일 사람이 자신의 환자임을 인정하지 않는다면 그는 구원을 받을 수 없다. 따라서 주님은 니고데모에게 "너는 자신을 괜찮은 사람으로 여겨 더 많은 학식이나 교양이 필요하다고 여길지 모르나, 실상은 뱀에 물려 다 죽어가는 죄인이라는 것을 알아야 하고 주 예수를 믿음으로 성령을 선물로 받아야 한다"고 가르치고 계신 것이다. 즉 너는 죽기에만 합당한 자고 새로 태어나는 것이 필요할 뿐이다 라고 말씀하신 것이다.

"물과 성령으로 나지 아니하면". 따라서 이 물은 침례의 물, 죽음의 물이다. 거기서 끝나는 것이다. 거듭난다는 것은 우리의 옛 사람, 옛 창조는 물로 끝내고 성령으로 새로운 시작, 새로운 출발을 가져야 한다는 것이다. 물은 끝낸다는 것이며 성령은 새로 싹트는 새로운 출생을 의미한다. 요한은 나는 물로 세례를 주지만 뒤에 오시는 분은 성령으로 세례를 주신다고 선포했다. 물과 성령이 여기서 합해지는 것이다. 예수를 믿었을 때 우리는 거듭나게 된다. 거듭난 사람은 새 생명을 얻는다. 나의 옛 사람은 그리스도의 십자가에서 죽고 부활로 새로 태어나는 것이 바로 거듭남이다. 이것은 우리가 전에 갖고 있지 않던 것인데, 그렇게 되면 우리는 변하게 된다. 왜 예수를 믿을 때 우리가 거듭나고 변하게 되는가? 내가 교훈을 받아서가 아니라 이 생명의 물이 새로 내 속에 들어왔기 때문이다. 이 생명은 새로운 성품을 갖고 있다.

그리스도인의 삶은 생명의 문제라는 것을 알아야 한다. 여러분은 어떻게 변했는가? 교육을 많이 받아서 변했는가? 아니다. 예수 믿어서 이 새 생명을 얻었기에 변한 것이다. 그러다 보니 이 생명이 우리를 조절하고 통제하고 가르치는 것이다. 옛날에 좋던 것이 싫어진다. 그런 것이 있어야 정상이다. 예전에는 싸워서 지고 나면 복수하고자 했다. 되로 받았다면 말로 줘야 속이 시원했다. 어떻게 해서든 다시 퍼부어주어야 속이 시원했다. 그런데 예수를 믿은 후에는 그렇게 하려고 할 때마다 속에서 끌어당기는 것이 있다. 악한 말을 많이 듣고도 입이 움직여지지 않는 것이 있다. 심지어 그런 말을 들어도 그냥 마음이 기쁘고 이상하게 속이 편한 것이 있다. 그것이 무엇인가? 생명이다. 이 생명이 여러분을 이렇게 변화시킨 것이다.

어떻게 예수님처럼, 바울처럼 살 수 있는가? 인내를 하고 견디고 성질을 내지 말고 참아서 그렇게 할 수 있는 사람이란 없다. 그런데 기묘하게도 우리가 받은 새 생명은 우리 속에서 우리를 변화시킨다. 옛날에 좋아하던 모든 쾌락들이 사라진다. 싫어진다. 반면에 옛날에는 별 것 아니라고 생각했던 것들이 좋아지는 것이다. 말씀 듣는 것을 사랑하게 된다. 찬양하는 것을 사랑하게 된다. 성도들과 교제할 때 너무 좋다. 취미가 바뀌어버렸다. 이 모든 것은 예수 그리스도의 새 생명으로 거듭났기 때문이다. 내 노력, 내 공로가 아니다. 예수 믿는 것을 여전히 열심히 노력하고 수도하는 것으로 안다면 그것은 크게 오해하는 것이다. 우리는 주 예수를 믿어서 새 생명을 얻는 것이다. 새로 태어나는 것이다. 이것이 거듭나는 것이다.

6절의 말씀을 살펴보자! "육으로 난 것은 육이요 성령으로 난 것은 영이니" 육과 영은 분명히 다른 것이라는 말씀이다. 육으로 난 것은 모태에 백 번을 들어갔다 나온다 하더라도 여전히 육이지만 '내가 이야기하는 것은 성령으로 나는 것을 말한다'고 하시는 것이다. 이 태어나는 일은 '성령으로 나는 것'을 말한다. 성령으로 난 것은 영이니 영으로 거듭난다고 말씀하시는 것이다. 육체는 첫 번째 태어났을 때 얻었는데 로마서 8장에 의하면 유감스럽게도 우리의 육체는 하나님과 원수이다. 하나님은 우리가 우리의 육체를 가지고 아무리 사정을 하고 간구를 해도 우리와 관계를 맺지 않으신다. 하나님과 육체는 원수이기 때문이다. 그러므로 우리가 하나님과 친밀하게 교제하고 모든 축복을 받으려면 그 생명으로 거듭나는 길밖에 없다. 여러분이 아무리 고상한 육체를 가졌다 해도 육체는 하나님과 원수이므로 하나님을 기쁘시게 할 수 없다고 로마서 8장에 단언하고 있다. 육으로는 백 번을 나도 소용이 없다. 성령으로 나야만 하는 것이다.

"성령으로 난 것은 영이니"라는 말은 이해하기 쉬운 말이 아니다. 우리가 육으로 나서 육의 본질을 가진 사람이 되었듯이 거듭날 때 성령으로 나서 영의 본질을 소유한 사람이 되었다는 것이다. 하나님은 영이시기 때문에 사람이 영으로 거듭나지 않으면 하나님과 교통할 수 없다. 하나님이 사람을 창조하실 때 영을 가진 존재로 지으셨는데(슥 12:1) 에덴동산에서 아담이 선악과를 먹은 결과 그 영은 죽게 된 것이다. 그러므로 성경에는 사람을 가리켜서 '죽은 자들'이라는 말을 많이 하는 것이다. 사람이 주 예수를 믿어 거듭났다는 것은 사람 안에 있는 죽은 영이 살아나며 하나님의 영을 받아들이게 되어 두 영이 연합하게 된 사건을 가리킨다(고전 6:17).

사람의 영은 하나님의 영을 받아들일 수 있는 유일한 기관이다. 성령은 우리가 주 예수를 믿을 때 우리 영 안에 들어오며 우리의 죽은 영은 살아나게 된다. 우리의 죽은 영이 살아나게 됨으로 (이것이 거듭남이요 하늘에 속한 새로운 출생이다) 비로소 하나님과 교통할 수 있고 접할 수 있으며 예배할 수 있다. 또한 하늘에 속한 세계를 이해할 수 있는 것이다. 그러므로 거듭나지 않으면 하나님 나라에 들어갈 수도 없고 그 나라를 볼 수도 없는 것이다. 거듭나지 않은 사람은 육이므로 영에 속한 세계를 절대로 이해할 수 없고 그 나라에 들어갈 수도 없다. 그러나 거듭난 사람은 성령을 모시게 되고 죽은 영이 살아나심으로 하나님의 나라를 이해하게 되는 것이다.

7절, 내가 네게 거듭나야 하겠다 하는 말을 기이히 여기지 말라

예수님은 계속 말씀하신다. 니고데모의 얼굴을 쳐다볼 때 아직도 잘 깨닫지 못하는 얼굴이기에 그렇게 기이히 여기지 말라고 하셨다. 거듭남이란 이야기는 이 세상에는 없는 이야기이다. 그러나 사람은 영이 있는 존재이기에 그 속에 알 수 있는 기관이 있는 것이다(롬1:19).

8절, 바람이 임의로 불매 네가 그 소리를 들어도 어디서 오며 어디

로 가는지 알지 못하나니 성령으로 난 사람은 다 이러하니라

이런 일이 있다는 것이다. 바람의 비유를 해주셨다. 바람과 성령이라는 말은 헬라어로는 같다. '프뉴마(πνεῦμα)'이다. 이 단어를 문맥에 따라 달리 번역하는데 여기서는 바람이라고 번역했다. 바람이 불어 어디서 와서 어디로 가는지 알지 못하듯이, 성령으로 거듭나는 것도 똑 같다는 것이다. 바람이 불면 소리도 들을 수 있고 느낄 수 있다. 체험할 수 있다. 여름날 더울 때 시원한 바람이 불어오면 느낄 수 있다. 그 바람이 어디서 어떻게 우리에게 왔는지는 잘 모른다. 그러나 바람의 효과는 체험을 할 수 있고 좋은 것임을 아는 것이다.

주님께서는 어리둥절한 니고데모에게 성령으로 나는 것을 바람에 비유해서 말씀해주셨다. '네가 잘 모르겠지만, 거듭난다는 사실이 있다. 거듭나면 뭔가 달라진다. 그러면 네가 알게 된다'고 하시는 것이다. 이처럼 주님께서는 거듭남에는 아주 기묘한 역사가 있음을 알려주신다. 여기서 주님은 거듭남이라는 것이 이 세상에서 전혀 이해하기 어려운 문제라는 것을 말씀해주신다. 바람의 소리는 들을 수 있고, 그 부는 것은 느낄 수 있지만 바람이 어디서 오며 어디로 가는 것은 알지 못한다. 이것은 거듭나봐야 아는 것이란 말씀도 된다. 분명히 된 것은 된 것인데 어떻게 해서 이렇게 되었는지 알지 못한다는 말이다. 나는 진정으로 거듭난 사람은 이러함을 이해할 것이라고 믿는다. 따라서 나는 이렇게 이렇게 해서 거듭났다고 매우 확실하게 설명하는 사람의 구원을 오히려 의심한다. 우리가 받은 구원은 너무나 기이하여 어떻게 된 일인지 모르는 사이에 주님을 만나게 되고 성령을 받게 되는 것이다.

9절, 니고데모가 대답하여 가로되 어찌 이러한 일이 있을 수 있나이까

그는 구원을 받은 경험이 없기 때문에 당연히 이해를 잘 못했다. 거듭남은 체험을 동반하기에 그러하다.

10-12절, 예수께서 가라사대 너는 이스라엘의 선생으로서 이러한 일을 알지 못하느냐 11 진실로 진실로 네게 이르노니 우리 아는 것을 말하고 본 것을 증거하노라 그러나 너희가 우리 증거를 받지 아니하는도다 12 내가 땅의 일을 말하여도 너희가 믿지 아니하거든 하물며 하늘 일을 말하면 어떻게 믿겠느냐

니고데모는 사실 모르는 것이 정상은 아니었다. 구약에서도 비록 외적일지라도 사사들과 선지자들의 성령의 비밀한 역사는 없었던 것이 아니다. 그는 이스라엘의 선생으로서 최소한 알아야 했다는 말씀이다. 사람이 마땅히 알 것을 알지 못하는 것에 대하여 주님은 책망하신다는 것을 기억하자! 무지는 결코 자랑이 아니다. 주님은 아는 것을 말씀하시고 본 것을 증거하신다고 하셨다. 주님은 지금 땅에서 일어나는 일을 말씀하고 계시다. 주님은 사람이 하늘의 일까지라도 알아야 한다고 말씀하신다. 요한복음은 사람이 하늘의 일과 하나님의 일에 밀접한 관계가 있음을 계시한다.

주님이 아시는 것과 본 것은 무엇을 의미하는 것일까? 그분이 니고데모에게 말씀하신 본 것이란 지상에서 체험하신 것을 말씀하신 것이리라. 그분은 사람들이 그분의 말씀을 듣고 거듭나는 것을 보셨을 것이다. 베드로는 계시를 얻어 하나님의 아들을 안 후 시몬에서 게바로 바뀌었다. 주님은 삭개오가 주님을 영접한 후 바뀌는 것을 보셨다. 구약에서도 사사시대만 보더라도 성령의 부음을 받은 후 변한 사람이 많았다. 12절에 하늘의 일을 말하면 어떻게 믿겠느냐고 하신 말씀은 무엇을 의미할까? 주 예수님은 니고데모나 믿는 사람이 하늘의 일을 알 수 있음을 시사하고 계셨다. 거듭난 사람은 실제로 하나님의 나라를 볼 수 있어야 정상이다(요3:3). 주 예수님이 말씀하시는 하늘의 일은 무엇일까?

13 하늘에서 내려온 자 곧 인자 외에는 하늘에 올라간 자가 없느니라

13절은 좀 어려운 말이다. 주 예수님은 왜 이런 말씀을 하셨을까? 예수님은 지금 하늘에 앉아계신다. 하늘에서 내려와 계시지만 그분은 동시에 하늘에 올라가 계시다는 뜻이다. 주 예수님은 당시 이 땅에 니고데모 앞에 계시지만 동시에 하늘에 계신 분이다. 따라서 그분은 늘 아버지의 하시는 것을 보고 계셨던 것이다. 그처럼 기묘한 분이 이 땅에 계신다. 따라서 그분은 하늘의 일을 다 알고 계시는 분이시다. 그러기에 그분은 하늘의 일을 다 말씀해주실 수 있다. 주 예수는 하나님이시지만 또한 사람이시다. 사람은 땅만이 아니라 하늘의 일을 알 수 있는 존재이다. 이 땅에 있지만 하늘의 이야기를 이해할 수 있다. 교회는 바로 하늘의 이야기를 나누는 사람들이다. 그것을 우리는 성령의 교통이라고 한다. 우리가 성경의 비밀을 이해할 수 있음은 하늘이 우리의 영적 눈 앞에 열렸기 때문이다.

그분은 승천하신 후 교회의 머리가 되셨다. 나는 먼저 그리스도의 몸인 교회는 하늘의 존재임을 말하고 싶다. 사람의 물과 성령으로 거듭나는 문제에까지는 이 땅에서 볼 수 있고 이해할 수 있는 점이 있다. 따라서 니고데모는 그 정도는 이해할 수 있어야 했다. 그러나 그리스도의 몸은 하늘의 계시가 없이는 볼 수 없다. 에베소서는 이를 말하고 있다. 그러기에 에베소서가 최고의 계시가 담긴 책이라고 말하는 것이다. 그 뿐 아니다. 우리는 요한 계시록에서 하늘의 정경을 볼 수 있다. 주님이 니고데모를 만나실 때 그분은 이 땅에 존재하셨다. 그러나 계시록 1장의 주님은 부활승천하시고 영광을 얻으신 주님의 모습이다. 지상의 교회는 요한복음 3장의 주님과 니고데모의 만남이 아니라 계시록 1장의 승천하셔서 그 눈이 불꽃같으시고 그 머리털의 희기가 눈 같으신 주님과 관계를 맺고 있다. 계시록 1-3장의 아시아의 일곱 교회는 사람의 눈으로는 땅에 있지만 실상은 하늘의 금 촛대 일곱이었고, 일곱 교회의 사자인 일곱 별은 승천하신 그리스도의 오른손에 붙잡혀 있었다. 확실히 교회는 이 땅에 존재하지만 하늘의 존재이다. 계시록 4장부터의 하늘의 광경부터 마지막의 새 예루살렘까지 하늘의 일을 말씀해주신다. 니고데모는 바람이 불면서 지상에서 일어나는 거듭나는 문제부터 시작해서 하늘에서 존재하게 되는 교회와 새 예루살렘까지 이해하도록 가르침을 받고 있었던 것이다. 나는 요한복음 강해서 독자들이 하늘의 일을 많이 말하는 에베소서와 히브리서와 계시록 강해서 역시 기도

하는 마음으로 정독하기를 권하겠다.

14절, 모세가 광야에서 뱀을 든 것같이 인자도 들려야 하리니

이제 주 예수님의 십자가에 못 박히실 사건을 말하고 있다. 주님은 왜 이렇게 십자가에 못 박혀 죽으셔야 하는가?

15절, 이는 저를 믿는 자마다 영생을 얻게 하려 하심이니라

이제 어떻게 하면 거듭나는가를 좀 더 구체적으로 설명하고 계신다. 그것은 '내가 들려야 한다'는 것이다. 모세가 광야에서 들어올린 뱀처럼 들려야 한다. 그리고 예수님을 믿는 자는 거듭나고 영생을 얻게 된다고 말씀하신다. 거듭나는 비결은 다른 것이 아니라 예수 그리스도를 믿는 것이다. 노력하는 것이 아니다. 신학을 많이 배우고 연구하는 것도 아니다. 다만 하나님이 이 땅에 우리 죄를 위해서 보내신 독생자 예수 그리스도를 우리의 마음으로 믿으면 그 순간 어디서 왔는지 홀연한 바람이 우리를 거듭나게 한다. 새로 태어나게 한다. 이것이 예수님이 가르치시는 말씀이다.

민수기 21장에 이스라엘 백성이 광야의 어느 지점에 이르렀을 때 원망을 하다가 불뱀에 물려서 죽게 되었다. 많은 사람이 죽어가고 있었다. 백성들이 살려달라고 부르짖을 때 모세가 기도했다. 그때 하나님께서는 모세에게 저들을 위해서 장대를 하나 세우고 장대에 놋뱀을 달고 뱀에 물린 사람마다 그것을 쳐다보라고 했다. 당시에 뱀에 물린 사람들이 그 장대에 달린 놋뱀을 바라보았을 때 모두 치료받았다. 바라보면 치료받는 것이다. 이것이 복음이다. 바라보았다는 말은 그 말씀을 믿었다는 것이다. 그랬을 때 그들은 살게 되었던 것이다. 예수님은 바로 그 사건을 인용하신 것이다. 이것을 해석하면 다음과 같다. '니고데모야, 네가 겉으로 볼 때는 대단히 덕망 있고 훌륭한 사람 같지만 너도 뱀에 물린 사람에 불과하다' 뱀에 물리면 독소가 온 몸으로 점점 퍼져서 죽게 된다.

우리 모두는 아담 안에서 다 뱀에 물린 사람들이다. 우리 온 몸에는 죄의 독소가 퍼지고 있다. 여러분은 여러분 속에 독소가 있음을 인정하는가? 그것이 바로 죄악의 요소이다. 그 죄악의 독소는 여러분의 속에서 여러분의 인생을 망치게 한다. 그리고 결국 죽게 된다. 주 예수님은 니고데모도 실상 그 독소로 말미암아 많은 죄를 지은 자임을 알게 하신 것이다. 그는 많이 배운 자이므로 광야의 놋뱀을 말할 때 불뱀에 물린 자들이 바라보게 되어 있었다는 것을 알았다. 그리고 주 예수님은 자신이 그러한 자라는 것을 말씀하신다는 것도 알았다. 그러나 주 예수님은 니고데모로 하여금 낙심하지 않게 하신다. 바로 구원의 길을 제시하시는 것이다. 실상 그분 자신이 장대에 높이 달리실 놋뱀이 되기 위해 오신 구주시며 그분을 바라볼 때 살수 있음을 말씀하신 것이다.

하나님은 이 죄의 독소로 인해서 죽게 된 인간들을 살려주시기 위해서 장대에 놋뱀을 다는 역사를 하신 것이다. 그 놋뱀으로 오신 분이 예수시다. 뱀은 죄의 표상이다. 우리 인류는 다 독소가 있는 뱀이다. 예수님만이 독이 없는 놋뱀이시다. 형태는 뱀이지만 거기에 독이 없다. 이것이 주 예수님이다. 예수 그리스도는 우리 인간의 육체를 입고 오셨다. 죄의 모양을 갖고 오셨지만 그분 속에는 죄가 없으셨다. 유일하게 죄가 없는 놋뱀이신 분이 예수님이시다. 왜 하나님이 예수님을 보내셨는가? 장대에 높이 놋뱀처럼 달아서 뱀에 물린 죄의 독소가 몸에 퍼져서 죽어가는 모든 인류가 그분을 쳐다봄으로 말미암아 살게 하시려는 것이다. 예수님은 니고데모에게 이것을 가르치고 계신다. 여러분은 죄의 독소가 몸 속에 퍼지고 있다는 것을 시인하고 있는가? 그렇다면 구원의 길이 여기 있다는 말씀을 들으라! 그분을 바라보면 살게 된다.

16절, 하나님이 세상을 이처럼 사랑하사 독생자를 주셨으니 이는 저를 믿는 자마다 멸망치 않고 영생을 얻게 하려 하심이니라

이 구절은 모든 성경의 요약이라고 할 수 있다. 이것은 하나님의 사랑이다. 뱀에 물린 인류를 살리고자 하는 하나님의 사랑이다. 하나님은 자신의 독생자를 이 땅에 보내셔서 십자가에 달리게 하셨다. 거기서 우리 죄를 위해서 아들의 피를 흘리게 하시고 우리로 죄 사함을 받게 하시고 멸망치 않게 하셨다. 하나님은 예수 그리스도를 구주로 인정하고 믿고 영접하는 사람들에게 영생을 주셨다. 요한복음 1장 12-13절, "영접하는 자 곧 그 이름을 믿는 자들에게는 하나님의 자녀가 되는 권세를 주셨으니 이는 혈통으로나 육정으로나 사람의 뜻으로 나지 아니하고 오직 하나님께로서 난 자들이니라". 그리스도인이 되는 것은 태어나는 문제이다. born하는 문제이지, work하거나 study하는 문제가 아니다. 오직 믿음이란 매우 중요한 말이다. 어떤 사람은 행위나 자백을 구원의 조건으로 여기기도 하고 또 어떤 이들은 기도나 회개를 조건으로 삼는데 이는 다 진리에 있어서 벗어난 것이다.

나는 훌륭한 복음 전도자가 회개를 구원의 조건으로 전하는 것을 들었다. 그의 모든 말이 매우 훌륭하였고 깊은 인상을 주었지만 그 부분에 가서는 조금 아쉬움이 있었다. 성경에서 구원을 말하는 요한복음과 로마서와 갈라디아서는 다 믿음으로 구원을 받는다고 말한다. 요한복음은 사람이 어떻게 해야 영생을 얻는가를 말하는데 언제나 믿음만을 말했지 회개를 추가하지 않았다. 로마서와 갈라디아서도 사람이 의롭게 되는 것에 대하여 수없이 말했는데 한 번도 회개가 전제되어야 한다고 말하지 않고 오직 믿음으로 의롭게 된다고 말한다. 성경은 회개가 구원의 조건이 된다고 기록하지 않았다. 그러나 우리는 회개가 믿음과 구원 안에 들어 있음을 시인한다.

완전한 복음을 듣고 그리스도 안에서 하나님이 이루신 역사를 보며 즐겁게 주님을 영접한 사람에게 회개함이 조금도 없다고 말할 수 없다. 믿을 때는 자기도 모르는 사이에 회개가 이루어지며 믿게 되는 것이다. 혹 어떤 사람은 조금 회개가 있겠지만 그렇게 깊거나 많지 않을 수도 있다. 즉 하나님 앞에서 자신이 얼마나 더럽고 사악한 죄인인가를 모른 채로 예수 그리스도의 하신 역사를 즐거이 듣고 믿으며 영접할 수 있다는 말이다. 만일 어떤 사람이 회개를 구원의 조건으로 제시한다면 도대체 얼마나 깊이 회개해야 믿을 수 있는가? 또 회개의 정도가 어느 정도 되어야 하는 여러가지 척도가 생겨날 것이며 믿는 사람들에게 '과연 나는 구원받기에 충분한 회개를 하였단 말인가!'라는 일대 혼란이 일어날 수 있다. 이런 혼란은 불필요한 것들이다.

어떤 사람이 혹 자신의 죄인됨에 대하여 조금 부족한 인식을 갖고 그리스도를 믿었다면 주의 성령께서는 그의 속에서 후에라도 반드시 깊은 회개의 체험을 하게 하실 것이다. 만일 어떤 사람이 진정으로 자신에 죄인됨을 깨닫고 예수 그리스도를 믿었다면 매우 좋은 것이다. 그리고 그에게는 로마서 7장의 뼈아픈 체험이 약하게 지나갈 것이다. 그러나 자신의 죄악됨을 충분히 알지 못한 사람은 로마서 7장의 죄로 인한 갈등을 심하게 체험할 것이다. 이는 그가 주 예수를 믿을 때 자신에 대하여 아는 문제인 회개가 깊지 않았기 때문으로 인한 것이다.

결론적으로 사람은 어떻게 다시 태어나는가? 오직 주 예수를 믿음으로써이다. 하나님께서 우리를 살리시려고 놋뱀의 모양으로 보내신 분, 십자가에 높이 달리신 예수 그리스도를 바라봄으로써이다. 우리의 노력, 공로, 눈물, 심지어 자백까지도 아무 소용이 없다. 자신의 인생문제를 스스로 해결할 수 없는 갈 데 올 데 없는 죄인, 뱀에 물려서 점점 죽어가는 우리가 예수님이 우리의 구원을 위해서 보내주신 유일한 구주요 하나님의 보내주신 독생자임을 바라보고 마음으로 믿을 때 거듭난다. '예수여, 당신이 나의 유일한 구원자이십니다. 나는 당신을 내 구주로 믿습니다'라고 고백할 때 거듭난다. 그럴 때 하나님이 여러분을 구원하신다.

이렇게 기도하라. '하나님, 나는 내 문제를 그대로 가지고 뱀에 물려 독소가 퍼져 죽어가고 있는 상태 그대로 당신의 아들을 믿고자 나옵니다. 당신이 이 땅에 보내신 예수를 나의 구주로 믿습니다' 여러분은 예수님을 우리를 구원하시기 위해 하나님이 보내신 인자로, 우리의 구원자로 믿기만 하면 새로 태어난다. 새 생명을 얻는다. 여기에 아무런 노력이 필요가 없다. 이럴 때 여러분은 하나밖에 없는 참되고 유일한 하나님의 생명을 얻게 되는 것이다. 그리고 그 생명은 점차적으로 자라나며 변화되는 것이다. 이것은 얼마나 놀랍고 귀한 일인지 모른다.

우리는 원래 옛 사람이었다. 그런데 구원받고 새 생명을 얻게 되면 이 생명의 씨가 점점 자라난다. 이 생명의 씨는 작은 것이지만 그 안에 모든 것이 있음을 기억하기 바란다. 그러므로 세월이 지날 때 그 씨 안에 들어 있는 그리스도의 모든 풍성은 우리의 삶을 통해 나타나는 것이다. 반면 우리가 구원을 받아 성령을 모시고 있지만 우리 육체는 여전히 존재한다. 그러나 이 육체는 십자가에서 이미 끝난 것이므로(갈 5:24) 세월이 지날 때 점점 그 힘이 약화되는 것이다. 이는 꼭 뿌리가 잘린 나무와 같다. 이미 우리는 우리 옛 사람이 예수 그리스도와 함께 십자가에 못 박혀 죽었으므로 우리의 육체의 존재는 살아 있는 것 같으나 죽은 존재이다.

이제 성령께서 우리 마음속을 주장해서 옛날에 좋아하던 모든 습관들을 점점 제거시킨다. 여러분이 좋지 않은 과거의 습관들을 자꾸 행하면 이 새 생명은 그것을 반대하고 저항한다. 이 생명이 이길 때까지 여러분을 괴롭힌다. 이 생명은 이기는 생명(overcoming life)이다. 그래서 죄와 사망을 이긴다. 부활의 생명이기 때문이다. 어제는 죽은 것 같은데 오늘은 새롭게 일어나고 또 일어난다. 여러분이 죄를 짓고 좋지 않은 습관을 지속하면 가만히 있지 않고 괴롭힌다. '아, 이렇게 죄 짓고 사느니 죽는 것이 낫겠다'라고 괴롭힌다. 언제까지? 변화될 때까지이다. 그러다보니 매일 매일의 삶이 거룩해진다. 변화되고야 만다. 만약 여러분이 나를 보고 '어떻게 저 사람은 주의 종까지 되었을까?'라고 생각한다면 거기에는 나의 공로가 없다. 딱 한 가지 있다면 다만 이 생명에 충실했던 것뿐이다. 강퍅하지 않고 조금 괴롭히실 때 '알았습니다. 안 하겠습니다'라고 하면 시간을 단축시킨다. 그럼에도 바로처럼 강퍅하게 하는 사람은 시간이 오래 걸리고 주님의 매를 더 맞게 된다. 주님이 더 세게 다루신다. 그러면 강퍅하던 사람도 변화된다. 그러나 좀 지혜롭고 겸손하고 온유한 사람들은 주님의 작은 신호에도 얼른 순종한다. 그러면 매를 덜 맞는다. 우리 속에는 근본적으로 다 강퍅한 것이 있다. 누구나 다 한두 번씩은 강한 매를 맞을 필요가 있다.

그러나 감사한 것은 우리는 너나 할 것 없이 이 귀한 하나님의 생명을 얻어서 전능하신 우리 하나님을 아버지라고 부를 수 있게 되었다는 것이다. 우리는 새로 태어나서 영생의 소망을 얻었고 하나님 나라를 볼 수 있고 그 나라에 들어갈 수 있게 되었고 하나님의 자녀라 일컬음을 받을 수 있는 특권을 얻게 되었다. 우리에게 주신 새 생명으로 인하여 하나님께 감사드린다. 여러분 모두 옛 생명으로 살지 않고 주님이 주신 새 생명으로 살아가며 이 생명에 신실한 자들이 되어서 날마다 생명이 변화되는 놀라운 역사가 여러분의 삶 가운데 끊임없이 일어나게 되기를 바란다.

17절, 하나님이 그 아들을 세상에 보내신 것은 세상을 심판하려 하심이 아니요 저로 말미암아 세상이 구원을 받게 하려 하심이라

영생을 얻음

하나님이 아들을 이 세상을 보내주신 것이 큰 일이다. 우주 가운데 이보다 큰 일이 없다. 영원한 하나님이 독생자를 보내주신 것이다. 그분도 하나님이시며 영원하시고 전능하시고 시간의 제한이 없으시다. 그런 하나님이 유한한 시간 안에 인간의 육신을 입고 이 땅에 오셨다. 능력 있는 구약의 선지자들을 보내신 것이 아니다. 하나님 자신이 육신을 입으시고 이 땅에 오신 것이다. 17절에는 그 보내신 목적을 이야기하고 있다. "세상을 심판하려 하심이 아니요 저로 말미암아 세상이 구원을 받게 하려 하심이라"고 선포하신다. 이것은 어떠한 은혜인가! 구약의 많은 선지자들이 타락한 이스라엘이나 이방 열국을 심판하기 위해 보냄을 받았다. 그러나 이 아들은 구원을 위해 보내심 받았다. 그러므로 멸망할 사람이 구원받는 길은 오직 하나, 하나님이 거룩하게 구별해서 이 땅에 보내신 독생자 예수를 믿는 길 외에 없다.

어떤 사람들은 직접 하나님을 믿겠다고 한다. 다른 우상을 믿는 것보다는 나을지 모르지만, 하나님을 막바로 믿으려고 하다가는 멸망하게 된다. 하나님은 이 땅에 그 아들을 보내셨다. 그리고 그 아들을 통해서 아버지께 올 수 있기를 기대하셨다. 따라서 성경에 말씀하신 방식대로 믿어야 제대로 하나님을 믿는 것이다. 아들을 통해서 하나님을 믿어야 한다. 우리가 구원을 받으려면 하나님이 이 땅에 구원자로 보내신 예수를 믿어야 한다. "모세가 광야에서 뱀을 든 것 같이 인자도 들려야 하리니 이는 저를 믿는 자마다 영생을 얻게 하려 하심이니라 하나님이 세상을 이처럼 사랑하사 독생자를 주셨으니 이는 저를 믿는 자마다 멸망치 않고 영생을 얻게 하려 하심이니라"(요 3:14-16).

그러므로 사랑하는 여러분은 예수를 믿어야 한다. 예수 그리스도는 이 땅에 여자의 몸을 통해서 태어나셨다. 성령으로 잉태되신 분이시다. 그분은 33년 반을 사셨다. 나사렛이라는 동네에서 목수의 아들로 이 땅에서 사셨다. 30세부터 사역을 시작하셨고 마지막 3년 반 공생애 끝에 제자 한 명에게 팔리셨고 당시에 유대 총독이었던 빌라도에게 심판을 받았다. 주님은 기록된 대로 털 깎는 자 앞의 양 같이 심판석에서 아무 말이 없으셨다. 잡히시기 전 주님은 겟세마네에 가셔서 하나님 앞에 고뇌에 찬 슬픔의 기도를 드리셨다. 그리고 잡히신 후에는 유대 공회에서 심판을 받으시고 빌라도에게 넘겨져 다시 심판을 받으셨다. 주님은 채찍에 맞으시고 병정들에게 손바닥으로 맞으시고 이마와 등에 피를 흘리시고 마침내 십자가에 못 박히셨다.

빌라도의 심판석에서 털깎는 자 앞에 벙어리와 같이 말 없으신 하나님의 어린 양을 바라보라! 또한 겟세마네에서 슬픔과 고통에 잠기신 예수에게 가보라! 채찍에 맞아 피와 땀에 얼룩진 그를 보라! 구원을 위해 아무것도 할 수 없는 여러분 자신을 생각해보라! 여러분의 신앙의 목표는 여러분 자신 안에서는 아무것도 아니며 오직 여러분을 초월할 때 무언가가 있게 된다. 다만 예수 우리의 구원자이신 그를 믿으라! 저 나무 위에 손과 발이 못 박히신 그리스도는 나와 당신 같은 죄인을 위해 자신의 생명을 아낌없이 바치셨다. 여러분의 믿음의 목적은 의롭다함에 있는 것이지 여러분 자신 속에 있는 어떤 것을 찾아내는 것이 아니며 여러분 속에서 역사하시는 성령의 그 무엇에도 있지 않다. 오히려 여러분을 위해 하나님의 아들이 오셔서 피로서 거룩한 언약을 세우셨기에 다만 믿으면 되는 것이다.

오직 그분만을 의지하고 예수 한 분 만을 생각하라! 그리고 여러분의 눈을 돌이켜 죽음으로부터 부활하신 그리스도를 바라보도록 하라! 그는 죄인을 위한 그 모든 괴로움을 다 담당하셨으며 이제 부활하셨고 의롭다함을 받으셨다. 그분은 여러분이 짊어진 빚을 갚기 위해 십자가에서 피를 쏟으시고 죽으셨다. 그리고 죽은 자 가운데서 부활하셨다. 빚을 다 갚으셨다는 증명으로 죽은 자 가운데서 부활하신 것이다. 그리고 하늘 높은 보좌 하나님 우편에 앉으셨다. 그분은 거기에서 자신의 백성들을 위해 중보하고 계시다. 그분은 하나님으로서 사람으로서 생명으로서 지금도 살아계시다. 보좌에 앉으신 그를 보라!

죄인이 구원받는 유일한 길은 모세가 광야에서 뱀을 든 것 같이 십자가에 높이 들려지신 예수를 바라보는 것 외에는 없다. 하나님께서는 죄인들이 구원받을 수 있는 길을 여시려고 아들을 거룩하게 구별해서 이 땅에 보내신 것이다. 예수님은 죄인의 모든 죄를 짊어지시고 십자가로 가셨고 거기서 피를 다 쏟으시고 죽으셨다. 그분은 예수만 믿으면 죄 용서받고 구원받고 영생 얻는다는 언약을 자신의 피로써 세우셨으므로 오늘 여러분은 오직 믿으면 구원되는 것이다. 다른 아무것도 필요치 않다. 자격은 죄인이면 되고 조건은 믿으면 되는 것이다. 예수 앞에 나와서 다만 2000년 전에 갈보리 십자가에 높이 달려서 못 박혀 죽으신 예수를 바라보고 그분을 믿고 의뢰하면 되는 것이다. 아멘.

18절, 저를 믿는 자는 심판을 받지 아니하는 것이요 믿지 아니하는 자는 하나님의 독생자의 이름을 믿지 아니하므로 벌써 심판을 받은 것이니라

하나님의 독생자의 이름을 믿지 않는 것이 큰 문제이다. 가장 큰 죄인 것이다. 믿지 않는 자는 장래를 기다릴 것도 없이 벌써 심판을 받은 것이다. 하나님이 우리 인류를 사랑하심으로 독생자를 아낌없이 주셨는데, 그 참혹한 십자가에 달려 죽게 하셨는데, 그 사랑을 거절하고 그 증거를 받지 않을 때 그것은 어떤 죄보다도 큰 죄이다. 멸망하기 합당한 죄이다. 그러나 믿는 자는 심판을 받지 않는다고 했다. 이는 어떠한 복음인가!

19절, 그 정죄는 이것이니 곧 빛이 세상에 왔으되 사람들이 자기 행위가 악하므로 빛보다 어두움을 더 사랑한 것이니라

"정죄". 정죄란 말도 원문에는 '심판(judgement)'이다. 사람은 태어날 때부터 죄인으로 태어난다. 하늘의 법정에 기소되어 있는 상태로 태어나는 것이다. 여러분은 과거에 기소되어 있었다는 것을 아는가? 여러분을 기소한 검사가 누군지 아는가? 모세의 율법이다. 재판장은 누구이신가? 하나님이시다. 인간으로 태어났으면 누구나 다 기소 당하게 되어 있다. 그리고 결국 다 심판받고 지옥에 가게 되어 있다. 법률적으로 말하자면 자유롭게 다닐 수 있으니 불구속기소 상태라고 하겠다. 혹은 도피한 상태라고 하겠다. 그러나 언젠가 잡히면(죽을 때이다) 심판받고 지옥 가는 그런 운명에 처해 있는 것이다.

실제 있었던 일이다. 한 젊은 사람이 어느 곳에서 사람을 죽이고 거액의 돈을 훔쳤다. 그리고 다른 도시로 가서 도망자로 살았다. 그곳에서 좋은 여자와 결혼해서 자녀들도 낳았다. 이웃들은 그의 과거의 죄를 알지 못했다. 수년이 지나고 평화롭게 지내던 중 세 명의 형사들이 그를 찾으러 왔다. 그들은 그를 체포해서 수갑을 채웠다. 그가 어쩔 줄 모르는 자기 아내에게 물었다. '여러 해 동안 당신과 함께하면서 나는 당신에게 좋은 남편이지 않았소?' 그녀는 걱정스런 표정으로 고개를 끄덕이며 동의했다. 그리고 아이들에게 물었다. '나는 너희들에게 좋은 아빠가 아니었니?' 자녀들도 고개를 끄덕이며 동의했다. 마지막으로 이웃 사람들에게 물었다. '이 몇 해 동안 내가 당신들에게 잘못하거나 당신들의 재산을 침해한 적이 있었습니까? 당신들은 나를 좋은 이웃으로 간주하지 않았습니까?' 가족과 이웃들은 그가 좋은 사람이라고 만장일치로 동의했다. 그는 돌아서서 세 형사들에게 말했다. '보십시오. 몇 년 동안 나를 지켜본 사람들은 다 내가 좋은 사람이라고 증거합니다. 나를 풀어주어야 하지 않겠습니까?' 형사들이 대답했다. '당신이 주위의 모든 사람들에게는 정당화 될지 몰라도 법 앞에는 정당화 될 수가 없습니다. 당신의 회개나 요즘 몇 년간의 선한 생활이 당신의 장래의 무죄를 보장할지는 몰라도, 당신의 지난 세월에 있었던 그 범죄에는 말소가 없습니다' 결국 그 사람은 법정에 서게 되었다는 실화가 있다.

여러분은 어떠한가? 몇 년 동안 깨끗한 남편으로, 아내로 살았지만 과거에 있었던 부끄러운 죄들, 어둠 속에 있었던 일들은 어떻게 할 것인가? 얼마간 버릇을 고치고 살았다고 해서 그것들이 자동적으로 말소될 것이라고 생각하는가? 그런 일은 없다. 그 범죄의 기록은 그대로 하늘 법정에 기록되어 있다. 그리고 언젠가 그 죄과는 다 드러나고 심판을 받게 된다. 오늘날 사람들은 자기의 죄에 대해서 그렇게 깊이 생각하지 않는다. 그러나 하나님은 극도로 거룩하신 분이시고 죄를 극도로 미워하시는 분이시기 때문에 그날 하나님은 여러분이 지은 죄들에 대해서 빛 가운데서 낱낱이 심문하시고 철저히 심판하실 것이다. 하나님께서 왜 예수, 하나님의 사랑하는 독생자를 보내셨겠는가? 그리고 참혹한 십자가에 못 박혀 죽게 하셨겠는가? 이 19절 말씀이 분명히 말하고 있다. 우리를 구원하시려는 것이다. 죄를 용서해주고 영생을 주고 멸망치 않게 해주시려는 의도로 아들을 보내신 것이다.

그런데 19절 후반부에 보면 사람들이 자기들의 행위가 악하므로 빛보다 어둠을 더 사랑한다고 했다. "빛이 세상에 왔으되 사람들이 자기 행위가 악하므로 빛보다 어두움을 더 사랑한 것이라". 가장 큰 죄가 무엇인가? 가장 큰 죄는 하나님의 아들을 믿지 않는 죄인 것이다. 불신자들은 참 빛이 되신 하나님의 아들에게 나아오는 것보다는 어두움에 머물러 있기를 좋아한다는 뜻이다. 에덴동산에서 사람이 타락한 후 사람은 빛을 잃고 어둠 속에서 살았다. 그동안 하나님은 이스라엘에게 빛이신 하나님을 소개해주며 그들로 하여금 하나님의 빛 가운데서 살도록 인도하셨다. 그리고 이제 참 빛이신 주 예수를 보내셨다. 그러나 사람들은 차라리 어둠을 더 사랑하고 빛으로 오신 주님을 받지 않았다. 오늘날도 사람들은 참된 복음과 진리를 받고도 주님께 오려고 하지 않는다. 이는 그들이 어둠을 더 좋아하기 때문이다.

그러면 어두움이란 무엇인가? 이생의 염려와 걱정, 재리의 유혹에 빠져 있는 것 등이 어두움이다. 그저 걱정없이 자기 삶에 안주하는 것도 어두움이다. 현실주의도 어두움이다. 그저 뜻없이 현실에 복종하여 사는 것도 어두움이다. 온 세상은 마귀에게 속하였기 때문이다(요일5:19). 주님이 이 땅에 오셨을 때 온 세상은 어두움에 잠겨 있었다. 모든 이들이 죄악의 어두움 속에 있었던 것이다. 자기의 삶 밖에 모르는 모든 사람은 다 어두움에 빠진 사람들이다. 주의 일을 한다하지만 결국 자신의 목적과 삶, 장래를 위해 진리를 순종하지 않고 자기의 유리한 길을 택하여 나아간다면 그것 또한 심한 어두움이다. 주님의 뜻을 분별하여 그 뜻을 따르고 주님을 순종하는 삶만이 빛 가운데 사는 것이다. "나를 따르는 자는 생명의 빛을 얻으리라" 주님의 뜻과 인도를 순종하지 않으면서 빛 가운데 살 수 있는 사람은 한 사람도 없다. 얼마나 많은 이들이 주님을 따른다 하면서 어두움과 불순종 가운데 사는지 모른다. 참으로 하나님께서 어두움에 빠져 일어나지 못하는 그분의 백성들을 긍휼히 여겨주시기를 바란다.

20절, 악을 행하는 자마다 빛을 미워하여 빛으로 오지 아니하나니 이는 그 행위가 드러날까 함이요

당시에 예수님이 이 땅에 오셨는데 사람들이 예수께 오지 않더라는 것이다. 예수는 빛이신데 왜 예수께 오지 않는가? 사람들이 어둠을 더 사랑하기 때문이다. 어두움을 더 좋아하기 때문이다. 사람들에게 진리를 전해보면 반응이 두 가지로 나타난다. 어떤 사람은 '아 이것이 내가 찾던 말씀이다. 이 말씀이 진리이다' 하면서 받아들인다. 그러나 어떤 사람은 싫어한다. 지금 예수님은 누구와 이 말씀을 하고 계시는가? 유대인의 관원인 니고데모이다. 예수님이 유대인 가운데 왔을 당시, 그들은 성경을 너무나 잘 알고 있었다. 소위 '진리'라고 하는 것을 많이 알고 있었다. 그런데 막상 참 빛이 왔는데 그 빛으로 나오지 않는 것이다.

오늘날도 어떤 사람이 참된 진리를 거부하는가? 세상 죄에 빠진 사람들이야 말할 것도 없다. 그들은 세상을 더 좋아하니 당연한 일이다. 그런데 또 한 부류가 있는데 그들은 나름대로의 신앙을 계발한 사람들, 율법주의자들이다. 교회 다니면서 열심히 뭔가를 '하는 것'에 아주 재미를 붙인 사람들이다. 이런 사람들은 구원의 도리를 관심하지 않는다. 하나님은 아들을 보내서 사람들에게 이 아들을 믿으라고 하셨다. 이 아들과의 관계가 중요한 것이다. 그런데 이 가장 기본적이고 핵심적인 신앙은 멀리 가버리고 찬양대 하느라 바쁘고, 꽃꽂이 하고 유치부 봉사하는 데 바쁘다. 아들 예수에 대해서 물으면 '그것은 기본적인 것이고 다 아는 것 아니야?' 하는 것이다. 이것이 가장 중요함에도 그들은 핵심을 놓치고 있다. 본질을 놓치고 있는 것이다. 그들에게는 복음이 재미가 없다. 복음 말고 일하는 이야기를 하면 신이 난다. 그것이 당시로 말하면 율법에 빠져 있는 유대인들이었다.

또한 지식주의자들이다. 지식주의자들은 실제로 한 가지도 순종하거나 대가를 지불하지 않아도 된다. 다만 머리 속에 영적 지식을 채워넣으면 되기 때문이다. 그런 사람들도 참된 진리가 온다 할 때 들으려 하지 않는다. 이미 자신이 최고의 것을 가지고 있다고 최면을 걸어놓았기 때문에 더 이상 양심을 찌르는 말씀들을 들으려 하지 않고 회피한다.

여러분은 악을 행하는 것이 도적질하고 강도질하는 것만이라고 생각지 말기 바란다. 악은 적극적으로 주의 뜻을 행하려 하지 않는 모든 것이 악행임을 알아야 한다. 나는 '존 헤이'라는 미국의 정치인이 지은 찬송가 가사를 좋아한다. "뜻없이 무릎꿇는 그 복종 아니요 운명에 맡겨사는 그 생활 아니라 우리의 믿음 치솟아 독수리 날 듯이 주 뜻이 이루어지이다 외치며 사나니"(새찬송가, 460장) 온전히 자신을 헌신하여 적극적으로 하나님을 섬기며 그분을 기쁘시게 하려는 의지가 없이 그저 막연히 있는 현실을 십자가려니, 운명이려니 사는 사람들의 어두움과 숨어있는 악을 파헤친 시이다.

18,19,20절은 무엇을 말하는가? 사람들에게 빛을 제시했을 때의 반응이다. 결국 누가 착한 사람들인가? 진리의 빛이 비췰 때의 반응을 보면 안다는 말씀이다. 빛을 봤을 때 기뻐하며 감사함으로 빛을 영접하는 사람들이 구원받는 사람들이고 진짜 착한 사람들이다. 하지만 빛이 왔을 때 어둠을 더 사랑하기 때문에(현실에 안주함 등의 이유로), 빛으로 나아오기를 싫어하는 사람들이 있는데, 그들이 바로 멸망하는 사람들이다.

21절, 진리를 좇는 자는 빛으로 오나니 이는 그 행위가 하나님 안에서 행한 것임을 나타내려 함이라 하시니라

당시 니고데모를 비롯한 많은 유대인들이 진리를 좇는다고 했을 것이다.

그런데 참 빛으로는 오지 않더라는 것이다. 예수님께서는 '진리를 좇는 자는 빛으로 오는 자이고 이는 그 행위가 하나님 안에서 행한 것임을 나타내려는 것이다. 그래서 결국 진리를 행한다면, 진리를 좇는 자들이라면 내게 올 것이다'라고 하시는 것이다. 진리를 좇는 자들은 예수를 믿을 것이라는 말씀이다. 결국 모든 성경은 율법까지 포함해서 한 분 예수에 대해서 하신 말씀이고 예수를 믿도록 도와주는 말씀이다. 모든 성경은 유일한 구원자요 생명이요 모든 것이신 예수를 믿으라는 것을 기록하고 있다. 아무리 지식이 많은 자라고 하더라도 주님 자신에게 가까이 나아가려 하지 않는 자들은 실상 악한 자들이고 주님을 사랑하는 자들이 아니다. 그러나 진리를 사랑하는 자들은 빛을 향하여 나아간다. 자신이 아무리 부끄럽다 해도, 자신의 누추함이 드러난다해도, 지금까지의 모든 인생이 무로 돌아간다 하더라도 진리를 사랑하는 자들은 빛으로 나아간다. 사마리아 여인이 그러했고 삭개오가 그러했다. 예로부터 주님을 참되게 믿은 사람들은 다 그랬다. 참으로 주님을 사랑하는 자들은 자신의 부끄러움이 드러날 때 감사하는 법이다. 그들은 그들의 모든 것이 그리스도 안에서 발견되기를 기뻐한다(빌3:9).

22절, 이후에 예수께서 제자들과 유대 땅으로 가서 거기 함께 유하시며 세례를 주시더라

예수께서 이제 사역을 시작하신다. 그런데 사역을 시작하실 때 주님보다 먼저 와서 길을 닦은 세례 요한의 일을 연속해서 조금 더 하신다. 물론 요한의 위임은 물로 세례를 주는 것이었고, 예수님은 성령 세례를 주시는 분이다. 맡은 바가 다르다. 그러나 주님은 전에 사역했던 선주자의 사역을 조금 이어 나가시는 것이다. 나는 여러 권의 책을 썼다. 내가 쓴 책을 깊이 읽으신 분들은 그 내용이 전에 있던 내용의 연속이며 이전의 많은 학자들의 사역과 맞물려 있음을 느낄 것이다. 물론 거기에만 머물지 않고 뭔가 더 나아가는 것이 있어야 좋은 사역이다. 그러나 완전히 별도로 하는 것은 위험한 사역이다. 주님은 사역을 그렇게 하지 않으셨다. 요한이 하던대로 물로 세례를 주는 일을 이어서 하셨다.

23절, 요한도 살렘 가까운 에논에서 세례를 주니 거기 물들이 많음이라 사람들이 와서 세례를 받더라

물들이 많은 곳에서 세례를 주었던 것으로 봐서 세례는 사실 물속에 잠기는 '침례'였던 것이다. 오늘날처럼 약세를 하는 것이라면 물이 많을 필요가 없다. 이때는 요단 강이든 이곳에 기록된 에논이든 세례를 줄 때는 다 물이 많은 곳에서 잠기는 식의 침례를 주었던 것이다.

24절, 요한이 아직 옥에 갇히지 아니하였더라

예수님이 어떤 사역을 새로 시작하시면 이제 요한은 길을 닦았기 때문에 그만하고 마쳐야 한다. 그렇지 않고 뭔가 경쟁이 되는 식이 된다면 보기에 좋지 않다. 그래서 사도 요한은 24절을 추가한 것 같다. 세례 요한이 옥에 갇히는 것이 하나님의 섭리 같다는 것이다.

25-26절, 이에 요한의 제자 중에서 한 유대인으로 더불어 결례에 대하여 변론이 되었더니 26 저희가 요한에게 와서 가로되 랍비여 선생님과 함께 요단 강 저편에 있던 자 곧 선생님이 증거하시던 자가 세례를 주매 사람이 다 그에게로 가더이다

요한의 제자들이 세례를 주다가 사람들이 다 예수님께로 가서 세례를 받는 것을 보자 시기가 생긴 것이다. 그들은 예수님에 대해서 하나님의 아들이나 하나님의 어린 양 등의 표현을 쓰지 않고 요단 강 저 편에 있던 자, 선생님이 증거하시던 자라고 표현했다. 그래서 요한이 27절부터 마지막절까지 말을 한다. 이것은 요한의 마지막 증언으로 우리가 잘 들어볼 필요가 있다.

27절, 요한이 대답하여 가로되 만일 하늘에서 주신 바 아니면 사람이 아무것도 받을 수 없느니라

하늘에서 주셨다는 것이다. 사람들이 다 그에게로 가는 것도 하늘에서 주신 바 되었기에 그분이 그렇게 받는 것이라는 말이다.

28-30절, 나의 말한 바 나는 그리스도가 아니요 그의 앞에 보내심을 받은 자라고 한 것을 증거할 자는 너희니라 29 신부를 취하는 자는 신랑이나 서서 신랑의 음성을 듣는 친구가 크게 기뻐하나니 나는 이러한 기쁨이 충만하였노라 30 그는 흥하여야 하겠고 나는 쇠하여야 하리라 하니라

요한은 자기의 위치를 잘 알았다. 제자들에게 시기가 있었고 경쟁이 있었고 혼돈이 있었지만 주 예수님을 천거하기 위해서 먼저 보내심을 받았던 요한은 그의 사명을 다 했다. 그의 말이 아주 온전함을 알 수 있다. '나는 그리스도가 아니다', '신부를 취하는 자는 신랑이다' 여기서 그는 예수 그리스도가 신랑이라고 말하고 있다.

요한복음 3장에서는 거듭난 문제를 말한다. 생명을 얻어서 하나님의 자녀가 되고 하나님의 나라에 들어가는 문제를 말하고 있다. 그러면 영생을 얻고 거듭난 사람들의 목표가 무엇인가? 신랑이신 그리스도께 신부가 되는 것이다. 이것이 거듭난 사람들의 목표이다. 요한복음 3장에는 거듭남의 목표가 들어 있다. 신부를 취하는 자는 신랑이다. 그렇다면 사역자들은 무엇인가? 요한은 자신을 신랑의 친구라고 지칭했다. 요한의 제자들이 '사람들이 다 그에게 간다'고 했을 때 요한은 '나는 그들이 그렇게 갈 때 기쁨이 충만하다'고 한 것이다. '나는 신랑이 아니고 신랑의 친구이다. 신랑이 신부를 맞이하는 것을 보니 나는 기쁨이 충만하다. 그런데 너희는 왜 나를 위해 시기하는가'라고 하는 것이다. 나는 이것은 요한 이후의 모든 사역자들이 반드시 기억해야 할 말씀으로 기록된 것이라고 생각한다.

요한복음 2장은 물로 포도주가 되는 표적을 우리에게 보여주었다. 그것도 생명이 바뀌는 것이다. 옛 생명이 새 생명으로 바뀌는 것이다. 그렇게 생명이 바뀐 결과는 후반부의 성전이 건축되는 것이다. '이 성전을 헐라. 내가 사흘 만에 일으키리라' 이는 결국 그리스도의 몸인 교회이다. 사흘 만에 부활하셔서 일으켜진 것이 무엇인가? 교회이다. 그런데 그 교회에서의 잘못될 수 있는 점을 2장에서 지적하고 넘어가는데 그 안에서 장사하는 사람들이 생긴다는 것이다. 비둘기 팔고 돈 바꾸고 소나 양을 파는 사람들이 생기는데 이것은 다 쫓아내야 하는 것이다. '내 아버지의 집으로 장사하는 집을 만들지 말라. 내 아버지의 집은 거룩한 집이다. 모든 사람이 다 나와서 하나님을 경배하고 기도하는 집이어야지 거기서 유익을 취하면 안 된다'고 하시는 것이다. 교회는 모든 사람이 다 기도하고 다 경배하고 다 섬기는 곳이다. 누군가 편의를 보고 돈을 버는 곳이 아니다. 그렇다면 그것은 교회가 아니라 장사하는 곳이다. 사역하는 사람들도 다 섬기러 온 것이고 기도하러 온 것이다. 이것이 2장의 내용이다.

이제 3장에서는 교회가 그리스도의 신부라고 가르쳐주고 있다. 다 그리스도께 가야한다. 사역자들은 다 쇠해야 한다. 그리스도만 흥해야 하고 나는 쇠해야 한다. He must increase, but I must decrease. 그는 증가해야 하고 나는 감소해야 한다. 사역자들은 갈수록 감소해야 한다.

31절, 위로부터 오시는 이는 만물 위에 계시고 땅에서 난 이는 땅에 속하여 땅에 속한 것을 말하느니라 하늘로서 오시는 이는 만물 위에 계시나니

땅에서 난 이는 땅에 속하여 땅에 속한 것을 말한다고 하셨는데 그것은 어떤 사람들의 말을 지칭하는가? 나는 그것이 요한을 포함한 선지자들의 말이라고 믿는다. 그럼 위로부터 오시는 이는 누구인가? 예수이다. 예수는 만물 위에 계시다고 했다.

11-12절에서는 "진실로 진실로 네게 이르노니 우리 아는 것을 말하고 본 것을 증거하노라 그러나 너희가 우리 증거를 받지 아니하는도다 내가 땅의 일을 말하여도 너희가 믿지 아니하거든 하물며 하늘 일을 말하면 어떻

게 믿겠느냐"라고 한다. 하늘의 일과 땅의 일이 나온다. 이것은 주님이 하신 말씀이고 또 이것은 세례 요한이 하는 말이다. 주 예수는 이 땅에서 니고데모 앞에서 말씀하시고 또 여기서 세례 주시면서 일하시지만, 그분은 사실 하늘에서 오신 분이고 하늘에 계신 분이고 만물 위에 계신 분이기에 하늘의 말을 하시는 것이다.

예수 그리스도는 하늘로서 보내심을 받아 인자로서 이 땅에 오셔서 믿는 자를 구원하기를 기뻐하신다. 누구든지 믿으면 구원되는 것이다. 십자가에 달리셔서 물과 피를 다 쏟으시고 십자가에 못 박혀 죽으신 예수, 골고다에 올라가신 예수, 우리 죄를 사하고 죽으시고 사흘만에 부활하신 주 예수를 그저 바라보고 믿으면 구원받는다는 것이 하늘의 음성이다.

32절, 그가 그 보고 들은 것을 증거하되 그의 증거를 받는 이가 없도다

누가 보고 들었다는 것인가? 예수이다. 그분은 하늘에 계신 분이기 때문에 하늘에서 보고 듣는 것이 이런 복음의 이야기밖에 없다. 그것을 증거하실 때에 이 땅에 그 증거를 받는 사람이 없다고 하신다.

33절, 그의 증거를 받는 이는 하나님을 참되시다 하여 인쳤느니라

아버지는 아들에게 항상 하시는 말씀이 이런 것이었던 것 같다. 아들이 아버지에게 항상 대답하는 말도 이런 말이었던 것 같다. 아버지께 들은 말씀을 아들이 와서 하는데도 '단순히 예수 그리스도를 믿으면 구원받는다고 하는데, 그래도 그냥 그렇게만 해서는 안 될 것 같아. 새벽기도라도 가고 헌금이라도 좀 하고 교회 봉사라도 해야 구원받지, 어떻게 그냥 믿기만 한다고 구원받는가?'라고 생각하기에 율법의 관념이 들어오는 것이다. 그러다 보니 사람들이 그분의 증거를 받지 않는다. 그러나 그의 증거를 받는 사람은 하나님을 참되시다고 인치는 것이라고 하신다. 여러분이 이 말씀을 받으면 하나님을 참되다고 인치는 것이다. 안 받으면 하나님을 거짓말하시는 분으로 만드는 것이다. 이것이 하나님이 하시는 말씀이다.

요한복음 3장 16절, "하나님이 세상을 이처럼 사랑하사 독생자를 주셨으니 이는 저를 믿는 자마다 멸망치 않고 영생을 얻게 하려 하심이니라". 이는 하나님이 하시는 증거이고 하늘의 음성인데 이 말씀을 받지 않는 사람들은 하나님을 거짓말쟁이로 만드는 것이다. "그의 증거를 받는 이는 하나님을 참되시다 하여 인쳤느니라".

34절, 하나님의 보내신 이는 하나님의 말씀을 하나니 이는 하나님이 성령을 한없이 주심이니라

이는 예수에 대해서 하는 말이다. 요한은 '회개하라, 물 속에 들어가야 한다, 너는 죽기에만 합당하다'고 하셨는데 이는 다 땅에 속한 말들이다. 하늘에는 그런 말이 없다. 예수님은 하늘에서 보내심을 받아서 하나님의 말씀을 하시는 분이라고 하면서 요한은 얼마나 자신을 낮추어서 그 길을 잘 따르는가! 자신을 예수와 구분하고 있다. 자기도 성령을 충만하여 물로 세례를 주는 사역을 했지만 자기와 비할 바 없으신 주님은 성령을 한량없이 받은 분이라고 했다. 하나님은 나사렛 예수에게 성령을 기름 붓듯, 물 붓듯 부으셨다. 그분은 어디든지 다니시면서 능력을 행하실 만큼 능력이 풍성하셨다. 그분의 입에서 나오는 말씀은 다 하나님의 말씀이었다. 식사하시면서 하는 이야기도 다 성령의 말씀이었다. 요한도 날 때부터 성령으로 충만되어서 태어나 선지자 노릇을 했지만 그는 여전히 하나의 인간일 뿐이다.

실제로 요한이 감옥에 갔을 때 그는 실족할 뻔했다. '오실 그분이 당신이라면 왜 나는 안 꺼내주는가'라고 물었다. 그러나 예수는 그런 말씀을 하신 적이 없다. 그분이야말로 한 마디도 하늘의 말씀이 아닌 것을 말하신 적이 없다. 우리도 사실 그렇게 되도록 성령으로 충만해야 한다. 그러나 대부분은 그렇지 않다. 교회에서는 거룩한 말을 하다가 집에서는 아무렇게나 말한다. 그러다 보니 아내들도 우리를 신뢰하지 않는다. 성령이 충만하려면 우리의 생활 가운데서 모든 죄악된 삶을 청산하고 우리 마음에 차 있는 많은 것들을 비우고 정말로 주의 성령으로만 가득한 삶을 살아야 한다. 그럴 때 우리의 말과 행함이 언제나 올바르고 하늘에 속한 말을 하게 될 줄로 믿는다.

35-36절, 아버지께서 아들을 사랑하사 만물을 다 그 손에 주셨으니 36 아들을 믿는 자는 영생이 있고 아들을 순종치 아니하는 자는 영생을 보지 못하고 도리어 하나님의 진노가 그 위에 머물러 있느니라

아버지께서 사랑하신 이 아들이 예수이다. 만물은 다 아들의 것이다. 왜 성부는 아들에게 만물을 주셨는가? 그분 안에서 사랑하심으로 택한 자들을 구원하시기 위해서이다. "아버지께서 아들을 사랑하사 만물을 다 그 손에 주셨으니" 모든 만물과 결합해서 영생 얻는 역사를 하는 것이다. 아들은 만물을 이용해서 우리 택한 백성들이 영생 얻는 역사를 이루시는 분이다. "아들을 믿는 자는 영생이 있고". 나는 여기서 한 가지 확인하고 싶다. 하나님은 세상을 극도로 사랑하사 독생자를 주셨다고 하셨다. 그를 믿는 자마다 멸망치 않고 영생을 얻게 하셨다. 그런데 만일 아들을 믿는 사람은 손을 들어보라고 하면 다 들다가도 영생을 얻은 사람은 손 들라고 하면 절반도 안 드는 경우가 있다. 여러분은 어떤가? 이것은 하나님의 언약의 말씀이기 때문에 만약 믿었는데도 영생이 없다면 그것은 하나님이 약속을 지키지 않는 것이다. 여러분이 믿었다면 영생이 있는 줄로 확신하기 바란다. 하나님은 그분의 언약의 말씀에 신실하신 분이기 때문이다.

"아들을 순종치 않는 자는 영생을 보지 못하고 도리어 하나님의 진노가 그 위에 머물러 있느니라". 영생이 없는 사람은 정말 불쌍한 사람이다. 잠을 잘 때도 불안하다. 하나님의 진노가 그 위에 있기 때문이다. 밥을 먹을 때도 불안하다. 일할 때도 불안하다. 일어나도 앉아도 불안하다. 하나님의 심판과 진노가 그 위에 머물러 있기 때문이다. 그러나 진실로 믿었고 구원을 얻었다면 평안하고 담대하며 불안함이 없다. 진노와 심판이 지나갔기 때문이다. "저를 믿는 자는 심판을 받지 아니하는 것이요"(요3:18a). 믿는 자는 심판을 받지 않는다. 하나님의 진노에서 벗어난다. 이렇게 될 수 있는 유일한 길은 하나님이 보내주신 독생자 예수를 믿는 것이다.

주님께 나아가는 사람들의 자격은 다만 죄인이면 된다. '참회하는' 죄인이나 '깨달은' 죄인 같은 형용사를 따로 붙이지 않았다. 죄인이 예수께 나오면 하나님은 무조건 다 받아주신다고 했다. 이렇게 기도하라. '주여 내 손에 가진 것은 아무것이 없어도 다만 주님의 십자가만 붙듭니다. 벌거벗은 이 몸, 옷 입혀 주실 당신만을 의지합니다. 아무 도움 없이, 갈 데 올 데 없는 이 죄인이 더러운 상태 그대로 오직 주님의 은혜를 의지하여 당신께 나아갑니다. 보혈의 샘으로 나아가오니 구세주여, 나를 씻겨 주옵소서. 그렇지 않으면 나는 멸망합니다'

"믿지 아니하는 자는 하나님의 독생자의 이름을 믿지 아니하므로 벌써 심판을 받은 것이니라"(요3:18b). 믿지 않는 자들은 하나님의 독생자의 이름을 믿지 않기에 이미 심판을 받았다고 하는데, 이는 믿었으면 이미 구원받았고 영생을 얻었음을 반증하는 말인 것이다.

4 장

유대 지방에서 일하시다가 갈릴리로 가시려는 상황이 4장 전반부이다. 주님이 유대를 떠나시려고 하는 이유를 1, 2절에서 설명했다. 유대 지방은 당시 종교가 성행하고 있었던 곳이다. 예루살렘을 중심으로 바리새인들이 많았다. 거기서 세례 요한이 세례를 주었는데, 이제 예수님이 세례를 주기 시작하시자 많은 사람들이 예수님께 몰려갔다. 그리고 기록되지는 않았지만 주님은 사람의 속에 있는 것을 다 아시기에 바리새인들 가운데 시기가 많이 일어났을 것을 다 아시고 그런 상황을 떠나셨다. 그것이 1-3절이다.

1-3절, 예수의 제자를 삼고 세례를 주는 것이 요한보다 많다 하는 말을 바리새인들이 들은 줄을 주께서 아신지라 2 (예수께서 친히 세례를 주신 것이 아니요 제자들이 준 것이라) 3 유대를 떠나사 다시 갈릴리로 가실쌔

우리 주님은 성품상 온유하고 또 자비로우시고 조용하시다. 사람들과의 무의미한 시기와 분쟁, 충돌을 피하기 원하셨던 것 같다. 그러한 상황을 떠나서 갈릴리로 가시는데, 갈릴로 가는 두 가지 길이 있다. 하나는 사마리아를 통행해서 가는 것이고 또 하나는 돌아서 가는 방법이다. 그럴 때 주님은 아무 생각 없이 그냥 사마리아로 가는 것이 낫겠다 싶어서 그리로 가자고 하신 것이 아니다. 영어로는 'he had to pass', 즉 사마리아로 가야만 했다는 것이다. 그곳을 통하여 갈 의지가 있으셨다는 말이다. 왜 그렇게 가시려고 했는가? 정말 생수를 필요로 하고 목말라 하는 불쌍한 여자를 구원하시고자 하는 의지가 있으셨다.

4-6절, 사마리아로 통행하여야 하겠는지라 5 사마리에 있는 수가 라 하는 동네에 이르시니 야곱이 그 아들 요셉에게 준 땅이 가깝고 6 거기 또 야곱의 우물이 있더라 예수께서 행로에 곤하여 우물 곁에 그대로 앉으시니 때가 제육시쯤 되었더라

당시 예수께서 이동하실 때 말을 타고 간다든가 마차를 타고 갔다는 기록이 없다. 그냥 걸어가신 듯하다. 그 긴 길을 걸어가시다 보니 예수님은 육신이 피곤하셔도 사마리아 수가 우물가에 이르렀을 때 거기서 쉬려고 앉으셨다. 예수님은 우리와 같은 육신을 갖고 계신 분이시다. 1장 14절에서 '말씀이 육신이 되어'라고 하셨다. 육신이라는 말은 영어로 'flesh', 곧 육체이다. 하나님은 사람의 몸을 지으셨지 육체를 창조하지 않으셨다. 그런데 창세기 6장에 사람이 범죄하고 타락함으로 하나님을 떠나서 육체가 되었다고 했다. 육체는 인간의 죄와 관계가 있다. 그러므로 예수님이 육신을 입고 오셨다는 말에는 깊은 뜻이 있다. 주님은 그 속에 죄는 없지만, 인간의 타락에 관련된 그 연약한 육신을 입고 오셨다는 것이다. 로마서 8장에는 '죄의 육신의 모양을 입고 오셨다'고 되어 있다. 죄인의 모양을 취하신 것이다. 그렇기에 주님은 우리 인간이 경험하는 육신의 연약함과 피곤함을 다 겪으셨던 분이다.

당시에 예수님이 환영(幻影)처럼, 허상처럼 오셨다가 가셨다고 주장하는 이단들이 있었는데, 이를 도세티즘(Docetism, 가현론(假現論))이라고 한다. 이 영지주의라는 이단이 벌써 요한 시대에 있었기에 사도 요한은 이에 대해서 강력하게 반박하는 글을 썼다. 그 내용은 특히 요한 1서에 들어 있다. 예수님은 하나님이시지만 말씀이 육신이 되신 분이다. 사람으로 오셨던 것이다. 예수님이 수가 우물가에 앉았을 때의 시각은 제 6시쯤이었다. 여러 시간에 대한 학설이 있으나 이는 정오에 해당된다.

7절, 사마리아 여자 하나가 물을 길러 왔으매 예수께서 물을 좀 달라 하시니

중동 지역의 정오 열두 시는 엄청나게 더운 시간이다. 보통 여인들은 이렇게 더울 때 뙤약볕에 혼자 물을 길러 오지 않는다. 대부분 저녁나절에 여러 여인들이 물동이를 이고 함께 물을 긷는 것이 습관이다. 그런데 어째서 이 여자는 많은 여인들과 함께 어울리지 못하고 정오에 혼자 물을 길러 왔을까? 거기에는 사연이 있다. 그녀는 아무도 가까이 하려고 하지 않는 여자였다. 평판이 좋지 않았다. 남편을 다섯 명이나 바꿨고 지금도 자기 남편이 아닌 다른 남자와 살고 있는 부도덕한 여인이기에 아무도 그 여자와 어울리지 않았던 것이다. 그래서 이 목마른 여자는 한낮에 물동이를 가지고 수가의 우물가에 왔다. 그런데 그곳에 먼저 한 분이 와 계셨는데 그 분이 바로 구주 예수시다. 이때 예수님이 먼저 여자에게 말을 거셨다. 물을 좀 달라고 하셨다.

8절, 이는 제자들이 먹을 것을 사러 동네에 들어갔음이러라

제자들은 예수님보다 조금 더 기력이 있었던 것 같다. 주님은 제자들에 비해 하시는 일이 많고 사역과 여러 가지로 너무 힘들어서 피곤해서 앉아서 쉬셔야 했던 것 같다.

9절, 사마리아 여자가 가로되 당신은 유대인으로서 어찌하여 사마리아 여자 나에게 물을 다라 하나이까 하니 이는 유대인이 사마리아인과 상종치 아니함이러라

사마리아 여자는 물을 달라는 예수님에게 이렇게 대답했다. "당신은 유대인으로서 어찌하여 사마리아 여자 나에게 물을 달라 하나이까". 당시 유대인들은 사마리아인들과는 상종을 하지 않았다. 유대인들이 사마리아라는 땅에 살기는 했지만 침략을 당해서 다른 이방 민족과 혼혈이 되었기에 그 땅에는 순수 유대인들이 아닌 혼혈 유대인들이 살고 있었다. 그래서 순수 유대인들의 피를 자랑하는 당시의 유대인 사회에서는 사마리아는 인정을 받지 못했다. 이방의 갈릴리라고 했으며 사마리아는 더욱 그랬다. 그러므로 사람들은 사마리아인들을 별로 인정하지 않았고 상종하려 하지 않았던 것이다. 그런데 예수님은 이 여자에게 말을 걸었던 것이고 그 여자는 이를 이상하게 생각했다.

사람에게 가까이 오신 하나님

주 예수는 죄인에게 가까이 오신 구원자 하나님이다. 그분은 임마누엘로서 사람들과 함께 계시기 위해 육신을 입고 오셨다. 그리고 죄인들을 만나시고 그들을 구원하셨다. 오늘 우리는 수가의 우물가를 찾아갈 필요가 없다. 그분은 이미 우리에게 더욱 가까이 오셨다. 우리의 입과 마음에 오셨다. "말씀이 네게 가까워 네 입에 있으며 네 마음에 있다 하였으니 곧 우리가 전파하는 믿음의 말씀이라"(롬10:8) 따라서 입으로 예수를 주로 시인하고 마음으로 죽은자 가운데서 살아나신 예수를 믿으면 구원을 얻게 된다. "주여, 나는 당신을 믿나이다" 하면 당신은 즉시 주님을 영접할 수 있다.

생수를 마심과 경배자가 됨

10절, 예수께서 대답하여 가라사대 네가 만일 하나님의 선물과 또 네게 물을 좀 달라 하는 이가 누구인줄 알았더면 네가 그에게 구하였을 것이요 그가 생수를 네게 주었으리라

여자가 볼 때 이 예수님은 유대인이었다. 분명히 유대 남자였다. 이를 볼 때 분명히 예수님은 완전한 사람으로 오셨다. 그런데 예수님이 그 여자에게 무엇이라고 말씀하셨는가? '네가 만일 내가 누구인줄 알았더라면 나에게 구하였을 것이다'라고 하셨다. 예수께서는 물을 달라고 하셨지만, 예수님의 목마름은 영적인 것이지 육신적인 목마름은 아니었다. 여기서 예수님이 물을 마시고 시원해 하셨다. 나중에 예수님은 '내게는 너희들이 알지 못하는 양식이 있다. 나는 이미 먹었다'는 말씀을 하셨다. 사실 예수의 목마름은 목마른 인간들에게 그분이 공급하실 생수를 주고자 하는 갈급함이었다. 그것이 예수의 목마름이었다. 그래서 예수님은 '네가 나에게 구하는 것이 옳다'고 하시는 것이다. 하나님께서는 여러분에게 선물을 주시고 싶어하신다. 목마른 사람에게 생수를 주고 싶어하신다.

"예수께서 대답하여 가라사대 네가 만일 하나님의 선물과 또 네게 물을 좀 달라 하는 이가 누구인줄 알았더면 네가 그에게 구하였을 것이요 그가 생수를 네게 주었으리라" 이 말씀에서 우리는 감동이 있다. 사마리아 여인은 목마른 여인이었지만 그렇게 애타게 생수를 찾지 않았다는 말이다. 오히려 주님이 그녀의 필요를 아시고 생수를 주시려 하신다. 그리고 그녀에게 당신 자신을 소개해주시며 그녀로 하여금 생수의 필요성을 알게 하고 그 갈망을 자아내게 하셨다. 사람이 영원한 생수를 얻는 길은 무엇인가? 다만 예수가 누구인지를 아는 일이다. 알면 된다. "네게 물을 좀 달라 하는 이가 누구인줄 알았더면 네가 그에게 구하였을 것이요 그가 생수를 네게 주었으리라" 이 영원한 생수는 값없이 선물로 주어진다. 주 예수는 그분이 무엇을 가지고 계신지를 알며 사람에게 무엇이 필요하신지를 안다. 그분은 당신 안에 있는 생명이 사람의 진정한 필요요 기쁨과 만족을 주는 것임을 아신다. 그러나 사마리아 여인을 포함한 모든 사람은 그것을 알 수 없다. 하나님은 사람에게 주고 싶어하시며(행17:25), 사람은 그분으로부터 받아야 하는 존재이다(요1:12,16). 그분은 그분 속에 가득한 생명수를 공허하고 비어있는 사람들에게 채워주시기를 간절히 원하셨다. 그러기에 그분이 오신 것이다(요10:10).

생수 이야기를 해보자. 사람은 하나님이 창조할 때 부족하게 지어졌다. 하나님이 없으면 목마르게 지어졌다. 요즘 소위 '2%가 부족하다'는 표현들을 한다. 사람은 그 자체로서는 완전하지만 하나님의 목적에서 볼 때는 부족하게 지어졌다. 하나님은 사람을 필요로 하신다. 사람 속에 들어가기 원하신다. 사람과 연합하기 원하신다. 사람은 하나님을 얻어야만 하도록 지어졌다. 그래서 하나님이 없으면 사람은 부족을 느낀다. 부족하다는 느낌이다. 그것이 목마름이요 갈급함이다. 그래서 그에게 하나님을 주면 그의 갈증이 해결되는 것처럼 만족하게 된다. 충족함을 얻게 되는 것이다. 여러분은 예수를 믿음으로 충족함을 얻게 되었는가? 여전히 비어있고 공허하다는 느낌이 있는가? 예수가 누구인지 직접 만나지 못하고 신앙생활하는 자들은 여전히 목마름을 갖게 된다. 하나님을 모르는 인류는 하나님만이 우리의 목마름을 해결할 수 있는 존재라는 것을 모른다. 그래서 스스로 자기의 목마름을 해결해보려고 노력하는데, 그런 대표적인 인물이 요한복음 4장에 나오는 사마리아 여인이다.

이 여인은 목마른 인간을 대표해서 자기 나름대로 사람의 목마름을 해결해보려고 노력을 해왔다. 그래서 결혼을 다섯 번이나 한 것이다. '이 남자가 나의 목마름을 해결해줄 수 있을까? 안 되네. 다른 남자로 바꿔보자' 정말 이상적인 남자로 생각한 또 다른 남자로 또 다른 남자로…그렇게 다섯 번을 시도했지만 해결이 안 되었던 것이다. 그런데 '도대체 나의 이 목마름을 어떻게 채울까?'하며 방황하는 한 목마른 여자가 수가의 우물가로 물을 길으러 나올 것을 예수님은 미리 아신 것이다. 유대 지역의 바리새인들은 예수님을 시기했다. 그런 사람들은 생수를 얻을 수 없다. 그러나 예수님은 지혜와 예지로 사마리아에 목마른 한 여인이 있다는 것을 다 아셨다. 그래서 유대를 떠나 그 여자가 우물가에 올 그 시간에 가셔서 먼저 기다리며 앉아계셨던 것이다. 여자가 나타나자 주님은 '물 좀 줄 수 있느냐?'라고 먼저 말을 걸었고 대화가 시작되었던 것이다.

11절, 여자가 가로되 주여 물 길을 그릇도 없고 이 우물은 깊은데 어디서 이 생수를 얻겠삽나이까?

예수님이 하시는 물에 대한 말씀은 본질적인 것이고 영적인 것이고 깊은 것인데, 이 여자는 생수라고 하니까 물질적으로 생각한 것이다. 이 우물이 깊은데 어디서 생수를 얻는가라고 생각했다. 생수라는 말을 들으면 무슨 깊은 산 속에서 길어오는 물이나 광천수 같은 것을 생각하는 사람도 있겠지만, 이는 사실 인간에게 근본적으로 필요한 그 목마름, 갈급함, 갈증을 말하는 것이다.

12절, 우리 조상 야곱이 이 우물을 우리에게 주었고 또 여기서 자기와 자기 아들들과 짐승이 다 먹었으니 당신이 야곱보다 더 크니이까

이렇게 죄를 짓고 부정하고 다른 사람에게 따돌림을 당하는 가련한 형편에 있어도 이 여자는 나름대로 자부심도 있다. 인간은 매우 복잡하여 간단하지 않다. 이렇게 부도덕한 과거가 있음에도 그녀는 나름대로 속에 긍지를 가진 것이 있고 존재감을 나타내 보인다. 정말 사람은 간단하지 않다. 그렇게 트라우마를 가진 사람일수록 자신의 존재감을 더욱 내세우려 붙잡는 경우가 많다. 그녀는 우물의 내력을 알고 있었다. 그래도 자기가 한 번 씩 오는 우물이 우스운 곳이 아니라는 말이다. 비록 자신이 목이 말라 오긴 왔고 인생에서 철저한 실패를 맛보았어도 내가 그런 사람이 아니라고 목청을 높이고 싶은 것이다.

사마리아 여인은 우물에 관련한 이야기며 조상 야곱의 이야기를 끄집어낸다. '이 우물은 그래도 유서 깊은 우물이다. 조상 야곱 때에 준 것이다. 내가 비록 목이 말라서 물을 길러 왔지만 "나도 한때 잘나가던 여자다!" 그런 말을 하고 싶은 것이다. 그녀는 야곱을 자기들의 조상이라고 말한다. 혼혈이라고 하더라도 사마리아 인들도 어디까지나 아브라함과 야곱을 조상으로 자부하고 있었다. 즉 그들은 신앙에 있어서 나름 계보를 갖고 있었다는 말이다. 그녀는 사마리아 인들이 나름대로 조상 때부터 계속 먹고 있는 물인데, 보통 물이 아닌데, 당신이 이것보다 더 귀한 물을 주겠다는 것인가? 당신이 야곱보다 크다는 말인가?'라고 말하는 것이다. 그녀는 목마르면서도 전통 있는 수가의 우물에 대한 자부심을 내려놓지 않고 있다. 그들의 조상이라고 하는 야곱을 대단하게 생각하고 있다. 사람이란 언제나 지난 세대의 훌륭한 사람들을 붙잡고 현재 자기에게 가장 필요한 은혜와 진리를 거절하는 특성이 있다.

그녀는 그렇게 목마르고 부정하며 생수가 간절히 필요한 지경에 있으면서도 막상 그녀의 모든 문제를 해결해줄 수 있는 메시아 앞에서 우물에 대한 자부심을 늘어놓고 있는 것이다. 오늘 날 자신의 몸 담고 있는 소위 교회나 단체에서 조금의 갈증도 해결받지 못하고 있으면서도 그저 막연한 자부심과 긍지 하나로 물을 길러 주일마다 찾아 다니는 사람들이 있다. 그런 사람들에게 생수를 소개해도 꿈쩍도 하지 않는다. 사마리아 여인을 보라! 지금 그녀는 정말 갈급하고 생수를 필요로 하는 여인이다. 그러나 지금 다급하지 않고 오히려 주님이 다급하시다. 지금 생수를 줄 분이 바로 눈앞에 있는데, 무슨 야곱이 필요한가? 이런 관념들이 생수를 마시는데 방해가 되는 것이다. 종교와 전통도 만만한 것이 아니다. 영원한 생수, 그녀의 근본적인 필요를 해결해줄 것을 앞에 놓고도 죽도록 목마른 여인이 여전히 다른 말을 하고 있는 것을 보라!

13-14절, 예수께서 대답하여 가라사대 이 물을 먹는 자마다 다시 목마르려니와 14 내가 주는 물을 먹는 자는 영원히 목마르지 아니하리니 나의 주는 물은 그 속에서 영생하도록 솟아나는 샘물이 되리라

주님은 최고의 전도자시다. 주님은 여인에게 어떻게 말씀하실 줄을 아신다. 영원히 목마르지 않는 물을 소개하신다. 사람은 지옥가지 않기 위해서만 예수를 믿는 것이 아니다. 장차 천국에 들어가는 소망을 위한 것만이 아니다. 예수를 믿으면 이 세상에서 사는 동안에도 충족이 된다. 이 세상에서 우리가 얻는 물은 다 불완전한 만족을 준다. 이 물을 먹는 자는 다시 목마르다고 하셨다. 아주 목이 탈 때는 금방 마셔도 또 목마르는 것처럼, 인간은 타고 날 때부터 창조될 때부터 부족하게 창조되었기에 계속 무언가를 해서 만족을 얻고자 한다. 지위를 얻는 것에 목마른 사람도 있다. 부에 대해서도 마찬가지다. 재물의 획득을 바란다. 어느 정도까지만 있으면 좋겠다, 어느 집처럼만 해놓고 살면 참 난 행복하겠다, 적어도 20-30억만 있으면 좋겠다는 식으로 목표를 놓고 그것을 향해서 달리는 것이다. 학업의 성취에 대한 목표도 있다. 나는 어느 대학을 나왔으면 좋겠다, 어떤 학위를 얻었으면 좋겠다, 박사가 되었으면 좋겠다는 등의 학업 성취에 대한 목마름도 있다. 한국 사람은 특성상 교육열이 강하다. 어릴 때부터 그저 배워서 뭔가를 얻으려고 한다. 얻은 사람을 보면 부럽고 나도 그렇게 되면 얼마나 좋을까 하는 목마름이 있다.

행복한 가정, 뛰어난 업적, 좋은 집, 좋은 차, 좋은 아내, 좋은 남편, 좋은 친구를 원한다. 어떤 친구를 만나면 나의 외로움을, 나의 부족한 한 부분을 달래줄 수 있을 것 같고 그 기쁨을 느낄 수 있을 것 같은 목마름이 인간에게는 다 있다. 그것이 마음을 채워줄 수 있을 것만 같고 위로와 기쁨을 줄 수 있을 것만 같은 아련한 느낌이 다 있다. 그래서 그것을 마셔보는 것이다. 그런데 그것을 얻으려고 추구할 때까지만 좋을 뿐이다. 일단 취하고 나면 별것이 아니다. 목말라서 원할 때는 빨간색인데, 일단 그것을 얻어서 마시고 나면 색깔이 조금씩 조금씩 퇴색해서 빨강이 회색으로, 잿빛으로 변해가는 것이다. 결국 그것을 얻지 못했을 때와 같아지는 것이다. 그래서 다른 어떤 것으로 채워보려고 또 다른 생수를 찾게 된다. 이것은 끝이 없다. 그것이 문제이다. 진리가 없으므로 그 이유를 모른다. 사람은 지어질 때부터 그렇게 지어졌기 때문이다. 하나님만이 생수의 근원이고 하나님만이 인간의 필요를 채울 수 있는 분인데 사람은 그것을 모른다는 것이다.

하나님이 왜 이 땅에 그리스도를 보내주셨는가? 이러한 인간의 근본적인 문제를 해결해주기 위해서이다. 그분이 지금 이 여자 앞에 서 있는 것이다. 예수는 이 여자의 근본적인 문제를 채워주러 오신 것이다. 이 물을 먹으면 그 속에서 영생하도록 솟아나는 샘물이 되리라고 했다. 세상 물을 대표하는 수가의 우물물은 마셔도 목마르다. 그 물은 바깥에 있다. 부를 얻는 것이나 승진하는 것이나 좋은 남편, 좋은 아내, 좋은 친구도 다 바깥에서 얻는 것이다. 그것은 계속 마셔도 목마른다. 그런데 예수 그리스도께서 주시는 물을 마시면 우리 마음속에서 영생하도록 계속 솟아난다. 영원토록 솟아나는 샘물인 것이다. 우리는 죄사함을 받고 구원을 받은 후 너무나 행복하고 기뻐서 이런 기쁨이 잠시 후에 사라질까 염려하게 된다. 그러나 주님의 말씀은 이 생명수는 다른 물과 달라서 영생하도록 솟아나는 샘물이 될 것이니 걱정을 안해도 된다고 하신다. "나의 주는 물은 그 속에서 영생하도록 솟아나는 샘물이 되리라"

15절, 여자가 가로되 주여 이런 물을 내게 주사 목마르지도 않고 또 여기 물 길러 오지도 않게 하옵소서

'그런 물이 있다면 저도 주세요. 그러면 물 길러 오지 않아도 되겠네요' 결국 이 여자는 뒤에 물동이를 버렸다. 동네에 가서 내가 만날 사람을 만났다고 전파하는 복음 전도자가 되었다. 그녀는 그 물을 달라고 예수님께 구했다. 예수님은 구하라고 하셨다. 주님이 누군지 안다면 주님의 선물과 생수를 구했을 것이라고 하셨다. 3장의 도덕적인 니고데모이든 4장의 부도덕한 사마리아 여자이든 주 예수를 만나면 거듭나게 되고 생수를 얻게 된다.

16-19절, 가라사대 가서 네 남편을 불러오라 17 여자가 대답하여 가로되 나는 남편이 없나이다 예수께서 가라사대 네가 남편이 없다 하는 말이 옳도다 18 네가 남편 다섯이 있었으나 지금 있는 자는 네 남편이 아니니 네 말이 참되도다 19 여자가 가로되 주여 내가 보니 선지자로소이다.

그런데 16절에서 주님은 '그래, 물을 주겠다'고 하지 않고 '가서 네 남편을 불러오라'고 하셨다. 주님의 이 말씀은 매우 중요한 말씀이다. 이것은 그 여인의 목마름의 본질을 말하는 말씀인 것이다. 오늘 날도 많은 사람들이 신앙생활을 한다고 하면서도 자기의 문제의 본질을 감추고 다른 여러가지 신앙적인 교리와 논제를 가지고 논란하며 산다. 그러한 여인에게 주님은 그녀의 가장 근본적인 문제를 제기하신 것이다. 그녀의 문제는 바로 여기에 있었다. 그녀가 만족을 추구하기 위해 다섯 남자와 결혼을 해보았고 현재도 어떤 남자와 동거하고 있지만 그것이 만족을 주지 못할 뿐 아니라 사람들의 부끄러움과 인생의 파탄을 가져온 것이다. 그 결과로 그녀는 슬프고 외롭고 스스로 정죄받으며 목마른 여인이 된 것이다. 주님은 바로 그 점을 말씀하신 것이다.

주님은 각 사람에게 한 두가지 인생에서 부족하다고 갈급해하는 것을 두시고 생수를 찾게 하신다. 무엇이 당신을 가장 목마르게 하는가? 주 예수는 그것을 도와주시고자 하신다. 여러분은 생수를 얻기 위해 구체적인 목마름의 원인을 갖고 주님을 만나기 바란다. 주님은 여러분의 인생에서 여러분을 슬프게 하고 불안케 하며 허전하게 하는 문제를 만지고자 하시며 치료해주고자 하신다. 예수는 여러분의 삶의 가장 깊은 곳까지 찾아오셔서 만나주시기 원하신다. "네 남편을 불러오라!" 이 문제는 그녀의 가장 수치스럽고 정죄받게 하는 한 가지 문제이다. 그녀의 인생을 대표하는 문제이다. 사람이 구원받았고 예수를 만났다고 하지만 그의 가장 대표적인 인생 고질문제와 대표적 죄의 문제가 만져지지 않았다면 참된 구원이 아니다.

여자가 남편이 없다고 하자 예수님은 그 말이 맞다고 하셨다. 주님은 그녀를 꾸짖지 않으셨다. 은혜로우신 주님은 다만 그녀의 문제의 근원을 만지시고 해방시켜주시려 한 것이다. 그녀가 남편이 없다는 말은 어쩌면 그녀가 한 번 더 자신의 인생에 있어서 가장 본질적인 문제를 피해가려는 의도였는지도 모른다. 그러나 주님은 그녀를 다 아시기에(죄인의 부끄러워하는 마음), 몇 마디로 그녀의 참 문제를 알게 도와주셨다. 의사가 환자의 병을 고쳐주려면 "네 병은 바로 이것이 아니냐"라고 분명히 알려주고 고쳐주는 것과 같다. 그러나 주님은 그녀의 병을 고쳐주시는 것이 어려운 일이 아니고 그분의 가장 원하시고 기뻐하시는 일이므로 대단한 문제나 되는 것처럼 지적한 것이 아니다. 다만 "그것이 너의 참 문제가 아니냐"고 하신 것이다. 그 때 그녀는 주 예수의 한 마디로 그녀의 진실로 돌아온 것이다. 그 때 그녀는 자신의 참 문제를 만져주심에 놀랐다. "나는 남편이 없나이다" 그녀도 엉겁결에 말했겠지만 후의 모든 말씀을 참고할 때 그녀가 가장 만져진 것은 그 부분에서이다. "나의 행한 모든 일을 내게 말한 사람을 와 보라 이는 그리스도가 아니냐?" 한 것이다. 그녀는 자신의 가장 근본적인 문제를 통하여 그리스도를 만난 것이다.

주님은 그녀가 그렇게 대답할 때 그녀를 그분 자신의 예지와 신성을 나타내 보여주시는 기회(빛이요 그리스도 되심)로 삼으셨다. 다른 말은 그녀에게 다만 지식에 불과할 뿐 그렇게까지 깊은 속을 만질 수 없었다. 수가의 깊은 우물 이야기도 그렇고 경배이야기도 그러했다. 그러나 그녀의 가장 내면의 방황과 고민거리는 일생 그녀를 괴롭히고 만져왔던 문제였다. 그 대답이 나오자 주님은 다정히 말씀하신다. "네가 남편이 다섯이 있었으나 지금도 남편이 아닌 남자와 살고 있으니 남편이 없다는 말도 맞다"고 하신 것이다. 여자는 자신의 과거를 다 알고 있음에 놀라서 이 사람이 선지자라고 생각했다. '선지자가 아니면 어떻게 나를 다 알겠는가?'

이것이 예수님이 한 사람에게 복음을 전하는 기술이다. '생수를 마시려면 네 과거의 죄를 청산하라'고 하지 않으셨다. 만일 '남편이 없다는 것은 거짓말이다. 대여섯 명인데 무슨 남편이 없느냐'고 했다면 그 여자는 얼굴 빨개지면서 물동이를 이고 가버렸을 것이다. 그런데 주님이 '네 말이 맞다. 전에 다섯이 있었는데, 지금 있는 남자도 네 남편 아니니까 남편 없다는 말이 맞구나'라고 하시자 여기서 이 여자는 자기 자신이 다 드러났다. 자기의 진정한 문제가 드러나면 실상 인생의 문제가 다 해결되는 것이다. 빛 앞에 모든 어두움이 다 드러나면 더 이상 감출 것이 없다. '나는 죄인입니다'라고 자복할 수밖에 없는 것이다. 찬송가의 가사처럼 "내 모습 그대로 날 받아주소서"라고 말할 수 있다. 주님은 우리의 죄악된 모습 그대로 받아주시고 새 생명을 주시는 것이다. 사마리아 여인은 자신을 개선해서 주님께 나아간 것이 아니고 주님을 만난 것도 아니다. 그녀의 그 상태 그대로 주님을 만나자 모든 것이 해결되고 생수를 얻게 된 것이다. 이것은 우리 죄인이 주님을 만나기 위해서는 우리의 모습을 그대로 가지고 나와야 한다는 하나의 원리를 가르쳐준다. 병자가 자기의 병을 가지고 오지 않으면 어떻게 치료를 받나?

그런데 이 여자는 거기서 바로 시인하고 무릎을 꿇은 것이 아니라 예배 문제, 조상 문제를 또 들고 나온다. 어떤 사람이든지 타락한 사람은 정말 쉽지 않고, 나름 신앙생활을 했다하며, 특히 성경지식이나 전통이나 교리를 많이 주워들은 사람은 생수를 얻는데 쉽지 않은 것이 있다.

20절, 우리 조상들은 이 산에서 예배하였는데 당신들의 말은 예배할 곳이 예루살렘에 있다 하더이다

우리 사마리아 사람들은 그리심 산에서 예배하는데 당신들은 예루살렘에서 예배하지 않느냐고 하면서 예배 문제를 들고 나온 것이다. 우물 문제, 조상 야곱을 가지고 나온 여인은 이제 예배의 문제를 갖고 나온다. 주님은 분명히 좀 전 남편의 이야기를 하셨다. 그러나 그녀는 다시 예배의 문제로 문제를 돌린다. 그러나 주님은 그 제목을 가지고 가장 중요한 말씀을 하시는 계기로 삼으셨다.

21절, 예수께서 가라사대 여자여 내 말을 믿으라 이 산에서도 말고 예루살렘에서도 말고 너희가 아버지께 예배할 때가 이르리라

이 산이나 저 산 문제가 아니라고 대답하셨다. 이 여자는 목마른 여자이다. 인생의 본질적인 문제를 해결해야 하는 상황인데 그러한 것들을 방해하는 것이 바로 종교적인 관념이다. 지식과 종교관념은 생수를 얻는데 가장 방해요소로 작용한다. 오늘날 복음을 전할 때도 마찬가지이다. 비참한 상황에 빠진 죄인을 만나서 죄 문제 해결하고 용서받고 거듭나고 새 생명 얻어야 하기에 교제하자고 예배당에 데려오면 '여기는 십자가가 큰 것이 없네. 긴 의자가 없네' 하면서 그런 것에 관심을 가진다. 십자가가 크고 작은 것이 문제가 아니라 당신은 지금 구원받아야 한다고 말해도 그것보다는 사마리아 여인처럼 예배를 산에 가서 드려야 하는가, 어디 가서 예배를 드려야 하는가라는 문제에 관심을 갖는 것이다. 또 뭔가 성경과 기독교에 대하여 안다는 지식이 그의 갈급함을 감추어버리는 동굴이 되어 버린다.

22-23절, 너희는 알지 못하는 것을 예배하고 우리는 아는 것을 예배하노니 이는 구원이 유대인에게서 남이니라 23 아버지께 참으로 예배하는 자들은 신령과 진정으로 예배할 때가 오나니 곧 이때라 아버지께서는 이렇게 자기에게 예배하는 자들을 찾으시느니라

하나님은 신령과 진정으로 예배하는 자를 찾으신다. 예수님은 예배에 대해서 말씀하신다. 참된 예배는 그런 외적인 장소의 문제가 아니라 신령과 진정으로 드려야 한다. 신령이란 영어로 '영(spirit)'이다. 진정이란 '진리(truth)'다. 그렇게 예배하면 어디서 예배하든, 골방이든 광야이든 이 산이든 저 산이든 문제가 되지 않는다. 아버지는 그렇게 예배하는 자를 찾고 계신다는 것이다. 이 사마리아 여자는 영으로 예배하는 것을 모른다는 것이다. 영이란 무엇인가? 진리란 무엇인가? 가장 참된 것이 진리 아닌가?

"아버지의 말씀은 진리이니이다". 이 여자는 예수 그리스도를 만나서 인생의 문제를 해결해야 한다. 목마름을 해결해야 한다. 이런 것이 진리이고 이것이 참이다. 이 산이냐 저 산이냐는 필요한 이야기가 아니다. 나는 엊그제도 어떤 자매에게 전화를 받았다. 그녀의 남편은 내가 볼 때 정신이 불안하고 정상이 아니다. 나는 그것 때문에 지금 마음이 아픈데 그녀는 다른 이야기를 하는 것이다. '아, 그때 목사님이 들으신 말씀은 사실 내가 한 것이 아니고…' 등등. 지금 그녀의 가정에 중요한 것은 자신의 종교적으로 옳고 그른 문제 등이 아니고 남편의 정신적인 문제인데도 말이다. 사람은 영으로, 진리로 예배하는 것을 잘 모른다. 그래서 예수님은 말씀하신다. 주님은 그녀를 가장 그녀의 근본적인 문제의 핵심으로 돌려놓으시는 것이다. 사람이 가장 깊은 속(영)에 있는 문제를 가지고 나가지 않으면 주님을 만날 길이 없다.

주님은 여러분의 마음의 상처와 죄의 흔적을 지워주시려 하신다. 여러분도 잘 알지 못하는 인생의 실패와 처절한 죄악으로 얼룩진 상흔을 치료해 주시려 하신다. 그래서 주 예수님은 여러분의 인생의 목말라 하는 현장 바로 그곳(수가의 우물)에서 기다리고 계시다. 그리고 그분이 도리어 여러분에게 말씀하신다. "나에게 물 좀 주겠느냐!" 우리는 주님께 이 여인처럼 말할 수 밖에 없다. "주여, 당신이 초라한 나 같은 인생의 괴로움과 아픈 상처를 어루만져 주러 오신 메시아이십니까?" "주여, 당신이셨습니까?" 우리는 우리가 죄의 상처로 아파하는 바로 그 자리에서 우리를 만나자고 기다리고 계신다. 못박힌 손으로 우리 마음을 두드리며 영접하라고 말씀하신다. 우리는 대답해야 한다. "주여, 내 마음을 엽니다. 내 마음에 오셔서 영원히 사시옵소서!" 아멘

24절, 하나님은 영이시니 예배하는 자가 신령과 진정으로 예배할 지니라

하나님은 영이시기 때문에 영으로 예배하지 않으면 소용이 없다. 사람은 세 부분으로 되어 있다. 사람의 맨 바깥 부분인 몸은 육이다. 이 여자는 이 육을 통해서 만족을 얻고자 했다. 그래서 남편을 다섯 명이나 바꾸었고, 현재는 여섯 번째 남자와 살고 있었다. 그러나 그런 방식으로는 만족하지 못한다.

그 다음은 혼이다. 이는 정신세계이다. 정말 친했던 과거의 친구들 같은 것이다. 요즘 텔레비전 방송에서 옛 친구를 찾아주는 프로그램을 보면 때로는 너무 좋다. 그러나 그것은 잠시의 만족을 줄 뿐 다시 원위치로 돌아가게된다. 그때는 참 좋지만 시간이 지날 때 별 것이 아니다. 나이가 40, 50살이 되면 초등학교 동창들을 찾게 된다. 그러나 실제로 한 번 두 번 해보면 별 것이 없다. 음악이나 미술 같은 아름다운 것을 누리려고 해봐도 잠시의 즐거움이다. 목마를 때 탄산음료 마시는 것과 비슷하다. 마셔도 다시 목마르다. 또 마셔야 한다. 지금 이 여자가 야곱을 찾고 조상을 찾고 이 산 저 산을 찾는 것이 다 혼적인 세계이다. 종교적인 관념이라는 말이다. 그것으로도 안 된다. 그것으로는 인생의 목마름을 해결할 생수를 마실 수 없다. 왜 인생은 생수가 필요한가? 만족이 없고 갈증이 나기 때문만은 아니다. 그 목마름을 채워보려고 행한 많은 행실이 죄를 생산해 낸 것이고 그 죄로 말미암아 수많은 정죄감과 수치와 상처를 갖게 되었기 때문이다. 생수를 마시는 것은 다만 공허함을 채우는 문제만이 아니라 죄의 흔적과 상처를 씻는 문제를 포함한다. 죄를 해결하는 것 없이는 온전한 만족과 생수의 마심은 없다. 그렇게 진정한 생수를 마시려면 우리는 우리의 죄를 가지고 구주께 나아가야 하는 것이다. 그리고 그분의 십자가로 우리의 죄짐을 맡겨드려야 한다. 동시에 우리에게는 기쁨이 충만하게 되는 것이다.

그럼 어떻게 하나님께 나아가야 하는가? '주님, 저는 목마른 여자입니다. 저는 나름대로 제 목마름을 스스로 채워보려고 이렇게 저렇게 해보았지만 안 되었습니다. 그러나 이제 알았습니다. 당신만이 인간의 목마름을 채울 수 있는 생수를 주시는 분이십니다. 나를 채워주십시오. 내 목마름을 해결해주십시오' 이것이 영이다. 이것이 바로 가장 참된 것이다. 양궁(洋弓)으로 말하면 표적의 정 가운데를 맞추는 것이다. 그럴 때에야 우리는 시원하다. 생수가 터진다. 가난한 나라에 가서 가난한 나라의 성도들과 대화를 하다 보면 10점짜리 과녁을 맞춘 것처럼 시원하다. 그러나 허례허식을 찾고 종교적인 지식이나 자랑하고 외적인 지위와 경력을 자랑하며 멋진 사람들과 어울려 인사만 잘하며 지내는 사람들을 보면 답답하다. 이것이 종교이다. 겉치레이고 외식이다. 이런 것으로는 우리 인간의 근본적인 목마름을 해결할 수가 없다. 그래서 예수님이 여자에게 남편을 불러오라고 한 것이다. 감추인 죄는 은폐한 채 다른 여러 가지 종교적 활동으로 대치하여 스스로 물을 길으려고 해보는 그 바가지를 버리라는 것이다. 그것 가지고는 안 된다. 또한 어떤 산으로 가느냐는 등의 종교적인 관념으로도 아니다. 하나님은 영으로 돌아와서 참되게 진리로 하나님 경배하고자 하는 사람을 찾으신다. 예수님이 말씀하신 것이 이것이 아닌가?

25-26절, 여자가 가로되 메시아 곧 그리스도라 하는 이가 오실 줄을 내가 아노니 그가 오시면 모든 것을 우리에게 고하시리이다 26 예수께서 이르시되 네게 말하는 내가 그로라 하시니라

그러자 여자가 말했다. "메시아 곧 그리스도라 하는 이가 오실 줄을 내가 아노니 그가 오시면 모든 것을 우리에게 고하시리이다". 그녀는 자기의 문제가 있음은 시인했다. 그러나 지금 자기 앞에 계신 분이 자신의 문제를 해결해줄 메시아임을 알지 못했다. 진정한 복음과 주 예수를 알지 못하고도 얼마든지 교회 문턱을 드나들 수 있다. 교회라는 단체를 다니는 문제가 중요한 것이 아니라 예수를 만나는 문제가 중요한 것이다. 그러자 예수님이 '네가 말하는 사람이 바로 나다'라고 분명하게 알려주셨다. '이런 모든 것을 해줄 사람이 나다' 그때 비로소 이 여자는 예수님을 만났다. '아 그래요? 그럼 당신이 나의 모든 필요를 채워줄 수 있는 바로 그 사람이군요' 여기서 이 여자의 문제가 해결되었다. 예수를 만났을 때 이 여자의 인생의 문제는 비로소 해결된 것이다. 그녀의 복잡한 과거, 부정함, 죄로부터의 정죄감, 수치 등 모든 목마름의 문제를 해결해주실 수 있는 분이 예수시다. 우리는 고백할 수 있다. 우리가 우리 마음의 가장 중심으로 돌아와서 '주여, 당신이 나의 인생의 답입니다'라고 고백할 때 거기에 예수님이 계신다. 거기에 생수가 있다. 거기에 참 예배가 있다. 우리가 죄의 문제로 인하여 참담한 눈물을 흘리며 이제 길이 없다고 할 때 주님은 여러분의 곁에서 영접하기를 기다리고 계시다. 이렇게 고백해보라. '주님, 당신만이 나의 인생의 필요를 채우실 수 있는 분입니다. 주님, 당신이 생수이십니다. 그 생수를 나에게 주옵소서. 내 속에서 영생하도록 솟아나는 샘물이 되게 하여 주옵소서' 이렇게 하는 것이 생수를 얻는 것이다.

무엇이 구원받는 것인가? 구원받는 것은 어떤 교리를 분해해서 설명하는 것이 아니라 예수 그리스도를 인격적으로 만나는 것이다. '당신이 주님이셨군요!' 이때 근본적인 목마름이 해결되는 것이다. 이것이 구원받는 것이다. 무엇이 예배인가? 무엇이 교회인가? 이렇게 참되게 영으로 돌아와서, 진리로 돌아와서 하나님을 경배하는 사람들이 교회이다. 외적인 형식으로 예식을 갖춰서 멋있게 하는 어떤 것이 아니라 근본적으로 그 마음과 생각과 태도와 모든 것이 참으로 돌아와서 영으로 돌아와서 '주님, 저를 구원해주십시오. 우리는 주님이 필요하다는 것을 알았습니다. 주님은 영원한 생수가 되십니다. 우리의 목마름을 해결해주십시오. 다시는 물을 길러 가지 않도록, 다시는 세상의 물을 찾지 않도록, 주님이 우리에게 한 번 주시면 영원히 목마르지 않는 물이라면 그 물을 저에게 주십시오. 저는 그 생수 얻고 싶습니다' 이렇게 말할 수 있어야 한다. 이것이 진리이고 이것이 영이다. 그렇지 않은 것들은 다 바깥의 것들이다.

육적인 것들은 우리의 속을 채우지 못한다. 혼적인 것들, 종교적인 것들, 감정적인 것들은 우리의 속을 채우지 못한다. 오직 참되게 우리의 영으로 돌아와서 깊은 속의 참된 마음으로부터 주님께 나오는 것이 참 예배이다. 남편과 아내 사이도 이렇다. 성도와 성도 사이도 이렇다. 가식을 버려야 한다. 그냥 겉으로만 좋게 지내는 것은 찌르는 것보다는 좀 나을지는 모르지만 시원하지 않다. 우리 속에 참된 생수가 터지는 교회생활을 하려면, 참된 예배를 드리는 생활을 하려면, 우리는 우리의 육신적인 삶과 허례허식과 외식과 바깥의 어떤 행동들로부터 돌아서서 우리의 가장 깊은 속의 문제들을 주님께 고하고 죄와 악을 버리고 영으로 돌이켜야 한다. 그런 자들이 참된 예배자들이며 하나님은 이 마지막 시대에 그런 예배자를 찾고 계신다. '찾는다'는 말은 그런 사람이 드물다는 말이다. 흔하지 않다는 말이다. '주님 우리가 그런 진정한 예배자들이 되기 위해서 있사오니 우리를 불쌍히 여겨주시옵소서'라고 고백하자. 하나님은 이런 예배를 받기 원하신다. 우리 하나님은 죄인을 구원하기 위한 구주심을 잊지 말자. 구약의 많은 제물들을 보라! 거기에 피가 흘려지지 않은 제물이 몇이나 되는가? 참된 용서와 회개, 감사가 없는 제물은 가치가 없는 제사요 헛된 경배이다.

하나님은 그분을 경배하는 자들을 만들기 위해서 인간을 창조하신 것이다. 하늘의 광경을 보라. 찬미와 경배밖에 없다. 교회는 이 땅에서 먼저 하나님을 찬양하고 경배하는 것을 배우는 무리이다. 입술로만 찬양한다고 다 찬양이 아니다. 진정한 경배란 우리의 가장 본질로, 참된 진리 속으로 들어와야 한다. 그럴 때 거기에 예수님이 계신다. 이렇게 주님을 만나야 참되게 주님을 만나는 것이다. 그리고 주님은 이렇게 예배드리는 자들을 너무나 기뻐하시며 그들을 하나님의 집으로, 교회로 여기실 줄로 믿는다.

27절, 이때에 제자들이 돌아와서 예수께서 여자와 말씀하시는 것을 이상히 여겼으나 무엇을 구하시나이까 묻는 이가 없더라

유대인들을 사마리아 사람들과 대화하지 않는다. 그러나 주님은 그러한 유대인들의 고정 관념을 깨고 우물가에서 한 사마리아 여자와 대화를 하고 있었다. 그래서 기록되기를 "예수께서 여자와 말씀하시는 것을 이상히 여겼으나 무엇을 구하시나이까 묻는 이가 없더라." 여기서 우리는 제자들의 관념이 주님을 따라가지 못하는 것을 볼 수 있다. 진정으로 사람들의 목마름과 궁핍함과 필요를 채우시는 인자 예수는 어떤 고정된 사고방식과 틀에 매여서 움직이는 분이 아니시다. 또 그것을 암시하기 위해서 이런 말씀이 기록되었다고 생각한다.

뒤에 나오지만 주님은 '세상의 구주'이시다. 유대인만의 구주가 아니시다. 어떤 사람이라도 진정으로 주님을 필요로 하고 갈급해 하는 영혼이 있다면 가리지 않고 찾아가서 만나서 대화를 하신다. 사역자라면, 사람들에게 생수를 공급하기 원하는 사람이라면, 고정된 관습이나 전통에 얽매여서는 안 된다. 주님은 그런 고정된 틀 안에 매여 있지 않으시다. 진정 어떤 사람의 굶주림과 배고픔 영적인 갈급함을 채워주어야 할 일이라면 그 틀을 깨어버리셨다. 제자들도 그런 일을 여러 번 겪다보니 주님이 하시는 일은 무슨 의미가 있을 것이라 생각하고 묻지 않았던 것이다.

28-30절, 여자가 물동이를 버려 두고 동네에 들어가서 사람들에게 이르되 29 나의 행한 모든 일을 내게 말한 사람을 와 보라 이는 그리스도가 아니냐 하니 30 저희가 동네에서 나와 예수께로 오더라

이 이야기는 조금 뒤에서 언급하겠다.

31-33절, 그 사이에 제자들이 청하여 가로되 랍비여 잡수소서 32 가라사대 내게는 너희가 알지 못하는 먹을 양식이 있느니라 33 제자들이 서로 말하되 누가 잡수실 것을 갖다 드렸는가 한대

제자들은 음식을 사러 마을에 들어갔었다. 이제 음식을 사와서 예수님께 드리자 "내게는 너희가 알지 못하는 먹을 양식이 있느니라"고 하셨다. 하지만 제자들은 이 말씀의 의미를 제대로 알아듣지 못했다.

34절, 예수께서 이르시되 나의 양식은 나를 보내신 이의 뜻을 행하며 그의 일을 온전히 이루는 이것이니라

예수님은 실제로 사마리아 여인이 주는 물을 받아 마신 것도 아니고 제자들이 갖다준 음식을 먹은 것도 아니다. 그렇지만 예수님은 '나는 이미 먹었다'고 하셨다. 그러면 주님의 양식은 무엇인가? '아버지의 뜻을 행하는 것'이었다. 주님께는 육신적인 음식만이 아니라 갈증과 필요를 채우는 또 하나의 양식이 있음을 말씀하시고 있다. 그래서 요한복음 4장에는 두 종류의 음식이 있다. 하나는 사마리아 여인이 마신 생수이다. 그녀는 주님을 마셨다. 또한 주님도 목마르셨다. 목마른 구주, 그분이 뭔가를 드셨다. 그리고 만족하셨다. 더 이상 먹지 않아도 된다고 하셨다. 주님이 잡수신 음식이 무엇이길래 만족하실 수 있었는가? 주님이 친히 해석해주셨다. 그것은 아버지의 뜻을 행하는 것이었다.

사람은 먼저 주님으로부터 생수를 받아 마셔야 한다. 그래야 목마르지 않는 샘을 얻는다. 그런 다음에는 반드시 자라나서 주님의 뜻을 이행할 수 있어야 한다. 우리 주 예수님은 아버지께서 보내셔서 아버지의 뜻을 행하러 오셨다. 그 뜻을 이행하는 것이 우리 주 예수님의 즐거움이고 만족이다. 성경에 보면 주님을 믿는 우리도 모두 주님의 보내심을 받은 자이다. 그러므로 우리도 이 땅에 주님의 뜻을 이행하도록 존재하는 것이다. 우리도 주님으로부터 생수를 받아 마시는 것을 배울 뿐 아니라 반드시 주님의 뜻을 이행함으로써 얻는 비밀한 양식, 사람들이 알지 못하는 음식을 먹는 것을 배워야 한다. 주님은 아버지의 뜻을 행하는데 있어서 매우 능동적이며 적극적으로 그 뜻을 실천하기 원하셨다. 그것이 만약 아버지의 뜻이라고 인정되면 주님은 하나님의 영원하신 목적에 이르기까지 자기 자신을 바치며 온전히 몰입해서 그 뜻을 수행하신 분이셨다.

어떤 사람이 만일 이렇게 선포할 수 있다면 그런 사람은 비밀한 이 음식을 먹을 줄 아는 사람이다. '내가 이 땅에 사는 유일한 갈망, 목적, 의도는 주님의 뜻을 순종하고 그 뜻을 이루는 것이다. 나에게는 다른 뜻이 없고 주님이 원하시는 그 뜻이 나를 통해서 이루어지기를 바랄 뿐이다' 이 사람은 내적으로 이미 행복한 사람이다. 만족이 무엇인지 아는 사람이다. 오늘날 사람들에게는 왜 불만족이 있을까? 왜 마음속 깊은 속에 공허함과 슬픔이 있는가? 그것은 그분의 뜻을 이행하지 않고 자기의 뜻을 꽉 붙들고 있기 때문에 그렇다. 자신의 뜻을 이루려고 동분서주하며 애쓰는 사람은 반드시 마음이 공허하게 된다. 그러나 우리 자신의 이기심, 욕심, 우리 자신의 뜻을 내려놓고 주님의 뜻을 내 뜻으로 받아들여서 그 뜻만을 위해서 사는 사람은 만족이 무엇인지를 아는 사람이다. 우리 주님은 제자들에게 이것을 알려주시고 싶으셨다. '내 양식은 아버지의 뜻을 온전히 이루는 것이다'

그러면 아버지의 뜻을 온전히 이루는 방법은 무엇이었는가? 사마리아 여인 하나를 우물가에서 만나서 복음의 대화를 나눈 것이다. 그 여자에게 집중해서 대화하심으로써 그 여자에게 생수를 마시게 하고 물동이를 버리게 하고 '나 예수 만났다'며 뛰어가게 만드는 그 일이 아버지의 뜻이었다.

한 영혼을 구원하심

하나님의 뜻은 추상적인 것이 아니다. 굉장히 대단한 것도 아니다. '한 영혼'을 구원하는 일이다. 그 일을 하시려고 주님은 사마리아 여인과 대화를 한 것이다. 한 마디 한 마디가 그렇게 진지할 수가 없다. 그러면서 그 여자를 어떻게 하든지 주님께 이끌어서 주님을 깨닫도록 도우셨다. 그녀가 자신의 모든 죄와 종교적인 관념을 버리고 참되신 주님을 만날 수 있도록 온 정성과 최선을 다해 그 여자를 구원하시기 위해서 몰입하신 것을 볼 수 있다. '나는 음식을 이미 먹었다, 나는 이미 만족했다'고 말씀하실 정도로 주님은 기쁘셨던 것이다. 한 영혼이 주님을 만나서 기쁨을 얻고 만족을 얻고 돌아가는 그 모습을 바라볼 때 주님은 더 이상 음식을 잡수시지 않아도 될 만큼 만족하셨다.

인생의 슬픔과 불만족은 대부분 인간의 이기심에 있다. 자기 뜻을 버리지 않고, 오히려 오직 그것을 이루려고 살기 때문이다. 그러나 우리 모든 인생의 뜻을 내려놓고, 십자가에 못 박고, 오직 아버지의 뜻만을 온 마음으로 받아들이면서 '주여, 주님의 뜻대로 행하시옵소서. 오직 주님의 뜻만을 우리를 통해서 이루시기 원합니다. 주님의 뜻인 줄만 알면 어떤 대가를 지불해서라도, 어떤 손해가 있더라도 순종하겠습니다. 고난이 닥치더라도 순종하겠습니다. 사람들에게 욕을 먹는다 해도 가겠습니다'라는 정신을 가지면 나의 가장 깊은 속에 사람들이 알지 못하는 진정한 평안과 행복과 만족이 있다는 것을 체험할 것이다.

슐라텔이라는 사람은 말했다. 하나님의 뜻에 일치함으로 하나님의 일을 하게 되는 것이 사람의 생명의 원천이 된다는 것이다. 음식을 먹음으로써 사람이 생명력을 얻는 것같이 그리스도인은 하나님의 일을 참되게 하고 온전하게 이루려고 할 때 영적인 생명력을 부여받게 된다. 사실 우리 주님은 사마리아에 전도하러 가신 것이다. 주님이 유대 땅에서 갈릴리로 가실 때 '사마리아를 통행해야 하겠는지라'고 기록되어 있다(영어로는 'must'라는 말이 들어 있다). 왜 그렇게 사마리아를 꼭 통과하려고 하셨는가? 아버지의 뜻이 사마리아의 한 여자를 구원하는 것이었기 때문이다. 그 목마른 여인이 물동이를 가지고 물을 길으러 수가 우물가에 올 것을 아셨던 것이다. 그것만 아신 것이 아니다. 주님은 사마리아 성에 많은 사람들이 목말라서 구원받을 준비가 되어 있는 것을 보셨던 것이다. 그들을 모두 살리기 위해서는 이 여자 하나를 먼저 얻으셔야 했다.

주님은 일하시는 방법부터 사람들과 다르다. 오늘날 어떤 사람이 사마리아 성에 가서 전도하려고 한다면 먼저 광고부터 붙일 것이다. 그러나 예수님이 사마리아 성에서 일하시는 방법은 그런 것이 아니었다. 한 여자를 우물가에서 만나는 방식이었다. 게다가 그 목마른 여인은 그렇게 도덕성이 높거나 아름다운 인격을 갖춘 사람이 아니었다. 부정하고 부도덕한 여자였다. 사람들과 자연스럽게 어울릴 수도 없는 그런 여자였다. 그 여자 하나가 예수 그리스도, 메시아를 만나고 구원받더니 자기가 어떤 사람인지도 잊어버렸다. 그녀가 한 일이 무엇인가? 죄짓는 일이었다. 남편을 다섯 번 바꾸고 지금도 자기 남편이 아닌 남자와 사는 이 여자가 '내가 행한 일을 모두 다 알아맞힌 사람을 보라. 나는 그를 만났다. 이 사람이 그리스도가 아닌가?'라고 전파한 것이다. 그러자 사마리아 성에 그러지 않아도 그리스도에 대해서 듣고 선지자의 말들도 들었던 사람들이 준비되어 있었다. 준비되지 않으면 그런 말을 듣는다고 오지 않는다. 그들은 예수님께로 와서 몇 마디 듣더니 주님을 붙들고 놓지 않았다. 주님은 그곳에서 이틀간 더 머무셨다. 많은 사람들이 예수를 믿었다. 그들에게 축복이 임한 것이다. 이 세상에서 예수 믿고 구원받는 일보다 더 복된 일이 어디 있는가?

그리스도의 지상 사역은 오늘 날 많은 목회자의 생각과 다르다. 오늘 날 대다수의 목회자들은 목회의 성공을 꿈꾸며 작은 무리를 주의하지 않는다. 더욱이 한 영혼에 대한 관심은 적다. 주님은 무리를 피하시고 한 영혼을 관심하시며 기껏해야 12제자들을 교육하셨다. 나는 여러분이 진정 한 영혼을 관심하는 사역이 참된 것임을 아는 것에 깊은 인상을 받기 바란다. 사도 바울 역시 주님의 길을 따랐다. 그가 한 형제를 얼마나 귀히 여기며 사역했는가는 고린도 전 후서를 보면 알 수 있다(고후2, 고전 8장 참조). 그는 교회를 단체로 보아 섬긴 것이 아니라 한 형제 한 자매를 섬길 대상으로 삼은 것을 볼 수 있다. 오늘 날 너무 많은 사람을 주의하다가 정작 주님이 섬기라고 붙여주신 한 영혼을 소홀히 하는 일은 없는지 깊이 생각해보아야할 줄로 믿는다.

35절, 너희가 넉 달이 지나야 추수할 때가 이르겠다 하지 아니하느냐 내가 너희에게 이르노니 눈을 들어 밭을 보라 희어져 추수하게 되었도다

예수님은 원시안을 가지고 계신다. 도토리를 보면 숲을 알 수 있다는 말이 있다. 나는 이번 명절 때 시골에 가서 상수리를 많이 주웠다. 그것을 보면 그 숲이 얼마나 우거졌는지를 알 수 있다. 사마리아 여인 하나를 보면 사마리아성의 사람들의 상태를 볼 수 있다. 주님은 큰일을 통해서 사마리아 성을 전도하는 것이 아니라 한 여자를 통해서 하셨다. 보통 대단한 건축물은 부실 공사가 많다. 제대로 참되게 지어진 건물은 그 규모가 비교적 작다. 오늘날 여러분이 정말 귀한 영적인 만족을 줄 수 있는 양식을 얻는 비결은 주를 위한 큰일을 계획하는 것이 아니다. 몇 년 걸려서 한 사람을 구원하는 것, 그것이 가치 있는 일이다. 학생 하나에게 몇 년을 소비해서 주님께 인도하는 것, 그것도 가치 있는 일이다. 떠들썩하게 일을 크게 벌인다고 해서 그것으로부터 비밀스런 주님의 음식을 먹는 것이 아니다. 하나님의 뜻을 이행하는 것이 아니다. 주님이 여기서 보여주신 것을 보라. 주님은 한 여인을 구원하시고 만족하셨다. '나는 아버지의 뜻을 이행했다'라고 하시는 주님에게서 우리는 배워야 한다.

우리는 주님께서 큰 무리 앞에 가르치는 이상으로 사마리아 여자 한 영혼을 위해서 한 말씀 한 말씀 진지하게 전하신 것을 읽을 수 있다. 그리고 만족했다고 하셨다. 우리는 반드시 이것을 배워야 한다. 결국 그 여자가 가서 전도하는 것이다. 물동이를 버려두고 동네에 들어가서 그리스도를 전하자 많은 사람들이 이끌림을 받았다. 그러므로 구원받은 지 하루밖에 안 된 사람도 전도할 수 있다. 아버지 뜻을 행할 수 있다. 나는 생명이 어리다, 나는 영적인 어린 아이다 하면서 일할 수 없다는 말하지 말라. 여기 이 여인은 어떻게 했는가? 주님께 구원받자마자 당장 가서 사람들을 모아 놓고 성경을 가르쳤는가? 그렇게 하지 않았다. 다만 '나의 행한 일을 말한 사람을 보라. 이가 그리스도가 아닌가?'라고 전했을 뿐이다. 여러분도 이렇게는 말할 수 있지 않은가? 사마리아 여인이 다만 그렇게 증거했을 때 사람들은 우르르 주님께로 나왔다. 그래서 35절에서 주님은 추수에 대해서 말씀하신 것이다.

너희가 넉 달이 지나야 추수할 때가 이르겠다고 하지 않겠느냐? 게으른 사람들은 사마리아 성에 복음을 전해야겠다고 아직은 서너 달 지나야 때가 이르겠다고 한다. 어떤 사람을 전도하자고 하면 아직 때가 안 되었으니 접촉하지 말라고 말한다. 그러나 주님은 무엇이라고 말씀하시는가? 지금 희어져 추수하게 되었다고 하신다. 전도의 영이 없는 사람들은 때가 아직 안 되었으니 네 달 기다려야 한다고 말하지만, 성령으로 충만하고 전도의 능력으로 충만한 사람은 '지금'이라고 말한다는 것이다.

36-38절, 거두는 자가 이미 삯도 받고 영생에 이르는 열매를 모으나니 이는 뿌리는 자와 거두는 자가 함께 즐거워하게 하려 함이니라 37 그런즉 한 사람이 심고 다른 사람이 거둔다 하는 말이 옳도다 38 내가 너희로 노력지 아니한 것을 거두러 보내었노니 다른 사람들은 노력하였고 너희는 그들의 노력한 것에 참예하였느니라

주님은 당신이 오시기 전에 수고한 일꾼들의 분깃을 인정해주셨다. 주님과 함께 전도하고 수고하는 사람들은 반드시 삯을 바라고 일을 하라는 것이다. 주의 일은 한 사람이 다 하는 것이 아니다. "그런즉 한 사람이 심고 다른 사람이 거둔다 하는 말이 옳도다" 사마리아 여인은 그래도 뭔가를 아는 것이 있었고 찾는 것이 있었다. 메시아가 오리라는 약속도 가지고 있었다. 즉 누군가가 심은 것이 있었다는 말씀이다. 주님은 과거에 누군가 심은 것을 지금 거두셨다. 노력하는 사람들도 있고 노력한 것에 참여하는 사람들도 있는 법이다. 따라서 주의 일을 하는 사람들은 혼자서 모든 것을 다 한 것처럼 자랑하지 말아야 한다. 누군가 먼저 노력한 사람들이 있기에 거둘 수 있었던 것을 기억해야 한다. 주님은 나중에 오셔서 공평하게 그 일한대로 보상해주실 것이다.

삯이란 일한 자들이 받는 보상이다. 이제 얼마 안 있으면 주님이 오신다. 우리는 곧 주님을 만나게 된다. 인생은 매우 짧다. 우리가 지금은 이렇게 섬기고 있지만, 주님 만날 날이 금방 다가온다. 인생을 길다고 생각하지 말라. 그리 길지 않다. 곧 주님을 만난다. 그럴 때 주님은 여러분이 이 땅에서 전도하고 열매 맺은 것에 따라서 삯을 주시고 함께 주님과 즐거워하게 하신다. 수고한 자들과 함께 즐거워하게 하신다. 그것을 기대하면서 일하라고 하신다. 요한복음 4장 후반부는 무엇을 말하는가? 사마리아 여인을 구원하시고 그런 다음에 더 많은 사람을 구원하도록 격려하는 말씀을 주고 계시는 것이다. 주님은 스스로 본을 보이시고 많은 사람에게 그렇게 할 수 있도록 용기를 주신다. 오늘 우리의 수고가 열매가 없다 해도 실망할 필요는 없다. 우리가 노력한 것을 나중에 다른 사람이 거두는 수가 있다. 그 때 우리는 함께 삯을 받게 된다.

39절, 여자의 말이 그가 나의 행한 모든 것을 내게 말하였다 증거하므로 그 동네 중에 많은 사마리아인이 예수를 믿는지라

이 여인의 사건은 많은 사마리아인들이 예수를 믿는 결과를 가져왔다. 어떤 사람은 주님에 의해 첫 번째로 사마리아로 보내심 받은 사도가 이 여인이라고도 말한다. 빌립이 사도행전 8장에서 사마리아에 첫 번째로 들어간 사도로 나타나지만 그 이전에 이 사마리아 여인이 처음으로 사마리아에서 복음을 전했기 때문이다.

40-42절, 사마리아인들이 예수께 와서 자기들과 함께 유하기를 청하니 거기서 이틀을 유하시매 41 예수의 말씀을 인하여 믿는 자가 더욱 많아 42 그 여자에게 말하되 이제 우리가 믿는 것은 네 말을 인함이 아니니 이는 우리가 친히 듣고 그가 참으로 세상의 구주신 줄 앎이니라 하였더라

신앙이라는 것은 반드시 이런 놀라운 결과를 가져온다. 깨달음을 가져오고 성장을 가져온다. 이들은 처음에는 사마리아 여인의 도움이 필요했다. '나의 행한 모든 것을 말한 자를 만나보라'는 말을 듣고 왔고 믿게 되었다. 그러나 그들이 예수님을 만나서 직접 듣다 보니 스스로 깨닫게 된 것이다. 여러분도 처음에는 여러분을 인도한 사람을 따라서 믿게 된 경우가 있다. 그래서 여러분의 믿음이 인도하는 그 사람에게 달려 있었다. 그가 오라니까 오고 좋다니까 좋다고 했다. 그런데 어느 정도 세월이 흘렀을 때 귀가 뚫린다. '아, 그래서 그분이 계속 이렇다 저렇다 말했구나. 이젠 그 말 듣고 믿는 것이 아니라 내가 직접 믿게 되었다'라고 말하게 되는 경우를 우리 가운데서도 보았다. 그렇게 된 것이 진짜 구원받은 것이다. 마지막으로 우리 주님의 태도를 다시 한 번 살펴보자.

우리 주님은 작은 일이라고 생각되는 한 여자를 만나서 복음 전하는 일을 아주 집중력 있게 하셨다. 하나님을 섬기는 일에 있어서 절대로 큰 것을 꿈꾸지 말라. 작은 일 하나를 성실하게 하는 것이 정말로 주님을 섬기는 비결이다. 이것이 아버지의 뜻이라고 했다. 아버지의 뜻을 온전히 이루는 것이다. 주님의 하신 일이 무엇인가? 이 여자 하나를 온전히 구원하는 일이다. 그럴 때 그 뒤에 수많은 사람이 있는 것이다. 한 사람을 온전히 구원할 때 수많은 사람을 구원할 길이 열리는 것이다. 우리는 여기서 반드시 온 힘을 다해 한 영혼에게 집중하는 것을 배워야 한다. 주님은 먼저 본을 보이신 후에 사람들에게 그렇게 하도록 가르치신다. 그렇게 하다 보면 진보한다.

사도 바울은 디모데에게 '가르치는 일에 전심전력하라'고 했다. 그리고 '너의 진보를 모든 사람에게 나타내라'고 했다. 사람들을 주님께로 인도하는 일을 계속 하다 보면 진보한다. 그리고 자라게 된다. 우리는 주님으로부터 은혜를 받은 사람이다. 이 땅에 살면서 하나님을 섬길 수 있는 것보다 더 좋은 일은 없다. 이것은 특권이다. 그러하기에 우리 모두 이런 비결을 붙잡고 작은 일에 충성하여 우리의 일생토록 주님을 섬기며 기쁘시게 해드리기 바란다.

왕의 신하의 믿음

46-47절, 예수께서 다시 갈릴리 가나에 이르시니 전에 물로 포도주를 만드신 곳이라 왕의 신하가 있어 그 아들이 가버나움에서 병들었더니 47 그가 예수께서 유대로부터 갈릴리에 오심을 듣고 가서 청하되 내려오셔서 내 아들의 병을 고쳐주소서 하니 저가 거의 죽게 되었음이라

대부분의 사람들은 요한복음 4장에서 이 부분의 말씀을 별로 중시하지 않는다. 이 말씀이 얼마나 중요한지 알지 못한 채 간단한 사건이기 때문에 간과하는 수가 많다. 예수님이 유대로부터 사마리아를 통과하면서 사마리아 여자 하나를 만난 뒤에 가나로 가셨고, 지금 예수님은 가나에 계신다. 가나는 2장에서 물로 포도주를 만드신 기적을 행하신 바로 그곳이다. 그런데 가나에서 4,50킬로미터 떨어진 가버나움이라는 곳에 왕의 신하가 살았다. 그 사람의 가정에 문제가 생겼다. 그의 아들이 죽을 병에 걸려서 고열이 나면서 죽어가고 있었다. 이 고위 관리는 예수의 얼굴을 본 적도 없고 직접 말씀을 들은 적도 없다. 그런데도 아들을 고쳐 달라고 예수님이 계신 가나까지 간 것이다. 그리고 예수님은 그 아들을 살려주신 사건이다. 이는 단순해 보이지만 그렇게 간단한 이야기가 아니다. 이 높은 직위에 있는 사람이 당시로 말한다면 아무 이름도 없는 나사렛 사람 목수의 아들인 예수님에게 찾아와서 간절히 호소한 것은 보통 일이 아니다.

그가 예수님을 만나게 된 동기는 무엇인가? 다름 아닌 가정의 우환이다. 아들이 죽을 병에 걸렸기 때문이다. 오늘날에도 사람들이 어떻게 예수님을 믿게 되고 하나님의 자녀가 되는가? 어떻게 이 복된 그리스도인의 반열에 들어오는가? 그것은 많은 경우에 작은 믿음의 불씨로 인함이다. 하나님은 우리가 믿도록 도와주시기 위해 믿음의 불씨를 하나 주신다. 이 왕의 신하가 아들이 죽을 병에 걸리지 않았다면 예수님께 올 생각을 하지 않았을 것이다. 그 신하는 평소 세상 사는데 불편함이 없었을 것이다. 권력도 있고 상당한 부도 있었을 것이다. 그런데 어느 날 사랑하는 아들이 죽을 병에 걸렸다. 그러자 이 높은 지위를 가진 아버지는 마음이 무너져 내렸다. '내가 어떻게 이 아들을 살릴 수 있을까?' 많은 날 고민하고 고통을 당했다. 이것이 바로 예수를 만나도록 인도한 하나의 사건이었던 것이다.

여러분도 예전에 어쩌면 부족함 없이 살았을 것이고 평판도 좋고 아무 문제없이 살아온 사람도 있을 것이다. 그때 주님이 이와 같은 믿음의 불씨 하나를 던져주셨을 것이다. 어떤 역경, 가정의 환경, 질병 등 많은 것들 때문에 '주님, 나 좀 살려주십시오. 내가 믿어 보겠습니다'라고 부르짖었을 것이다. 스펄전이라는 설교자는 사람에게 있어서 이런 역경이 '변화한 모습으로 온 천사이다'라고 했다. 역경이란 우리를 하나님께로 인도하기 위해 변화한 모습으로 온 천사라는 것이다. 이 왕의 신하도 그런 어려움이 없었다면 예수님 앞에 갈 아무런 이유가 없었던 사람이었다. 역경을 극복해 보려고 하는 이 신하의 마음이 예수님을 만나게 되는 문이 된 것이다.

또 한 가지는 이 왕의 신하는 나름대로 지혜가 있는 사람이었다. 좋은 판단력을 가지고 있었다. 오늘날은 불신의 세상이다. 아무리 좋다고 말해도 교회를 오려고 하지 않는다. 그러나 이 왕의 신하는 그렇게 뭐든지 불신하는 사람이 아니다. 어떤 사람의 말은 들을 줄 아는 사람이었다. 만약 말을 해주는 사람이 거짓말할 사람이 아니고, 그 인격과 인품이 헛된 소리를 할 사람이 아니라면 한 번 믿어봐야 한다. 오늘날은 불신의 세상이기 때문에 뭐든지 안 믿으면 잘하는 것처럼 생각하는 사람들도 있다. 이거 사세요, 저거 사세요, 부동산이 어떻고 하는 전화라도 걸려오면 탁 끊어버리는 세상이라서 어떤 말이라도 듣지 않으려 하는 세태이다. 그러나 어떤 말은 귀담아 들어볼 말이 있다. 이 왕의 신하는 예수를 본 적도 없다. 하신 말씀을 직접 들은 적도 없다. 그러나 주위의 다른 사람들이 '예수님 한 번 찾아가보지 그래? 어떤 사람이 예수님 찾아 갔다가 죽을 사람이 살아났대. 예수님은 죽은 사람도 살린 적이 있대'라고 말할 때 왕의 신하의 마음이 움직였다. '그렇다면 내가 한 번 가봐야겠다' 그는 당시 높은 관리였기에 종들도 거느리고 살았다. 그런데 종을 대신 보내지 않았다. 4,50킬로라면 낙타를 타고라도 하루가 걸리는 먼 길이다. 그는 예수님을 직접 만나려고 가나까지의 먼 길을 여행한 것이다.

그렇게 해서 이 왕의 신하는 예수를 만났다. 여기서 강조점은 아들의 병이 나은 것만이 아니라 온 집안이 예수를 믿고 믿음을 얻었다는 것이다. 아이가 살아난 것은 물론이고 예수를 믿어서 구원받았다는 것이 중점이다. 이 사람은 작은 것으로 시작했다. 니고데모처럼 자기 영혼의 문제를 관심해서 밤에 예수님을 찾아간 것도 아니다. 사마리아 여자처럼 자기의 인생의 갈급함을 느껴서 물 길러 나와서 예수님께로부터 갈급함을 채운 것도 아니다. 거듭나야 할 필요, 죄 사함을 받을 필요도 몰랐다. 이 사람은 다만 자기 아들이 병들어 죽게 되자 아들을 살렸으면 하는 생각밖에 없었다. 우리들이 생각하기에 상당히 유치한 믿음을 가지고도 예수님은 사람들을 만나주신다. 주님은 들의 백합화도 돌보시는 분이시다. 공중의 새도 하나님이 먹이신다고 하셨다. 새도 짹짹하고 배고파서 울면 그 울음소리를 들으시고 모이를 주어서 먹게 하신다. '하물며 너희일까보냐'라고 하신다. 사람이 정말 죽게 되었을 때 '주님, 저를 살려주세요'라고 기도할 수 있는 분이 주님이시다.

예수님은 이 왕의 신하가 간절한 필요를 가지고 왔을 때 그것을 물리치지 않으셨다. '너는 네 영혼부터 구원받아라. 나하고 지금부터 복음 상담을 좀 해야겠다'라고 하지 않으셨다. 또한 이 왕의 신하는 예수님에 대해서 아는 것이 너무 없었다. 다만 치료의 능력이 있는 분이라고 알아서 그분이 치료하신 이야기만 들었다. 환자를 데려가니까 손을 대면서 치료하셨다는 등의 이야기를 들었다. 왕의 신하가 예수께 와서 말했다. 자기 동네 가버나움으로 내려오셔서 아들을 좀 살려달라고 했다. 예수님께 나아오는 사람은 이런 정도의 마음은 있어야 한다. 어떤 마음인가? 가버나움에서 가나까지 하루종일 약대를 타고 갔다면 그 마음속에는 어떤 생각이 있었겠는가? 아들을 살렸으면 하는 생각밖에 없었다. 아들을 살리기 위해서는 예수라는 분에게 가야한다는 생각밖에 없었다.

오늘 너무나 많은 사람들이 주님으로부터 혜택을 받지 못하고 응답을 받지 못하는 이유는 너무 지식이 많고 머릿속에 영적인 관념이 많기 때문이다. 어린아이 같은 믿음이 주님이 기뻐하시는 마음이다. '주님, 주님께서 저를 도와주시면 저는 이 곤경에서 벗어날 수 있습니다'는 기도가 유치하고 연약해 보이는 것 같아도 주님은 여러분의 모든 필요를 가지고 나아가 낱낱이 구할 수 있는 분이시다.

48절, 예수께서 가라사대 너희는 표적과 기사를 보지 못하면 도무지 믿지 아니하리라

47절은 신하가 예수님께 고쳐달라고 간절히 부탁했다. 그런데 48절에는 이 신하가 기대하지 않았던 말씀이 예수님 입에서 나온다. "너희가 표적과 기사를 보지 못하면 도무지 믿지 아니하리라". 주님은 부드럽게 핀잔을 하신 것이다. 당시에 이 신하만이 아니라 많은 갈릴리 사람들은 예수를 믿지 못했다. 표적과 기적을 보지 않으면 못 믿겠다는 것이다. 그래서 그 신하는 주님이 내려오셔서 뭔가를 해주셔야만 아들이 나을 것 같다고 생각한 것이다. 그러자 예수님이 그렇게 한 마디로 부드럽게 나무라시면서 그의 믿음을 온전케 해주시는 것이다. 그런 믿음은 부족한 믿음이다. 이 예수님이 누구신지를 정확하게 알 때 분명한 믿음을 갖게 된다.

오늘날도 많은 사람들이 예수를 믿고 영생을 얻고 구원받는 일에 있어서 나름대로의 관념을 갖고 있다. 어떤 사람들은 정죄감을 많이 받은 뒤에, 또 지옥의 고통을 많이 느끼게 한 뒤에 그런 다음에 말씀을 받으므로 속에서 화끈하게 깨닫는 어떤 것이 있어야 그것이 구원받는 것이라고 한다. 예수님과 함께 십자가에서 죽었다는 체험도 마찬가지이다. 어떤 사람은 죄의 용서를 받았을 때 천하가 새롭게 보이고 꽃 이파리가 새롭게 보이고 산과 들이 완전히 새롭게 보인다고 하는데 나는 그렇지가 않으니 깨달은 것이 아닌 것 같다고 생각한다. 만물을 새롭게 보려고 꽃을 아무리 쳐다봐도 똑같다. 그래서 '나는 깨달은 것이 아닌 것 같아. 나는 구원받지 않은 것 같아. 나는 제대로 믿지 않은거야'라고 생각하는 사람이 있다. 말씀을 그대로 순수하게 그냥 믿으면 되는데, 거기에다 표적과 기사가 합해져야 한다는 것이다. 그것이 그들의 신앙이다. 그래서 주님은 '너희가 표적과 기사를 보지 않으면 도저히 나를 믿지 않는구나'라고 하신 것이다.

49절, 신하가 가로되 주여 내 아이가 죽기 전에 내려오소서

그런데 이 신하는 예수님의 이런 말씀이 전혀 귀에 들어오지 않는다. '그건 지금 저에게는 해당되는 말 같지가 않아요. 내가 관심있는 말이 아니예요. 저는 여기까지 아들 살리려고 왔지 그런 교리에는 관심 없어요. 제가 무슨 표적을 구합니까? 그냥 아들 살려달라는 것이예요' 아마 이런 생각을 가진 것 같다. 그는 예수님의 말씀에는 전혀 개의치 않고 완전히 동문서답식으로 대답한다. "내 아이가 죽기 전에 내려오소서". 내 아들이 죽게 생겼으니 빨리 가시자는 것이다. 이것이 그의 격식없는 기도이다. 어떤 사람은 기도를 주님의 음성을 한 마디라도 들어야 제대로 기도하는 것이라고 주장한다. 물론 그렇게 하면 좋다. 그러나 이 사람은 지금 정신이 없어서 예수님이 뭐라고 하시는지 알아듣지도 못하고 자기 말만 계속한다. 그저 '내 아들 좀 살려주세요' 하는 식이다. 그러나 그 다음 절에 보니 주님이 그 기도를 들으신다.

50절, 예수께서 가라사대 가라 네 아들이 살았다 하신대 그 사람이 예수의 하신 말씀을 믿고 가더니

주님은 그의 기도를 들으시고 말씀하신다. "가라 네 아들이 살았다". 우리 같으면 이런 상황에서 어떻게 이야기하겠는가? 사역자 여러분들 같으면 어떻게 하겠는가? '내가 지금 방금 표적과 기사 이야기했지? 그것에 대해서 좀 확실하게 깨닫고 그 다음으로 넘어가자'라고 하지 않겠는가? 그러나 예수님은 그렇게 하지 않으셨다. 예수님의 말씀은 듣지도 않고 '죽기 전에 내려오세요'하는 이 사람에게 '내가 내려갈 필요조차 없는 것을 모르느냐?'라고 하지도 않으시고 그 자리에서 "가라 네 아들이 살았다"고 말씀하셨다.

이런 말씀을 대할 때에 나는 도저히 예수님을 닮기가 어렵겠다는 생각을 했다. 어떻게 이렇게 말씀을 하실 수 있는가! 우리는 항상 장황하게 설명한다. 그러나 주님은 아주 심플하게 정말 할 말씀만 하신다. 화살을 쏘았을 때 과녁에 정확하게 꽂히게 하는 것이 예수님 식이다. 우리들 식은 쓸데없는 말을 너저분하게 하다가 열 개 중 하나 맞추는 식이다. 이러니 예수님과 우리는 분명히 차이가 있다.

"가라 네 아들이 살았다 하신대 그 사람이 예수의 하신 말씀을 믿고 가더니". 이 사람도 뭔가에 홀린 것 같다. 금방 내려와야 한다고 야단을 했었는데 예수님의 말씀을 듣고는 '그럼, 안 내려가셔도 그냥 살아나는 거예요?'라고 묻지도 않는다. 그래도 가셔야 하지 않겠느냐고 하지도 않는다. 네 아들이 살았다고 하시니 그대로 '아멘'하고 가는 것이다. 예수를 믿는 것은 이렇게 단순하게 믿는 것이다. 우리 식대로 믿는 것이 아니라 하나님 식대로 믿는 것이다. 우리 식은 뭔가 표시가 난다. 나아만 장군이 문둥병을 치료받으려고 엘리사에게 갔을 때 엘리사는 그에게 요단강에 가서 일곱 번 씻으라고 했다. 그러면 낫는다고 했다. 나아만 장군은 먼 이방 나라 아람의 사람이다. 이스라엘까지 와서 선지자에게 치료받으려고 할 때는 자기가 나름 대로 생각한 방식이 있었다. 안수를 하고 여호와의 이름을 부르고 문둥병 환처에 손을 대고 안찰을 하는 등이다. 그런데 그냥 요단강에 가서 씻으라고 하니까 화가 났다. '이 사람이 지금 나를 놀리는가?' 하지만 종들의 말을 듣고 가서 씻었을 때 나았다. 그러므로 우리 식으로 생각하고 믿어서 구원받고 영생을 얻고 축복받는 것이 아니다. 성경에서 이야기하는 방식이 있다. 여기 주님께서 한 왕의 신하인 고급 관료를 말씀을 통해서 예수를 믿게 하시는 방식을 보라. 이 사람은 나름대로 예수님이 반드시 내려와서 자기 아들에게 뭔가 능력을 행한다면 아들이 점점 치료되리라고 생각했다. 뒤에 그 사람이 '언제부터 열기가 떨어지더냐'라고 묻는 장면이 나온다. 이 사람은 일단 예수님의 말씀을 믿고 갔다.

51-52절, 내려가는 길에서 그 종들이 오다가 만나서 아이가 살았다 하거늘 52 그 낫기 시작한 때를 물은즉 어제 제 칠시에 열기가 떨어졌나이다 하는지라

그는 이제 가나에서 예수님을 만나서 말씀을 받아서 가버나움의 자기 집으로 내려가는 길에 자기 집 종들을 만났다. 이 종들이 아들이 살았다고 전했다. 왕의 신하가 '그 낫기 시작한 때가 언제인가'라고 물었다. 이것은 좀 묘한 질문이다. 정말 언제 나았는지를 물은 것이 아니라 우연히 점점 나은 것이 아닐까라는 생각이 있는 것이다. 그러나 종들은 점점 낫기 시작한 것이 아니라 '제 칠시에 열기가 떨어졌나이다'라고 대답했다.

53절, 아비가 예수께서 네 아들이 살았다 말씀하신 그때인 줄 알고 자기와 그 온 집이 다 믿으니라

왕의 신하는 '네 아들이 나았으니 가라'고 하신 바로 시각과 아들의 열이 떨어진 시각이 일치하는 것을 알고 예수님이 누구신지 알았던 것이다. 예수가 누구신가? 이분은 하나님이시다. 병든 자를 일으키는 것은 과거의 능력 있는 선지자도 했다. 그러나 이런 일은 전능자, 하나님의 아들이 아니면 할 수 없는 것이다. 그 신하가 언제 구원을 받았겠는가? 우리는 이 일을 한 번 생각해 볼 필요가 있다. 그는 주님께 기도도 하고 간구도 했지만 아직 그분에 대한 깊은 인식이 없는 채였다. 그러나 그 아들이 예수님이 말한 그 시에 나았다는 것을 알았을 때 그분이 과연 전능자요 그리스도이심을 알게 된 것이다. 영생은 유일하신 참 하나님과 그의 보내신 자 예수 그리스도를 아는 것이다(요 17:3).

창세기 1장에서 빛이 있으라 한 마디에 빛이 있었다. 뭍이 드러나라는 한 마디에 뭍이 드러났다. 말씀으로 모든 없는 것을 있게 부르시는 전능자의 능력을 가지신 분이 예수라는 사람으로 오신 것이다. 요한복음 1장에서부터 사도들이 이 예수를 증거하는 방식이 바로 이것이다. 왜 2장에서는 물로 포도주를 만든 이적을 소개했겠는가? 이분이 누구인지를 보라는 것이다. 그것은 최초로 하나님이 영광을 나타내신 사건이다. 하나님의 영광은 무엇인가? '그분이 하나님이심'을 나타내는 것이다. 어떤 사람이 그렇게 할 수 있겠는가? 마치 창세기에서 천지를 지으신 하나님의 그 능력 있는 말씀의 선포처럼 아들이 살았다고 한 마디 하신 그 시각에 그 죽을 아들이 살아났으니, 그러한 일을 하시는 분이 바로 예수시라는 것이다. 그것을 이 왕의 신하가 노중에서 자기 종들을 만나서 듣게 되었던 것이다. 본문은 아들의 입을 통해서 하신 말씀을 그대로 믿을 때 구원이 이루어지는 것임을 우리에게 가르쳐주고 있다.

여러분은 예수 그리스도께서 이 땅에 오셔서 우리 죄인을 위해서 십자가에서 피를 흘리시고 죽으셨다는 것을 알 것이다. 그분은 죄가 없으신 분이시고 하나님의 아들인데 하나님의 어린 양으로서 우리 모든 사람의 죄를 담당하고 용서하고 씻어주기 위해서 십자가에서 보배로운 피를 흘리고 죽으셨음을 들었는가? 그러므로 어떤 죄를 지은 사람이라도, 흉악한 죄인이라도 이 예수 하나님의 아들을 믿으면 죄 사함을 받고 영생을 받는다. 이것은 예수님의 입으로 하신 말씀이다. 그러면 여러분은 어떻게 믿어야 하는가? 말씀에다 추가해서 속에서 번쩍하고 화끈한 느낌이 일어나야 믿는 것이 아니라 이 신하처럼 예수님이 하신 말씀을 그대로 믿으면 되는 것이다.

"믿는 자는 영생을 얻었나니". 이는 예수님이 하신 말씀이기 때문에 다른 복잡한 생각을 할 필요가 없다. "하나님이 세상을 이처럼 사랑하사 독생자를 주셨으니 이는 저를 믿는 자마다 멸망치 않고 영생을 얻게 하려 하심이라". 믿으면 멸망당하지 않고, 지옥가지 않고 영생을 얻는다고 하셨으니 그 말씀을 그대로 믿으면 된다는 말이다. 후에 천국에 가서, 혹은 그 전이라도 '내가 언제 구원받았지, 내가 언제 영생을 얻었나? 내가 언제 생명이 그렇게 바뀌었지?'라고 살펴보니 바로 내가 그 말씀을 단순하게 믿은 그날 그렇게 되었던 것임을 알게 될 것이다. 아, 그날 구원받은 것이다! 바로 그 시간이다. 제 칠시이다. 예수님의 입에서 말씀이 떨어진 그날이다. 내가 그 말을 받아들인 바로 그날 놀라운 역사는 일어나고야 만 것이다.

왕의 신하는 어떻게 되었는가? 자기와 온 집이 다 믿게 되었다. 예수님은 왕의 신하 하나를 만나서 몇 마디 하시고 그 아들을 한 마디 말씀으로 살린 후에 그의 온 가족을 구원하셨다. 온 가족은 주님이 누구신지 알게 되었을 것이다. '이 예수가 바로 하나님 아들이시로다, 예수가 바로 하나님이시다, 육신을 입은 사람이지만 그분은 전능자이시다' 예수는 선지자 중의 하나가 아니라 바로 창조주 하나님이 육신을 입고 오신 하나님의 아들이심을 알았던 것이다. 이것을 알고 믿었을 때 온 가족이 구원받은 것이다.

54절, 이것은 예수께서 유대에서 갈릴리로 오신 후 행하신 두 번째 표적이니라

주님은 이렇게 표적을 행하신다. 가나에서 물로 포도주를 만든 것이 첫 번째이고 여기서는 왕의 신하를 살리셨다. 이렇게 해서 무엇을 믿게끔 하셨는가? 2000년 전에 유대 땅에 목수의 아들로 태어나신 예수가 바로 하늘로부터 오신 하나님, 그분 자신이시라는 사실이다. 이분이 이 땅에 구원자로 오셔서 죄인을 하나씩 하나씩 구원하시는데, 그 구원하는 방식은 예수가 그리스도이시며 하나님의 아들이심을 눈이 열려 믿게 되었을 그때에 구원하시는 것이다. 나는 여러분이 정말 성경에서 하나님이 우리에게 말씀하시고자 하는 바를 말씀 그대로 이해하고 정확한 믿음을 갖고 구원받았기를 바란다.

5장

38년 된 병자를 치유하심

1-6절, 그 후에 유대인의 명절이 있어 예수께서 예루살렘에 올라
가시니라 2 예루살렘에 있는 양문 곁에 히브리말로 베데스다라 하
는 못이 있는데 거기 행각 다섯이 있고 3 그 안에 많은 병자, 소
경, 절뚝발이, 혈기 마른 자들이 누워 (물의 동함을 기다리니 4 이
는 천사가 가끔 못에 내려와 물을 동하게 하는데 동한 후에 먼저
들어가는 자는 어떤 병에 걸렸든지 낫게 됨이러라) 5 거기 삼십팔
년 된 병자가 있더라 6 예수께서 그 누운 것을 보시고 병이 벌써
오랜 줄 아시고 이르시되 네가 낫고자 하느냐

이 일이 있은 때는 유대인의 명절이었다. 유대인의 명절이라 함은 하나님의 절기이다. 유월절이나 초막절 같은 절기이다. 절기는 일주일씩도 지속되었는데, 이 날은 특별히 절기 중에서도 안식일이었다. 예수님이 그날 예루살렘 양문 곁에 베데스다라는 못에 가셨는데 이곳에서 하나의 역사가 있었다. 38년 된 병자를 치료하신 역사였다. 이 이야기에는 정말 깊은 비밀이 들어 있다. 당시 예루살렘은 종교의 중심지였고 유대교의 센터였다. 예루살렘 성벽에는 문이 여러 개 있었고 어문, 양문 등 짐승들의 이름을 딴 문도 있었는데, 양문 곁에 베데스다란 못이 있었다. 베데스다는 '자비의 못'이라는 뜻이다.

그리고 거기에 행각이 다섯 있었다. 솔로몬 때에는 솔로몬 행각을 지었다고 했던 것처럼 이 역시 유서 깊은 행각이었을 것이다. 그곳에 환자들이 많이 누워 있었다. 왜 환자들이 그 다섯 행각에 흩어져서 누워 있었을까? 그들은 그 역사가 서려있고 전통적인 곳에서 혹 치료받을 것을 기대하며 기다리고 있었다. 연못의 물이 휘저어지는 순간, 그 물이 동할 때 들어가려는 것이었다. 언제 물이 동하는가? 천사가 가끔 한 번씩 물을 휘젓는데 그때 제일 먼저 연못에 들어가는 사람은 어떤 병에 걸렸든지 치료된다는 풍설이 있었던 것이다. 그러므로 혹시 병이 나을까 해서 각색 병에 걸린 사람들이 다섯 행각에 흩어져 누워 있었던 것이다. 그런데 예수님은 안식일인 그날 다른 곳에 가지 않으시고 그곳에 가셨다. 그분은 절기들과 안식일을 지키시는 방식이 다른 사람과는 다르시다. 그곳에 가셔서 가장 심한 환자를 찾으셨다. 혈기 마른 자도 있고 소경도 있었지만 38년 된 환자에게 가셨다. 주님은 그가 가장 오래된 환자임을 다 아셨다. 그리고 질문하셨다. "네가 낫고자 하느냐". 오래된 사람이 주님의 관심사가 된 것이 은혜롭다. 일반적으로 의사들은 오래된 환자들은 가망성이 별로 없다고 생각한다. 그러나 주님은 오래 병으로 고생한 사람에게 긍휼을 베풀기 원하셨다. 그분의 마음은 그 환자가 너무 오랜 세월 질병으로 고생한 것을 불쌍히 보신 것이다. 오래된 사람도 희망이 있다는 메시지가 아닌가? 주님에게는 오래된 병이든 얼마 안된 병이든 다 고쳐주실 수 있는 능력이 있으시다.

여러분들 생각에는 가끔 천사가 와서 물을 동하게 한다는 것이 사실일 것 같은가, 아닌 것 같은가? 그것은 아무도 모른다. 오늘날도 '어디 어디에 가면 병이 낫는다더라, 기도하고 금식하면 낫는다더라'는 말은 많이 있는데 진짜 그렇게 낫는지는 아무도 모른다. 여러분은 확실하게 아는가? 확실히는 모른다. 그런 말들이 있을 뿐이다. 그래서 오늘날도 이곳 저곳에 소문을 듣고 병자들은 마지막 소망을 걸고 찾아가는 것이다. 찾아가서 강사들이 오면 집회하고 기도하고 부르짖으며 한 번 물이 동하기를 기다리는 사람들이 많이 있다.

아픈 사람들은 그 못에 다른 사람보다 먼저 뛰어 들어가야 했다. 환자들 중에는 소경, 절뚝발이, 혈기 마른 자들, 그리고 38년 된 병자도 있었다. 소경이 어떻게 뛰어가는가? 절뚝발이도 잘 뛰어가지 못한다. 소경은 심지어 물이 동하는 것을 보지도 못한다. 그러므로 이들은 당시 율법 아래 있는 사람들을 가리키는 것이다. 율법은 옳은 것이다. 지키기만 하면 다 된다. 구약 성경을 보라. 율법을 다 행하면 의롭게 되고 생명을 얻고 축복도 받는다. 그런데 문제는 우리는 모두 죄인들로서 죄로 병들어 앉은뱅이가 되고 소경이 되었기에 지킬 수가 없다는 사실이다. 지키면 되지만 불가능하다는 것이다. 그러므로 유대교 같은 분위기는 무엇이겠는가? '아주 속도 빠르게 뭔가 하는 사람은 된다더라, 가끔 되는 수가 있다더라'라는 이야기들이다. 확인된 것은 없다. 아마 된 것이 없을지도 모른다. 그러나 하나도 안 된다고 한다면 유대교가 유지되겠는가? 뭔가 된다는 소리가 있어야 소망을 걸고 기다리지 않겠는가? 이것은 그러한 환경이다.

오늘 날도 이 세상에 네트워크 사업이나 판매원을 고용하여 하는 제품 판매회사들이 많다. 그들에게 몇몇 사람의 성공사례가 선전되고 있다. 어떤 사람이 몇 년만에 한 달 수입이 수천만원이 된다더라... 돈이 없고 직장이 원만치 않아 고민하던 사람들이 베데스다 연못처럼 모여든다. 그리고 한 번씩 모일 때마다 "이번 달에 누구 누구가 판매실적이 뛰어나서 수입이 수백만원이 되었다!" 소개한다. 한 달동안 아무 수입도 없이 마음 고생하고 심신으로 지친 사원들이 다시 고취되어 연못에 드러눕게 된다. 그런 일은 수년 심지어 10년 20년 지속되는 수도 있다. 베데스다 연못과 솔로몬 행각은 매우 오래된 역사적인 곳이다. 예루살렘은 유대교의 센터이고 부흥의 흔적도 있고 역사와 전통도 있다. 행각이 5개나 남아 있었다. 그곳에서 유대인의 명절을 지키는 전통적이고 정통적인 행사를 해왔기 때문에 누구도 의심하지 않고 그곳에서는 뭐가 될 것이라고 생각했을 것이다. 이 방법 외에는 또 다른 방법이 없을 것이라는 생각에 환자들이 모이는 것이다. 오늘날도 교회 다니는 사람들은 막연히 좋은 미래를 기대하며 5년, 혹은 10년 열심히 다니다보면 좋은 일이 일어날 것이라고 기다리고 있다. 오늘이 바로 구원을 받고 말씀 받으면 벌떡 일어날 수 있는 날인 줄도 모르고 가끔 어떤 일이 있다는 풍설만을 믿고 막연히 기다리는 신자들이 많이 있다. 그것이 다 율법적인 사상을 갖고 있는 교회들이고, 강단들이고, 그런 신자들이고, 그런 환자들이다.

그러한 상황 가운데 예수님이 오셨다는 이야기이다. 예수님은 복음의 주

(主)요 은혜의 주님이시다. 그분은 믿음의 말씀을 주셔서 한 말씀으로 치유하시는 분이시다. 이것이 바로 복음이다. 막연하게 '어떻게 되겠지'가 아니다. 한 말씀을 믿으면 역사가 일어나고야마는 그런 믿음의 주요 온전케 하시는 분이시고 은혜의 구주이시다. 이분이 오셨다. 그 가운데서 38년 된 가장 어려운 환자를 찾아서 그에게 질문하셨다. "네가 낫고자 하느냐". 이런 질문은 겉으로 보기에는 단순한 질문 같다. 병자가 낫기를 원하지 않으면 거기 왜 누워있겠나? 하지만 주님은 불필요하고 쓸데없는 말을 하시는 분이 아니다. 그러므로 '네가 낫고자 하느냐'라는 이 질문 속에는 많은 의미가 들어 있다. 이 것은 정지되었던 그의 믿음과 지성의 능력을 일깨워주는 질문이었다.

왜 그런 질문을 하셨을까? 주님은 사람들의 심리를 너무나 잘 아신다. 너무나 오랫동안 앓았고 베데스다 못에 가서 치유를 기다리며 누워 있지만 오래 되어도 낫지 않는다. 다른 사람들이 다 앞서 달려나갈 때 그 달리는 사람들의 옷깃의 스치는 바람 소리나 들을 뿐 한 번도 치유가 안 된 채 38년이나 병들어 있는 것이다. 이렇게 되었을 때 가장 큰 문제는 그 사람 속에 이미 치유에 대한 소망을 잃어버린다는 사실이다. 수많은 세월 속에 '소용없다' '안된다'하는 음성이 깊은 속에 메아리치고 있어왔다. 가장 무서운 것이 바로 이것이다. 곧 불신이 축적되게 하는 것이다. 사단이 우리 속에 불신을 심어서 우리를 아예 무능하게 만들어버리고 우리로 다시는 온전하게 되고 소생될 것이라는 소망을 잃어버리게 만드는 것이다. 이것이 가장 큰 문제이다. 그래서 주님이 이 질문을 먼저 하신 것이다.

하나님은 예수 그리스도로 말미암아 우리를 구속하실 때 온전하게 구원하실 소망을 가지고 구원하신다. 구원받은 사람은 타락하기 전의 아담 이상으로 새롭게 된다. 동산에서 아담이 타락하기 전에 어떤 상태였는가? 그는 하나님이 원하시는 대로 모든 것을 행한 사람이었을 것이다. 하나님과 항상 교통했을 것이다. 하나님의 음성을 듣고 순종하고 하나님을 기쁘시게 하려는 사람이었을 것이다. 무죄하고 순결하고 청순하고 하나님을 잘 순종하는 사람이었을 것이다. 자기 뜻대로 하지 않았을 것이다. 불결한 죄악을 찾으면서 이곳저곳 더러운 죄를 지으려고 다니지 않았을 것이다. 어떤 더러운 욕망도 시기도 교만도 허세도 없었을 것이다. 아주 순수하고 깨끗한 사람이었을 것이다. 그런데 문제는 그가 타락해서 죄인이 된 것이다. 죄는 사람을 병들게 하고 무능하게 만들 뿐 아니라 오랫동안 무능한 상태를 지속하게 함으로 우리로 하여금 소생하고 회복될 수 있는 가능성의 생각까지도 잃어버리게 만드는 것이다.

하지만 우리는 구원받을 때 주님을 닮도록 구원받은 것이다. 예수 그리스도의 형상, 하나님의 형상까지 닮을 수 있도록 구원받은 것이다.

골로새서 3장 10절, "새 사람을 입었으니 이는 자기를 창조하신 자의 형상을 좇아 지식에까지 새롭게 하심을 받는 자로다". 이 말씀에 따르면 우리가 새 사람을 입었는데 어느 정도까지 새롭게 될 수 있는가 하면, 우리를 창조하신 자의 형상을 좇아 지식에까지 새롭게 하심을 입는다고 했다. 그러므로 우리는 하나님의 형상에 이르기까지 우리의 지식과 마음과 생각이 새롭게 된다는 것이다. 우리는 너무나 맑아질 수 있다. 우리는 너무나 총명해질 수 있다. 너무나 투명해질 수 있고 지혜와 판단력에 있어서 아주 좋아질 수 있다는 말이다. 그런데 실상은 어떠한가? '나는 나이가 먹어서 그런지 기억력이 없어', '나는 생각이 정확하지 않아. 분명하지 않아' 사람들은 이런 말을 보통으로 한다. 그러나 주님은 우리를 이렇게 높은 지경까지 새롭게 하신다는 말씀이 기록되어 있다. 창조자의 형상을 따라 그렇게까지 될 수 있다는 것이다. 아담 이상으로 거룩하고 순수하며 하나님과 정말 좋은 관계를 가지면서 살 수 있는 놀라운 존재로 회복될 수 있는 가능성을 목표로 하여 우리를 구원하셨다는 것이다.

그런데 우리는 그렇게 될 수 있다고 생각하는가? 그렇지 못하다. 죄를 오래 짓다 보니 죄가 우리를 무능하게 만들어버렸다. 좋아질 것이라는 소망까지도 상실하게 만들어버렸다. 우리는 남들에게 친절히 대하고 위로해주고 좋은 말을 해주고 싶은데 왜 이렇게 미운 말이 나오고 상처 주는 말이 나오는지, 또 판단하고 정죄하는 말이 나오는지, 좀처럼 잘 되지 않는다. 다른 사람을 맘껏 용서하고 너그럽게 봐주고 관용을 베풀고 싶은데 잘 안된다. 좁아지고 아주 강퍅해진다. 사람들에게 후덕하고 관용이 많고 너그럽고 온유하다는 그런 인상을 주지 못하고 오히려 깐깐하다는 인상만 준다. 주님은 하루에 일흔 번씩 일곱 번이라도 용서해주라고 하시는데, 우리는 용서가 잘 안 된다. 하고 싶어도 잘 안 된다. 한 번 기분 나쁘면 적어도 하루는 가야 풀린다. 우리가 이렇게 살다보니 우리는 예수 그리스도처럼 그렇게 인자하고 어떤 사람을 만나든지 사랑하고 용서해주고 은혜로 대해주는 그런 사람이 될 수 없다는 생각이 우리 안에 깊숙히 자리잡게 되는 것이다.

스스로의 정죄감에서 해방되는 일도 마찬가지이다. 일생 돌이킬 수 없는 큰 죄악을 지은 사람들은 너무 오랫동안 정죄감에 시달리며 자신을 자학하여 왔던 터에 스스로에 대하여 절망이라는 판단을 내려버린다. "나는 길이 없다!" "더 이상 소망이 없다!" 그러나 베데스다 연못은 무슨 기능을 하는가? 그러한 환자들을 수용하는 기능을 한다. 베데스다 못은 역사와 전통을 가지고 있고 그 이름 또한 '자비의 못'으로서 너무 그럴듯하다. 그럴듯하지 않은 것이 아무 것도 없다. 그러한 역사적인 전통과 신비한 치료의 전설이 내려오는 몇 가지 말들이 사람들에게 막연한 기대와 소망을 줄 뿐 실제로 자신에게 믿음으로 와 닿는 것은 아니다. 그저 그런 자리에 누워서 약간의 양심의 위안을 삼고 세월을 보내는 것이다. 오늘 날 이런 신앙생활을 하는 사람이 많은 것이 사실이다. 교회에 안가자니 불안하고 간다고 해서 큰 일이 생길 일은 없고 안 가는 것보다는 가는 것이 좀 마음에 위안에 된다. 자신의 38년짜리 죄와 사망의 문제는 이제 해결이 안되어도 별문제 없을 정도로 내려놓아졌다.

억울함을 풀지 않는 것도 마찬가지이다. 어떤 사람을 미워하는 마음도 그러하다. 성도들은 그런 마음이 잘못된 것인 줄 알지만 마음 속 깊이 앙금처럼 남아서 사라지지 않는다. 겁이 많고 두려워하는 마음도 그러하다. 이러한 약함들은 주님을 따르고 섬기는 일에 있어서 보통 방해가 되는 것들이 아니다. 어떤 일이 생기면 뒤로 물러나고 즉시 약해지며 위축되어버리는 것이다. 그러나 주님의 한 말씀을 믿음으로 받을 때 모든 문제는 그 순간 사라지게 된다.

육신적인 질병도 마찬가지다. 사실상 주님은 우리 영혼의 문제만 해결해주신 분이 아니라 육신도 치료해주신다. 성도들 가운데 몸이 약한 분들이 있다. 몸이 약하면 아픈 것만 고통스러운 것이 아니라 거기에 더해 좌절까지 겪게 된다. '나는 이렇게 살아야만 하는가 보다. 나는 큰일났구나. 평생 이렇게 살면 어떡하나' 하고서 점점 그 좌절의 수렁에 깊이 빠지다 보면 옛날처럼 좋아지고 건강하게 될 수 있다는 소망마저 잃어버리게 된다. 그래서 그 사람 속에는 '너는 안돼'라는 마음이 깊이 자리잡게 되는 것이다. 이것이 다 사탄이 하는 일이다. 죄는 사람을 그렇게 만드는 것이다. 너무 오랫동안 실패하다 보니 그렇게 된 것이다. 다른 사람은 다 되는지 몰라도 나는 안 된다고 생각하게 된다. 질병보다 더 무서운 것이 이것이고 완악한 것보다 더 무서운 것이 바로 이 '불신'이다.

하나님은 우리를 새롭게 해주고 완전하게 해주고 놀라운 사람이 되도록 만들어주고 예수 그리스도의 형상을 닮고 하나님을 닮은 사람이 되도록 만들어주고자 하시는데, 이 죄는 우리 인간 속에 들어와서 죄를 짓게 할 뿐만이 아니라 우리를 완전히 좌절하게 하고 낙심하게 하고 아예 소생할 가능성이 없는 인간으로 만들어버리는 것이다. '너는 안된다'는 것이다. 그러면 우리도 따라서 그렇게 생각하게 된다. '맞아, 나는 안돼. 길이 없어. 그냥 어쩔 수 없이 이렇게 살다가 죽는거야'라고 생각하게 된다. 이것이 문제이다. 이렇게 된 여러분을 주님이 어떻게 고쳐주실 수 있겠는가? 오늘날 오랫동안 육신의 질병을 갖고 있는 많은 사람에게 주님의 음성은 동일하게 말씀하신다. "네가 낫고자 하느냐?" 이 한 마디 말씀도 나는 귀한 복음이라고 생각한다. 한 마디 말씀으로 오랜 병에서 해방되고 치료될 수 있는 계기를 얻을 수 있다는 말이다. 물론 다른 사람이나 의사나 병원이 치료해줄 수 없다는 말이 아니다. 그러나 그보다 더 중요한 것은 스스로 나을 수 있다는 믿음을 갖는 일이다.

오늘 날 얼마나 많은 사람들이 병에 걸려 오래되면 다른 치료해줄 사람을 의지하는지! "주여, 물이 동할 때에 나를 못에 넣어 줄 사람이 없어..." 적당한 의사를 만나지 못하였다고 한탄하는 말과 매우 비슷하다. 내가 아는 지병 환자가 두 명이 있다. 공통적으로 자신의 병을 남이 치료해줄 것으로 알고 의사를 매우 좋아했다. 침이라도 잘 놓는 의사가 집에 오면 붙들고 놓지 않는다. 매우 의지하는 것이다. 한 돈 많은 친구는 의학적으로 때를 놓쳐 살 희망을 거의 가질 수 없는 상태였지만 최고의 시설과 명성이 좋은 병원에서 마음을 푹 놓고 의사들만을 기대하며 누워 있는 것을 보았다. 그러나 그들은 둘 다 먼저 세상을 떠났다. 자기의 질병에 사로잡히고 그것에 종노릇하면서 완전히 수동적인 상태로 '기술좋은 의사가 잘 치료해 주겠지' 하는 얼굴을 보았다. 어떤 사람은 건강 식품을, 어떤 사람은 지압이나 특별한 치료법을 의지한다. 스스로 좋아질 수 있고 나을 수 있다는 믿음보다는, 탁월한 무엇인가를 또 실력있는 누군가를 의지하고 싶어한다. 주님은 "네 믿음이 너를 구원하였다"고 하시기 원하신다. 하늘은 스스로 돕는 자를 돕는다는 말이 있다. 자기 스스로 일어나려는 의지가 없는 자는 길이 없다.

내가 잘 아는 어떤 의사가 있다. 그는 젊을 때 자기 병을 자기가 스스로 고치려다가 의학공부를 하게 되었다고 간증하는 말을 들었다. 자기가 자기 병을 고칠 수 있다는 생각을 갖는 것은 매우 적극적이고 창의적인 생각이다. 이것은 훌륭한 어떤 사람이 언젠가 나를 치료하겠지 하고 무조건적인 의존, 의타로 자신의 질병을 대하는 것과 매우 다르다. 그런 사람은 머리 속에 다른 사람이나 의사, 약품만을 오로지 생각하게 된다. 나는 어떤 사람이 자신이 스스로 자기의 약함이나 병을 치료하겠다는 의지를 갖고 일어난다면 나는 이미 그가 병의 50%는 치료한 것이라고 말해주고 싶다. 한 친구는 먼저 죽은 친구보다 병세가 약하지 않았다. 그러나 그는 자신의 병을 치료하기 위해 깊은 산 속으로 들어갔다. 물론 친구는 때때로 병원에 가서 체크하는 등 의사와 함께하는 자세는 가졌다. 그러나 그 친구의 기본 자세는 자신의 병을 어느 누구보다 자신이 관리하려는 태도였다. 그는 수년이 지난 지금까지 건강하게 살아가고 있다. 사람이 하나님을 전적으로 의지하는 것은 좋은 것이나 사람이나 다른 것을 하나님 이상으로 의지하는 것은 죄이며 우상 숭배이다. 자신이 병에 이미 억눌리고 패배하였는데 누가 그를 일으켜 줄 수 있단 말인가?

그래서 주님은 먼저 '네가 정말 낫고 싶으냐? 정말 치료되고 싶으냐?'라고 물으시는 것이다. 그것은 그의 잠자던 믿음을 깨워주는 말씀이다. 사탄에 의해 마멸된 믿음의 잠재력을 일깨워주는 소망의 말씀인 것이다. 마귀의 일은 질병과 죄악을 사람에게 끼쳐줄 뿐 아니라 그것에 묶이게 만들 뿐 아니라 해방될 길도 없도록 믿음을 상실케 하는 일을 한다. 구주는 인생의 이렇게 마귀에게 속고 찬탈당한 것을 아신다. 그러기에 그분의 첫 질문이 '네가 낫고자 하느냐'이다. 그럴 때에 병자는 '아니, 그럼 나 같은 사람도 나을 수 있다는 말입니까?'라는 생각이 일깨워지는 것이다. 주님은 믿음을 일깨워주시고 그의 일으켜진 믿음을 통해 치료해주려 하신다. 믿음을 회생시켜주시는 것이다. 병자가 치료되는 것보다 더 중요하고 선행되어야 할 문제가 믿음이 회복되는 문제인 것이다. 주님은 우리가 믿음이 회복되어 낫고자 하면 얼마든지 낫게 해주실 수 있다니, 얼마나 은혜로우신가? 예수 그리스도의 은혜는 율법이 아니다. 연못에 들어갈 필요가 없다. 아무 것도 할 필요가 없다. 한 말씀으로 다 이루신다.

네가 낫고자 하느냐는 주님의 질문에 대한 이 사람의 답변을 보라. 아직도 타인의 도움이나 혹시나 하는 어떤 기적을 막연하게 기대하고 있는 것이다.

7절, 병자가 대답하되 주여 물이 동할 때에 나를 못에 넣어 줄 사람이 없어 내가 가는 동안에 다른 사람이 먼저 내려가나이다

38년 동안 병으로 고생한 사람의 말을 들어보라! 사람은 원래 자기의 관념과 체계에서 금방 벗어날 수 없다. 그가 얼마나 오랫동안 베데스다의 문화에 젖어 있었겠나? 천사가 내려와 못이 동할 때 못에 제일 먼저 들어가는 자가 낫는다 하는 것이 그가 아는 전부이다. 그 외에 다른 방법을 알지 못한다. 그리스도의 구원은 율법 외의 한 의이다. 율법의 의만 알던 유대인들에게는 생소한 말이다. 율법 외의 한 의라니... 바울의 이러한 신개념(복음)은 율법관념으로 가득한 유대인들에게는 감당할 수 없는 말이었던 것이다.

그저 옛 관념으로 충만한 환자에는 관념의 대 전환이 필요했던 것이다. 그 환자는 과거에 듣지 못한 말을 들었다. "네가 낫고자 하느냐" 이 말은 낫게 해줄 수 있다는 말이다. 그는 그 앞에 서 있는 분의 말이 자기를 낫게 해줄 수 있는 분의 말임을 알아챘다. 그리고 그는 자기의 관념으로 돌아갔다. 그의 말은 간단하게 말하면 이것이다. "당신이 나를 집어넣어주실 겁니까?" 물이 동할 때 자기를 못에 넣어줄 사람이 없다는 것이다. 오늘날도 이런 생각으로 교회 한쪽에 자리를 차지하고 있는 사람들이 많다. 오늘날도 종교적 관념은 그것이 진리가 아닌데도 사람들의 생각 속에 말씀보다 더 큰 지위를 갖고 있는 경우가 허다하다. 지식과 율법은 그것을 다 지키면 생명을 얻고 살 것을 알지만 사람이 그렇게 할 수 있는 힘이 없다는데 있다.

8절, 예수께서 가라사대 일어나 네 자리를 들고 걸어가라 하시니

먼저 다른 사람이 내려간다는 그의 말에는 대답도 안 하셨다. 그런 것은 예수의 하시는 일이 아니다. 다만 "일어나 네 자리를 들고 걸어가라"고 한마디 하신다. 이것이 무슨 소리인가? 도대체 처음 듣는 말인 것이다. 그런데 주 예수님은 이렇게 말씀하셨다. 예수님의 입으로 나온 말씀을 직접 듣고 믿을 때 거기서 기적이 발생하고 역사가 일어난다. 지금까지 많은 율법적인 방법과 관념들이 여러분의 수건이 되어서 주의 말씀을 직접 듣고 믿는 것을 가리고 방해한 것이다. 그래서 여러분이 좋아질 수 있는 것을 막은 것이다. 이것은 너무 안타까운 일이다. 누가 이렇게 했는가? 그냥 주신 말씀을 있는 그대로 단순하게 어린아이처럼 믿으면 된다. 말씀이 아닌 것을 다 제거하고 말씀하신 그대로 믿으면 역사가 일어난다. 주의 말씀은 능력이 있다. 믿으면 된다. 일어나라고 하시면 일어나면 되는 것이다. 자리를 들라고 하시면 들면 된다. 걸어가라시는 대로 걸으면 된다.

'그래도 말씀 그대로 되겠어? 연못이 휘저어지고 천사가 내려오고 못에 한 번 들어갔다가 나오기라도 해야지, 그리고 말씀도 있고 그래야지, 단지 말씀 하나만 가지고 되겠어? 안 될 것 같아. 구원받는 것도 뭐가 불이 번쩍하고 화끈하면서 온몸이 뜨거워지고 해야지. 그냥 말씀을 믿으면 영생을 얻을 수 있겠어? 주의 이름을 뜨겁게 부르는 중 속에 뭔가 감동이 일어나고 뭔가 역사가 뜨겁게 일어나야되는 거지 그래 말씀 한마디 듣고 아멘 하면 되는거야? 하나님 형상에 이르도록 우리 생각이 새롭게 되고 우리의 몸이 변화되고 치료되려면 열심히 기도하고 그래야지 이 말씀 한 마디 믿었다고 병이 치료되고 새롭게 되겠어?' 하는 관념이 오늘날 그리스도인들에게 자리를 잡았다. 그래서 나는 오늘도 청소부처럼 성도들 안에 있는 그런 쓰레기 같은 생각들을 치우고 또 치운다. 여러분이 말씀을 볼 때 그대로 단순하게 어린아이처럼 '아, 이렇게 말씀하셨구나' 하고 눈에 들어오는 날, 그 말씀이 하나 이루어지는 것이다. 그렇게 되는 날, 행복한 기쁨의 탄성이 여러분 입에서 솟아나게 된다.

예수 믿는 것은 바로 이런 것이다. 말씀 한 마디를 듣고 그저 그 말씀을 믿는 것이다. "하나님이 세상을 이처럼 사랑하사 독생자를 주셨으니 이는 저를 믿는 자마다 멸망치 않고 영생을 얻으리라". 믿으면 멸망치 않고 영생을 얻는다 하셨으면 그대로인 것이다. '그래도 새벽 기도도 하러 가고 연보도 좀 하고 봉사도 좀 하고 그래야 영생을 얻고 멸망치 않는 것이지 어떻게 그렇게 믿기만 한다고 멸망치 않고 영생을 얻는다는 것인가?' 사람들 속에는 이런 생각이 다 들어 있다. 그러나 이 말씀대로이다. "믿는 자는 영생을 가졌나니". 믿었다면 영생을 가진 것이다. 말씀대로이다. 하나님이 무엇이라고 하셨으면 그대로이다. 거기다가 다른 것을 보태지 말라. 천사가 왜 필요한가, 물이 움직이는 것이 왜 필요하고 거기까지 뛰어가는 것이 뭐가 필요한가? 예수님이 한 마디 하신 말씀 그대로 믿고 순종하면 기적이 일어나는데 다른 것이 뭐가 필요한가?

유대인들은 율법 외에는 길이 없는 줄 알았다. 그러나 주 예수님은 율법을 따라 우리를 구원하시지 않았다. 그러므로 그분의 육신의 조상도 레위가 아닌 유다지파에서 나신 것이다. "율법 외에 하나님의 한 의가 나타났으니" 주님은 그에게 천사의 물을 휘젓는 움직임이나 연못에 빨리 들어가려는 생각이나 다 필요없다고 하신다. 그저 자리를 들고 걸어라가고 하셨다. 주님은 그에게 '조금만 더 기도해보라. 그러면 좋아질 것이다'라고 하지 않으셨다. 주님은 한 마디 말씀하셨다. "일어나 자리를 들고 걸어가라". 그럴 때 그는 이분이 누군지도 잘 몰랐지만 이 특이한 주님의 말씀을 들었을 때 그것이 믿음으로 받아졌다. '그냥 일어나면 된다고?' 그럴 때 일어나게 되었던 것이다. 전에 움직이지 않던 다리가 움직여지는 것이다. 구부러지지 않았던 다리가 구부려졌다. 한 번도 서보지 못했던 사람이 서게 되었다. '야. 이런 수가 있네. 어라..내가 되네…' 여러분 입에서 이런 탄성이 나올 수 있어야 한다. 진정한 크리스천이라면, 믿음의 축복을 받은 사람이라면 '야, 내가 정말 되는 사람이네, 과거에는 정녕 안 된다고 생각했었는데 이제 나는 되는 사람이네'라는 간증이 여러분 입에서 터져 나와야 한다.

좋은 학교 붙으려다가 못 붙고 뭔가 한 번 해보려다가 못하고 실패에 실패를 연속한 사람들은 마음속에 나는 실패한 사람이라는 생각이 속에 각인된다. 남이 붙여주는 것이 아니라 자기 스스로 그런 것을 붙이고 다닌다. 그런 좌절은 다 마귀의 속임수이다. 우리 주님은 '너 정말 되는 사람이 되어 보겠는냐?'라고 하신다. 그런 소리를 들을 때 우리 눈이 떠진다. '아니, 내가 될 수가 있다는 것인가?' 물론이다. 주님은 "너 일어나 걸으라"고 하신다. 믿음의 말씀은 이런 효과가 있다. 나도 옛날에는 예수 믿는다는 것은 뭔가 좀 힘을 들여야 되는 것인 줄 알았다. 주님의 이름을 소리쳐 불러야 한다고 하길래 목이 쉬도록 큰 소리로 부르기도 했다. 그런데 되지 않았다. 어느 날 이런 모든 수건들이 내 눈에서 벗어지고 주의 말씀 그대로가 믿어지면서 내게 변화가 일어나기 시작했다. '야, 내가 되네. 정말 되네..!' 기쁨이 솟아났다.

이 38년 된 환자가 일어나고 자리를 들고 걸었다. 너무 기뻤다. 이 환자가 한 것은 아무것도 없다. 다만 예수님의 입에서 나온 한 말씀을 믿은 것이다. 그 말씀을 믿고 순종해보니 역사가 일어났다. 그래서 이 사람은 자기 몸의 하나님의 역사, 기적이 일어나는 것을 깨닫고 놀랐다. 기쁨이 충만했다. '야, 되는구나. 이게 바로 예수구나. 이것이 바로 구주의 능력이구나' 이것을 체험하고 예수 믿는 재미를 느낀 것이다. 나도 그랬다. 참된 주님을 믿으려면 예루살렘이고 베데스다고 행각 다섯이고 천사고 다 없어져야 한다. 예수를 만나야지 천사를 왜 기다리는가? 물이 동하는 것이 왜 필요한가? 예수를 만나면 된다. 우리 죄인을 찾아오신 예수를 만나면 된다. 예수의 말씀이면 족한 것이지 그 모든 현란한 것들이 왜 필요한가? 그런 잘못된 생각이 가득하기 때문에 예수를 못 만나고 말씀 제대로 못 믿는 것이다.

여러분, 말씀이 곧 축복이다. 이사야 35장 6절, "그때에 저는 자는 사슴같이 뛸 것이며 벙어리의 혀는 노래하리니 이는 광야에서 물이 솟겠고 사막에서 시내가 흐를 것임이라". 여러분의 신앙은 지금까지 절름발이 신앙이었는가? 예수님 말씀을 믿으면 사슴같이 뛰는 신앙으로 바뀐다. 여러분 인생이 지금까지 사막이었는가? 예수를 잘 믿으면 물이 흐른다. 이런 기적이 일어난다. 예수 믿고 기적이 한 번도 안 일어났다면 그것은 당신에게 문제가 있다는 것이다. 벙어리가 어떻게 노래하는가? 그런데 노래하게 된다고 말한다. 지금까지 누워있던 자들이여! 누워서 기다리지만 말고 믿고 즉시 일어나면 된다. 믿기만 하면 여러분의 삶에 놀라운 일이 발생한다. 여러 가지 방법을 찾지 말고 한 마디 듣고 일어나면 되는 것이다.

주 예수는 십자가에서 죽으심으로 우리를 죄에서 단번에 용서하시고 구원을 베푸셨다. 오랜 시간 기도하거나 선행을 한 뒤에 구원받는 것이 아니다. 한 마디 주님의 말씀으로 충분하다. "빛이 있으라" 하시매 빛이 있게 되는 것이다.

38년 된 병자가 일어나서 걷게 되는 놀라운 일이 생겼음에도 유대인과 바리새인들, 자칭 하나님을 잘 믿는다는 사람들의 반응은 달랐다. 38년은 이스라엘 백성들이 광야에서 40년 동안 거쳤던 지점들의 숫자와 맞먹는다. 그 38지점을 거치면서 40년 동안 이스라엘 백성들의 믿음을 고갈되었던 것이다. 그러나 베데스다의 한 병자가 치유된 것처럼 소수의 사람들이 가나안 땅에 믿음으로 들어가고 나머지는 광야에서 다 쓰러져 죽었다. 이것은 경고이다. 치료받은 사람은 한 사람이고 이제 다수의 종교인들의 입에서 옳고 그름의 비판이 쏟아지고 있다.

9-10절, 그 사람이 곧 나아서 자리를 들고 걸어가니라 이 날은 안식일이니 10 유대인들이 병 나은 사람에게 이르되 안식일인데 네가 자리를 들고 가는 것이 옳지 아니하니라

이 날은 안식일이었다. 안식일날 아무것도 하지 말아야 하는데 자리를 들고 걸어가니까 종교인들은 옳지 않다고 정죄했다. 자리를 드는 것도 일이라는 것이다. 안식일에는 아무것도 하지 말아야 한다는 것이다. 이것이 종교인들의 생각이다. 종교인들은 생명의 역사를 미워하고 부인한다. 그들은 38년 동안 병자로서 괴로워하며 힘들어한 과거에 대하여는 아무런 동정이나 사랑이나 공감이 없다. 그 환자는 일생의 구원을 받고 치유의 감사가 있지만 주위의 종교인들은 병 나은 것에는 관심이 없고 유대교의 전통과 율법 지키는 것에 위배된 어떤 것에 매우 민감할 뿐이다. 결국 그들의 분노는 18절에서 예수를 죽이고자 하는 데 이른다. 주님은 생명을 살리는 분이시다. 그러나 종교인들은 결국 죽이는 일을 한다. 부활에는 두 종류가 있다. 하나는 생명의 부활이고 하나는 심판의 부활이다. 악한 일을 하는 자는 다 심판의 부활로 나오리라고 했다. 무엇이 악한 일을 하는 것인가? 빌립보서 3장을 보라. 행악하는 자, 손할례당, 개들, 그들이 율법주의자들이다. 사람들에게 무거운 짐을 지우고 그저 교회에만 충성하게 만들고 '하라, 하라'고 하는 사람들이 악하고 무서운 사람들이다.

주님은 어떤 분이신가? 말씀으로, 은혜의 말씀으로 사람들을 살리신다. 한 마디 말씀으로 값없이 살려주시는 것이다. 그러나 그렇게 한다면 유대교가 유지가 되겠는가? 안 된다. 그들은 한 생명이 살아나는 것은 안중에 없다. 한 생명이 고생 고생하다가 자유케 된 것은 안중에 없다. 그들의 종교가 잘 이루어지는 것이 중요하다. 그들은 집단적인 이기주의에 사로잡혀 있다. 한 사람이 사는 것은 중요하지 않고 자기들의 집단이 잘되는 것이 중요한 것이다. 그것을 위해서 사람들은 안식일을 지켜야 하고, 명절을 지켜야 하고, 베데스다 연못에는 환자들이 찾아와 계속 누워 있어야 한다. 그들은 그들의 종교 기업이 잘되어야 그들의 안위와 먹고 사는 문제와 조직의 안정이 영위되기 때문에 한 사람의 질병이 치료되는 것은 안중에 있을 수 없다. 그러하기 때문에 한 사람의 영혼이 자유와 치유를 얻는 것이 기쁘지 않은 것이다. 그래서 주님은 5장 뒷부분에서 악한 생각을 가지고 있는 그들에게 말씀하신 것이다.

요한복음 5장은 두 종류의 사람을 그림으로 보여주고 있다. 당시에 주님이 오셨을 때에 그 율법주의자들의 상황, 유대교의 상황 그 가운데서 우리 주 예수님이 하시는 일은 무엇이었는가? 한 마디의 은혜의 말씀으로, 생명의 말씀으로 사람을 살리는 일을 하셨다. 주님은 안식일이 아니라 생명을 살리는 것에 관심이 있으셨다. 아버지께서 일하시니 나도 일하신다고 하셨다. 하나님은 이런 역사를 하신다. 그러나 의문 문자, 자구(字句)에 떨어져서 38년 동안 사탄에게 매여 있던 자들은 주님이 사람을 살렸을 때 그 사실 자체를 귀하게 여길 줄을 모르고, 문자적으로 안식을 지키는 것을 어겼다는 이유로 예수님을 죽이려고 했던 것이다. 자리에서 일어난 그 환자에 대해서 사랑스런 눈으로 쳐다보지 않았고 '너는 옳지 않다'고 하면서 냉정하게 바라보는 것이 오늘날의 종교인들이다.

11-14절, 대답하되 나를 낫게 한 그가 자리를 들고 걸어가라 하더라 한대 12 저희가 묻되 너더러 자리를 들고 걸어가라 한 사람이 누구냐 하되 13 고침을 받은 사람이 그가 누구신지 알지 못하니 이는 거기 사람이 많으므로 예수께서 이미 피하셨음이라 14 그 후에 예수께서 성전에서 그 사람을 만나 이르시되 보라 네가 나았으니 더 심한 것이 생기지 않게 다시는 죄를 범치 말라 하시니

예수를 믿고 말씀을 받아들이면 육신도 치유되고 정신도 치유되고 여러분의 온 존재가 새롭게 되고 온전케 된다. 그런데 그렇게 치유되었을 때 그 이후가 중요하다고 주님이 말씀하셨다. 시편 107편 17-18절, "미련한 자는 저희 범과와 죄악의 연고로 곤난을 당하매 저희 혼이 각종 식물을 싫어하여 사망의 문에 가깝도다". 죄의 결과로 질병에 걸린다는 말이다. 죄와 질병은 관계가 있다. 이 38년 된 환자는 왜 38년 동안 병을 앓았는가? 죄 때문이다. 모든 질병이 죄로 말미암아 온 것이라고 말한다면 욥의 경우는 그렇지 않다고 말해야 할 것이다. 사도 바울의 경우도 그러하다. 그러나 우리가 성경을 읽을 때 대다수의 병이 죄로 말미암는다는 사실도 간과할 수 없다. 그렇다면 38년 된 이 사람, 죄로 말미암아 생겨난 병인데, 이 사람은 어떻게 일어날 수 있었는가? 예수의 말씀 믿으면 첫 번째 이루어지는 일이 바로 죄 사함, 죄가 깨끗케 되는 일이기 때문이다. 죄 사함 받는 것이 얼마나 중요한 일인지 모른다. 죄가 떠나면 많은 질병이 함께 떠나가 버린다.

주님은 마태복음 9장에 중풍병자를 보시고 병을 치료하시는 말씀을 하시기에 앞서 "네 죄사함을 받았느니라"의 말씀을 먼저 주셨다. 이는 죄와 병이 관계있음을 증명해주는 말씀이다. 38년 된 병자도 사실 주님의 말씀을 받는 즉시 죄 사함을 받은 것이다. 동시에 오랫동안 앓았던 병이 떠난 것이다. 그래서 이 사람에게 주님이 한 마디 더 해주셨다. "더 심한 것이 생기지 않으려면 다시는 죄를 범치 말라". 예를 들어서 어떤 사람이 술을 많이 마셔서 간이 나빠졌다. 치료해 달라고 간절히 기도하자 주님이 너무 불쌍해서 치료해주셨다. 그러자 건강하게 되었다. 그런데 이후 주님께 헌신하여 자신을 드리지 않고 옛 생활로 돌아가 '아, 이제 마음 놓고 술 마셔도 되겠네'라고 한다면 더 심하게 되어서 결국 간 경화나 간염으로 죽게 될 것이다.

38년 된 병자가 과거에 앓던 병보다 더 심하게 되면 어떻게 되겠는가? 그러므로 우리는 주님께 치료받고 새롭게 되고 완전케 되고 건강하게 되는 것을 배울 뿐 아니라 이후로는 전에 지었던 죄에 빠지지 않도록 조심해야 한다. 주님께서는 다시는 죄를 범치 말라고 했다. 물론 이것도 우리의 자신의 능력은 아니다. 주님의 은혜 주심 따라 주님께 순종하면 자연히 그렇게 된다. 그러나 분명한 것은 죄와 질병은 관계가 있다는 것이다. 그래서 우리 그리스도인 생활에 죄가 떠나가고 기쁨이 충만한 생활을 하려면 우리는 늘 주님의 말씀을 가까이 해야 한다. 말씀을 믿고 의지하는 삶을 살 때 우리는 죄와 질병과 사망과 약함에서 완전히 해방되어 놀랍고 새롭고 강건한, 지금까지 우리가 경험해보지 못한 인생을 살게 될 것이다.

22-29절, 아버지께서 아무도 심판하지 아니하시고 심판을 다 아들에게 맡기셨으니 23 이는 모든 사람으로 아버지를 공경하는 것 같이 아들을 공경하게 하려 하심이라 아들을 공경치 아니하는 자는 그를 보내신 아버지를 공경치 아니하느니라 24 내가 진실로 진실로 너희에게 이르노니 내 말을 듣고 또 나 보내신 이를 믿는 자는 영생을 얻었고 심판에 이르지 아니하나니 사망에서 생명으로 옮겼느니라 25 진실로 진실로 너희에게 이르노니 죽은 자들이 하

나님의 아들의 음성을 들을 때가 오나니 곧 이 때라 듣는 자는 살아나리라 26 아버지께서 자기 속에 생명이 있음 같이 아들에게도 생명을 주어 그 속에 있게 하셨고 27 또 인자됨을 인하여 심판하는 권세를 주셨느니라 28 이를 기이히 여기지 말라 무덤 속에 있는 자가 다 그의 음성을 들을 때가 오나니 29 선한 일을 행한 자는 생명의 부활로, 악한 일을 행한 자는 심판의 부활로 나오리라

"아버지께서 아무도 심판하지 아니하시고 심판을 다 아들에게 맡기셨으니"(22절). 뒤에도 나오지만 인자됨을 인해서 심판은 다 아들에게 맡기셨다고 했다. "또 인자됨을 인하여 심판하는 권세를 주셨느니라 이를 기이히 여기지 말라 무덤 속에 있는 자가 다 그의 음성을 들을 때가 오나니 선한 일을 행한 자는 생명의 부활로, 악한 일을 행한 자는 심판의 부활로 나오리라"(27-29절). 여기 생명의 부활이라는 단어가 있다. 또 '생명'이 나왔다. 선한 일을 행한 자는 예수 믿고 생명을 얻어서 생명으로 산 자들이다. 그것이 선한 일이다. 그럴 때 그들은 생명의 부활로 부활한다. 예수 믿지 않고 악한 일을 하고 자기 멋대로 살고 생명의 하나님으로 살지 않고 자기의 생각으로 살며 자기의 사랑으로 사랑하고 자기의 감정으로 미워하고 자기의 길을 가며 죄를 지은 사람들은 다 악한 일을 행한 것이다. 이들은 심판의 부활로 천년왕국의 끝에 부활한다. 안 믿은 사람들도 다 부활한다. 불신자들, 악인들, 살인자들도 다 부활한다. 이들은 다시 살기는 살아도 아무 소망이 없다. 이들의 부활은 심판 받고 지옥불에 들어가기 위한 것이기 때문이다.

만일 현재 복음을 거부하고 영생을 버린다면 여러분들은 죽음의 골짜기에서 격심한 고통을 받을 수밖에 없다. 공포의 심판대에 서게 된다. 그리고 지옥으로 끌려가서 불과 유황이 끓는 불못에 빠지게 된다. 이를 성경에서는 '둘째 사망'이라고 한다. 거듭나지 않으려는 사람은 두 번 죽는다. 성경만이 둘째 사망이라는 말을 한다. 사람들은 사망이면 그냥 사망이지 둘째 사망을 모른다. 이 땅에 살다가 육신과 영혼이 분리되는 오직 그 죽음만을 알고 있다. 그러나 성경은 영혼이 다시 살아나서 심판을 받고 불못에 들어가는 것을 알기 때문에 그것을 둘째 사망이라고 부른다.

성경에는 또한 두 번 나는 것도 있다. 세상 사람들은 한 번 태어나는 것밖에 모른다. 그러나 성경은 두 번째 나는 것을 '거듭난다'고 말한다. 두 번째 나지 않은 모든 사람은 다 두 번째 사망을 맛볼 것이다. 그리고 그 찢어질 듯한 고통은 영원히 계속 된다.

여기서 24,25절에서 말씀하신 사망에서 생명으로 옮겨지는 문제를 생각해보자.

"내가 진실로 진실로 너희에게 이르노니 내 말을 듣고 또 나 보내신 이를 믿는 자는 영생을 얻었고 심판에 이르지 아니하나니 사망에서 생명으로 옮겼느니라 진실로 진실로 너희에게 이르노니 죽은 자들이 하나님의 아들의 음성을 들을 때가 오나니 곧 이 때라 듣는 자는 살아나리라"(24-25절).

요한복음 5장 24절은 우리가 복음을 전할 때 자주 사용하는 구절이다. 이 말씀은 주 예수님이 '진실로 진실로'라고 하며 강조하여 하신 말씀이다. 여기서 주님은 영생을 얻고 심판에 이르지 않는 사람들이 누구인가를 말씀해 주신다. 먼저는 주 예수의 말씀을 듣는 자이며, 듣고 주 예수를 이 땅에 보내신 하나님을 믿는 자들이다. 주 예수께서는 과연 무엇을 말씀하셨는가? 요한복음 3장, 4장 등의 말씀을 통해서 우리는 그분이 하시는 말씀을 알 수 있다. 그것은 그분이 하나님이 보내셔서 죄로 죽어가는 사람을 구원하러 오신 독생자라는 말씀이다.

누구든지 뱀에 물려 죽어가는 사람이라면 장대에 높이 달린 놋뱀이신 예수 그리스도를 믿음으로서 구원을 얻으라는 것이다. 이것이 예수께서 지속적으로 하신 말씀이다. 그리고 주님은 영생을 받고 심판에 이르지 않는 사람들이 바로 이 주님의 말씀을 듣고 독생자를 보내신 하나님을 믿는 사람들이라는 것이다. 당신이 만일 주 예수의 말씀을 듣고 하나님을 믿었다면 영생을 얻은 것이요 심판에 이르지 않게 되며 사망에서 생명으로 옮겨진 것이다.

여기서 우리가 상당히 인상적인 한 마디를 읽게 되는데 이는 '사망에서 생명으로 옮겼다'는 말씀이다. 하나님은 타락한 인류가 어디에 있다고 보시는가? 다 사망의 한계 안에 있다고 보는 것이다. 그러므로 25절에는 "죽은 자들이 하나님의 아들의 음성을 들을 때가 오나니 곧 이때라 듣는 자는 살아나리라"고 하신 것이다. 에베소서 2장 1절에 의하면 타락한 사람은 다 죄와 허물로 죽은 자들이다. 그러므로 우리가 예수 그리스도를 믿을 때 비로소 생명을 얻고 살아나게 된다는 것을 알아야 한다. 아담 안에 출생한 모든 사람은 죄와 사망을 물려 받았기에 자동적으로 그 안에 있게 된 것이다. 그러나 하나님께 감사하고 찬양할지니 우리가 주 예수를 믿을 때 아담 안에서 그리스도 안으로 옮겨지게 되는 것이다.

성경에는 이러한 위대한 전이(轉移)가 있다. 여러분이 원하기만 하면 죄와 사망과 저주가 가득한 아담 안에서 의와 생명과 축복이 가득한 그리스도 안으로 이사할 수 있다. 그 이사의 비결은 이 귀한 복음의 말씀을 듣고 주 예수를 믿는 것이다. 우리가 이 구절들에서 인상을 받을 수 있는 것이 하나 있다면 죽은 후에 부활하게 되는 일이다. 사람들은 죽은 후를 별로 생각하지 않는다. 누가 무덤에 들어간 후까지 생각하며 사는가? 그러나 성경은 영원하신 하나님의 말씀이다. 그분은 마지막 날에 다시 살리시는 것에 대하여 매우 많이 관심하신다. 특히 요한복음에는 무덤에 있는 성도들이 다시 살아나는 일을 많이 말씀하신다. 성경 외에 어떤 책이 무덤 후의 일(사망과 부활과 심판)을 관심하는가?

45절, 내가 너희를 아버지께 고소할까 생각지 말라 너희를 고소하는 이가 있으니 곧 너희의 바라는 자 모세니라

당시의 유대인들은 예수님이 안식일을 범한다고 해서 모세의 율법을 가지고 정죄했다. 이것이 5장 전반부의 이야기이다. 예수님이 베데스다 연못 옆에 누워있던 38년 된 병자를 안식일에 고쳤다는 것 때문에 정죄했다(16절). 그런데 우리 주님은 '너희들은 나를 정죄하지만 결국 너희가 그 모세의 율법에 의해서 고소를 당하게 된다고 말씀하신다.

사람 스스로는 자기를 구원할 수 없다. 선행과 율법을 지키는 것으로는 죄와 심판은 해결되지 않는다. 로마서 3장 20절, "그러므로 율법의 행위로 그의 앞에 의롭다 하심을 얻을 육체가 없나니 율법으로는 죄를 깨달음이니라". 왜 당시에 유대인들은 예수님을 정죄했는가? 왜 핍박했는가? 자기들의 신앙생활의 방식대로 하지 않으셨기 때문이었다. 안식일에는 아무것도 하지 말아야 하는데도 예수님은 안식일 날 38년 된 병자를 살렸던 것이다. 이것은 그들 눈에는 하나님을 잘 믿는 것이 아니다.

계시의 말씀이란 일단 듣고 나서 '집에 가서 그대로 살아야지' 하는 것이 아니라 듣는 순간 말씀이 여러분 속에서 역사하는 것이다. 들을 때에 말씀이 여러분 속에서 여러분을 바꾸는 것이다. 결심할 것도 없다. 의도할 것도 없다. '그렇게 해봐야지' 할 것도 없다. 그냥 말씀을 받아들이면서 바뀌는 것, 이것이 진짜이다. 5장 24절에도 그렇게 기록되어 있다. "진실로 진실로 너희에게 이르노니 죽은 자들이 하나님의 아들의 음성을 들을 때가 오나니 곧 이 때라 듣는 자는 살아나리라". 듣는 그때 살아나야 하는 것이다. '야, 그것 참 좋은 말씀이야. 한 번 집에 가서 그대로 살아봐야겠어'라는 것은 되지 않는다. 그 말씀 자체가, 그 계시가 일을 하는 것이다. 나는 주님의 말씀 자체가 그렇게 능력이 있다는 것을 안다. 이 말씀은 살았고 운동력 있는 말씀이기 때문에 영과 혼을 찔러 쪼개기도 하며 듣는 사람 속에서 역사하는 것이다. 사람을 그 자리에서 변하게 하는 것이다. 그런데 율법적인 설교를 계속 듣다보면 우리가 전하는 이런 말이 귀에 들어오지 않는다. 당시 유대인들이 그랬다. 자기들이 하나님을 믿는 방식과 예수님이 하시는 것이 영 어긋난다는 것이다. 그래서 받아들이지 않고 핍박했다. 사도 바울에 따르면 이것이 '수건'이다. 모세의 글이 사람들의 얼굴을 가려서 영광의 그리스도의 빛을 보지 못하게 한다. 여러분 가운데도 혹시 수건이 아직 완전히 벗어지지 않은 사람들이 있을 수 있다. 그러나 바울이 말한 것처럼 언제든지 주께로 돌아서면 수건은 완전히 벗어질 것이다(고후 3:16).

오직 하나님이 구원을 계획하시고 성취하셨다. 사람은 죄를 지었다. 율법은 우리를 정죄한다. 결국 사람은 심판대에서 일생토록 자기 멋대로 살았던 모든 자기의 행위에 대해서 심판을 받고 불못에 들어가게 되어 있다.

영원토록 꺼지지 않는 불과 유황으로 타는 못에 참여하게 되어 있다. 이런 상태에서 구원받는 길, 우리의 죄 문제가 해결되는 길은 무엇인가? 하나님은 우리에게 율법을 지키고 행동을 잘해서 죄를 스스로 해결하고 구원받으라고 하지 않으셨다. 하나님이 다 행하셨다. 예수라는 독생자 아들을 보내셨다.

요한복음 1장 29절, "이튿날 요한이 예수께서 자기에게 나아오심을 보고 가로되 보라 세상 죄를 지고 가는 하나님의 어린 양이로다". 예수는 하나님의 어린 양으로 세상 죄를 지러 오신 것이다. 히브리서 9장 26절 하반절, "자기를 단번에 제사로 드려 죄를 없게 하시려고 세상 끝에 나타나셨느니라". 예수님이 왜 세상 끝에 나타나셨나? 죄를 없게 하시려는 것이다. 어떻게 죄를 없애시는가? 자기를 단번에 제사로 드리는 것으로 인해서이다. 자신을 십자가에 드린 사건을 말한다. 우리 죄를 어떻게 없애시는가? 우리가 눈물을 흘려서인가? 아니다. 우리의 행동과는 아무 관계가 없이 하나님이 다 하시는 것이 성경의 구원의 방법이다.

요한복음 3장 16절, "하나님이 세상을 이처럼 사랑하사 독생자를 주셨으니 이는 저를 믿는 자마다 멸망치 않고 영생을 얻게 하려 하심이니라". 하나님이 죄인을 사랑한 사랑에서부터 하나님의 구원의 역사는 시작된 것이다. 그래서 독생자를 이 세상에 보내셨고 예수님의 몸에 우리의 모든 죄를 담당시키시고 속제죄를 드리게 해서 우리의 죄를 없애는 방식을 취하신 것이다. 히브리서 9장 12절, "염소와 송아지의 피로 아니하고 오직 자기 피로 영원한 속죄를 이루사 단번에 성소에 들어가셨느니라". 하나님의 어린 양이 되신 예수님의 피로 영원한 속죄를 이루셨다. 왜 이렇게 피를 흘리셨는가? 피 흘림이 없이는 죄사함이 없기 때문이다(히 9:22). 요한복음 19장 30절, "예수께서 신 포도주를 받으신 후 가라사대 다 이루었다 하시고 머리를 숙이시고 영혼이 돌아가시니라". 십자가 상에서 피를 다 흘리시고 죄를 용서하신 후에 외치신 마지막 음성은 '다 이루었다'는 말씀이었다. 구원은 우리가 이루는 것이 아니라 하나님이 이루시는 일이다. 예수님은 십자가에서 우리의 죄를 씻는 그 역사를 완성하셨고, 다 이루셨다는 말씀을 하시고 돌아가신 것이다.

십자가 상의 예수

여러분의 영혼을 구하는 예수님의 십자가 상의 모습을 생각해보자. 그분은 십자가에 달리셨고 십자가를 지고 나오실 때부터 쓰셨던 가시 면류관으로 말미암아 흘러내리는 붉은 피가 그분의 온몸을 피투성이로 만들었다. 주님의 눈은 밤새워 겟세마네에서 울면서 기도하셨기에 짓무르도록 붉어지셨고, 맞아서 부어오른 얼굴은 큰 고통 가운데 말할 수 없이 상하셨다. 그분의 몸은 말라서 뼈가 앙상하게 보였을 것이고 괴로움에 사무치신 얼굴이셨을 것이다. 주님의 양손에 로마 병정들이 잔인하게 박은 못으로 인해서 그 손의 상처로부터 흘러나오는 피가 온 몸을 적셨을 것이다. 예수님 발도 시커먼 못에 의해서 구멍이 나 있었을 것이고 그 찢어진 상처로부터 피가 쉴새없이 흘러나왔을 것이다. 로마 병정이 창으로 찌른 옆구리의 깊은 상처로부터 피가 뿜어져 나왔을 것이다.

이분이 누구신가? 여러분과 나의 죄를 위해 죽으신 십자가상의 주 예수이시다. 이분이 바로 인류를 구속하기 위해 보내심 받은 하나님의 아들 예수 그리스도이시다. 이분이 바로 여러분과 나 같은 죄인을 위해 참혹한 고난을 받으신 분이다. 더욱이 놀라운 것은 그분이 여러분과 우리를 지으신 하나님이라는 것이다(요1:3). 우리의 할 일은 무엇인가? 아무것도 없다. 예수님이 우리 죄를 용서하기 위해 피 흘리셨고 다 이루셨다. 그러므로 우리는 온 마음을 주님께로 향할 따름이다. 믿음이란 무엇인가? 주님이 다 이루셨기에, 우리는 아무것도 할 수 없기에 다만 믿는 것이다.

주님의 또 다른 영광스런 모습을 보겠다. 계시록 1장에 보면 그분은 하나님의 오른 편에 계신다. 발끝까지 끌리는 흰옷을 입으시고 가슴에 금띠를 띠셨다. 금 면류관을 쓰셨고 네 생물들을 거느리고 계시며 주위에 천사들이 보좌하고 계신다. 여러분이 만일 오늘날 이런 주 예수를 바라보고 믿는다면 죄 사함을 받고 영생을 얻을 수 있다. 할 것이 아무것도 없다. 여러분이 지은 죄를 스스로 지려고 하지 말라. 스스로 해결하려고 아무리 많은 눈물 흘려도 소용없다. 찬송에 울어도 못한다고 했지 않은가? 힘써도 못하고 참아도 못한다고 하지 않았나? 우리가 구원받는 비결은 우는 것도 아니고 소나무 뿌리를 붙잡고 기도하는 것도 아니다. 여러분이 할 일은 아무것도 없다. 그저 주님께 나와서 믿으면 되는 것이다.

요한복음 5장 24절, "내가 진실로 진실로 너희에게 이르노니 내 말을 듣고 또 나 보내신 이를 믿는 자는 영생을 얻었고 심판에 이르지 아니하나니 사망에서 생명으로 옮겼느니라". 여러분이 이 순간에 믿었다면 이 순간에 옮겨진 것이다. 듣고 그 보내신 예수 그리스도를 믿는 자는 영생을 얻었고 심판에 이르지 아니하는 것이다. 5장 25절, "진실로 진실로 너희에게 이르노니 죽은 자들이 하나님의 아들의 음성을 들을 때가 오나니 곧 이때라 듣는 자는 살아나리라". 듣는 자는 살아나리라고 했다. 그러므로 문제는 그 아들의 음성을 듣는 것이다. 들으면 살아난다. 40절, "그러나 너희가 영생을 얻기 위하여 내게 오기를 원하지 아니하는도다". 또한 믿는다는 것은 주님께 온다는 것이다.

바로 이 순간 당신의 그 무거운 죄를 위해서 우리 대신에서 십자가에 못 박히시고 돌아가신 예수 그리스도를 생각해보라. 그리고 그분께 오면 되는 것이다. 주님을 영접하기 위해 온 몸과 영혼을 주님께 가까이 하는 것은 여러분의 영혼이 필요로 하고 갈급해 하는 모든 것이다. 우리가 죄 사함받고 생명 얻는 길은 전심전력하여 예수님께 나아가는 것이다.

영생을 얻으라

이 땅에 영생을 얻으려는 사람은 많다. 그러나 실제로 영생을 얻는 사람은 많지 않다. 스펄전은 영생 얻는 사람이 극소수라고 말했다. 이유는 무엇인가? 요한복음 5장 39절에는 이렇게 기록되어 있다. "너희가 성경에서 영생을 얻는 줄 생각하고 성경을 상고하거니와 이 성경이 곧 내게 대하여 증거하는 것이로다". 성경은 예수님에 대해서 증거하는 것이다. 그러나 사람들은 성경을 읽으면서 성경 자체에, 성경공부 자체에 빠져버린다. 교회에 가지만 교회 자체에 빠져버리고 예배 자체에 빠져 버려서 정작 예수님께는 나오지 않는다. 어떤 사람들은 교회에 사람을 사귀러 간다. 사업에 유익이 될까 해서 간다. 문화생활을 하러 가기도 한다. 외국에 가면 교민들이 거의 다 교회에 다닌다. 안 가면 외롭기 때문이다. 사업이나 삶의 정보도 교회에서 다 얻는다. 하지만 그들 가운데 과연 몇 명이나 예수를 만나러 가는지 의심스러울 때가 있다.

오늘날 많은 사람들이 교회를 가지만 예수를 만나러 가지 않고 많은 사람이 성경을 읽지만 예수를 만나기 위해서 읽지 않는다. 어떤 사람은 그저 가정의 평화를 위해서 교회에 간다. 아내가 열심히 가니까 아내를 위해서 가주는 것이다. 일주일에 한 번씩 양심 수양을 위해서 가기도 한다. 일주일 내내 너무나 죄를 많이 짓기 때문에 그래도 한 번은 씻으러 가는 것이다. 그렇게 하면 구원받지 못 한다. 어떤 사람은 기도를 하지만 기도 자체에 빠져서 기도하면서도 주님께 나아가지 않는다. 그저 뭔가를 구하는 것에 중점을 둔다. 부처 앞에서 구하듯이 그저 구한다. 그들은 예수를 원하지 않는다.

사랑하는 여러분, 여러분의 마음을 참되시며 살아계신 예수께 향하기 바란다. 예수는 여러분의 구속자이시고 대속자이시고 중재자이시다. 이러한 예수께 나아와서 온 마음과 정성으로 주 예수를 믿는다면 그러한 자들을 구원하신다고 성경은 말씀한다. 오늘 날 "말씀이 네게 가까워 네 입에 있으며 네 마음에 있다 하였으니 우리가 오늘 전파하는 믿음의 말씀이라" "네가 만일 네 입으로 예수를 주로 시인하며 또 하나님께서 그를 죽은 자 가운데서 살리신 것을 네 마음에 믿으면 구원을 얻으리니"(롬 10:8-9). 죄 용서 받고 구원받기 위해서 우리가 할 일은 아무것도 없고 하나님이 이 땅에 우리의 구주로 생명으로 보내신 주 예수를 바라보고, 그분이 다 이루신 것을 바라보고, 그분이 십자가에서 흘리신 보혈을 바라보고 주 예수 그리스도를 마음으로 믿으면 된다. '주여, 나는 당신을 믿습니다. 주 예수는 나의 구주이십니다. 나는 예수를 주로 믿습니다. 예수는 그리스도이십니다. 예수는 나의 구주이십니다. 주님은 날 위해 죽으셨습니다. 나를 위해 사셨습니다' 바로 이렇게 믿으면 죄의 용서를 받고 구원을 받는 것이다. 지은 죄가 너무 크다고 좌절하지 말라! 주 예수께서 용서못할 죄가 없으시다. 선한 일을 위해 아무것도 한 것이 없다고 주저하지 말라. 행위를 내세우는 사람은 제대로 믿은 것이 아니다. 아무것도 할 것 없이 그저 예수님께 나와서 그 말씀을 듣고 믿었을 때 죄가 용서되고 영생을 얻는 것이다.

19-21절, 그러므로 예수께서 저희에게 이르시되 내가 진실로 진실로 너희에게 이르노니 아들이 아버지의 하시는 일을 보지 않고는 아무것도 스스로 할 수 없나니 아버지께서 행하시는 그것을 아들도 그와 같이 행하느니라 20 아버지께서 아들을 사랑하사 자기의 행하시는 것을 다 아들에게 보이시고 또 그보다 더 큰 일을 보이사 너희로 기이히 여기게 하시리라 21 아버지께서 죽은 자들을 일으켜 살리심 같이 아들도 자기의 원하는 자들을 살리느니라

5장 19절부터 하신 말씀을 다시 한 번 보자. "그러므로 예수께서 저희에게 이르시되 내가 진실로 진실로 너희에게 이르노니 아들이 아버지의 하시는 일을 보지 않고는 아무 것도 스스로 할 수 없나니 아버지께서 행하시는 그것을 아들도 그와 같이 행하느니라 아버지께서 아들을 사랑하사 자기의 행하시는 것을 다 아들에게 보이시고 또 그보다 더 큰 일을 보이사 너희로 기이히 여기게 하시리라 아버지께서 죽은 자들을 일으켜 살리심 같이 아들도 자기의 원하는 자들을 살리느니라". 물로 포도주를 만든 사건, 38년 된 병자를 살린 일은 다 누가 하게 하신 것인가? 하늘 아버지가 아들을 통해서 하셨다. 왜 이렇게 하셨나? 믿게 하시려는 것이다. 아들 예수를 믿어야 구원받기 때문에 믿을 수 있도록 이런 역사를 행하신 것이다.

5장에는 심판에 대해서 많이 나온다. 심판을 아들에게 맡겼다고 하셨다. 장래 보좌에서 심판하시는 분은 예수, 바로 아들이다. 왜 그렇게 하셨나? 아들을 공경하고 아들을 믿어야 영생을 얻기 때문이다. 아들을 믿을 수 있도록 아버지는 이 아들이 이 땅에서 이런 저런 큰 역사를 하게 하셨다.

아들의 증거

30-32절, 내가 아무것도 스스로 할 수 없노라 듣는 대로 심판하노니 나는 나의 원대로 하려 하지 않고 나를 보내신 이의 원대로

하려는고로 내 심판은 의로우니라 31 내가 만일 나를 위하여 증거 하면 내 증거는 참되지 아니하되 32 나를 위하여 증거하시는 이가 따로 있으니 나를 위하여 증거하시는 그 증거가 참인 줄 아노라

예수님은 이처럼 자신은 낮추시고 하나님은 높이시는 분이시다. 자기를 증거하는 그 증거가 참이라고 하셨다. 성경은 증거의 책이다. 무엇을? 아들을 증거하는 것이다. 그분이 구원자이심을... 메시아이심을 증거한다. 목적은? 사람들이 믿고 구원받고 영생 얻도록이다. 우리는 그분을 직접 보지 못했어도 글로 남겨진 증거를 보고 믿을 수 있다. 이 구절들은 아들과 요한의 증거가 있고 아버지의 증거도 있다. 또한 성경의 증거도 있으며 모세의 증거도 있다. 하나님은 우리를 위해 최선을 다해 증거를 해주셨다. 실상은 38년 된 병자를 고치신 것부터 아들은 그분 자신을 증거하신 것이요 보내신 아버지를 증거한 것이다. 우리로 믿을 수 있도록 모든 증거로 증거해주신 하나님께 감사와 찬양을 드린다.

요한의 증거

33-34절, 너희가 요한에게 사람을 보내매 요한이 진리에 대하여 증거하였느니라 34 그러나 나는 사람에게서 증거를 취하지 아니하노라 다만 이 말을 하는 것은 너희로 구원을 얻게 하려 함이니라

바리새인들이 요한에게 사람을 보냈을 때 그는 그리스도를 증거했다. 그것이 진리에 대해 증거한 것이라고 했다.

요한이 예수를 증거한 것이다. 요한도 스스로 증거한 것이 아니라 요한을 보내서 증거하게 하신 하나님이 예수를 보고 어떤 일이 있으면 그가 하나님의 아들인 줄 알라, 그 머리에 성령이 머물면 아들인 줄 알라고 하신 대로 증거했다.

"이튿날 요한이 예수께서 자기에게 나아오심을 보고 가로되 보라 세상 죄를 지고 가는 하나님의 어린 양이로다 내가 전에 말하기를 내 뒤에 오는 사람이 있는데 나보다 앞선 것은 그가 나보다 먼저 계심이라 한 것이 이 사람을 가리킴이라 나도 그를 알지 못하였으나 내가 와서 물로 침례를 주는 것은 그를 이스라엘에게 나타내려 함이라 하니라 요한이 또 증거하여 가로되 내가 보매 성령이 비둘기 같이 하늘로서 내려와서 그의 위에 머물렀더라 나도 그를 알지 못하였으나 나를 보내어 물로 침례를 주라 하신 그이가 나에게 말씀하시되 성령이 내려서 누구 위에든지 머무는 것을 보거든 그가 곧 성령으로 침례를 주는 이인줄 알라 하셨기에 내가 보고 그가 하나님의 아들이심을 증거하였노라 하니라"(요 1:29-34).

35절, 요한은 켜서 비취는 등불이라 너희가 일시 그 빛에 즐거이 있기를 원하였거니와

요한의 빛도 등불 수준의 빛이라서 그렇지 빛은 빛이다. 사람들은 일시 그 빛을 보고 새로움을 느꼈다. 그는 참 빛이 아니라 예수를 증거하는 사람의 증거였다. 그러나 36절을 보라. 증거도 증거 나름이다.

아버지의 증거

36절, 내게는 요한의 증거보다 더 큰 증거가 있으니 아버지께서 내게 주사 이루게 하시는 역사 곧 나의 하는 그 역사가 아버지께서 나를 보내신 것을 나를 위하여 증거하는 것이요

예수님이 이 땅에서 하신 많은 일들, 물을 포도주로 만든 사건, 왕의 신하를 말씀으로만 고친 사건, 38년 된 병자를 한 마디의 말씀으로 치유하신 사건 등이 아버지께서 자신을 보내신 증거라는 것이다. '내게 주사 이루게 하시는 역사'라고 하신다. 그분이 이 땅에 오셔서 이루신 증거들이 다 그분 자신이 누구인지를 증거하도록 역사하신 아버지의 증거라고 하신다.

37-38절, 또한 나를 보내신 아버지께서 친히 나를 위하여 증거하

셨느니라 너희는 아무 때에도 그 음성을 듣지 못하였고 그 형용을 보지 못하였으며 38 그 말씀이 너희 속에 거하지 아니하니 이는 그의 보내신 자를 믿지 아니함이니라

결국 예수의 하신 일을 보고 그 하나님이 친히 하신 증거를 믿지 않는 것은 하나님을 믿지 않기 때문이라고 하신다. 그 이유는 그 말씀이 그들 속에 있지 않다고 하신다. 그 말씀이 속에 있는 자가 믿게 된다는 비밀이다. 오늘 날도 어떻게 주 예수를 믿는가? 말씀을 통해서이다.

성경의 증거

39절, 너희가 성경에서 영생을 얻는 줄 생각하고 성경을 상고하거니와 이 성경이 곧 내게 대하여 증거하는 것이로다

성경 말씀의 모든 기록은 아들을 증거하기 위해서 쓰여진 것이다. 오늘날 사람들이 성경 자체에 빠지고 예수를 믿지 않는 경우를 많이 보게 된다. 우리는 인격이신 주 예수, 살아계신 하나님의 아들을 만나야지 자구적으로 성경만 이해하여서는 구원받지 못한다. 모든 성경의 말씀이 주 예수 그리스도 한 분을 말하기 위해 쓰여진 것이라는 말씀은 진정 놀라운 말씀이다. 우리는 성경의 말씀을 대하면서 언제나 그리스도 한분을 향하도록 읽어야 한다.

모세의 증거

46-47절, 모세를 믿었더면 또 나를 믿었으리니 이는 그가 내게 대하여 기록하였음이라 47 그러나 그의 글도 믿지 아니하거든 어찌 내 말을 믿겠느냐 하시니라

주님은 여기서 스스로 증거하신다. 세례 요한도 그분보다 먼저 오셔서 증거하고 아버지도 아들을 통해서 많은 역사를 하심으로 그분이 하나님의 아들임을 증거하게 하셨다. 이제 반대자들이 모세를 들어서 이야기하자 주님은 모세의 글도 사실은 나를 증거한 것이라고 말씀하신다. 그러면 왜 예수님이 이 모든 말씀을 하고 계시는가? 결국 '나를 믿어야 너희가 죄 용서받고 구원받는다'고 하시는 것이다.

믿음이란

여러분은 왜 교회 다니는가? 예수를 만나러 다니는 것이다. 예수 그리스도는 살아계신 분이시요 인격이시다. 그분이 왜 피 흘리셨나? 그 손과 발에서 흘리신 피, 그 옆구리에서 흘러나온 피는 우리와 관계가 있는 것이다. 즉 여러분과 우리가 지은 일생의 죄와 관계가 있는 것이다. 주 예수는 우리의 인생의 가장 밑바닥에 깔려있는 죄의 압박과 중압감에서, 그 죄로 인한 정죄감과 불안에서 우리를 해방하기 위해 오셨다. 그 죄에서 놓임을 받고 사함을 받으며 자유를 얻게 하려고 주 예수께서 오셔서 나와 여러분을 위해 죽으신 것이다. 그래서 우리는 온 마음으로 주 예수께 나가야 한다. 그리고 그분을 사랑하고 영접하고 그분을 믿어야 한다. 그럴 때 여러분은 죄 용서를 받는다. 그리고 새 생명을 얻는 것이다. 사람은 창조될 때부터 그 생명의 그릇으로 지어졌다. 원래 죄로 완전히 더럽혀졌던 여러분은 믿을 때에 깨끗해진다. 예수의 피는 이 그릇을 깨끗이 씻었다. 그리고 그분의 부활 생명이 이 그릇 안에 가득 채워졌다. 예수 믿는 사람들 속에는 전에 있지 않던 하나님의 '조에(ζωη)'라는 생명이 들어온다. 그래서 여러분의 생각 가운데 그리스도의 생각, 영의 생각이 자리잡을 수 있게 되고 여러분의 사랑 속에도 그리스도의 사랑이 자리잡을 수 있게 되며 무엇을 하든지 주님이 기뻐하시는 일을 할 수 있게 된다. 주님과 함께 할 수 있는 축복이 있게 된다. 그러기 때문에 모든 정죄와 불안감이 사라지고 전에 없던 기쁨이 있고 전에 없던 소망이 있고 전에 없던 든든한 힘이 속에서 느껴지게 된다.

그리스도인이라고 어려움이 없는가? 있다. 그리스도인은 상처받을 일이 없는가? 있다. 그리스도인은 어떤 괴로움이 없는가? 있다. 괴로운 일도 일어난다. 믿지 않는 사람들은 그런 일이 생기면 오래가고 극복하기가 아주 힘들다. 그러나 그리스도인에게는 이 썩지 않을 생명이 들어왔기에, 성령이 들어왔기 때문에, 그리스도가 우리의 생명이 되었기에, 이 생명은 이기는 생명이고 죄악도 사망도 이기는 생명이며 부활의 생명이기 때문에, 우리는 그 모든 것을 쉽게 벗어난다. 오늘도 여러분이 예수께 나오기만 하면 죄 사하심을 얻고 이 귀한 새 생명을 얻는 것이다.

6 장

요한복음 6장 개요

요한복음 6장 말씀은 70절이 넘는 긴 장이다. 이 6장은 전체적으로 조망하지 않으면 그 말씀하시고자 하는 바를 흡수할 수 없기에, 나누지 말고 한 번에 읽고 공부할 것을 권한다.

6장에는 두 가지의 기적을 베푸신 것이 나온다. 첫째는 오병이어 사건이다. 물고기 두 마리와 떡 다섯 개로 5000명이 넘는 사람들을 먹이고 12바구니 넘게 거두었다는 것이고, 또 한 가지는 주 예수님이 바다 위를 걸으신 표적이다. 그런 다음 예수님이 제자들에게 많은 말씀을 가르치셨다. 주 예수님이 가르치신 말씀의 요지는 '내 살과 내 피를 마셔야 한다'는 내용이다. 사람들은 이 말씀의 뜻을 잘 이해하지 못했다. 제자들도 수군거렸다. '우리가 예수를 알고 그 가족을 아는데, 어머니 아버지를 알고 그 형제들을 아는데 어떻게 자기가 하늘에서 내려온 떡이라고 하는가, 또 어떻게 자기 살을 주어서 먹으라고 하는가' 하면서 주님의 하신 말씀의 참 뜻을 알지 못했다. 나 또한 여러분에게 이 부분의 말씀을 전하면서 그 뜻을 제대로 이해하지 못할까봐 염려가 된다. 그러나 우리 주님의 말씀은 하시는 말씀마다 그렇게 어려운 것이 없다. 받으려는 마음만 있다면 이해할 수 있다.

이 요한복음 6장은 요한복음 전체에서, 아니 성경 전체에서 가장 중요한 장들 중의 하나라고 생각된다. 5장에서는 예수님이 예루살렘에서 38년 된 병자를 고친 사건이 나온다. 그러나 사람들은 예수를 핍박했다. 심지어 유대인들은 예수를 죽이려 했고 그분을 믿지 않았다. 예루살렘에서 그분의 사역은 성공적이 아니었다. 5장 후반부에서 볼 때 사람들은 예수님을 달갑게 여기지 않았고 믿지 않았다. 5장 마지막의 말씀이 "그러나 그의 글도 믿지 아니하거든 어찌 내 말을 믿겠느냐 하시니라" 하는 것으로 맺는 것을 보면 그렇다.

6장에서 주님은 갈릴리로 다시 오셨고 갈릴리 디베랴 바다 건너편으로 가셔서 산에 올라가셨다. 당시 38년 된 병자를 고쳤다는 소문이 퍼졌고 그 기적을 행했다는 장본인인 예수님께 많은 무리가 몰려들었다(2절).

마침 유대인의 명절인 유월절이 가까웠다(4절). 요한복음은 6장과 7장에서 그리스도의 역사를 명절에 맞추어 하신 것을 볼 수 있다. 그리스도가 유월절의 실제이시고, 초막절도 실제이시기 때문이다. 유월절 양은 다른 분이 아니라 그리스도이다. 그 절기에 양의 고기를 구워먹어야 하는 바 요한복음 6장에서 예수께서는 그분의 살을 먹어야 하는 문제를 가르치셨다.

예수님은 그 큰 무리를 바라보시면서 그들이 배고픈 것을 아시고 그들을 먹일 준비를 하셨다(5-6절). 주님께서는 먼저 빌립이라는 제자에게 물으셨다. '이 무리를 먹였으면 좋겠는데 어떻게 했으면 좋겠느냐?' 빌립은 '돈을 거출한다고 하더라도 200데나리온 이상이 있어야 이 큰 무리가 다 먹을 수 있습니다'라고 계산을 했다(7절).

여기서 주님은 빌립을 시험코자 하신다고 했다(6절). 시험코자 하셨다니.. 주님은 사람을 시험해보시기도 하시는 분이다. 하나님은 아브라함을 시험해보신 적이 있으시다(창22:1, 하나님이 아브라함을 시험하시려고). 이 구절들은 야고보서 1장 13절 "사람이 시험을 받을 때에... 하나님은 ..친히 아무도 시험하지 아니하시니라"의 말씀과 대치되는 말씀으로 보인다. 대답은 매우 간단하다. 위의 시험은 그야말로 시험(test)이고 아래 야고보서의 시험은 유혹(temptation)이다. 하나님은 때로 우리를 시험하실 수 있다. 왜 시험하시나? 그것은 우리를 축복하시기 위함이다. 빌립도 당장은 주님의 질문을 받고 난감하였다. 맞는 대답을 생각해낼 수 있는 역량이 빌립에게는 없었다. 아브라함은 독자를 제물로 드려야 하는 더욱 난감한 상황이었다. 그러나 주님이 시험해보시는 목적은 교훈과 축복을 주시기 위함이다. 사람을 교육시키는 가장 뛰어난 방법은 먼저 묻고 먼저 해보게 하는 것이다. 그렇지 않으면 모든 것을 당연히 받아들이게 된다. 즉 인상적인 배움이 적다는 말이다. 사람의 한계로 생각할 수 있는 것은 빌립의 대답이 전부다. “각 사람에게 돈을 거출한다해도 2백 데나리온이 들겁니다” 주 예수님은 그 때 하나님께서 그분의 영광을 나타내시기 위해 무언가를 하실 것을 아셨다. 그러나 주님은 제자에게 먼저 물으셨던 것이다. 사람의 생각과 하나님의 하실 수 있음은 얼마나 다른가?

그때 안드레라는 제자는 먹을 것을 찾아다녔다. 제자들마다 성격이 다르다. 안드레는 주로 행동파다운 사람이었다. 그때 어린아이 하나에게 작은 도시락이 있었는데 그것은 보리 떡 다섯 개와 물고기 두 마리였다. 그것을 주님께 가져다 드리면서 ‘주님, 이것밖에 먹을 것이 없습니다. 이것으로 이 큰 무리를 먹일 수 있겠습니까?’라고 했을 때 놀랍게도 주님은 그것을 가져오게 하시고 무리를 앉히라고 하셨다. 여자와 어린아이까지 합해서 8000-10000명 되는 대인원이 그 작은 먹을 것 보고서 다 앉았다는 것도 아주 기적적인 일이다. 그리고 주님은 그 떡 다섯 개와 물고기 두 마리를 가지고 축사하시고 나눠주셨다. 계속 나눠줘도 계속 생기는 것이었다.

나는 이렇게 생각한다. 우리 주님은 그 떡 다섯 개와 물고기 두 마리가 없어도 모든 사람을 다 먹일 수 있는 능력이 있으시다. 주님은 구약에서 200만이 되는 이스라엘 백성들을 하루도 아니고, 일 년도 아니고, 40년 동안 계속 하늘에서 만나를 내리셔서 먹여 살리신 분이시다. 그런데 5000명, 많아도 10000명 되는 인수를 주님이 꼭 그 몇 가지가 있어야만 먹이실 수 있겠는가? 그렇지 않다. 그러나 이것은 신약의 원칙을 말하고 있다. 주님은 다 하실 수 있지만 우리의 헌신과 우리가 조금 드리는 것을 사용하셔서 일하시는 원칙을 보여주시는 것이라고 생각한다. 부족한 것이지만 주님을 위해서 드려보라. 주님은 그것을 받아서 축사하셔서 수많은 사람들에게 은혜와 축복을 끼칠 수 있게 하실 것이다. 많은 이들이 작은 어떤 것을 가지고 큰 필요를 어떻게 채우겠느냐고 말한다. 그렇다. 물질적인 관념으로는 그러하다. 그러나 영적인 관점으로는 그렇지 않다. 당신이 어떤 필요를 보고 주기 시작해 보라! 그러면 얻게 될 것이다.

이 떡과 물고기를 받아먹은 사람들은 먹고 배불렀다고 표현되어 있다. 그들은 배불리 먹었다. 그리고 그들은 예수를 쳐다보았다. ‘대단한 분이시구나! 얼마 전에는 죽을 사람의 병을 고치더니 이제는 이 많은 인수를 다 먹여 살리는구나. 이분을 왕으로 세워야지 누구를 왕으로 세우겠는가?' 하면서 예수님을 임금으로 삼으려고 했다. 그럴 때 예수님은 그 자리를 피했다고 기록되어 있다. 예수님은 제자들로 먼저 바다를 건너게 하셨다. 제자들은 밤에 노를 저어서 바다 건너편으로 갔고, 그런 다음에 주님은 그들이 밤에 풍랑을 만나서 노를 젓기가 힘들 때 바다 위를 걸어서 오셨다. 주님의 오시는 모습을 보고 제자들은 '이것이 유령인가'라고 놀랐지만 주님은 '내니 두려워말라'고 하셨다. 그들은 기뻐서 주님을 배로 영접했고 주님은 함께 건너편으로 가셨다.

기독교의 중심은 먹는데 있다

인간은 육신의 양식만 먹으면 살 수 있는 존재가 아니다. 영의 양식이 필요하다. 사람은 기묘한 존재로서 하늘 양식을 먹어야 하는 존재이다. 주 예수께서도 사람이 떡으로만 살 것이 아니요 하나님의 입으로 나오는 모든 말씀으로 살 것이라고 하셨다(마4:4). 우리가 영의 양식도 먹지 않으면 배고프고 목마름을 느끼게 된다. 4장의 사마리아 여인은 목마른 인류를 대표하고 있다. 6장의 디베랴 바다 건너편의 군중은 배고픈 인류를 대표하고 있다. 기독교는 뭔가 지식을 많이 얻고 또 율법을 지키고 하나님을 위해 열심히 일하는 종교가 아니다. 기독교를 어떤 종교라고 말해야 한다면 먹는 종교이다. 속에 뭔가 들어오는 것이 없으면 아무 소용없다. 사람마다 죄의 문제가 있고 정죄가 있는 것은 내적인 문제요 영적인 문제이다. 이런 문제를 물질적인 음식으로는 해결이 안된다. 정신적인 노력으로도 안된다. 죄는 우리의 양심과 영의 문제이므로 영의 음료로 해결한다. 그것이 바로 그리스도의 보혈이다. 주님은 당신의 피를 마시라고 하셨다. 사람마다 안의 공허함을 채울 길이 없는데 이는 그리스도의 말씀을 양식으로 먹어야 채워진다. 사람에게 있어서 영의 양식은 눈으로 보이지 않는 말씀의 공급이지만 이는 매우 실제적인 공급이요 충족함이다.

이제 바다 건너편에 많은 군중이 있었다. 전날 주님이 배를 타지 않으신 것을 분명히 알았는데, 이제 건넛마을에 가니까 거기 예수님이 계신 것이었다. '예수님, 언제 여기 오셨습니까?'라고 묻자 예수님은 '바다 위를 걸어 왔다'라고 말씀하지 않으시고 '너희들이 이렇게 많이 나를 좇아온 것은 내가 표적을 보여서 깨닫게 해주려고 하는 그것을 기대해서 온 것이 아니라 떡을 먹고 배불렀기 때문에 썩을 양식에 관심이 있어서 찾아온 것이다. 썩을 양식을 위해서 일하지 말고 썩지 않을 양식을 위해서 일하라'고 하셨다. 그럴 때에 사람들이 물었다. '우리가 어떻게 해야 하나님의 일을 합니까?' 예수님은 '하나님의 일? 그것은 하나님의 보내신 자를 믿는 것이다'라고 하셨다. '그래요? 믿는 것이요? 하나님이 보내신 자를 믿을 수 있도록 당신이 우리를 위해서 행하시는 표적이 무엇입니까? 무엇을 해주셔서 우리로 믿게 도와주시겠습니까?'라고 했다. 그러자 주님은 '모세가 광야에 있을 때 이스라엘 백성들에게 40년 동안 하늘에서 만나를 내렸는데, 그것은 모세가 한 것이 아니라 하나님이 이스라엘 백성들에게 떡을 내린 것이다. 그리고 그 떡이 사실은 내가 지금 이야기하려고 하는 산 떡이다'

두 기적과 주님의 살과 피를 먹고 마시는 문제의 연결

주님은 오병이어로 5천명을 먹이시고 12바구니를 거두셨으며 바다 위를 걸으셨는데(9-19절), 이 기적들은 6장 후반의 말씀(살과 피를 먹고 마심)과 연결이 있는가? 그분은 먹는 문제를 가르치시기 위해 이러한 표적들을 사용하신 것이다. 오병이어의 기적은 인간의 생각으로는 상상이 가지 않는 일이다. 바다 위를 걸으시는 것도 마찬가지이다. 주님의 살을 먹고 그분의 피를 마시는 것은 더욱 이해하기가 어렵다. 이 모든 표적이 그분의 살을 먹고 마시는 일을 이해하고 받아들이는데 도움이 되도록 주신 것이다. 오병이어의 기적이나 바다 위를 걸으신 것이나 모두 인간의 물질적인 영역에서, 이해하고 수용할 수 있는 일이 아니기에 당시 유대인들은 주님이 그분의 살과 피를 먹고 마시는 일에서도 얼마든지 영적 세계 속에서 적용될 수 있는 말씀으로 받아들일 수 있었던 것이다. 그들은 주님의 두 가지 표적을 보고 그분의 가장 놀라운 중심적인 사역을 받아들일 수 있도록 예비하신 것이다.

사람들의 관심

바다 건너 편까지 따라온 군중들은 예수께 물었다. "랍비여 어느 때 여기 오셨나이까?" 그들은 주님을 찾아 지난 번 큰 기적으로 떡을 실컷 먹던 곳으로 갔다가, 계시지 않은 것을 확인하고 배들을 타고 가버나움까지 쫓아가서 물었던 것이다. 주 예수님은 "너희가 나를 찾는 것은 표적을 본 까닭이 아니요 떡을 먹고 배부른 까닭이라"고 하시며 "썩는 양식을 위하여 일하지 말고 영생하도록 하는 양식을 위하여 하라"고 하셨다. 사람들의 관심은 영생하는 양식에 있지 않고 이 시대에 잘 살고 잘 먹는데 있다. 그들은 예수가 수많은 군중의 배고픔을 해결해주는 것을 보고 그가 왕을 하면 좋겠다고 하면서 임금을 삼으려 했었다(15절). 사람들은 이 시대의 삶을 관심하지 영원한 생명과 그 나라에서의 영광을 구하지 않는다. 결국 6장 마지막은 주님이 본론(사람에게는 영과 생명의 양식이 필요하다는 것)을 말씀하시자 많은 사람들이 떠났다.

유대인들의 질문

주님이 27절에서 "썩는 양식을 위하여 일하지 말고 영생의 양식을 위해 하라"란 말씀을 하자 유대인들은 일을 해야 한다는 말에 인상을 받았다. 그리고 그들은 주 예수께 물었다. "우리가 어떻게 하여야 하나님의 일을 하오리까?"(28절) 그들이 지금 이곳저곳 풍성한 빵을 먹기 위해 주님을 쫓아다니는 것도 큰 일이다. 그들은 일삼아 주님을 따라 다녔다. 그들의 눈에는 오직 먹는 문제가 해결되는 것이 주안점이 된 것이다. 이분만 따라 다니면 최소한 생계 문제는 걱정이 없겠다고 생각한 것이다. 그래서 주님은 썩는 양식을 위해 일하지 말라고 한 것이다. 오늘 날도 예수 믿는 것을 자신의 생계와 연결시켜 최소한 이 문제는 해결하겠다 싶어 모든 것을 때려치고 쫓아다니는 사람들을 본다. 이들은 근본적으로 썩을 양식을 위하여 일하는 유대인들과 같다. 그들은 주님이 썩지 않는 양식을 위해 일해야 한다하니 즉시 묻는다. 어떻게 하나님의 일을 해야 하냐고..

유대인들은 조상 때부터 율법의 교육을 받아 자란 민족이다. 그런 자들의 관념은 무엇인가? 하나님을 위해 일하는 거다. 사람들의 관심은 주로 종교적인 것이고 무언가 선을 행하는 것이다. 따라서 율법 아래서 종노릇하게 되는 것이다. 무엇을 해서 하나님께 영광을 돌리는가? 3장에서 니고데모의 질문도 본질상 비슷했다. 그 때의 주님의 대답은 무엇인가? "하나님의 보내신 자를 믿는 것이 하나님의 일이니라" 6장은 사람의 관념을 완전히 깨는 장이다. 사람의 생각과 하나님의 생각은 완전히 다르다. 주님을 말씀하셨다. "단순히 하나님께서 보내신 그 아들을 믿는 것이 하나님의 일이라고..." 실제로 사람은 하나님의 일을 할 수 있는 역량이 없다. 그러나 사람은 스스로 할 수 있다고 생각한다. 거기서 차이가 발생한다. 오늘 날도 기독교의 수많은 사람들의 문제는 할 수 있다는데서 발생한다. 믿음은 무엇인가? 예수 그리스도를 받아들이는 것이다. 율법적인 관념을 가진 자들에게는 믿음이 다른 세계에 있는 말이다. 진정한 믿음은 하나님을 위하여 무슨 일을 하는 것에 앞서 하나님의 보내신 자 예수를 믿는 일이다. 그럴 때 자연히 아들을 인하여 살게 된다(요6:57).

유대인들의 요청

주님께서는 "하나님의 떡은 하늘에서 내려 세상에게 생명을 주는 것이니라"고 하셨다(33절). 그럴 때 유대인들은 "주여 이 떡을 항상 우리에게 주소서"라고 요청했다. 유대인들은 그 떡이 영생의 떡인 것을 몰랐다. 그러니 '항상'이라는 말을 한 것이다. 그들은 여전히 이생의 삶을 주의한 것이다. 주님은 마지막 날에 다시 살리는 문제를 관심하고 계셨다. 그들이 주님의 말씀을 알아듣지 못했다는 것은 바로 뒤의 반응을 보면 안다. "자기가 하늘로서 내려온 떡이라 하므로 유대인들이 예수께 대하여 수군거려 이는 요셉의 아들 예수가 아니냐"(41-42절)

믿음의 본질

예수님은 참 믿음에 대해서 소개를 하시는 것이다. 1장부터 5장까지는 사실 믿음에 대해서 많은 말씀을 하셨다. '믿는 자는 멸망치 않고 영생을 얻는다, 영접하고 믿는 자는 하나님 자녀가 된다, 영생을 얻었고 심판에 이르지 않는다'고 하시며 계속 믿는 것을 이야기했는데, 6장에 왔을 때 믿음의 본질에 대해서 말씀하시는 것이다. 믿음을 무엇에 비했는가? 먹고 마시는 것이다. 사실 예수님은 사람이 음식을 먹고 배부르듯이 음료를 먹고 목마름이 해결되듯이, 믿음이란 예수 그리스도의 피를 마시고 예수 그리스도의 살을 먹어서 배부름을 얻는 것이라는 것을 설명하시는 것이다. 영적인 이 진리를 설명하시려고 먼저 육신적으로 오병이어를 가지고 배고픈 그들을 먹이는 시범을 보이신 것이다. 그러나 사람은 하고자 하는 율법적 관념이 강한 관계로 먹고 마시는 신앙을 갖기 어렵다. 따라서 주 예수님은 두 번씩이나 비슷한 시연을 해보이셨다.

주님의 행하심에는 뜻이 없는 것이 없다. 오병이어로 5000명을 먹인 기적은 따로 떨어진 다른 사건이 아니라 사람들로 참된 음식을 먹게 하시려는 영적이고 비밀스런 진리를 설명하기 위해 있는 것이다. 그분은 자신이 하늘로부터 내려온 산 떡이라고 했다. 광야에서 하늘로부터 만나가 내려오지 않았는가? 그런데 예수님은 '내가 하늘로부터 온 떡'이라고 지금 설명하고 계신다. 그렇다면 사람들은 '아니, 당신은 요셉의 아들이 아닌가? 당신의 형제를 우리가 알고 있는데 그것이 무슨 소리인가'라고 하지 않겠는가? 그래서 주님은 그들이 믿을 수 있도록 오병이어의 표적을 통해서 5000명을 먹이고 12바구니를 거두게 하고 바다 위를 걸으셨다. 이것은 하늘로부터 내려온 사람이 아니라면 불가능한 것 아닌가? 그렇게 하늘로부터 내려오신 분이라는 것을 증명하시면서 '나는 하나님께서 인쳐서 보내신, 너희들이 먹고 죽지 않게 하려고 보내신 산 떡이다. 나를 먹지 않으면 너희들은 영생할 수 없다'는 것을 말해주신 것이다.

믿음이라는 것은 어떤 사실을 객관적으로 인정하는 것이 아니다. '예수가 십자가에서 우리를 위해서 죽었다. 피를 흘렸다' 하는 식으로 인정하는 것이 아니다. 예수 그리스도를 주관적으로 만나고 체험하는 것이다. 곧 음식 먹듯이 우리 속에 받아들여서 우리의 영양분이 되게 하는 것이다. 우리 혈액 속의 모든 건강의 요소가 되게 하고 우리의 힘이 되게 하는 것이다. 우리 속의 성분이 되게 하는 것이다. 이것을 설명하시기 위해서 먼저 배고픈 민중들을 배부르게 먹여주시고 배부른 감각을 주셨다. 여러분은 예수 믿는 것이 무엇이라고 생각하는가? 교회란 두뇌를 사용하여 공부하러 다니는 교육기관인가? 감성을 훈련하여 따스한 감정을 개발하는 곳인가? 빈민을 구제하는 자선단체인가? 아니다. 교회는 일차적으로 먹는 곳이다. 교회는 식탁이 차려져 있는 곳인데, 그 식탁에는 양이 잡혀져 있다. 하나님의 어린 양이다. 마실 수 있는 음료가 있고 먹을 수 있는 고기가 있다. 그래서 예수님은 복음을 하나의 잔치로 비유한 것이다. 살찐 송아지를 잡으시고 먹으러 오라는 것이다. 오찬을 차렸으니 사방에서 사람들을 부르시며 와서 먹으라고 하신다. 먹는 것보다 더 실제적이고 주관적인 것은 없다. 그것은 결코 객관적일 수 없다. 머리로 이해하는 것은 결코 주관적일 수 없다. 먹고 마셔야 우리의 성분과 내용이 되는 것이다. 결국 믿음이란 예수의 모든 것이 우리의 것이 되는 것이다. 몽골에서 양을 잡아먹는 것을 많이 보았다. 양의 거의 전체를 다 먹는다. 그러나 그리스도인은 양(동물)의 피는 먹어서는 안된다. 그러나 주 예수는 그분의 살만이 아니라 피까지 다 우리에게 음식과 음료로 주셨다. 그분의 모든 것은 우리 안에 들어와 우리의 것이 된다. 이것이 믿음이다.

오늘날 믿음에 대해서 오해하고 있는 사람은 요한복음 6장이 무슨 말씀을 위해 기록되었는지 모른다. 그들은 믿음을 공부하면 되는 지식으로 생각한다. 그 내용이 의미하는 바가 뭔지 알면 된다고 생각한다. 그것으로 충분하지 않다. 예수 믿는 것은 '주님을 먹고 마시는 것' 즉 '우리 안에 예수의 모든 것을 받아들여 우리의 것이 되게 하는 것'이다. 예수님은 이 땅에 공자님처럼 가르치는 선생으로 오신 것이 아니다. 3장의 니고데모는 예수에 대하여 뭔가를 오해했다. 주님께 뭔가 좀 배울 생각으로 밤에 예수님을 찾아왔다. 하지만 4장의 사마리아 여인은 예수를 생수로 마셨다. 목마른 여인은 마셨다. 물론 니고데모도 결국은 먹었다. 예수 그리스도를 우리의 깊은 속과 마음에 영접하여 받아들이는 것이 아니면 진실한 믿음이 아니다.

예수님은 베들레헴에서 태어나셨다. 베들레헴의 뜻은 '떡집'이다. 사람들이 먹을 떡이 있게 되었다는 것이다. 예수님은 태어날 때부터 우리가 먹을 수 있는 분으로 태어났다. 누가복음 1장 42절에 엘리사벳이 마리아에게 와서 인사하는 장면이 나온다. "여자 중에 네가 복이 있으며 네 태중의 아이도 복이 있도다". 영어로는 네 태중의 '열매(the fruit of your womb)'라고 되어 있다. 열매, 즉 과일은 먹는 것이다. 예수님은 먹을 음식과 음료로 오셨다. 어떤 사람은 성경책을 두꺼운 안경을 쓰고 연구하는 책으로 생각한다. 그런데 요한복음 6장에서 주님은 예수를 믿는 것에 대해서 좋은 설명을 주고 계시다. '나는 너희들이 먹을 수 있는 존재로 주어졌다'는 것이다. 어떤가? 군중들은 조금 전 바닷가에서 먹을 것을 나눠줘서 먹었을 때 기분이 좋았다. 배가 부르니까 좋은 것이다. 부부가 사이가 안 좋을 때는 대개 배가 고플 때이다. 잘 먹고 나면 자기도 모르게 기분이 풀린다. 남편의 기분을 좋게 해주려면 여러 가지 할 것 없고 주방에 가서 맛있는 것 만들어서 갖다 주면 해결된다. 먹고 나면 기분이 좋아지고 너그러워진다.

성도들이 신앙생활을 하면서 어떤 느낌을 갖는 것이 정상인가? '나는 만족해. 나는 충분히 먹어서 부족함이 없어' 이러한 만족함과 기쁨과 상쾌함이 있어야 한다. '내 피는 참된 음료이고 내 살은 참된 양식'이라고 했다. 마시는 것은 우리로 하여금 상쾌하게 한다. 먹는 것은 우리로 하여금 만족을 주고 힘을 준다. 예수를 믿는 것이 바로 이런 것이다. 물론 알아야 하지만 그 공부하는 것이 모두가 아니다. 그러나 아는 것도 우리가 먹기 위함이다. 알기만 하고 먹지 않는 사람은 영양실조가 걸려서 죽는다. 모든 것을 안다 해도 그렇게 할 수 있는 힘이 없기 때문이다. 그것이 중풍병자이다. 영양실조 환자이다. 식품 영양학을 아무리 잘 알아도 식욕이 없어서 못 먹으면 결국 죽게 된다.

내가 잘 아는 친구가 있었다. 주 안에서의 형제였다. 미국에서 벤츠를 몰고 다니던 캘리포니아 주정부 공무원이었다. 그는 먹는 것에 그렇게 까다로울 수 없었다. 너무 많이 알아서 그랬다. 이건 먹으면 안 되고, 이건 뭐가 좋고, 이건 나쁘고... 의사가 약을 처방하면 우리는 별 말없이 처방대로 먹는다. 하지만 그는 성분을 하나하나 따져가면서 이건 넣어라 이건 빼라고 했다. 그는 나중에 영양실조로 죽었다. 미국처럼 풍성한 나라에서 영양실조로 죽은 것이다.

식욕은 건강한 사람에게 있다. 몸이 너무 약해지면 식욕이 없어진다. 얼마 전에 내 친구 하나가 병원에 너무 오랫동안 누워서 걷지 못하고 식물인간으로 있다가 깨어났다. 주님이 그를 회복시켜 주셨다. 문병을 갔더니 하는 말이 밥맛이 없다는 것이다. 밥만 보면 너무 지겹다고 했다. 밥도 먹고 라면도 먹었으면 좋겠는데 밥맛이 없어서 살 수가 없다는 것이다. 그날 내가 그를 위해 기도해주었다. '위를 창조하신 하나님, 이 친구로 하여금 밥을 먹게 해 주십시오'라고 기도했다. 그리고 그날 그가 밥을 먹었다. 그날부터 지금까지 밥을 먹고 있다고 들었다. 건강한 사람만이 음식 맛을 알고 밥을 먹을 수 있는 것이다.

마지막 날에 다시 살리는 일

주님은 이 땅에 오신 것이 보내신 아버지의 뜻을 이루는 것이라고 하셨다. 그것은 그분에게 주신 자들을 마지막 날에 다시 살리는 것이라고 하셨다. 요한복음 6장에는 마지막 날에 다시 살리는 일을 위하여 오셨다는 말씀을 자주 하셨다(39, 40, 44, 54절). 마지막 날이란 그리스도의 재림의 날이다. 다시 살린다고 하신 것으로 보아 분명 잠자는 성도들이 무덤에서 일어나 주님을 만나는 날인 것이다. 오직 성경만이 이런 말씀을 한다. 죽음과 그 너머에 주님의 다시 오심이 있고 그 날 다시 주 예수 앞에 서기 위해 믿은 성도들이 일어날 것이다. 이 일에 대하여 오늘날도 많은 사람들이 마음을 두고 관심할까? 많은 종교는 이 시대에 잘되고 잘사는 길을 위하여 만들어졌다. 그러나 성경은 무엇을 말하나? 이 세상을 떠난 후 먼 장래에 주 예수의 재림이 있고 그 때 무덤에서 일어나는 일에 대하여 말한다. 이를 위해 하늘의 아버지께서는 아들을 보내셨고 이것이 아버지의 아들을 보내신 뜻이라고 말하고 있으며, 이를 위해 아들 예수는 그렇게 마지막 날에 살아나려면 내 살을 먹고 내 피를 마셔야 하고, 그렇게 살리는 일을 하지 못한다면 잃어버리는 것임을 가르치고 계신다. 내게 주신 자 중 하나도 잃어버리지 않고 마지막 날 다시 살아나게 하실 것이라 하셨다(39절). 그러니 이생의 삶에 빠져있는 인생들은 그 말이 와닿을 리가 없다. 그러니 6장 마지막에는 사람들이 다 떠나갔다.

먹고 죽지 아니하리라

주님의 말씀은 이해하기가 쉽지 않다. 우리는 이 세상에 속하여 세상의 일을 잘 이해하지만 하늘에서 오신 분의 언어는 하늘의 관점을 가지고 있기에 쉽지 않은 것이다. 주님은 마지막 날에 다시 살리기 위해 양식으로 오셨다고 하시고 또 "너희 조상들은 광야에서 만나를 먹었어도 죽었거니와 이는 하늘로서 내려온 산 떡이니 사람으로 하여금 먹고 죽지 않게 하는 것이니라"(49-50절)고 하셨다. 그럼 주님의 말씀의 본질은 무엇이란 말인가? 믿는 자도 죽는다는 말인가? 죽지 않는다는 말씀인가? 마지막 날에 다시 살리신다는 말씀은 일단 죽는다는 것을 전제한 말씀이 아닌가? 그런데 50절의 말씀은 주님이 주시는 떡을 먹으면 죽지 않게 한다고 말씀하신다.

우리는 요한복음 11장에서도 같은 본질의 내용으로 말씀하신 것을 읽게 된다. "나는 부활이요 생명이니 나를 믿는 자는 죽어도 살겠고 무릇 살아서 나를 믿는 자는 영원히 죽지 아니하리니"(25-26절) 살아서 나를 믿는 자는 영원히 죽지 않는다는 말씀은 무엇을 의미하는가? 살아있을 때 주님이 다시오시는 것을 맞을 자들을 위한 말씀인가? 그들은 죽음을 맛보지 않고 들림을 받을 것이고 공중에서 주를 만나게 된다. 그 말씀인가? 답은 무엇인가? 주님을 믿은 자는 이미 영생을 얻은 것이고 영원한 삶을 얻었다는 말씀이다. 즉 믿는 자에게 영생은 이미 시작되었다. 그러기에 성도의 죽음에 관하여 성경은 죽은 것이 아니라 잔다고 한 것이다. 주님은 나사로가 죽었을 때 "우리 친구 나사로가 잠들었노라 내가 깨우러 가노라"고 하셨다. 성도의 죽음은 좀 긴 잠일 뿐 깨어날 때가 있다. 그 날을 요한복음 6장은 마지막 날이라고 표현한 것이다. 데살로니가 전서 4장 말씀도 "자는 자들에 관하여는... 예수 안에서 자는 자들도..데리고 오시리라"고 말한다

(14, 15절). 생명의 떡을 양식으로 먹은 자들은 영원히 죽지 않는다. "이것은 하늘로서 내려온 떡이니 조상들이 먹고도 죽은 그것과 같지 아니하여 이 떡을 먹는 자는 영원히 살리라"(58절) 주 예수님은 성도들이 죽었다가 다시 사는 것이나 영원히 사는 것이나 차이를 두고 말씀하시지 않는다. 우리가 받은 생명이 영생이기 때문이다.

우리의 양식으로 오신 주님

영적으로도 병든 사람은 주님을 음식으로 먹을 필요를 못 느낀다. 그러면서 이 세상에서의 썩을 양식만 관심하는 것이다. 가장 축복받은 사람들, 하나님이 택한 사람들은 어떤 사람들인가? 아버지가 내게 주신 사람들만 내게 온다고 예수님이 말씀하셨다(37절). 그 사람은 누구인가? 영적인 필요를 아는 사람들이다. 나는 예수 없이는 살수 없다, 매일 말씀을 양식으로 먹지 않고는 못살겠다는 사람들이 하나님이 택한 사람들이다. 그런데 말씀이 없어도 잘 사는 사람들이 있다. 돈만 있고 친구 있고 놀 것 있고 먹을 것만 있다면 성경 말씀 하나도 필요 없다는 사람들은 단언컨대 택함받은 사람이거나 축복받은 사람들이 아니다. 그들은 건강한 영혼을 갖고 있는 사람들이 아니다. 그런 사람들의 발걸음은 다 죄악으로 치닫는다. 그러나 인간은 창조될 때부터 하나님을 생명으로 먹을 수 있도록 창조되었기에, 건강한 영혼의 소유자들은 하나님에 대한 갈급함이 있는 것이다. 사람은 육신만 있는 존재가 아니기에 육신의 양식만 먹으면 되는 것이 아니다. 영의 양식이 필요하고 요한복음 6장은 영의 양식을 소개해주고 있으며 그 양식을 먹으면 영원히 산다고 하였다.

하나님은 사람을 창조할 때부터 먹는 것을 중요시하셨다. 그래서 그분은 에덴동산에 생명나무 실과를 놓고 그것을 먹는 것을 주의하셨다. 이스라엘 백성들을 생각해보라. 그들은 애굽에 있을 때 육신적으로만 좋은 음식을 먹었다. 애굽은 세상을 상징한다. 그곳에서는 부추, 파, 마늘, 고기 등, 정력에 좋은 음식만 먹었다. 그런데 우리 주님이 택하신 이스라엘 백성들을 홍해를 건너서 광야로 보내셨을 때 애굽의 음식을 딱 끊으셨다. 음식을 바꿔버리신 것이다. 그리고서 하늘에서 만나를 내려주셨다. '만나'란 'what is this?(이것이 무엇인가)'라는 뜻이다. 옛날에 먹던 다양하고 풍성한, 우리의 정욕을 들끓게 하는 그런 음식이 있어야 하는데, 아니 이것이 무엇인가? 그것만 계속 먹다보니 이스라엘 백성들은 정욕이 쇠해 감을 느끼면서 화가 났다. 그들은 모세를 대적했다. 모세는 하나님께 기도했고 코에서 냄새가 날 때까지 먹으라며 메추라기를 주어서 먹게 했고 이스라엘 백성은 자신들의 불평에 대해 심판받았다.

이렇게 하나님은 하나님의 백성이 먹는 음식에 대해서 각별히 신경을 쓰셨다. 계시록을 보면 영원 세계에서도 생명나무의 실과를 먹고 생명수의 강물을 마시는 것으로 되어 있다. 오늘 교회는 광야의 분별된 이스라엘 백성들처럼 음식이 바뀐 사람들이다. 여러분은 교회란 새로운 음식을 먹기 위해서 분별된 무리라는 것을 아는가?

나는 결혼하기 전에는 매운 음식을 좋아했다. 27세 이전이다. 그런데 결혼한 후에는 내 아내가 음식을 다 바꾸어버렸다. 아내는 나를 자주 놀렸다. '당신은 술안주 같은 반찬만 좋아하네요' 나는 얼굴이 빨개졌다. 그리고는 음식이 바뀌었다. 사실은 내 아내가 건강한 음식으로 바꾸어주었기에 지금 내가 이렇게 건강하다. 내가 좋아하는 술안주 비슷한 음식, 매운탕 종류만 먹었다면 일찍 죽었을 것이다. 음식은 중요하다. 먹는 것이 그 사람이 된다. 몽골 사람들은 양고기를 좋아한다. 우리가 여행할 때 김치, 고추장을 갖고 다니는 것처럼 이들은 외국 다닐 때 양고기와 기름을 가지고 다닌다. 항상 가져와서 냉장고에 두고 조금씩 먹는다. 몽골의 성도들 집을 방문하면 양의 기름 냄새가 난다. 한국 사람들은 그 냄새를 견디기 어려워한다. 또 서양 사람들은 소고기를 많이 먹어서 고기 냄새가 난다. 한국 사람은 김치와 마늘 냄새를 풍긴다. 서양 사람들은 이 냄새를 아주 괴로워한다. 그러나 한국 사람은 김치와 고추장이 없으면 못산다.

그리스도인은 예수 그리스도를 먹게 되어 있다. 예수 그리스도를 먹다보니 예수의 냄새를 풍기게 된다. 그리스도의 향기를 나타내도록 되어 있는 것이다. 냄새가 나지 않는 그리스도인들은 먹지 않고 연구만 한 사람들일 것이다. 그러면 공부에 찌들은 고리타분한 냄새만 나지 그리스도의 냄새는 나지 않는다. 그리스도인답게 사는 것에 대해서 염려하지 말라. 그것은 먹으면 되는 문제이다. 일주일에 한 번 먹어서는 냄새가 나지 않는다. 만약 여러분이 일주일에 한 번 양고기를 먹는다면 양 냄새가 나지 않을 것이다. 그러나 매일 양고기를 먹어보라. 여러분에게서도 몽골 사람처럼 양 냄새가 날 것이다. 몽골에서 사역하는 우리 한국 동역자도 처음에 한국에 오면 양 냄새가 난다. 그러다가 한국에서 석 달 정도 지내면 그 냄새가 사라진다. 그것은 속일 수가 없다. 무엇을 먹느냐가 그 사람이 되는 것이다.

그래서 이 믿음에 대해도 예수님은 먹는 것으로 가르쳐주셨다. 먹는 것이야말로 자기 것이 되는 비결이다. 음식을 먹으면 음식이 뱃속에서 소화가 되고 간에 들어가 피가 되고 살이 되고 우리의 힘이 된다. 그리고 그 먹은 음식의 특징을 발휘한다. 예를 들어서 애굽의 정욕을 부추기는 음식을 먹다가 광야에서 만나를 먹게 되었을 때 이스라엘의 기질은 달라졌다. 육식 동물과 초식 동물의 특성은 다르다. 초식 동물이 비교적 온순하다. 여러분이 그리스도를, 그리스도의 말씀을 계속 먹어보라. 성결하게 살려고 애써 노력할 필요가 없다. "아버지께서 나를 보내셔서 내가 아버지로 인하여서 사는 것같이 나를 먹는 그 사람도 나로 인하여 살리라". 여기에 비결이 들어 있다. 우리가 음식을 먹어서 그 음식이 우리가 되는 것처럼, 음식이 우리 삶에 영양을 주는 것처럼, 우리가 예수 그리스도를 먹을 때에 예수님을 닮고 예수답게 살고 그리스도의 형상을 본받고 그리스도로 인하여 살게 되는 것이다. 그리스도인의 생활은 매일 먹는 것에 달려 있음을 아는 것이 매우 중요하다. 먹는 것이 우리의 삶에 영향을 준다. 말씀을 계속 먹어보라! 매일 매일 수년을 먹어보라! 반드시 변하게 되어 있다. 매일 여러분은 말씀을 통해 예수를 받아들이고 먹어야 한다. 단지 성경을 머리로 연구하는 것은 소용이 없다. 먹어야 생기가 나고 그리스도가 힘과 능력과 공급이 되어 살 수 있게 된다. 그래서 주님은 믿는 것을 먹는 것으로 설명하신 것이다. 믿음의 사람은 우리 안에 예수를 생명과 힘과 능력과 모든 것으로 받아들인 사람이다.

31절부터 본문을 살펴보며 정리해보자.

31절, "기록된 바 하늘에서 저희에게 떡을 주어 먹게 하였다 함과 같이 우리 조상들은 광야에서 만나를 먹었나이다". 여기서 사람들은 먹는 이야기를 한다. 32절, "예수께서 이르시되 내가 진실로 진실로 너희에게 이르노니 하늘에서 내린 떡은 모세가 준 것이 아니라 오직 내 아버지가 하늘에서 내린 참 떡을 너희에게 주시나니". 주님이 하신 말씀은 옛날 것은 참 떡이 아니라는 것이다. 33절, "하나님의 떡은 하늘에서 내려 세상에게 생명을 주는 것이니라". 35절, "내가 곧 생명의 떡이니". 주님이 생명의 떡이라고 하셨다. 48절에서도 반복하신다. "내가 생명의 떡이로라." 49-51절, "너희 조상들은 광야에서 만나를 먹었어도 죽었거니와…나는 하늘로서 내려온 산 떡이니 사람이 이 떡을 먹으면 영생하리라 나의 줄 떡은 곧 세상의 생명을 위한 내 살이로라 하시니라".

52절, "이러므로 유대인들이 서로 다투어 가로되 이 사람이 어찌 능히 제 살을 우리에게 주어 먹게 하겠느냐". 그들은 어떻게 예수님을 먹느냐고 다투었다. 그러자 예수님은 말씀하셨다. 53절, "예수께서 이르시되 내가 진실로 진실로 너희에게 이르노니 인자의 살을 먹지 아니하고 인자의 피를 마시지 아니하면 너희 속에 생명이 없느니라". 그분은 그래도 그분 자신을 먹어야 한다고 계속 강조하신다. 54절, "내 살을 먹고 내 피를 마시는 자는 영생을 가졌고". 그분은 먹는 자가 영생을 가졌다고 말씀하셨다. 믿는다는 것은 결국 예수님의 살을 먹고 예수님의 피를 마시는 것을 의미한다. 55절, "내 살은 참된 양식이요 내 피는 참된 음료로다". 56절, "내 살을 먹고 내 피를 마시는 자는 내 안에 거하고 나도 그 안에 거하나니". 내 안에 거하고 나도 그 안에 거하는 것이 무엇인가? 연합이다. 서로의 안에 거한다(co-inhere)는 것이다. 연합된다(union)는 것이다. 어떻게 주님과 우리가 연합되는가? 음식을 먹는 것으로 비유하셨다. 음식을 먹으면 음식이 내가 되는 것이다. 내가 예수 그리스도를 먹으면 내가 주님과 연합되는 것이다. 음식이 내 안에서 나와 동화되어서 내가 되는 것과 같다는 것이다.

57절, 살아 계신 아버지께서 나를 보내시매 내가 아버지로 인하여 사는 것 같이 나를 먹는 그 사람도 나로 인하여 살리라

이 땅에 있을 때 예수님은 어떻게 사셨는가? 스스로 사셨는가? 스스로 자기 원하는 대로 사셨는가? 아니다. 예수님은 한 가지도 스스로 한 것이 없다. 다 아버지께서 행하시고자 하는 뜻대로 행하셨다. 그렇다면 어떻게 우리 그리스도인들이 예수님이 아버지 뜻대로 사신 것처럼 사는가? '내가 아버지로 인하여 사는 것같이 나를 먹는 그 사람도 나로 인하여 산다'고 하셨다. 우리는 주님을 먹어야 그렇게 살 수 있는 것이다. 그래서 그리스도인이 예수를 믿는다는 것은 주님을 먹어서 주님이 우리 속에 계셔서, 말씀으로 우리의 영양분처럼 되어서, 우리 속에 동화되어서, 우리로 하여금 그리스도로 인하여 살게 되는 것을 말한다. 이렇게 되지 않는 믿음은 다 지식적인 믿음일 뿐이고 허황되고 거짓된 것이다.

요한복음 15장 7절에는 "너희가 내 안에 거하고 내 말이 너희 안에 거하면 무엇이든지 원하는 대로 구하라 그리하면 이루리라"고 하셨다. 주님을 믿었다는 것은 우리가 주님의 말씀을 먹어서 그 말씀이 우리 속에 들어오는 것을 말한다. 마치 음식이 우리 속에 들어와 영양분이 되어서 우리 속에 작용하는 것처럼 그렇게 작용하는 것을 말한다. 하나님의 말씀은 유기적인 것이다. 사람은 떡으로만 사는 것이 아니라 하나님의 입에서 나오는 말씀으로 산다. 먹어서 우리의 영적인 양식이 되고 우리의 영양분이 되어서 그 힘으로 우리가 사는 것이다. 그 말씀은 우리로 하여금 예수 그리스도를 닮게 하고 그분의 형상으로 화하게 하며 주 예수 그리스도로 인하여 살게 하는 능력이 있다. 이렇게 주님의 말씀은 음식처럼 우리 속에 들어와서 소화되고 동화되어서, 우리의 피가 되고 살이 되고 요소가 되어서 우리의 존재를 완전히 바꿔버리는 그런 능력이 있다. 이것이 진정한 믿음이라고 요한복음 6장은 가르쳐주고 있다.

그러므로 우리 그리스도인들은 먹는 것이 바뀌었다는 것을 알아야 한다. 우리는 예수를 먹는 사람들이다. 그러자 사람들은 이해를 못하고 예수님의 살을 먹어야 한다고 생각해서 걸림이 되었다. 주님은 63절에서 이에 대해 설명해주셨다. "살리는 것은 영이니 육은 무익하니라 내가 너희에게 이른 말이 영이요 생명이라". 살리는 것은 영이라고 하셨다. 이 말씀의 의미는 예수 그리스도를 '영적으로' '생명으로' 먹으라는 것이다. 말씀을 통하여서이다. 그분의 말씀은 영에 속한 것이고 생명에 속한 것이기 때문이다. 그러면 예수의 피는 어떻게 마시는가? 우리는 죄인이다. 우리는 오직 예수의 보혈로만 우리의 죄를 씻을 수 있다.

그 피를 받아들인다는 것은 보혈에 대해서 알고 연구하는 것이 아니라 우리의 마음속으로, 우리의 영으로 이 보혈을 받아들여서 적용하는 것이다. 그래서 우리 마음속에 그 피의 능력이 늘 머물게 하는 것이다. 그리고 우리의 생명, 우리의 능력, 우리의 지혜, 모든 것이 그리스도의 부활이 되게 하는 것이다. 주님의 부활하신 생명이 우리 속에 들어오고 그분의 이런 모든 영적인 말씀들이 우리 속에 부활의 능력으로 들어오는 것이다. 그럴 때에 우리가 살아가며 사람들을 만나고 또 어려움을 당할 때 내 힘과 내 능력으로 대처하는 것이 아니라 우리 속에 들어와서 능력으로 역사하시는 부활하신 예수 그리스도의 능력이 그 모든 것을 대치할 수 있도록 하는 것이다. 그래서 그분을 우리 속에 받아들이는 것이다. 우리가 음식을 먹을 때도 동일하다. 단단한 음식을 먹기만 하면 입에서 식도로 섭취하기가 어렵다. 따라서 음료와 함께 먹어야 한다. 마시며 먹는 것이다. 피는 죄를 씻는 것이고 살은 생명과 힘과 영양분을 주는 것이다. 죄가 씻어지지 않으면 우리는 신선하게 양식을 대할 수 없다. 음식을 먹기 위해 마시는 일 또한 중요한 것이다(요일 1장 참조).

이스라엘 백성들은 하나님의 말씀을 받았지만 믿음으로 화합하지 않았기에 광야에 다 쓰러져 죽었다. 복음서에 네 종류의 땅이 있다. 길가, 가시덤불, 돌밭, 좋은 땅이 있다. 오직 좋은 땅 같은 마음만이 주님을 먹어서 자라게 해서 결실하는 땅이다. 그것은 착하고 좋은 마음이다. 말씀을 받은 후 환란이 있고 핍박이 있고 시험이 있어도 어떻게 하든지 이 말씀이 우리 속에서 자라도록 싹이 나도록 결실하도록 지키는 것이다. 이것이 말씀을 먹는 것이다. 보혈에 대한 말씀, 부활에 대한 말씀, 이 모든 말씀들을 다 이렇게 먹어야 한다. 예수님은 오늘 어디 계시는가? 영으로 계신다. 말씀 안에 계신다. 이 말씀을 그래서 생명의 말씀이라고 부른다. 이 말씀은 또한 젖이라고도 한다. 장성한 사람들에게는 단단한 음식이라고 한다. 젖, 음식은 다 먹는 것이다. 예수 그리스도는 음식처럼 우리 안으로 받아들이는 것이다. 이는 연구하는 것이 아니다. 연구하고 끝나는 사람들은 속에 능력이 없고 변화도 없다. 오늘날 예수 믿는 것을 오해하는 사람들이 많다. 오늘 우리의 사역은 사람들의 심비에 하나님의 말씀을 새겨넣는 사역을 하는 것이다. 말씀을 받을 때 예수를 받아들이는 것이다. 그분의 보혈에 대하여 잘 들을 때 그 피를 마시게 된다. 그분의 말씀을 나의 힘과 지혜와 능력으로, 공급으로 받는 것이 곧 그분의 말씀을 살로 먹는 것이다. 이것이 진정한 믿음이다. 주님은 이와 같이 6장에서 이 진리에 대해서 분명하게 말씀하셨다.

제자 중에 많이 물러가고

66절, 이러므로 제자 중에 많이 물러가고 다시 그와 함께 다니지 아니하더라

이렇게 예수님이 믿음의 본질을 이야기하자 사람들이 많이 물러갔다. 이것이 참 신기한 일이다. 예수님이 병고칠 때는 어땠는가? 큰 무리가 따랐다. 오병이어의 기적을 행하실 때도 큰 무리가 따랐다. 그러나 오병이어 기적의 본 뜻, 썩지 않는 양식을 먹게 하려는 것이라는 성부께서 아들을 보내신 원래의 뜻을 펼쳐 주시니까 사람들은 흥미를 잃고 다 떠나버렸다. 오늘날도 똑같지 않은가? 2000년 전이나 지금이나 똑같다. '이 말씀은 어렵도다. 누가 들을 수 있는가?' 실은 어려운 것이 아니라 관심 밖의 이야기이므로 사람들의 귀에 들어오지 않는다는 말이다.

오늘 날도 믿음의 본질을 가지고 말씀을 가르치게 되면 사람들이 물러간다. 현세의 삶을 중심으로 설교를 하면 사람들이 매우 흥미롭게 듣는다. "제자 중에 많이 물러가고" "다시 그와 함께 다니지 아니하더라" 오늘 날도 많은 성도들의 질문이 있다. 왜 이렇게 귀하고 진실한 가르침에서 사람들이 떠나는가? 그것은 간단하다. 사람들의 마음이 내세에 있지 않다. 현재 먹을 빵을 관심하지 내세에는 별 관심이 없다는 것이 그 답이다. 떠나는 사람들이 떠나면서 별스럽게 말을 하더라도 그 동기는 하나이다. 그들에게 있어서는 현세의 삶의 무게가 무겁고 크다는 것이다. 그러기에 내세의 문제까지는 그렇게 관심할 일이 못된다. "제자 중에 많이 물러가고" 떠난 많은 사람들이 '제자'라고 하였다. "다시 그와 함께 다니지 아니하더라"

67-68절, 예수께서 열두 제자에게 이르시되 너희도 가려느냐 68 시몬 베드로가 대답하여 주여 영생의 말씀이 계시매 우리가 뉘게로 가오리이까

그래서 예수님이 열두 제자에게 물으셨다. "너희도 가려느냐?" 다 가는 흐름이고 떠나는 추세였다. 시몬 베드로가 대답했다. "영생의 말씀이 계시매 우리가 뉘게로 가오리이까". 영생의 말씀을 보고 교회생활을 해야지, 썩을 양식을 위해서 교회생활을 하면 안 된다. 주님은 물론 병도 고쳐주신다. 그러나 그런 외적인 기적이나 외적인 역사를 위해서 신앙생활을 하는 것이 아니다. 우리 주님이 이 땅에 오신 것은 썩지 않는 양식을 주어서 이 땅에 살 동안도 그분이 아버지로 인해서 산 것처럼 예수 그리스도로 인해서 살고, 또 마지막 날에 생명의 부활로 일으켜서 영원한 하나님의 나라에 이르게 하는 이 역사를 위해서 그 양식을 주어서 먹게 하시려는 것이다.

너희도 가려느냐

주님은 많은 사람이 떠나는 것을 이상하게 생각지 않으셨다. 오히려 남은 제자들이 떠나지 않는 것을 기이하게 생각하신 것 같다. 주님은 남아있는 제자들, 그들에게도 질문하셨다. "너희도 가려느냐?" 주님은 떠나는 어떤 사람도 억지로 잡으려는 의지가 없으신 것 같다. 그 때 베드로가 대답하였다. "영생의 말씀이 계시매 우리가 뉘게로 가오리까?" 베드로는 열두 제자를 대표하여 말한 것이다. 영생의 말씀을 원하여 남은 자는 열 둘 밖에 없고 다 떠났다. 베드로는 거기에 더하여 귀한 신앙의 고백을 덧붙였다. "우리가 주는 하나님의 거룩하신 자신 줄 믿고 알았삽니이다" 그 때 주님의 말씀은 무엇이었는가? "내가 너희 열 둘을 택하지 아니하였느냐 그러나 너희 중에 한 사람은 마귀니라" 결국은 남은 자가 열둘도 아니고 열 둘 중에도 마귀가 하나 들어 있으니 결국은 열 한 사람이라는 것이다. 주님은 당신에게 주신 자가 누구인지에 대하여 매우 주의하며 말씀하신다. 작은 목자된 우리는 주님의 하시는 일에서 많이 배워야 한다. 자신에게 주어진 영혼들을 하나도 잃어버리지 않으시려 하신 마음을, 아들 예수는 아버지께서 자기에게 주신 자들을 지키려 하는 말씀을 자주 하셨다. 참으로 참 목자의 영원한 본이 되신 분이 예수시다. 참으로 기이하고 또 기이한 일은 영생의 말씀을 원하여 남은 자가 이렇게 적다!

6장을 마치면서

원래 하나님은 사람에게 생명을 주어 먹게 하려고 생명나무 앞에 두었다. 그러나 사람이 생명나무 열매를 먹지 않고 타락했기 때문에 6장에서는 떡을 먹어야 한다는 말, 내 살을 먹어야 한다는 말이 피를 마셔야 한다는 말보다 훨씬 많다. 하나님의 원래의 목적이 생명을 주어 영원히 살게 하는 것이기 때문이다. 그러나 타락했기에 피가 필요했던 것이다. 이 피는 우리의 죄 사함을 위한 것이다. 죄사함을 가벼운 것으로 여기는 사람은 결코 살을 먹지 못한다. 죄사함이 목적이 아니라 과정이요 수단이라고 하지만 이 예배당의 문을 열지 않으면 이 안에 들어와 아무 것도 들을 수 없고 누릴 수 없는 것과 같다. 보혈은 우리가 처음 구원받을 때만 필요한 것이 아니다. 늘 필요하다. 우리가 고기를 먹을 때도 마늘처럼 맛을 새롭게 해 주는 것을 먹는다. 그리스도의 보혈은 항상 우리를 새롭게 해서 주님의 말씀을 우리에게 맛있게 만들어주는 요소이다. 주님의 피를 마시고 살은 먹는 사람들이 결국은 영생을 얻은 사람들이고 또 주님과 함께 연합해서 사는 사람들이고 마지막 날 부활의 때에 생명의 부활로 일어날 사람들이다. 이것이 아버지의 뜻이다.

아버지는 아들을 왜 보내셨는가? 그 살을 먹고 그 피를 마시는 자들로 하여금 부활의 때에 다시 살려서 천국에서 영원히 살 수 있는 축복을 주시기 위함이다. 주님은 그분 자신을 우리에게 다 주셨다. 오늘날도 소를 잡으면 버릴 부분이 하나도 없다. 몽골에서는 양도 마찬가지다. 모든 부분을 다 먹는다. 그러나 짐승의 피는 먹을 수 없다. 그러나 주 예수님은 그분의 살만이 아니라 그분의 피까지도 전체를 우리에게 음식과 음료로 내주셨다. 예수 그리스도를 우리의 양식으로 음료로 먹을 줄 모르는 그리스도인은 공허한 그리스도인이고 배고픈 그리스도인이고 변화되지 않는 그리스도인이다. 여러분이 요한복음 6장을 진정한 의미로 깨닫지 못한다면 참된 그리스도인의 생활을 할 수 없다. 나는 여러분이 이 말씀으로 진정한 은혜를 받았기 바라고, 이후로 여러분이 주님을 먹고 마심으로 건강한 그리스도인들이 될 수 있도록 주님의 이름으로 축원한다.

7장

요한 사도가 무엇을 말하기 위해서 이 7장을 기록했는가를 알 때에 우리는 하나님 앞에 머리를 숙이지 않을 수가 없다. 과연 성경은 하나님의 말씀이다. 그러나 인간은 너무나 악하다. 대신에 주님은 얼마나 귀하고 은혜로 충만한 분이신지! 요한복음 7장에서는 천당과 지옥이 대비가 되듯이 주님과 사람들과의 너무나 극명한 대비를 볼 수가 있다. 유대인들은 예수께서 베데스다 연못의 38년된 병자를 일으키신 후 반대를 당하기 시작하였다. 그 이유는 안식일날 병자를 고쳤다는 이유였고 대제사장 바리새인들은 예수를 죽이고자 했다(요5:18, 7:1, 19, 25). 그러나 예수는 얼마나 사람들을 사랑하시고 위하시는지, 그들을 위하여 생명을 주시고자 했다(요7:37-39).

1절, 이 후에 예수께서 갈릴리에서 다니시고 유대에서 다니려 아니하심은 유대인들이 죽이려 함이러라

요한복음 7장은 예수님이 30세부터 3년 반 사역을 하셨다면 그 최후 6개월 안에 있었던 일이다. 이때로부터 얼마 안 되어서 주님은 돌아가셨다. 이제 6개월 전이므로 유대인들 사이에 예수님을 죽이고자하는 적대감이 점점 고조되고 있었다. 그래서 예수님은 예루살렘을 중심으로 한 유대 지역에 다니기를 즐겨하지 않으시고 갈릴리에 다니셨다. 6장은 주님이 갈릴리에서 다니실 때의 내용이다.

2절, 유대인의 명절인 초막절이 가까운지라

유대인들에게는 일곱 절기가 있지만 그 중 세 가지 절기가 가장 중요한 절기이다. 유월절, 오순절(칠칠절이라고도 한다), 그리고 초막절(장막절이라고도 한다)이다. 6장 내용은 유월절 때 있었던 일이고 7장 내용은 초막절에 있었던 이야기이다. 요한복음은 구약의 일들을 배경으로 해서 기록된 말씀이다. 유월절 행사 때에는 어린 양을 잡아서 그 피를 바르고 그 고기를 집 안에서 먹는다. 따라서 참된 유월절이신 예수 그리스도께서는 바로 그때 '내 살은 참된 양식이요 내 피는 참된 음료로다'라고 가르치셨던 것이다(6장). 7장에서 참된 초막절도 예수 그리스도가 그 실제이시다. 모든 구약은 다 그림자이다. 초막절은 유대력 7월 15일부터 8일정도 이스라엘 백성들이 출애굽하여 광야에서 초막에 산 것을 기념하기 위해 초막을 짓고 생활하는 유대인의 3대 절기 중 하나이다. 초막절은 또한 물의 축제이다. 광야에서 초막에 살 때 반석에서 생수가 난 것을 기념하여 실로암 못의 물을 떠다가 행렬을 지어 성전 문에 붓는 행사가 있었다. 매일 뿌리는 행사였던 것이다. 또 때마침 추수의 계절이므로 새로운 곡식을 드리며 감사를 드리는 것도 하였다.

3-5절, 그 형제들이 예수께 이르되 당신의 행하는 일을 제자들도 보게 여기를 떠나 유대로 가소서 4 스스로 나타나기를 구하면서 묻혀서 일하는 사람이 없나니 이 일을 행하려 하거든 자신을 세상에 나타내소서 하니 5 이는 그 형제들이라도 예수를 믿지 아니함이러라

이는 예수의 형제들의 이야기이다. 오늘날 '예수님은 형제가 없다, 마리아는 예수 하나만 낳았다'라고 말하는 사람들이 있다. 그러나 그런 가르침은 마리아를 높여보고자 하는 천주교의 이상한 가르침이다. 예수님께는 육신의 동생들이 있으셨다. 그들은 야고보, 유다 등이다. 그런데 그 형제들이 처음부터 예수를 믿지는 않았다. 주님이 한참 사역하실 때에는 어머니와 함께 와서 예수님이 미쳤다고 하면서 예수님을 찾았던 일이 있었다. 그들은 사람들이 예수님이 미쳤다고 말한 것을 믿었다. 형님이 뭔가 잘못되었다고 생각했다. 그럴 때 예수님은 '누가 내 어머니인가, 누가 내 형제인가, 아버지의 뜻을 행하는 자라야 내 모친이고 내 형제자매다'라고 하셨다. 3년을 갈릴리, 사마리아, 유다 지역을 다니면서 사역을 하신 상황에서도 형제들은 아직 예수님을 믿지 않았다. 많은 사람이 믿지 않았을 뿐 아니라 그 가족들도 믿지 않았다.

3,4절은 무슨 의미인가? 육신의 동생들이 말한 것이다. '제자들도 보게'라는 표현은 아주 재미있는 표현이다. 예수의 형제들은 제자들이 주님을 따르는 것이 통쾌하게 따르는 것 같이 보이지 않았다는 말이다. 그러니 큰 도시에 가서 크게 기적을 행하고 일을 하면 제자들도 유의해서 볼 수 있고 하는 일이 나타나지 않겠느냐고 한 말이다. '사역을 성공하려면 왜 이렇게 갈릴리 좁은 데서 묻혀서 일하시나요? 그러지 말고 예루살렘 같은 곳에 가서 나타내는 방식으로 하십시오. 성공하시려면 세상에 당신을 나타내야 되지 않겠습니까? 그늘에 있지 말고 좀 밝은 데 가서 당신이 하시는 일을 하나하나 드러내면서 그들이 조금도 의혹을 갖지 않도록 하면 더 효과가 있습니다. 그렇게 하지 않고 한쪽에서 하니까 사람들이 자꾸 시기하고 오해해서 당신을 죽이려고 하지 않습니까? 유대로 가서 하세요'라고 동생들이 나름대로 충고를 한 것이다. 세상에서는 사람들의 인정을 잘 받고 평판이 좋아야 사역이 성공을 할 수 있다고 생각하는 경향이 있다. 동생들이 보기에 예수는 스스로 나타나기를 구하는 자로 보였던 것이다. 7장에는 사람들의 무지와 오해가 예수의 참됨과 하늘에 속한 비밀의 말씀과 극명한 대조를 이루고 있다.

6-9절, 예수께서 가라사대 내 때는 아직 이르지 아니하였거니와 너희 때는 늘 준비되어 있느니라 7 세상이 너희를 미워하지 못하되 나를 미워하나니 이는 내가 세상의 행사를 악하다 증거함이라 8 너희는 명절에 올라가라 나는 내 때가 아직 차지 못하였으니 이 명절에 아직 올라가지 아니하노라 9 이 말씀을 하시고 갈릴리에 머물러 계시니라

주님은 동생들이 하는 말을 따르지 않으셨다. 그리고 '때'를 말씀하셨다. 여기서 '내 때'란 무엇인가? 조금 있다가 내가 올라갈 때가 따로 있다고 하신 것 같은데 사실은 그것이 아니다. 이는 자신을 드러내서 일을 성공시키는 그 때를 말하는 것이다. 나는 과거에 '때'라는 말을 잘 쓰는 어떤 사역자를 보았다. 그는 그 말을 순전히 자기가 무언가를 해야 할 때를 의미하는 말로 사용하였다. 그러나 여기서 주님이 말씀하시는 때는 그런 의미가 아니다. 헬라어 원문에서는 이 '때'란 '계절(카이로스(καιρός))'이라는 뜻이다(지정된 시간을 의미하는 '호라(ὤρα)'나 단순한 시간적인 흐름을 말하는 '크로노스(Χρόνος)와 다르다). 예수의 계절, 예수님이 역사하시는 때는 언제인가? 예수님은 여기서 바로 십자가를 암시하고 있다. 사람들은 예수님을 오해하고 인정하지 않고 죽이려 하고 있다. 그러나 예수님이 하시려고 하는 일이 무엇인가? 바깥에서 인기를 얻고 평판을 얻어서 일을 크게 해서 나타내시려는 것이 아니다. 그분은 십자가로 가셔서 근본적으로 인간 속에 있는 적대감과 시기와 미움과 죄악을 다 제하고 그들 속에 생명과 평강과 자유함과 사랑을 다시 창조해 주시려는 그 역사를 위해 지금 한 발씩 진행하면서 십자가 앞으로 가고 계시다. 그런 의미에서 주 예수의 때는 아직 이르지 않은 것이다.

여기서 주님의 형제들은 세상적인 관념으로 일할 것을 충고했다. 그러나 우리 주님은 그런 세상적인 방식으로 사역하는 것이 아니라 하나님의 거룩하신 방법으로, 십자가의 죽음과 부활을 통해서 그분의 생명을 사람들에게 나눠줌으로써, 그들 속에 변화가 일어나게 함으로 그들 안의 모든 악이 근본적으로 해결되는 그런 역사를 하고 계시기 때문에 그들이 하라는 대로 하지 않으셨다. 그래서 주님은 내 때가 아직 이르지 않았다고 말씀하신 것이다.

인간들 속에 있는 적대감을 없애고 세상으로 그분으로 인하여 평화와 사랑을 갖게 하려면 그분은 십자가로 가야 했다. 따라서 그러기까지는 세상에 자신을 나타내지 않겠다고 하신 것이다. 그분의 영광을 받는 길은 세상에 자신을 나타내고 일을 성공시키는 길이 아니라 십자가로 나아가는 길이다. 그분은 그 때를 당신의 때로 여기신 것이다(요17:1). 그분은 그렇게 십자가의 고난을 통해 부활과 승천을 통해 영광 안으로 들어가려 하신다(눅24:26). 그리고 그분의 성령을 부어주시어 사람들의 악함과 죄를 버리고 하나님의 나라의 영광으로 이끌려 하신다.

밖의 일의 성공

오늘 날도 일반적인 사람의 눈은 외적인 일의 크고 작음에 따라 성공 여부를 가린다. 무엇이 큰 것이며 무엇이 중요한 것인가? 큰 단체를 이루고 큰 재물을 얻은 것이 성공일까? 이 땅에는 이단적인 단체들이 헤아릴 수 없는 추종자들을 거느리고 막대한 재물을 쌓은 예가 허다하다. 우리는 진정한 성공을 외적인 성공유무로 가릴 수 없다. 나는 내가 잘 아는 어떤 작은 한 사역자의 간증을 소개하고 싶다. 그는 사역의 가장 어려운 시기에 매우 크고 대단한 규모의 재물을 소유한 이들과의 함께 할 것을 제의받았다. 그는 너무 힘들다보니 잠시 생각을 해보았다. 그들이 하는 말도 양심을 약간 가리면 그렇게 크게 문제될 것이 없을 것이고, 그들과 함께 하면 재물로나 인력으로나 모든 문제가 일거에 풀릴 수도 있겠구나! 그러나 찜찜한 것은 그들 속에 사람을 중심삼는 것이 있고, 참 진리가 아닌, 조직을 위한 교리 등 그리스도 외의 것들을 주장하는 것들이 있었으며, 따라서 함께 하는데 양심에 걸리는 것들이 있었다. 집에 돌아와 홀로 주님께 기도하며 회개하였다. "주님, 당신 자신이 가장 크신 분입니다. 내가 잠시 세상의 큰 것을 바라보았습니다. 용서해주십시오. 아무리 주님을 섬기는 길이 어렵고 형편이 가난해도 주님 한 분 모신 것이 세상의 모든 것보다 큽니다." 작은 성도들 안에 계신 주님이 크고 웅장해 보이는 세상보다 큰 것이다. 주님도 당시 갈릴리의 작은 무리를 이끄시고 그들 속에 자신을 심으려 하셨다. 크게 되려 하는 일을 꿈꾸지 말라! 이것은 주님의 일과 관계가 없다.

10절, 그 형제들이 명절에 올라간 후 자기도 올라가시되 나타내지 않고 비밀히 하시니라

주님은 올라가지 않으신 것이 아니라 나중에 올라가셨다. 그러나 굉장한 일을 나타내려고 올라가신 것이 아니다. 올라가시긴 했지만 여전히 비밀히 움직이셨다. 나는 주님이 6-9절에 말씀하신 '때'라는 말이 10절에 올라간 때를 의미한 것이라고 믿지 않는다. 사실 지금도 주님은 십자가를 향하여 나아가고 계셨다.

11-12절, 명절 중에 유대인들이 예수를 찾으면서 그가 어디 있느냐 하고 12 예수께 대하여 무리 중에서 수군거림이 많아 혹은 좋은 사람이라 하며 혹은 아니라 무리를 미혹하게 한다 하나

당시 유대인들 사이에서 예수님은 단연 관심사였다. 그들 가운데 예수님이 어떠한 영향력을 끼치고 있는 것은 사실이었다. 사람들 사이에는 예수님에 대해서 많은 논란이 있었다. 예수 그리스도에 대하여 좋은 사람이라고 평가하는 자들이 있는가 하면 어떤 사람들은 무리를 미혹하게 하는 자라고 평했다. 오늘날도 이단이라는 단체가 그 안에서 모든 사람이 다 사악한 말을 한다면 사람들이 쉽게 미혹되지 않을 것이다. 유대교 안에서도 "혹은 좋은 사람이라", "혹은 미혹하게 하는 사람이라"고 의견이 갈리었다. 즉 악한 무리 가운데도 좋은 견해를 가진 사람들이 있다는 말이다. 오늘날도 많은 이단들이 스스로 위안을 하는 것이 있다. 이단 단체 안에 있는 자들도 자신들의 문제점을 인정하는 사람들이 있다. 그 안에는 그 문제점을 갖지 않아 보이는 자들이 있는 것이다. 어떤 단체든지 그 단체의 열성분자들이 있고, 약간 객관적인 태도를 견지하는 자들이 있게 마련이다. 오류의 체계 안에서 조금 좋게 말하는 자나 더 나쁘게 말하는 자나 별 차이가 없다는 것이 나의 결론이다.

13절, 그러나 유대인들을 두려워하므로 드러나게 그를 말하는 자가 없더라

왜 두려워하는가? 당시에 유대인들은 예수를 죽이려고 하고 있었다. 그래서 예수에 대해서 말하다가 자칫 해를 당할까봐 두려워서 함부로 말하지 못하는 분위기였다. 좋게 말하는 자들도 겁 없이 말하는 것이 아니라 안전한 분위기에서만 살짝살짝 이야기하고 많은 사람들이 모인 가운데나 공적인 장소에서는 조용하고 말하지 않는다. 모든 인간은 대부분 자신의 안위를 위해 움직인다. 자기에게 해로운 말은 하지 않는 것이다. 이렇게 종교 생활을 조심하며 하는 사람들은 실상 참된 진리의 길을 가는 것이 아니다.

14절, 이미 명절의 중간이 되어 예수께서 성전에 올라가사 가르치시니

초막절은 7일 동안 계속된다. 초막절의 행사는 이스라엘 백성들이 광야에 있을 때 모세와 함께 40년 동안 초막에 있었음을 기념하는 것이다. 이를 위해 7일 동안은 장막을 치고 승리의 상징인 종려나무 가지를 가지고 물을 뿌렸다. 세 번의 절기 때 모든 이스라엘 남자들은 다 모여서 성전에서 함께 절기를 지내는데, 그때 초막절 행사 중에는 광야에서 바위가 터지고 갈라진 바위에서 생수가 나온 것을 기념하기 위해서 실로암 못에서 물을 길어다가 성전 마당에다 붓는 행사도 있었다. 예수님이 '누구든지 목마르거든 내게로 와서 마셔라. 나를 믿는 자는 그 배에서 생수의 강이 흘러나리라'고 말씀하시는 것은 초막절에 그 배경을 두고 있는 것이다.

그런데 이때는 중간쯤이기에 성전에서 예수님이 사람들을 가르치고 있었다. 비밀스럽게 움직이다가는 어느새 또 가르치고 계셨다. 여러분이 만일 말씀을 잘 배우고 진리가 속에 가득 장비가 된다면 그리스도인이 모인 곳에서 섞여서 지낼 때 여러분에게 아무런 지위나 직분이 없다 해도, 한참 지나다 보면 많은 이들을 가르치게 될 것이다. 사람들은 자기 속에 없는 것을 가진 사람을 금방 알아본다. 몇 마디 서로 나누다보면 알게 된다. 예수님도 자신을 나타내지 않으시려고 했는데도 불구하고 어느새 또 성전에서 가르치고 계셨던 것이다.

15절, 유대인들이 기이히 여겨 가로되 이 사람은 배우지 아니하였거늘 어떻게 글을 아느냐 하니

예수님은 예루살렘에서 학교를 다닌 것도 아니고 명문대 출신도 아닌데, 예수님이 가르치시고 계신 것을 기이히 여겼다. 어떻게 글을 아느냐고 했다. 이때의 글은 안다는 것은 원문에 따르면 '문자'를 쓸 줄 안다는 것을 말한다. 유대인들은 예수님이 하시는 말을 들을 때 배우지 않은 사람이 뭔가 유식한 이야기를 한다고 생각한 것이다.

16절, 예수께서 대답하여 가라사대 내 교훈은 내 것이 아니요 나를 보내신 이의 것이니라

사람들이 하는 말은 다 비웃는 말이었지만 그에 대해서 예수님은 참된 대답을 하셨다. '내 말은 내가 하는 말이 아니라 나를 보내신 이의 말이다' 자신이 하나님의 말씀을 하고 있다고 하셨다. 아들은 아버지의 말씀을 하셨다.

17-18절, 사람이 하나님의 뜻을 행하려 하면 이 교훈이 하나님께로서 왔는지 내가 스스로 말함인지 알리라 18 스스로 말하는 자는 자기 영광만 구하되 보내신 이의 영광을 구하는 자는 참되니 그 속에 불의가 없느니라

왜 이런 말씀을 하시는가? 유대인들은 예수의 외모를 보았다. 그들은 배우지 않은 사람이 유식한 말을 하는 것만 생각했지, 주님이 말씀하시는 그 말씀의 본질은 알려고 하지 않았다. 그것은 그들에게 하나님의 뜻을 행하려 하는 마음이 없기 때문이다. 그 말씀이 하나님으로부터 온 말씀인지 아는 사람은 누구인가? 하나님의 뜻을 행하려 하는 사람이다. 하나님의 말씀의 계시는 대가를 지불하여 순종하며 길을 걸어가는 자들에게 알려진다. 모세오경 강해서의 저자 맥킨토쉬는 하나님은 '한 번 순종할 때 한 번 보여주신다'고까지 말하였다. 일생을 드려 길을 가는 사람, 하나님의 뜻을 순종하기 위해 어떤 대가라도 지불하려는 사람에게 주님은 그분의 뜻을 보이신다. 주 예수는 아버지의 뜻을 늘 순종하며 행하려 하시는 분이기에 아버지는 그분의 뜻을 늘 계시해주셨다는 말도 된다. 따라서 순종하려 하는 자들은 그 교훈이 어디서 온 줄을 알게 된다.

교회란 하나님의 말씀을 선포하는 곳이다. 물론 바깥에는 사람이 말하지만 그 말 속에서 하나님의 은혜로, 성령의 역사로, 긍휼로 주님이 말씀하시는 성분이 있을 때, 성도들은 주님으로부터 꿀을 먹고 자라는 것이다. 그런데 어떤 사람들에게 그런 주님의 음성으로 들리지 않는가? 그 말씀을 듣고 순종하려는 마음이 없는 사람들이다. 하나님의 뜻을 행하려는 갈망이 없는 사람들이다. 그런 사람들에게는 그 말씀의 본질이 깨달아지지 않는다. 이것은 매우 중요한 비결이다. 누구든지 하나님의 뜻을 행하려는 마음이 없이 그저 말씀만 듣는 사람은 그 말씀이 어디에서 온 것인지 알지 못한다. 그것이 진정으로 우리 영혼을 위해서 하나님께서 종을 세우셔서 우리에게 주시는 말씀으로 들려지지 않는다. 그래서 유익을 얻지 못하는 것이다.

주님은 그들에게 말씀해주셨다. "사람이 하나님의 뜻을 행하려 하면 이 교훈이 하나님께로서 왔는지 내가 스스로 말함인지 알리라". 우리 주님은 스스로 말하지 않으신다. 당시 유대인들은 어떠했는가? 그들은 예수님을 판단했다. "배우지 아니하였거늘 어떻게 글을 아느냐". 이것은 다 자기들 생각으로 이야기하는 것이다. 그것이 다 불의이고 죄이다. 하나님으로부터 말씀을 받지 않고 하나님의 뜻을 받지 않고 자기 생각대로 모든 것을 판단하고 행하는 사람들은 다 불의한 사람들이다. 그들은 모두 자기의 영광을 구하는 자들이다. "스스로 말하는 자는 자기의 영광만 구하되"(18절). 사람들이 외모로는 하나님의 뜻을 구하는 것 같지만 실제로는 사람의 영광을 구하는 것이다. 그러므로 예수님의 대해서 외모만 보고 판단을 하는 것이다.

19-23절, 모세가 너희에게 율법을 주지 아니하였느냐 너희 중에 율법을 지키는 자가 없도다 너희가 어찌하여 나를 죽이려 하느냐 20 무리가 대답하되 당신은 귀신이 들렸도다 누가 당신을 죽이려

하나이까 21 예수께서 대답하여 가라사대 내가 한 가지 일을 행하매 너희가 다 이를 인하여 괴이히 여기는도다 22 모세가 너희에게 할례를 주었으니 (그러나 할례는 모세에게서 난 것이 아니요 조상들에게서 난 것이라) 그러므로 너희가 안식일에도 사람에게 할례를 주느니라 23 모세의 율법을 폐하지 아니하려고 사람이 안식일에도 할례를 받는 일이 있거든 내가 안식일에 사람의 전신을 건전케 한 것으로 너희가 나를 노여워하느냐

유대인들은 주님의 참되고 직선적인 말씀에 거짓말로 응수했다. 거의 이단들은 말이 몰리면 거짓말로 대처한다. 주님은 늘 율법을 최상으로 지킨다고 자부하는 그들에게 "너희는 모세의 율법을 지키지 않고 왜 나를 죽이려 하느냐?"고 물으셨다. 그들은 오히려 자신들을 숨기고 예수님께 "당신은 귀신이 들렸다 누가 죽이려하느냐?"고 반대로 몰아붙였다. 주님은 당시 유대인들이 안식일 날에도 할례를 행하는 것을 알고 계셨다. 그리고 그 할례는 모세의 율법 전에 있었던 것이다. 아브라함 때에 이미 할례가 있었다.

주님께서 베데스다 연못에서 38년 된 병자를 고치신 것이 안식일이었다. 유대인들은 안식일을 범한다고 해서 예수님을 미워하고 핍박하고 죽이려고 했던 것이다. 자신들은 조직상 유익하면 안식일에 할례를 행하여 유대교에 유익을 돌리는 일을 하고 다른 사람들의 선한 행위는 시기와 미움으로 가득한 눈으로 바라보며 죽이려고 하였던 것이다. 사람을 죽이는 행위는 십계명의 더 중한 부분을 위반하는 것이다. 그들은 "왜 죽이려 하느냐"의 주님의 질문에 대하여 '당신은 귀신이 들렸다. 누가 죽이려 하느냐?'고 반문했다. 사람들은 너무 악하여 자신들이 무슨 일을 하는지, 자신의 마음 속에 얼마나 악독한 것이 들어있는지 알지 못한다.

24절, 외모로 판단하지 말고 공의의 판단으로 판단하라 하시니라

오늘 날도 이단적이고 독선적인 단체는 사람들에게 해를 가하거나 축출하여 놓고 자신들이 그렇게 하지 않았다고 그 책임을 피해를 당한 사람에게 돌리는 일이 허다하다. 주님은 24절에서 "외모로 판단하지 말고 공의의 판단으로 판단하라"고 하셨다. 그들은 자기들의 관념과 생각으로, 즉 외모로 예수 그리스도를 판단하고 있었다. 예수님이 유대인들에게 핍박을 당하는 것은 23절에서 "내가 안식일에 사람의 전신을 건전케 한 것으로 너희가 나를 노여워하느냐" 하셨던 말씀에서 나타난다. 즉 예수의 핍박을 당하신 것은 베데스다 연못의 38년된 병자를 고친 것에서 비롯된 것이다. 사람들은 외모를 중시한다. 이것은 많은 종교인들에게도 동일하다.

인간의 핏속에 외모로 판단하는 것이 들어 있다. 오늘 날도 큰 인수, 대단한 외양과 건물, 권력과 명예 등 외모에 속한 것이 대우를 받고 영향력을 끼친다. 성공한 사람들, 인기 연예인, 권력가에게 사람들은 집중한다. 그러나 외모로 별 것이 없는 사람에게 사람들은 주의를 기울이지 않는다. 외모로 사람을 판단하는 한 거기에 공의는 없게 된다. 진정으로 사람들에게 은혜를 끼치고 도움이 되었는가? 영생에 이르는 귀한 도움을 주었는가? 그렇지 않다. 다만 큰 무리와 대단한 조직과 건물 등이다. 그러한 단체나 교회가 진리에서 어긋나고 주님께 합당하지 않게 서 있어도 사람들은 작고 성실한 무리보다 그들을 인정한다. 왜인가? 외모로 판단하고 공의로 판단할 수 있는 역량이 타락한 인간에게는 없기 때문이다.

25-26절, 예루살렘 사람 중에서 혹이 말하되 이는 저희가 죽이고자 하는 그 사람이 아니냐 26 보라 드러나게 말하되 저희가 아무 말도 아니하는도다 당국자들은 이 사람을 참으로 그리스도인 줄 알았는가

이것은 무슨 말인가? 예루살렘 사람들은 예수님이 성전에서 말씀을 가르치고 선포하시는 것과 23~24절의 말씀을 들었을 때 할 말이 없었다. 주님 말씀(그들이 죽이고자 한다고 하신 말씀)은 다 맞기 때문이다. 그럴 때 예루살렘 사람들 중 어떤 사람들은 '아니 이 예수는 저 당국자들이 죽이고자 하는 사람이 아니냐? 드러내놓고 활동하는데 죽인다고 하던 사람은 다 어디 갔는가? 왜 잡지 않는 것인가?'라고 의아하게 생각했다. 그들은 예수님이 군중 가운데 서서 가르치는데도 아무 일도 하지 않았다. 그러므로 당국자들의 이해할 수 없는 행동에 대해서, '이 사람이 그리스도인 줄을 알아서 잡지 않고 그냥 두는 것인가'라고 나름대로 생각한 것이다.

그러나 그렇게 말하면서도 다음 절에서 스스로 그 입장을 철회를 했다. 당국자들이 왜 안 잡는지 몰라도 주님은 그리스도가 아니라는 것이다.

27절, 그러나 우리는 이 사람이 어디서 왔는지 아노라 그리스도께서 오실 때에는 어디서 오시는지 아는 자가 없으리라 하는지라

이것이 당시에 유대인들이 예수를 반대하는 하나의 이론이었다. 만일 그리스도가 오신다면, 메시아가 오신다면 어디서 오는지 알지 못한다는 것이다. 이는 구약 성경의 구절들을 가지고 이야기하는 것이다. 다니엘 7장 13절은 "인자 같은 이가 구름을 타고 오신다"고 말한다. 말라기 3장 1절은 "너희의 구하는바 주가 홀연히 전에 임하리니"라고 말한다. 따라서 유대인들의 정확하지 못하고 계시가 없는 성경해석은 주님의 재림과 초림을 구분하지 못했다. 진정으로 인생을 다 투자하여 하나님의 뜻을 좇고자 성경을 상고하며 그리스도를 찾지 않으면 하나님은 그분의 뜻을 알리시지 않는다(요7:17). 당시 그들의 지식은 정확하지 않고 혼돈되어 있었다. 오늘 날도 많은 이들이 성경을 안다. 그러나 매우 부분적으로 단편적으로 알기에 그들이 구원에 이르지 못하는 것이다. 또 어느정도 올바른 지식과 견해를 가진 자들도 있었다. 그러나 그것도 길이 없는 지식이다. 단순히 머리로만 알고 뜻을 순종하며 길을 걸어가지 않으면 머리 속의 지식은 아무 소용이 없다.

메시아가 태어난다면 미가서 5장에 있는 것처럼 베들레헴에서 태어난다는 것을 아는 사람도 있었다. 45절, "성경에 이르기를 그리스도는 다윗의 씨로 또 다윗의 살던 촌 베들레헴에서 나오리라 하지 아니하였느냐 하며". 그들 중에는 이런 바른 지식이 있는 사람도 있었지만 대다수의 사람들은 메시아는 모르는 곳에서 온다고 생각했다. 아는 사람이나 모르는 사람이나 더 깊이 들어가려고 하는 사람은 없었다. 그 아버지가 요셉이고 어머니가 마리아이고 형제들이 있는 것을 분명히 아는데 메시아는 그런 식으로 오지 않는다고 생각한 것이다. 가장 큰 문제는 사람들이 주님의 말씀에 대하여 분명하고 깊은 지식을 갖지 않은 것에 있다. 당시 유대인들은 성경을 안다고 했지만 무엇 하나 제대로 아는 것이 없었다. 오늘 날도 소위 지식의 홍수시대에 살고 있다. 그러면 사람들이 알 것을 제대로 아는가? 그렇지 않다. 말은 많이 하는데 깊고 자세하고 정확하게 아는 것은 별로 없다. 당시 어떤 사람들이 예수를 죽이고자 했나? 분명하지 못한 지식을 가진 자들이었다. 이런 상태가 매우 위험하고 주님을 대적하는 위치에 서기 쉽다. 이것을 명심해야 한다.

28-29절, 예수께서 성전에서 가르치시며 외쳐 가라사대 너희가 나를 알고 내가 어디서 온 것도 알거니와 내가 스스로 온 것이 아니로라 나를 보내신 이는 참이시니 너희는 그를 알지 못하나 29
나는 아노니 이는 내가 그에게서 났고 그가 나를 보내셨음이니라 하신대

그들이 알고 있는 것은 다 천연적인 것이고 머리로 아는 것이고 관념이다. 예수님은 그들이 말하는 것을 다 들으셨다. 그리고 아버지가 나를 보내셔서 왔다고 하셨다. 예수님은 그들에게 참된 말을 하셨다. 그분의 말씀은 타협이 없으시다. 진실만을 말씀하신 것이다. 그들이 동의하든 하지 않든 그것은 문제가 아니다. "내가 스스로 온 것이 아니로라 나를 보내신 이는 참이시니 너희는 그를 알지 못하나 나는 아노니 이는 내가 그에게서 났고 그가 나를 보내셨음이니라 하신대" 이 세상에 한 번 하나님이 낳으신 분이며 거룩하게 분별하여 이 땅에 보내심 받은 분이 계셨다. 그분은 아버지를 안다고 하셨다. 그러나 그들은 그분의 말이 참되신 것에 대하여 알아보려는 마음이 없었다. 그것은 주님의 말씀에 따르면 '하나님의 뜻을 행하려는 의지가 없기' 때문이다. 나는 이렇게 말씀하실 수 있는 분이 하나님 외에는 없다고 믿는다.

30절, 저희가 예수를 잡고자 하나 손을 대는 자가 없으니 이는 그의 때가 아직 이르지 아니하였음이러라

'예수님에 대해 적대감이 있고 죽이려 하는 사람들이 있는데 왜 잡지 않는가? 왜 당국자들은 그를 그냥 두는 것인가?'라는 질문에 대한 대답이 바로 여기에 있다. 그들 나름대로 생각한 것이 정답이 아니라 주님의 때가 아직 이르지 않았으므로 잡도록 허락하지 않으셨기 때문이라는 것이다.

31절, 무리 중에 많은 사람이 예수를 믿고 말하되 그리스도께서 오실지라도 그 행하실 표적이 이 사람의 행한 것보다 더 많으랴 하니

이렇게 하면서도 예수님은 사역의 성과를 거두셨다. 많은 사람들이 예수를 믿었다고 말한다. 그들은 '그리스도께서 오신다 하더라도 이 분이 행한 표적보다도 더 많이 행하겠는가'라고 했다. 주 예수님이 표적을 많이 행하신 것은 사실이다. 그 누구도 이를 부인할 수 없다. 요한복음 8장에서 우리가 발견할 수 있는 것은 당시 유대인들 사이에서도 주 예수의 행하시는 모든 것을 보고 부인할 수 없는 양심들이 존재하였다는 점이다. 그들은 유대인 지도자들의 의도와 상관없이 본 대로 느낀대로 말하고 있었다,

32절, 예수께 대하여 무리의 수군거리는 것이 바리새인들에게 들린지라 대제사장들과 바리새인들이 그를 잡으려고 하속들을 보내니

7장의 내용은 심지어 예수의 형제들도, 유대인들도, 예루살렘 사람들 모두가 예수님을 다 무시하고 있음을 시사한다. 모두들 예수님을 미워하고 오해하고 죽이려고 하는 분위기이다. 그런 와중에 예수의 하신 일을 보고 들은 사람들 가운데 참된 양심의 말을 하는 자들이 생겨났다. 그러자 유대인 지도자들은 더욱 긴장이 된 것이다. 대제사장들과 바리새인들은 예수를 잡고자 하속들을 보냈다.

33절, 예수께서 이르시되 내가 너희와 함께 조금 더 있다가 나를

보내신 이에게로 돌아가겠노라

이것은 무슨 말인가? 지금 대제사장들과 바리새인들은 예수님을 잡아오라고 관리들을 보냈다. 그때 주님은 그들이 자신을 잡으러 온 것을 아셨지만 그들에게 '나는 너희들과 조금 더 있을 것이다'라고 말씀한다. 그분은 때가 되지 않은 것을 아시기에 자신을 잡으러 온 자들에게 내어주지 않으셨다. 거룩하신 아들은 자신을 모든 사람의 대속물로 내어주시는 일조차 아버지의 정하신 때에 하시고자 하셨다. 요한복음에는 주님이 힘이 없어서 붙잡혀 죽었다고 기록되어 있지 않다. 아직 그 때가 이르지 않았던 것이다. 모든 주권은 사람들이나 대제사장에게 있지 않고, 바리새인과 유대인에게도 있지 않고, 하나님의 뜻에 있다. 그분이 내어주지 않으면 주님은 그 누구에게도 잡히실 수 없는 분이다. 주님은 그들에게 "내가 너희와 함께 조금 더 있다가 나를 보내신 이에게로 돌아가겠노라"고 말씀하신다.

34-36절, 너희가 나를 찾아도 만나지 못할 터이요 나 있는 곳에 오지도 못하리라 하신대 35 이에 유대인들이 서로 묻되 이 사람이 어디로 가기에 우리가 저를 만나지 못하리요 헬라인 중에 흩어져 사는 자들에게로 가서 헬라인을 가르칠 터인가 36 나를 찾아도 만나지 못할 터이요 나 있는 곳에 오지도 못하리라 한 이 말이 무슨 말이냐 하니라

이제 내가 아버지께로 가면 너희가 나 있는 곳으로 오지 못한다, 너희가 나를 찾아도 발견하지 못한다고 할 때 유대인들은 '어디로 간다는 말인가'라고 물었다. 다시 한번 유대인들의 무지가 드러나는 구절이다. 무지한 자들은 자기들의 관념에 따라 오해하고 또 말해낸다. 이런 것들이 다 죄로 드러나는 것들이다. 무지 자체가 큰 죄이다(시14편, 롬1:31, 엡4:18). 주님이 십자가로 나아가신다니 유대인들은 그것이 무슨 흩어져 사는 헬라인들에게 가서 가르칠 것인가 하고 오해했다.

37-39절, 명절 끝날 곧 큰 날에 예수께서 서서 외쳐 가라사대 누구든지 목마르거든 내게로 와서 마시라 38 나를 믿는 자는 성경에 이름과 같이 그 배에서 생수의 강이 흘러나리라 하시니 39 이는 그를 믿는 자의 받을 성령을 가리켜 말씀하신 것이라 (예수께서 아직 영광을 받지 못하신고로 성령이 아직 저희에게 계시지 아니하시더라)

예수님은 자신을 잡아 죽이려는 적대감과 그 모든 불신과 완악함의 분위기 속에서 그것을 다 듣고, 이제 명절 끝에 그분은 일어서셨다. 그리고 외치셨다. "누구든지 목마르거든 내게로 와서 마시라 나를 믿는 자는 성경에 이름과 그 배에서 생수의 강이 흘러나리라". 주님은 그들에게 참 생수를 주기 원하셨다.

사마리아 여인에게 하신 말씀과 비슷한 내용이지만 그 본질은 차이가 있다. '나의 주는 물은 그 속에서 영생하도록 솟아나는 샘물이 되리라'. 4장의 사마리아 여인에게 하신 말씀은 개인이 누릴 생수를 말하며 일단 예수로부터 생수를 마시게 되면 내적으로 영생하도록 솟아나는 샘물이 된다는 말씀이며 본 구절의 '생수의 강이 흘러나리라'의 말씀은 사역을 위한 생수의 강을 말한다. 이 구절에서 성령을 받는 것은 사도행전 2장의 오순절 성령을 가리킨다고 보아야 한다. 따라서 이 구절에서 마신 것은 오순절의 능력의 성령을 가리키며 이 생수의 강은 땅끝까지 흘러가게 되는 것이다.

"예수께서 아직 영광을 받지 못하신고로 성령이 아직 저희에게 계시지 아니하더라"의 말씀도 난해구절의 하나이다. 예수께서 지상에서 사역할 때 과연 제자들은 안에 성령을 모시지 못했다는 말인가? 아직 성령이 저희들에게 계시지 않았다는 말씀은 무엇인가? 우리는 여기서 예수 그리스도께서 우리에게 주신 오순절 성령은 고난과 영광을 얻으신 예수의 영이라는 것을 알 필요가 있다. 이것은 우리가 에베소서 1장에서 그리스도의 몸을 볼 때 알 수 있다. 그리스도의 머리되심은 그리스도께서 부활과 승천을 통하여 보좌에 앉으신 후의 일이다. 그 이전에는 그리스도는 몸의 머리가 되실 수 없다. 그분의 부활과 승천의 능력을 몸에 부으신 것이 오순절의 성령의 능력인 것이다. 그 오순절 성령의 강림의 날 하늘의 보좌에 머리되신 그리스도와 이 지구상의 그분의 몸인 교회가 하나로 연결되고 연합되는 사건이 일어난 것이다. 오늘 교회가 누리는 성령은 부활하시고 승천하셔서 영광을 얻으신 예수의 영임을 찬양하자!

생수의 강의 흐름

우리는 왜 생수를 마셨는데 배에서 끊임없이 흘러나가지 못하는가? 이는 우리의 깊은 속(영)에 생수가 있지만 우리의 마음에 다른 많은 것들과 장애물들이 막혀있어서 흐르지 못하는 것이다. 왜 우리는 복음을 전하지 못하는가? 왜 우리를 통해 생명수의 흐름이 막혀 흐르지 못하는가? 에스겔 47장에 의하면 척량하는 자가 척량을 해야만 점점 더 물이 깊어져 강물이 되어 흐르는 것이다. 에스겔 40장 1-3절에 의하면 '놋같이 빛난 사람'이 나온다. 나는 그 손에 삼줄과 척량하는 장대를 가지신 분이 주님이라고 믿는다. 42장 20절에 의하면 그분이 척량하는 목적이 속된 것과 거룩한 것을 구별하기 위한 것이라고 말한다. 계시록 21장에는 새 예루살렘의 모든 부분은 금 갈대로 척량되어진 것을 볼 수 있다. 그분은 척량되지 않은 것은 취하지 않으신다. 그분은 그분의 잣대를 갖고 계시다. 그분 자신에 맞지 않은 것은 다 심판하시는 분이시다. 놋이란 심판을 의미한다. 에스겔 47장의 물은 성전 문지방에서 스미어 나온다. 이것은 사람의 영이다. 생명수는 사람의 영에서 나오지만 사람의 각부분이 척량되지 않으면 생수의 강은 그 양이 매우 적다. 손에 줄을 잡으신 주님은 그 물이 더욱 강하게 흐르도록 사람을 계속 척량하신다. 처음에는 발목까지 흐르던 물이 계속 척량할 때 헤엄할 물이요 사람이 능히 건너지 못할 강이 되었다. 그리고 그 강물이 흘러가는 곳마다 만물이 소성함을 입고 살아나는 역사가 있게 된다. 나는 생명수의 강이 여러분과 우리를 통하여 더욱 흐르기를 소원한다.

그러기 위해서는 우리의 말하는 입에서부터 생각과 감정, 의지의 모든 부분이 척량되기 원해야 한다. 그럴 때 우리의 전체를 통해서 생명수의 강은 흐르게 된다. 나는 바울 사도가 척량을 많이 받은 사람이라고 생각한다. 그는 자신을 척량의 제물로 주님께 드렸다고 생각한다. 따라서 주님은 그를 통해 생명수의 강을 온 땅에 흐르도록 하신 것이다. 반석이신 주님은 이미 깨어져서 생수는 흘렀고 우리 영에까지 도달하였다. 그러나 우리 자신이 척량되지 않고 속됨이 가득한데 어떻게 생수가 흘러 나가겠는가? 아직도 부정한 입술 그대로이며 천연적인 사랑과 마음대로 하는 선택과 하나님과 관계없는 생각으로 가득한 사람을 통해 어떻게 생명수의 강이 흘러갈 것인가? 아직도 눈과 귀는 세상의 것들을 주의하고 가까이 하며 척량된 바가 없다. 그러니 어떻게 하나님께서 우리의 몸을 통해 그분의 생명수를 흘러가게 할 수 있겠는가? 우리는 기도하자! "주여, 나를 더욱 척량해주소서! 나의 전체를 주님께 드리오니 당신의 척량자로 재어서 맞지 않는 모든 부분들을 심판하여 맞아지도록 척량하여 주소서. 나를 통해 온 땅에 생명수의 강이 흐르기 원합니다!"

생수의 강이 흘러나리라

요한복음 4장의 생수는 목마른 인생의 갈증의 해갈을 위한 것이라면, 요한복음 7장은 그리스도인에게 주어진 생명수가 강물이 되어 끝없이 흐르는 것임을 말해준다. 우리 속을 적신 생수는 결국 넘치고 넘쳐서 창일하여 헤엄치지 못할 강이 될 것이다(겔47:5). 이것은 결국 오순절 성령의 강림과 관계가 있게 된다. 이 구절과 사도행전 1장 8절의 "성령이 임하는 구절"을 연결함으로써 요한복음 7장 38절이 강화되고 힘이 더해진다. 요한복음 7장 39절은 "이는 그를 믿는 자의 받을 성령을 가리켜 말한 것이라"고 했기 때문이다. 그리고 생수의 강이 배에서 흘러나리라고 하였기 때문이다. 어디까지 흘러갈 것인가? 의심할 여지없이 땅끝까지이다. 우리에게 주신 복음의 말씀과 생수의 강은 결국 땅끝까지 흐르는 강이 될 것이다. 지금도 온 땅에 흐르는 광경을 우리가 목도하고 있다.

"오직 성령이 너희에게 임하시면 너희가 권능을 받고 예루살렘과 유대와 사마리아와 땅끝까지 이르러 내 증인이 되리라" 성령이 임한 것은 다만 은

사의 누림이나 발휘만을 위한 것이 아니다. 복음의 증거가 땅 끝까지 미치기 위한 것이다. 우리 속에 진정으로 성령이 임하였다면 우리는 흐르지 않고는 견딜 수 없는 복음의 열정이 속에서부터 생겨날 것이다. 그리고 주님은 여러분에게 복음의 문을 열어주실 것이다. 만일 여러분 속에 불이 있다면 그 불은 결국 자신을 태우고 주위의 많은 사람을 태우게 된다. 왜 화재가 무서운가? 작은 불씨가 많은 것들을 태우고 전이되기 때문이다. 불이 옮겨붙는 곳은 어디든지 사정없이 태우기 때문이다.

물도 마찬가지이다. 진정 봇물이 있고 그것이 터져 나갈 길이 있다면 언젠가 그 물은 사방으로 터져 나가게 된다. 나 자신도 젊은 때 수많은 시간 말씀과 기도에 전념한 때가 있었다. 그 시간은 7-8년이 지났다. 그 후 주님이 몽골로부터 전도의 문을 열어주셨다. 정말 수많은 나라를 다녔다. 나는 지금도 이곳 저곳 복음의 문이 열려 있음을 감사한다. 내 속에는 지금도 속에 있는 복음의 생명수가 막히지 않고 흐르기를 간절히 사모하고 있다. 또한 때로는 매우 답답하다. 더욱 흐르기를 원하기 때문이다. 그리고 기도한다. "주여, 나를 보내소서! 나는 내 속의 생명수의 흐름이 멀리 멀리 땅끝까지 흘러 나갈 수 있기 원합니다!"

우리는 복음의 전도자 바울을 생각해본다. 그의 배에서도 생수의 강물이 흘러 다메섹으로 예루살렘으로 아시아로 유럽으로, 로마, 서바나까지 나아갔다. 만일 어떤 사람에게 만족할만한 강물의 흘러감이 없다면 혹시 자신을 채우고 있는 것이 생명수가 아닌 지식이나 교리나 사상이 아닌지 점검해야 할 것이다. 참된 생수라면 그것은 한 사람 속에 머물지 못한다. 봇물이 터지듯 터지게 된다. 불도 마찬가지이다. 주님도 그분 속에 불이 있는데 사방에 옮겨 붙기까지 답답함이 크다고 하셨다(눅12:49-50). 나는 성도들 속에 이러한 거룩한 답답함이 있는 것을 볼 때 기쁘다. 그러한 성도들은 주님께 기도해야 할 것이다. "주여, 나를 척량하소서, 내 입과 귀와 눈과 생각과 감정과 의지 모든 부분을. 나의 온 존재를 심판하시고 거룩케 하여 당신이 나를 새롭게 얻으소서. 그리고 성령으로 나를 새롭게 충만케 하시어 생명수가 나를 통해 온 땅에 흐를 수 있기 원합니다!"

40-44절, 이 말씀을 들은 무리 중에서 혹은 이가 참으로 그 선지자라 하며 41 혹은 그리스도라 하며 어떤 이들은 그리스도가 어찌 갈릴리에서 나오겠느냐 42 성경에 이르기를 그리스도는 다윗의 씨로 또 다윗의 살던 촌 베들레헴에서 나오리라 하지 아니하였느냐 하며 43 예수를 인하여 무리 중에서 쟁론이 되니 44 그 중에는 그를 잡고자 하는 자들도 있으나 손을 대는 자가 없었더라

40절부터 43절의 내용은 당시 유대인들 사이의 생각을 전한다. 그들 가운데에는 의견이 갈렸다. 어떤 이들은 참으로 그 선지자라고 하였고 혹은 그리스도라고 하였다. 이는 적극적인 견해이다. 그러나 믿지 않고 시기하는 자들은 그리스도가 어찌 갈릴리에서 나오는가? 성경에는 다윗의 씨로 다윗의 살던 촌 베들레헴에서 나온다고 하지 않았는가? 하며 쟁론하였다. 소위 설왕설래의 분위기였던 것이다. 예수는 비밀스럽게 다윗의 씨로 출생하셨고 베들레헴에서 나셨다. 그러나 그분을 시기하고 반대하는 자들은 그분에 대한 정확한 정보나 지식을 알기를 거절하고 대충 외모로 그분을 갈릴리 사람이라고 단정지었다.

자신들의 기득권익을 위하며 교만하고 남을 멸시하는 사람들의 관점은 자고로 동일하다. 자기가 무시하고 싶은 대상이 그러한 별 수 없는 못난 사람이라고 확정한 것을 바꾸는 것을 싫어하고, 그 자가 그렇게 원래부터 낮고 부족하고 미치지 못한 사람이기를 원하는 것이다. 따라서 기회가 있는대로 그 시기하는 대상을 비하하는 발언을 하는 것이다. 그러나 순수한 영혼의 사람들, 직접적인 이해관계가 없는 사람들은 보고 느낀 그대로, 그 선지자가 아닌가? 그리스도가 아닌가 하였다. 이러한 설왕설래의 분위기는 유대인 지도자들의 긴장감과 시기심을 더욱 불지르고 있었다. 그러나 아직 예수님을 잡으려고 하는 자들이 있었지만 감히 손을 대지는 못했다.

45-46절, 하속들이 대제사장들과 바리새인들에게로 오니 저희가 묻되 어찌하여 잡아오지 아니하였느냐 46 하속들이 대답하되 그 사람의 말하는 것처럼 말한 사람은 이때까지 없었나이다 하니

잡아오라고 보냈더니 이들이 주님의 말씀을 듣고서 감동을 받은 것이다. 대제사장들과 바리새인들이 보낸 하속들은 예수께 나아가서 그분의 말씀을 들은 연후에 감동이 되었다. 또한 매우 새로운 말씀을 듣게 되었다. 그들은 유대의 지도자들 같은 시기심이나 이해관계가 없는 자들이기에 순수한 부분들이 남아 있었을 것이다. 그러기에 주님의 말씀을 듣는 그들의 반응은 매우 신선하고 좋았던 것이다. 그들은 지금까지 그렇게 말하는 사람의 말을 들어본 적이 없다고 말했다.

47-53절, 바리새인들이 대답하되 너희도 미혹되었느냐 48 당국
자들이나 바리새인 중에 그를 믿는 이가 있느냐 49 율법을 알지
못하는 이 무리는 저주를 받은 자로다 50 그 중에 한 사람 곧 전
에 예수께 왔던 니고데모가 저희에게 말하되 51 우리 율법은 사람
의 말을 듣고 그 행한 것을 알기 전에 판결하느냐 52 저희가 대답
하여 가로되 너도 갈릴리에서 왔느냐 상고하여 보라 갈릴리에서는
선지자가 나지 못하느니라 하였더라 53 다 각각 집으로 돌아가고

하속들의 적극적인 대답에 대하여 바리새인들은 발끈했다. "바리새인들이 대답하되 너희도 미혹되었느냐? 당국자들이나 바리새인 중에 그를 믿는 이가 있느냐? 율법을 알지 못하는 이 무리는 저주를 받은 자로다" 그들은 예수를 잡으러 보냈던 하속들의 적극적인 대답을 듣고 "너희도 미혹되었느냐" 꾸짖으며 겁박하고 있다. "당국자들이나 바리새인 중에 예수를 믿는 자가 있느냐?" 그리고 예수를 믿는 자들을 저주하고 있다. "율법을 알지 못하는 이 무리는 저주를 받은 자로다" 오늘 날도 잘못된 신앙을 가진 자들은 자신들을 최고로 알고 다른 사람들을 깊이 알아보지도 않고 일체 무시하고 경멸하는 자들 가운데서 발견할 수 있다. 그들은 깊숙이 조사해볼 필요도 느끼지 않고 한 편으로는 알아보는 자체를 두려워한다. 왜인가? 자신들이 아무 것도 없는 것이 드러날까 두려워하기 때문이다. 그러니 무조건 상대를 반대하고 평가절하는 말을 쏟아내는 것이다. 바리새인들은 자신들만이 율법을 가장 잘 아는 자들로 자처하고 자신들만이 지구상에서 가장 축복된 성도로 착각하며 다른 사람들, 특히 예수를 따르는 자들은 다 저주받은 자들이라고 평가했다.

당시 3장에서 밤에 예수를 찾아왔던 바리새인 중 한 사람인 니고데모가 나타났다. 니고데모는 예수에 대하여 상당한 인식을 갖고 찾았던 사람이고 그분에게서 거듭남의 진리를 배운 사람이다. 그는 함께 하는 바리새인들에게 나도 그분을 믿는다고는 담대히 답하지 못했지만 한 마디는 했다. "우리 율법은 사람의 말을 듣고 그 행한 것을 알기 전에 판결하느냐" '우리 율법'이란 말은 그들과 일단 동일감을 주는 표현이다. 사람의 말한 것을 듣고 행한 것을 자세히 파악하지도 않고 잘못된 사람이라고 판단하는 것이 우리가 갖고 있는 율법이냐고 반문한 것이다. 그 때 바리새인들의 답은 대번에 니고데모를 무시하는 쪽으로 몰았다. '너도 갈릴리에서 왔느냐?' 상고하여보라는 말은 니고데모에게 성경을 더 가서 배우라는 말이다. 갈릴리에서는 선지자가 나지 못한다고 그들은 임의로 결론짓는다. 오늘날도 문제는 교만한 단체나 이단들이 깊이 말씀을 연구하거나 묵상하지 않고 대충 들은 말과 아는 지식을 전부다로 여기고 다른 사람들의 말을 경청하려 하지 않는다는 것이다. 그것은 대부분 자신들의 지위와 생존 등과 맞물려 있다. 당시 대부분의 바리새인들은 예수를 깊이 살펴보지도 않고 부정하기 위한 부정적인 말들을 쏟아내고 있었다.

여러 쟁론 끝에 다들 집으로 돌아가고 예수님이 8장 1절에 감람산으로 가신 것으로 이 장면은 끝난다. 7장은 8장 1절까지 이어진 것으로 봐야 한다. 요한복음 7장은 하나의 커다란 대비를 보여준다. 예수님의 가족을 비롯해서 인간들의 완악함, 그러나 구주 예수의 그 선하심과 지극히 아름다우신 모습을 대비해서 보여준다. 그렇게 반대하고 잡아 죽이려고 하는 사람들은 그래도 찾아들어가 잘 집이 있다. 그러나 8장 1절에서 예수님은 산으로 가셨다. 그래서 우리는 4복음서에 나온 예수님이 집이 없으신 예수님(homeless Jesus)이라는 표현을 쓴다. 성경에서 주님께 집이 있었다는 기록이 없다. 예루살렘 어디에 집이 있었는가? 갈릴리 어디 계셨는지 모른다. 사람들은 예수님을 핍박하고 미워하고 잡으러 다니고 죽이려고 했지만, 선하신 예수님은 하나님으로부터 받으신 참되신 말씀을 한 말씀 한 말씀 해주셨고, 저녁이 되어서 다들 돌아가자 주님은 산으로 가셨다. 그분은 감람산으로 가셔서 기도하셨을 것이다.

이 7장 말씀을 묵상할 때 나는 너무 감동이 되고 마음이 슬프기도 했다. 예수, 그분은 어떤 분인가? 사람들은 어떻게 그렇게 악할 수가 있을까? 그리고 주님은 그 악한 사람들을 어떻게 그렇게 사랑하실 수가 있을까? 그러한 그들을 향해서 여전히 마음을 여시고 어떡하면 한 명이라도 구원할 수 있을까 하여 그분은 외치시는 것이다. "누구든지 목마르거든 내게로 와서 마시라. 나를 믿는 자는 성경에서 이르신 것처럼 그 배에서 생수의 강이 흐르리라".

초막절 때 사람들은 광야의 반석에서 나온 물을 기념하기 위해서 실로암 물을 떠다가 붓는 행사를 했다. 그러나 우리 주님은 거기서 외치시면서 목마른 사람이 있다면 와서 마시라고 초청하셨다. "누구든지 목마르거든 내게로 와서 마시라 나를 믿는 자는 성경에 이름과 같이 그 배에서 생수의 강이 흘러나리라 하시니 이는 그를 믿는 자의 받을 성령을 가리켜 말씀하신 것이라 ".

그런데 괄호 안에 이런 말씀이 있다. "예수께서 아직 영광을 받지 못하신 고로 성령이 아직 저희에게 계시지 아니하더라." 우리 주님은 아직 영광을 받으셔야 할 일이 남아 있다. 6개월 정도 후면 주님은 십자가로 가셔서 고난을 당하시고 죽임을 당하신다. 누가복음 24장 26절에 보면 그분이 영광을 받는 것은 고난을 당하시고 죽는 것과 관계가 있다. "그리스도가 이런 고난을 받고 자기의 영광에 들어가야 할 것이 아니냐 하시고". 주님은 아직 그들에게 성령을 주실 수 없었다. 그분은 십자가에 죽고 부활하시고 승천하셔서, 오순절 때 성령을 부어주셔야 했다. 주님은 그 일을 하러 오셨다. 사람들에게 생명을 주러, 생수를 부어주러 오셨다. 그래야만 인간의 모든 죄악이 끝나고 그들 속에 있는 모든 미움과 적대감과 살의와 모든 것이 근본적으로 해결된다는 것을 아셨기 때문이다. 그리고 민족적 차별, 종족의 차별, 언어의 차별, 심지어 남녀의 차별까지도 오순절 성령은 제해주신 것이다. 예수는 이 땅에 성령으로 세례를 주시러 오신 분이다. 그 말씀을 언제 성취하셨는가? 오순절 날이다. 그 오순절 성령이어야만이 하나님이 원하시는 교회를 세우실 수 있다. 그러하기에 주님은 그들이 그렇게 주님에 대해서 공격하고 악하게 대해도 일어서셔서 '내게 와서 마셔라'고 하신 것이다. '너희들 사실 그렇게 완악하고 강퍅한 것은 목마르기 때문이다. 목마른 인생들아, 내게로 와서 마셔라' 따라서 오늘 날의 교회는 참된 초막절을 누리는 곳이어야 한다.

이분은 도대체 어떤 분인가? 지금 이 악한 사람들에게 무슨 말을 하시는 것인가? 예수님은 아직 영광을 받지 못하셨다. 그분은 십자가에 고난을 당하셔야 하고 죽임을 당하셔야 하고 부활하셔야 하고 승천을 통해서 영광을 받게 되신다. 아직 영광을 받지 못했기에 아직 성령은 부어지지 않았지만, 그분은 초막절 명절 끝날 서셔서 그 무지몽매한 백성들에게 복음의 초대를 하고 계신다. '여러분 인생의 진정한 문제는 나를 통해 마셔야 해결된다'고 하시는 것이다. 이래도 주님을 믿지 않고 그분으로부터 마시지 않는다면, 그 영혼은 멸망할 것 같지 않은가? 인생의 목마름을 누가 해결할 것 같은가? 오직 주님 외에는 해결할 분이 없으시다. 여러분의 목마름은 이미 다 해결되었는가? 스스로 한 번 생각해보라.

어떤 사람은 성결함에 대한 목마름이 있을 것이고, 하나님의 능력에 대한 목마름이 있을 것이다. 여러분이 지금까지 인생을 살면서 깊은 속에 어떤 목마름이 있을 것이다. 세상을 살면서 자기의 역량을 다 발휘하지 못한 채 아무것도 성취하지 못하고 나이만 먹었다고 하는 그런 목마름도 있을 것이다. '다른 사람들은 돈도 많이 벌고 다른 사람들은 학업이나 모든 성취도 했는데 나는 너무나 한 것이 없이 나이만 먹었구나…' 하는 것이 다 목마름이다. '내가 만일 좋은 환경에서 태어나서 잘 배우고 좋은 교육 받았더라면 남부럽지 않게 이 사회에서 정말 유용한 인물이 될 수 있었을텐데, 나는 어쩌다가 부모 잘못 만나고 환경이 잘못 되어서 아무것도 이루지 못하고 시들어가는구나…' 이런 좌절감, 상실감, 속에 비어 있다는 느낌이 다 목마른 것이다. 목마름의 표시이다. 목마른 것은 죄가 아니다. 잘못이 아니다. 그것은 주님이 필요하다는 표시이다. 주님은 누구든지 목마르거든 내게로 와서 마시라고 했다. 그러면 네 배에서 생수의 강이 흘러나리라고 하셨다.

오늘날 사람들은 별로 목마른 것 같지 않게 산다. 그들은 천국도 바라지 않고 지옥도 두려워하지 않고 부활도 소망하지 않고 장래 심판도 두려워하지 않는다. 그리고 그저 이 세상의 쾌락, 조금 얻은 성취, 신기루 같은 장래에 대한 막연한 환상 같은 것들로 채워져서 목마르지 않다고 하지만, 그런 사람은 다 병든 사람이다. 아직 정신을 차리지 못해서 목마른 것도 모르는 것이다. 참되게 깨어나면 그제서야 목마르다는 것을 알게 된다. 주님이 필요를 채우실 수 있는 유일한 분이시다. 우리가 필요로 하는 그 모든 것은 주님이시다. 여러분은 그것을 알아야 한다.

그 배에서 생수의 강이 흘러난다는 것은 무엇인가? 이는 주님의 생수가 흘러나가는 통로이다. 그 사람을 통해서 많은 사람이 생명수의 강을 마실 수 있게 된다는 뜻이다. 그러려면 그 사람은 목마름이 해결된 사람이어야 한다. 예수를 믿는다고 하면서도 여전히 여러분 속에 목마름이 남아 있다고 한다면 아직도 제대로 마시지 못한 것이다. 우리 인생의 목마름은 주 예수를 마심으로 반드시 해결되어야 한다. 목마른 분들은 주일날 하루만 교회에 나와서는 안 된다. 그렇게 해서는 간신히 목만 축였다가 다시 목마른 것이 되풀이 된다. 일주일에 서너 번, 너댓 번 나와서 말씀을 들어보라. 진정으로 생수를 마셔보라. 성령을 마셔보라. 그러면 다른 데로 흘러나간다. 그렇게 몇 개월만 하면 생수의 강이 흘러나간다. 그리고 여러분의 목마름이 채워진다.

여러분의 인생에 어떤 결핍, 상실감, 좌절감이 있다면 그것은 아직 목마른 것인데, 아직도 당신에게 그런 것이 있다면 충분히 마시지 않은 것이다. 충분히 마시면 그것이 없어진다. 만족하게 된다. 건강에 대해서 목마른 사람들도 있다. '나는 약하게 태어나서 이렇게 힘드니 내 몸만 건강하면 더 바랄 것이 없겠다' 이것도 일종의 목마름이다. 주 예수께 나아가면 인생의 모든 목마름이 채워진다. 주님이 그에게 알맞은 건강을 주실 것이다. '주님, 나 이제 건강에 대해서 만족해요'라는 말을 하게 만들어 주실 것이다. 만약 병을 고쳐주지 않으신다면 충분한 은혜를 주어서라도 자기 몸에 대해서 감사한 마음을 갖게 해주실 것이다. 바울이 그랬다. 물질이나 명예나 모든 것이 다 마찬가지이다. 여러분이 주 예수를 충만하게 얻고, 그분에게서 충분하게 마시면, 여러분의 인생 가운데서 목마르게 느껴졌던 모든 것이 다 채워진다. 진정으로 채워진다. 그리고 깊은 속에서부터 '내가 정말 어릴 때부터 지금까지 내 인생에서 목말랐던 것을 주님이 채우시는구나'라는 것을 알게 된다. 이것은 거짓된 말이 아니다. 여러분이 진정 마신 후에야 생수가 여러분의 뱃속을 통해서 흘러난다.

이러한 생수의 마심은 개인적인 것으로만 해결해서는 안된다. 그리스도의 몸인 교회를 알아야 진정한 생수의 마심을 이룰 수 있다. "우리가 유대인이나 헬라인이나 종이나 자유자나 한 성령으로 세례를 받아 한 몸이 되었고 또 다 한 성령을 마시게 하셨느니라"(고전12:13) 나는 독자 여러분이 성령을 마시는 것이 개인의 문제만이 아니라는 것을 볼 수 있기 바란다. '한 몸이 되었고 또 다 한 성령을 마시게 하셨느니라' 우리는 한 몸 안에서 성령을 마시는 것을 배워야 한다. 오늘 날 성도들이 진정한 하나를 누리며 몸 안에서 성령을 마실 때 그 성령은 땅끝까지 적시며 흘러갈 것이다. 나는 오순절의 120 문도들이 다락방에서 성령을 하나되어 마신 것을 기억해야 한다고 말하고 싶다. 개인적이고 개별적인 마심이 아니었다. 사마리아성에도 마찬가지였다. 에베소의 12제자들도 마찬가지였다. 사도행전에서 성령을 마시는 일이 단체적이라는 것을 찾아내기는 어렵지 않다. 우리는 오늘 성령의 충만을 위해 교회가 필요함을 알아야 한다. 우리는 성도들과 그저 일하기 위해 있는 것이 아니라 함께 마시기 위해 있다는 것을 알자! 함께 마실 때 더 풍성하고 충만하게 된다. 할렐루야!

예수님께 나와서 마시는 것은 쉬운 것이다. 행위가 아니다. 여러분의 의지를 조금만 굴복시켜서 주님께 맡기고 주님께 나와서 마시고 믿으면, 하나님은 약속대로 성령을 풍성하게 여러분에게 부어주실 것이다. 또한 요한복음 7장은 마시는 것으로 끝나지 않는다. 마신 후에는 생수의 강이 되어 흐른다고 한 것이다. 마신 사람들의 배 속에서 흘러나와 온 땅으로 흐르는 생명수의 강이 된다. 나는 여러분이 모두 이런 주님의 초대에 응하셔서, 주님이 주시는 성령을 마심으로써 생수를 온 땅으로 흘러 내보내는 예수의 참된 증인들이 되기를 예수의 이름으로 축원한다.

요한복음 7장을 마치면서

1. 주님을 섬기고자 하는 자들은 주 예수를 본받아야 한다. 사람들은 외모를 구한다. 주님은 "외모로 판단하지 말고 공의의 판단으로 판단하라"고 하셨다(요7:24). 심지어 예수의 형제들도 주 예수를 믿지 않았다. 그것은 예수께서 외적으로 큰 세력을 갖고 계시지 않고 묻혀서 일하는 듯 했기 때문이다. 사람들은 외모를 보고 판단한다. 그러나 진정 우리가 주님을 참되게 섬기려면 주님의 기쁨만을 구해야 한다. 커지는 것이 쉬운가? 작아지는 것이 쉬운가? 작아지는 것이 어렵다. 당신이 만일 커질 수 있는 역량을 갖고 있는데도 기꺼이 작은 일에 종사하고 작은 사람이 될 수 있는가? 그것은 결코 쉽지 않다는 것을 알게 될 것이다.

주 예수는 그분의 때를 아셨다. 그 때는 결국 십자가로 가시는 때이다. 그분이 움직이시기에 좋은 때가 아니다. 그분의 일은 자신을 사람들을 위해 제물로 드리는 것이었다. 십자가의 죽음으로 나아가는 것이 아니면 그분을 섬기는 길이 아니다. 이에 대하여는 요한복음 12장에도 자세히 기록되어 있다.

또한 주님을 섬기려면 오해와 비방과 미움과 적대를 당해야 한다. 사람들의 무지로 인한 것이다. 요한복음 7장의 전체적인 내용은 사람들의 주 예수에 대한 오해이다. 그로 말미암은 비난과 미움과 적대이다. 그러나 주님은 아버지가 주신 진리의 말씀만을 하셨다. 사람들은 그 말을 하나도 이해하지 못했다. 심지어 귀신들렸다고 비난했다. 우리는 7장을 읽으면서 비탄의 마음을 금할 수 없다. 주님은 얼마나 성실하고 진심어린 말씀을 하시는가? 사람들은 얼마나 무지하고 사악한가? 너무나 큰 대조가 된다. 오늘 우리가 진실로 진리를 말하고 주님의 인도에 따라 나아간다면 그분이 받은 오해와 비방이 따라 오게 된다. 그런 길을 싫어한다면 우리는 주님을 따를 수 없고 섬길 수 없다. 우리는 이러한 나사렛 사람 예수의 발자취를 따르도록 부르심을 받았다는 것을 잊지 말자!

2. 사도 요한은 왜 7장을 자세히 기록했는가? 7장이 없다면 유대인들 사

이에 어떻게 예수에 대한 적대감이 상승했는가를 알 수 없다. 주 예수는 갑자기 십자가에 못박히도록 잡히신 것이 아니다. 조금씩 조금씩 대제사장들과 바리새인들, 유대인들 사이에 그분을 죽이고자 하는 기운이 감돌기 시작한 것이다. 그 자세한 경위를 기록한 것이 요한이다. 주로 주 예수를 미워하며 잡아 죽이고자 한 것은 예수의 선한 일로 말미암은 것이며, 그들의 행위가 악하다 말씀하심으로 말미암은 것이며(요7:7), 사소한 문제로서 안식일에 병자를 치료하신 것이며 '자신을 하나님과 동등하다고 말씀하신 것'에서 비롯되었다고 말한다(요5:18). 7장에서 유대인들의 주 예수에 대한 시기와 적대의 감정이 고조되고 있음을 말해준다. 이 모든 상황은 예수 그리스도를 십자가로 내 몰리도록 이끌어가고 있었던 것이다. 요한은 예수께서 못박히시기 수 개월 전부터 벌써 유대인들 가운데 예수에 대한 적대감이 상승되고 있었음을 기록하고 있다. 주님에 대하여 조금 아는 사람들이 존재하였고 믿는 무리도 많이 일어났지만, 또 니고데모 같이 주님을 약간이나마 변호하는 자들도 있었지만, 유대 지도자들을 중심으로 한 적대감의 분위기는 상승되어 가고 있었다는 말이다. 그것은 11장의 죽은 나사로를 살리신 일로 극대화되고 있었다(요11장 참조).

8 장

1절, 예수는 감람산으로 가시다

우리는 요한복음 8장을 통해서 참 기묘한 분이 이 땅에 존재했었다는 것을 보게 된다. 정말 아주 특이하고 예사롭지 않은 한 사람이 존재했었다. 7장에서 사람들은 예수 그리스도를 당시에 모르고 오해하고 이제는 공회 사람들, 당국자들이나 바리새인들이나 많은 사람들이 죽이려고 했다. 사람들을 보내서 잡아 오라고 했다. 예수님은 그것을 피하지 않고 일단 성전에서 계속 일하셨다. 거기서 초막절을 보내셨다. 그곳에서 사람들에게 복음을 전하셨다. 누구든지 목마르거든 내게로 와서 마시라고 하셨다. 그러나 사람들은 여전히 예수를 잡아 죽이려고 했다. 그런 분위기 속에서 예수님은 하루 일과를 다 마친 뒤에 8장 1절에 산으로 올라가셨다.

2절, 아침에 다시 성전으로 들어오시니 백성이 다 나아오는지라 앉으사 저희를 가르치시더니

2절 말씀은 '이른 아침', 영어로는 아침 일찍(early in the morning)이라는 말로 시작한다. 산에서 밤이슬 맞으시며 기도를 하셨는지, 어떻게 그 밤을 지내셨는지 아무도 모른다. 그리고 아침 일찍 성전에 오셔서 앉으사 사람들을 가르치셨다. 사람들은 다 안식할 집이 있다. 사람들은 하룻저녁만 잘못 자도 피곤해 하고 허리 아프고 머리 아프다고 하는데, 우리 주님은 온 밤을 산에 계셨다. 1절에서 감람산에 올라가셨다가는 것이고 2절에서는 아침 일찍 내려오셨던 것이다. 그리고 성전에서 사람들을 가르치는데 그때 어떤 일이 발생한다.

간음하다 잡힌 여인

3절, 서기관들과 바리새인들이 간음 중에 잡힌 여자를 끌고 와서 가운데 세우고

바리새인과 서기관들이 한 여자를 끌고 왔다. 데리고 왔다고 표현하지 않고 '끌고' 왔다고 표현했다. 이 여자는 간음하다가 현장에서 붙잡힌 여자였다. 그런 여자가 잡히자 바리새인과 서기관들은 하나의 건수가 생긴 것이다. '이 여자를 예수에게 데려가보자, 예수는 과연 이 여자에 대해서 무엇이라고 말할 것인가?' 이것은 하나의 커다란 시험꺼리였다. 만일 예수께서 여자가 불쌍하니 살려주라고 하신다면 모세의 율법을 정면으로 부정하고 율법을 지키지 않는 사람으로 판명이 된다. 만일 그 여자를 쳐죽이라고 한다면 예수님에 대해서 인정사정이 없다고 할 것이다. 그들은 그녀를 데려다가 '가운데' 세웠다.

이스라엘은 당시 로마의 지배하에 있었기에 사법권이 없었다. 사람을 죽이라 마라 할 권한이 없었다. 그러므로 어떻게든 대답하기 어려운 상황이었다. 쳐죽이지 말라고 한다면 모세의 율법을 반하여 행하는 사람으로 드러날 것이고, 쳐죽이라고 한다면 로마법에 관련해서 붙잡힐 것이다. 이들은 예수님을 시험하고 잡아서 죽일 근거를 찾고 있었기에, 간음하다가 잡힌 여자가 생기자 이것으로 예수님을 정죄할 빌미로 삼으려고 그녀를 성전으로 데려갔다. 그리고 그녀를 예수님 앞에 세웠고 많은 사람들이 주위에 둘러섰다. 그리고서 예수님께 물었다.

4절, 예수께 말하되 선생이여 이 여자가 간음하다가 현장에서 잡혔나이다

현장에서 잡혔다고 하니 이것은 부정할 길이 없다. 분명하게 죄를 지은 것이다. 그리고 그 여자도 부인할 길이 없게 된 것이다. 그야말로 그녀는 죄에 대한 느낌이 생생하게 되었다. 이렇게 죄에 대한 느낌이 생생하게 되었을 때, 올데 갈데 없는 죄인의 상태에 처했을 때 사람들은 주님을 만나게 된다. 여러분이 피할 수 없는 죄인이라고 하자! 여러분은 주님을 만날 희망이 있다.

5-6절, 모세는 율법에 이러한 여자를 돌로 치라 명하였거니와 선생은 어떻게 말하겠나이까 6 저희가 이렇게 말함은 고소할 조건을 얻고자 하여 예수를 시험함이러라 예수께서 몸을 굽히사 손가락으로 땅에 쓰시니

'당신은 이 문제를 어떡할 것인가?'라고 묻는 것이다. 이런 상황에서 돌로 치라고 할 수도 없고 치지 말라고 할 수도 없이 애매할 것이니 아주 호재를 하나 잡았다고 생각했을 것이다. 이들은 예수가 누군지 몰랐던 것이다. 그들 눈앞에 서 있는, 그들이 지금 잡아 죽이려고 하는 이 작은 예수가 누구였던가? 우리와 똑같은 인간의 형체를 입고 오셨기 때문에 그들은 그분을 몰랐다. 그래서 그들은 예수를 감히 시험하려고 대들며 죽일 죄목을 찾고 있었다. 얼마나 무지한지!

예수님은 물론 그들의 의도를 다 알고 계셨다. 주님은 얼른 대답하지 않으셨다. 그분이 첫째로 한 행동은 몸을 굽힌 것이었다. 그리고 손가락으로 땅에 쓰셨다. 주님이 하시는 행동이 예사롭지가 않다. 그들은 예수가 그저 하나의 어리숙한 사람으로 본 것이다. 사람들이 교만하고 사람 무시하고 싸우고 따지려 들면 머리가 뜨거워지고 열이 나기 때문에 상대방이 어떤 사람이고 무엇을 하는지 아무것도 보이지 않는다. 주님이 한 가지 행동 하시는 것만 봐도 그들은 알았어야 한다. 보통이 아니기 때문이다. 이런 상황에서 어떤 사람이 이렇게 하겠는가? 몸을 굽히더니 땅에다가 뭔가를 쓰는 것이다.

이 예수는 하나님이시다. 창조주이시다. 마귀의 궤계를 아시고 타락한 사람을 너무 잘 아신다. 그들이 무슨 생각으로 이러는지 다 아신다. 이럴 때 막바로 얼굴을 들고 대꾸하는 것은 어리석은 것이다. 그래서 잠깐 그들의 뜨거운 머리를 식히는 것이다. 따지며 달려드는 사람에게는 아무리 옳은 소리를 해도 아무 소용이 없다. 이미 머리가 따져서 이기려는 의도로 뜨거워졌기 때문이다. 예수님은 그것을 너무 잘 아시기에 일단 몸을 굽히셨다. 사람들은 마구 열을 내며 따지다가 예수님이 몸을 굽히시자 눈이 밑으로 내려갈 수밖에 없다. 그들은 묻고 따지고 시험할 자유가 있겠지만, 예수님도 대답하지 않을 자유가 있으시다. 예수님이 몸을 굽히실 때 그들의 생각도 잠시 멈추었다. 교활하게 돌아가던 머리가 잠시 멍해질 수밖에 없는 것이다.

이분은 보통 분이 아니시다. 그들은 그 한 가지 행동만 보더라도 그분이 보통 사람과 다르다는 것을 알았어야 했다. 지금 이 사람들은 주님을 잡아 죽일 생각에 눈이 멀어서 아무것도 보이지 않고 모르는 것이다. 그렇다 하더라도 일단 상황은 예수님께 끌려가기 시작했다. 허리를 굽히시고 땅바닥에 손가락으로 무엇인가를 쓰기 시작하셨다. 그들은 그분이 쓰는 것을 조용히 따라가면서 읽어야만 했다. 그것은 그들의 혈기를 매우 많이 가라앉히는 일이다.

가령 냉장고가 고장나면 기술자나 제작자를 불러야 고칠 수 있다. 냉장고에 열이 많이 나면 전기가 많이 소모된다. 어떻게 열을 내리는가? 우리는 할 수 없다. 기술자가 와야 한다. 주 예수는 창조주시다. 그분은 사람을 잘 아신다. 그분은 바리새인들의 따지려하고 올무에 걸리게 하려고 열이 나 있는 사람들을 어떻게 식히는 줄 아는 분이다.

땅에다 뭐라고 쓰셨는지는 모른다. 그 내용이 정말 중요하다면 기록이 되었을 테니 그리 중요한 것은 아니다. 글을 땅에다 쓰고 계셨다는 자체가 중요한 것이다. 그런 상황에서 땅에다 찬찬히 글을 쓸 수 있는 여유가 어디서 나오겠는가? 그분은 과연 하나님의 아들이시다. 그분은 사람을 죽일 혈기로 가득하여 열이 잔뜩 오른 인간들을 식히는 방법을 아신다. 그분은 그러한 열이 난 사람들의 분위기에 영향을 받지 않으시고 그 혈기로 만져지지 않으신 것이다. 상황은 조용히 그분에게로 이끌려가고 있었다. 그분은 분명 그들에게 필요한 어떤 의미 있는 글을 쓰셨을 것이다. '이 세상에 누가 죄가 없겠는가'라고 썼을 것이라고 말한 사람도 있었다. 그럴 수도 있다. 그분이 쓰신 문장은 어쨌든 진리였을 것이며 상당히 의미있는 것이었으리라고 생각해볼 수 있다. 어쨌든 주님이 땅에 쓰시니 사람들은 도대체 무슨 글을 쓰려고 하는지 땅을 바라볼 수밖에 없는 것이다. 죄 지은 여자를 쳐다보고 잡아 죽이고 싶은, 또 뭔가 꼬투리를 잡고자 그 미운 예수를 바라보던 그들의 시선은 이제 땅으로 쏟아지는 수밖에 없다. 그래야 생각이 잠시 전환될 수 있고 다음 이야기를 들을 수가 있는 것이다.

7절, 저희가 묻기를 마지아니하는지라 이에 일어나 가라사대 너희 중에 죄 없는 자가 먼저 돌로 치라 하시고

그럼에도 그들은 여전히 멈추지 않았다. "저희가 묻기를 마지아니하는지라". 영어로는 'persisted in asking'이다. 아직도 그들의 따지는 혈기는 완전히 식지 않았다. 그들은 땅에 쓰고 계시는 주님께 계속 대답을 요구하면서 주님이 올무에 걸리기를 바라며 묻고 있는 것이다. 이제 예수님이 일어나셨다. 그럴 때 사람들은 따라서 쳐다볼 수밖에 없는 것이다. 주님이 한마디를 던지셨다. "너희 중에 죄 없는 자가 먼저 돌로 치라". '죄 없는 자'란 굉장히 중요한 말이다. 이 말은 죄를 짓지 않은 사람이 아니라 죄가 없는 사람을 말한다. 만일 예수님이 죄를 지어보지 않은 사람이 돌로 치라고 했다면 어떤 사람이 돌을 들었을 수도 있다. '나는 간음은 안했으니까'라고 생각하면서 말이다. 그러나 이것은 그 여자를 돌로 쳐죽여야 하느냐 마느냐의 문제가 아니었다.

모세의 형법에 의하면 그 여자를 쳐죽이는 것이 맞다. 그런데 문제는 그렇게 할 수 있는 자격을 가진 사람이 있느냐는 것이다. 그 자는 죄가 없어야 한다. 죄가 없어야 죄 있는 사람을 벌할 수 있기 때문이다. 이 세상에 죄가 없는 사람이 어디에 있단 말인가? 하나님 한 분 외에 그 누가 죄가 없단 말인가? 따라서 심판자는 한 분 주님 외에 없는 것이다. 주님은 죄를 '짓지 않은 사람'이 아니라 아예 '죄가 없는 사람'이 먼저 치라고 하신 것이다. 거기 모인 사람들이 다 자기 자신을 생각해봐야 하는 상황이 된 것이다. 과연 누가 죄 지은 사람을 쳐죽일 죄 없는 자격을 가졌는가? 하나님 한 분 외에는 죄로 사람을 정죄하고 심판하고 죽일 자격이 없는 것이다.

'죄가 없는 사람이 먼저 치라' 거기서 경기는 끝나고 말았다.

8절, 다시 몸을 굽히사 손가락으로 땅에 쓰시니

그러면서 예수님은 다시 몸을 굽히셨다. 주님은 그분이 지으신 흙(인간)이 어떻게 해야 열이 식는지를 잘 아신다. "다시 몸을 굽히사 손가락으로 땅에 쓰시니". 그러자 따지던 얼굴들이 다시 또 머쓱해지면서 밑으로 내려간다. 복싱할 때 위빙(weaving)이라는 것이 있다. 상대방이 팔을 뻗을 때 무릎을 굽히고 숙이면 상대방의 휘두르는 주먹이 허공을 치게 된다. 사람들이 예수님을 공격하려고 따지고 들 때 마치 위빙처럼 고개를 숙여서 땅바닥에 뭔가를 계속 쓰셨으니 이 사람들이 양심으로 돌아가서 생각을 해보지 않았겠는가? 그들의 살기로 등등한 열은 식어 내려가고 있었다. 아! 그들 앞에 서셨던 그분은 과연 누구란 말인가!

9절, 저희가 이 말씀을 듣고 양심의 가책을 받아 어른으로 시작하여 젊은이까지 하나씩 하나씩 나가고 오직 예수와 그 가운데 섰는 여자만 남았더라

사람들은 양심의 가책을 받았다. 어른부터 젊은이까지 하나씩 떠났다. 예수님은 죄없으신 분이지만 고개를 숙이고 계셨다. 땅에다가 무엇인가를 쓰고 계셨다. 지금 죄 많은 사람들은 빳빳이 서서 고개를 들고 있고 그야말로 죄 없는 예수님이 고개를 숙이고 땅에다 무엇인가를 쓴다는 것 자체가 주님의 낮은 자세를 보여준다. 죄 있는 인간들은 죄가 많으면서도 빳빳이 서있고 죄 없는 주님은 오히려 죄인 같은 자세를 취하신 것이다. 나는 어제 저녁에 집사님들과 함께 기도할 때 무릎을 꿇고 기도하자고 했다. 사람이 자세에 따라서 마음에 어떤 것이 나온다. 물론 주님은 우리가 서서 기도해도 들으신다. 그러나 무릎을 꿇는 자세가 주님 앞에 더 겸손한 자세임은 사실이다.

우리 주님은 얼굴을 땅으로 향하셨다. 그러나 죄를 많이 지은 사람들은 고개를 빳빳이 하고 죄 지은 여자를 손가락질 하고 있었던 것이다. 그럴 때 주님께서 "너희 중에 죄 없는 자가 먼저 돌로 치라"고 하시자 나이를 많이 먹은 자부터 시작해서 어린 아이까지 하나씩 하나씩 다 그 자리를 떠났다. 나이를 많이 먹었다는 것은 결국 죄를 많이 지었다는 것이다. 여러분의 인생의 체험이 그렇지 않은가? 내가 초등학교 때 살던 곳과 중학교 때, 대학교 때 살던 지역이 다르다. 명절 때에 한 번씩 가보면 초등학교 때 살던 곳에서는 '나의 살던 고향은 꽃 피는 산골' 같은 노래가 즐겁게 나온다. 고등학교 대학교로 올라갈수록 별로 좋지 않은 기억들이 떠오른다. 주로 죄를 지었던 기억들이다. 인생을 오래 산 결과 우리 인생은 뭐가 쌓이는가? 죄가 축적된다. 나이를 먹을수록 사람의 죄는 더 더럽고 지저분해진다.

이제 예수님의 말씀을 통해서 양심의 비췸을 받을 때, 나이 먹은 사람들부터 물러가기 시작했다. 하나씩 하나씩 사라졌다.

10-11절, 예수께서 일어나사 여자 외에 아무도 없는 것을 보시고 이르시되 여자여 너를 고소하던 그들이 어디 있느냐 너를 정죄한 자가 없느냐 11 대답하되 주여 없나이다 예수께서 가라사대 나도 너를 정죄하지 아니하노니 가서 다시는 죄를 범치 말라 하시니라

예수님은 사람들이 다 갈 때까지 그대로 머리를 굽히고 계셨다. 고개를 들지 않으셨다. 모두 떠났을 때 비로소 일어나셨다. 주님은 그들에게 단 한 마디 하셨을 뿐이다. "너희 중에 죄 없는 자가 먼저 돌로 치라". 말씀하시기 전에도 머리를 숙이고 땅에다 무언가를 쓰고 계셨고, 말씀하신 후에도 그들의 얼굴을 쳐다보지 않으시고 땅에다 뭔가를 쓰셨다. 그리고 그들이 다 돌아간 다음에 일어나셨다.

주님이 상대하고 싶어하는 사람은 누굴까? 죄가 있으면서도 없는 것처럼 빳빳이 고개를 들고 남을 정죄하던 사람들이 아니라 죄를 짓고 근심하며 한탄하는 죄인이다. 그들 중에 가장 비참한 여자이다. 모든 사람들에게 손가락질을 당하고 정죄를 당하고 어쩌면 머리를 붙잡혀서 끌려온 여자이다. 그 얼굴은 수치심과 분노로 일그러져 있었을 것이다. 제대로 서 있지도 못했을 것이다. 그러나 예수님이 이제 일어나셔서 여자 외에 아무도 없는 것을 보시고 그녀를 불렀다. "여자여". 이 음성은 분명 부드러운 음성이었을 것이며 사랑으로 가득한 음성이었을 것이다. 죄인을 구원하러 오신 은혜의 구주이기 때문에 그렇다.

그녀를 붙잡아온 사람들이 그녀를 주 예수님처럼 '여자'라고 불렀겠는가? '이 창기야!' 등등 온갖 험한 욕을 하면서 끌고 오지 않았겠는가? 이 여자는 예수님의 말씀도 들었을 것이고 이 모든 상황이 되어가는 것을 알았을 것이다. 눈물 어린 얼굴을 들고 예수님을 바라봤을 것이다. 단 둘이었다. 가장 불쌍한 죄인과 죄인의 구주로 오신 예수이시다. 죄인인 여자가 구주이신 예수와 독대를 한 것이다. 여러분도 주님을 제대로 믿으려면 예수님과의 개인적인 만남이 필요하다. 어떤 죄인이라도 있는 그대로 예수님께 나가면 주님은 만나주신다. 예수님이 물으셨다. "여자여 너를 고소하던 그들이 어디 있느냐 너를 정죄한 자가 없느냐". 그러자 이 여자가 대답했다. "주여 없나이다". 이 여자는 이 이야기 가운데서 오직 이 말 한 마디만 했다. 사실은 죄인으로서 가장 좋은 것은 말을 많이 하지 않는 것이다. 할 말이 많다는 것은 여전히 빛이 없다는 것이고 자기가 너무 옳다고 여기기 때문이다. 이 여자는 딱 한 마디 했다. "주여 없나이다". 이런 사람이 비록 죄는 지었지만 긍휼을 얻는 사람이다. '주여'라는 이 호칭이 얼마나 귀한가? 그 많은 사람 가운데 예수를 '주여'라고 부른 사람은 이 여자밖에 없다. 그때 예수님이 말씀하신다. "나도 너를 정죄하지 아니하노니 가서 다시는 죄를 범치 말라 하시니라." 대화는 매우 짧았다.

여러분도 잘못한 것이 많이 있을 것이다. 많은 사람들로부터 손가락질 당하는 일도 없지 않아 있었을 것이다. 또 그런 것에 대해서 민감하게 반응하기도 했을 것이다. 그러나 우리 주 예수님의 말씀에 따르면 그것은 다 소용없는 것이다. 죄인이 죄인을 정죄하는 것은 다 소용없는 일이다. 욥기를 봐도 그렇다. 여러분은 사람들에게서 그런 정죄를 받을 필요가 없다. 나는 여러분이 그런 사람들의 정죄감을 의식하고 살지 않기를 바란다. 여러분이 할 일은 다만 한 가지이다. 예수 앞에 나오는 것이다. 이 세상에는 누군가를 정죄할 자격이 있는 사람이 없다. 정죄한다면 하나님이신 예수만

이 하실 수 있다. 그분은 죄가 없으시기에 자격이 있으시다. 또한 창조주이시며 심판자이시기에 자격이 있으시다. 우리가 죄를 지었다면 그분께 지은 것이다. 죄로 인한 손해를 입은 사람만이 용서해줄 수 있다. 우리는 그분께 범죄한 것이며 그분만이 정죄하거나 심판하거나 용서해줄 수 있는 것이다. 그런데 그분이 뭐라고 했는가? '나도 너를 정죄하지 아니하노니'라고 하셨다. 예수님이 오신 것은 인류를 구원하러 오신 것이다. 사람들은 그것을 몰랐다. 그들은 모세의 율법적인 관념을 갖고 있었기에 죄를 지은 사람을 죽이려고 했지만, 예수님은 모든 죄인을 구원하러 오신 것이다.

여러분 중에도 '나는 죄인이야, 죄를 지었어'라는 고민을 하는 사람이 있을지 모른다. 원래 인간은 다 죄인이다. 그것은 고민할 일이 아니다. 다른 사람이 죄를 많이 지은 나쁜 사람이라고 욕한다 해도 그것을 걱정할 것이 없다. 크고 작은 차이가 있을 뿐, 모든 사람은 다 죄인이기 때문이다. 그러므로 그런 정죄감에 시달릴 것이 없다. 죄인들은 죄를 가지고 예수께 나오면 되는 것이다. 그러면 예수님은 우리에게 무엇이라고 말씀하시는가? "나도 너를 정죄하지 아니하노라." 오늘 여러분도 주 예수의 따뜻한 음성을 듣기 바란다. "나도 너를 정죄하지 아니하노니" 예수님은 우리를 정죄하러 오신 분이 아니라 용서하러 오신 구주이시다. 그러면서 한 마디를 덧붙였다. "가서 다시는 죄를 범하지 말라". 예수를 만나면 다시는 죄를 짓지 않고 살 수 있는 길이 있다. 우리는 너무 기쁘다. 예수를 만나고 나니 정죄감이 없어졌다. 죄 용서를 받고 사람들의 정죄이든 사탄의 정죄이든, 모든 정죄감에서 해방된 것이다. 예수님이야말로 우리를 정죄할 자격이 있는 분이신데도 '나도 너를 정죄하지 아니하노라'고 하셨다. 우리는 모든 정죄에서 해방된 사람들이다. "나도 너를 정죄하지 아니하노니 가서 다시는 죄를 범치 말라 하시니라" 한 구절에 칭의와 성화의 진리가 들어 있다.

12절, 예수께서 또 일러 가라사대 나는 세상의 빛이니 나를 따르는 자는 어두움에 다니지 아니하고 생명의 빛을 얻으리라

"나는 세상의 빛이니". 이것은 보통 말이 아니다. 요한은 1장에서 예수를 가리켜서 참 빛이라고 했다. 주님은 이 세상을 비추는 참 빛이다. 누가 참 빛인가? 공자인가? 철학자들인가? 그들을 그대로 따라 살면 빛 가운데 살 수 있는가? 아니다. 예수가 빛이다. 예수가 없으면 빛이 없다. 예수가 없는 나라는 빛이 없는 나라이다. 공산주의는 예수를 거절했다. 따라서 그들은 캄캄한 흑암 속으로 들어갔다. 얼마나 많은 악이 그 안에 있는가? 예수가 없는 가정은 흑암이다. 예수가 없는 개인도 흑암이다. 인류의 태양은 오직 하나, 예수이다. 그분만이 빛이시다. 이것이 사실이라면 이것이 보통 일인가? 빛은 하나인데, 예수밖에 빛이 없으며 그를 떠나면 다 흑암이라는 것이다. 이것은 정말 보통 말이 아니다. "나를 따르는 자는 어두움에 다니지 않고 생명의 빛을 얻으리라". 주님을 따를 때 죄를 범하지 않고 살 수 있다. 빛 가운데 살 수 있는 길은 예수만 따르는 것이다.

여기 이 여자는 왜 죄에 끌려 노예가 되어 살았는가? 여기에 해답이 있다. 답은 간단하다. 예수를 못 만났기 때문에, 예수를 따를 수 없었고 육신의 정욕에 끌려서 죄의 노예의 노릇을 한 것이다. 예수를 만나지 못하고 죄에서 벗어날 사람은 하나도 없다. 예수를 만나면 죄의 세력에서 벗어날 길이 있다. 주님은 이 여자에게 가서 다시는 죄 속에서 죄의 노예 노릇을 하지 말라고 하셨다. 주님은 말씀하실 뿐 아니라 길을 가르쳐주셨다. 그것은 이 여자에게만 필요한 말이 아니기에 이제 많은 사람들을 향해 말씀하시는 것이다. 이 말씀은 이 여자가 끌려온 사건이 있은 후 성전에서 상황이 또 바뀐 상태에서 이야기하는 것 같다. 조금 전에는 여자밖에 없었는데 지금은 많은 사람들이 있기 때문이다. 아마 이 여자도 이 말씀을 들었으리라고 생각된다. "나는 세상의 빛이니 나를 따르는 자는 어두움에 다니지 아니하고 생명의 빛을 얻으리라". 예수가 길이시다. 그분이 곧 죄에서 벗어나게 하는 길이시다.

사람들은 주 예수를 믿는다 하면서 왜 죄를 짓는가? 예수를 따르지 않기 때문이다. 예수를 따른다고 하면서 다른 사람을 따르고 예수를 따른다고 하면서 어떤 신조를 따르고, 예수를 따른다고 하면서 지식을 따르기 때문이다. 인격이신 예수를 참되게 따르지 않고 엉뚱한 것을 따르기 때문에 죄를 짓는 것이다. 그러므로 그저 죄 속에서 벗어나지 못하고 많은 죄를 짓게 된다. 생명이신 예수를 따르면 절대 죄를 짓지 않는다. 이것이 진리이다. 예수님이 이렇게 선포하시자 바리새인들이 13절부터 따지기 시작한다.

13-15절, 바리새인들이 가로되 네가 너를 위하여 증거하니 네 증거는 참되지 아니하도다 14 예수께서 대답하여 가라사대 내가 나를 위하여 증거하여도 내 증거가 참되니 나는 내가 어디서 오며 어디로 가는 것을 앎이어니와 너희는 내가 어디서 오며 어디로 가는 것을 알지 못하느니라 15 너희는 육체를 따라 판단하나 나는 아무도 판단치 아니하노라

12절의 주님의 말씀 "나는 세상의 빛이니 나를 따르는 자는"이라는 말씀에 대한 유대인들의 반응이다. 바리새인들은 그분이 '나는 세상의 빛이니'라는 말이 예수께서 자신을 위하여 증거하는 말로 여겼다. 주 예수는 8장에서 죄를 지은 여인을 대하시는 모든 것이 보내심을 받은 구주로서 행하고 계셨다. 또한 그분은 모든 사람을 구원하기 위한 말씀을 하고 계셨다. "나를 따르는 자는 어두움에 다니지 아니하고 생명의 빛을 얻으리라" 그러나 유대인들은 그분을 따라야 한다는 말이 거슬렸을 것이다. 그들은 예수를 하나님 아버지에 의해 구주로 보내심 받은 것을 믿지 않고 백성을 미혹하는 자로 여겼다(요7:12, 47)

여기서 '판단'이라는 말은 '심판'이다. 당시에 유대인들은 예수를 육체를 따라서 심판했다. 그러나 예수는 결코 사람들을 심판하지 않으신다. 예수님은 이 땅에 왜 오셨는가? 심판하러 오셨는가? 하나님은 그를 죄인들을 구원하기 위한 구주로 보내셨다. "나는 아무도 판단(심판)하지 아니하노라"고 하셨다. 이것은 참 놀랍고 기이한 일이다. 그 거룩한 분이 죄많은 세상에 오셔서 사람을 심판하지 않으시고 "나는 나무도 심판하지 아니하노라" 하셨다. 주 예수는 죄가 많은 여인에게도 "내가 너를 정죄하지 아니하노니"라 하셨다. 그분은 구주로 보내심을 받았기 때문이다. 그분은 심판할 자격도 있으시며 모든 것을 아시니 심판하실 수 있다. 그러나 그분은 심판하지 않으시고 구원하시려 하신다. 그분은 알고도 심판하지 않으시는데 우리 인간들은 알지도 못하고 심판한다. 따라서 인간의 판단은 모두가 육체의 판단이요 심판이다. 다시 한번 주 예수님의 말씀을 음미해보자! "내가 나를 위하여 증거하여도 내 증거가 참되니 나는 내가 어디서 오며 어디로 가는 것을 앎이어니와 너희는 내가 어디서 오며 어디로 가는 것을 알지 못하느니라 너희는 육체를 따라 판단하나" 주님은 아버지로부터 보내심을 받았기에 모든 것을 알고 증거하시는 것이며 따라서 그분의 증거는 참되시다!

16-20절, 만일 내가 판단하여도 내 판단이 참되니 이는 내가 혼자 있는 것이 아니요 나를 보내신 이가 나와 함께 계심이라 17 너희 율법에도 두 사람의 증거가 참되다 기록하였으니 18 내가 나를 위하여 증거하는 자가 되고 나를 보내신 아버지도 나를 위하여 증거하시느니라 19 이에 저희가 묻되 네 아버지가 어디 있느냐 예수께서 대답하시되 너희는 나를 알지 못하고 내 아버지도 알지 못하는도다 나를 알았더면 내 아버지도 알았으리라 20 이 말씀은 성전에서 가르치실 때에 연보궤 앞에서 하셨으나 잡는 사람이 없으니 이는 그의 때가 아직 이르지 아니하였음이러라

사람은 근본적으로 혼자 살도록 지어진 존재가 아니다. 이것은 무슨 말인가? 사람은 안에 하나님을 모시고 살도록 지어진 것이다. "나를 먹는 그 사람은 나로 인하여 살리라" 주님은 이 땅에 오셔서 혼자 모든 것을 행하신 것이 아니다. 혼자 사는 것이 육체요 죄인 것이다. 바울이 주님을 만나기 전에 그는 혼자 살았다. 그는 모든 것을 자신이 옳다고 생각하는 바에 따라 행하였다. 결과는 육체로 행한 것이며 예수를 핍박하는 것이었다. 그러나 다메섹에서 주 예수를 만난 후 "이제는 내가 사는 것이 아니요 내 안에 그리스도께서 사신 것이라"고 했다. "율법에 두 사람의 증거가 참되다"는 말은 매우 비밀스런 것을 내포하고 있다. 문자적으로 두 사람을 말하는 것일 뿐 아니라 사람은 자기의 혼자 살 수 있는 것이 아니라는 뜻이 들어있다. 따라서 사람은 예수의 내적인 확증을 가지며 살아야 하는 존재인 것이다. "정말 주님이 이렇게 하라고 하시나?" "정말 주님이 이렇게 말하라고 말씀하시나?"

주 예수는 그분이 아시는 것을 말씀하시니 그분의 증거가 참되다 하시며 아버지와 함께 증거하니 참되다고 하신 것이다. 무엇을 아시는가? 아버지께서 알려주시니 아는 것이다. 그분은 아들 혼자 무엇을 해도 죄가 되지 않는다. 그분은 죄가 없는 분이기 때문이다. 그러나 그분은 한 가지도 혼자 행하지 않으셨다. 그분은 이러한 말씀을 왜 자꾸하시는가? 하늘로서 오신 그분의 말씀을 듣고 믿게 하기 위함이다. 내가 심판을 한다면 그 심판은 참되지만 그러나 심판하지 않으신다고 하신다. '너희들이 나를 판단하고 심판하는데 그것은 잘못된 심판이다. 그것은 육체를 따라 하는 것이다. 육신의 눈으로 보이는 대로 판단하는 것이다. 이기심과 세상을 사랑하는 마음과 자기 과시와 자기 생각으로 판단하는 것이다'라는 말이다. 예수 그리스도야 말로 모든 것을 아시니 참되게 판단하실 수 있지만 그분은 그렇게 하지 않으신다는 것이다. 지금 예수님의 목표는 자신이 하나님께서 보내신 아들이심을 믿도록 해서 사람들을 구원하시는 것이다. 그들에게 자신이 아버지께서 보내서 오신 아들이라는 것을 제시하시어 사람들로 믿고 구원받게 하려는 것이 지금 주님이 하실 일이기 때문이다.

21절, 다시 이르시되 내가 가리니 너희가 나를 찾다가 너희 죄 가운데서 죽겠고 나의 가는 곳에는 너희가 오지 못하리라

여기서 우리는 사람들이 피상적이나마 예수를 찾고 있음을 알 수 있다. 당시 유대인들도 실상은 나름대로 메시아를 찾고 있는 사람들이었다. 그러나 그렇게 피상적으로 찾는 것은 멸망에 이르게 된다. 깊이 있게 찾아야 하며 자신이나 자신의 단체에 대한 문제의식을 갖고 깊이 살펴야 길이 있다. 사람들은 자신들이 죽을 운명에 처한 사실이 급한 것인데 그저 많은 판단을 늘어놓고 있다. 그러나 주님은 그들의 급하고 진실한 필요를 언급하신다. "나를 찾다가". 오늘 날도 많은 사람들이 참 진리를 가까이 놓고 찾는 것처럼 하다가 멸망한다. 당시 유대인들은 예수가 앞에 계신데도 다른데서 그리스도를 찾다가 그들의 죄 가운데 죽을 위험에 처해 있었다.

22절, 유대인들이 가로되 저가 나의 가는 곳에는 너희가 오지 못하리라 하니 저가 자결하려는가

유대인들은 주님이 가시려 한다는 말을 듣고 오해를 한다. 한 편으로 치우친 사상은 얼마나 위험한가? '당신이 가려는 곳에 너희는 오지 못한다는 말이 무엇인가? 자살이라도 하려는 것인가?' 7장에는 같은 말을 듣고 예수께서 가신다는 말이 헬라인에게 가서 가르치려는가 했었다. 완고함과 무지는 어두움이며 결국 사람을 멸망으로 인도한다. 당시 그들은 앞에 예수를 놓고 그 모습을 보고 그 입의 말씀을 듣고도 그분이 누군지 몰랐다.

23-24절, 예수께서 가라사대 너희는 아래서 났고 나는 위에서 났으며 너희는 이 세상에 속하였고 나는 이 세상에 속하지 아니하였느니라 24 이러므로 내가 너희에게 말하기를 너희가 너희 죄 가운데서 죽으리라 하였노라 너희가 만일 내가 그인 줄 믿지 아니하면 너희 죄 가운데서 죽으리라

"예수께서 가라사대 너희는 아래서 났고 나는 위에서 났으며 너희는 이 세상에 속하였고 나는 이 세상에 속하지 아니하였느니라"의 말씀은 작은 말이 아니다. 이것은 매우 큰 말이다. 인류 가운데 누가 이런 말을 할 수 있는가? 너희는 아래에서 났고 나는 위에서 났다니! 그분은 그분이 어디서 온 것을 아신다고 했다. 그분은 그렇게 선포하셨을 뿐 아니라 그렇게 위에서 오신 것을 그분의 죄 없으신 삶과 은혜와 지혜와 능력의 말, 또한 많은 기적으로 증명해보이셨다. 우리 주님은 계속 복음을 말씀하신다. 유일하게 너희가 죄 가운데 죽지 않는 비결은 내가 그인 줄 믿어야 한다는 것이다. 이 또한 어느 인간도 할 수 없는 대담한 말이다. 여기서 '그'라는 글자가 작은 글자로 씌여져 있다. 내가 누구라는 것을 믿어야 하는가? 영어로는 'I am that I am'이라고 쓰인 성경도 있다. 헬라어 역시 그렇게 되어 있다. '나는…이다'라는 뜻의 '에고 에이미('Εγώ είμι)'인데 이것이 바로 여호와의 이름이다.

요한복음 1장에서 예수는 영원한 말씀이라고 하고 8장에서 그분이 바로 여호와라고 한다. 출애굽기로 가보자. 출애굽기 3장 1-2절, "모세가 그 장인 미디안 제사장 이드로의 양무리를 치더니 그 무리를 광야 서편으로 인도하여 하나님의 산 호렙에 이르매 여호와의 사자가 떨기나무 불꽃 가운데서 그에게 나타나시니라". 모세가 호렙 산에 이르렀을 때에 가시나무 떨기 사이에 여호와의 사자(angel of the Lord)가 나타났다. 이때 여호와의 사자가 당시 장인 이드로의 양을 치고 있었던 모세를 불러서 애굽에서 고통받는 이스라엘 백성을 구출하러 보내시려고 하신다. 모세는 주저한다. '당신이 나를 보낸다고 하시는데 이스라엘 장로들이 누가 너를 보냈냐고 물으면 무엇이라고 대답합니까?'라고 묻는 모세에게 하나님은 대답하셨다.

> 13-14절, "모세가 하나님께 고하되 내가 이스라엘 자손에게 가서 이르기를 너희 조상의 하나님이 나를 너희에게 보내셨다 하면 그들이 내게 묻기를 그의 이름이 무엇이냐 하리니 내가 무엇이라고 그들에게 말하리이까 하나님이 모세에게 이르시되 나는 스스로 있는 자니라 또 이르시되 너는 이스라엘 자손에게 이같이 이르기를 스스로 있는 자가 나를 너희에게 보내셨다 하라".

여호와의 사자께서-그분이 여호와이시다-'나는 스스로 있는 자'라고 말해주라고 하신다. 이것이 영어로 'I am that I am', 즉 '나는 …이다'라는 뜻이다. 여호와의 이름은 여호와인데 그 뜻은 '나는 …이다'이며, 이것은 '존재'라는 뜻이다. 스스로 계신다는 뜻이다. 그분은 영원부터 영원까지 그분 스스로 계시는 분, 영존하시는 분이시다. 스스로 존재하시는 분이시다. 그것이 여호와의 이름이다. 그렇다면 여호와 이외에는 다 아무것도 아닌 것이다. 그분 외에 그 누구도 '나는…이다'라고 말할 수 있는 사람은 없다. 사람은 80년 살다가 없어진다. '나는…이다'라고 하면서 스스로 계속 존재할 수 있는 사람은 없다는 것이다. 피조물은 그렇게 말할 수 없다. 그분은 유일하게 '스스로 존재하는 자'라고 말씀할 수 있는 분이시다. 유일하게 'I am that I am'이라고 할 수 있는 분이시다. 그것이 바로 하나님의 이름이다.

출애굽기 3장에서 누가 모세를 보냈는가? '나는... 이다'인 분이 보냈다.

우리는 우리의 믿음에 따라 '하나님은... 이다' 사이에 첨가할 수 있다. 우리에게 위로가 필요하다면 하나님은 우리의 위로이시다. 우리에게 피난처가 필요하다면 하나님은 우리의 피난처이시다. 우리에게 승리가 필요하다면 하나님은 우리의 승리이시다. 모세는 이스라엘 백성을 애굽에서 이끌어내어 광야로 인도하기 위해 그분을 알아야 했다. 하나님은 모세에게 광야에서 힘과 지혜, 구변과 양식 등 모든 것이 되셨다. 우리에게 방법이 필요하다면 하나님은 우리에게 방법이시다. 다른 방법을 찾지 말라! 예수 그리스도께서 '나는 곧 길이요' 라고 하셨다. 우리에게 빛이 필요하다면 하나님이 우리의 빛이시다. 다윗은 "여호와여 주의 이름을 아는 자는 주를 의지하오리니"라고 말했으며(시9:10), "하나님께 노래하며 그 이름을 찬양하라... 그 이름은 여호와시니"(시68:4)라고 하였다. 하나님은 다윗에게 "저가 내 이름을 안즉 내가 저를 높이리라"(시91:14)고 하였다. 하나님의 이름은 하나님 자신을 계시한다. 그 이름은 우리의 믿음의 터이다. 우리는 하나님의 이름을 의지하여 놀라운 일을 성사할 수 있다.

구약의 여호와가 바로 신약의 예수시다. 예수라는 뜻은 여호와 구원자이다. 이 세상에 계실 때 예수는 그분 자신이 구약의 여호와라는 것을 시인하셨다. 그분은 "너희가 만일 내가 그 인줄 믿지 아니하면 너희 죄 가운데서 죽으리라"(요8:24)고 하셨다. 여기서 주 예수님은 그분이 바로 '나는... 이다'이신 분임을 알려주시고 있다. 주 예수님이 '나는... 이다'임을 인해 우리는 기뻐해야 한다. 그분은 우리를 위해 모든 것이 되신 분이다. 부활, 생명, 빛, 선한 목자 등이 되시기에 우리가 그분의 이름을 믿는다면 우리는 모든 것을 얻게 된다. 그분의 이름은 우리로 인생의 광야를 거쳐 가나안 땅에 들어가게 하는 이름이다.

"너희가 만일 내가 그인 줄 믿지 아니하면 너희 죄 가운데서 죽으리라". 바로 당시에 유대인들이 따지고 시험하고 덤벼들던 예수가 바로 출애굽기 모세의 호렙 산에서 나타났던 여호와의 사자, 그분의 이름을 여호와라고 했던 바로 그분이라는 것이다. 주님은 내가 그인 줄 믿지 않으면 너희는 죽으리라고 하셨고, 그들은 이 말씀을 알아듣지 못했다. 그분(예수)으로부터 받는 사람들은 은혜위에 은혜를 얻게 되어 죄에서 벗어나게 된다(롬6:14).

25절, 저희가 말하되 네가 누구냐 예수께서 가라사대 나는 처음부터 너희에게 말하여 온 자니라

"네가 누구냐"(Who are you?). 예수는 과연 누구인가? 그분은 출애굽기 3장의 호렙산 가시덤불에서 모세에게 나타나신 여호와의 사자이시요 여호와 하나님이시다. 하나님의 아들이시고 하나님 자신이시다. 그분이 바로 '에고 에이미', 즉 '나는…이다'라고 하는 여호와 그분, 그분이 육신을 입고 이 땅에 오신 우리의 구원자이시다.

예수님이 대답하셨다. "나는 처음부터 너희에게 말하여 온 자니라". 여기서 처음이란 '태초에 말씀이 계시니라' 할 때의 태초, '아르케'라는 말이다. 이분이야말로 아담이 타락했을 때부터 여자의 후손이 그 머리를 상하게 하리라고 계속 선지자들로부터 말하여 오던 바로 그분이시다. 하나님의 아들 메시아가 이제 와서 구원하실 것이라던 바로 그분이다. '처음부터 말하여 온 자, 바로 나다'라고 말하는 것이다.

우리는 인류 가운데 한 사람을 찾아내야 한다. 수억 수천만 사람들 가운데 한 사람을 찾아야 한다. 그 사람은 우리와 온 곳이 다르다. 이 땅이 아닌 하늘로부터 오신 이가 한 분 계셨다. 하나님이 사람이 된 분이 계셨다는 것이다. 그분은 스스로 자신을 하나님이라고 말씀하신다. '나는 하나님의 아들이다. 나는 위에서 온 사람이다. 나는 내가 어디서 왔는지 안다. 나는 늘 아버지와 함께 있다. 내가 말하는 것은 스스로 말하는 것이 아니다. 나는 이 땅에 너희와 있어도 지금 여전히 하늘에 있다' 너무나 신비스런 말씀이기에 유대인들은 알아듣지 못했다. 예수는 지금 최선을 다해서 그분이 위에서부터 오신 분이심을 알려주고 계신다.

28절, 이에 예수께서 가라사대 너희는 인자를 든 후에 내가 그인 줄을 알고 또 내가 스스로 아무 것도 하지 아니하고 오직 아버지께서 가르치신 대로 이런 것을 말하는 줄도 알리라

그분은 영원 세계 안에 스스로 계신 하나님이시고 시간 안에 오셔서 사림이 되셨으며 십자가에 달리사 구속주가 되셨다. "인자를 든 후에". 십자가에 못 박혀 죽으시는 것을 말함이다. 그분은 십자가에 높이 달리셨다. 이렇게 반대하고 죽이려고 모의하고 적의로 가득한 사람들을 앞에 놓고 예수님은 앞으로 그분이 죄인들의 죄를 대속하기 위해서 십자가에 달려서 죽을 것을 말씀하고 계신다. 무지몽매한 인간들을 앞에 두시고 인류의 죄를 위해서 하나님의 보내심을 받으신 분이 얼마 안 있으면 죄인을 구원하기 위해 십자가에 못 박혀 죽으실 의지를 표명하고 계시는 것이다. 주님이 내가 '그'인 줄 믿지 않으면 너희는 다 죄 가운데서 너희의 죄를 짊어지고 죽는다고 말씀하시는 이유가 무엇인가? 그분이 하나님의 아들이라는 것을 믿으라는 것이다. 이것이 비결이다. 그분을 믿고 그분을 따라 살면 죄에서 해방되고 죄를 짓지 않고 살 수 있고 빛 가운데 살 수 있고 죄의 정죄와 형벌을 받지 않고 영원한 천국의 백성이 될 수 있음을 가르쳐주시는 것이다.

29-30절, 나를 보내신 이가 나와 함께 하시도다 내가 항상 그의 기뻐하시는 일을 행하므로 나를 혼자 두지 아니하셨느니라 30 이 말씀을 하시매 많은 사람이 믿더라

이 복되신 아들은 항상 아버지와 함께 있다고 증거하고 있다. 그분은 아버지와 하나되신 분이며 항상 아버지의 기뻐하시는 일을 행하신 분이다. 그분은 그분 자신이 처음부터 말하여 온 '그'라고 하신다. 또 구약 성경에 나타난 여호와의 사자, 여호와 자신이라는 것을 말씀하고 계신다. 그렇게 믿으면 구원을 받고 영생을 얻고 죄에서 벗어나서 빛 가운데 살 수 있다고 하신다. 이 여자처럼 죄의 노예 노릇을 하지 않고 살 수 있는 길이 바로 여기에 있다는 것이다. '너희들이 지금 나를 판단하고 심판하고 죽이려고 하지만 나는 아버지께서 보내셔서 이 땅에 온 것이다. 나는 심판하러 온 것이 아니라 구원하러 온 것이기에 너희들의 판단은 다 틀렸다. 내가 판단하는 판단은 다 맞지만 나는 심판하러 보내심받은 것이 아니기에 나는 너희를 판단하지 않고 너희들의 죄를 위해서 죽을 것이다. 나는 얼마 후면 들려서 죽을 것이다. 그러나 너희들이 나를 믿는다면, 내가 그인 줄 믿는다면 여러분은 구원을 받을 것이다. 죄 가운데 죽지 않을 것이다'라고 하시며 주님은 복음을 전하고 계신다. 사람에게 필요한 것은 하나님보다 부족한 분이어서는 안된다. 온전한 하나님이셔야 한다. 이러한 하나님이 육신을 입고 오셔서 믿으라 하시며 믿는 사람들을 구원하시려 하신다.

성경은 이렇게 한 분 예수를 증거하고 계시다. 이분은 인류의 소망이시다. 그분만 믿으면 우리는 죄와 어둠과 사망 권세에서 벗어난다. 그리고 우리는 하나님의 빛 가운데 살 수 있다. 인류의 소망은 여러분을 창조하시고 지으신 하나님이 그분의 아들을 이 땅에 보내신 것에 있다. 주님을 믿고 구원받고 소망을 거기에 두라고 하신다. 인생은 다 비참하게 죽어가고 썩어져가고 있다. 이 세상에는 아무런 기대할 것이 없다. 오직 하나님이 사람이 되어 오신 예수, 이 예수를 믿으면 여러분이 원래부터 원하고 바라고 기대하던 것, 여러분도 모르는 것, 뭔가 여러분 속에 비어 있다고 생각되던 것이 다 이루어지고 충족됨을 볼 것이다.

자유케 됨

31절, 그러므로 예수께서 자기를 믿은 유대인들에게 이르시되 너희가 내 말에 거하면 참 내 제자가 되고

"너희가 내 말에 거하면 참 내 제자가 되고". 주님께선 우리가 그분을 믿었다면 믿은 것에서 그치지 않고 좀 더 전진하기를 원하신다. 믿었다면 말씀에 거해야 참 제자가 된다고 하신다. 제자란 무엇인가? 우리보다 먼저 본을 보인 그대로 따라가는 사람을 제자라고 한다. 예수님처럼 그대로 살 수 있으려면 그분의 말씀 안에 거해야 하는 것이다. 예수를 믿었다는 것은 그냥 겉으로만 믿었다, 교회 다닌다는 것이 아니다. 주님이 주신 말씀과의 관계를 맺어야 한다. 그 말씀이 우리 안에 거해야 한다.

말씀이 사람 안에 거한다는 것이 무슨 뜻이겠는가? 주의 말씀이 그 사람의 행동과 삶을 지배하는 요소가 될 때 그것이 말씀이 거한다는 뜻이 아니겠는가? 주의 말씀과 어떤 관계도 갖지 않고 산다면, 말씀은 말씀이고 나의 삶은 나의 삶이라면, 그것은 말씀이 거하는 것이 아니다. 주의 말씀이 그 사람 속에 거해서 그 삶을 지배하게 될 때 그런 삶을 사는 사람이 예수의 참 제자가 된다는 것이다.

32-33절, 진리를 알지니 진리가 너희를 자유케 하리라 33 저희가 대답하되 우리가 아브라함의 자손이라 남의 종이 된 적이 없거늘 어찌하여 우리가 자유케 되리라 하느냐

진리가 무엇인지를 말하기 전에 자유케 된다는 이야기부터 해보자. 지금 예수님은 유대인들을 바라보고 계신다. 예수님은 그들이 자유가 없다고 생각하신다. 자유를 누리고 있지 못하다고 보고 계신다. 그래서 "진리를 알지니 진리가 너희를 자유케 하리라"고 말씀하셨다. 진리란 원문에서 '절대적 진실'을 말한다. 교리가 아니다. 이는 실제라고 번역함이 원어의 뜻에 가깝다. 율법이 그림자라면 진리이신 예수는 그 실제인 것이다. 이런 의미에서 예수는 참이요 실제이시다. 그분(예수)을 참되게 아는 것이 진리를 아는 것이며 자유케 되는 비결이다.

사람들은 죄로부터의 자유에 대한 사상이 없고 원함도 없다. 필요성도 느끼지 못한다. 아브라함의 자손이며 남의 나라의 종 된 적이 없다고 반문한다. '우리가 자유롭게 살고 있는데 무엇을 또 자유롭게 하는가'라는 것이다. 그들은 예수님이 하신 말씀을 잘 이해하지 못하고 있다. 진리란 무엇인가? 요한은 생명을 많이 말할 뿐 아니라 진리를 많이 말한다. 진리는 예수 그리스도이다(요14:6). 율법은 사람을 자유케 하지 못한다. 당시 유대인들은 죄에 매인 종들이었다. 오늘도 사람들은 자신들이 자유롭다고 말할 것이다. 그러나 예수가 없는 사람들은 죄에게 종노릇하는 종들인 것이다.

34절, 예수께서 대답하시되 진실로 진실로 너희에게 이르노니 죄를 범하는 자마다 죄의 종이라

종이 되었다는 것은 민족적인, 육체적인, 물질적인 세계 속에서의 자유를 말하는 것이 아니라 영적인 세계 속에서의 자유를 의미하는 것이다. 죄에게 속박되어 죄를 짓기 싫어도 지어야만 하는 죄의 종이라는 말이다. 우리 주 예수님은 사람들에게 자유를 주러 오셨다. 그분의 이름이 무엇인가? 예수 그리스도이시다. 그리스도라는 말은 하나님의 위임을 받은 종이라는 뜻이다. 하나님은 그리스도를 이 땅에 보내셔서 그분이 창조한 사람들, 그런데 불행히도 타락해서 죄에게 종노릇 하게 된 사람들을 원래대로 회복시키고자 하신 것이다. 예수 그리스도는 그런 분이시다. 하나님의 위임을 맡아서 자유를 주시려고 오셨다. 하나님이 사람을 창조하실 때 노예로 지으신 것이 아니다. 그런데 사람은 어느 정도까지 종이 되었는가? 자유케 될 필요를 느끼지 못할 정도로 노예가 되었다.

어떤 민족이 남의 나라의 속국이 되어 오랜 세월 동안 식민지 노릇을 하면 그들에게 식민지 근성이 배어서 자유를 원하지 않는다. 그냥 그대로가 더 좋다는 것이다. 그런데 그들 가운데서 어떤 사람이 자유케 된 나라에 유학이라도 가게 된다면 눈이 열리게 되는 것이다. '우리가 조국에서 자유를 잃고 살았구나, 우리는 자유를 다 빼앗기고 살았구나'라고 깨닫게 되어서 독립 운동을 하게 된다. 죄인이 된 인간들은 참 자유를 잃어버리고 사는데도 어려서부터 그렇게 살았기 때문에 자유의 세계에 대한 생각 자체가 없기 때문에 자유를 원하지도 않는다. '아, 우리는 자유로운데 무슨 자유를 준다고 하는가?'라고 한다. 그런데 주님은 '죄를 범하는 자는 죄의 종이 아니냐'라고 하셨다.

지금 유대인들은 예수님을 미워했다. 주님이 무슨 말씀만 하시면 멸시하고 미워하면서 죽이려고 했다. 여러분은 어떤가? 살면서 마음속에 어떤 상황이 벌어질 때 사람들에 대한 미움이 없던가? 미움이 생기고 원망이 생기고 그리고 잘 풀어지지 않는다. 풀렸으면 좋겠는데 안 풀어진다. 남을 미워할 때는 행복하지 않은데도 어쩔 수 없이 미워하면서 그것이 자기의 한계라고 생각한다. 인생이란 이렇게 별 수 없이 미워하며 속 끓이며 사는 것이라 한다. 그것으로부터의 해방과 자유를 맛보지 못했기에 그것을 원하지조차 않는 것이다. 우리 주님은 본질을 보신다. 주님은 유대인들을 위해서 복음, 참 진리인 하나님 말씀을 말해주는데도 그들은 예수님을 잡아 죽이려고 한다. 그럴 때에 예수님은 그들이 마귀에게 종노릇하고 있다고 보시는 것이다.

여러분은 마음속에 미움이 생기고 속상하고 원망스러운 것이 안 풀릴 때 '내가 종 노릇하고 있다'고 생각해보지 않았을 것이다. 새 생명의 자유로움 속에서 살아보지 않았기 때문에 한 번도 그런 것이 종노릇이라고 생각해보지 않는 것이다. 여기 유대인들도 '우리가 한 번도 종 된 적이 없는데 무슨 자유케 한다는 말인가'라고 하는 것이다. 그래서 고정관념을 가지고 더 이상 어떤 새로운 것을 받아들이지 않으려고 하는 사람들은 믿음이 무엇인지 알 수가 없다.

35절, 종은 영원히 집에 거하지 못하되 아들은 영원히 거하나니

종과 아들의 신분과 그 운명에 대한 것이다. 종은 집에 거하지 못한다. 아브라함에게는 아들이 있었다. 먼저 하갈, 여종으로부터 이스마엘을 낳고 본 부인인 사라로부터 이삭을 낳았다. 그런데 여종의 아들인 이스마엘을 내쫓으라고 했다. 이삭만을 집에 있게 했다. 아브라함은 그 본부인의 아들인 이삭에게 유산을 다 주었다. 주님이 하신 말씀은 다 영적인 말씀이다. 물질적인 세계 속의 이야기가 아니다. 집에 거한다는 말은 무엇인가? 참되게 주를 믿는 사람들에게는 안식이 있다. 아버지 집에 거하는 축복, 안식, 은혜, 평강이 있다. 하나님의 집에는 모든 축복이 다 있다. 그런데 종은 집에 거하지 못한다. 참된 자유를 얻은 사람만이 아버지 집의 축복을 누릴 수 있다. 그런데 집에도 거해봤어야 그 즐거움을 아는 것이다. 그런 체험이 없으면 집에 거했으면 좋겠다는 생각조차 가질 길이 없다.

그래서 예수 믿는 것이 긍휼이다. 우리는 원래부터 그것을 원한 것이 아니다. 그런 것이 있는 줄 알지 못했다. 어렸을 때부터 이 교회, 저 교회 가보고 실망했던 것이다. 그러나 어느 날 성경의 말씀을 제대로 깨닫고 나서 비로소 속에 변화가 일어났다. 그러면서 인생에서 참 자유를 맛보기 시작하는 것이다. 참 자유가 무엇인가? 죄와 사악한 것들이 없어지고 평화와 사랑과 모든 좋은 것들이 속에서 샘솟듯 솟아나니 예전에 악과 미움 속에서 살았던 때보다 훨씬 편하고 너무 좋은 것이다.

36절, 그러므로 아들이 너희를 자유케 하면 너희가 참으로 자유하리라

예수 그리스도는 우리를 자유케 하려고 오신 분이시다. 진리는 무엇인가? "내가 곧 길이요 진리요". "아버지의 말씀은 진리니이다". 예수님이 이 땅에 오셔서 하신 말씀이 무엇인가? 무엇을 계속 주장하셨는가? '내가 하나님의 아들이다'라는 것이다. 그분은 자신이 하나님으로부터 왔다고 주장하신 것이다. 그리고 '나는 불쌍한 인간의 죄를 위해서 십자가에 피를 흘리고 죽을 하나님의 어린 양이다'라고 하신 것이다. '누구든지 나를 믿으면 죄사함을 받는다. 그리고 지옥에 떨어지지 않고 멸망하지 않는다. 영생을 얻는다'고 말씀하셨다. "하나님이 세상을 이처럼 사랑하사 독생자를 주셨으니 이는 누구든지 저를 믿는 자마다 멸망치 않고 영생을 얻게 하려 하심이라". 이것이 주님이 가장 많이 하신 말씀이다. 구원받기 위해 주 예수를 믿으라는 것이다. 이러한 말씀이 참이요 우리가 믿을만한 진리인 것이다.

하나님이 세상 죄인을 사랑해서 이 세상에 보낸 독생자 예수를 믿으면 여러분이 어떠한 죄인이라도, 강도라도, 어떠한 죄를 지었더라도 믿을 때에 용서를 받는다. 예수는 그분의 피로써 모든 사람의 죄를 씻을 수 있다. 흰 눈보다 더 희게 씻어주신다. 주홍같이 붉은 죄라도 눈같이 희게 씻어주신다. 어떤 사람들은 선행을 하면 구원받을 것이라고 생각한다. 그것은 진리가 아니다. 어떤 사람들은 인내를 하면, 혹은 많은 공로를 쌓으면 구원받을 것이라고 생각한다. 그런 것은 진리가 아니다. 또 어떤 사람들은 눈물을 많이 흘리면 구원받을 것이라고 생각한다. 그러나 우리가 잘 아는 찬송가에서도 노래한다. '울어도 못하네' 옛날에는 많이 울면 하나님이 용서해주고 봐주실 줄 알고 교회만 오면 울었다. 그래서 교회로 장소를 얻으려고 하면 건물 주인들이 새벽마다 교인들이 시끄럽게 우는 소리가 듣기 싫다고 세를 안 주었다고 한다. 사람들은 많이 울면 하나님이 불쌍히 여겨서 봐주실 줄로 생각하는 것이다.

그러나 생각해보라. 무조건 운다고 하나님이 죄를 봐주신다면 의로운 재판장이 아니지 않은가? 이 세상에 어떤 법관이 죄를 잔뜩 짓고 사람도 죽인 사람이 찾아와서 며칠씩 계속 운다고 봐주겠는가? 그렇다면 그는 의로운 재판장이 아니지 않은가? 죄에 대해서는 마땅한 형벌을 받아야 그것이 '의'인 것이다. 바로 그 의의 문제 때문에 예수 그리스도께서는 이 땅에 오셔서 십자가를 지신 것이다. 우리의 지은 죄를 어떻게 해결하는가? 인간의 죄를 어떻게 사하시는가? 오직 성경만이, 예수 그리스도만이 우리 인간의 죄를 해결할 수 있는 합법적이고 공의로운 길을 가지고 있다. 죄가 한 사람 아담으로부터 왔기 때문에 아담과 같은 새로운 근원의 인물을 하나 이 땅에 내신 것이다. 그분이 마지막 아담이신 예수이다. 하나님은 아담으로부터 나온 우리 모든 죄인들의 죄를 예수 그리스도에게 얹으시고 그분으로 하여금 담당하게 해서 우리 대신 그분을 심판하신 것이다. 이 예수 그리스도께서 우리의 구주가 되게 하시고 그를 믿는 자는 다 죄를 용서해주고 영생을 주겠다고 하셨다. 살려주시고 회복시켜 주시며 죄 아래 속박되어 있는 사람들을 모두 해방시켜 주시는 것이다. 죄를 짓지 않고도 자유롭게 살 수 있는 그런 길을 열어주시려 그리스도께서 이 땅에 오신 것이다. 이것이 복음이고 신약 성경이고, 사실 구약에 내재되어 있는 사상이며 진리이다.

37절, 나도 너희가 아브라함의 자손인 줄 아노라 그러나 내 말이 너희 속에 있을 곳이 없으므로 나를 죽이려 하는도다

"나를 죽이려 하는도다" 죽이려 하는 시기심과 적대감은 그들의 속에 말씀이 없기 때문이다. 이런 비밀은 성경에만 있다. 어떤 사람에게 독한 시기와 악독이 있다면 의심할 필요없다. 그의 속에는 거하는 말씀이 없다. "내 말이 너희 속에 있을 곳이 없으므로 나를 죽이려 한다"고 말씀하신다. 죄를 이기려고 애쓰지 말고 생명의 빛이신 예수를 좇으라! 미움과 적대감을 없애려 하지 말고 안에 말씀이 거하게 하라!

축복된 사람은 누구인가? 말씀이 우리 속에 있을 곳이 있는 사람이다.

여러분이 말씀을 들을 때 그 말씀이 여러분 속에 받아들여져야 축복된 사람이다. 이 말씀이라는 것은 사람 속에 들어가면 가만히 있지를 않는다. 말씀은 주님 자신이요 그 안에는 운동력이 있고 살았고 움직이고 역사하기 때문에 여러분을 살리고 자유케 하고 말할 수 없는 축복을 가져다준다.

38절, 나는 내 아버지에게서 본 것을 말하고 너희는 너희 아비에게서 들은 것을 행하느니라

그들은 왜 예수님을 미워하고 무시하고 멸시하고 시기하고 죽이려 했는가? 예수님의 말씀은 '나하고 너희들은 아비가 달라서 그렇다'고 말씀하시는 것이다.

39-40절, 대답하여 가로되 우리 아버지는 아브라함이라 하니 예수께서 가라사대 너희가 아브라함의 자손이면 아브라함의 행사를 할 것이어늘 40 지금 하나님께 들은 진리를 너희에게 말한 사람인 나를 죽이려 하는도다 아브라함은 이렇게 하지 아니하였느니라

예수님이 아브라함을 만나 봤다는 이야기이다. 아브라함을 상대해 볼 때 너희 같지 않더라는 말이다.

41절, 너희는 너희 아비의 행사를 하는도다 대답하되 우리가 음란한 데서 나지 아니하였고 아버지는 한 분뿐이시니 곧 하나님이시로다

이 유대인들은 자기들은 하나님에게서 난 자들이라고 말한다. 이런 말씀을 통해서도 알 수 있듯이 오늘날에도 거짓된 믿음, 거짓된 확신이 많다. 지금 예수님 앞에 있는 이 유대인들은 다름 아닌 '믿는다는' 사람들이다. 31절을 보라. "그러므로 예수께서 자기를 믿은 유대인들에게 이르시되". '믿은' 자들에게 말씀하셨다. 이들은 입으로는 '우리는 아브라함의 자손이다. 우리는 음란한 데서 나지 않았고 마귀에게서 나지 않았고 우리는 하나님에게서 났다. 우리 아버지는 하나님 한 분이시다'라고 주장하지만 이들은 지금 잘못된 신앙을 가지고 있고 예수님을 오해하고 미워하며 받아들이지 않고 죽이려 하는 것이다. 그러므로 오늘날도 믿는다고 하지만 얼마든지 그것이 잘못된 신앙일 수가 있는 것이다. 그러면 그것을 어떻게 증명하는가?

42절, 예수께서 가라사대 하나님이 너희 아버지였으면 너희가 나를 사랑하였으리니 이는 내가 하나님께로 나서 왔음이라 나는 스스로 온 것이 아니요 아버지께서 나를 보내신 것이니라

진짜 저들이 믿는 자들인지 어떻게 아는가? 그런 사람들은 예수를 사랑한다는 것이다. '너희가 정말 아버지를 사랑한다면 나를 사랑할 것이다. 왜냐하면 나는 아버지의 독생자이기 때문이다' 진정으로 예수를 믿는 자들의 몇 가지 특징이 여기에 있다. 그들은 말씀을 받아들여서 마음속에 거하게 할 수 있는 사람들이고 그리고 예수를 사랑한다는 것이다. 믿었다고 하는데 속에서 예수님에 대한 사랑이 생겨나지 않으며 오히려 예수를 죽이려고 한다면 그것은 거짓된 믿음이라는 것이다.

43절, 어찌하여 내 말을 깨닫지 못하느냐 이는 내 말을 들을 줄 알지 못함이로다

그러므로 이들은 지금 예수의 말을 깨닫지 못하고 있다. 그것은 듣지 못하기 때문이다. 들을 귀가 없는 것이다. 예수의 말이 다 잘못된 말로 들리는 것이다. 오늘 날도 많은 사람의 귀가 닫혀 있음을 본다. 그들의 영적 이해력은 거의 없다. 들을 수 있는 귀가 있음을 축복인 것이다(막4:9, 눅8:8). "그러나 너희 눈은 봄으로 너희 귀는 들음으로 복이 있도다 내가 진실로 너희에게 이르노니 많은 선지자와 의인이 너희 보는 것들을 보고자 하여도 보지 못하였고 너희 듣는 것들을 듣고자 하여도 듣지 못하였느니라"(마13:16-17)

44절, 너희는 너희 아비 마귀에게서 났으니 너희 아비의 욕심을 너희도 행하고자 하느니라 저는 처음부터 살인한 자요 진리가 그 속에 없으므로 진리에 서지 못하고 거짓을 말할 때마다 제 것으로 말하나니 이는 저가 거짓말장이요 거짓의 아비가 되었음이니라

거짓을 말하는데 제 것으로 말한다고 한다. 사단 마귀는 살인자이고 거짓말쟁이인데 너희들은 사단 마귀의 자식이라고 예수님이 말씀하시고 있다.

45-46절, 내가 진리를 말하므로 너희가 나를 믿지 아니하는도다 46 너희 중에 누가 나를 죄로 책잡겠느냐 내가 진리를 말하매 어찌하여 나를 믿지 아니하느냐

"누가 나를 죄로 책잡겠느냐". 46절의 이 말씀은 매우 중요한 말씀이다. '누가 나를 죄로 정죄하겠느냐?(Who convicts me of sin?)' 이 세상에서 이렇게 말할 수 있는 사람이 있을까? 내게 죄가 한 가지라도 있다면 나를 책잡아보라고 말할 수 있는 사람이 있을까? 한 사람도 없다. 이렇게 선포할 수 있는 유일한 한 사람이 이 지구상에 존재했었다. 그분이 바로 예수이시다. 그런데 그분이 하는 말씀을 유대인들은 듣지 않는 것이다. 진리를 말하는데 듣지 않는 것이다. 오늘날도 진리를 말하면 사람들이 다 들은 것 같은가? 그렇지 않다.

나는 주의 일을 하면서 소위 믿는다는 사람들에게 진리를 전해주었는데 오히려 나를 미워하는 경우를 많이 겪었다. 직접 당해보았기에 나는 이런 말씀이 다 참인 것을 안다. 대체적으로 믿음이라고 하면서 어떤 사상, 종교적인 관념에 사로잡혀 있으면 듣지 않는다. 그들은 자신들이 가장 잘 믿고 있다고 생각하며 자신들의 관념을 내려놓으려고 하지 않는다. 그리고 좀 더 계속 이야기하면 자기들의 조직이 붕괴될까봐, 기득권 세력이 무너질까봐 참된 진리를 말할 때 우리를 미워한다.

진리를 말하면 모든 사람이 대단히 환영하면서 받아들일 것 같은가? 그렇지 않다. 당시에 예수님이 '누가 나를 죄로 책잡겠느냐'고 담대하게 자신의 인격을 담보로 해서 말을 해주어도 듣지 않았던 것이다.

47절, 하나님께 속한 자는 하나님의 말씀을 듣나니 너희가 듣지 아니함은 하나님께 속하지 아니하였음이로다

사람들이 하나님의 말씀을 듣지 않는 이유는 그들이 하나님께 속하지 않았기 때문이라고 주님은 결론을 지으신 것이다. 요한도 요한 서신에서 그런 말을 했다. 하나님께 속한 자와 속하지 않은 자를 어떻게 아는가? 우리의 말을 듣지 않는 사람들, 진리에 속하지 않는 사람들은 하나님께 속한 사람들이 아니라고 했다. 진리를 말해보면 안다는 것이다. 여기까지 이야기하자 유대인들이 화가 났다.

48-49절, 유대인들이 대답하여 가로되 우리가 너를 사마리아 사람이라 또는 귀신이 들렸다 하는 말이 옳지 아니하냐 49 예수께서 대답하시되 나는 귀신 들린 것이 아니라 오직 내 아버지를 공경함이어늘 너희가 나를 무시하는도다

당시에 유대인들에게서 가장 멸시받는 사람들이 사마리아 사람들이었다. 또 그들은 '당신은 미쳤다, 귀신들렸다'고 했다. 그러나 주님은 진리만 또박또박 대답하신다. "나는 귀신들린 것이 아니라 오직 내 아버지를 공경함이어늘". 예수님은 아버지가 역사하신 말씀 그대로를 전달해주시기 때문이다. "너희가 나를 무시하는도다". 그들은 예수님을 무시했다. 예수님의 신분이 별 수 없기 때문이다. 예루살렘도 아닌 나사렛 사람이고, 목수의 아들이고, 배운 것도 별로 없는 것처럼 보였기에 무시하는 것이다. 이들은 예루살렘 사람들이다. 성전과 공회를 출입하며 지위가 상당한 바리새인들이니 주님의 말씀을 무시했다. 그들은 주님을 외모로 판단했기에 듣지 않았던 것이다.

나는 외국에 선교하기 위해서 이삼십 나라를 다녔다. 동양 사람들이 주로 고정관념이 강하고 서양 사람들은 비교적 융통성이 있고 부드럽다. 그들은 어떤 사람들에게 좋은 것이 있으면 쉽게 받아들인다. 동양 사람들은 외모를 더 많이 치중하고 어디 소속인지, 어느 학교를 나왔는지를 더 먼저 보고 많이 본다. 물론 서양 사람들이라고 다 그런 것은 아니지만 그래도 그들은 비교적 그런 바깥의 것으로 판단하는 것이 아니라 우선 말씀을 들어본다. 서양 사람들이 비교적 합리적인 쪽이라고 말할 수 있다. 이렇게 실험해보고 저렇게 실험해보고 맞다 싶으면 그들은 받아들이는 것이다. 여기서 유대인들은 주님이 하시는 말씀을 받아들이지 않고 있다.

50-51절, 나는 내 영광을 구치 아니하나 구하고 판단하시는 이가 계시니라 51 진실로 진실로 너희에게 이르노니 사람이 내 말을 지키면 죽음을 영원히 보지 아니하리라

여기서 예수를 믿으면 죽음을 영원히 보지 않는다고 말한 것이 아니다. "내 말을 지키면" 이라고 했다. 이 장에서는 예수님이 그분을 믿는다는 말을 '말씀을 지킨다' 혹은 '우리 마음속에 말씀이 거한다'는 말로 많이 표현했다. 말씀을 속에 받아들여서 그 말씀으로 하여금 자신의 생활을 지배하게 해야 그것이 진실한 믿음이지, 그냥 사상적으로만 믿고 지식적으로만 갖고 있으면서 그 말씀이 자신 속에서 어떤 영향도 발휘하지 못한다면 그것은 거짓된 믿음이다. 그렇다면 그를 실질적으로 지배하는 것은 마귀라는 것이다. 두 가지밖에 없다. 누가 지배하는가? 여기서 제 3세계는 없다. 하나님 아버지가 지배하는 삶이 있고 사탄 마귀가 지배하는 삶이 있을 뿐이다.

여러분은 어느 쪽인가? 아버지가 나를 지배한다고 담대하게 답변할 수 있겠는가? 그렇게 하려면 예수를 믿어야 하고, 그 말씀을 여러분 마음속에 있게 해야 하고, 말씀을 지켜야 한다. 그럴 때 죽음을 영원히 맛보지 않는다. 죽음을 맛보지 않는다는 말은 죽지 않는다는 말뿐이 아니다. 우리가 생존해서도 이를 체험할 수 있다. 사망의 세력이, 그 영향력이 우리를 조금도 침범하지 못한다는 것이다. 살면서 죽음의 공포, 사망의 두려움, 사망의 작은 그림자까지도 우리를 침투하지 못하게 한다면 얼마나 좋은 일인가? 그런데 그것이 사실이다. 예수를 믿으면 이것이 정말 여러분의 것이 된다.

그럴 뿐 아니라 영원히 죽음을 보지 않는다는 것은 우리가 육신적으로는 죽을 수 있지 몰라도 사실은 주님과 함께 있기 위해서 주님께로 가기 때문이다. 그러나 불신자들은 영원한 멸망으로 향해서 가기 때문에 그것은 죽음이다. 우리는 이 세상에서 숨이 끊어졌다 하더라도 그것은 바로 주님께로 가는 것이기 때문에 그것을 죽음이라고 표현하지 않는다. 이 땅에 사는 동안도 우리는 죽음을 맛보지 않는다. 그분께 가서 우리는 더욱더 영생하기 때문에 그분의 말씀을 지키는 자는 죽음을 영원히 맛보지 않는다고 주님이 말씀하시는 것이다.

52절, 유대인들이 가로되 지금 네가 귀신들린 줄을 아노라 아브라함과 선지자들도 죽었거늘 네 말은 사람이 내 말을 지키면 죽음을 영원히 맛보지 아니하리라 하니

유대인들이 주 예수께서 하시는 말은 제대로 들었다. 그대로 반복해서 말하고 있다. 그런데 이들은 이 말씀을 하나도 믿지 않는다. 아브라함도 죽고 선지자들도 다 죽었는데 어떻게 영원히 죽음을 맛보지 않는다고 하느냐며 따진다.

53절, 너는 이미 죽은 우리 조상 아브라함보다 크냐 또 선지자들도 죽었거늘 너는 너를 누구라 하느냐

그들은 크고 작음을 따지고 있다. 예수 그리스도를 앞에 놓고 네가 아브라함보다 크냐고 따지고 있는 것이다. 이것은 얼마나 주님을 멸시하는 말인가? 이분은 창조주이시다. 완전한 하나님이요 온전한 사람이다. 어떤 학자는 예수는 100% 하나님, 100% 사람이라고 했다.

54절, 예수께서 대답하시되 내가 내게 영광을 돌리면 내 영광이

아무 것도 아니어니와 내게 영광을 돌리시는 이는 내 아버지시니 곧 너희가 너희 하나님이라 칭하는 그이시라

예수님이 하시는 모든 일은 다 아버지께 영광 돌리는 일이라는 것이다. 그리고 그분은 결국 나중에 아버지에 의해서 영광을 받는다는 것이다.

55절, **너희는 그를 알지 못하되 나는 아노니 만일 내가 알지 못한다 하면 나도 너희같이 거짓말장이가 되리라 나는 그를 알고 또 그의 말씀을 지키노라**

여기서 예수님은 유대인들에게 '내 앞에서 너희들은 거짓말하고 있다'고 하신 것이다. 무엇이 거짓말인가? 유대인들은 자신들이 하나님에게서 났고 하나님을 믿는다고 하지만 그들은 정작 예수님을 죽이려고 하고 있다. 그래서 거짓말이라고 하는 것이다. 신앙을 잘못 가질 때 그것을 거짓 신앙이라고 한다. 그리고 그들이 하는 말들도 다 거짓말이다. 영적 세계, 종교 세계에 거짓이 많다는 이야기를 들어보았는가? 홍콩에 가면 가짜가 많다. 나도 홍콩에 자주 갔었다. 한번은 거기서 좋은 시계를 샀다고 좋아했는데 나중에 집에 와서 보니 가짜였던 적이 있었다.

그런데 종교 세계에도 가짜가 많다. 거짓된 믿음, 거짓된 확신이 많다. 하지만 사람들은 그것을 잘 모른다. 지금 유대인들은 자기들이 거짓말한다고 생각하겠는가? 추호도 그렇게 생각하지 않는다. 지금 자기들의 신앙을 지키기 위해서 말도 안 되는 소리를 하고 있는 이 이단자 예수를 죽이려고 하는 것이다. 9,10장에 보면 '하나님께 영광을 돌리라'고 하면서 소리를 지르고 주님을 돌로 치려고 한다. 도무지 거짓 같지가 않다. 그런데 우리 주님은 거짓말하는 것을 간파하고 계신다. 그리고 근본을 드러내신다. 너희 아비가 마귀요 사단인데 원래부터 거짓말쟁이고 살인자라고 하셨다. 그러니까 죽이려고 했던 것이다. 종교적인 사람들은 종교적인 관념으로 철갑을 둘렀기에 참된 말이 안 들리는 것이다. 나는 그런 사람들을 많이 봤다. 그들보다는 차라리 성경을 하나도 안 읽어 본 사람이 낫다. 아무것도 모르는 사람이 때로는 훨씬 낫다. 잘못 믿은 사람의 관념을 깨뜨리는 것은 석공이 돌을 깨는 것보다도 더 어렵다.

56-59절, 너희 조상 아브라함은 나의 때 볼 것을 즐거워하다가 보고 기뻐하였느니라 57 유대인들이 가로되 네가 아직 오십도 못되었는데 아브라함을 보았느냐 58 예수께서 가라사대 진실로 진실로 너희에게 이르노니 아브라함이 나기 전부터 내가 있느니라 하시니 59 저희가 돌을 들어 치려 하거늘 예수께서 숨어 성전에서 나가시니라

이것은 이 땅에 2000년 전에 오셨던 예수님이 하신 말씀이다. 아브라함을 자랑하는 유대인들을 앞에 놓고 '아브라함도 나를 보고 기뻐했다'고 말씀하신 것이다.

나는 여기서 여러분에게 진지한 도전을 하겠다. 이 지구상에 2000년 전에 한 사람이 있었는데 육신적으로는 마리아로부터 난 남자이다. 그런데 그분이 자기 입으로 '나는 너희들과 근원이 다르다. 나는 아버지로부터 왔고 너희들은 마귀로부터 왔다. 내가 하고 있는 말은 다 아버지께서 내게 주셔서 하고 있는 것이다. 아버지는 내 안에 계신다. 나는 아버지와 함께 한다. 나는 죄가 없다. 너희들은 죄를 물 마시듯 마시는 인간이지만 나는 죄가 없다. 누가 나를 죄로 책 잡을것인가? 나는 너희 조상 아브라함 그 이전부터 있는 존재이다'라고 말하고 있다.

이분이 예수이다. 여러분은 예수를 어떤 분으로 알았는가? 4대 성인 중의 하나로 알았는가? 기독교의 교주로 알았는가? 아니다. 그분은 구약 성경의 Jehova, God, 하나님, 창조자이신 분이 육신을 입고 사람으로 이 땅으로 오신 분이라고 선포하고 있는 것이다. '아브라함이 있기 전부터 내가 있느니라'를 영어로 표현한다면 'Before Abraham was born, I was'이다. 즉 '아브라함이 있기 전부터 내가 있었느니라'이다. 그런데 실제로는 'Before Abraham was born, I am', 즉 '나는 있다, 나는 이다'로 되어 있는 것이다.

출애굽기 3장 말씀에 모세가 이스라엘 백성에게 보내심받을 때 여호와께 물었다. '당신 이름을 뭐라고 말할까요?' 그때 여호와의 사자로 호렙 산 불꽃 가운데 나타나신 하나님이, 하나님의 아들이(여호와의 사자는 사실 그리스도이시다) 자신을 무엇이라고 대답하셨는가? ' 나는 스스로 있는 자니라. 스스로 있는 자가 너를 보냈다고 하라'고 했다. '스스로 있는 자'가 하나님인데, 그 말씀이 바로 'I am that I am'이다. 그래서 요한복음 8장에는 예수님이 바로 내가 '그'이며, 너희가 나를 '그'라고 믿지 않는다면 너희는 죄 가운데 죽을 것이고, 내가 '그'인 줄 믿어야 너희는 영생 얻는다는 말씀을 계속 하고 계시는 것이다. 여러분이 구원받기 위해서, 자유케 되기 위해서, 그 집에 영원히 거하는 축복의 자손이 되기 위해서는 딱 한 가지, 예수가 바로 육신을 입고 오신 하나님(그분을 하나님의 아들이라고 부른다.), 그 하나님의 아들을 믿어야 한다. 이것이 성경에서 요구하는 유일한 것이다. 이것이 진리이다.

잘못된 복음을 듣지 말라. 천주교는 이것을 잘못 말했다. 믿음에 행위를 보태야 되는 것으로, 구원을 위해서 무엇을 해야 되는 것처럼, 최소한의 공로를 들여야 얻는 것처럼 말한다. 잘못된 기독교도 마찬가지이다. 그래도 회개의 눈물이라도 보여야 하나님이 나를 구원해줄 것 아닌가라고 생각한다. 아니다. 우리의 어떤 공로도 필요치 않다. 하나님이 우리가 구원받기 위해 요구하시는 것은 딱 한 가지, 믿는 것뿐이다. 믿으면 영생을 얻는다는 것이 하나님의 말씀이 아닌가? 그대로 믿으면 되는 것이다. '그렇게 믿기만 한다고 되겠는가?'라는 생각, 그것이 불신이다. 불신은 지옥이다. 죄 짓고 잘못하는 것은 둘째 문제이다. '그게 그렇게 쉽게 되겠어요?'라고 불신하는 것이 문제이다. 믿으면 영생 얻는다는 것은 주님의 말씀이다. 사람이 지어낸 말이 아니다. 하나님의 아들이 이 땅에 오셔서 하신 말씀이다. "내가 진실로 진실로 너희에게 이르노니 내 말을 듣고 나 보내신 이를 믿는 자는 영생을 얻었고 심판에 이르지 아니하나니 사망에서 생명으로 옮겼느니라". 이 한 마디로 여러분의 한계가 옮겨진 것이요 운명이 바뀌는 것이다. 이것을 말씀하시면서 진리라고 하신다. 복음이 진리이다. 이런 말씀을 주셨던 분이 바로 하나님의 아들 예수이신데 이 예수를 믿으면 죄인이 다 의인으로 변한다. 고장난 인간이 다 고쳐지는 기적이 일어난다.

원래 하나님은 인간을 창조할 때 영광스런 목적을 가지고 지으셨다. 그런데 인간은 타락으로 말미암아 고장나서 다 죄에게 종 노릇 하게 되었다. 이것을 다 복구하고 회복하기 위해 이 땅에 보낸 분이 그리스도이시다. 이 예수를 믿으면 여러분 인생은 달라진다. 반드시 달라진다. 그때서야 여러분은 깊은 속에서 인생의 의미를 알게 되고 나를 왜 이 시대에 이 땅에 두셨는지를 깨닫게 될 것이다. '아, 하나님이셨구나. 우리를 이 땅에 존재하게 하신 분이 하나님이셨구나. 우연히 내가 왔다가 사라지는 존재가 아니었구나!'

그렇다. 이 세상에 작은 미물도 하나님의 뜻이 있어서 심지어 참새 한 마리도 그분의 주권과 섭리 아래 있는데 여러분의 귀한 인생이 그냥 왔다가 사라지겠는가? 그럴 리 없다. 하나님이 여러분을 사랑하신다. 여러분 한 명 한 명에 대한 뜻이 있으시다. 가치 있게 창조하셨고 이 땅에 두셨다. 예수를 믿으라. 여러분이 예수를 믿으면 완전히 회복된다. 그리고 진리를 더 추구하라. 사모하라. 말씀을 더 배우라. 믿은 말씀을 고백하고 선포하라. 그러면 믿음이 더해질 것이다. 그 진리는 반드시 더 자유케 만들어 주며 그 믿음은 여러분을 예수의 참 제자가 되도록 만들어 주신다.

믿음을 더 얻기 위하여

당시 많은 유대인들은 그들 속에 말씀이 거하지 않았다. 즉 믿음이 없었던 것이다. 주님은 그들이 마귀에게 속하였다고 말씀하셨다(8:44). "너희는 너희 아비 마귀에게 났으니 너희 아비의 욕심을 너희도 행하느니라" 이 얼마나 두렵고 무서운 말씀인가? 사도 바울은 고린도 후서 10장에서 당시 많은 사람들이 하나님을 아는 것을 대적하여 높아진 여러 이론과 사상들로 가득한 사람들이 있었다고 말한다. 그러한 자들은 절대 진리를 받아들이지 않는다. 오늘 날도 많은 사람들은 자신들이 생각하는 것이 가장 성경적이며, 최고의 진리며, 다른 것은 들어볼 필요도 없다는 자기 생각을 붙잡고 예수를 대적한다. 마가복음 9장에는 벙어리 귀신들린 아들을 둔 아비가 예수께 와서 자기 아들을 고쳐달라고 간구한다. 그 아비는 주님께 무엇을 할 수 있거든 우리를 불쌍히 여겨 달라고 기도한다. 그 때 주님은 치료에 앞서 기도를 고쳐주신다. 믿음이 없는 기도는 효력이 없기 때문이다. "할 수 있거든이 무슨 말이냐 믿는 자에게는 능치 못할 일이 없느니라" 그 때 병든 아이의 아비가 소리를 질렀다. "내가 믿나이다 나의 믿음없음을 도와주소서" 우리는 적어도 이 아비처럼 우리의 믿음없음을 도와달라고 말할 수 있다. 믿음을 더 갖도록 도와주실 분은 성령이시다. 성령께서 우리의 마음을 열어 진리를 깨닫게 하시고 빛을 주시는 것이다. 우리는 기도하자! 주여, 나의 믿음 없음을 용서하여 주시고 나에게 믿음을 더하여 주소서. 주님께서 여러분 모두를 축복해 주시기를 바란다.

기도

"하나님 아버지, 아들 예수를 보내주셔서 감사합니다. 모든 것은 다 하나님이 하셨고 우리는 다만 아들 예수를 마음에 믿고 영접하면 구원 얻는다고 했사오니, 진리의 말씀을 믿지 못하는 자가 하나도 없게 하시고 이 말씀을 믿고 자유케 하시고 영생 얻게 하시고 아버지의 집에 영원히 거하는 식구들 되게 하여 주시고 영원히 하나님을 기쁘시게 하는 저희들 되게 도와주시옵소서. 예수 그리스도의 이름으로 기도했습니다. 아멘."

9장

눈을 뜬 소경

**1-3절, 예수께서 길 가실 때에 날 때부터 소경 된 사람을 보신지
라 2 제자들이 물어 가로되 랍비여 이 사람이 소경으로 난 것이
뉘 죄로 인함이오니이까 자기오니이까 그 부모오니이까 3 예수께
서 대답하시되 이 사람이나 그 부모가 죄를 범한 것이 아니라 그에
게서 하나님의 하시는 일을 나타내고자 하심이니라**

주님은 요한복음 9장의 이 소경에게 그가 소경된 것은 그 사람의 죄도 아니고 부모님 죄도 아니며, 그를 통해서 하나님의 하시는 일을 나타내고자 하시는 것이라고 말씀하셨다. 그래서 많은 사람이 믿을 수 있도록 하시는 것이다. 그 사람이 눈 먼 것은 결국 예수 그리스도께서 그에게 와서 눈을 뜨게 해줌으로 예수를 하나님의 아들로 믿을 수 있도록 기회를 제공한 것이다. 그는 그 역사를 체험함으로 그 자신도 주님을 믿게 되었다.

그러므로 우리에게 있는 어떤 큰 문제는 이 말씀에 의하면 하나님이 역사하시기 위한 도구인 것이다. 어떤 사람은 질병, 어떤 사람은 정신적인 문제, 어떤 사람은 자신의 기질이 큰 문제이다. 심하게 성질을 낸다거나 교만하다거나 하는 문제이다. 술을 너무 좋아해서 도저히 못 끊는다든가, 담배를 끊고 싶은데 끊지 못하는 등, 해결하고 싶은데 안 되는 여러 가지 문제들이 있다. 그런 문제들, 필요들은 사실 하나님의 영광을 드러내기 위한 하나의 기회부여에 불과한 것이다. 여러분에게도 그런 문제가 있다면 잘 들으라. '나는 이것 때문에 인생이 아주 어렵다. 이것 때문에 고민이다. 이것 때문에 나는 할 일을 못하고 갈 길을 못 간다. 성공할 수 없다' 하는 것이

하나씩 있다고 하자. 이 말씀에 의하면 그것은 하나님께 역사할 기회를 부여해 드리기 위해 있는 것이다. 당신 죄 때문도 아니고 부모의 죄로 인한 것도 아니다. 하나님의 하시는 일을 나타내시기 위해서 당신에게 그 문제가 있다는 것이다. 만약 그 문제가 없으면 당신에게는 하나님이 역사하실 기회가 없는 것이다.

건강한 자에게는 의원이 필요없다. 그런데 여기에 놀라운 명의가 있다. 예수님은 명의이시다. 여기에 아무도 고칠 수 없는 불치병 환자가 있다고 하자. 그럴 때 그의 질병은 그 명의(名醫)의 기술과 능력과 역량을 제대로 발휘할 수 있는 기회를 한 번 더 제공하는 것뿐이다. '아, 그 의사가 그런 병도 치료했다더라, 그런 병도 수술로 감쪽같이 치료해서 기적적으로 소생을 했다더라, 정말 대단한 능력이야'라고 감탄하게 된다. 그러므로 환자의 심각한 병은 그 의사의 능력을 유감없이 발휘하는 기회를 제공하는 것 외에는 아무것도 아니라는 말이다. 주 예수는 누구인가? 우리 인생에 기적을 행하시기를 기뻐하시는 분이다. 사람이 감히 상상할 수 없는 일을 주님은 하신다. 태어날 때부터 소경인 자가 눈을 뜨게 될 줄 어느 누가 기대하며 걸인이었던 신세가 하루아침에 바뀔 줄 그 누가 알았겠나? 주 예수는 어떤 기적도 능히 하실 수 있는 분이다.

날 때부터 소경인 이 사람의 눈을 뜨게 하는 일이 어찌 적은 일인가? 사람들은 이 사람이 누군지 다 알고 있었다. 제자들도 알았다. 그 사람은 날 때부터 소경이었으며 8절에서처럼 앉아서 구걸하던 걸인이었다. 그런데 이 소경을 주님이 치료하심으로 인생을 180도 바꿔놓은 것이 아닌가? 결국 주님은 이 일로 엄청난 핍박을 당하게 되며 그것이 9장과 10장에 기록된 내용이다. 당시의 바리새인, 유대인들은 안식일에 소경의 눈을 뜨게 하셨다는 이유로 예수님을 심하게 핍박했던 것이다. 그런데 예수께서 이 환자를 치료하는 방법이 조금 희한하다.

4-5절, 때가 아직 낮이매 나를 보내신 이의 일을 우리가 하여야 하리라 밤이 오리니 그때는 아무도 일할 수 없느니라 내가 세상에 있는 동안에는 세상의 빛이로라

낮이란 주 예수께서 이 땅에 계실 때를 가리킨다. 그리스도는 영원히 선을 행하시고 기적을 행하실 능력이 있으시다. 그러나 그분이 이 땅에 계실 때 특별한 위임을 받으신 것이 있는 것도 사실이다. 그분의 밤이란 그분이 세상을 떠나 아버지께 가게 되는 때를 의미한다. 즉 그분이 더 이상 이 세상에 계시지 못하면 하실 수 있는 기적의 일에 제한을 받으시게 된다는 뜻이다. "내가 세상에 있는 동안에는 세상의 빛이로라"는 말씀은 그분이 세상에 계실 때 특별한 위임이 있으셨다는 것을 증명하는 말씀이다. 예수는 그분이 메시아로서 세상의 구주로 오신 것을 나타내기 위해 아버지로부터 위임받은 특별한 기적들을 행사하신 것이다. 그러므로 우리는 나사렛 예수가 하나님께서 인류를 구원하기 위해 보내신 메시아요 그리스도이심을 믿을 수 있다. 그러나 그리스도의 능력은 어제나 오늘이나 영원토록 변함없으니 오늘도 우리가 믿기만 하면 그분의 능력을 누릴 수 있다.

6-7절, 이 말씀을 하시고 땅에 침을 뱉아 진흙을 이겨 그의 눈에 바르시고 7 이르시되 실로암 못에 가서 씻으라 하시니 (실로암은 번역하면 보냄을 받았다는 뜻이라) 이에 가서 씻고 밝은 눈으로 왔더라

쉬운 질문 하나를 하겠다. 예수님은 침을 뱉어 진흙을 이겨서 눈에 바르고 실로암 못에 씻어야 치료하실 수 있는가? 아니면 말씀만으로 치료하실 수 있는가? 물론 말씀만으로도 치료하실 수 있으시다. 그런데 주님은 왜 이렇게 꼭 번거로운 수단과 방법을 사용하셨겠는가? 그 이유는 무엇이겠는가? 분명히는 알 수 없다. 예수님은 치료하실 때 다양한 방법을 사용하신다. 때로는 중풍병자에게 '일어나 걸어가라' 한 마디면 된다. 어떤 수단도 필요없다. 그런데 이 경우에는 뭔가를 하셨다. 당시에 진흙이나 침을 섞어서 사용하는 민간요법이 있었는지는 잘 모르겠다. 어쩌면은 그런 방법이 일부분 사용된 것일 수는 있다. 그러나 그렇게 해서 눈이 떠질 수 있다면 아무도 믿지 않을 것이다. 그러므로 사람들은 이 환자가 눈이 떠졌다고 해서 진흙이나 침의 능력이라고 하겠는가? 실로암 물이 효험 있어서 그렇다고 하겠는가? 그것은 순전히 예수 그리스도의 능력이다.

어떤 사람은 병자를 위해 기도를 할 때 기름을 바르면서 기도한다. 내가 인도에 갔었을 때 환자를 안수할 때 기름을 바르면서 해달라고 하면서 그들은 진짜 어떤 기름을 내놓았다. 그때 나는 처음으로 그렇게 해보았다. 물론 그 후에도 야고보서 5장에 의거해서 기름을 바르면서 주의 이름을 부르며 기도한 적이 있다. 어떤 도구를 사용해서 안수하고 환자를 위해서 치유하기도 하는 것이다. 주님은 때와 장소에 따라서 다르게 역사하셔서 병자를 치유하신 것을 볼 수 있다. 왜 그렇게 하셨는지 우리는 잘 모르지만 다만 하나님께서 그렇게 하셨다고 말할 수밖에 없다. 뒤에 말하겠지만 거기에는 반드시 뜻이 있을 것이다.

지난 번 불가리아에서 마지막 날 집회 때 9살짜리 간질병에 걸린 여자 아이의 머리에 안수한 적이 있다. 나는 한국에서는 안수하고 기도하는 일을 많이 하지 않지만 그렇게 가난하고 불쌍한 나라에 가면 달리 길이 없다. 그런 곳에는 병원도 시원찮고 의료 시설도 별로 없고 돈도 별로 없다. 그런데 불쌍하고 아픈 아이들은 왜 그렇게 많은지! 안수를 해 달라고 하기에 나는 온 성도들과 함께 같이 기도하자고 하면서 안수했다. 그리고는 그 아이의 머리에서 큰 바위 같은 것이 떠났다고 간증했다. 이튿날 아침에 그 아버지가 내게 와서는 안수하고 기도하는 순간에 그 머리를 억누르던 무거운 힘이 확 벗어지는 느낌이 들었다고 아이가 말했다는 것이다. 그래서 간질약을 오늘부터는 먹지 말아야 하는가를 물어보는 것이었다.

나는 잠시 생각했다. 그 아이가 진정 치료되었다면 약은 먹지 않아도 될 것이지만, 혹시라도 여러분이 하나님을 시험할까 하여 약을 먹기를 권한다고 했다. 약을 먹는다 해서 하나님이 '내가 치료해주었는데 여전히 약을 먹느냐'하면서 다시 되돌리지는 않으실 것이다. 그러므로 약을 먹다가 이제는 정말 나았구나 라는 생각이 들 때 약을 끊으라고 했다. 그러면 어떤 사람은 나에게 '믿음이 없으신 것 아닙니까, 그냥 끊게 하시지'라고 말할지도 모른다. 그러나 나는 오랜 세월 하나님을 섬겨왔다. 하나님의 은혜는 한이 없으시지만 믿음이 약한 사람을 위해서는 외적인 수단을 사용하심으로 도움을 주신다. 그런 방법을 사용해서 사람의 질병을 고치는 것이 믿음이 아니라고 말하지 말라. 주님은 이런 방법 저런 방법을 통해서 그에게 가장 알맞은 방법으로 치유를 하신다. 다른 사람과 똑같은 방법으로 나를 치료해달라고 하나님께 조르지 말라.

그런데 그 소경을 치유할 때 사용된 그 침은 어디서 나왔는가? 예수님 입에서 나왔다. 진흙은 땅에서 나왔다. 이 두 가지가 합해졌다. 아마 여기에도 뜻이 있을 것이다. 그것을 눈에 바르고 실로암 못에 가서 씻으라고 했다. 실로암이란 보냄을 받았다는 뜻이다. 이 명령을 들은 소경이 즉시 가서 씻었더니 눈이 보이게 되었다. 이 말씀은 주 예수의 말씀이다. 최고의 권위자, 이 우주 가운데 최고의 명령권자, 하나님, 절대자이신 그리스도의 말씀이다. 그런 분의 말씀이기에 예수님이 누구신지도 몰랐지만 그가 순종했을 때 기적이 일어난 것이다. 문제는 믿음과 순종이다. 순종과 믿음은 한 가지이다. '예수를 믿으라. 믿으면 영생을 얻는다'는 말씀을 믿는 것이 순종이다. 신약의 유일한 계명(commandment, 명령)은 '믿으라'는 것이다. 믿어도 좋고 안 믿어도 좋은 것이 아니다. 하나님의 아들을 믿으라, 예수를 믿으라는 것이다. 이는 전능하신 하나님의 명령이다.

믿음과 순종

여러분은 주 예수를 믿으라는 말씀을 무엇으로 알고 믿었는가? 이는 지상명령이다. 예수를 믿으라는 명령이 떨어지면 우리는 '아멘'하고 즉시 믿어야 한다. 믿음이란 바로 순종이다. 믿으면 영생을 얻는다. 믿으면 죄 사함을 얻고 믿으면 의롭다함을 얻고 믿으면 구원을 얻는다. 믿으라는 것은 명령이다. 그래서 믿는다는 것은 순종하는 것이다. 여러분도 믿었는가? 그렇다면 여러분은 순종한 것이다. 지금은 실로암까지 갈 것도 없다. 씻을 것도 없다. 여러분은 이 자리에서 그 명령에 순종할 수 있다. 주 예수를 믿으라. 믿어야 한다. '아멘. 나는 믿습니다. 주 예수를 믿습니다. 내 마음을 다하여 믿습니다' 믿는다는 것은 이렇게 주 예수를 믿으라는 하나님의 명령에 순종하는 것이다. 그러한 순종이 여러분의 인생에 기적을 만들어내는 것이다. 이것이 신약의 가장 핵심이고 중심이고 결정판이 되는 진리이다.

성경에 예수를 믿는 것 외에는 다른 것을 하라는 것이 없다. 그저 예수를 믿고 여러분의 죄를 용서받고 영생을 얻고 멸망과 심판에 나아가지 말라는 하나님의 사랑의 명령이다. 그래서 죽지 말고 믿으라고 권하고 명령하는 것이다. 이것을 계명이라고 한다. 요한 일서 3장을 읽어보라. "계명은 이것이니 곧 그 아들 예수 그리스도의 이름을 믿고"(요일 3:23). 단순히 믿으라는 것이다. 믿으면 다 되는 것이다. "주 예수를 믿으라. 그리하면 너와 네 집이 구원을 얻으리라". 믿으면 당신은 구원을 받는다. 어떤 문제든지 믿으면 다 된다. 사랑하는 여러분, 문제는 여러분이 안 될 것이라고 생각하는 그것이다. 여러분에게 신체적인 문제가 있고 정신적인 문제가 있고 어려움이 있다 하더라도 믿으면 다 된다.

불가리아에서 교회를 아주 열심히 섬기는 한 부부가 있다. 오래 전부터 신실하게 봉사하고 내가 가기만 하면 공항에서부터 픽업을 해주는 가정이다. 이번에 가서 함께 저녁 식사를 하는데, 그 아내가 진지하게 나에게 요청을 했다. 자기 남편이 담배를 못 끊어서 큰일이라는 것이다. 모든 성도들이 다들 귀하게 섬기는 가정으로 알고 있는데 남편은 아직도 담배를 못 끊고 있다는 것이다. 이 일 때문에 아내가 3일간 금식을 했는데도 못 끊는다고 했다. 그런데 이번에 목사님이 오셨을 때 기도해주면 끊을 수 있을 것 같다고 하면서 기도를 해달라고 부탁했다. 나는 기도를 해주지 않겠다고 말했다. 나는 당신의 남편의 담배는 내가 기도해도 끊어지지 않을 것이라고 말했다.

매우 의아해 하는 그 남편에게 나는 먼저 한 가지를 물었다. '정말로 당신은 담배를 끊고 싶은가?' 그는 끊고 싶다고 했다. 그렇다면 성경에서 하나님께서는 사람이 무엇인가를 할 수 없다고 할 때 그것을 나무라시지 않는다는 것을 아느냐고 했다. 하나님은 '네가 끝까지 애를 써서 끊으라'고 하시는 분이 아니다. 하나님은 사람이 아무것도 할 수 없는 무능력한 존재라는 것을 너무나도 잘 아신다. 그러니까 당신은 이제 담배를 끊으려고 노력하지 말라고 했다. 그랬더니 그가 웃었다. 지금까지 끊으려고 노력해도 안 되었는데 노력마저도 하지 않으면 더 못 끊지 않겠느냐는 표정이었다. 하나님은 사람이 할 수 없어서 손을 들 때 기뻐하신다. 하나님께 있어서는 인간이 할 수 있다고, 하겠다고 나서는 것이 문제이다. 당신이 담배를 끊지 못해서 애를 쓰다가 너무나 실패하고 힘들어서 도저히 안 되겠다고 포기할 때 하나님은 굉장히 기뻐하시며 즐거워하신다. '이제야 네가 할 수 없다는 것을 알았느냐?'

사람은 원래 할 수 없는 존재이다. 하나님은 사람이 율법을 지킬 수 있어서 주신 것이 아니다. 지킬 수 있다고 하니까 한 번 해보라고 주신 것이다. 지킬 수 없다는 것을 알고 손을 들라고 주신 것이다. 이제 손을 들고 나오니까 얼마나 하나님이 좋아하시겠는가? 하나님은 그러한 고백을 음악 소리로 들으신다. 누가복음 18장 27절, "무릇 사람의 할 수 없는 것을 하나님은 하실 수 있느니라". 타락한 사람이 할 수 없는 것이 틀린 것이 아니다. 그렇다면 다음 단계는 무엇인가? 그 다음에 당신이 해야 할 일은 바로 믿음이다.

나는 그 부부에게 물었다. '하나님께는 당신의 담배 피우는 것을 끊게 해주실 수 있는 능력이 있는 것 같습니까, 없는 것 같습니까?' 하나님은 천지를 창조하신 분이시다. 담배 끊는 것 하나도 못해주면 그것이 무슨 하나님이겠느냐고 했다. 그는 하나님은 해주실 수 있는 분이라고 대답했다. 나는 그렇다면 되었으니 이제 나를 따라 기도하라고 했다. "하나님, 저는 제 스스로가 담배를 끊기 원했으나 담배를 끊을 수 없다는 것을 알았습니다. 끊을 수 없는 것을 인해서 감사하고 찬양합니다. 이제 저의 담배 끊는 문제를 하나님 손에 맡기겠습니다. 제가 할 수 없으니 하나님이 도와주세요. 하나님은 제 담배를 끊게 할 수 있으십니다. 나는 당신의 하실 수 있음을 인하여 감사하고 찬미합니다' 그는 따라서 기도했다. 정말 믿었느냐고 물었더니 믿었다고 했다. 그러면 되었으니 가라고 했다. 그랬더니 그 아내가 '아이고 엄청 쉽네요'라고 말했다.

예수 그리스도가 왜 오셨는가? 오늘도 예수 그리스도는 우리 가운데 계실 수 있다. 그분을 임마누엘이라고 하는 이유이다. 우리는 주 예수님을 모시기 위해서 여기 있다. 당시에는 주님이 성전에 지나다니다가 어떤 사람을 만나서 치료하셨다. 하지만 우리는 교회로 모인다. 주님이 주일마다, 모임 때마다 오셔서 불쌍한 사람들을 만져주시고 눈 먼 사람들의 눈을 뜨게 해주시라고 모여 있는 것이다. 말씀 가운데, 기도 가운데, 찬양 가운데 만나주시고 고쳐주시고 깨닫게 해주시고 도와주시라고 우리가 모이는 것이다. 여러분에게 무슨 문제가 있다면 그것은 하나님의 큰 능력이 나타날 기회를 부여해 드리는 것이다. 어떤 사람이 너무 믿음이 없고 연약한 것이 고민이라면 하나님은 그런 것을 꾸짖지 않으신다. '그래? 그러면 내가 믿음을 강하게 해줄 수 있다. 연약하여 무슨 일만 있으면 움츠러들고 물같이 녹아버리느냐? 그렇다면 내가 너의 믿음을 강화시켜 줄 수 있는 하나님이다'고 하실 것이다. 우리의 유일한 문제는 무엇인가? 그분을 모든 것을 하실 전능자로 믿지 않는 데 있다. '아마 이것은 안 될 거야. 내가 10년, 20년을 그렇게 노력을 해도 안 되는 이 문제를 하나님이 어떻게 해주시겠는가' 라는 불신이 자리잡고 있는 그것이 문제다. '내 건강, 부모 때부터 있던 이 문제를 예수님이 어떻게 고치겠어, 그냥 안고 살아야지' 하는 불신, 그것이 여러분을 그렇게 어렵게 만드는 것이다. 여러분이 만일 믿을 수 있다면(믿음도 하나님이 주신다) 여러분의 문제는 오늘 하루에 눈 녹듯이 지나갈 것이다.

주님은 지금도 여러분을 바라보고 계신다. 여러분은 기도할 마음이 있는가? 그 마음까지도 바라보고 계신다. 이 시간 기도하기 바란다. '주님, 내 눈을 열어주십시오. 나는 이 소경처럼 보기를 원합니다. 주여, 나의 이 고질병을 치료해주소서. 나는 건강하게 주님 섬기고 싶습니다' 여러분의 문제가 무엇이든지 그분이 하실 수 있음과 자신이 할 수 없음을 고백하고 주님께 기도하기 바란다. 주님은 여러분의 보혜사로서 돕는 자로서 여러분 안에 사신다.

때로는 과정이 필요함

주님이 이 소경을 치료하는 방법은 그렇게 고상하지 않았다. 진흙에다 침을 섞어서 바르는 것이었다. 이 소경은 눈을 뜬 후로부터 한 단계 한 단계 주님에 대해서 알아갔다. 빨리 치료하면 그 과정에서의 적절한 깨달음이 없을 수 있다. 본문을 보면 그는 처음에 유대들이 물을 때에 이렇게 대답했다. 11절, "예수라 하는 그 사람이 진흙을 이겨 내 눈에 바르고 나더러

실로암에 가서 씻으라 하기에 가서 씻었더니 보게 되었노라". 그는 처음에는 예수님이 누군지도 몰랐던 것이다. 그러다가 17절에 보면 그를 어떤 사람이라고 생각하느냐는 질문에 선지자라고 대답했다. 실로암 못에 가서 씻으라는 것은 엘리사가 나아만을 치료할 때와 비슷하다. 그래서 아무래도 그는 선지자라고 생각했던 것이다. 조금씩 나아졌던 것이다. 그러다가 그는 결국 유대인들에게 출교를 당했다.

눈을 뜬 결과 마침내 유대인 공동체에서 축출을 당한 것이다. 눈을 뜨고 나더니 이 청년의 말이 점점 건방지게 된 것이다. 가르치려고 하는 것이다. 생명을 얻고 진리에 대해서 참되게 깨달은 사람들은 전통주의자들, 박사나 학자라고 하는 사람들을 거스르는 듯한 소리를 하게 된다. 그러자 그들은 이 눈뜬 소경을 내쫓아버린 것이다. 35-38절, "예수께서 저희가 그 사람을 쫓아냈다 하는 말을 들으셨더니 그를 만나사 가라사대 네가 인자를 믿느냐 대답하여 가로되 주여 그가 누구시오니이까 내가 믿고자 하나이다 예수께서 가라사대 네가 그를 보았거니와 지금 너와 말하는 자가 그이니라 가로되 주여 내가 믿나이다 하고 절하는지라".

이 소경은 구원을 받았다. 참되게 예수를 만나고 믿은 것이다. 그런데 그 단계가 있다. 주님을 '예수라는 사람'으로 시작해서 '선지자'라고 했던 그가 이제는 '하나님 아들'이라고 고백하게 된 것이다. 예수님이 이 사람을 위해서나 주위에 있는 사람들을 위해서나 뭔가 치유하실 때는 단지 낫게 하시는 것에만 목적이 있는 것이 아니다. 그 사람으로 하여금 예수를 믿고 영생을 얻게 하는 것이 목적이다. 그러므로 예수님이 아마도 말씀으로만 한 번에 치료하신 것이 아니라 일정한 단계를 거치게 하심으로 그에게 어떤 인상을 깊이 새겨주시는 것이 필요했던 것 같다. 예수님의 손길이 닿고, 예수님의 침을 바르는 그 모든 과정에서 이 사람은 생각했을 것 아닌가? '도대체 이 사람은 누구인가? 누구이길래 이렇게 나에게 친절히 하는 것인가?' 그렇지 않고 단순히 '눈을 뜨라'고 했다면 이 사람이 예수를 믿는데 이르는 것이 그렇게 쉽지는 않을 것이다.

내 친구 중에 척추를 다쳐서 전신마비가 왔던 친구가 있었다. 거의 식물인간이 되어 발가락만 조금 움직일 수 있을 뿐이었다. 우리는 간절히 기도

했다. 우리에게는 그가 일어나리라는 믿음이 있었다. 이 친구가 이제는 걸어 다닌다. 불과 1년도 안 된 사건이다. 모든 사람들이 다 기적이라고 했다. 가족들도 기적이라고 했다. 그런데 우리가 기도했을 때 한 번에 벌떡 일어나서 걸어가지 왜 그렇게 긴 시간이 걸렸던 것인가? 그런데 우리 친구들은 똑같은 것을 느꼈다. 그 친구에게는 그런 과정이 필요했다는 것이다. 그러면서 그가 주 예수를 더 배워갔던 것이다. 그 친구가 들을 때는 좀 섭섭할 수 있을지 모르지만, 이것은 영원한 생명을 얻는 일이다. 영원의 차원에서 생각할 때는 그것이 그에게 가장 은혜로웠다는 것이다. 환자 측면에서 빨리 일어나서 뛰어다니면 좋겠지만 그렇다면 아마도 과거의 생활로 돌아가버릴 염려도 없지 않아 있었을 것이다. 주님도 그와 같은 방식으로 이 소경을 치료한 것이 아닐까?

우리는 9장의 그림을 보면서 치유의 모든 과정 속에도 주님의 사랑과 은혜가 배어있음을 느낄 수 있다. 왜 침과 진흙, 그리고 실로암 못에 씻어야 하는 번거로운 절차를 거쳤을까? 주님 편에서는 그런 절차가 필요없다. 그분은 말씀으로 천지를 지으신 하나님이시다. 그분은 아무 절차 없이 환자를 치료하고 죽은 자도 살리실 수 있다. 그러나 그분이 그렇게 한 것에는 하나님 자신을 위한 것이 아니라 그 환자를 위한 측면이 있다. 우리가 그 뜻을 다 알 수는 없다. 그가 유대교에서 출교되는 모든 과정은 결국 그로 하여금 육신의 눈만 뜨지 않고 영의 눈이 떠져서 하나님의 아들 예수를 진정으로 구주로 믿는 데까지 이르게 한 것이다. 사람이 유대교 같은 생명 없는 조직 안에서는 예수를 만나기 어렵다. 어두운데서는 문고리를 잡기 어렵다. 그 조직에서, 어둠과 사망의 분위기에서 나왔을 때 볼 수 있는 시야를 갖게 된다. '아, 이분이 하나님의 아들 예수시구나. 우리를 죄에서 구원하러 오신 분이구나. 내가 그를 믿고 싶습니다' 주님께서 '나다. 내가 바로 그다' 하셨을 때 '주여 내가 믿나이다' 하고 절했다. 사람이 절할 수 있는 상대는 하나님밖에 없는 것이다. 그러니 그 앞에서 서 계셨던 나사렛 사람 예수는 바로 하늘에서 오신 하나님의 아들이요, 참 하나님이신 것이다. 이러한 분을 그가 만났던 것이다.

여러분도 다른 여러 가지 일을 할 필요가 없다. 하나님의 한 말씀을 믿으면 된다. "주 예수를 믿으라. 그리하면 너와 내 집이 구원을 얻으리라". "하나님이 세상을 이처럼 사랑하사 독생자를 주셨으니 이는 저를 믿는 자마다 멸망치 않고 영생을 얻으리라". "믿는 자는 영생을 얻으리니". "나를 믿는 자는 영생을 가졌나니". 이처럼 믿기만 하면 다 해결되는 것이다. 주님의 유일한 이 명령을 믿고 순종하기 바란다. 이것이 하나님께서 가장 크게 기뻐하시는 유일한 명령이고 순종이다. 그러나 이러한 참 믿음에 이르게 하기 위해 많은 과정을 거치게 하시는 경우가 있음을 알고 하나님께 감사하고 찬미하자!

하나님의 아들이심을 나타내심

그분은 자신을 빛으로, 구주로, 하나님의 아들로 나타내시기를 기뻐하셨다. 그러나 그 방법은 사람마다 달랐다. 주님은 사람에게 가까이 오셨다. 또한 가급적 이해할 수 있고 친밀한 방식으로 그분 자신을 드러내신 것이다. 그분은 능력을 가지신 전능자시지만 사람의 관념과 문화의 중심까지 찾아오신 것이다. 그리고 사람의 연약함을 도와주셨다. 이 소경에게는 진흙을 침으로 이겨서 눈에 발라주셨다. 이는 소경에게 매우 다정하고 친밀한 손길이었을 것이다. 처음에 소경은 주님이 하신 말씀을 이해하지 못했다(4-5절). 뒤에 그의 답변을 들어보면 그렇다. 그러나 침을 뱉어서 진흙을 이겨서 자기의 눈에 발라주시는 과정을 그는 보지는 못했지만 섬세한 사랑의 의사같은 치료를 느꼈을 것이다. 주님은 소경으로 하여금 그분의 점차적인 치료의 손길을 통하여 뭔가 범상치 않음을 느끼게 하였다. 이런 일들은 순전히 소경을 위한 것이요 많은 사람이 그분의 역사를 통하여 그분을 믿도록 하기 위함이다. 어떤 사람들은 영적인 일은 영적으로만 해야 한다는 관념을 갖고 있다. 그러나 주님은 영적인 일에 물질적인 것을 사용하셨다. 그러한 일련의 과정은 소경에게 상당한 느낌과 감상을 갖게 했을 것이며 그가 예수를 아는데 결정적인 도움을 주게 된 것이다. 그가 유대교에서 쫓겨난 것까지 포함하여 주님은 그가 주 예수를 믿고 영생 얻도록 전체의 과정을 섭리하고 계셨던 것이다.

환자의 상태에 맞게

의사로 오신 주 예수님은 침을 사용하시고 진흙도 사용하셨다. 또 실로암 못에 가서 씻으라고도 하셨다. 이는 다 소경의 믿음을 위해서였다. 어쩌면 그 소경은 당시 안질이 있는 사람들이 침과 진흙을 사용하여 치료하는 민간요법을 들었을 수 있다. 나아만이라는 아람 장군의 문둥병이 엘리사 선지자의 말을 듣고 요단강에 일곱 번 씻고 나았다는 말을 들었을 수 있다. 그는 소경이니 요단강까지 가기는 현실적으로 어려웠다. 예루살렘의 실로암은 멀지 않았을 것이다. 가깝지만 그 뜻은 보내심을 받았다는 뜻이니 소경은 가면서 얼마든지 생각했을 수 있다.

여기서 주 예수님이 사용하신 방법들은 당시 유대인이었던 소경에게 이해할만하고 친숙한 것들을 사용하시고, 할 만한 일들을 명령하신 것이다. 그러기에 그 소경은 믿기가 어렵지 않고 순종하기가 좋았던 것이다. 주 예수의 이렇게 하신 일들은 소경의 믿음을 이끌어내기 위한 것이었다. 주님은 사람이 믿을 수 있도록 도와주신다는 것을 알 수 있다. 그분은 믿으라고만 하시는 분이 아니다. 믿을 수 있도록 도와주신다. 결국 이러한 과정을 거쳐서 주 예수는 그분 자신이 메시아요 하나님의 아들이요 전능자이심을 나타내신 것이요 그로 믿고 영원한 생명을 얻게 하였다.

죄인의 친구

주님은 세상에 오셔서 죄인과 세리의 친구가 되셨다. 친구란 그들과 마음을 함께 하는 사이를 말한다. 우리는 거룩하신 주 예수께서 세리와 죄인의 친구가 되셨다는 말을 이해하기 어렵다. 그러나 그것은 사실이다. 세리나 죄인들은 예수를 사귈만하고 친구할 만한 분으로 안 것이다. 결과는 많은 세리와 죄인들이 예수를 믿게 된 것이다.

바울의 사역

바울은 고린도 전서 9장에 유대인들에게는 유대인과 같이 되고 율법 있는 자들에게는 율법 있는 자와 같이 되었다고 말한다. 또한 약한 자들에게는 약한 자와 같이 되었다고 말하면서 그렇게 하는 것은 몇 몇 사람들을 구원하기 위한 것이었다고 말한다. 내 아내는 젊은 대학생 때 구원을 받았다. 그 때 한 선교사님이 광주에 왔는데 대학생이었던 아내는 친구와 더불어 탁구장에 갔단다. 그 나이든 선교사님은 젊은 대학생들이 가는 탁구장에 어쩔 수 없이 따라가서 오랜 시간 구경하는 꼴이 되었단다. 결과는 두 젊은 자매가 구원을 받은 것이다.

나의 간증

나는 믿지 않는 친구들과 함께 운동도 할 때가 있고, 어울릴 때가 있다. 그런 상황에서는 직접 성경을 이야기해도 친구들은 이해하지 못한다. 그저 느낌을 공유하고 때로는 대화로, 때로는 감상을 글로 표현한다. 친구들은 나의 대화나 쓴 글을 통해서 사랑과 맑음을 느끼는 것 같다. 때로 나는 나의 가족 이야기며 손녀들과 있었던 일을 글로 소개하기도 한다. 그 속에서 친구들은 공감을 가지며 나의 느낌을 만지곤 한다. 나는 이것이 주 예수님의 입에서 나온 침이 아닌가 한다. 또 진흙이 아닌가 한다. 친구들 중 나의 글이나 대화를 통해 많은 관심을 갖게 되는 이들에게 복음의 책자를 준다든지 한다. 그리고 그들 중에는 너무나 평범한 우리의 일상의 일들을 통해 접한 감각과 생명이 주님이심을 알게 하며 결국 주 예수를 영접하게 돕는 것이다.

기적에 대한 이웃 사람들의 반응

8-14절, 이웃 사람들과 및 전에 저가 걸인인 것을 보았던 사람들이 가로되 이는 앉아서 구걸하던 자가 아니냐 혹은 그 사람이라 하며 혹은 아니라 그와 비슷하다 하거늘 제 말은 내가 그로라 하니 저희가 묻되 그러면 네 눈이 어떻게 떠졌느냐 대답하되 예수라

하는 그 사람이 진흙을 이겨 내 눈에 바르고 나더러 실로암에 가서 씻으라 하기에 가서 씻었더니 보게 되었노라 저희가 가로되 그가 어디 있느냐 가로되 알지 못하노라 하니라 저희가 전에 소경 되었던 사람을 데리고 바리새인들에게 갔더라 예수께서 진흙을 이겨 눈을 뜨게 하신 날은 안식일이라

소경의 이웃들도 내내 유대교의 사람들이었다. 종교 조직의 특성은 각종 규례와 예식을 중히 여기되 사람이 치료받고 잘되는 것에 대하여는 관심이 적다. 그 안에는 시기심이 많다. 그러므로 많은 오해와 사람에 대한 격하의 말들이 분분한 것이다. 그것은 자신들의 하는 일이 가장 의미있고 최고여야 한다는 관념이 자리잡고 있기 때문이다. 이런 것이 간단한 말로 하면 교만이다. 종교는 사람에게 제 2의 천성을 만들어준다. 그러기에 이단 종교를 가입하는 일은 위험하고 인생을 망치게 되는 것이다. 인생의 기본적인 인정과 사랑까지도 말살되는 것이다. 여기서 이웃도 그가 걸인이고 소경이었다가 눈을 뜬 사실에 대하여 기뻐하는 것보다는 자신들의 종교 조직에 미칠 영향을 먼저 생각하게 되는 것이다.

소경이 눈뜬 사실에 대한 바리새인들의 반응

15-23절, 그러므로 바리새인들도 그 어떻게 보게 된 것을 물으니 가로되 그 사람이 진흙을 내 눈에 바르매 내가 씻고 보나이다 하니 바리새인 중에 혹은 말하되 이 사람이 안식일을 지키지 아니하니 하나님께로서 온 자가 아니라 하며 혹은 말하되 죄인으로서 어떻게 이러한 표적을 행하겠느냐 하여 피차 쟁론이 되었더니 이에 소경 되었던 자에게 다시 묻되 그 사람이 네 눈을 뜨게 하였으니 너는 그를 어떠한 사람이라 하느냐 대답하되 선지자니이다 한 대 유대인들이 저가 소경으로 있다가 보게 된 것을 믿지 아니하고 그 부모를 불러 묻되 이는 너희 말에 소경으로 났다 하는 너희 아들이냐 그러면 지금은 어떻게 되어 보느냐 그 부모가 대답하여 가로

되 이가 우리 아들인 것과 소경으로 난 것을 아나이다 그러나 지금 어떻게 되어 보는지 또는 누가 그 눈을 뜨게 하였는지 우리는 알지 못하나이다 저에게 물어 보시오 저가 장성하였으니 자기 일을 말하리이다 그 부모가 이렇게 말한 것은 이미 유대인들이 누구든지 예수를 그리스도로 시인하는 자는 출교하기로 결의하였으므로 저희를 무서워함이러라 이러므로 그 부모가 말하기를 저가 장성하였으니 저에게 물어 보시오 하였더라

소경이 눈을 뜬 사건을 두고 여러 부류의 여러 반응들이 나온다. 요한은 이렇게 당시 유대교의 상황과 그 상태를 기록하고 있다. 확실히 그들은 사람의 번영과 축복과 건강보다 규례와 형식을 앞세웠다. 따라서 종교 속에는 본래의 목적이 사라지고 껍데기만 남게 되는 것이다. 또한 종교 속에는 비교적 객관적이고 평이한 생각을 가진 자들도 존재한다는 사실이다. 또한 열성분자들도 존재하고 그 종교의 주체세력은 언제나 열성분자요, 그 조직을 위한 충성으로 타인이나 타 단체에 대한 멸시와 비판의식이 강한 자들이다. 바리새인들은 당시 유대교의 열성분자요 중심세력이었다. 그들은 소경이었던 자의 부모와 소경이었다가 눈을 뜬 자를 돌려가면서 취조하듯이 문초하고 있다. 그들의 목적은 주 예수의 선한 역사, 하나님의 역사를 무효화하고자 하는데 있었다. 그들의 문초의 최종목적은 그들 종교 조직에 해가되는 일인 것이 발견될 시 축출하는데 목적이 있기에 그 소경의 부모는 두려워하며 제대로 대답을 못하고 있는 것을 본다.

바리새인들의 눈 뜬 소경과의 대화

24-34절, 이에 저희가 소경 되었던 사람을 두번째 불러 이르되 너는 영광을 하나님께 돌리라 우리는 저 사람이 죄인인줄 아노라 대답하되 그가 죄인인지 내가 알지 못하나 한 가지 아는 것은 내가 소경으로 있다가 지금 보는 그것이니이다 저희가 가로되 그 사람이 네게 무엇을 하였느냐 어떻게 네 눈을 뜨게 하였느냐 대답하

되 내가 이미 일렀어도 듣지 아니하고 어찌하여 다시 듣고자 하나이까 당신들도 그 제자가 되려 하나이까 저희가 욕하여 가로되 너는 그의 제자나 우리는 모세의 제자라 하나님이 모세에게는 말씀하신 줄을 우리가 알거니와 이 사람은 어디서 왔는지 알지 못하노라 그 사람이 대답하여 가로되 이상하다 이 사람이 내 눈을 뜨게 하였으되 당신들이 그가 어디서 왔는지 알지 못하는도다 하나님이 죄인을 듣지 아니하시고 경건하여 그의 뜻대로 행하는 자는 들으시는 줄을 우리가 아나이다 창세 이후로 소경으로난 자의 눈을 뜨게 하였다 함을 듣지 못하였으니 이 사람이 하나님께로부터 오지 아니하였으면 아무 일도 할 수 없으리이다 저희가 대답하여 가로되 네가 온전히 죄 가운데서 나서 우리를 가르치느냐 하고 이에 쫓아내어 보내니라

우리는 이 구절들에서 주님을 만나고 생명을 만난 자들의 특징과 생명 없는 종교인들의 전형적인 대화를 볼 수 있다. 오늘 날도 이런 식의 대화들이 도처에서 있을 수 있다. 한 사람은 전에 자기가 보지 못하던 소경이었다가 이제 보게 되었으니 할 말이 많다. 그러나 종교인들은 그런 세계에 문외한이다. 그러나 지식과 율법과 형식, 종교관념에는 관심이 많다. 그리고 그들은 교만하여 안하무인이다. "너는 영광을 하나님께 돌리라 우리는 저 사람이 죄인인줄 아노라" 그들은 교만하여 무례하게 말하고 비평하고 훼방하면서도 매우 종교적인 어투를 지니고 있다. 그들은 주 예수를 죄인이라고 단정했다. 자신들을 모세의 제자라고 칭하였다. 오늘 날에 모세의 제자라면 알아주는 사람이 없겠지만 그 때는 그렇지 않았다. 유대교가 세력을 얻고 있을 때여서 모세의 이름을 높이면 행세를 할 수 있었다. 그들은 예수에 대하여 자세히 알아볼 필요도 느끼지 않았다. '우리는 그가 죄인인 줄 아노라' 정확하지 않은 지식으로 그들은 망하는 길을 걷고 있었다.

그에 비해 눈을 뜬 사람은 그 말이 매우 솔직하고 담백하다. 진솔한 것이다. 이러한 말이 종교인들에게는 매우 거슬리는 것이다. "그가 죄인인지 내가 알지 못하나 한 가지 아는 것은 내가 소경으로 있다가 지금 보는 그

것이니이다" 그들이 재삼 묻고 또 묻고 하는 것은 소경이 눈을 뜬 것이 사실이 아니기를 바라기 때문이요 그 사실 자체를 무효화하고 싶어서다. 그러나 소경은 재차 같은 종류의 말을 묻는 것에 대하여 순진하게 대답한다. "내가 이미 일렀어도 듣지 아니하고 어찌하여 다시 듣고자 하나이까 당신들도 그 제자가 되려 하나이까" 바리새인들은 그 일에 대하여 그들 안에 사전 의도하고 구상한 바가 있다. 이것이 종교의 기존 관념이요 그것이 틀렸더라도 무너져서는 안되는 것이다. 따라서 어떤 사실적인 말도 그들에게는 들릴 리가 없고 그들의 기존 틀과 각본에 짜맞춰져야 한다. 따라서 사실에 입각한 말이라 하더라도 저희에게 불리한 말은 절대로 접수하지 않고 아예 듣지 않은 것으로 간주한다. 그리고 기존관념과 사상만을 되풀이 하게 되는 것이다. 그것이 정체성이요 밥줄이기 때문이다. "저희가 욕하여 가로되 너는 그의 제자나 우리는 모세의 제자라 하나님이 모세에게는 말씀하신 줄을 우리가 알거니와 이 사람은 어디서 왔는지 알지 못하노라"

소경이었던 자는 눈만 보게 된 것이 아니라 입 또한 열렸다. 언제나 경험과 실제가 있는 사람의 말은 힘이 있다. "그 사람(소경이었던 자)이 대답하여 가로되 이상하다 이 사람(예수)이 내 눈을 뜨게 하였으되 당신들이 그가 어디서 왔는지 알지 못하는도다 하나님이 죄인을 듣지 아니하시고 경건하여 그의 뜻대로 행하는 자는 들으시는 줄을 우리가 아나이다 창세 이후로 소경으로난 자의 눈을 뜨게 하였다 함을 듣지 못하였으니 이 사람이 하나님께로부터 오지 아니하였으면 아무 일도 할 수 없으리이다" 얼마나 확실한 간증인가? 그는 배운 것이 없는 걸인이었지만 요한복음 3장의 니고데모 정도의 수준높은 말을 하고 있다. "이 사람이 하나님께로부터 오지 아니하였으면 아무 일도 할 수 없으리이다" 그러나 이런 참된 말은 그 종교 조직에서 쫓겨나기에 충분하였다. 그들은 걸인이었던 자, 아무 것도 모른다고 생각하는 자에게 바른 말을 듣자 자신들을 감히 가르치는가 하며 불쾌하게 생각하였다. 그리고 최종방안, 그들의 사상과 일치하지 않는 사람에 대하여 출교조치를 하게 되는 것이다. "네가 온전히 죄 가운데서 나서 우리를 가르치느냐 하고 이에 쫓아내어 보내니라"

종교 vs. 생명

요한복음 9장 말씀에서 우리는 유대 종교가 무엇인지 보게 된다. 한 사람이 날 때부터 소경이었는데 주님이 치료를 해주셔서 눈이 떴다. 소경이 눈을 뜬 것이다. 하나님의 기적이 일어났다. 그 소경에게는 그 일생에 눈을 뜬 것보다 큰 사건이 없다. 그의 일생에서 가장 큰 문제가 해결된 것이다. 그가 예수님을 접촉한 결과, 주님에 대해서 깊은 지식이 없을지라도 그는 변화가 시작되었다. 그러자 그러한 생명의 변화로 인해서 부딪히게 된 것은 기존 종교 조직이었다. 당시로는 유대교였다. 유대교 사람들은 그 사람이 소경이었다가 눈을 뜬 것에 대해서 믿고 싶지 않았다. 그래서 그의 부모를 불러서 물었지만 그들은 예수에 대해서 말하면 유대교 조직에서 출교를 당하는 것을 알고 있었기에 두려워해서 아들을 불러다가 직접 물어보라고 했다.

우리는 9장에서 유대 종교, 당시의 기성 종교 조직은 병자가 치료받고 또 눈 먼 소경이 주님을 만나서 그 눈을 뜨게 되는 귀한 역사에는 별 관심이 없다는 것을 알게 된다. 참 안타까운 사실이다. 대신에 그들은 예수로 인해서 자신들의 종교 조직이 조금이라도 해를 입을까봐 염려했다. 눈을 뜬 그 사람을 어떻게 처리할 것인가 궁리했다. 그런데 이 눈 뜬 소경은 이야기를 하면 할수록 점점 밝아졌다. 처음에는 '예수라는 사람'이라고 했는데, 그 다음에는 아마 그는 '선지자' 같다고 하더니 나중에는 '하나님께로부터 오지 않았다면 어떻게 그 사람이 내 눈을 뜨게 하겠습니까?'라고 말하는 것이다. 여기까지 듣다가 바리새인들은 화가 났다. "네가 온전히 죄 가운데 나서 우리를 가르치느냐?" 하면서 그를 쫓아냈다.

이 소경은 눈을 뜨자 기성 종교 조직에 부딪혔고 그들과 몇 마디 하자 쫓겨나게 된 것이다. 그런데 쫓겨난 다음에 누구를 만났는가? 예수를 만난 것이다! 여러분은 이것을 알아야 한다. 있지 말아야 할 곳에서 나와야 참되게 예수를 만난다는 것이다. 영적인 원칙이 그렇다. 이 청년이 예수님을 만날 때, 소경이었다가 눈을 떴을 때, 실로암 못에 가서 눈을 씻고 눈을 뜨고 하는 과정에서 아직은 그는 유대 종교 아래 있었다. 유대 종교에서는 하나님을 믿는다고 하지만 실제로는 그 종교의 타성에 젖어 있는 것이다. 그러한 종교생활 속에서는 인격이신 예수를 만날 수 없다. 그런 속에서 참되게 주님을 찾는 사람은 매우 희귀하다. 대부분은 그 종교생활 자체를 하나님을 잘 믿는 것으로 간주하는 것이다. 단체 안에서 그 단체의 분위기에 사로잡히면 개인적으로 주님을 만나지 못해도 만난 것이 되어버리는 수가 있다. 이와같이 단체적인 신앙은 위험성이 존재한다. 내가 예수를 만나기 위해서는 이 세상에 오직 주 예수와 나만 있는 상황으로 인도될 때 예수를 나의 개인의 구주로 만나게 된다. 이 소경도 그분이 누구신가에 대한 분명한 이해와 믿음이 없었다. 그의 믿음은 점진적인 과정에서 속에서부터 일어나게 되었다. 단체에서 쫓겨나게 되자(완전히 타의에 의해 쫓겨난 것이다) 그는 온전히 예수님을 만나게 되었던 것이다.

35-38절, 예수께서 저희가 그 사람을 쫓아냈다 하는 말을 들으셨더니 그를 만나사 가라사대 네가 인자를 믿느냐 36 대답하여 가로되 주여 그가 누구시오니이까 내가 믿고자 하나이다 37 예수께서 가라사대 네가 그를 보았거니와 지금 너와 말하는 자가 그이니라 38 가로되 주여 내가 믿나이다 하고 절하는지라

그는 이때 예수를 참되게 만났다. 이때 그는 주님을 개인의 구주로 만날 수 있는 위치까지 오게 되었다. 주님은 이 지점에 인도하시기 위해 여러 과정을 거치게 하신 것이다. 그는 충분히 예비되어 있었다. 소경은 그분의 다정한 손길을 맛보았다. 사랑과 인자하심과 능력도 맛보았다. 눈을 뜨는 과정이 그러했다. 그러나 여전히 종교 단체에서의 수건이 예수를 만나는데 방해로 작용하고 있었다. 그는 이제 거기서도 나왔다. 나올 때 새로운 시야가 열리는 법이다. 과거에 눈을 뜬 사건은 중요하지만 이때 만난 것보다 중요하지는 않았다. 육신의 눈을 뜨는 것이 중요하지만 영혼의 눈을 뜨는 것보다 중요하지는 않다. 이것은 영생을 얻는 문제이다. 이것은 영원한 문제이다. 육신의 눈을 뜨는 것은 그가 이 땅에서 사는 동안의 문제이지만 예수를 진정으로 믿고 죄 용서 받고 영생 얻는 문제는 영원한 문제이다.

그래서 예수님의 그 소경에 대한 최종 목적은 눈을 뜨게 해주는 것이 아니었다. 믿고 죄 사함 받고 영생 얻게 하시는 것이었다. 그럼 그 시기가 언제인가? 주님은 그가 유대교에서 쫓겨났다는 말을 들으신 다음에 그를 찾아와 만나셨다. 여기에는 예수의 의지도 들어 있다. 우리의 영적 체험으로도 이러한 종교 조직에서 나왔을 때 주 예수께서 우리를 만나주신다는 것을 체험적으로 알 수 있다. 인간의 약점은 단체를 의지하는 것이다. 이것은 개개인이 주님을 인격적으로 만나는데 방해가 된다. 그 안에만 있으면 되겠지 하는 생각이다. 이것이 사람이 빠지기 쉬운 신앙의 함정이다. 그런 단체의 분위기에서 나올 때 비로소 주님을 만나게 되는 것이다.

이제 예수님은 그를 만나셔서 한 가지를 물으셨다. "네가 인자를 믿느냐". 이것이 유일한 예수의 질문이다. 오늘도 사실은 주님은 우리 모두에게 이 한 가지 질문을 던지신다. "네가 인자를 믿느냐." 오직 한 분 예수이다. 오늘 소위 수많은 종교인들은 예수를 믿는 것이 아니라 어떤 단체의 사상을 믿고 교주를 신봉하고 많은 다른 것으로 예수 한 분의 신앙을 대치한다. '네가 인자를 믿느냐' 이 얼마나 달콤한 음성인가? 이 한 분을 만나는 것이 간단한 것 같지만 그 과정은 길고도 멀었다. 소경의 일생의 세월이 걸린 것이다. 주님은 어떻게 해서든지 그분 자신을 우리에게 알리시기를 원하신다.

그리고 주님은 우리에게 '오직 믿음'만을 요구하신다. 하나님의 아들 예수를 믿느냐는 이 한 가지가 여러분이 답변해야 할 유일한 질문이다. 그때 이 눈 뜬 소경은 "주여 그가 누구십니까"라고 물었고 주님은 "네가 그를 보았거니와 지금 너와 말하는 자가 그이니라"고 답하셨다. 그러자 이 소경이 "주여 내가 믿나이다"하고 절했다. 소경과의 대화는 이것으로 끝이다. 주님의 모든 대화의 목적은 이것이다. 주님을 만나는 것이다.

이것은 사마리아 여인과의 대화에서도 본질이 동일한 말씀이다. "네게 말하는 내가 그로라"(요4:25) 주님이 누구인지를 아는 것이 구원이다(요17:3). 그분이 누군지 어느 날 눈이 열려 알게 될 때 우리는 구원을 받게 된다. 그분이 과연 나의 죄를 사하고, 나를 죄와 사망과 심판과 멸망에서 구원하기 위해 오신 인자 예수, 하나님의 어린양, 메시아임을 믿는 것이다.

여러분이 진정 그분이 누군가를 영 안에서 보았다면 이미 구원을 받은 것이다. 주님은 이 소경의 눈만 뜨게 해준 것이 아니라 영생의 문제를 완전히 해결해주신 것이다. 그의 눈을 뜨게 한 목적은 바로 이것이다. 즉 그분이 전능자, 구주로 오신 하나님의 아들이라는 것을 알게 해주신 것이다. 요한복음 1장 시작부터 예수는 사람들에게 그분이 전능자이심을 보이셨다. 나다나엘이 예수 앞에 나오기 전에 무화과나무 아래 있는 것을 보았다고 하셨다. 물로 포도주를 만드셨다. 날 때부터 소경된 자를 고치셨다. 이는 전능자의 능력이외에는 불가능하다. 예수는 그분이 누구인지를 알려주시고자 하셨다. 이를 인해 나는 너무나 감사한다.

사마리아 여인이나 간음 중에 현장에 잡힌 여인이나 소경이나 모두 감사한 것은 이러한 주님을 만난 것이다. 이들은 모두 문제가 있었다. 그들의 한 가지씩의 일생일대의 문제들은 예수를 만나는 길잡이가 되어주었다. 주 예수는 인자가 되시어 우리의 인생의 삶의 깊이에 찾아 오셔서 우리를 만져주시고 당신을 알리시며 만나주시기를 원하신다. 내가 왜 예수를 사랑하는가? 그분은 나의 죄를 해결하여 구원하기 위해, 나에게 가까이 찾아 오신 임마누엘이기 때문이다.

오늘날 어떤 사람들은 예수를 믿으면 병이 치료받고 또 가정이나 모든 문제가 해결된다고 강조한다. 물론 이런 모든 것은 덤으로 주어진다. 우리는 그런 많은 혜택도 얻는다. 그러나 더 중요한 것은 예수가 누군지를 알고 그분을 진실로 믿고 죄 사함을 받으며 영생을 얻는 것이다. 나는 여러분 모두가 중심에서 이 눈 뜬 소경처럼 주 예수가 누구인지를 알고 "내가 주를 믿나이다"라고 고백할 수 있기를 바란다.

39절, 예수께서 가라사대 내가 심판하러 이 세상에 왔으니 보지 못하는 자들은 보게 하고 보는 자들은 소경 되게 하려 함이라 하시니

예수님은 요한복음 3장에서 니고데모를 만났을 때 내가 세상을 심판하러 오지 않았다고 했다. 구원하러 왔다고 하셨다. 그런데 여기서는 심판하러 왔다고 하신다. 주님의 말씀은 때로 모순적인 것 같다. 그러나 모순이 아니다. 헬라어로 보면 요한복음 3장의 심판이라는 말은 '크리시스(κρίσις)'이지만 여기서는 '크리마(κρμα)'라는 말로서, 이 심판은 어떤 행동의 심판을 말하는 것이 아니라 '드러내는 것'을 의미한다. 예수님이 오시기 전에는 소경인지 아닌지 모른다. 본다고 하고 안다고 하니까 진짜 그런 것처럼 보인 것이다. 그러나 주님이 오셔서 심판을 하시는데 정작 아무것도 모르는 것이 드러나는 것이다. 본다고 하더니 알고 보니 소경이었다. 심판이 임하자 구분이 되는 것이다. 반면에 보지 못하던 위의 소경 같은 사람은 보게 되는 것이다.

우리가 성경을 고시공부 하듯이 배우고 주석서나 강해서를 가져다가 연구하면 많은 진리를 볼 수 있을 것 같고 깨달을 수 있을 것 같고 박사가 될 것 같지만, 그렇지 않다. 그렇게 알 수 있는 것이 아니다. 하나님은 지혜롭다고 하는 자에게는 자신을 숨기신다고 하셨다. 주님이 보여주셔야 볼 수 있다. 주님은 숨기시는 것이 있다. 보여주지 않을 사람에게는 절대로 보여주시지 않는다. 다윗의 시에는 이런 말이 있다. "주여, 저들의 등이 굽어서 보지 못하게 하옵소서". 이를 주님은 마태복음에서 인용하셨다. "저들이 듣고 깨달을까봐 두려우니 보지 못하게 하옵시고" 라고 말씀하셨다. 그렇다면 주님은 어떤 사람에게는 보여 주시는가? '어린아이에게는 나타내심을 감사하나이다'라고 하신 것처럼 '나의 지혜로는 도무지 알 수가 없으니 보여주세요'라고 마음을 낮추고 겸손하게 비우는 자들에게 나타내시기를 기뻐하신다.

여기서 우리는 요한복음 9장의 기록목적이 육신적인 소경이 눈을 뜨는 것에 있는 것이 아니라 영의 눈을 떠서 구원을 받고 영생얻는 것에 있음을 보게 된다. 6장도 육신의 양식을 먹는 것에 있지 않고 영원한 생명의 양식을 먹는 것에 중점이 있다. 주님이 소경의 눈을 뜨게 하신 것은 그 목적이 영적인 눈을 떠서 주 예수를 믿고 구원얻는데 있었다. "네가 인자를 믿느냐?"(35절) 이 35절의 지점에서도 눈을 뜬 사람은 주 예수를 알지 못했었다. "주여, 그가 누구시오니이까? 내가 믿고자 하나이다!"(36절) 37절에서 주 예수는 비로소 그분 자신을 그에게 계시하신다. "네가 과연 그를 보았거니와 지금 너와 말하는 자가 그이니라" 결국 주 예수가 누구인지를 모르면 눈을 떴어도 소경이고 눈을 감았어도 주 예수를 알면 그는 눈을 뜬 사람이다.

16세기 영국의 철학자면서 당시의 재상이었던 베이컨이라는 사람이 있었다. 당시 종교개혁 후에 교회의 상태가 한동안 좋았다가 다시 어두워졌을 때이다. 당시 그는 4대 우상론이라는 책을 폈는데 이는 오늘날의 상황에도 그대로 맞아 떨어진다. 솔로몬이 말한 것처럼 기묘하게도 옛날 일은 오늘도 반복해서 계속 있게 되는 것이다. 과거 주님이 이 땅에 계실 때의 종교 조직 같은 그런 어두움이, 종교 개혁 후의 그런 어두움이 오늘날이라고 없겠는가? 베이컨은 4가지 우상에 대해서 말했다.

첫째는 종족의 우상이다. 이는 자기와 가까이 있고 같은 테두리에 있는 사람들만 사랑하는 것이다. 다들 예수를 잘 믿는다고 하지만 아니라는 것이다. 그것이 무슨 참된 그리스도를 믿는 것인가? 자기 테두리 안에 있는 사람들만 사랑하고 자기와 가까이 있는 사람들만 사랑하는 단체적인 이기주의 같은 종교생활, 그것이 무슨 참된 그리스도인의 삶인가? 그것은 일종의 우상숭배라고 했다.

둘째는 동굴의 우상이다. 이는 자신의 가장 뛰어나고 옳다는 관념 안에 살면서 다른 세계를 용납하지 않으려는 우상이다. 동굴 속에 들어가서 자기들만이 최고 옳다, 가장 뛰어나다는 관념 안에 살면서 절대로 다른 세계를 받아들이려 하지 않는다는 것이다.

셋째는 시장의 우상이다. 그리스도인은 조용하게 주님과 묵상 가운데서 깊은 교제를 할 수 있어야 한다. 성령의 교통은 내밀한 것이기 때문이다. 내면 안에서 깊은 속에서 주님과의 은밀한 교제를 나누는 것이 성도의 삶의 기본이다. 그런데 사람들은 조용한 주님의 음성을 들으려 하지 않고 큰 목소리를 따라간다는 것이다. 남대문 시장에 가보면 상인들이 소리를 지른다. 소리를 지르면 사람들이 끌려오기 때문이다. 누가 가장 영향력 있고 큰 목소리로 사역하는가? 그가 결국 시장을 석권한다고 했다. 이는 큰 목소리를 듣는 우상이다

넷째는 극장의 우상이다. 기독교계에도 유명한 배우와 연기자들이 많이

나타난다는 것이다. 사람들은 거짓된 배우의 연기에 곧잘 속아 넘어간다는 것이다. 참된 신앙이 아님에도 겉으로 그럴듯한 말들과 사람들을 즐겁게 하는 인기 있는 사역자들의 거짓된 사역에 많은 이들이 기만을 당한다는 것이다. 그러면서 사람들은 '우리는 본다, 우리는 안다'고 하는 것이다.

40-41절, 바리새인 중에 예수와 함께 있던 자들이 이 말씀을 듣고 가로되 우리도 소경인가 41 예수께서 가라사대 너희가 소경 되었더면 죄가 없으려니와 본다고 하니 너희 죄가 그저 있느니라

예수와 함께 있던 바리새인들

여기 있는 바리새인은 예수님을 비방하기 위한 사람들이 아니다. 문맥을 보라. 예수님과 '함께 있던' 바리새인들이다. 우리는 요한복음 읽으면서 한 대씩 맞는 것 같은 충격을 느낄 때가 있다. 예수를 믿는 사람들 가운데서 예수를 죽이려는 사람들이 생겨난 것을 8장에서 읽을 수 있다. 어떻게 예수님을 믿는다는 사람이 예수를 죽이려고 할 수 있다는 말인가?

예수와 함께 있는 바리새인들이 '우리도 소경입니까'라고 물었을 때 예수님은 41절에서 '너희가 소경 되었더면 죄가 없으려니와 본다고 하니 문제다'라고 하셨다. 문제가 무엇인가? 이 바리새인들은 예수님을 만나서 예수님과 함께 있음에도 불구하고 자기들이 과거에 가지고 있던 기존 지식을 내려놓지 않는 사람들이다. 결과적으로는 예수님의 말씀이 그 속에 들어가지 않는 사람들이다. 그러면서도 '우리는 다 안다. 다 볼 수 있다. 저런 말은 이미 다 알고 있다'고 했던 것이다. 그러므로 예수님은 그들에게 '너희들은 죄 사함도 받지 못한다'고 하셨던 것이다. 그들은 실상 제대로 믿지 않은 것이다. 이러한 일이 당시에 벌어지고 있었다.

요한복음에 있는 죄사함의 복음

생명을 얻는 것에 중점을 두는 요한복음은 직접적으로 죄사함의 문제를 직접적으로 다루지 않으나 죄사함의 문제를 간접적으로 다룬다. 주 예수께서 3장의 장대에 달린 놋뱀을 말씀하실 때 이는 민수기 21장의 원망하다가 불뱀에 물려서 죽어가는 이스라엘 백성들에게 장대에 달린 놋뱀을 바라보라고 하신 말씀에서 우리는 죄의 용서에 대한 간접적인 말씀을 대한다. 뱀에 물린 자들의 몸에 퍼져가는 뱀의 독소는 결국 죄와 사망을 의미한다. 어떻게 죄사함을 받는가? 장대에 높이 달린 예수를 바라봄으로써이다. 예수를 믿으면 죄로부터 벗어나게 된다. 요한복음 3장 16절의 믿는 자는 멸망치 않고 영생을 얻는다고 하심도 죄의 사함을 받으므로 인한 것이다. 5장 24절의 믿는자는 사망에서 생명으로 옮겼다고 하실 때 그 말씀 속에는 죄사함이 들어있다. 6장에서 음료로서 "피를 마셔야 한다"고 하신 말씀은 결국 사람의 죄를 씻기 위한 것이다. 8장에서 주 예수는 "나를 따르는 자는 어두움에 다니지 아니하고 생명의 빛을 얻으리라"고 말씀하신다. 이 어두움 역시 죄의 문제이다. 진리를 알지니 진리가 너희를 자유케 하리라고 하신 말씀도 결국 죄에서 자유케 됨을 말씀하신 것이다(8:32-34). 본 9장에서도 "너희 죄가 그저 있느니라"고 하신 것은 죄 사함을 받지 못한 상태를 말한 것이다(9:41). 요한복음에서 죄사함의 문제는 직접적으로 다루지 않으니 많은 곳에서 간접적으로 언급되고 있다.

죄에 대한 정의

성경에서의 죄는 하나님께서 정하신 것을 말한다. 우리가 죄라고 생각하는 것이 죄라고 하지 않았다. "내가 주께만 범죄하여 주의 목전에 악을 행하였나이다"(시51:4) 죄는 우리의 양심을 따른 것이 아니라 하나님의 견해를 따르며 그분의 표준과 율법에 따른 것이다. 교통법을 예로 들자. 우리가 괜찮다고 생각하여 주차를 했다든지, 주행을 했다 하더라도 교통법에 위반하면 범칙금이 날라오게 된다. "모든 사람이 죄를 범하였으매 하나님의 영광에 이르지 못하더니"(롬3:23) 우리의 양심의 가책이나 범죄에 대한 인식이 우리의 죄의 모든 것이 아니다. 우리가 범한 죄의 양은 그보다 훨씬 더 많을 수 있다. 이는 우리의 죄가 그분의 율법과 영광에 이르지 못한 모든 것이기 때문이다. 옛 생명을 따라 행한 모든 것이 다 죄라고 보면 된다. 따라서 우리가 범한 죄는 하나님 앞에 하나 하나 죄안(罪案)으로 기록되며 우리의 양심에도 정죄감과 거리낌을 쌓는 것이 된다. 결과적으로는 우리의 범한 죄과는 우리를 사망과 심판과 영원한 형벌에 이르게 하는 것이다.

죄에 대한 용서

우리의 죄에 대한 용서는 피로 말미암는다. 우리가 율법을 어겼다면 우리는 죽어야 마땅하다(롬6:23). 우리의 죄를 용서하기 위해 하나님은 그분의 아들을 주셨다. 하나님은 사랑으로 말미암아 우리가 마땅히 갚아야 할 죄의 빚을 그분이 독생자를 보내주셔서 대신 갚아주셨다. 그것은 하나님 앞에서 우리가 범한 모든 죄를 사한 것이며 하나님의 공의의 요구를 만족시킨 것이다. 따라서 이는 율법이 아니고 율법 외의 일이다(롬3:21). 하나님의 사랑이 그분의 아들을 우리에게 주사 우리를 대신해 피를 흘리심으로 우리가 하나님께 지은 모든 죄를 깨끗이 청산해주셨다.

따라서 우리는 그리스도의 피를 의지하여 하나님 앞에 나아갈 수 있다. 우리의 죄는 대충 사해진 것이 아니라 정당하게 그리스도의 십자가로 말미암아 심판을 받은 것이다. 하나님은 우리에게 더 이상 죄에 대한 빚을 독촉하실 수 없다. 왜냐하면 우리의 모든 죄는 예수의 십자가의 피의 대가로 완전히 갚아졌기 때문이다. 따라서 그리스도의 죄 사함의 근거는 공의(公義)이다. 그리스도께서 단번에 과거 현재 미래의 우리의 모든 죄값을 갚아주셨으므로 하나님은 우리의 죄악에 대하여 다시는 청구하실 수 없다. 이것은 그분의 공의로 말미암은 것이다. 즉 그분이 우리의 죄의 대가를 아들로 지불케하시어 속전을 지불케 하셨는데 또 우리에게 요청하신다면 불의하시게 된다. 그분이 의로우심으로 인하여 우리에게 다시는 우리가 범한 죄에 대한 요구나 정죄를 하실 수 없음을 인하여 감사하고 찬양하자! 우리는 거저 죄사함을 받은 것이 아니라 아들의 희생으로 말미암아 정당하게 속전을 지불하였다. 여러분의 죄가 사함받은 것은 그분의 피로 말미암은 것임을 성경이 알려준다(요일1:7).

따라서 우리는 당당하고 담대한 마음으로 하나님 앞에 나아갈 수 있다. 예수의 십자가에서 흘린 피는 하나님 앞의 죄안을 다 말소해주시고 우리 속의 양심의 더러움과 거리낌을 다 제한다. 모든 죄가 사해졌기 때문이다. 따라서 우리는 죄사함을 받고 평안과 기쁨을 얻게 되는 것이다. 피는 사람의 마음을 씻는 것이 아니라 양심을 씻는 것이다. 주님의 피가 우리의 양심을 씻고 우리가 평안을 얻었다는 사실은 그분의 피가 하나님 앞에서 우리의 모든 죄안을 말소하였기 때문이며 우리가 받아야 할 형벌을 그분이 담당하신 것에 기인한다. 원래 우리의 양심은 죄의 거리낌이 있어서 죄와 장래의 심판을 생각하면 불안을 느꼈다. 그러나 주님의 피의 대속함을 알고 즉시 양심이 편해지는 것이다. 피는 하나님께 필요한 것이며 하나님의 공의의 요구이다. 출애굽기 12장 13절은 "하나님이 피를 본즉 넘어가리니"라고 한다. 사람이 피를 보는 것이 아니라 하나님이 보셨다. 우리는 예수의 피를 볼 수 없다. 마치 구약의 대제사장들이 짐승의 피를 가지고 지성소에 들어가서 뿌리는 것과 같다. 그 피는 밖의 죄인들이 보는 것이 아니라 지성소의 하나님께서 보시는 것이다. 그분이 보시고 만족하시면 대제사장은 살아서 지성소로 나아갈 수 있었다. 이는 그리스도의 부활의 예표이다. 따라서 오늘 날 성도들은 하늘과 땅 사이에 오직 한 종류의 피만 마실 수 있다. 이는 오직 우주 가운데 한 분의 구주만 존재한다는 것을 가리킨다.

부활은 그리스도께서 우리의 죄를 사했다는 증명서이다. 그분은 우리의 범죄함을 인하여 내어준 바 되셨고 우리를 의롭다 하심을 위하여 살아나셨다(롬4:25). 하나님은 그분을 죽음에서 부활케하심으로 모든 사람에게 믿을만한 증거를 주셨다(행17:31). 예수의 피가 우리의 죄를 사할 수 있나 없나는 우리가 관여할 부분이 아니다. 하나님이 예수의 피를 보시고 우리를 위한 속죄제사를 열납하셨으며 그 증거로 그 아들을 죽음 가운데서 부활케 하신 것이다. 따라서 여러분이 이미 하나님께서 예수를 죽은 자 가운데서 살리신 것을 믿는다면 이미 구원을 얻은 것이다(롬10:9). 여러분은 이미 죄사함을 받았는가? 의롭다함을 얻었는가? 그렇다면 여러분은 이 세상에서 가장 축복된 사람이다!

9장을 마치면서

소경의 눈을 뜨게 한 것은 결국 사람들의 영적인 눈을 뜨게 하는데 있었다. 주님은 물질적인 것을 사용해서 영적인 중대한 일을 하신다. 6장의 오병이어의 일도 마찬가지였다. 떡먹는 기적을 이용해서 주 예수는 당신의 살과 피를 마시는 것을 가르치고자 하셨다. 사람들은 이 세상에서 먹고 사는 일에 중점을 두고, 심지어 소경이 고침받는 것을 주의하지만 주님의 중점은 언제나 영생의 일에 두고 있음을 깨닫는 것은 요한복음을 이해하는데 있어서 매우 중요한 요소이다.

요한복음 9장, 10장에 몇 종류의 사람들이 있다. 유대 종교 안에 젖어서 철저히 바리새인들이 된 사람들은 시기가 가득하다. 그들은 전통주의자들이며 모세를 자랑했다. 그리고 사람들을 권위로 쫓아냈다. 누구라도 예수를 시인하면 다 축출한다고 위협하여 사람들을 두려워하게 만들었다. 눈 뜬 소경의 부모는 예수가 아들을 치료한 이야기를 잘못하다가 쫓겨날까봐 말도 못했다. 기성 종교 조직은 이렇게 살벌한 분위기를 연출하고 있었다.

이 청년은 눈 뜬 죄밖에 없다. 그런데 왜 쫓겨나야 하는가? 그들에게 참말을 한 죄밖에 없다. '그분이 죄인이라면 어떻게 내 눈을 뜨게 합니까? 그분이 하나님께로부터 오지 않았다면 어떻게 내 눈을 뜨게 합니까?'라고 하자 극도로 화가 나서 그를 쫓아내 버렸다. '네가 온전히 죄 가운데서 우리를 가르치느냐?' 종교인들은 순수한 형제로부터 훈계를 듣는 것이 견딜 수 없었던 것이다. 그들은 본다고 확신했지만 소경으로 남아 있게 되었다. 반대로 가장 처참한 환경에 있던 소경이었던 자는 육신의 눈을 뜬 것만이 아니라 영의 눈을 뜨게 되는 구원의 축복을 얻게 되었다.

10 장

양의 목자

1-2절, 내가 진실로 진실로 너희에게 이르노니 양의 우리에 문으로 들어가지 아니하고 다른 데로 넘어가는 자는 절도며 강도요 2 문으로 들어가는 이가 양의 목자라

10장에서는 양무리와 목자의 비유를 들어서 주님이 인도하고자 하는 신약의 교회를 그려주고 있다. 성도들은 이제 참되게 하나님을 믿기 위해서는 참된 양의 목자가 있을 뿐 아니라 절도와 강도도 있음을 알아야 한다. 양의 목자만이 우리에 들어갈 자격이 있다. 목자는 당연히 문을 통하여 들어간다. 양떼들은 목자는 따라야겠지만 절도와 강도는 따르면 안 된다. 이 길을 잘못 가서 망하는 일에 있어서 거짓 목자나 삯군의 책임도 있지만 따르는 양떼의 책임도 있음을 가르쳐주고자 하는 것이 10장의 내용인 것이다.

3절, 문지기는 그를 위하여 문을 열고 양은 그의 음성을 듣나니 그가 자기 양의 이름을 각각 불러 인도하여 내느니라

첫째는 진정한 양은 구주되신 예수와의 진정한 만남과 접촉을 통해 이루어진다는 것을 말해준다. 4장의 사마리아 여인이나 5장의 38년된 병자, 9장의 소경 등 모두가 다 예수 그리스도와의 인격적인 만남을 통해 구원받았다. 신약의 교회는 이렇게 예수와의 만남을 통해 이루어진다. 1절과 2절의 진정한 문은 무엇이며 문지기란 무엇인가를 이해하기란 쉽지 않다. 그리스도만이 진정한 문으로 들어가신 분이며 문을 열고 양을 불러낸 목자란 말이다. 그분만이 정당하게 문을 열었다. 보혈로 휘장 안으로 들어가는 문을 여셨고, 영생의 문을 열어주신 분이다. 왜 이런 말씀을 하시나? 절도와 강도가 있기 때문이다. 자신이 양떼를 위해 죽은 구속주도 아니면서 사람들을 자기를 따르게 하는 자들이 있다. 소위 교주들이다. 그리스도는 정당하게 하나님의 뜻에 따라 이 땅에 양을 구하기 위한 목자로 보내심을 받았고 십자가에 그들을 위해 목숨을 버린 구주이시다. 예수 그리스도만이 목자이시다. 그분이 주인이시고 조물주이시다. 우리를 지으신 분이시고 구속한 분이시다.

그분이 각각 이름을 부르신다는 것이다. 여기서 '각각' 이라는 말은 중요한 말이다. 우리는 단체주의를 주의해야 한다. 우리가 몸을 말하지만 이것은 단체주의와 구분해야 한다. 다른 사람이 우리 대신 예수를 믿어줄 수 없다. 주 예수와의 인격적인 만남을 대신해줄 수도 없다. 박윤선 박사는 '천국에 가면 모든 사람이 예수를 향하여 개별적인 관계를 갖고 있음을 볼 것이다'라고 하였다. 이렇게 개별적으로 주님을 만난 예수 그리스도의 양떼가 신약의 교회이다. 이는 당시의 기성 종교 조직인 유대교(그저 맹목적으로 단체적임- 그 안에서 정한 규율과 체계가 전부 다임)와 예수님이 이루시고자 하는 교회와의 극명한 대조를 보여준다. 교회는 과연 어떻게 해서 생기는 것인가? 신자마다 예수의 불러내는 음성을 각각 들어야 한다. 각각 '아무개야'라고 부르시면 그 음성을 듣고 따라 나온다는 것이다. 그러므로 신약의 성도들의 믿음이란 개인적으로 주님을 믿고 영접하고 주님을 만나며 따르는 것이 기초가 되어야 한다.

4절, 자기 양을 다 내어 놓은 후에 앞서 가면 양들이 그의 음성을 아는 고로 따라 오되

"자기 양을 다 내어 놓은 후에 앞서 가면". 일단 주님이 하시는 일은 각자의 이름을 불러서 그 양의 우리 안에서 끌어내시는 것이다. 양 우리는 유대교라는 종교 조직을 말한다. 9장에서 눈을 뜬 청년 한 명을 불러내셨는데, 이 한 가지 예를 들어서 주님이 어떻게 신약의 교회를, 주님의 양무리를 편성하시는가를 말씀하고 계신다. 일단 다 내어놓는 것이다. 그런 다음에 주님이 앞서 가신다. 그럴 때 양떼들은 주님의 음성을 알기에 주님을 따라가는 것이다.

여러분이 신약의 교회의 멤버들이 되려면 한두 가지를 점검해보라. 첫째는 예수님의 부르시는 음성을 듣고 나왔는가? 둘째는 앞서 가시는 예수님의 음성을 듣고 따르는 발걸음인가? 아니면 스스로 개척하고 연구하고 궁리하여 가는 길인가? 또는 주님의 음성이 아니라 사람이나 조직의 체계에 따라 맹목적으로 움직이는 신앙인가? 이것을 보면 여러분이 아직도 기존 종교 조직에 포함되어 있는 유대교의 일부인가, 예수 그리스도를 목자로 한 양떼, 즉 교회의 일부인가를 점검할 수 있다. 첫째는 개별적인 부름을 받고 둘째는 앞서서 인도하시는 주 예수를 따를 줄 아는 것이다. 이것이 정당한 신약의 양떼의 발자취라는 말이 되겠다.

"양들이 그의 음성을 아는 고로". 양들은 목자의 음성을 안다는 것이다. 뒤에 나오지만 목자는 양들을 안다고 했다. 목자도 양을 알고 양도 목자를 안다. 양떼들은 최소한 목자의 음성을 아는 것이다. 목자의 음성을 모르는 사람들은 강도의 음성인지 절도의 음성인지 목자의 음성인지 구분하지 못한다. 그들은 아직 주님의 불러내심을 받지 못한 사람들이다. 주님의 부르심을 받았으면 최소한 목자의 음성은 알 수 있다.

5절, 타인의 음성은 알지 못하는 고로 타인을 따르지 아니하고 도리어 도망하느니라

신약의 교회의 성도들이 되려면 최소한 두 가지를 할 줄 알아야 한다. 하나는 '아, 이것은 아니구나' 하고서 따르지 않고 도망하는 것을 할 줄 알아야 한다. 그리고 '아, 이것은 목자의 음성이구나' 하고 목자의 음성은 따를 줄 알아야 한다. 이 두 가지를 할 줄 알아야 교회의 성도, 신약의 교회의 지체로서의 자격이 있는 것이다. 아무 말이나 듣고 따라다니는 사람은 아직 교회의 일부가 아니다. 9장의 소경처럼 아직 유대교의 일부로서 주님을 만나지 못했으며 영적 눈을 뜨지 못한 사람이다. 개별적으로 주님의 부르심을 받은 성도라면 타인의 음성을 들을 때에 목자의 음성이 아님을 알 수 있다. 조금 따라 가려다가도 얼른 도망갈 것이다. 만일 여러분에게 이런 지각이 있다면 감사한 일이다. 그렇다면 여러분은 주님의 귀한 양떼들임에 분명하다.

6절, 예수께서 이 비유로 저희에게 말씀하셨으나 저희는 그 하신 말씀이 무엇인지 알지 못하니라

당시의 사람들은 예수님으로부터 이 말씀을 들으면서도 이것이 무슨 말씀인지도 몰랐다. 오늘 날도 수많은 사람들이 요한복음 10장을 읽지만 주님의 깊은 뜻을 아는 사람은 많지 않다. 많지 않을 뿐 아니라 극소수이다.

7-9절, 그러므로 예수께서 다시 이르시되 내가 진실로 진실로 너희에게 말하노니 나는 양의 문이라 8 나보다 먼저 온 자는 다 절도요 강도니 양들이 듣지 아니하였느니라 9 내가 문이니 누구든지 나로 말미암아 들어가면 구원을 얻고 또는 들어가며 나오며 꼴을 얻으리라

양의 문

"나는 양의 문이라". 예수님은 양의 문이라고 하셨다. 어떤 문이신가? 주님은 지금 새로운 생명의 질서를 가지고 신약의 교회, 예수 그리스도의 양떼를 형성하고 계신다. 지금 우리는 신약의 교회로서 있다. 주님은 신약의 교회, 그리스도의 양떼들인 양 무리를 새롭게 편성하기 위해 계신다. 그 새로운 질서 속으로 들어가려면 문으로 들어가야 한다. 그리고 그 문은 예수라는 것이다. 문이 예수요 목자가 예수요 문지기도 예수이시다.

요한복음 9장에서 한 사람이 그 문을 통과해서 새로운 질서 속으로 들어온 모습을 본다. 그것이 눈을 뜬 소경이다. 예수 그리스도는 생명의 문을 열어주기 위해서 이 땅에 오셨다. 교회로 편성되기 위해서 여러분은 예수를 만나야 한다. 반드시 그 문을 통해서 들어와야 한다. 한 분의 인격, 예수라야 한다. 하지만 오늘날 많은 사람들이 예수가 아닌 다른 것을 문을 삼아서 들어가려고 한다. 여러분은 왜 이곳에 왔나? 사역자인 나를 보고 왔다면 잘못 온 것이다. 우리가 선교하는 것을 보고 감명을 받아서 왔다 해도 잘못 온 것이다. 여기는 헌금을 자유롭게 한다더라. 잘못 오신 것이다. 헌금 결과를 투명하게 보고를 한다더라. 역시 잘못 오셨다. 서로 사랑한다더라. 다 좋은 것이지만 잘못 오셨다.

여러분이 신약의 교회가 되기 위해서는, 예수 그리스도의 양떼가 되기 위해서는 예수를 문 삼아서 들어왔어야 한다. 어떤 단체는 창시자의 가르침을 문 삼는다. 즉 그 가르침을 통하여 문에 들어가고 그 문을 통하여 들어오지 않은 사람은 내쫓는다. 어떤 교회는 특정한 교리나 특정한 성경 번역본을 읽는 것을 문 삼는다. 심지어 뛰어난 사역자의 성경해설이 그 문이 되는 단체도 있다. 그것을 찬동하거나 집중하여 따르지 않으면 그들 가운데 들어갈 수 없다. 즉 그 뛰어나다고 하는 사람의 가르침을 문 삼은 것이다. 그것들은 다 그리스도 자신이 아니다.

오직 예수를 인하여 구원받고 들어온 자는 다 교회의 지체가 될 수 있다. 또 그리스도 자신 외에 교회를 위한 다른 어떤 문을 만들 수 없고 또 다른 어떤 것도 문을 삼을 수 없다. 다른 것을 문 삼은 단체는 신약의 교회가 아니다. 문과 목자, 문지기는 모두 예수 그리스도시다. 이것은 너무나 중요한 문제이다. 예수보다 먼저 온 자는 다 절도요 강도라고 했다. 요한복음 10장이 없다면 우리는 얼마나 많은 속임수에 걸려들 뻔 했는가?

예수님은 그분 자신이 문이라고 하셨고 그분으로 말미암아 들어가고 나가는 사람은 다 꼴을 얻는다고 하셨다. 꼴이란 목초지, 초장이라는 말이다. 주 예수는 초장으로 우리를 인도하신다고 했다. 교회는 예수님을 문으로 삼아서 다 푸른 초장에 모였다. 기묘한 것은 정말 주님만 문 삼고 그분만 목자 삼아서 따라 나온 사람에게는 꼴이 있다는 것이다. 그러나 우리(fold) 안은 푸른 초장이 아니기에 풀이 없다. 영양가가 없는 건초만 있다. 거기에는 종교의 형식과 율법이 있고 많은 교훈이 있을 것이다. 많은 교양 강좌가 있을 것이다. 많은 행위가 있을 것이다. 강요가 있고 움직이는 활동이 있으며 잘 짜여진 조직이 있을 것이다. 그러나 거기에 풀은 없을 것이다. 양들은 푸른 초장에서 풀을 뜯어먹고 살이 쪄야 하는데 우리 안에 가둬놓고 먹을 것을 주지 않는다. 그러다가 목자이신 주님이 한 마리씩 불러내신다. 참되게 예수를 만나 그분을 문 삼아서 나오자 거기에 풀이 있는 것이다.

여기서 들어가고 나오는 것은 무엇인가? 우리는 우리에서 나오는 것은 이해가 쉽게 가는데 왜 또 들어가는 문제를 말씀하시는가? 주 예수님은 먼저 이스라엘이라는 우리 안으로 들어오셨다. 그 이스라엘은 유대교라는 울타리를 치고 있었고 이스라엘 양떼들은 그 우리 안에 갇혔다. 주님이 그 안에 들어오셔서 한 사람씩 빼어내셨다. 그런데 왜 또 들어가는 문제를 말씀하시는가? 주님의 빼내심을 받은 성실한 성도라면 이 땅에 사는 한 복음을 전하려는 마음을 갖게 되고 또 우리 안으로 들어가지 않을 수 없다. 사도들도 유대교의 상황 안으로 항상 들어가며 나오며 했다. 그것은 그들이 유대교에 전향하기 위한 것이 아니라 복음을 위한 것이었다. 오늘 우리도 나왔지만 여전히 들어가야 하고 또 나와야 한다. 주님을 문 삼았다면 우리는 들어와도 나와도 꼴을 얻는다.

지금 주님은 신약의 교회가 어떻게 형성되는가를 설명하고 있다. 요한복음 10장은 9장의 연속이다. 예수님은 한 소경이 눈을 뜨게 하셨고 그로 인해 그는 쫓겨났다. 그러자 주님은 그를 만나서 초장으로 인도하신 다음에 그것을 설명하시는 것이다. 신약 교회는 이렇게 형성되는 것이다. 들어가며 나오며 꼴을 얻는다. 나도 주님을 믿고 우리(fold)에서 나온 후로부터 꼴을 얻기 시작했다. 먹을 것은 종교 조직에 있는 것이 아니라 주님께 있었다. 주님을 따르다 보니 거기에 먹을 것이 있었다. 나는 어디든지 꼴이 있을 줄 알았다. 그런데 그런 것이 아니었다. 예수 그리스도만 문 삼아서, 예수 그리스도만 목자 삼아서 그의 음성만 듣고 좇을 때에 거기에 꼴이 있었다. 이론상으로는 어디든지 가면 꼴이 있어야 하지 않는가? 무소부재한 하나님이시니 말이다. 그런데 그렇지 않았다. 잘못 붙잡혀서 우릿간 안에 들어가면 건초만 가득하고 고생만 잔뜩하고 신선한 풀은 하나도 먹을 수 없다. 이런 일이 실제로 있는 것이다.

그렇지만 우리에서 나와서 풍성함을 맛본 양들은 그 안에서 먹지 못하는 양들을 위해 다시 또 들어가는 준비를 하는 것이다. 바울이 그러했고 많은 사도들이 그렇게 했다. 그들은 먼저 나왔고 다음에는 또 들어가고 나오고 했다. 그들은 언제나 그리스도를 문으로 삼아서 나오고 들어가고 했기에 풍성한 꼴을 얻을 수 있었다.

10절, 도적이 오는 것은 도적질하고 죽이고 멸망시키려는 것뿐이요 내가 온 것은 양으로 생명을 얻게 하고 더 풍성히 얻게 하려는 것이라

생명을 얻게 하심

이 종교 세계에는 도적도 있다는 것이다. 도적이 없다면 주님이 왜 이런 말씀을 하시겠는가? 예수님이 왜 오셨는가? 생명을 얻게 하도록 오셨다. 여러분은 '나는 생명이 있는데'라고 생각하는가? 물론 여러분에게 육신의 생명은 있다. 정신적인 생명, 혼적인 생명은 있다. 그렇지만 영적인 생명은 없는 것이다. 여러분은 죽어 있었다. 하나님이 사람을 창조하신 뒤에 아담과 하와에게 무엇이라고 말씀하셨나? 모든 과일은 임의대로 먹되 저 동산 가운데 선악과는 먹지 말라고 하셨다. 네가 먹는 날에는 정녕 죽으리라고 하셨다. 그 죽음은 육신적인 죽음, 정신적인 죽음을 의미하는 것이 아니다. 영적인 죽음을 의미하는 것이다. 그들은 선악과를 먹고도 오래 살았다. 900살이나 살았다. 여기서 말하는 것은 그런 죽음이 아니다.

에베소서 2장에서는 허물과 죄로 '죽었던' 너희를 '살리셨다'고 했다. 예수를 믿지 않는 영혼들은 다 죽은 사람들이다. 그 속에 한 가지 감각이 없는 부분이 있다. 하나님을 알 수 있는 감각이 없는 것이다. 하나님의 말씀을 깨달을 수 있는 감각이 없다. 그것은 인간이 가진 가장 존귀한 것이다. 하나님을 예배하고 영광 돌리고 하나님을 알 수 있고 하나님과 교통할 수 있는, 인간으로서 영예스럽고 존귀한 것을 잃어버렸다. 그리고는 동물적인 육신적인 감각, 조금 더 나아가서 지성적인 감각은 살아 있지만, 하나님을 아는 영적인 감각은 상실해버렸던 것이다. 그래서 죽은 것이다. 예수님은 이렇듯 죽어버린 인간에게 생명을 주러 오셨다. 살리러 오셨다. 그러므로 우리가 주 예수를 믿는다는 것은 죄 사함만 받는다는 것이 아니라 이 생명을 얻는 것이다.

"내가 온 것은 양으로 생명을 얻게 하고". 이 '생명'이라는 말은 한국말로는 구분이 없는 것 같지만 헬라어로는 다르다. 이 '조에(ζωή)'는 우리가 원래 태어날 때부터 갖고 있던 생명(프쉬케(ψυχή))이 아니다. 예수 믿는 자는 이 생명을 얻는 것이다. 그래서 우리가 새로 태어난다는 말을 쓴다. 없던 생명을 새로 얻었기 때문이다. 그때부터 우리에게는 기묘하게도 한 가지 감각이 생겨나는데 그것은 하나님을 알게 되는 것이다. 무엇이 참된 목자의 음성인지도 구분할 수 있게 된다. 하나님의 말씀을 이해할 수 있는 역량이 생겨난다. 하나님의 뜻을 분별할 수 있는 분별력이 생겨난다. 좋은 것이 무엇인지 나쁜 것이 무엇인지 알 수 있는 영적인 분별력이 생겨난다. 이것이 얼마나 중요한지 모른다. 이 생명을 예수님이 주러 오셨다. "내가 온 것은 양으로 생명을 얻게 하고". 우리가 예수를 믿을 때 이 생명을 얻게 된다.

요한일서 5장 12절은 '아들이 있는 자에게는 생명이 있고 하나님의 아들이 없는 자에게는 생명이 없느니라'고 했다. 어떤 사람들은 이 구절을 바꾸어 '우리 단체에 있는 자는 생명이 있고 우리 단체 안에 없는 자는 생명이 없느니라'라고 읽는다. 소위 참 교회라는 이름을 지어놓고 그 안에 있으면 다 생명이 있고 그 안에 없으면 생명이 없다고 말한다. 이것은 거짓말이다. 생명을 얻는 문제는 아들과의 관계성에 있다. 하나님의 아들에 대한 믿음과 연합이 생명을 얻게 한다. 어떤 사람은 '생명이 있는 자는 생명이 있고 생명이 없는 자는 생명이 없느니라'로 바꿔 읽고 싶어한다. 이 역시 거짓말이다. 생명은 예수를 떠나서는 존재할 수 없다. 당신이 생명을 얻었다고 해서, 또 생명을 안다해서 예수를 떠나서 생명을 유지할 수 있다고 보는가? 생명은 예수와 별도로 존재하지 않는다.

풍성한 생명

"더 풍성히 얻게 하려는 것이라". 생명만 얻으면 되는 것이 아니라 풍성히 얻어야 한다는 것이다. 육신적인 생명으로 비유를 해보자. 살긴 살았는데 그저 숨만 간신히 쉬면서 병원에서 링거를 꽂고 살고 있다면 어떠한가? 물론 죽은 것보다는 낫다. 그 정도로만 살아도 가족들은 아직 울지 않는다. 숨이 완전히 끊어져야 그때서야 울 것이다. 그렇지만 그리스도인이 그렇게 살아서야 되겠는가? 하나님으로부터 생명을 얻은 후에 죽지 않고 그저 감각이 있는 정도로만 생명을 얻어서는 하나님은 만족하지 않으신다. 풍성한 생명을 얻어야 한다. 생명력이 강한 사람들은 운동을 해도 이기고 싸움을 해도 이긴다. 야구 선수도 되고 축구 선수도 되어서 이름을 날린다. 그렇게 되어야 좋은 것이지, 간신히 연명만 하는 것은 주님이 원하시는 바가 아니다. 그러므로 영적인 생명도 더 풍성히 얻어야 한다.

주님은 우리에게 풍성한 생명을 주시기 원한다. 그러나 생명을 얻는 것에 믿음이 필요하듯이 풍성한 생명을 얻는 것에도 더욱더 큰 믿음이 필요하다. 그러면 어떻게 이 풍성한 생명을 얻을 수 있는가? 가르침, 곧 음식이 중요하다. 아무것이나 먹으면 안 된다. 건강한 음식, 하나님의 말씀을 먹어야 한다. 잘못된 것, 율법주의, 이단적인 가르침을 먹으면 죽는다. 가려서 먹어야 한다. 또한 좋은 음식이라도 한 달에 한 번만 먹으면 안 된다. 한 달에 한 번 먹고 일주일에 한 번만 먹는다면 살기는 살 수 있을런지 몰라도 그것은 사는 것이 아니다. 죽지 못해서 사는 것이다. 물론 안 먹는 것보다는 나을 것이다. 하지만 자주 먹을수록 좋다. 갓난아기들은 젖을 어떻게 먹는가? 아주 자주 먹는다. 조금만 배고파도 젖을 달라고 필사적으로 보채면서 운다. 이것이 바로 그리스도인이 신령한 젖을 먹어야 할 바, 말씀을 그렇게 먹어야 할 바이다. 말씀을 통해서 우리의 영적 생명은 풍성하게 되는 것이다.

그 다음에는 다양하게 먹어야 한다. 실제로 먹는 음식처럼 다양한 음식을 먹을 줄 알아야 한다. 그리스도의 말씀이 너희 가운데 풍성히 거하게 하라고 하면서 '피차 가르치고 권면하고'라고 말씀하신다. 먹는 것에도 여러 가지 방법이 있다. 시와 찬미, 찬송도 부를 수 있어야 한다. 기도도 할 뿐 아니라 말씀을 읽으면서 기도할 줄도 알아야 한다. 성도들과 영적인 교제도 할 줄 알아야 한다. 매일 앉아서 책만 읽는 식은 안 된다. 그런 사람은 쌀밥이 좋다고 매일 쌀밥만 먹는 사람과 똑같다. 건강하지 않다. 풍성한 생명을 얻는 방식은 여러 가지 건강한 음식을 다양하게 골고루 섭취하는 것이다. 주일 예배뿐 아니라 구역 모임에도 참석해봐야 한다. 기도 모임에도 가봐야 한다. 다양한 모임들 속에서 영적인 부족함을 채울 수 있기 때문이다.

또한 먹기만 하면 안 된다. 운동도 해야 한다. 그래서 전도도 할 줄 알아야 한다. 봉사도 할 줄 알아야 한다. 교회 식당에도 들어갈 수 있어야 한다. 이것저것 할 줄 알아야 건강한 것이다. 먹기만 하면 곧 입맛이 없어진다. 섬겨야 한다. 헌신도 할 줄 알아야 한다. 드리기도 할 줄 알아야 한다. 각 방면에서 그리스도인의 활동을 할 때에 이 생명을 더욱 풍성하게 얻을 수 있는 것이다.

11-14절, 나는 선한 목자라 선한 목자는 양들을 위하여 목숨을 버리거니와 12 삯꾼은 목자도 아니요 양도 제 양이 아니라 이리가 오는 것을 보면 양을 버리고 달아나나니 이리가 양을 늑탈하고 또 해치느니라 13 달아나는 것은 저가 삯꾼인 까닭에 양을 돌아보지 아니함이나 14 나는 선한 목자라 내가 내 양을 알고 양도 나를 아는 것이

선한 목자

신약의 교회 성도들이 조심해야 할 한 가지가 바로 삯꾼이다. 선한 목자는 선하다. 생명을 주고 양육을 하고 그들을 위해서 목숨을 버린다. 주님은 선한 목자이시다. 그러므로 나도 또한 양이다. 주님이 목자이시고 나도 한 마리의 양이다. 내가 여러분에게 목자의 일을 한다면 그것은 주님이 나를 많이 돌봐주시고 목양을 많이 해주셨기 때문에 그 은혜를 여러분에게 갚는 것이다. 나는 목자이신 주님의 종이다. 주님이 먼저 내게 은혜를 많이 주셔서 성도들을 맡기시고 주님 대신 돌보라고 하셨다. 나도 주님 앞에선 여러분과 같은 양이다.

그런데 문제는 삯꾼이 있다는 것이다. 삯꾼은 돈으로 고용된 사람이다. 그는 대가를 받기 때문에 일한다. 우리는 그것을 구분할 줄 알아야 한다. 삯꾼은 목자와 비슷하지만 양이 자기 양이 아니기에 이리가 오면 양들을 놓고서 달아난다는 것이다. 다른 곳에 좋은 자리가 생겨도 양들을 놓고서 더 좋은 데로 도망간다는 것이다. 운동 선수가 스카웃을 당하면 얼른 좋은 구단으로 가는 것과 같다. 왜 그런가? 그는 삯꾼이기 때문이다. 진정한 목자는 어떤 사람인가? 우리 주님 같은 사람이다. 주님은 양떼들을 위해서 자기 목숨을 내어주셨다.

그런데 주님이 한 말씀을 하셨다. "내가 내 양을 알고". 주님은 우리를 다 아신다고 한다. 여러분이 양이라면 안심하라. 여러분이 성격이 좋지 않고 고집이 세다면 그것도 아신다. 마음이 약하면 그것도 아시고 겁이 많다면 그것도 아신다. 남 참견 잘하는 사람이라면 그것 또한 다 아신다. 양의 종류가 많을 것 아닌가? 괜히 남들 속 썩이고 상처 주는 사람도 아시고 또 상처를 잘 받는 사람의 마음도 아신다. 주님이 여러분을 '다 아신다'는 것이다. 그러한 주님이 우리의 선한 목자이시며 그 목자께서 우리를 돌본다고 하신다. 상처를 잘 받아서 고민인 분들이 계신가? 겁이 많아서 고민되는 분도 계시는가? 그러나 여러분이 유일한 목자이신 주님의 돌봄 아래만 있다면 주님은 겁 많은 양은 어떻게 돌보고 상처 잘 받는 양은 어떻게 돌보고 각양각색의 성격은 어떻게 돌보는지 다 아시니 걱정하지 말라. 목자가 다 알아서 돌보신다. 여러분은 그러한 주님께 나와서 그러한 돌봄을 받으시기 바란다. 우리는 주님으로부터 그런 섬세한 돌봄을 받아서 우리도 또한 그렇게 성도들을 알고 돌볼 수 있기를 소망한다.

"양도 나를 아는 것이". 그런데 양도 또한 주님을 안다고 하셨다. 내 양은 나를 안다. 주님을 참되게 모르는 자들은 진정한 양이 아니다. 성도들간의 교제란 무엇인가? 목자이신 주님을 아는 사람들끼리의 이야기가 교제인 것이다. 서로 아는 것이 없으면 통하지 않는다. 우리는 누구를 알아야 하는가? 주님을 알아야 한다. 주님을 아는 사람끼리는 서로 많은 이야기를 하지 않아도 통하는 부분이 있다. 우리는 서로 주님을 아는 사람들이다. 그러기에 우리는 우리를 신약의 교회라고 한다.

우리는 참 목자가 주님 자신임을 감사하고 찬미하자! 우리는 그분의 종에 불과할 뿐 참 목자가 아니다. 참 목자는 양을 위해 목숨을 내어놓으셨다. 그분이 목자요 문이시다. 우리가 만일 그분과 분리되어 있다면 목자의 일을 할 수 없다. 유일한 목자는 예수 그리스도시다. 우리가 자신을 십자가에 못박고 그리스도를 살지 않는다면 목자의 일은 영영 할 수 없다. 오직 그리스도만이 목자이심을 기억해야 한다. 주님도 목자이고 나 또한 목자라고 한다면 여기에 분열이 있게 된다. 즉 사람이 중심이 된 무리가 생겨나는 것이다. 교회는 오직 예수 그리스도만이 목자가 된 그러한 무리를 일컫는다. 그분만이 교회의 머리요 신부인 것이다. 우리는 많은 성도들의 목자라고 하지만 그리스도와 연합된 목자요. 그분의 목자되심을 강화하고 실현하기 위해 존재한다.

어떤 사람이든지 자신이 또한 좋은 목자라고 주장한다면 그는 자기의 무리를 갖게 되고 주님과 분리된 일을 하게 된다. 이 구절에는 '오직 주님만이 선한 목자'라고 한다. 유일한 목자이시다. 우리가 그리스도와 함께 죽고 우리 안에 그리스도께서 사시는 그야말로 그리스도 한분 만이 목자되시는 사역을 하지 않는다면 우리 또한 의도 없이도 절도와 강도의 무리에 속하게 된다는 것을 알아야 한다. 우리가 목자라면 그리스도와 연합한 목자요, 그리스도에게 부속한 목자요, 그분 외에는 나타나지 않는 그리스도의 냄새만을 나타내는 목자여야 한다. 사역자는 얼마나 순수해야 하는지! 바울은 이런 점에 있어서 매우 두려워하며 떨었다(고전2:1-5). 사람의 지혜로운 가르침이나 설득력있는 말도 위험하다. 오직 성령의 능력만 역사하여 성도들의 믿음이 하나님의 능력에 있게 되어야 하지 사람의 지혜에 있게 해서는 안된다. 고린도 교회의 분열의 문제에 있어서 이런 점들은 매우 경계거리가 되었어야 했다.

15-18절, 아버지께서 나를 아시고 내가 아버지를 아는 것 같으니 나는 양을 위하여 목숨을 버리노라 16 또 이 우리에 들지 아니한 다른 양들이 내게 있어 내가 인도하여야 할 터이니 저희도 내 음

성을 듣고 한 무리가 되어 한 목자에게 있으리라 17 아버지께서 나를 사랑하시는 것은 내가 다시 목숨을 얻기 위하여 목숨을 버림이라 18 이를 내게서 빼앗는 자가 있는 것이 아니라 내가 스스로 버리노라 나는 버릴 권세도 있고 다시 얻을 권세도 있으니 이 계명은 내 아버지에게서 받았노라 하시니라

우리 주님은 스스로 자기의 목숨을 양떼를 위해서 주셨다고 말씀하신다. 그러므로 지금부터 우리는 예수 그리스도만 목자 삼아서 그분의 음성만 듣고 그분 따르는 무리가 되어야 한다는 것이 10장에서의 가르침이다. 9장과 10장을 통해서 하나의 기성 종교 조직과 그에 대비되어 주님이 인도하시는 신약의 교회는 어떠한 모형인가를 여러분이 그림으로 볼 수 있기를 바란다.

교회는 푸른 초장 위에 있는 양떼들이다. 그리고 그들을 앞서서 가시는 분은 예수 그리스도, 주님이시다. 그분이 목자이시다. 그 목자를 따라서 그 음성을 듣고 그 음성을 구분하면서 따라가는 무리, 그 길에는 푸른 초장이 펼쳐져 있고 먹을 것이 많다. 주님은 언제든지 우리를 그러한 곳으로 인도하신다. "여호와는 나의 목자이시니 내가 부족함이 없으리로다. 그가 우리를 푸른 초장에 누이시며 쉴 만한 물가로 인도하시는도다". 이렇게 한 분 예수 그리스도를 목자 삼아서 함께 따르는 무리, 그들이 바로 신약의 교회이다. 나는 여러분이 이렇게 어린 양이 어디로 인도하시든지 끝까지 따르는 여러분이 되기를 바란다. 요한은 결국 이기는 자들이 어린 양의 인도를 따라 끝까지 따르는 자들임을 강조하고 있다(계14:4).

24절, 유대인들이 에워싸고 가로되 당신이 언제까지나 우리 마음을 의혹케 하려나이까 그리스도여든 밝히 말하시오 하니

이 유대인들은 예수 그리스도가 자기들을 미혹케 한다고 했다. 당신이 그리스도라면 분명히 얘기해보라는 것이다. 이 사람들은 '그래. 내가 그리스도다'라고 하기를 원했을 것이다. 그러면 말도 안 된다고 대놓고 고소하려고 했을 것이다. 그러나 예수님은 그런 방식으로 대답하지 않으셨다.

"그리스도여든 밝히 말하시오 하니". 주님은 당신을 메시아, 혹은 하나님의 아들이냐고 물어보는 사람들에게 다양하게 대답을 했지만, 한 번도 보류하거나 감추신 적이 없다. 그분은 심지어 빌라도 앞이나 대제사장 앞에서도, 죽음 앞에서도 자신이 하나님의 아들이심을 부인하지 않으셨다. 그들에게 '네가 말하였다'고 하셨다. 너희들이 말하는 그대로라고 하셨다. 이렇게 그분은 자신의 하나님 아들됨을 시인해주셨다.

여기서도 직접적으로 '내가 그리스도이다'라고 하지는 않으셨지만 '내 아버지의 이름으로 행하는 일들이 나를 증거하지 않느냐'라고 하셨다. 이들은 당시에 살아서 예수님의 하시는 행적을 똑똑히 본 사람들이다. 물로 포도주가 되는 것도 보았다. 38년 된 병자를 베데스다 연못에서 치료한 것도 보았다. 날 때부터 눈이 먼 소경의 눈을 뜨게 해주신 것도 보았다. 예수님은 '하나님 아버지가 아니면 내가 어떻게 이런 일을 할 수 있겠느냐? 하나님이 보내신 아들이 아니라면 내가 어떻게 이런 일을 할 수 있겠느냐?'고 하신 것이다.

결국 예수께서 그들에게 가르쳐주시고자 하는 일은 무엇인가? 예수가 하나님이 보내신 아들인 것을 믿고 영생을 얻으라는 것이다. 영생은 어떤 사람에게 주어지는가? 바로 예수가 하나님이 보내신 독생자 아들인 것을 믿는 사람에게다. "하나님이 세상을 이처럼 사랑하사 독생자를 주셨으니 이는 저를 믿는 자마다 멸망치 않고 영생을 얻게 하려 하심이니라". 이 영생은 믿는 자에게 주시는 선물이다. 지금 이 자리에서도 그저 하나님이 보내주신 예수, 이 땅에 2000년 전에 오셔서 갈릴리와 유대 땅을 걸어 다니시면서 그 많은 기적을 행하시고 하나님의 아들이심을 보여주신 그 나사렛 예수가 하나님의 아들이시고 그리스도이시며 우리를 구원하기 위해 보내심 받은 구주이심을 믿는 자들은 이 영생을 선물로 얻게 된다. 이 얼마나 간단한 말씀인가? 얼마나 믿기 쉬운 말씀인가? 얼마나 미쁜 복음의 말씀인가? 이 말씀을 여러분이 단순한 마음으로 믿으면 영생을 선물로 얻는다. 여러분이 지금 이 시간 믿으면 지금 이 시간 영생을 얻는다. 죄 사함과 더불어 영생을 얻게 된다. 죄 사함도 선물이다. 여러분의 모든 더러운 죄들이 다 씻어진다. 이 죄 용서의 선물도 받고 영생도 얻는 길은 바로 예수 그리스도를 믿는 것, 한 가지이다.

여러분 중에서 한 사람이라도 거절하지 않고 이 예수, 하나님의 아들을 믿기 바란다. 그러면 여러분은 이 순간 사망에서 옮겨서 생명으로 들어간다. 심판에 이르지 않게 되는 것이다. 이것은 주 예수의 말씀이다. 나의 말이 아니다. 성경에서 '진실로 진실로' 하시면서 말씀하신 말씀이다. 그러므로 믿었다면 의심하지 말라. 의심할 것이 없다. 하나님은 거짓말하지 않으시기 때문이다. 의롭고 신실한 분이시기에 그 말씀대로 여러분이 믿었다면 영생을 얻었다는 확신을 가지라. 나는 이 확신을 갖고 있기에 너무나 기쁘고 감사하다.

28절, 내가 저희에게 영생을 주노니 영원히 멸망치 아니할 터이요 또 저희를 내 손에서 빼앗을 자가 없느니라

내가 저희에게 영생을 주노니

"내가 저희에게 영생을 주노니". 우리 주 예수님이 하신 말씀이다. 여러분은 영생이 무엇이라고 생각하는가? 신약 성경에 예수를 믿으면 영생 얻는다는 말을 계속 하고 있는데 영생이라는 말을 어떻게 생각하는가? 영생이란 영원한 생명이다.

우리 인간은 원래 죽어 있었다. 성경적으로 보면 우리 인간들은 날 때부터 사망 가운데 태어났다. "허물과 죄로 죽었던 너희를"(엡 2:1). 우리는 허물과 죄로 죽어 있었다. 생명이 없었다. 하나님이 창조한 인간 아담과 하와가 에덴동산에서 선악과를 먹지 말라는 하나님의 명령을 들었다. 그 선악을 아는 지식의 열매, 선악과를 먹는 날에는 죽으리라 하셨는데 그만 그것을 먹어버렸고 인류는 죽게 되었다.

죽었다는 것은 우리의 육신의 죽음이 아니다. 우리의 정신이 죽었다는 것도 아니다. 인간이 인간 되게 하는 가장 귀중한 기관이 영인데, 하나님과 교제하고 하나님을 알 수 있는 기관인 그 영이 죽었다는 것이다. 하나님을 알 수 없게 되고 하나님과 교제할 수 없게 되었다. 하나님의 뜻을 분별할 수 없게 되었다. 하나님과 동행하며 살 수도 없게 되었다. 하나님의 비밀의 말씀을 깨달을 수 없게 되었다. 하나님 보시기에 인류는 다 죽었다. 그런데 예수 그리스도께서 오셔서 '내가 온 것은 양으로 생명을 얻게 하기 위해 왔다, 내가 곧 길이요 진리요 생명이다, 나는 부활이요 생명이다' 라고 하셨다. 예수 그리스도가 생명이라고 하셨다.

여러분은 왜 교회를 다니는가? 10년, 20년, 30년 다녀도 영생을 못 얻으면 소용이 없는 것이다. 봉사를 아무리 많이 했어도 영생을 못 얻은 봉사는 의미가 없다. 예수님이 이 땅에 오신 것은 생명을 주러 오신 것이다. 대부분의 사람들은 영생이라는 말의 의미를 잘 모르는 경우가 많다. 영생을 단지 천국에서 영원히 산다는 의미로만 아는 것이다. 그러나 이 영생은 다만 존재를 의미하는 것이 아니다. 이것은 생명이다.

예를 들어 보겠다. 생물들은 생명이 있다. 식물의 생명과 동물의 생명은 차이가 있다. 동물 중에서도 생명에 따라 차이가 있다. 우리는 몽골에 자주 가기에 양들을 많이 보게 되고 잡아먹기도 한다. 때로는 염소도 잡는다. 양과 염소는 모양이 비슷하지만 성질이 매우 다르다. 염소는 사납고 싸우기를 좋아한다. 반면에 양은 온순하다. 나는 몽골을 60차례 가까이 갔다. 갈 때마다 양을 잡는 모습을 많이 보았다. 양은 소리도 없이 죽는다. 칼로 목을 따는 부위가 있다. 양은 별다른 소리도 내지 않고 죽는다. 그러나 염소를 잡을 때는 완전히 다르다. 십리 밖에서 들을 수 있을 정도이다. 돼지 잡을 때와 비슷한 소리가 난다. 또한 양들은 항상 붙어서 다니기 때문에 그 사이에 염소를 풀어 놓는다. 너무 붙어 다녀서 썩어버리기 때문이다. 교회는 다 양떼인데 교회에서도 염소 노릇 하는 사람들이 있다. 서로 사랑하는 사람들을 떼어 놓는 사람들은 꼭 염소 같은 사람이다. 이는 생명의 차이이다. 염소는 염소의 생명이 그런 삶을 결정짓는다. 어떤 생명이냐가 어떤 생활을 하느냐를 결정짓는다. 생명(life)은 바로 생활(living)이기 때문이다.

예수 믿는 것이 무엇인가? 교회 다니는 것이 무엇인가? 우리가 전에 갖고 있지 않았던 이 생명으로 사는 것이다. 우리는 전에 죽어 있었다. 태어날 때는 육신의 인간의 생명을 갖고 있다. 인간의 생명과 하나님의 생명과는 차이가 있다. 동물과 사람의 차이 이상으로 차이가 있다. 우리가 새롭게 갖게 된 이 생명을 성경에서는 '하나님의 생명'이라고도 말하고 '영원한 생명'이라고도 말한다. 이때 '영원'이라는 것은 시간적으로 영원하다는 것만 의미하는 것이 아니라 '다함이 없는, 무궁한' 생명을 뜻한다. 영어로는 'infinite'이다. 이 생명은 결함이 없는 생명이다. 동물의 생명에는 결함이 있다. 개가 아무리 사랑스럽고 인간과 친근하다 하더라도 그것은 결함이 있는 생명이다. 내 친구 중에 개를 엄청 좋아하는 친구가 있다. 혼자 살다 보니 개 서너 마리를 키우면서 항상 함께 자고 먹는다. 개에 대한 연구도 많이 했다. 그의 말에 따르면 개는 다 좋은데 '측은지심'이 없다는 것이다. 개 중에 하나가 아프거나 병들었을 때, 인간이라면 서로 보살피고 측은히 여기는 것이 있겠지만 개는 그렇지 않다는 것이다. 측은히 여기지 않을 뿐 아니라 약할 때 오히려 더 괴롭히고, 물어 상처를 주려고 한다는 것이다.

인간의 생명도 결함이 있다. 개보다는 낫지만, 원숭이보다는 낫지만 여전히 결함이 있다. 그러나 하나님의 생명은 결함이 없는 생명이다. 양적으로 질적으로 시간적으로 모든 면에서 가득 찬 생명이다. 그래서 이 생명을 영생이라고 부른다. 그런데 예수님이 오셔서 우리에게 이 영생을 주신 것이다. "내가 저희에게 영생을 주노니." 이것은 놀라운 말이다. 이런 말을 그냥 일반적으로 들으면 안 된다. 예수님이 이 땅에 오신 것은 우리에게 '선행을 하라, 노력해봐라' 하는 말을 해주시기 위함이 아니라 생명을 주시러 왔다는 것이다. 30년 교회 다니면 무엇 하겠는가? 일을 많이 하면 무엇 하는가? 이 생명을 못 얻었다면 아무 소용이 없는 것이다.

그런데 성경에서는 이 생명이 예수 그리스도 자신이라고 하신다. "그 안에 생명이 있었으니 이 생명은 사람들의 빛이라". 이 생명은 예수 안에 있는 바로 그 생명이다. 그렇기 때문에 예수 그리스도께서 그런 삶을 이 땅에서 살 수 있었던 것이다. 죄인을 사랑하고 원수를 사랑하고 무한히 거룩하며 너무나 사랑스럽고 인자한 그런 삶을 살 수 있으셨다. 무엇이 예수 그리스도의 그러한 삶을 결정짓는 요소였는가? 바로 이 생명이었다. 그 예수 안에 있던 생명을, 하나님의 생명을, 영원한 생명을 오늘 믿는 우리에게 주러 오셨다는 것이다. 이것은 결코 작은 일이 아니다.

"내가 저희에게 영생을 주노니". 사람들은 예수 그리스도를 십자가에 달아 못 박아 죽였고 장사 지냈지만, 이 생명이 있기에 그분은 사흘 만에 다시 죽은 자 가운데서 부활해서 일어나실 수 있었다. 이 생명은 사망을 이기는 생명이다. 부활의 생명이다. 죽여도 죽지 않는 불멸의 생명이다. 썩지 않는 생명이다. 그러기에 이 생명을 영원한 생명이라고 하는 것이다. 이 생명은 다함이 없고 결함이 조금도 없는 완전한 생명으로서 우리의 옛 생명과는 완전히 다른 새 생명(new life)이다. 주님은 바로 이 생명을 준다고 하셨다.

준다는 말은 대가를 지불해서 산다는 말과는 다르다. 거저 주신다는 것이다. 그래서 하나님은 성경에서 말씀하시기를 '선물'로 준다고 하셨다. 로마서 6장 23절에서는 죄의 삯은 사망이라고 했다. 사망은 죄에 대한 대가로 주어지는 것이다. 그렇지만 영생은 예수 그리스도 우리 주 안에 있는 은사라고 하셨다. 영생은 은사라고 하셨다. 은사(gift)는 곧 선물이다. 영생을 얻는 것은 가장 귀한 것임에도 불구하고 어떤 대가도 없이 거저 얻을 수 있는 것이다.

그런데 왜 많은 사람들이 이 영생을 얻지 못하는가? 오히려 이 생명 얻는 것을 어려운 것으로 여기기 때문이다. 많은 이들이 이 생명을 노력하고 수고해서 얻는 것으로 생각한다. 하지만 아무런 힘도 들일 것도 없이 예수 그리스도를 믿어서 이 영생을 선물로 얻을 수 있다는 것이다. 오늘 얼마나 많은 사람들이 영생은 죽어서 천국 가서 영원히 사는 것으로만 생각하는가? 아니다. 오늘 이 땅에서 우리가 예수를 믿으면 이 영생을 얻게 되며, 그 영생의 시작은 바로 지금부터이다. 믿은 그 순간부터 영생은 영원히 시작되는 것이다. 여러분이 예수를 믿었다면 여러분은 지금부터 영생 안으로 들어간 것이다. 얼마나 감사한 일인가!

이 영원한 생명은 지금 이 시대에 예수 믿은 후부터 체험하고 누릴 수 있고 맛볼 수 있는 생명이다. 이 생명은 거룩한 생명이기 때문에 하늘에서도 살 수 있는 생명이다. 하나님과 더불어 영원히 살 수 있게 하는 그 생명, 우리로 하여금 하나님의 아들이 되게 하는 생명이다. 그래서 이 생명이 들어오면 우리의 옛 생명과의 충돌과 갈등이 생긴다. 즉 육과 영의 싸움이 시작된다. 그렇기 때문에 예수를 믿고 나서는 오히려 모순적이고 좀 더 힘든 생활이 시작된다. 이 생명은 죄를 싫어하는 생명이며 거룩한 생명이기 때문이다. 이 생명은 하늘의 생명이기 때문에 이 땅의 생명과의 갈등이 필연적이다. 전투가 생기는 것이다. 우리의 옛 생명은 습관적으로 죄에 친근하고 좋지 않은 옛 습관으로 자꾸 이끌린다. 그러나 우리가 얻은 새 생명인 이 영원한 생명은 그것에 반발한다. 그래서 우리는 괴롭다. 죽지 못해 사는 갈등이 시작되는 것이다. 이것이 로마서 7장에 잘 기록되어 있다.

그러나 이 영원한 생명은 어떤 생명인가? 부활, 승리의 생명이기 때문에 갈등의 연속 가운데 싸우고 또 싸우지만 결국 이 생명은 이긴다. 완전한 승리를 거두기까지는 이 생명은 손을 거두지 않는다. 여러분이 일부러 죄를 지으려고 해보라. 그 생명은 여러분 속에서 더욱 속을 썩인다. 더러운 곳에 가보라. 만일 퇴비 더미나 쓰레기 더미 같은 곳에 살아 있는 아이를 집어넣어 보라. 막 헤치고 기어나오지 않겠는가! 이 생명은 그 속성상 죄와 싸우게 되어 있다. 육체의 소욕과 싸운다. 이것은 성령이기 때문이다. 그리고 결국은 죄를 이긴다. 우리 육체의 소욕을 이긴다. 이긴 다음에는 우리 속에 안식이 오고 평정이 온다. 그 안식과 자유함과 평화는 말로 설명할 수 없다. 그렇게 될 때쯤 우리는 이 땅에서 천국생활을 하게 된다. 천국생활은 주님이 오셔서부터 시작되는 것이라고 생각하는가? 물론 그렇다. 주님은 그때 가현적(可現的)으로 오신다. 그렇지만 영적으로는 이 땅에서 이 생명으로 말미암아 이미 천국 생활이 시작되는 것이다.

오늘날 하나님의 나라는 교회 안에서 영적인 성도들과 함께 시작되는 것이다. 이 생명으로 살 때 우리는 서로 사랑하게 된다. 원수도 사랑하게 된다. 우리는 예수 그리스도의 생명을 이 땅에서 성도들과 함께 누리게 된다. 그 사랑으로 사랑하게 된다. 이것이 영적인 의미에서의 천국이다. 우리는 그렇게 하기 위해서 모였다. 그래서 오늘 이 영생을 미리 누리기 시작했다. 영생 안으로 이미 들어간 것이다. 이 다함이 없는 생명, 질적으로나 양적으로나 시간적으로나 모든 면에서 더 이상 결함이 없는 생명을 얻었고 이 생명을 우리는 지금도 체험하고 있다. 그러다보니 이러다가 옛날로 다시 돌아가면 어쩌나 하는 걱정이 들 때가 있다. '지금 너무 좋은데, 이러다 몇 년 지나면 다시 돌아가는 것 아니야?' 하는 염려가 있는 것이다. 예전의 생활이 너무나 싫고 끔찍하기 때문이다. 나 역시 과거에 믿지 않고 이 영생을 모르고 이 생명을 체험하지 않을 때의 생활과 지금의 생활을 결코 바꾸고 싶지 않다.

주님은 말씀하셨다. "내가 저희에게 영생을 주노니 영원히 멸망치 아니할 터이요". 영원히 멸망치 않는다는 것이다. 이것은 죽어서 멸망하지 않는다는 말만이 아니다. 주님이 주신 영생의 개런티 기간을 말해주는 것이다. 보증 기간이 7년 짜리가 아니다. 10년도 아니다. 여러분 가운데는 이 영생을 누리는 분들도 계실 것이다. 정말 이 생명에 체험이 있으신 분들은 약간 불안할 때도 있을 것이다. 이 생명을 누리는 가정은 정말 천국 같다. 가정이 회복되어서 정말 좋은데 다시 옛날로 돌아가는 것 아닌가 하는 일말의 불안감이 엄습할 때도 있을 것이다. 너무 귀한 것을 가지고 있어서 그렇다. 그런 사람들을 위해서 예수님은 이런 말씀을 해주신 것이다.

한 번 이 영생을 얻으면 영원히 멸망하지 않는다는 것이다. 그리고 아무도 주님의 손에서 빼앗을 자가 없다고 말씀하신다. 일단 우리가 이 영생을 얻었으면 우리는 예수님 손에 있는 사람이라고 하신다. "영원히 멸망치 아니할 터이요 또 저희를 내 손에서 빼앗을 자가 없느니라". 성도들은 주님의 손에 있다. 지금이 너무 좋은데 혹시 어떤 악한 사람들이, 이단적인 사람들이 아주 그럴듯한 교리를 가져와서 나를 미혹하지는 않을까, 잃어버리지 않을까, 빼앗기지는 않을까 하는 염려를 할 필요가 없다. 우리 주님은 '아무도 내 손에서 빼앗을 수 없다'고 하신다. 여러분이 가진 자유, 여러분이 가진 행복, 여러분이 가진 평화를 아무도 빼앗을 수 없다. 이 말씀은 원수가 있다는 것도 암시하고 있다. 빼앗으려고 노리는 자도 있다는 것을 암시하고 있다. 이 땅에는 얼마나 악한 교리가 많고 악한 사상이 많고 사단이 주입한 교리가 많은가? 이단도 많다. 그들은 호시탐탐 성도들이 가진 자유를 엿보고 노린다. 그렇지만 여러분 속에 있는 영생은 그런 것에 농락당하지 않는다. 불안해하지 말라. 주님 손에 있는 여러분은 안전하다. "아무도 내 손에서 빼앗을 자가 없느니라". 아멘.

29절, 저희를 주신 내 아버지는 만유보다 크시매 아무도 아버지 손에서 빼앗을 수 없느니라

저희를 누구한테 주셨는가? 예수님께 주셨다. 어디에다 주셨는가? 예수님 손에 주셨다. 주님께서는 우리가 그분의 손에 있다고 하셨다. 그리고 29절에서는 '아버지 손'이라고 하셨다. 자신의 손으로 분명히 붙잡고 있다고 하셨는데 여기서는 아버지의 손이라고 하셨다. 이 지점에 와서 우리 주 예수님은 자신의 손과 아버지 손을 구분하지 않으셨다. 내 손이 곧 아버지 손이라고 하시는 것처럼 말씀하셨다. 저희를 주신 아버지는 만유보다 크시기 때문에, 천지를 창조하신 하나님의 손으로 붙잡고 있기 때문에 우리를 어떤 것에도, 사탄의 농간에도 빼앗기지 않는다는 말씀이다. 그것은 예수님의 손이기도 하고 아버지의 손이기도 하다.

그렇기 때문에 30절에서 '나와 아버지는 하나'라고 하셨다. 예수 그리스도의 손이 아버지의 손이라고 하신다. 그분의 손으로 붙잡고 있는 것이 아버지가 붙잡고 있는 것과 똑같다는 것이다. 못 알아들을까봐 확인해주고 계신다. 그런데 주님은 이 말씀을 왜 하시는가?

요한복음 10장의 이야기는 9장에서부터 출발한다. 예수님은 성전에서 나오시다가 날 때부터 눈 먼 소경을 고쳐주셨다. 예수님의 말씀대로 실로암 못에 가서 씻자 소경이 눈을 떴다. 그런데 당시에 유대 종교인들은 그 눈 뜬 소경을 출교시켰다. 예수를 믿는다는 것 때문이다. 유대교는 기존 종교 세력이다. 이들은 사람의 눈이 떠지고 사람이 사는 것에는 관심이 없다. 다만 예수라는 사람이 자신을 자칭 하나님이라고 한다는 것만 싫어했다. 그래서 그 청년을 유대교 조직에서 파문시켜버렸던 것이다. 그는 쫓겨난 다음에 예수님을 만났다. 그리고 예수님은 그에게 물었다. '네 눈은 누구 때문에 떠졌는가?' 그리고 그는 예수를 믿게 되었다. '네가 말하는 그가 바로 메시아이다' 그는 예수를 믿고 경배하고 영생을 얻었다. 눈만 뜬 것이 아니다. 영생을 얻은 것이다.

30-33절, 나와 아버지는 하나이니라 하신대 31 유대인들이 다시

**돌을 들어 치려 하거늘 32 예수께서 대답하시되 내가 아버지께로
말미암아 여러 가지 선한 일을 너희에게 보였거늘 그 중에 어떤 일
로 나를 돌로 치려 하느냐 33 유대인들이 대답하되 선한 일을 인
하여 우리가 너를 돌로 치려는 것이 아니라 참람함을 인함이니 네
가 사람이 되어 자칭 하나님이라 함이로라**

이들은 말을 알아듣기는 했다. 예수님이 바로 자기를 하나님이라고 하시는 것임을 알았던 것이다. 하나님의 아들이란 곧 하나님이라는 뜻이다. 하나님 아버지, 아들, 성령, 삼위일체 하나님 다 하나님이시다. 예수 그리스도가 이 땅에 육신을 입고 오셨지만, 그분은 육신을 입고 오신 하나님이시다. 그분을 이렇게 믿을 때 여러분은 영생을 얻는다.

**34-36절, 예수께서 가라사대 너희 율법에 기록한 바 내가 너희를
신이라 하였노라 하지 아니하였느냐 35 성경은 폐하지 못하나니
하나님의 말씀을 받은 사람들을 신이라 하셨거든 36 하물며 아버
지께서 거룩하게 하사 세상에 보내신 자가 나는 하나님 아들이라
하는 것으로 너희가 어찌 참람하다 하느냐**

하나님 말씀을 받는 사람들을 성경은 '신'이라고 불렀다. 그들도 하나님이라고 했다는 것이다. 우리는 하나님의 자녀들이다. 하나님이 하나님이시기에 그 자녀들도 사람이지만 또 하나님이라고도 말할 수 있다. 이것은 놀라운 말씀이다.

모든 짐승들은 각기 제 종류대로 지었지만 사람은 하나님의 형상과 모양으로 지어져서 하나님의 자녀이고 하나님의 신부이고 아내이다. 하나님이 아닌데 어떻게 하나님과 결혼할 수 있는가? 하나님이 아닌데 어떻게 하나님과 함께 천국에서 같이 살 수 있는가? 이렇게 놀라운 존재, 천사들보다 훨씬 위에 있는 존재가 바로 사람이다. 이런 존재로 우리 인간을 창조하셨다. 예수님이 당신을 하나님의 아들이며 하나님과 하나된 자라고 하자 유대인들은 '당신이 어떻게 사람으로서 하나님이라고 자칭 말하는가?'라고

반문했고 그때 예수님은 이 말씀을 하신 것이다.

그런데 예수님은 하나님의 말씀을 받은 정도의 하나님이 아니라 하나님께서 거룩하게 분별해서 이 세상에 구주로 보내신 하나님이시다. 그런 분이 '나는 하나님과 하나이다'라고 한 것이 무슨 문제가 되느냐고 주님은 말씀하신다.

37-38절, 만일 내가 내 아버지의 일을 행치 아니하거든 나를 믿지 말려니와 38 내가 행하거든 나를 믿지 아니할지라도 그 일은 믿으라 그러면 너희가 아버지께서 내 안에 계시고 내가 아버지 안에 있음을 깨달아 알리라 하신대

여러분은 이 말씀을 이해할 수 있는가? 아버지가 예수 안에 계시고 예수는 아버지 안에 계신 그런 존재라는 것이다. 이것이 '나와 아버지는 하나이다'라는 말과 같은 말이다. 결국 예수님은 보이지 않는 하나님의 형체이시다. 그분의 형상이다. 하나님을 볼 수 없지만 우리는 예수님을 통해서 나타난 하나님을 볼 수 있는 것이다. 여러분, 이 지구상에 역대로 하나님이 한 분 사셨다. 창조자이신 하나님이 살았던 역사가 있다. 우리는 그 역사를 갖고 있다. 2000년 전에 유대 땅에 한 분이 걸어가셨다. 기묘하게도 그분은 가난한 집에서 목수의 아들로 사셨는데, 3년 동안 수많은 역사를 하시고 사람들에게 배신당하고 팔려서 십자가에 매달려서 6시간 동안 피를 흘리시고 죽으셨는데, 이분이 누구라는 말인가? 바로 하나님이셨다는 것이다.

찰스 웨슬리가 작사한 찬송시는 이렇게 노래한다. "나의 하나님, 나의 하나님이 우리를 위해 죽으셨네." 그분은 하나님이시다. 백부장은 그분이 십자가에 달린 것을 보고 '진실로 하나님의 아들'이라고 고백했다. 여러분은 그분이 하나님이신 것을 아는가? 그분은 하나님의 아들이시다. 또한 그분은 하나님이시다. 하나님이신 분이 우리의 죄를 위해서 십자가에서 피 흘려 죽으셨다. 나는 여러분 모두가 이 예수를 하나님의 아들로 믿고 영생을 선물로 얻으시기를 원한다. 하나님이 여러분 모두를 구원하시고 축복하시기를 주의 이름으로 축원한다.

11 장

요한복음 11장에는 죽은 나사로가 살아난 이야기가 있다. 예수님은 이 땅에 오셔서 많은 기적을 행하셨다. 그것이 다 기록되지는 않았지만, 특히 요한복음에서는 그분이 보통 사람과는 다른 하나님으로부터 보내심을 받은 하나님의 아들이시며 또 하나님이시고 또한 사람이신 매우 기이한 분임을 나타내신 역사를 하셨다. 그분을 믿어야 구원을 받기 때문이다. 이 예수라는 분은 사람이시다. 그러나 우리 보통 사람과는 다르다. 다만 훌륭한 사람이 아니라 '하나님-사람(God-man)'이시다. 하나님이시자 사람이신 분이시다. 그러기에 사람들은 그를 이해하기가 어렵다. 그래서 그분은 믿을 수 있는 증거를 주시기 위해서 30세부터 3년간 사역을 하셨으며 요한복음은 그 가운데서 몇 가지 표적을 기록해주었다.

첫째로 주님은 물로 포도주를 만드셨다. 그것은 사람이 할 수 없는 일이다. 그것도 자그마치 물이 가득한 통 6개 가득 포도주를 만드셨다고 기록되어 있다. 그 다음에는 베데스다라는 연못에 많은 환자들이 있었는데 그 중에서도 38년이나 병을 앓았던 심각하게 병든 사람에게 '일어나 걸어가라'는 한 마디 말씀으로 치료하셨다. 요한복음 9장에서는 날 때부터 눈이 먼 소경의 눈에 침으로 진흙을 이겨서 발라주시고 실로암 못에 가서 씻으라고 하자 그도 나음을 입었다. 소경이 눈을 떴다. 그래서 사람으로 하여금 '이분이 어떤 분이신가?' 하면서 믿도록 도와주셨다.

이제 요한복음 11장에는 요한복음에서의 마지막 표적이 나오는데 그것은 죽은 사람을 살리신 사건이다. 왜 이런 일을 하셨는가? 그분이 하나님의 아들이신 것, 하늘로부터 보내심을 받은 우리의 구원자이신 것을 믿도록 하기 위함이시다. 이것이 분명하게 기록되어 내려오고 있다.

1-4절, 어떤 병든 자가 있으니 이는 마리아와 그 형제 마르다의 촌 베다니에 사는 나사로라 2 이 마리아는 향유를 주께 붓고 머리털로 주의 발을 씻기던 자요 병든 나사로는 그의 오라비러라 3 이에 그 누이들이 예수께 사람을 보내어 가로되 주여 보시옵소서 사랑하시는 자가 병들었나이다 하니 4 예수께서 들으시고 가라사대 이 병은 죽을 병이 아니라 하나님의 영광을 위함이요 하나님의 아들로 이를 인하여 영광을 얻게 하려 함이라 하시더라

마리아와 마르다의 오라비(오빠인지 동생인지는 정확하지 않다) 나사로라는 자가 병이 들었다. 마리아는 다음 장에서 향유를 붓고 머리털로 주의 발을 씻기던 자라고 말한다. 이는 요한복음이 그 사건 순서를 중시하지 않았음을 말해준다. 물론 12장의 향유를 부은 것이 나사로의 살아난 다음의 일일 것이다. 그러나 요한은 나사로의 살아난 일을 서술함에 있어서 이미 알려진 마리아의 헌신에 대한 소개를 하면서 시작한다. 그의 두 누이는 주님을 매우 사랑하는 자들이었다. 그들은 남자 형제인 나사로가 병이 들었을 때 먼저 의사를 찾지 않았다. 약을 구하지도 않았다. 이들은 이 사랑하는 형제 나사로가 죽을 병이 들었을 때 오로지 주님께 구한 것이다. 하지만 주님은 베다니에서 멀리 떨어진 요단 강 저편에 있었다. 하루 이틀 걸어야 올 수 있는 거리에 계셨다. 그들은 주님께 사람을 보내서 '당신의 사랑하는 자가 병이 들었습니다'라고 전했다. 주님께도 특별히 사랑하는 사람이 있다.

5절, 예수께서 본래 마르다와 그 동생과 나사로를 사랑하시더니

주님이 사랑하시는 사람들

예수님은 베다니 마리아의 집, 나사로의 집에 자주 가셨다. 마지막 그분이 십자가에 돌아가시기 전 일주일, 정확하게 말하면 4,5일을 예루살렘에 머무르셨다. 그리고 십자가에 죽으셨을 때, 낮에는 예루살렘에 가셔서 대제사장들이나 여러 사람들과 대화하시고 어린 양으로써 점검받으시는 일을 하셨다. 저녁에는 예루살렘에서 주무시지 않으시고 5리쯤 떨어진 베다니라는 곳에 오셔서 이 마리아, 마르다, 나사로의 집에서 쉬셨다. 주님은 나사로를 사랑하셨다고 기록되어 있다. 마르다와 마리아를 사랑하셨다. 주님은 모든 사람을 다 사랑하지만 특별히 사랑하는 사람이 있으시다.

그러면 사랑받을 수 있는 조건이 무엇인지 생각해보자. 그들은 다른 사람들보다 좀 더 가난했다. 누가복음 16장에는 부자와 거지 나사로의 비유가 있다. 그것은 하나의 비유이지만 주님의 마음은 가난한 곳으로 향하시는 것 같다. 주님은 어쨌든 가난한 자를 믿음에 있어서 부요하게 하신다. 그리고 마리아는 그 비싼 향유를 깨서 예수님의 머리에 붓고 자신의 머리털로 주님의 발을 씻겨드린 바로 그 여자이다. 이들은 헌신한 가정이다. 주님께 헌신하고 무슨 일이 생길 때는 오직 주님만 의지했다. 주님은 그런 가정을 사랑하신다. 그들은 병이 들었을 때 유명한 의사를 모시지 않았다. 예수께 사람을 보냈다. 그때 예수님은 '이 병은 죽을 병이 아니다. 이 병을 통해서 하나님의 아들이 영광을 받게 될 일이다'라고 말씀하셨다. 이 전갈을 듣고 마리아와 마르다는 일단 안심을 했을 것이다. '아, 주님이 죽을 병이 아니라고 하셨어' 그런데 주님은 그렇게 말씀을 전달해 보내시고는 계시던 곳에 이틀을 더 머무셨다.

6-7절, 나사로가 병들었다 함을 들으시고 그 계시던 곳에 이틀을 더 유하시고 7 그 후에 제자들에게 이르시되 유대로 다시 가자 하시니

유대로 가자는 말은 예루살렘쪽을 의미하니 베다니로 가자는 이야기이다. 이틀을 더 지체했기에 이제 나사로가 죽은 곳에 이를 때까지는 4일이 걸렸다. 그동안에 마리아와 마르다는 나사로를 간호하고 있었다. 주님의 말씀을 들었기 때문에 안심은 했겠지만 어쩐 일인지 병세가 점점 심해져 가는 것이다. 죽으려고 하는 것이다. 그때까지는 나사로를 안심시켰을 것이다. '주님이 오신다고 했다. 걱정하지 말라. 조금만 기다려라. 나을 것이다' 했는데, 병세가 악화되더니 결국 죽게 되었다. 나사로가 죽었는데도 주님은 오시지 않으셨다. 하루가 지나도 안 오시고 이틀이 되어도 안 오셨다. 할 수 없이 장례를 지냈다. 무덤에다 묻고 큰 돌로 입구를 막았다. 이젠 완전히 끝난 것이다. 이제 이들은 거의 믿음을 잃어버릴 찰나에 있지 않았겠는가?

요한복음 11장을 자세히 읽어보면 여기서처럼 주님과 사람들 사이에 동문서답하는 듯한 대화가 많이 기록된 성경이 없다. 도대체 서로 주고받는 말들이 어긋난다. 왜 성경에 이런 내용이 기록되었을까 하는 의구심을 갖게 만들 정도이다.

8-16절, 제자들이 말하되 랍비여 방금도 유대인들이 돌로 치려 하였는데 또 그리로 가시려 하나이까 9 예수께서 대답하시되 낮이 열두 시가 아니냐 사람이 낮에 다니면 이 세상의 빛을 보므로 실족하지 아니하고 10 밤에 다니면 빛이 그 사람 안에 없는 고로 실족하느니라 11 이 말씀을 하신 후에 또 가라사대 우리 친구 나사로가 잠들었도다 그러나 내가 깨우러 가노라 12 제자들이 가로되 주여 잠들었으면 낫겠나이다 하더라 13 예수는 그의 죽음을 가리켜 말씀하신 것이나 저희는 잠들어 쉬는 것을 가리켜 말씀하심인 줄 생각하는지라 14 이에 예수께서 밝히 이르시되 나사로가 죽었느니라 15 내가 거기 있지 아니한 것을 너희를 위하여 기뻐하노니 이는 너희로 믿게 하려 함이라 그러나 그에게로 가자 하신대 16 디두모라 하는 도마가 다른 제자들에게 말하되 우리도 주와 함께 죽으러 가자 하니라

주님은 나사로가 죽기를 기다리신 것 같다. 겁이 많았던 도마는 그곳으로 가면 우리가 다 죽는 것 아니냐고 물었다. 당시에는 예수님에 대한 적의가 가득했던 분위기였기 때문이다. '아직은 가면 돌로 맞아 죽습니다' '그래도 가자' '그러면 가서 함께 죽읍시다' 도마의 말은 용감한 것처럼 보이지만 순교를 각오하고 하는 말은 아니다. 당시의 제자들의 어려운 분위기를 설명해준다.

17-20절, 예수께서 와서 보시니 나사로가 무덤에 있은 지 이미 나흘이라 18 베다니는 예루살렘에서 가깝기가 한 오 리쯤 되매 19 많은 유대인이 마르다와 마리아에게 그 오라비의 일로 위문하러 왔더니 20 마르다는 예수 오신다는 말을 듣고 나가 맞되 마리아는 집에 앉았더라

마리아와 마르다는 성품이 다르다. 마르다는 행동파이다. 행동을 빨리 한다. 예수님 오신다 하니까 확 뛰어나간다. 마리아는 얌전하다. 명상가, 숙고형이다. 마리아는 일을 많이 하는 행동형이다. 마르다가 예수님을 먼저 좇아가서 말한다.

21절, 마르다가 예수께 여짜오되 주께서 여기 계셨더라면 내 오라비가 죽지 아니하였겠나이다

마르다는 주님께 원망과 불평 섞인 이야기를 했다. 그러나 이들이 믿음이 전혀 없는 것이 아니다. 죽기 전이라면 주님이 오셔서 낫게 하실 수 있을 텐데 이제 죽었으니 다 끝났다는 것이다. 주님의 능력의 일부는 믿는 것이다. 그러나 죽으면 모든 것이 끝난 것이 아니냐고 한 것이다.

22절, 그러나 나는 이제라도 주께서 무엇이든지 하나님께 구하시는 것을 하나님이 주실 줄을 아나이다

이처럼 완전한 믿음은 아니지만 뭔가 믿음은 있다. '주님이 무엇이든지 하실 수 있음을 믿습니다'라고 고백하는 것이다.

23-24절, 예수께서 가라사대 네 오라비가 다시 살리라 24 마르다가 가로되 마지막 날 부활에는 다시 살 줄을 내가 아나이다

마지막 재림 나팔 때에 모든 죽은 성도들이 다 부활할 것이다. 하지만 지금 예수님은 그것을 말씀하시는 것이 아니라 '지금' 살 것이라고 말씀하시고 있다. 마르다는 성경 지식이 좀 있는 사람이었다. 그러므로 부활 신앙을 갖고 있었다. 그러나 주님은 지금 그 이야기를 하시는 것이 아니다. 주님은 '지금' 나사로가 살아난다고 하셨는데, 마르다는 '마지막 날'에는 살아날 것이라고 대답한 것이다.

25-26절, 예수께서 가라사대 나는 부활이요 생명이니 나를 믿는 자는 죽어도 살겠고 26 무릇 살아서 나를 믿는 자는 영원히 죽지 아니하리니 이것을 네가 믿느냐

주님은 계속 믿음을 가르쳐주고 계신다. "살아서 나를 믿는 자는 영원히 죽지 아니하리니 이것을 네가 믿느냐"의 말씀은 이해하기가 쉽지 않다. 실제적으로 주 예수를 믿은 성도들은 이미 영생을 얻었다. 장래에 얻는 것이 아니다. 영생의 삶을 이미 시작한 것이다. 다만 육신이 죽을 수 있으나 성경에서 이는 잠자는 것이라고 표현했다. 잠자는 것은 언젠가 깨어나는 것을 의미하며 그것은 죽음으로 간주하지 않는다.

27절, 가로되 주여 그러하외다 주는 그리스도시요 세상에 오시는 하나님의 아들이신 줄 내가 믿나이다

이 신앙고백은 베드로의 고백과 비슷하다. 여기서 이 고백을 할 필요가 있었을까? 주님이 이런 말을 듣고 싶으셨던 것일까? 여기에 의문이 있다. 어쨌든 마르다의 입에는 성경 말씀이 많다. 어떤 경우에 사람들과 말씀으로 교제를 하다 보면 지식이 많은 사람들은 지금 그 말을 해야 할 때가 아닌데 그 이야기를 하는 경우가 종종 있다. 흐름에 맞지 않아서 좀 엉뚱하게 들린다. 물론 그것은 틀린 말은 아니다. 하지만 적재적소에 사용하지는 못한 것이다. 하지만 어쨌든 마르다는 지식적이나마 믿음을 갖고 있었다.

여기서 한두 가지 생각해보자. 첫째, 사랑하는 자도 병들 수가 있다는 것이다. 주님이 사랑하시는 나사로의 가정에도 어려움, 환란, 우환이 있을 수 있다. 둘째, 주님이 특별히 사랑하는 자가 있다. 주님은 모든 사람을 사랑하신다. 그렇지만 12사도 중에도 사도들이 기록할 때 그중 특별히 요한을 이야기하면서 '예수의 사랑하는 자'라고 하셨다. 예수 그리스도는 인격자이기 때문에 사랑하는 자가 있는 것 같다. 특별히 주님이 사랑하는 자가 있다. 그러나 또한 모든 사람들을 사랑하시는 것도 사실이다. 그분이 사랑하지 않으셨다면 자신의 독생자를 이 땅에 화목 제물로 보내지 않으셨을 것이다. 자기의 독생자를 죽기까지 십자가의 희생 제물로 내어주셔서 그 참혹한 죽음을 당하며 죽게 하신 것은 모든 사람을 사랑하신 그분의 사랑이다. 그 사랑을 의심할 필요가 없다. 우리는 그분의 사랑을 받은 자들이다.

믿음을 가르치시는 주님

그런데 왜 주님은 이렇게 기다리셨을까? 그것은 15절에 기록되어 있다. "내가 거기 있지 아니한 것을 너희를 위하여 기뻐하노니 이는 너희로 믿게 하려함이라". 주님은 기뻐하셨다고 말씀한다. 이 마리아와 마르다는 기쁘지 않다. 거의 절망이다. 그런데 주님은 기뻐하셨다. 여러분은 만약 사업이 안 되고 일도 안 풀리고 병은 쉽게 낫지 않고 개선되는 것처럼 보이지도 않을 때 어떤가? 거의 절망 상태에 이를 때가 있지 않은가? 그럴 때 주님은 속으로 기뻐하신다는 것이다.

하나님이 우리에게 원하시는 것은 우리의 믿음이 자라는 것이다. 하나님은 우리에게 믿음을 가르치시기 위해서 시련과 고난, 때로는 질병도 주신다. 그것이 없이는 우리의 믿음이 자라나지 않기 때문이다. 가장 감미로운 은혜의 체험, 가장 커다란 감격은 고난과 시련을 통해서만 얻어질 수 있기 때문이다. 요한복음 9장에서 소경을 치유하실 때 이것은 하나님의 영광을 위한 것이라고 했다. 그러므로 사랑하는 여러분이여, 혹 시련을 겪고 있다면 그 시련과 고난을 통하여서 주님의 영광이 되게 해 달라고 기도해야 한다. 이 병은 죽을 병이 아니라 하나님의 영광을 위한 것이라고 했다. 주님은 늦게 오셨다. 죽은 지 나흘이 지나서 나사로는 죽었고 죽어서 장사지낸 후에 오셨다. 그런데 주님은 너무 늦게 와서 미안하다고 말씀하지 않으셨다. 그분은 이미 상황을 알고 계셨다. 나사로가 죽었다고 제자들에게 말씀하시고 천천히 가셨다.

요한복음 11장에 많은 이야기가 있다. 주님과 마르다의 대화, 주님과 마리아의 대화, 주님과 제자들의 대화…그런데 주님과 마음과 뜻이 맞아서 하는 이야기가 별로 없다. 동문서답이다. 그러나 주님은 여전히 주님의 길을 가시고 주님의 일을 하셨다. '내가 거기 있지 아니한 것을 기뻐하노라'

주님이 때로 우리와 함께하지 않으시는 것 같을 때가 있다. 우리의 질병을 돌아보지 않으시는 것 같고 우리의 일이나 사정도 돌아보지 않으시는 것 같다. 그런데 주님은 그때 이렇게 말씀하신다. '그때 내가 너와 함께 있지 않았던 것을 기뻐하노라' 여러분이 한 가지 알아야 할 것은 여러분의 그런 모든 어려움들은 하나님의 아들로 영광을 얻게 하는 것이고 여러분들로 믿도록 도움을 주시기 위함이라는 것이다. 예수 그리스도는 최악의 상황에서도 일하실 수 있다는 것을 보여주시기 위해서 나사로가 병들었을 때 오지 않으시고 죽고 완전히 썩어서 냄새가 날 때에 오셨다.

여러분이 육신이 약해서 슬퍼하고 있을지 모르지만, 사업이 잘 안되어서 답답하고 육신의 질병으로 인해 은밀히 고통당하는 때도 있겠지만, 주님은 여전히 그렇게 말씀하실 수 있다. '내가 너희와 함께 있지 않았던 것을 기뻐한다' 이것은 굉장히 귀한 말씀이다. 마르다도 불평 섞인 말을 했다. '주님 조금 일찍 오시지 왜 이제야 오셨어요?' 마리아도 마찬가지다. '주님이 조금만 일찍 오셨으면 내 오라비는 죽지 않았을 것입니다' 주님이 오셨을 때 사람들은 울고 있었다. 우리는 이들처럼 기도도 하고 주님께 호소도 하지만 왠 일인지 소식도 없고 들어주시는 것 같지 않다.

28-32절, 이 말을 하고 돌아가서 가만히 그 형제 마리아를 불러 말하되 선생님이 오셔서 너를 부르신다 하니 29 마리아가 이 말을 듣고 급히 일어나 예수께 나아가매 30 예수는 아직 마을로 들어오지 아니하시고 마르다의 맞던 곳에 그저 계시더라 31 마리아와

함께 집에 있어 위로하던 유대인들은 그의 급히 일어나 나가는 것을 보고 곡하러 무덤에 가는 줄로 생각하고 따라가더니 32 마리아가 예수 계신 곳에 와서 보이고 그 발 앞에 엎드리어 가로되 주께서 여기 계셨더면 내 오라비가 죽지 아니하였겠나이다 하더라

마르다가 예수님과 대화하신 것은 동네 어귀에서였다. 30절에 분명히 기록되어 있다. "예수는 아직 마을로 들어오지 아니하시고 마르다의 맞던 곳에 그저 계시더라" 그동안 마리아는 집에 앉아 있었던 것이다. 여기서도 마르다와 마리아는 성격이 대조적으로 나타나 있다. 하나는 동적이고 다른 하나는 정적이다. 마르다는 마리아에게 와서 "선생님이 너를 부르신다"고 하였다. 과연 주님이 시켜서 한 일인지 자신이 생각해내서 한 말인지는 알 수가 없다. 주님이 마르다에게 말씀을 하셨을 수도 있다. 당시 나사로 집에 사람들이 많이 모여 있는 관계로 마르다는 조용히 마리아에게 말하여 많은 이들이 따라가지 못하게 하였으나 그녀가 일어나 나가는 것을 보고 사람들이 그녀를 따라갔고(사람들은 마리아가 곡하러 무덤에 가는 줄로 알았다), 그녀가 주님을 만날 때 거기에 있게 되었다. 여기서 마리아는 마르다와 똑같은 말을 했다. "주께서 여기 계셨더면 내 오라비가 죽지 아니하였겠나이다" 그들의 신앙이나 오늘 우리의 신앙이나 사람의 약함은 동일함을 본다. 기다리다가 이젠 포기하고 다 끝났다는 말이다. 이제서 예수께서 오신들 무슨 소용이 있느냐고 하는 말이다. 그들은 주 예수님이 하신 말씀 "나는 부활이요 생명이니"라는 말씀을 깨닫지 못하고 있다. 우리는 여기서 주 예수님이 우리에게 믿으라고 하실 뿐 아니라 믿을 수 있도록 도와주시는 것을 볼 수 있다. 주 예수의 모든 과정에서 하신 일은 우리로 그분을 믿을 수 있도록 도와주신 일이다. 이것은 9장의 소경에게 행하신 일과 원칙상 동일하다. 그분의 도우심이 없다면 우리는 그분을 믿을 수조차 없다.

33-35절, 예수께서 그의 우는 것과 또 함께 온 유대인들의 우는 것을 보시고 심령에 통분히 여기시고 민망히 여기사 34 가라사대 그를 어디 두었느냐 가로되 주여 와서 보옵소서 하니 35 예수께서

눈물을 흘리시더라

33절에 마리아나 사람들이 우는 것과 35절에 예수님이 우는 것과 그 눈물의 성질이 같겠는가, 다르겠는가? 헬라어로도 요한은 그 단어를 다르게 썼다. 이 사람들의 눈물은 절망의 눈물이다. '우리는 나사로를 잃어버렸다, 사랑하는 오라비를 다시는 못 본다, 이제 다 끝났다, 너무 슬프다' 그래서 우는 것이다. 그런데 우리 주님의 눈물은 어떤 눈물인가? 헬라어의 뜻으로 볼 때 주님의 우신 것은 얼굴에 눈물이 조용히 흘러내린 것이다(shed tears). 어떤 사람들은 주님이 답답해서 우셨다고도 한다. 나도 예전에 그렇게 배웠다. 하지만 그렇지 않다. 주 예수님은 사람이시고 또 하나님이시다. 두 가지를 다 가지고 계시다. 그분은 정상적인 인간이시다. 즉 사람들을 동정할 줄 아는 분이시다. 하나님은 말씀하시기를 우는 자들로 함께 울라고 하셨다. 그분은 사람으로서의 인성을 갖고 계신 분이시다.

또한 그분은 여기서 십자가의 죽음의 그림자가 은은하게 비춰옴을 보셨을 수도 있다. 즉 겟세마네의 기도를 연상할 수 있다. 그분은 못박혀죽으실 것이지만 사흘만에 살아나실 것이다. 그분은 그것을 미리 알고 계셨다. 후에 살아날 부활의 소망이 있지만 사망이란 인간에게 있어서 슬픈 일이 아닐 수 없다. 사람이 죄를 짓고 삯으로 받은 것이 사망이다. 사망을 대할 때 주님의 마음은 기쁘지 않으셨다. 인간이 경험해야 할 가장 큰 쓴 맛이다. 그리스도는 이 사망을 대할 때 조용한 눈물을 지으셨다. 그분의 마음이 어떠하신지 우리는 다 알 수 없다. 물론 그분은 소망없는 사람들처럼 애처로운 눈물을 흘리실 분은 아니다.

그러나 사망을 대한 사랑하는 가족과 마음을 함께하며, 며칠 지나지 않아 골고다로 나아가실 그분의 십자가의 죽음을 미리 바라보며 잠시의 사망의 고통을 슬퍼하셨을 수도 있다. 나는 주님께서 하나님의 아들이심으로 사망의 고통에 대하여 조금도 고민스럽거나 슬픔이 없이 받아들이지 않았으리라고 생각한다. 사도행전 2장 24절에 "하나님께서 사망의 고통을 풀어 살리셨으니"라고 말씀하시는 것을 보라! 그분은 사망의 고통을 당하신 것이다. 나는 그분이 나사로의 죽음과 다시 살려주신 일에서 그분의 십자가의 고난과 부활을 은은하게 비추시는 일을 하신 것이라고 본다. 그러므로 그분은 나사로가 죽기까지 오시지 않은 것일 수도 있다. 그리스도는 하나님의 아들이시지만 우리 인간과 동일한 인성을 가지고 계셨다.

온전치 못한 믿음이더라도

요한복음 11장을 읽으면서 여러분은 기존의 관념을 바꿀 필요가 있다. 사람들은 대개 예수님께 나아갈 때는 온전한 믿음을 가져야 한다고 생각한다. 그러나 예수님이 상대한 사람들을 보라. 제자들에게 예루살렘으로 가자고 하니까 엉뚱한 소리를 한다. 베다니에 도착해서 마르다, 마리아와 이야기 할 때 그들 역시 엉뚱한 소리를 한다. 그들에게 조금의 믿음은 있지만 온전한 믿음은 찾아볼 수가 없다. 그러나 우리 주님은 그들과 함께하시며 함께 마음을 나누셨다. 그들을 사랑하시고 돌봐주셨다. 그러므로 나와 여러분같이 믿음이 부족해도 '주님, 이런 상황을 도와주십시오'라고 구할 때 주님은 충분히 동정하고 들으실 수 있는 분이다.

'잘못 기도하면 주님이 안 들으실거야. 진리에 맞게 주님의 뜻에 맞게 온전하게 기도해야 들으실거야'라고 생각할지 모르지만 그렇지 않다. 조금 부족하더라도 주님은 다 이해하신다. '걱정마라. 나는 옛날에 그런 비슷한 말 많이 들어봤다. 이 땅에 있을 때 마르다에게도 들어봤고 마리아에게도 들어봤고 제자들에게도 들어봤다'고 위로하실 것이다. 주님은 여러분을 다 아신다. 그러니 어쨌든 주님께 나아가라. 무슨 말씀이든지 드려보라. 주님은 받아주신다. 여러분의 믿음이 온전치 못하다고 해서 주님이 하실 일을 안 하시는 것도 아니다. 그러므로 반대로 '내가 올바르게 기도를 잘했더니 주님이 응답하셨다'고 하지도 말라. 여러분은 그분의 하실 일을 잘못 기도했어도 주님은 듣고 계신다.

36-38절, 이에 유대인들이 말하되 보라 그를 어떻게 사랑하였는가 하며 37 그 중 어떤 이는 말하되 소경의 눈을 뜨게 한 이 사람이 그 사람은 죽지 않게 할 수 없었더냐 하더라 38 이에 예수께서

다시 속으로 통분히 여기시며 무덤에 가시니 무덤이 굴이라 돌로 막았거늘

여기서 성경은 사람들의 주 예수께 대한 냉정함과 비판의식을 그대로 적어놓고 있다. 그들은 예수 그리스도에 대하여 냉혹히 비판하고 논단하고 있었다. 사람들은 주님께 대한 경외심이 너무나 없었다.

39-42절, 예수께서 가라사대 돌을 옮겨 놓으라 하시니 그 죽은 자의 누이 마르다가 가로되 주여 죽은 지가 나흘이 되었으매 벌써 냄새가 나나이다 40 예수께서 가라사대 내 말이 네가 믿으면 하나님의 영광을 보리라 하지 아니하였느냐 하신대 41 돌을 옮겨 놓으니 예수께서 눈을 들어 우러러 보시고 가라사대 아버지여 내 말을 들으신 것을 감사하나이다 42 항상 내 말을 들으시는 줄을 내가 알았나이다 그러나 이 말씀 하옵는 것은 둘러선 무리를 위함이니 곧 아버지께서 나를 보내신 것을 저희로 믿게 하려 함이니이다

죽은 나사로를 살리심

주님이 돌을 옮겨놓으라고 하셨다. 마르다는 무엇이라고 말했는가? "주여…벌써 냄새가 나나이다". '이제 돌을 옮겨놓으면 무슨 소용이 있겠어요? 다 틀렸어요' 이런 뜻인 것이다. 그런 상황에서도 주님은 좌절하지 않으신다. '이들이 믿음이 없으니까 그만두어야겠다'라고 하지 않으신다. "믿으면 하나님의 영광을 보리라하지 않았느냐"라고 말씀하셨다. 그들은 그 말씀을 듣고 41절에서 돌을 옮겨놓았다. 그때 예수님은 눈을 들어 하늘을 우러러보며 기도하셨다. "아버지여 내 말을 들으신 것을 감사하나이다. 항상 내 말을 들으시는 줄을 내가 알았나이다". 이렇게 기도하신 것은 주님 앞에 둘러선 무리를 위함이다. 이렇게 말씀하시고 큰 소리로 부르셨다. "나사로라 나오너라".

43-44절, 이 말씀을 하시고 큰 소리로 나사로야 나오라 부르시니 44 죽은 자가 수족을 베로 동인 채로 나오는데 그 얼굴은 수건에 싸였더라 예수께서 가라사대 풀어 놓아 다니게 하라 하시니라

얼굴은 수건으로 싸여있었고 수족은 묶여져 있었다. 어떻게 걸어 나왔을까? 어떤 사람은 통통 튀어나왔다고도 한다. 어쨌든 예수님은 그를 풀어 놓아 다니게 하라고 하셨다. 죽은 나사로가 살아난 것이다. 왜 이렇게 하셨을까? 마리아, 마르다, 또 제자들의 믿음을 강화시켜주시기 위함이었다. 우리는 죄를 용서받고 영생을 얻는 믿음을 다 받았다. 그러나 그것만 가지고는 안 된다. 주님은 우리에게 믿음을 주실 뿐 아니라 우리의 믿음을 자라게 해 주신다. 우리는 믿음이 더 자라야만 한다. 그런데 주님이 그 믿음을 어떻게 가르쳐 주시는가? 바로 이렇게 가르쳐주시는 것이다.

여러분의 어려운 문제, 풀 수 없는 문제, 육신의 심각한 문제, 질병, 약함 등으로 인해서 고민하지 말라. 그것은 하나님의 아들로 영광을 얻게 하려 하시는 것이다. '안돼요. 이 병은 어떤 의사도 못 고쳐요. 저는 이미 30년이나 병 들었어요' 이런 사람이 있을 것이다. 그러나 그렇지 않다. 주님은 못 고치실 병이 없다. 못 하실 일이 없다. 다만 온 마음으로 주님께 향하면 되는 것이다.

이들은 아무것도 한 것이 없다. 이들이 무엇을 했는가? 금식기도 했는가? 아니다. 다만 멀리 계신 주님께 '당신의 사랑하는 자가 병들었습니다. 돌봐주세요'라고 알렸을 뿐이다. 그리고 다음부터 그들이 말한 내용을 보면 별로 진리에 맞지도 않고 주님과의 대화도 제대로 되지 않는 상태에 있었다. 그래도 어쨌든 그들의 온 마음은 주님을 향하고 있었다. 이것이 비결이다. 그럴 때 주님은 거기서 역사를 하시고 기적을 일으키시고 놀라운 일을 행하신다. '아! 주님은 놀라우신 분이시다. 죽은 자를 살리는 분이시구나!'라는 믿음을 갖게 하시는 것이다. 주님은 이처럼 우리가 믿음을 갖도록 도우신다.

나는 주님을 따라온 지 30년이 넘었다. 주님에게서 믿음을 배우려면 시간도 필요하다. 주님은 사람이시지만 한국 사람이 아니다. 한국 사람은 뭐든지 빨리빨리 해야 믿는다. 그러나 주 예수님은 '천국 사람'이라서 '한국 사람'과는 다르시다. 때에 따라 시간을 좀 많이 쓰신다. 나는 주님을 따르면서 이것을 많이 체험했다. 주님은 한국 사람이 아니시라서 내 성미와 내 기질과는 다르게 역사하심을 보았다. 우리는 어떤 사람이 빨리 무엇을 하지 않는 것을 보면 '주님, 그를 한 번 치셔서 회개하게 하세요'라고 마음이 조급해지는데, 하나님은 '가만 있어봐, 조금 기다려라' 하시는 것 같다. 우리 문제를 빨리 해결해 주시면 우리가 얼른 믿을 텐데라고 생각하지만 주님은 그렇게 조급한 분이 아니시다. 그러나 영원히 안 해주시는 것이 아니다. 시간이 지난 후에 주님은 우리에게 '보아라, 이것이 내가 해준 것 아니냐?'라고 보이실 때, 우리는 아무 할 말이 없다. '그렇습니다. 당신이 하셨습니다. 주님은 우리가 바라는 바를 다 이루어주셨습니다'라고 말할 수 밖에 없다. 이것이 하나님이시다. 그럴 때 우리는 주님께 경배를 드리면서 '주님, 당신은 우리가 그렇게 믿음이 부족한 중에서도 우리의 모든 어려움들을 한 가지 한 가지 해결해 주셨습니다'라고 고백하게 된다. 그럴 때 주님은 '내가 하나님의 아들이 아니냐? 내가 너의 주가 아니냐? 이제 나를 믿을 수 있겠느냐?'라고 말씀하시는 듯하다. 이것이 내 일생토록 겪은 나의 간증이다.

그래서 요한복음 11장에서 주님이 죽은 나사로를 살리신 모든 과정을 세세하게 기록하신 것이 아니겠는가! 이것은 우리 모두에게 유익과 도움을 주기 위한 것이 아니겠는가! 빠르든 혹 늦든 주님은 여러분의 사정을 돌보시고 해결하신다. 그러나 기다리라. 시간은 필요하다. 그리고 결국은 주님은 여러분의 부족한 믿음을 보강하시고 더해주신다. 믿지 않고는 못 견디게 해주신다. 그것이 주님이 하신 일이다. 그러기 때문에 사도행전을 볼 때에 사도들은 감옥에 들어가도 걱정을 하지 않았다. 거기서 편안히 잘 수 있었다. 그러기 전에는 '혹시 이러다 죽는 것 아니야?' 병들게 되어도 '이러다가 큰 문제 생기는 것 아니야?' 하면서 항상 두려워했었다. 그러나 주님이 믿음을 배우게 한 성도들은 그 마음이 태산과 같다. 주님은 모든 것을 행하는 분이심을 배웠기 때문이다.

믿기 시작한 성도들이여, 실망하지 말라. 어려움이 있어서 힘들어하는 성도들이여, 좌절하지 말라. 좌절하기에는 시간이 아직 많이 남았다. 주님은 결국 여러분을 도우시는 역사를 하실 것이다. 말씀에도 그럴 뿐 아니라 우리가 증인이다. 우리는 왜 주의 종이 되었는가? 주님이 우리에게 먼저 가르쳐주시고 그런 믿음과 은혜, 또한 사랑과 배움을 먼저 갖게 해주심으로 여러분을 격려해서 이 사랑의 주님, 살아계신 하나님을 믿도록 도와드리기 위해서이다. 믿으라. 이 11장에서 주님이 강조하고 또 강조하는 것은 '너희로 하여금 믿게 하려 함이라'는 것이다. 믿게 하시려고 주님께서는 이러한 놀라운 역사를 해주셨다.

과연 무엇을 믿게 하려하신 것일까? 그것은 결국 예수 그리스도의 죽음과 부활이다. 주 예수는 죽은 나사로를 다시 살리는 일에서 무엇을 믿도록 도와주셨겠는가? 기독교의 신앙의 정수는 예수의 부활에 있다. 그분은 죽은 나사로를 살리시는 일에서 사람들에게 그분의 죽은 자 가운데서 다시 살아나신 일을 믿도록 도와주신 것이다. 불신하는 사람들은 지금도 어떻게 죽은 사람이 살아나느냐고 의심한다. 그러나 우리는 성경에서 주 예수님께서 죽은 자를 살리시는 일을 몇 번이나 하셨다. 나사로를 살리신 일은 죽은 자를 살리신 일의 절정이다. 죽어서 무덤에 묻은 지 나흘이나 된 후였다. 바울은 아그립바 왕 앞에서 "당신들은 하나님이 죽은 사람 다시 살리심을 어찌하여 못 믿을 것으로 여기나이까"(행 26:8)라고 말했다. 바울은 십자가에 못박혀 돌아가신 예수를 만난 사람이다. 나인성 과부의 아들도 죽은 자를 주 예수님이 살리셨고 나사로도 살리셨다. 그렇다면 하나님께서 그분의 아들을 죽은 자 가운데 사흘만에 일으키실 수 없단 말인가? 하나님은 나사로의 죽음과 부활의 사건을 통해서 사람들로 하여금 예수 그리스도의 하나님의 아들되심을 믿도록 도와주실 뿐 아니라 그분의 죽음과 부활도 능히 믿도록 도와주신 것이다. 이것이 긍휼인 것이다. 불신과 외적인 지식으로 가득 채워진 성도라 해도 주님이 불쌍히 여기사 믿도록 도와주신다.

45-46절, 마리아에게 와서 예수의 하신 일을 본 많은 유대인이 저를 믿었으나 46 그 중에 어떤 자는 바리새인들에게 가서 예수의

하신 일을 고하니라

언제나 주님이 이적을 행하게 되면 두 가지의 결과가 나타난다. 하나는 주님을 믿는 자들이다. 또 하나는 대적자들을 이롭게 하는 일이다. 나사로를 살린 이 큰 이적을 보고도 이 두 가지 현상은 어김없이 일어났다. 이 세상에는 두 가지 영역이 있기 때문이다. 하나는 빛이고 또 다른 하나는 어두움이다. 어떤 자들은 순수하게 주님을 믿고 어떤 자들은 죽이려 하고 있는 바리새인들에게 알렸다. 우리는 이런 일을 너무나 많이 체험하고 있다.

47-53절, 이에 대제사장들과 바리새인들이 공회를 모으고 가로되 이 사람이 많은 표적을 행하니 우리가 어떻게 하겠느냐 48 만일 저를 이대로 두면 모든 사람이 저를 믿을 것이요 그리고 로마인들이 와서 우리 땅과 민족을 빼앗아 가리라 하니 49 그 중에 한 사람 그 해 대제사장인 가야바가 저희에게 말하되 너희가 아무 것도 알지 못하는도다 50 한 사람이 백성을 위하여 죽어서 온 민족이 망하지 않게 되는 것이 너희에게 유익한 줄을 생각지 아니하는도다 하였으니 51 이 말은 스스로 함이 아니요 그 해에 대제사장이므로 예수께서 그 민족을 위하시고 52 또 그 민족만 위할 뿐 아니라 흩어진 하나님의 자녀를 모아 하나가 되게 하기 위하여 죽으실 것을 미리 말함이러라 53 이 날부터는 저희가 예수를 죽이려고 모의하니라

11장 마지막 부분을 볼 때 모든 상황이 예수님이 십자가에 못 박히시도록 하는 상황으로 가고 있다. 주님이 나사로를 죽은 자 가운데서 살리신 사건이 유대인들에게 커다란 이슈가 되었다. 요한복음에는 세 가지 중요한 기적이 유대인들의 적대감을 고조시킨 것으로 나타나 있다. 첫째는 38년 된 병자를 일으키신 것, 둘째는 날 때부터 소경된 자를 일으키신 것, 셋째는 죽은 나사로를 살리신 것이다. 이것의 총 결론은 "이 날부터는 저희가 예수를 죽이려고 모의하니라"이다.

불신앙과 대적하는 역사도 가만히 있지 않고 점점 더 역사하지만 많은 사람들이 예수님을 믿고 따르려고 하는 분위기가 형성되고 있었다(48절, 모든 사람이 저를 믿을 것이요). 그럴 때에 당시의 종교의 기득권자들, 유대교의 지도자들은 더욱 당황하게 되었다. 어떻게 하면 이 예수의 영향력을 최소화하고 자기들의 종교 기반을 조금도 흔들리지 않게 할 것인가 고민했다. 그리고 최선의 방법은 예수를 제거하는 것이라고 결론을 내렸다.

54-55절, 그러므로 예수께서 다시 유대인 가운데 드러나게 다니지 아니하시고 여기를 떠나 빈 들 가까운 곳인 에브라임이라는 동네에 가서 제자들과 함께 거기 유하시니라 55 유대인의 유월절이 가까우매 많은 사람이 자기를 성결케 하기 위하여 유월절 전에 시골서 예루살렘으로 올라갔더니

착하고 선한 일을 할수록 대적은 더 공격을 하는 것이다. 따라서 세상은 경건하게 사는 자들에 대하여 칭찬을 하는 것이 아니라 핍박을 한다. 사도 바울은 "무릇 그리스도 예수 안에서 경건하게 살고자 하는 자는 핍박을 받으리라"(딤후 3:12)고 하였다. 주님은 자기 때가 이르지 않은고로 그들에게 자신을 내어주지 않기 위해, 또 소란을 피하기 위해 한 동네로 피하셨다. 그렇게 하심은 때가 이르기 전에 잡히지 않기 위함이요 하나님의 때를 정확히 순종키 위함이었다.

56-57절, 저희가 예수를 찾으며 성전에 서서 서로 말하되 너희 생각에는 어떠하뇨 저가 명절에 오지 아니하겠느냐 하니 57 이는 대제사장들과 바리새인들이 누구든지 예수 있는 곳을 알거든 고하여 잡게 하라 명령하였음이러라

당시에 유월절이 되어 많은 사람들이 예루살렘으로 몰려들고 있는데 단연 대화의 화제는 예수에 관한 것이었다. 그가 올 것인가 안 올 것인가? 예수가 과연 예루살렘 성전, 유월절 행사에 참여할 것인가 안 할 것인가? 만일 오면 잡아라. 이렇게 된 상황이다. 이런 분위기 속에서 예수님은 멀리 갈릴리에 계시지 않고 예루살렘과 아주 가까운 베다니에 오셨는데, 이 날은 유월절 엿새 전이었다.

12 장

우리는 요한복음 11장에서 예수님이 죽은 나사로를 살리셨다는 것을 읽었다. 그런데 요한복음 12장 1절을 시작하는 '유월절 엿새 전에'라는 말은 굉장히 의미 있는 말이다. 왜냐하면 이 날 부터 엿새 후에 예수님은 골고다 언덕에서 못 박히셨기 때문이다. 바로 그 유월절 엿새 전에 주님이 베다니에 이르렀는데, 그곳은 예루살렘에서 얼마 떨어지지 않은 곳으로서 예수님이 나사로를 살린 곳, 마리아와 마르다의 집이다. 주님은 십자가로 가시기 엿새 전에 베다니에 이르셨고 베다니에서 마지막 주간을 보내신 후에 바로 그 유월절 날에 잡히시고 못 박히시게 된다. 그야말로 이 땅에서의 삶이 며칠 남지 않은 것이다. 그렇게 따지고 보면 요한복음 11장에서 죽은 나사로를 살리신 기적은 십자가에 돌아가시기 얼마 전에 행하셨던 크신 역사였다.

1-2절, 유월절 엿새 전에 예수께서 베다니에 이르시니 이곳은 예수께서 죽은 자 가운데서 살리신 나사로의 있는 곳이라 2 거기서 예수를 위하여 잔치할새 마르다는 일을 보고 나사로는 예수와 함께 앉은 자 중에 있더라

예수님이 마리아, 마르다, 나사로의 집에 오셨을 때 이제 식사 준비를 해 드리려고 마르다는 준비하고 있었다. 사람의 기질, 성미란 쉽게 바뀌지 않는다. 마르다는 이전에도 예수님을 접대하기 위해서 일을 열심히 하다가 마리아가 자기를 도와주지 않자, '예수님, 제 동생 좀 꾸짖어주세요. 내가 이렇게 바쁘게 일하는데 가만히 앉아서 주님 발밑에서 말씀만 들어요'라고 했던 적이 있다. 언제나 먼저 튀어나가고 생각이나 마음보다는 말과 행동이 빠른 여자, 그가 마르다이다. 그런데 그렇게 일하는 것이 반드시 나쁜 것이 아니다. 일하는 것이 없으면 입에 들어오는 것이 없다. 마르다는 일을 해야만 한다. 그런데 이제 요한복음 12장, 예수님이 돌아가시기 얼마 전에는 마르다가 변화가 좀 된 것 같다. 여기서는 잔소리가 없다. 그냥 열심히 일한다고만 기록되어 있다.

나사로의 간증

베다니 집은 그 자체가 하나의 교회요 그리스도의 간증이다. 베다니 집에서 가장 돋보이고 귀한 것은 마리아의 헌신이지만 나사로의 간증 또한 못지않게 귀한 것이다. 나사로가 무엇을 한것은 아니지만 그의 존재 자체가 그리스도의 부활능력을 간증하는 것이 되어 주었다. 어두움에 있던 형제자매가 빛을 본 것이 어찌 작은 일인가? 때때로 형제 자매들이 아직 주를 위한 어떤 역사를 하지 않았어도 돌이키고 변한 자체가 큰 간증이 되고 사탄에게 큰 불이익을 준다. 본 장 9절에도 많은 유대인들이 예수를 보기 위함만이 아니라 죽은 나사로도 보려고 왔다. 사도행전 9장에는 주님을 핍박하던 한 사람 사울이 회심한 장면이 나온다. 그의 전환 자체가 흑암의 왕국에 큰 타격을 주게 된다. 우리가 복음을 전해야 할 이유가 여기에 있다. 한 영혼이 진실하게 주님과 진리로 돌이키게 됨은 그 자체가 하나의 큰 역사인 것이다. 나사로가 별 일을 하지 않고 가만히 앉아 있어도 그의 존재는 그리스도의 능력을 전시하는 것이 된 것이다. 우리는 교회 중에 죽은 나사로가 살아난 것 같은 많은 역사가 있기를 기도한다.

3절, 마리아는 지극히 비싼 향유 곧 순전한 나드 한 근을 가져다가 예수의 발에 붓고 자기 머리털로 그의 발을 씻으니 향유 냄새가 집에 가득하더라

마리아라는 여자는 주님이 돌아가시기 엿새 전에 그의 가장 귀한 보물인 향유를 깨서 그 향유 기름을 주님의 발에 붓고 자기의 머리털로 씻은 여자이다. 가장 기념할 만한 일을 한 여자, 마리아이다. 왜 다른 사람들은 이런 생각을 못했을까? 그것은 마리아만큼 주님에 대해서 깊이 생각하고 주님의 인격을 사랑한 사람이 없었기 때문에 그랬을 것이다. 여기서 아주 귀하고 값비싼 향유 한 옥합을 깨서 주님의 발에 부은 것에는 뜻이 있다. 얼마 후면 그 주님의 발은 우리 죄인들을 위해서 골고다를 올라갈 발이다. 십자가에 오르실 발이다. 그 발이기 때문에 주님은 장사 전에 향품이 필요했던 것이다. 마리아는 이것을 알고 때에 맞춰서 향유를 준비해서 주님의 발에 붓고 자기의 머리털로 씻었던 것이다.

4-5절, 제자 중 하나로서 예수를 잡아 줄 가룟 유다가 말하되 5 이 향유를 어찌하여 삼백 데나리온에 팔아 가난한 자들에게 주지 아니하였느냐 하니

가룟 유다는 12제자들 가운데서 재정을 담당하는 제자였다. 예수님을 따라 다니면서 물질을 관리하던 사람인 유다의 머릿속에서 돈 계산이 빠르게 돌아갔다. 마리아가 깬 옥합의 값을 계산해보았더니 300데나리온 정도 받을 수 있는 값비싼 향유였다. 냄새를 맡아보고 알았을 것이다. 이는 오늘날로 치면 최고급의 향수이다. 당시 젊은 장정의 하루 일당이 한 데나리온이었기에 300데나리온이라면 한 사람의 일 년 정도의 임금이다. 이를 오늘날의 돈으로 계산해보면 1500만원-2000만원 정도의 금액이라고도 볼 수 있겠다. 굉장히 비싼 향유임에는 분명하다.

재빨리 금액을 계산해서 가난한 사람들을 구제하면 많은 사람에게 도움이 된다고 했던 유다의 말은 맞는 말이다. 다른 복음서에서 보면 다른 제자들도 '그 말이 맞다'라고 찬성했다고 기록되어 있다. 남자들은 그때 별로 주님께 도움이 되지 못했다. 그러나 그 순간에 가장 귀한 일을 했던 사람은 여자였다. 마리아는 주 예수님에 대한 사랑이 있었기에 계산이 없었다. 가장 귀한 것을 주님을 위해서 바칠 수가 있었다. 여기서 우리는 사람이 주님에 대하여 가지는 가치를 볼 수 있다. 마리아는 주님이 그녀의 인생의 전부였다. 그러므로 가장 귀한 것을 드릴 수 있었다. 여인의 가장 귀중하고 영예로움의 상징인 머리털로 그리스도의 가장 낮은 발을 씻어드린 것이다. 유다에게는 주님이 돈으로 보였다. 그분을 팔면 은 삼십을 벌 수 있다! 마리아에게는 모든 것을 다 드려도 아깝지 않은 가장 귀한 분으로 보인 것이다. 오늘 날 성도들이 주님께 드리는 헌신은 그들의 주님에 대한 인식에 달려 있다. 주님을 어떤 분으로 인식하는가? 그분은 우리의 인생에 어떤 의미를 지니고 계신 분인가? 적어도 마리아의 집에 있어서 주님은 모든 것이 되셨다.

6절, 이렇게 말함은 가난한 자들을 생각함이 아니요 저는 도적이라 돈 궤를 맡고 거기 넣는 것을 훔쳐감이러라

돈을 관리한다고 하면서 돈이 많이 들어오면 자기 호주머니에 슬쩍 넣었던 것이다. 그가 돈을 훔쳐가는 사람이라는 것을 주님이 몰랐을까? 아셨다. 제자들은 몰랐을까? 알았다는 이야기이다. 그러나 그런 것을 별로 개의치 않았다. 자신의 돈을 떼이면 아주 원망을 많이 하는 사람이 있다. 그러나 우리 주님은 그런 사실을 알면서도 유다를 다그치고 캐묻지 않으셨다. 그냥 두었다. 제자들도 알았지만 그냥 두었다. 돈이라는 것은 이 세상에서 가장 작은 것이다. 그렇게 대단한 것이 아니다. 돈에 가치를 크게 둘 때 그리스도인의 길에서 실패하게 된다. 돈이 중요한 것이 아니라 예수가 중요하다.

유다는 물질에 관심이 많았다. "이렇게 말함은 가난한 자들을 생각함이 아니요". 이 순간에는 가난한 자들을 생각하는 것도 그렇게 잘하는 것이 아니다. 이 엄중한 순간에 제자들이라면 십자가에 죽으실 예수를 생각해야 할 것 아닌가? 실상 유다는 가난한 자에게 관심이 있었던 것이 아니었다. 그는 돈을 훔쳐갈 것에만 관심이 있었다. 가난한 자들을 거론한 것은 하나의 핑계였고 그 마음이 돈에 많이 가 있다는 말이다. 교회에서 일을 많이 일으키는 자들은 주로 돈에 관심이 많은 자들이다. 그러한 자들이 문제를 일으키면서 많은 건설적인 말을 하지만 주된 관심사는 건설적인 일에 있는 것이 아니라 돈 자체에 애착이 있어서 그런 것이다.

7-8절, 예수께서 가라사대 저를 가만두어 나의 장사할 날을 위하여 이를 두게 하라 8 가난한 자들은 항상 너희와 함께 있거니와 나는 항상 있지 아니하리라 하시니라

우리 주님은 돈에 대해서는 말씀조차 하지 않으셨다. 가난한 자들은 항상 너희들과 함께 있을 것이라고 하셨다. 그리고 마리아를 괴롭게 하지 말라고 하셨다. 그를 가만 두라고 하셨다. 복음서 이곳저곳에서 그가 내게 좋을 일을 하였다, 나의 장사를 예비하였다, 어디서든 복음이 전파되는 곳에서는 이 여자의 행한 일도 기념하리라고 기록되어 있다. 주님은 이 여자의 행한 일을 기뻐하시고 칭찬하셨다. 이 사건은 주님이 십자가에 죽으시기 엿새 전에 있었던 일이다.

9-11절, 유대인의 큰 무리가 예수께서 여기 계신 줄을 알고 오니 이는 예수만 위함이 아니요 죽은 자 가운데서 살리신 나사로도 보려함이러라 10 대제사장들이 나사로까지 죽이려고 모의하니 11 나사로 까닭에 많은 유대인이 가서 예수를 믿음이러라

죽은 나사로가 살아난 사건이 예수님이 돌아가시기 전에 있었던 가장 큰 일이다. 이 일로 인해 많은 유대인들이 믿게 되자 대제사장들이 긴장을 하고 있다.

12-13절, 그 이튿날에는 명절에 온 큰 무리가 예수께서 예루살렘으로 오신다 함을 듣고 13 종려나무 가지를 가지고 맞으러 나가 외치되 호산나 찬송하리로다 주의 이름으로 오시는 이 곧 이스라엘의 왕이시여 하더라

이는 시편에 있는 말씀이다. 메시아가 오실 때 있을 광경을 미리 예언한 것이다. 메시아가 예루살렘으로 입성하실 때에 나귀를 타고 오신다는 예언이 스가랴 등의 구약 성경에 예언이 되어 있다.

14-15절, 예수는 한 어린 나귀를 만나서 타시니 15 이는 기록된 바 시온 딸아 두려워 말라 보라 너의 왕이 나귀 새끼를 타고 오신다 함과 같더라

이는 스가랴서에 있는 말씀이다. 이렇게 예언되어 있는 대로 예수는 오신 것이다. 구약 성경에서는 메시아가 오면 그가 예루살렘에 나귀를 타고 오신다고 예언되어 있다는 것이다. 그런데 예수님이 지금 그렇게 하셨다. 그런데 많은 유대인들이 나와서 찬송했다. "호산나 찬송하리로다!" 이는 '지금 구원하소서'라는 뜻이다. 메시아가 올 때 하는 찬송을 하고 있는 것이다. 이 광경은 참으로 이해하기 어렵다. 이것은 사실 거품이다. 참된 그 광경은 주님의 재림시에 있을 것이지만 당시 예수를 죽이려는 살기가 가득한 상황에서 이것은 참된 것이 아니었다. 주님은 그것을 다 아셨다. 그렇지만 한 발 한 발 십자가를 향해서 나아가셨던 것이다. 어쨌든 사람들은 찬양했다. 찬양하고 또 찬양했다.

다른 복음서를 보면 이때 찬양을 하는 광경에 유대인 지도자들이 시기를 했다. 그래서 예수님께 '저 사람들에게 잠잠케 하라고 하시오'라고 말했다. 그때 예수님은 '만일 저들이 잠잠하면 돌들이 일어나서 소리를 지를 것이다'라고 대답하셨다. 잠잠하도록 하지 않으셨다. 그들의 말을 주님은 듣지 않으셨다. 시기로 가득한 사람들이 한 편에 있었고 또 한 편 일반 백성들은 주님이 나귀를 타고 들어오실 때 다 환영하면서 호산나 찬송을 불렀다. 그것은 주님이 행하신 기적 때문에, 주로 나사로가 다시 살아난 사건 때문에 백성들 가운데 예수에 대한 소문이 널리 퍼졌기 때문이었다.

16절, 제자들은 처음에 이 일을 깨닫지 못하였다가 예수께서 영광을 얻으신 후에야 이것이 예수께 대하여 기록된 것임과 사람들이 예수께 이같이 한 것인 줄 생각났더라

제자들도 이 상황에서는 몰랐다는 것이다. 나중에 주님이 돌아가시고 부활하신 후에 그때서야 '아, 그것이 구약 성경에 예언한 대로 바로 그 메시아의 일을 주 예수께서 하신 것이구나'라는 것을 깨달았던 것이다.

17절, 나사로를 무덤에서 불러내어 죽은 자 가운데서 살리실 때에 함께 있던 무리가 증거한지라

본 사람들은 증거하는 법이다. 죽은 나사로를 살릴 때 역사하신 것을 본 유대인들은 그 사실을 증거했던 것이다.

18절, 이에 무리가 예수를 맞음은 이 표적 행하심을 들었음이러라

사람들이 환영하며 찬송한 것은 주로 나사로를 살린 이 기적 때문에 호산나 찬송을 불렀던 것이다.

19절, 바리새인들이 서로 말하되 볼지어다 너희 하는 일이 쓸 데 없다 보라 온 세상이 저를 좇는도다 하니라

당시 집권자들은 예수를 제거하려고 했다. 죽이려고 했다. 그때에 바리새인들이 서로 말했다. '너희들은 틀렸다, 온 세상이 예수를 좇는다'고 할 정도로 겉으로 볼 때에는 모든 상황은 주님께로 돌아가고 있었다.

20-24절, 명절에 예배하러 올라온 사람 중에 헬라인 몇이 있는데 21 저희가 갈릴리 벳새다 사람 빌립에게 가서 청하여 가로되 선생이여 우리가 예수를 뵈옵고자 하나이다 하니 22 빌립이 안드레에게 가서 말하고 안드레와 빌립이 예수께 가서 여짜온대 23 예수께서 대답하여 가라사대 인자의 영광을 얻을 때가 왔도다 24 내가 진실로 진실로 너희에게 이르노니 한 알의 밀이 땅에 떨어져 죽지 아니하면 한 알 그대로 있고 죽으면 많은 열매를 맺느니라

헬라인은 그리스 사람을 말한다. 헬라인이 예수님을 찾아왔다는 기록은 사복음서 중 이곳에 유일하게 기록되어 있다. 헬라인들은 당시의 지식인들을 대표한다. "유대인은 표적을 구하고 헬라인을 지혜를 찾으나"(고전 1:22). 아덴(아테네)에는 철학자들이 많다. 철학자가 많이 나온 나라가 그리스이다. 이들은 지혜가 발달된 사람들이다. 사도행전 17장에서도 아덴 사람들은 모여서 항상 새로운 지식을 듣는 재미로 사는 사람들이었다고 말한다. 반면에 유대인들은 기적을 좋아한다. 나사로가 살아났다고 흥분한다. 그러나 헬라인들은 지적인 사람들이다. 그래서 예수를 믿는 것도 지적으로 접근하는 사람들이라고 말한다. 그런 사람들에게까지 예수님이 영향력을 끼쳤다는 것은 당시에 주 예수께서 사람들 가운데 상당한 영향을 끼친 인물이었음이 분명함을 보여주는 것이다.

이들이 예수님을 만나러 빌립에게 왔는데 빌립은 안드레라는 제자와 상의를 했다. 예수님은 이방인을 만난 적이 없으시기 때문이다. 주님은 '나는 이스라엘 집의 잃어버린 양에게 왔다'고 하셨다. 그래서 주저하다가 서로 상의를 해서 그들을 주님께 한 번 데리고 간 것이다. 예수님은 이 헬라인들 앞에서 아주 중요한 말씀을 하셨다. 아주 깊은 말씀을 하셨다. 인자가 영광을 얻을 때가 왔다고 하시면서 "한 알의 밀이 땅에 떨어져 죽지 아니하면 한 알 그대로 있고 죽으면 많은 열매를 맺느니라"(24절)라고 하셨다. 이것은 겉으로는 굉장히 쉬운 말 같지만 깊은 사색이 없는 사람은 이해 못하는 말이다. 주님은 헬라인들에게는 깊이 묵상하고 상고하지 않으면 안 되는 방식으로 말하셨다. 그분은 사람들에게 자신을 알리신다. 이 헬라인들에게도 자신을 알리시되 매우 깊은 방식으로 알리신다. "한 알의 밀이 땅에 떨어져 죽지 아니하면 한 알 그대로 있고 죽으면 많은 열매를 맺느니라". 이것이 무슨 소리인가? '나 예수는 메시아로서 많은 열매를 맺기 위해서 한 알의 밀알로써 죽는다. 십자가로 간다'는 것이다. '내가 죽는 것은 많은 사람들에게 내게 있는 생명을 분여해주어서 그들로 하여금 나와 동일한 생명을 가진 밀알들을 만들기 위함이다'라는 말씀을 여기서 하고 있는 것이다.

25절, 자기 생명을 사랑하는 자는 잃어버릴 것이요 이 세상에서

자기 생명을 미워하는 자는 영생하도록 보존하리라

"자기 생명". 이는 헬라어로 '프쉬케(ψυχή)'라는 말인데, 이것은 우리의 혼적인 생명이다. 이들은 자기들의 정신적인 생명을 사랑한 사람들이다. 그렇지만 주님은 여러분이 자기의 생명을 사랑하면 잃어버릴 것이지만 미워하면 영원히 보존한다고 하셨다.

26절, 사람이 나를 섬기려면 나를 따르라 나 있는 곳에 나를 섬기는 자도 거기 있으리니 사람이 나를 섬기면 내 아버지께서 저를 귀히 여기시리라

참되게 주님을 섬기는 길

"사람이 나를 섬기려하면 나를 따르라". 12장에 와서는 주님은 사람들에게 주님을 섬기는 것에 대해서 말씀하셨다. 26절 한 구절에 섬긴다는 말이 세 번 들어 있다. 요한복음 12장을 겉으로만 읽으면 무슨 말인지 잘 모른다. 그저 마리아의 향유 옥합을 깨뜨린 이야기, 예루살렘에 나귀를 타고 들어가실 때 사람들이 호산나 다윗의 아들이여 찬송한 이야기, 헬라인들이 찾아온 이야기들이 열거된 것처럼 생각될 것이다. 그런데 이 모든 구절에서 면면히 흐르는 한 가지 사상이 있는데 그것은 '주 예수를 어떻게 섬기는 것이 바르게 섬기는 것인가' 하는 것이다. 마르다도 주님을 섬긴다고 했고, 유다를 포함한 12제자도 예수를 섬기고자 따라다녔다. 심지어 헬라인들도 주님을 어떻게 하면 섬기나 좇아와서 물었으며, 많은 유대인들도 호산나 찬송할 때에 하나님을 섬기려는 의지를 갖고 있었던 것이다. 그러나 그런 많은 사람들의 섬김은 일종의 외적인 것이다.

그런데 여기서 주님은 '나를 섬기려면 나를 따라야 한다'고 말씀하셨다. 그리고 하나의 좋은 예를 보여주셨다. 그것이 누구인가? 마리아이다. 결국 어떤 사람이 주님을 잘 섬기는가? 주님의 능력을 보고 그분의 명성을 듣고 찾아와서 소리를 지른 사람들인가? 예수님이 십자가를 지시고 골고다에 갔을 때 그들이 따라왔던가? 호산나라고 함성을 지르던 사람들이 따라왔던가? 어떤 학자들은 예수를 십자가에 못 박으라고 외쳤던 그 사람들이 바로 호산나 하며 소리를 지르던 사람들이라고 말하기도 한다. 그들은 구약 성경에 예언된 대로 성경에 맞게 호산나 찬송했다. 주님도 그들이 찬송한 것을 틀리다고 하지 않았다. 그런데 그들이 막상 주님이 올라가신 십자가의 길을 따랐는가? 그렇지 않았다.

그러면 어떤 사람들이 주님을 끝까지 따랐는가? 마리아 같은 사람들이다. 이들은 어떤 사람들인가? 주님을 그 마음으로 사랑한 사람들이다. 헬라인들은 예수에게 지식적으로 다가간 사람들이다. 지리학자가 지리 공부를 하듯이 고고학자가 화석을 연구하듯이 수학자가 수학을 풀듯이 예수님에 대해서도 학문적인 방식으로 연구하려고 접근한 사람들이 헬라인들이다. 유대인들은 어떠했는가? 죽은 나사로가 살아난 것을 보고, 그 기적을 보고 관심이 생겨 주님을 따랐다. 그런데 그들이 주님을 끝까지 따랐던가? 주님은 말씀하신다. '나를 섬기려면 나를 따라야 한다' 주님은 어떤 길을 가시는가?

주님은 지금 십자가의 길로, 죽음으로 한 발 한 발 가신다. 그분은 많은 사람들로 하여금 생명을 얻을 수 있도록 자기 자신을 버리는 길을 가신다. 그러면서 나를 섬기려면 나를 따라야 한다고 말씀하신다. 마리아는 근본적으로 예수를 따르는 것을 선포한 여자이다. 그녀의 옥합은 자신의 가장 큰 재산이었을 것이다. 그녀는 그것을 깨뜨렸다. 자기 생명을 미워하지 않는 자는 영생하도록 보존하지 못한다. 자기 생명을 사랑하는 자는 오히려 잃어버리게 된다. 반면에 우리가 우리의 혼 생명, 정신적인 생명을 잃어버린 만큼, 우리 자신을 미워한 만큼, 우리는 하나님의 생명을 더 얻게 된다. 우리가 예수님처럼 한 알의 밀이 되어 죽을 때에 우리는 많은 사람에게 생명을 나누어주는 사역자들이 될 수 있다. 사도 바울이 이런 길을 갔다(고후4:11-12). 이것이 바로 주님을 섬기는 길이다. 어떤 사람이 이런 길을 갈 수 있는가? 마리아처럼 예수를 그 마음으로 사랑하는 사람이다.

기독교는 활동의 종교가 아니다. 주님은 "나 있는 곳에 나를 섬기는 자도 거기 있으리니"라고 하셨다. 그분이 계신 곳에 그분을 섬기는 자들이 함께 있는 것이다. 그분과 함께 하지 않으면서 그분을 따르고 섬길 수 있는 사람은 하나도 없다. 외적인 큰 활동이 아니라 그분과의 연합이요 함께 함이다. 유다는 오해했다. 물론 우리도 오늘 구제 사업도 하고 해외선교도 하고 봉사도 하고 많은 것을 한다. 그러나 기독교의 본질은 거기에 있지 않다. 그것은 예수와 언제나 함께 '있는 것'이요 그분 자신의 인격을 사랑하는 것이다. 이것을 모르면 본질을 놓치는 것이다. 유다는 어떠했는가? 제자들은 어떠했는가? 그들은 오해했다. 기독교는 사회 사업적이고 활동성 있는 종교라고 생각했다. 이 귀한 옥합을 팔아서 구제하면 많은 사람들을 돕는 데 효과적일 텐데, 왜 그것을 가치 없이 허비하는가라고 생각했다. 그러나 마리아의 마음속에는 무엇이 있었기에 그 옥합을 깰 수 있었는가? 예수에 대한 사랑이었다. 이 마리아만이 지금 예수님이 가시고 있는 발걸음을 어느 정도 이해한 여인이었다. 그녀는 주님이 십자가로 가시는 것을 알았고 얼마 되지 않아 돌아가실 것을 알았던 것이다. 그러기에 예수님은 '저가 내 죽음을 예비하는 것'이라고 말씀하셨던 것이다.

그렇다면 그녀는 어떻게 그것을 알 수 있었을까? 아마도 예수님의 눈을 항상 쳐다보았을 것이다. 그녀는 예수님 가까이 있었다. 가까이서 말씀을 들었다. 예수님은 '인자'이시다. 그러므로 사람의 성정이 있으시다. 답답함, 괴로움도 있으시다. 27절에서는 "지금 내 마음이 민망하니"라고 말씀하시기도 했다. 'trouble', 즉 아주 괴롭다는 것이다. 겟세마네에서도 '내 마음이 답답하여 죽게 되었다'고 말씀하셨다. 그런 주님의 심정이 눈가에 스치지 않았겠는가? 누가 그것을 볼 수 있었겠는가? 남자들은 대게 거칠어서 잘 보지 못한다. 여전히 활동에 매달린다. 그런데 이 사랑하는 여인은 주님의 눈가에서 뭔가를 느낀 것이다. 어쩌면 나사로를 다시 살린 그 장면에서 마리아는 그분의 눈물을 예사롭게 보지 않았을 것이다. '이제 얼마 남지 않았구나…그럼 내가 할 수 있는 것이 무엇일까?'

기독교의 핵심은 사랑이다. 우리의 마음 중심에서 예수라는 한 분의 인격을 사랑하는 것이 아니라면 그 사람은 틀린 것이다. 헬라인들처럼 지식으로 접근하는 것이 잘 믿는 것인가? 어떤 단체는 기가막힌 성경의 지식으로 사람들을 현혹시켜서 교회로 유입시킨다. 성경의 오묘한 지식에 초점을 맞추어 사람들의 지성에 호소하는 것도 보통 매혹적인 일이 아니다. 그러나 그것은 아무 소용이 없다. 유대인들처럼 기적과 능력으로 접근해보라. 오늘 날 예수의 치유의 능력을 내세워 목회도 하고 선교도 하는 사람들을 보았다. 그들은 병자에 대한 치유전문이다. 그리고 그 기적과 능력을 내세워 사람들에게 전도한다. 그것으로는 주님의 마음을 알 수 없다. 어떤 사람이 가능한가? 그것은 예수라는 한 분을 마음으로 사랑하는 사람이다. 사랑하는 사람이 예수를 안다. 여러분은 누가 여러분을 제일 잘 안다고 생각하는가? 다른 사람이 아니라 여러분의 가족이다. 남편은 그 아내가 잘 알고 아내는 그 남편이 잘 안다. 부모는 자식들이 잘 알고 자식은 부모들이 잘 안다. 그 이유는 무엇인가? 그 속에 사랑이 있기 때문이다.

예수를 누가 잘 아는가? 마리아는 왜 주님을 잘 알았는가? 마음으로 주님을 사랑했기 때문이다. 그 인격을 사랑했기 때문이다. "나를 사랑하는 자는 내 말을 지키리니". "사람이 나를 섬기려면 나를 따르라. 나 있는 곳에 나를 섬기는 자도 거기 있으리니". 결국 주님을 따르고 주님을 섬기는 자는 주님과 늘 함께 있는 자이다. 우리는 왜 이 땅에 있는가? 교회는 왜 있는가? 주님을 따르기 위해 있다. 여러분은 함부로 교회가 가는 길에 대해서 이것이 옳다, 저것이 틀리다고 말하지 말라. 우리는 어떤 일이 일어나면 즐거워한다. 주님을 따를 기회이기 때문이다. 그럴 때 우리는 무릎을 꿇고 기도한다. '주님, 우리는 어떻게 해야 합니까? 사람들이 이해하지 못합니다. 우리는 어떻게 해야 합니까?'

사랑하는 여러분, 나는 지금까지 여러분과 함께 온 이 길을 기뻐한다. 지금까지 우리가 한 것은 다른 것이 아니다. 나사렛 예수를 따라온 것이다. 기도하면서 함께 따라왔고, 지금도 따르고 있다. 나는 이것이 주님을 섬기는 것이라고 생각한다. 유다는 옥합을 팔아서 나누어주는 것이 하나님을 가장 잘 섬기는 것이라고 오해했다. 그 순간 유다에게는 주님은 매우 작게 보이고 돈은 매우 크게 보였다. 오! 이것은 어떠한 경계이고 경고인가! 주님을 섬기는 것은 언제나 주님만 보고 주님만 따르는 것이다. 돈이 어떻게 쓰여져야 가치가 있는가는 가장 중요한 문제가 아니다. 주님의 마음이 어디에 있는가를 살피는 것이 더 중요한 문제이다. 그분의 마음을 알아서 주님이 한 발 가실 때 우리도 한 발 따라가는 것이다. 그것이 십자가의 길이라면 순종하며 가야 한다. 그것이 잃어버리는 길이라면 버리면서 가야 한다. 그것이 오해받는 길이라면 오해받으면서 따라 가야 한다.

나는 오늘 새벽에도 어떤 문제를 놓고 기도했다. '주님, 어떻게 해야 되지요?' 기도하는 가운데 주님이 깊은 속에서부터 '나도 이 세상에 있을 때 그렇게 인정받지 못했다'라고 말씀하시는 것 같았다. 우리는 주님을 따르는 것이 곧 주님을 섬기는 것이라는 이 귀한 하나의 진리를 배워야 한다. 우리는 곧 주를 만날 것이다. 이 세상에서 천년만년 살 것처럼 할 필요가 없다. 주님이 곧 집에 오시면 문 열어드릴 그런 종들처럼 그렇게 하루하루를 보내야 한다. 우리는 오늘 주님을 따르는 일에 있어서 기쁘고 만족하면 좋은 것이라고 서로 격려하면서 예수 그리스도 한 분을 따르기 위해서 부르심 받은 사람들이다. 그것이 교회이다.

교회란 헬라어로 '에클레시아(ἐκκλησία)'인데, 그것이 바로 '부르심을 받은 자들'이란 뜻이다. 주님의 부르심을 받아 나와서 계속 주님을 따라서 가는 자들이다. 그것이 바로 주님을 섬기는 것이다. 집사의 직분을 받으신 분들에게 한 마디 드리고 싶다. 여기서 '나를 섬기려면'은 '집사'에 해당되는 말이다. 집사란 바로 주를 섬기는 사람이다. 예수를 섬기는 것이다. 섬기기 위해서 여러분들이 선택되었다면 너무 귀한 일이다. 어떻게 섬기는 것인가? 주님을 따르는 것을 배우기 바란다. 주님과 함께 있는 것을 배우시기 바란다. 그럴 때 아버지께서 여러분을 귀히 여기신다고 말씀하셨다.

은사나 일보다 주님 자신

마르다는 일과 봉사에 바빴다. 결과적으로 주님을 잘 알지 못했다. 오늘날 사람들은 주님께 크게 쓰여지고자 한다. 그렇게 일을 중심삼다 보면 주님을 알지 못한다. 성경을 잘 알고 사람을 잘 가르치는 은사가 있다고 해서 그가 주님을 잘 아는 것은 아니다. 성경을 잘 해석한다고 해서 반드시 생명이 자란 사람이 아니다. 성경을 먼저 알려고 애쓰지 말고 성경을 쓰신 주님을 알려고 힘쓰라! 주님을 잘 알려면 주님 자신을 사랑해야 한다. 주님을 위한 많은 일에 빠지다보면 주님 자신을 놓치게 된다. 언제나 조용히 주님 앞에서 기다리는 사람이 되기를 배우라! 주님 안에서 그분의 삶을 배우기 바란다. 십자가를 지는 것을 배우고 잃어버리는 것을 배우며 주님의 삶을 조금씩 살아가며 이해하며 체험해나가라! 그러면서 그분의 말씀을 읽으며 예수를 더욱 더 깊이 알아가는 것이다.

27절, 지금 내 마음이 민망하니 무슨 말을 하리요 아버지여 나를 구원하여 이 때를 면하게 하여 주옵소서 그러나 내가 이를 위하여 이 때에 왔나이다

주님은 마치 겟세마네에서 기도하는 것 같은 이 말씀을 헬라인들 앞에서 하셨다. 주님은 십자가에서 돌아가실 그때를 향해서 한 발씩 한 발씩 가고 계셨다. 주님의 길은 결코 바뀌지 않는다. 좁은 길, 십자가의 길이다. 나를 섬기려 한다면 나의 이런 발걸음을 따르라고 하셨다. 많은 사람들이 찬양하고 감사하고 기뻐했지만, 하나님께 영광 돌린다고 소리쳤지만, 그들은 막상 십자가를 볼 때 뒤로 물러갔다. 십자가가 너무 무거워서 질 수가 없다고 생각했다. 그들은 주님을 찬양하고 영광을 돌리는 것은 하지만, 그리스도를 인해서 핍박과 어려움을 당해야 한다면 할 수 없다고 하면서 물러서는 사람들이었다.

43절에서는 "저희는 사람의 영광을 하나님의 영광보다 더 사랑하였더라"고 했다. 그래서 어떻게 했다는 말인가? 42절, "그러나 관원 중에도 저를 믿는 자가 많되 바리새인들을 인하여 드러나게 말하지 못하니 이는 출회를 당할까 두려워함이라".

이처럼 12장 후반부는 주님이 그토록 많은 일을 하시고 많은 표적을 행하셨지만 주님을 믿지 않는다고 탄식하는 말씀들이 기록되어 있다. 헬라인도 찾아오고 유대인들도 찬양했지만, 주님은 '저들은 믿지 않는다, 저들은 사람의 영광을 하나님의 영광보다 더 귀히 여긴다'고 탄식하셨다.

36절에서는 이렇게 말했다. "예수께서 이 말씀을 하시고 저희를 떠나가서 숨으시니라". 헬라인들에게 이 말씀을 하신 다음에 예수님은 숨으셨다.

겉으로 볼 때는 매우 영광스럽고 온 예루살렘이 다 따르는 것 같았지만, 사실 그때의 분위기는 그렇지 않았다. 그것을 누구보다도 잘 아시는 예수님은 숨으셨다. 이러한 상황 속에서 주님은 '나를 섬기려 하는 자는 나를 따르라'고 외치셨다. 여러분은 과연 어떤 길을 걸어갈 것인지 마음속으로 한 번 결정해보라. 허울 좋고 명예롭기 때문에 예수를 따를 것인가, 아니면 이 땅에 오셔서 초라하게 잡혀서 십자가에 죽으시는 그 예수를 따를 것인가는 여러분에게 달려 있다. 외로운 길, 좁은 길을 따를 것인가? 세상에서 영광받고 존귀와 칭송받는 길을 가겠는가? 적어도 나는 한 마디, '나는 이렇게 십자가에 죽으신 나사렛 예수를 따를 것을 선택했다'고 여러분에게 선포하고 싶다. 여러분과 함께 이 길을 끝까지 가서 장래 주님이 다시 오실 때 그분과 함께 영광스럽게 나타날 수 있기를 바란다. 그때 우리 모두 주 예수님과 함께 있게 되기를 바란다.

요한복음 12장의 위치

요한복음은 21장으로 되어 있는 성경이다. 그런데 이 12장은 한 단락의 마지막이다. 요한이라는 제자가 예수님이 이 땅에 계실 때 특히 마지막 30세부터 33세까지 주님을 따르면서 보고 들은 것을 적었다. 요한복음에는 주로 예수님이 행하신 기적, 놀라운 역사 8가지를 기록했다. 2장의 물로 포도주를 만든 것, 4장에서 왕의 신하를 먼 곳에서 고쳐주신 이야기, 5장에는 38년 되어서 움직이지 못하고 베데스다 연못에 누워있는 환자에게 자리를 들고 걸어가라는 한 마디 말씀으로 치료해주신 일. 오병이어로 오천 명을 먹이고 열 두 바구니를 거둔 일, 바다 위를 걸으신 일, 날 때부터 소경으로 태어난 사람을 침을 뱉어 진흙을 이겨서 발라주시고 실로암 못에 가서 씻으라고 하셨는데 눈이 떠졌고, 죽어서 나흘간 무덤 속에서 썩어가는 사람에게 '나사로야 나오너라' 한 마디 하셨을 때 죽은 사람이 일어난 일들을 기록했다. 이런 모든 기적적인 일들은 모두가 주님의 죽음과 부활을 믿도록 도와주시는 말씀으로 읽을 수 있다. 복음서의 모든 핵심은 십자가의 죽음과 부활에 있다. 2장의 가나 혼인잔치도 사흘되던 날에 라고 하면서 시작한다. 이는 바로 부활의 날을 의미하며 실상 물을 포도주로 변케 하신 기적은 부활의 생명을 말해준다.

이제 12장은 이런 일련의 사건들의 마무리이다. 예수님은 유월절 엿새 전에 베다니에 오셨는데 이로부터 엿새 후에 예수님은 십자가에 못 박히시게 된다. 요한복음 12장 후반부는 13장 이전 부분의 결론이라고 할 수 있다. 13장부터는 예수님의 마지막 가르침이 기록되어 있다. 제자들의 발을 씻기는 것, 다시 성령을 보내주실 것이라는 등의 가르침을 주신다. 그리고 나서 잡혀가시고 죽으시는 이야기가 나온다. 그러므로 12장은 한 단락의 결론이다. 주님이 하신 모든 일을 놓고서 결과적으로 그것이 어떤 상황이었는가, 또 주님은 최종적으로 결론적으로 어떤 말씀을 주셨는가 하는 말씀이 12장 후반부에 기록되어 있다.

37-40절, 이렇게 많은 표적을 저희 앞에서 행하셨으나 저를 믿지 아니하니 38 이는 선지자 이사야의 말씀을 이루려 하심이라 가로되 주여 우리에게 들은 바를 누가 믿었으며 주의 팔이 뉘게 나타났나이까 하였더라 39 저희가 능히 믿지 못한 것은 이 까닭이니 곧 이사야가 다시 일렀으되 40 저희 눈을 멀게 하시고 저희 마음을 완고하게 하셨으니 이는 저희로 하여금 눈으로 보고 마음으로 깨닫고 돌이켜 내게 고침을 받지 못하게 하려 함이니라 하였음이더라

요한은 주님을 따라다니면서 주님이 행하시는 많은 표적을 보았다. 사람들도 그것을 보았다. 요한은 이 책에 기록된 것 외에도 예수께서 하신 일이 너무 많다고 기록했다. 그렇게 많은 일들을 행하셨는데도 사람들은 그것을 믿지 않았다. 이것이 요한의 회고이다. 그러면서 38절에서 "이는 선지자 이사야의 말씀을 이루려 하심이라"고 하셨다. 구약 성경에서도 이제 메시아가 오면 많은 일을 할 텐데, 이적을 행하고 말씀을 전할 텐데 사람들이 믿지 않으리라는 것을 이사야가 이미 기록을 했던 것이다.

"주여 우리에게 들은 바를 누가 믿었으며 주의 팔이 뉘게 나타났나이까 하였더라"(38절). 주의 팔이 나타났다는 것은 기적을 많이 행했다는 것이다. 주의 능력의 팔이 나타나서 많은 역사를 했다는 것이다. 주님이 많은 이적을 행하셨을 뿐 아니라 말씀을 하셨다는 것이다. 그런데 사람들은 믿지 않았다는 것이다. "저희가 능히 믿지 못한 것은 이 까닭이니 곧 이사야가 다시 일렀으되 저희 눈을 멀게 하시고 저희 마음을 완고하게 하셨으니 이는 저희로 하여금 눈으로 보고 마음으로 깨닫고 돌이켜 내게 고침을 받지 못하게 하려 함이니라 하였음이더라"(39-40절). 이렇게 예언된 대로 사람들은 예수를 믿지 않더라는 것이다.

우리가 예수님을 믿을 수 있고 그 말씀을 깨닫고 고침받을 수 있는 것은 우리의 원함만 가지고는 안 된다. 주님이 보도록 눈을 열어주셔야 한다. 마음으로 깨닫도록 우리의 마음을 열어주셔야 한다. 나는 과거에는 이렇게 생각하지 않았다. 읽고 기도하고 연구하면 다 될 줄 알았다. 그런데 오랜 세월이 지나면서 하나님이 보여주시지 않으면 불가능하다는 것을 알게 되었다. 하나님이 우리의 눈을 열어 보여주셔야 볼 수 있다. 그런데 어떤 사람들에게 주님이 보여주시는가? 한 면에서는 또한 믿고자 하는 사람들과 그 마음이 간절한 사람들에게 보여 주신다.

주님이 많은 일을 행하셨는데 사람들은 믿지 않았다고 요한은 기록했다. 그러면 아무도 믿지 않았는가? 그렇지 않았다. 12제자 중 한 사람을 뺀 11명은 주님을 따랐다. 그리고 예수님이 돌아가신 후에 120문도가 다락방에 모여서 기도했었다. 그런 소수의 사람들이 있었다. 그러나 예수님이 오셨을 때 그분이 행하시는 것을 본 사람이 그 정도밖에 없었던가? 그렇지 않았다. 수천 명이 따라다녔다. 큰 무리(great multitude)가 주님을 따랐었다. 오천 명도 있었고 사천 명도 있었다. 남녀 아이까지 다 합하면 만 여명씩 되었을 것이다. 수많은 사람들이 예수님이 행하시는 기적을 현장에서 보고 체험했었다. 그러므로 대다수는 직접 보고 듣고도 믿지 않은 것이다. 따라서 요한은 거짓을 기록한 것이 아니다. "이렇게 많은 표적을 저희 앞에서 행하셨으나 저를 믿지 아니하니"(37절). 이것은 거의 희망이 없는 상황이라고 본 것이다.

사람들은 물을 것이다. 오순절 부흥은 대규모의 것이 아니었느냐? 실상 오순절에 구원받은 3천명, 5천명은 어떻게 된 것인가? 당시 예루살렘 교회는 수만 명이 있었다. 그러나 나는 바울이 사도행전 21-23장에서 예루살렘에 들어가 결례를 행하다가 잡혀 죽게 되었을 때 그들 모두의 반응은 무엇이었으며, 그들 모두는 어디에 있었는가를 묻지 않을 수 없다. 나는 그 부분의 글을 읽을 때 느끼는 것은 그 죽음의 위협(40여명이 먹지도 않고 매복하여 죽이려 했고, 공회가 소집되었으며, 온 예루살렘이 소동하였다) 앞에 서 있을 때 바울 혼자 싸우는 것 같이 보인다. 아니 실제로 그는 혼자 죄수로 체포되어 참으로 어려운 시간을 보냈다. 그 많은 사람들이 당시 최대의 충성된 주의 종이 그들의 도시에서 핍박을 당할 때 무슨 생각을 하였으며 어디에 있었느냐는 말이다. 내 중점은 어느 시대에나 신실한 무리는 결코 많지 않았을 것이라는 말이다. 주님은 그의 나라를 유업으로 받을 무리가 정녕 '적은 무리'라고 칭하지 않았던가?(눅12:32)

사람들은 믿지 않음

요한복음 12장에서 말씀하고 싶은 것은 무엇인가? 이렇게 많은 일을 행하시고 말씀하셨는데 믿지 않더라는 것이다. 나는 부활이요 생명이다. 나는 선한 목자다. 나는 하늘로부터 내려온 산 떡이다. 누구든지 내게로 와서 마시면 그 배에서 생수의 강이 흘러나온다. 예수님은 많은 말씀을 공중 앞에서 하시고 기적도 행하시고 그분이 하나님의 아들인 것을 증거하셨지만 사람들은 믿지 않더라는 것이다. 여기에 비밀이 있다.

'호산나 찬송하리로다' 하면서 유대인의 큰 무리가 몰려들었다. 그들은 나사로가 살아난 것을 보고 모였다. 그런데 그들도 믿지 않았다. 또 헬라인들도 예수님께 뭔가 배울 수 있을까 하고 왔었다. 그런데 그들 역시 믿지 않았다. 그러면 예수님은 이런 상황을 아셨을까, 모르셨을까? 이미 아셨다. 이사야 선지자 말씀을 모르실 리가 있겠는가? 주님은 다 알고 계시기에 이런 말씀을 하신 것이다. 헬라인들이 왔을 때 '인자가 영광을 얻을 때가 왔다. 한 알의 밀이 땅에 떨어져 죽지 않으면 한 알 그대로 있고 죽으면 많은 열매를 맺는다'고 하셨다. 자신이 곧 죽으실 것을 이야기하셨다. 이것은 너무나 귀한 말씀이다.

"이제 이 세상의 심판이 이르렀으니 이 세상 임금이 쫓겨나리라"(31절). 이것도 십자가의 죽음을 이야기하는 것이다. "내가 땅에서 들리면 모든 사람을 내게로 이끌겠노라 하시니"(32절). 이것도 죽음을 이야기하는 것이다. 이에 대해 33절에서 요한이 해석을 했다. "이렇게 말씀하심은 자기가 어떠한 죽음으로 죽을 것을 보이심이러라"(33절). 주님은 지금 무슨 말씀을 하시는 것인가? '이렇게 많은 사람들이 기적을 보고 내 말을 듣고도 믿지 않지만 내게는 한 가지 길이 있다. 내 길은 많은 사람들의 생각과 다른 길이다. 어떤 길인가? 내가 많은 열매를 맺는 길은 너희들 생각과는 다르다. 나는 죽을 것이다. 죽어서 많은 열매를 맺을 것이다' 이런 말씀을 하시는 것이다. '지금 이 세상은 사단이 다스리고 있다. 그가 이 세상의 임금이다. 내가 십자가에 죽을 때 나는 그자를 심판할 것이다'라고 하시는 것이다. 그자는 하나님을 거역하고 불법적으로 인류를 탈취해서 죄로 다스리고 있다. 그러나 예수 그리스도는 십자가에 달리실 때 하나님께 순종하신 것이다. 그래서 그분이 사단을 부끄럽게 하고 사단이 탈취해 간 모든 인류를 그분께로 이끌 수 있는 길을 합법적으로 획득한 것이 십자가의 사건이다. 거기서 주 예수께서는 죄에 묶인 사람들을 해방하신 것이다. 그리고 '내가 들릴 때에서야 사람들을 내게로 이끌 것이다'고 하신다. 돌아가심으로 사람들을 이끄시겠다는 것이다.

그런데 주님의 그 큰 능력을 보고도 사람들은 믿지 않는다. 그 지혜의 말씀을 듣고도 믿지 않는다. 그런데 주님은 뭐라고 말씀하시는가? '사람들은 나를 이제 십자가에 못 박아 죽일 것이다. 나는 높이 들릴 것이다. 그렇게 될 때서야 나는 사람들을 내게로 이끌 것이다'고 하시는 것이다. 이런 말을 아무나 할 수 있겠는가? 이 세상의 많은 이단 교주들이 있다. 그들은 수천수만 명을 끌어 모으기도 한다. 그러나 그들은 죽으면 끝장이 난다. 죽으면 그의 영향력이 크게 상실된다. 그래서 영향력 있는 사람들을 죽이려고 하는 것이다. 얼마 전에 이라크 대통령 후세인이 죽었다. 죄는 많이 지었지만 안타까웠다. 멀쩡한 생사람이 하루아침에 죽은 것이다. 그들은 왜 후세인을 사형시켰는가? 그 영향력이 감소될 것이라고 생각한 것 아니겠는가? 살아 있으면 자꾸 그를 옹립해서 뭔가를 하려고 하려는 세력이 나타나고 문제가 사라지지 않기 때문에 이 세상에 그가 없는 것이 낫다는 것 아닌가? 히틀러나 뭇솔리니가 살아 있다면 어떻겠는가? 그들이 죽은 후에는 그들의 대단했던 영향력이 사라졌다.

내가 말하는 요점은 이것이다. 이 땅에서 어떤 유력한 자가 살아 있을 때는 영향력을 끼칠는지 몰라도 죽으면 그 영향력은 없어진다는 것이다. 그런데 우리 주 예수님은 반대의 이야기를 말씀하고 계신다. '나는 죽어서 사람들을 내게로 이끌 것이다. 나는 죽어서 열매를 맺을 것이다. 나는 죽을 때에 사탄의 머리를 깰 것이다' 이렇게 말할 수 있는 인물이 또 어디 있는가? 그리고 모든 일은 그분의 말대로 그렇게 되었다. 오늘날 수많은 사람들이 주 예수를 믿고 그분의 십자가를 사랑하게 된 것이다.

이단의 괴수들이나 극악한 정치가들을 죽은 후에 어떻게 되었는가? 그 영향력은 그걸로 끝난다. 십자가의 형벌이라는 것은 오늘날의 교수형보다도 더 수치스러운 것이었다. 당시 로마 시대의 정식 사형 제도는 십자가가 아니었다. 십자가는 범죄한 노예들을 처형할 때만 사용한 기구이다. 가장 수치스럽게 사람을 죽이는 것이다. 사람을 산채로 나무에 못 박아서 죽이는 것이다. 사람들은 그렇게 주 예수를 수치스럽게 죽여서 끝내려고 했지만 결과는 어떻게 되었는가? 우리나라만 해도 수없는 십자가 건물들을 보게 된다. 우리 주 예수님은 그렇게 돌아가심으로 사람들을 자신에게로 이끌리라고 말씀하시는 것이다. 어떻게 이런 말을 그렇게 장담하며 선포할 수 있는가? 이것이 어떻게 보통 일이란 말인가?

우리 신앙의 중심-십자가에 못 박히신 그리스도

예수님이 생전에 많은 능력을 행하실 때는 사람들이 더러 믿고 사랑하기도 했지만, 그분이 십자가에 달려 죽으실 때에는 사람들은 그분을 사랑하지 않을 수 없음을 주님은 아셨던 것이다. 예수 그리스도, 우리의 구주께서 죄인들을 사랑하고 우리 죄인들을 위해서 십자가에 못 박혀 죽으신 것을 알 때에 우리는 그분께 마음을 빼앗기지 않을 수 없다는 것을 주님은 사전에 아셨다는 말이다. 또 그렇게 하기 위해서 죽으실 것이라고 말씀하신 것이다.

역대로 가장 큰 부흥이 있었던 때를 1900년대의 웨일즈 대부흥 때라고 이야기들을 한다. 당시에 많은 극장이 문을 닫고 술집이 문을 닫았다. 그때 부흥운동을 주도했던 사람들이 이반 로버츠나 펜 루이스 같은 사람들이다. 이 땅에서 가장 하나님의 말씀이 홍왕하며 많은 사람들이 그리스도께 굴복되었을 때 전해진 복음이 무엇인지 아는가? 그 진리의 제목은 바로 십자가이다. 그들은 십자가에 못 박힌 그리스도를 전한 것이다.

고린도 전서 1장을 보자. "유대인은 표적을 구하고 헬라인은 지혜를 찾으나 우리는 십자가에 못 박힌 그리스도를 전하니 유대인에게는 거리끼는 것이요 이방인에게는 미련한 것이로되"(22-23절). 유대인들은 표적을 구했다. 헬라인들은 지혜를 좋아했다. 그러나 바울 사도가 선포하기를 우리는 십자가에 못 박히신 그리스도를 전한다고 했다. 2장 1-2절, "형제들아 내가 너희에게 나아가 하나님의 증거를 전할 때에 말과 지혜의 아름다운 것으로 아니하였나니 내가 너희 중에서 예수 그리스도와 그의 십자가에 못 박히신 것 외에는 아무것도 알지 아니하기로 작정하였음이라". 예수를 믿으러 다니는 사람들이 현란한 지식을 좋아하고 그것 때문에 교회를 나가는 것은 잘못된 것이다. 아주 오묘하게 깨달아지는 지식 세계에 신앙의 중점을 두는 것은 잘못 믿는 것이다. 또 어떤 사람은 죽은 사람이 살아났다, 병이 고쳐졌다고 한다. 물론 나도 병이 든 지체들을 위해서 기도한다. 그들이 치료되기를 원한다. 그러나 그것을 보고서 예수를 믿는 사람은 그 신앙이 온전하지 않은 사람이다. 유대인은 표적을 사랑했다. 헬라인은 지혜를 사랑했다. 그러나 사도들이 당시에 전한 기독교는 그런 것이 아니었다. 그들은 오직 십자가에 못 박힌 예수를 전했다. 바울은 예수 그리스도와 그의 십자가에 못 박히신 것 외에는 아무것도 알지 아니하기로 작정했다고 말했다.

"내가 땅에서 들리면 모든 사람을 내게로 이끌겠노라"(32절). 주님이 그렇게 많은 기적을 행하셨지만 사람들은 믿지 않았다. 제자들이 아니라 주님이 직접 말씀하시고 직접 기적을 행하셨지만 사람들은 믿지 않았다. 참되게 믿지 않은 것이다. 그러나 예수님은 어떻게 그들을 이끌겠다고 말씀하시는가? '한 알의 밀이 한 알 그대로 있으면 열매가 없다. 그러나 땅에 떨어져 죽으면 많은 열매를 맺는다' 예수님은 십자가의 도를 말씀하신 것이다. 십자가에 못 박혀 죽으신 예수 그리스도가 많은 사람들을 그리스도께로 이끄는 수단이었던 것이다.

예수님은 어떤 큰 기독교 조직으로 사람들을 이끌겠다고 하신 것이 아니다. 종탑이 높은 예배당 건물로 사람들을 이끌겠다고 하신 것도 아니다. 그분은 십자가를 통해서 자신에게로 사람들을 이끌겠다고 하셨다.

오늘 우리가 하나님의 자녀들에게 전하는 메시지는 한 가지이다. 많은 사람들을 이끌어서 십자가에 높이 달리신 예수 그리스도께로 보내는 것이다. 그곳이 우리가 용서를 받고 은혜를 받고 구원을 얻은 자리이다. 그곳에서 우리는 그리스도의 사랑을 만지고 그분의 눈물을 알게 된다. 우리는 사람들에게 십자가에 달린 그분을 선전하고 홍보해서 그분께 가라고 하는 것이다. 우리같이 돈도 없고 아무것도 없고 볼품없는 사람들에게 기대를 걸어봤자 무슨 유익이 있겠는가? 십자가에 못 박혀 죽으신 주 예수, 여러분의 죄를 위해서 눈물을 흘리시면서 십자가에서 피와 물을 다 쏟으신 예수, 그분께로 가야만 한다. 그러기 위해서 우리는 존재한다. 주님이 우리를 사역자로 세우셨다면 바로 이런 일을 하기 위해서 세우신 것이다. 사람들을 그분께로 이끌게 하기 위해서이다.

12장에 유다가 나온다. 제자들도 있다. '호산나 다윗의 아들이여!'라고 찬송하는 사람들도 있다. 그들은 왜 찬송했는가? 죽었다가 살아난 나사로를 인하여서 그런 것이다. 그런 사람들이 다 어디 갔는가? 그들은 골고다에 따라갔는가? 오순절 다락방의 현장에 있었는가? 없었다. 많은 신학자들이 이야기하는 것처럼 그때 '호산나!' 하던 사람들이 '저를 십자가에 못 박으라'고 외친 사람들이 아니었겠는가? 그렇게 예수의 큰 능력을 행하는 것을 보고 따랐던 사람들, 다만 지식을 좇아 따랐던 사람들은 어디로 갔는지 알 수 없다. 그러나 마리아 같은 사람은 예수님이 십자가에 죽으실 것을 마음에 두고 있었다. 그의 장사를 마음에 두고 있었다. 그래서 그렇게 값비싼 향유를 깰 수 있었던 것이다.

여러분의 신앙을 점검해보라. 여러분의 마음속에는 무엇이 있는가? 과연 무엇을 향해서, 무엇을 위해서 예수를 믿고 있는가? 십자가에 못 박힌 그리스도가 여러분의 신앙 속에 새겨져 있지 않다면 그것은 바르지 않은 것이다. 나는 여러분의 마음속에서 진정으로 여러분을 매혹시키고 감동시키는 것이 다름 아닌 그리스도의 십자가가 되기를 바란다. 서로 주님을 위해 더 잘 일해 보겠다고 서로 싸우고 다투는 사람들에게 한 마디 하겠다. 그 일의 부담들을 내려놓고 십자가 아래로 가서 그곳에서 무릎을 꿇고 그분의 발에 입을 맞추라! 누구도 그렇게 많은 말을 할 필요 없다.

여러분은 눈을 돌려서 언제나 예수 그리스도의 가시관을 생각해야 한다. 날카로운 가시에 찔려서 피가 맺히며 떨어지는 그분의 거룩한 그 머리, 죄인을 위해 눈물 흘리시어 벌겋게 퉁퉁 부은 그 주님의 두 눈, 나무에 굳게 못 박힌 두 손, 그리고 못 박혀서 피가 뚝뚝 떨어지는 두 발, 하나님께 버림받으셔서 그 마음에 깊은 상처를 받으신 그분의 마음을 생각해야 한다. 이렇게 십자가에 못 박히신 하나님의 어린 양 예수를 사랑하는 것에서 출발하지 않은 신앙은 메마른 신앙이다. 지식만 좋아하고 아는 것을 자랑하며 많이 안다고 떠들고 큰 능력을 자랑하는 것은 다 잘못된 것이다. 주님을 섬기는 출발, 주님을 사랑하는 모든 근본은 바로 우리 마음속 깊은 중심에 있어야 하는데, 그것은 바로 우리 죄인을 위하여 못 박혀 죽으신 예수로부터 시작되어야 한다. 나는 이것을 천만 번이라도 외치고 싶다. 예수님은 참으로 죄인인 우리를 구원하기 위해서 죽으신 것이다!

그분은 우리를 이끌기 위해서 치욕적인 죽음을 마다하지 않으셨다. 그러기 때문에 하나님은 우리의 극심한 죄악과 모든 잘못들을 용서하셔야만 했다. 우리 구속주가 우리를 위해서 비통한 죽음을 죽으시고 그 모든 대가를 지불하셨기 때문이다. 하나님은 같은 죄를 두 번 처벌하실 수 없다. 공의의 하나님이시기 때문이다. 그래서 우리 성도들은 안전한 것이다. 죄악을 저지르고 고민이 된다면, 고난을 당해서 힘들때면 우리 대신 못 박히시고 피 흘리신 예수를 바라보면 된다. 한 번 봐서 평안이 생기지 않으면 두 번 보고, 두 번 봐서도 아직 마음에 불안한 것이 남아 있으면 세 번 보고, 세 번 봐서도 안 되면 네 번 보면 된다. 예수님이 나의 죄를 위해 못 박히신 그 십자가를 바라봐야 한다. 예수님이 죽으신 십자가에서 모든 슬픔과 저주와 근심은 사라지게 되어 있다. 그리고 주님은 십자가를 바라보는 모든 영혼들을 그분께로 이끄실 것이다. 여러분은 십자가의 사랑을 통해서 예수께로 돌아가는 영혼들이 되기를 바란다.

44-45절, 예수께서 외쳐 가라사대 나를 믿는 자는 나를 믿는 것이 아니요 나를 보내신 이를 믿는 것이며 45 나를 보는 자는 나를 보내신 이를 보는 것이니라

언제나 우리 주 예수님은 아버지와 자신을 일치시키셨다. 예수를 믿는 자는 결국 아버지를 믿는 것이며 주 예수를 보는 자는 아버지를 보는 것이다. 우리는 주 예수의 얼굴에서 아버지의 영광을 본다. 우리는 주 예수를 믿고 그분을 보내신 아버지를 믿는다.

46절, 나는 빛으로 세상에 왔나니 무릇 나를 믿는 자로 어두움에 거하지 않게 하려 함이로라

"나는 빛으로 세상에 왔나니" 이 말씀은 얼마나 큰 말씀인가? 예수를 아는 것이 빛을 얻는 것이다. 오늘도 이런 짧은 말씀을 통해서 빛을 얻기 바란다. 우리가 어두움에 거하지 않는 비결은 주 예수를 믿고 그분을 따르는 길이다.

47-48절, 사람이 내 말을 듣고 지키지 아니할지라도 내가 저를 심판하지 아니하노라 내가 온 것은 세상을 심판하려 함이 아니요 세상을 구원하려 함이로라 48 나를 저버리고 내 말을 받지 아니하는 자를 심판할 이가 있으니 곧 나의 한 그 말이 마지막 날에 저를 심판하리라

주 예수를 소홀히 여기고 예수의 말씀을 받지 않으면 심판을 받는다. 예수의 말씀을 소홀히 들으면 심판을 받게 된다. 오늘 우리는 그분의 하시는 이러한 말씀들을 중히 들어야 한다. 그러지 않으면 멸망을 당한다. 마지막 날에는 그분의 이미 하신 이러한 한 마디 한 마디 말씀들이 사람들을 심판하게 된다. 그러나 오늘 영생 얻는 길, 축복받는 길이 있으니 그것은 주님을 믿고 주님의 하신 말씀을 받아들이는 것이다. 오늘 이렇게 주의 말씀 한 마디 한 마디를 귀하게 듣고 믿어야 한다. "나를 저버리고 내 말을 받지 아니하는 자를 심판할 이가 있으니 곧 나의 한 그 말이 마지막 날에 저를 심판하리라" 주님의 말씀을 받아들이지 않는 것이 곧 주님을 저버리는 것이다. 이 어떠한 엄중한 말씀인가!

49-50절, 내가 내 자의로 말한 것이 아니요 나를 보내신 아버지께서 나의 말할 것과 이를 것을 친히 명령하여 주셨으니 50 나는 그의 명령이 영생인 줄 아노라 그러므로 나의 이르는 것은 내 아버지께서 내게 말씀하신 그대로 이르노라 하시니라

우리 주 예수의 하신 말씀이 다 하늘 아버지의 말씀이라고 하신다. 하나님을 오해하지 말라. 하나님은 무서운 분이 아니시다. 하늘에서 감시하듯이 내려다보시며 잘못한 사람들을 쫓아다니고 때리시는 그런 분이 아니시다. 하나님은 바로 예수님이 하신 모든 말씀, 그 사랑의 말씀, 구원의 말씀을 보내주신 분이시다. 그런 예수를 보시고 그분의 그 은혜로운 말씀을 들을 때 그분이 바로 하나님이라는 것을 믿으라는 것이다.

그 명령은 무엇인가? "그의 명령이 영생인 줄 아노라". 예수를 이 땅에 보내신 목적은 사람들에게 영생을 주기 위한 것이었다. 예수님이 기적을 행한 것도 사실은 그분이 하나님의 아들인 것을 믿게 하여 영생을 얻게 하려는 것이다. 그분이 많은 말씀을 하신 것도 진리의 말씀을 말한 것도 믿어서 영생 얻게 하시려는 것이었다. 어떻게 해도 안 믿는 죄인들을 위해 십자가에서 돌아가시고 '내가 이렇게 너희 죄를 사해주는 너희 구주다'라는 것을 보여주시면서 믿고 영생을 얻게 하셨다. 이 땅에 아들을 보내신 아버지의 명령은 바로 믿는 사람들에게 영생을 주라는 것이었다. 이것이 바로 12장의 주 예수의 말씀이시다. 여러분이 만일 이러한 사랑의 참 구주를 믿지 않는다면 멸망하지 않을 도리가 없다. 나는 모든 사람들이 이 귀한 구주 예수를 믿고 영생 얻기를 바란다.

13 장

요한복음 13장은 유월절 전에 있었던 일로 시작한다. '유월절 전'은 주님이 십자가에 돌아가시기 하루 전, 목요일 저녁이다. 이 날은 히브리 달력으로는 니산월 14일이다. 히브리인들의 율법적인 규례에 의하면 그날 저녁에 양을 잡는 날이었다. 주님이 이날 저녁에 결국 겟세마네에 가셔서 기도하시고 나오시다가 잡히셨다. 그 밤에 밤새 주무시지도 못한 채 이리저리 끌려다니시고 금요일 새벽에 공회에서 심판을 받으시고 오전 9시에 십자가에 달리셨다. 그리고 오후 3시에 운명하셨다. 무덤에 안장되시고 토요일에 무덤에 계시다가 일요일 새벽에 주님은 부활하셨다. 이것이 대강의 일지이다.

주님이 성만찬을 하신 날은 유월절 전으로 보아야 한다. 목요일 저녁에 주님은 먼저 제자들의 발을 씻기시고, 제자들과 최후의 만찬을 하시고 떡과 포도주를 나눠주시면서 먹고 마시라고 하시면서 언약을 세우셨다. 요한복음에는 성만찬에 대한 기록은 없다. 그러나 다른 복음에 있는 성만찬 중에 있었던 일부가 기록되어 있다(요13:21-30). 그러므로 성만찬 전에 발 씻는 일을 하신 것을 알 수 있다. 이 일이 있은 후에 베드로가 세 번 부인하실 것을 주님이 예언하시자 베드로는 절대 그럴 일이 없을 것이라고 장담하는 일이 있고, 그러고 나서 긴 설교를 하신 것이 14,15,16장이고, 17장에 긴 기도가 있고, 겟세마네로 가셔서 기도하시고 오시다가 잡히셨다.

요한복음은 공관복음에 있는 '예루살렘에 입성하셔서 여러 부류의 사람들에게 시험을 당하시며 흠없는 어린양이심을 증명하신, 잡히시기 4-5일간의 행적'이 기록되어 있지 않다. 예루살렘에 돌아가시기 일주일 전 쯤 입성하셔서 낮에는 성전에서 가르치시기도 하고 유대인이나 바리새인, 사두개인 등에게 힐문을 당하셨다. 가이사에게 세를 바치는 것에 대한 질문 등 여러 시험들을 요한은 생략하였던 것이다. 어쩌면 그리스도의 신성을 기록한 요한에게 예수의 참된 하나님의 어린양이심을 증명하는 일은 이미 충분히 기록된 것이다.

1절, 유월절 전에 예수께서 자기가 세상을 떠나 아버지께로 돌아가실 때가 이른 줄 아시고 세상에 있는 자기 사람들을 사랑하시되 끝까지 사랑하시니라

"때가 이른 줄 아시고". 주님은 그동안 때가 되지 않았다는 말씀을 많이 하셨다. 그러나 이제 주님은 때가 이른 것을 아셨다. 누구든지 가장 마지막에 하는 일은 매우 중요한 일이다. 어떤 사람이든지 최후에 사랑하는 자들과 함께 있을 때는 유언을 남기면서 가장 중요한 일을 하게 된다.

"자기 사람들을 사랑하시되 끝까지 사랑하시니라". '자기 사람'이란 매우 중요한 말이다. 예수님께는 '자기 사람'이 있다. 예수 그리스도에게 있어서 '자기 사람'이 아니면 문제가 된다. 그러나 예수의 '자기 사람'이면 큰 축복을 받는다. "자기 사람들을 사랑하시되 끝까지 사랑하시니라". 자기 사람이란 그분이 택하시고 부르신 자들을 의미한다. 로마서 9장에 의하면 하나님은 야곱을 사랑하고 에서를 미워하셨다고 말씀한다. 그분은 구약의 말씀을 읽어볼 때 야곱을 항상 사랑하셨다. 주님은 "내가 긍휼히 여길 자를 긍휼히 여기고 불쌍히 여길 자를 불쌍히 여긴다고 하셨다. 이는 그분이 택하셨기 때문이다. 야곱은 형에게서 도망할 때부터 순탄치 않은 생애를 살았다. 그러나 그의 생애 곳곳에 하나님의 돌보심과 긍휼히 여김이 보인다. 하나님은 중요한 때마다, 위기마다 개입하셔서 역사하셨다. 마지막 그가 침상에 발을 거두고 경배하며 세상을 떠날 때까지 야곱의 일생을 주관하시며 인도하신 분은 예수 그리스도이시다. 주 예수는 한 번 사랑하신 그분의 사람들을 끝까지 사랑하신다. 여러분이 진정 구원받은 자라면 그분의 사람이고 그분의 무궁한 사랑을 받게 된다.

예수님은 33년 6개월 사셨다. 짧게 사셨다. 사역은 꼭 3년 반만 하셨다. 짧게 사역을 하신 것이다. 마지막 저녁에는 주로 제자들과 모든 시간을 다 보내셨다. 요한복음은 예수님이 마지막 돌아가시기 직전에 하셨던 일, 그리고 그때 하셨던 말씀을 기록하는 데 가장 많은 부분을 할애했다. 요한은 공관복음서 저자들과는 확실히 다른 부분에 중점을 두었다. 그에게 가장 인상적인 것은 주님이 떠나시기 전에 행하신 여러 가지 일들이었다. 그날 저녁에 주님은 유다에게 팔리셨다. 이제 한두 시간 후면 채찍에 맞으시고 온 몸이 찢어질 그런 상황이었다. 대적들은 예수님을 잡아 죽이려고 혈안이 되어 날뛰고 있던 상황이었다.

2절, 마귀가 벌써 시몬의 아들 가룟 유다의 마음에 예수를 팔려는 생각을 넣었더니

그때 마귀에 의해 유다에게 예수님을 팔려는 생각이 들어갔다. 곧 주님은 한 제자에 의해 팔릴 것이고 잡히시고 못 박히시게 된다. 즉 주님의 지상 생활의 마지막이 다가왔고 이제는 주님이 가장 중요한 한 가지 일을 하셔야만 할 시점이 되었다는 말이다. 예수님은 한 번 사랑하시면 도중에 포기하지 않으신다. 여러분이 생각할 때는 제자들의 상태가 어떻다고 생각하는가? 사랑받을 만하게 좋았는가? 그들은 3년 반 동안 가르침을 받았는데도 그들의 상태는 어떠했는가? 누가복음 22장을 읽어보면 최후의 만찬 후에 제자들 간의 대화가 있었다. 거룩하고 수준 높은 대화가 아니라 '우리 가운데 누가 큰가?'라는 것을 가지고 싸웠던 것이다. 그리고 주님은 겟세마네 동산으로 가셨다고 기록되어 있다. 그러므로 당시에 제자들의 상태는 영적으로 그리 성장되지 않았다. 요한은 그런 이야기는 기록을 하지 않았다. 당시에 자기들의 상태가 어떠했는지 그는 잘 알고 있었다. 예수님은 지금 온 인류를 위해서 대속의 죽음을 죽으시려고 십자가로 나아가시려는 그 상황에 제자들은 거기 앉아서 싸우고 있었던 것이다. 주님은 그런 제자들을 잘 아시면서도 돌아가시기 직전까지도 사랑하셨다는 것이다. 긍휼이 풍성하신 주 예수께서는 완전하지 않은 우리를 사랑하신다는 것에 위로를 얻을 수 있다.

그리고 마지막에 하신 행적을 적었는데, 그것은 발을 씻기시는 것이었다. 그것은 예수님의 사랑의 표현이었다. 여기서 나는 여러분과 한 가지를 짚고 넘어가고 싶다. 사람이 그리스도 안에서 잘 성장하려면 무엇이 가장 중요한가? 씻어지는 것이다. 13장에는 '깨끗하다'는 말이 많이 나오는데, 씻어져야 깨끗해진다. 씻는 목적은 깨끗해지는 것이다. 씻어질수록 자라난다. 많이 씻어져서 깨끗해질수록 그 사람은 영적으로 성장하는 것이다. 어떤 그리스도인이 능력이 있는가? 깨끗한 사람이다. 거룩하고 깨끗하게 되는 사람이 능력 있는 사람이다. 깨끗하게 되려면 씻어져야 하는 것이다.

비천하고 낮은 상태에 있는 다윗을 하나님은 자기 사람을 삼으셔서, 또 씻고 씻으셔서 이스라엘의 훌륭한 왕으로 만드셨다. 그것을 다윗은 '사랑'이라고 생각했다. 하나님은 사람을 사랑하셨다. 무익하고 쓸모없으며 이기심만 많고 교만해서 서로 누가 잘났는가만 생각하던 인간을 구덩이에서 건지셨다. 여러분은 제자들의 상태보다 훨씬 낫다고 생각하는가? 우리도 부르심 받았을 때 다 그런 상태였다. 주님은 진흙탕 속에 있는 우리를 건져내셔서 씻고 또 씻어 새롭게 하셨다.

예수님은 돌아가시기 전에, 십자가에 못 박히시기 전에 한 가지 일을 하신다. 이 일은 제자들이 전혀 생각지도 못하던 일이었다. 그 급박하고 절대 절명의 순간에 어떻게 그런 일을 하실 수 있는가? 그 때 제자들이 대야를 준비하고 수건을 준비한 것이 아니었다. 그들을 씻어서 새로운 사람을 만들 계획은 예수님이 가지고 계셨다. 여러분을 향하신 주님의 뜻이 크시다. 주님의 뜻은 여러분을 다 훌륭한 사람들로 만드시는 것이다. 한 교회의 교인 하나를 만들려고 부르신 것이 아니다. 나는 오늘 여러분이 이것을 보기를 바란다.

베드로나 요한이나 야고보 모두 원래는 우리보다 크게 잘난 사람들은 아니었다. 그러나 그들이 그런 사람이 된 것은 끝까지 사랑하시는 예수의 사랑 때문이었다고 사도 요한은 말하고 있다. 돌아가시기 전에 예수님이 마지막으로 하신 일은 우리의 발을 씻어주신 것이었다. 이렇게 13장에는 아주 귀한 이야기가 들어 있다.

3절, 저녁 먹는 중 예수는 아버지께서 모든 것을 자기 손에 맡기신 것과 또 자기가 하나님께로부터 오셨다가 하나님께로 돌아가실

것을 아시고

예수님은 만물을 자기 손에 주신 것을 이때 아셨다. 천하만국을 주신 것을 아셨다. 주님은 아버지가 알려주시는 것만 안다. 또 아버지께서 주시는 것만 받는다. 17장의 기도에 보면 제자들 11명에 대해서도 '그들은 원래 아버지의 것이었는데 나에게 주셨다'고 말씀하신다. 주님은 아버지가 그들을 주셨기에 자신의 것으로 여기셨다. 주님은 이 저녁에 아버지가 모든 것을 자신에게 맡기신 것을 아셨다. 그러므로 주님은 부활하신 후에 '아버지는 하늘과 땅의 모든 권세를 나에게 주셨다'고 선포하셨다. 그것을 아셨던 것이 바로 이때, 돌아가시기 전이었다. 그런데 이렇게 큰 위임을 받은 것을 아신 주님은 한 가지 가장 중요한 일을 하신 것이다. 그것은 곧 제자들의 발을 씻는 일이었다.

이것은 주 예수님에게 매우 중요한 순간이었다. 이 때는 아버지께로 돌아갈 때가 이른 것을 아신 때이고 이미 유다의 마음속에 예수를 팔려는 마음이 들어간 때이며 아버지께서 모든 것을 자기 손에 맡기신 것을 아는 때였다. 이러한 때 그분의 할 일이 수천, 수만 가지가 있을 수 있겠지만 유일하게 하신 일은 제자들의 발을 씻기시는 일이었다. 따라서 이 일은 매우 성도들이 주의해야 할 중요한 뜻을 지니고 있는 일이다.

제자들의 발을 씻기심

4절, 저녁 잡수시던 자리에서 일어나 겉옷을 벗고 수건을 가져다가 허리에 두르시고

이는 주님이 자발적으로 하신 일이다. 여러분의 발을 씻기시는 일은 주님의 능동적인 행동이다. 이 일에서 주 예수님은 다른 사람에게 보조를 받은 흔적이 없다.

5절, 이에 대야에 물을 담아 제자들의 발을 씻기시고 그 두르신

수건으로 씻기기를 시작하여

주님은 겉옷을 벗으시고 수건을 허리에 두르시며 대야에 물을 담는 일을 손수하셨다. 여기서 우리는 종의 형체로 오신 주님을 발견한다. 오늘날 조금만 지위가 있어도 이런 사소한 일은 비서가 다 해준다. 하늘의 하나님, 만유의 주께서 죄인들의 발을 하나하나 씻기셨다. 이 어떠한 겸손인가? 물로 발을 씻어주시고 수건으로 발을 말려주신 것이다. 우리는 이에 대하여 큰 인상과 감동을 받아야 마땅하다.

첫째로 발은 세상과 접촉하는 부분이다. 따라서 하나님을 접하려면 죄는 아닐지라도 세상적이며 속된 것을 씻어내야 하는 것이다. 즉 주 예수님은 떠나시기 전에 그분의 사람들이 자신과 조금도 멀어지기를 원하지 않으셨다. 우리가 주님과 골방의 기도같은 기도를 늘 할 수는 없다. 따라서 땅을 밟는 일, 곧 세상을 접하는 일이 발생하지 않을 수 없고 발이 더러워지는 것을 피할 수 없다. 따라서 발을 씻는 것은 피로 우리의 양심을 씻는 것과 관계되는 것이 아니라 물로 영적인 정신과 마음의 상태를 신선하게 씻는 것을 말한다. 주 예수는 자기 자신을 버리사 우리의 죄를 씻기 위한 보혈을 흘리셨고 끝까지 사랑하사 언제까지나 그분과의 신선하고 친밀한 교통을 회복하기 원하셨다. 이는 그분이 영원히 살아서 존재하시기에 떠나시기 전에 하실 수 있는 일이다. 즉 육신은 세상을 떠나시지만 늘 살아계실 주님은 영적으로 늘 제자들과 막힘없는 교통을 나누기를 원하셨기에 발 씻는 일을 하신 것이다. 발을 씻는 것은 우리로 구원받은 즐거움을 지속할 수 있게 한다. 주님은 우리로 하여금 날마다 구원받은 날처럼 그렇게 기뻐하며 살기를 원하셨다. 저녁에 집에 들어와 발만 씻더라도 몸 전체를 씻은 것 같은 기쁨을 얻게 되는 것이다. 쉽게 말해 우리는 온 몸을 씻은 자들이다. 그러나 발로 인해 우리는 몸이 씻어진 기쁨을 잃을 수 있다. 오직 발을 씻는 것 만으로도 몸 전체를 씻었을 때의 기쁨을 지속시킬 수 있는 것이다.

나도 발 씻김을 받아 본 적이 있다. 오래 전에 중국 선교를 할 때 모처럼 중국에 갔을 때이다. 중국의 그리스도인이 내가 도착하자마자 대야를 가져오더니 신발과 양말을 벗으라고 했다. 그리고서 80세가 넘은 그곳의 노장로님과 한두 분이 내 발을 씻기기 시작하셨다. 나는 몹시 당황하였고 몸 둘 바를 몰랐다. 발을 뺄 수도 없고 내밀 수도 없고, 이런 어쩔 수 없는 상태에서 발씻김을 받은 적이 있다.

또 나도 발을 씻어본 적도 있다. 아마도 2002~3년도 쯤의 일인것 같다. 불가리아의 이발사인 가립이라는 형제 때문이었다. 불가리에서의 모든 집회를 마치고 떠나기 전에 자기 이발소에 나를 앉혀놓고 이발을 해주었다. 가장 좋은 샴푸, 가장 좋은 것들을 사용하며 나를 왕처럼 이발해주었다. 자기 아들에게 수시로 무언가를 사오라고 하면서 제일 좋은 대접을 해주었다. 나는 도저히 앉아 있기가 힘들었다. 이것은 왕이 받는 대접이지 예수님을 닮은것 같지 않아서 그때도 역시 나는 몸 둘 바를 몰랐다. 나는 이발이 끝난 후에 우리가 다음에 갈 장소에 대야를 준비하라고 부탁했다. 그곳에 도착하자 가립과 몇 형제들을 앉혀 놓고 말했다. '내가 불가리아에 와서 집회를 인도하고 말씀을 증거했는데, 여러분에게 왕의 대접을 받고 떠나려니 도저히 발이 떨어지지 않습니다. 나는 여러분의 발을 씻고 종의 모양으로 떠나가야 할 것 같습니다. 저의 마음을 좀 편하게 해주십시오' 그리고 대야를 가져다가 주님이 하신 것처럼 사람들의 발을 씻었다. 거기에 나의 아내와 몇 한국의 성도들이 있었다. 다 눈물을 흘렸다. 모두 다 울었다. 아마 그 광경을 보았던 사람들은 그것을 결코 잊지 못할 것이다.

이것은 영의 문제인 것 같다. 어떤 마음으로 그런 일을 하는가이다. 낮은 마음이 아니면 다른 사람의 발을 씻어줄 수가 없다. 낮아지고자 하는 마음이 아니면 다른 사람을 씻을 수 없다. 다른 사람을 실족케 하는 이유는 교만하기 때문이라고 주님이 말씀하셨다. 마음이 높고 교만한 사람은 다른 사람의 마음을 위안할 수가 없고 새롭게 할 수가 없다. 씻어줄 수가 없는 것이다.

6-7절, 시몬 베드로에게 이르시니 가로되 주여 주께서 내 발을 씻기시나이까 7 예수께서 대답하여 가라사대 나의 하는 것을 네가 이제는 알지 못하나 이 후에는 알리라

주님이 이제 씻어주다가 베드로에게 이르렀다. 베드로는 말했다. "주께서 내 발을 씻기시나이까". 주님이 말씀하셨다. "나의 하는 것을 네가 이제는 알지 못하나 이 후에는 알리라". 베드로는 이를 언제 알게 되는가? 주님은 발을 씻는 문제의 중요성과 필요성을 이후에는 알게 되리라고 하셨다. 나는 베드로가 디베랴 바닷가에서 부활하신 주님을 만났을 때 다시 한 번 씻음을 받았을 거라고 생각한다. 오순절 이후 베드로는 교회 생활 가운데 많은 체험을 가졌으리라고 확신한다. 말씀이 있고 성령이 있으면 물이 있는 것이다. 그리고 지체들은 서로를 씻어줄 수 있다. 함께 하는 작은 기도모임에서, 교제에서 성도들은 수시로 씻음을 실행할 수 있다. 오! 어떠한 축복인가? 우리는 서로를 씻어줄 수 있어야 하고 그러기 위해서 우리는 늘 신선한 물을 가질 필요가 있다. 이것이 그분을 섬기는 것이며 축복된 일이다.

8절, 베드로가 가로되 내 발을 절대로 씻기지 못하시리이다 예수께서 대답하시되 내가 너를 씻기지 아니하면 네가 나와 상관이 없느니라

주님은 여러분을 귀한 주님의 재목들로 만들고 싶어하신다. 주님의 사랑을 받으며 주님과의 관계를 긴밀히 맺으며 생활하는 자들은 누구나 다 재목이 된다. 그렇게 되려면 늘 씻어져야 한다. 그런데 우리는 정작 씻겨야 할 필요를 잘 모른다. 이때 제자들도 자기들의 발이 씻겨져야 한다는 것을 잘 몰랐다. 그래서 베드로도 주님을 말렸던 것이다.

'상관이 없다'는 말은 중요한 말이다. 주님은 그분이 제자들을 육신적으로 떠난 후일지라도 늘 교통 가운데 함께 할 수 있는 길을 알려주신 것이다. 그것은 늘 서로 씻는 것이요 새롭고 깨끗케 됨에 의해서이다. 또한 성도들은 어떻게 생명이 자라는가? 어떻게 해서 귀한 인물들이 되는가? 예수님과의 상관관계 속에서 자라는 것이다. 예수님과 생명의 교통의 지속적인 관계없이 성장할 수 있는 그리스도인은 아무도 없다. 예수님과의 지속적인 친교 속에서, 생명의 교통 속에서, 그 흐름 속에서 자라난다. 그것을 막고 있는 것은 죄가 아닐지라도 발에 묻은 먼지이다. 주님은 떠나시면서 제자들과 막힘없는 교통을 갖기 원하셨던 것이다.

9절, 시몬 베드로가 가로되 주여 내 발뿐 아니라 손과 머리도 씻겨 주옵소서

베드로는 적극적인 사람이다. 다른 제자들은 말수가 적어서 씻어주실 때도 가만히 있었다. 그러나 베드로는 가만히 있지 않았다. 처음에는 절대로 안 된다고 하다가 씻기지 않으면 주님과 상관이 없다는 말을 듣자, 그러면 손도 씻어 주시고 머리도 씻어 주시라고 말한다. 베드로는 주님의 발 씻어주시려는 뜻을 제대로 이해하지 못한 경우이다. 매우 인간적인 것이지만 주님의 깊은 뜻과는 거리가 먼 것이었다. 발을 씻지 않겠다는 말은 미치지 못한 말이고 손과 머리까지 씻어달라는 말은 지나친 말이었다.

10-11절, 예수께서 가라사대 이미 목욕한 자는 발밖에 씻을 필요가 없느니라 온 몸이 깨끗하니라 너희가 깨끗하나 다는 아니니라 하시니

주님은 11제자를 다 목욕한 자들로 보신다. 지금 주님은 무엇하러 가시는가? 십자가에 못 박히러 가신다. 유월절 어린 양이 되어서 피를 흘리시러 가신다. 그러므로 예수님은 그분의 구속된 자들의 온 몸을 씻어주는 일을 하러 가시는 것이다. 우리의 구원의 씻음은 목욕하는 것이요 목욕은 오직 한 번이면 된다. 그런데 이미 목욕하여 온 몸이 씻어졌다하더라도 우리의 발은 늘 씻어져야 하는 것이다. 우리의 온 몸은 피로 씻어진다. 우리의 전체의 죄는 예수의 보혈로 씻어진 것이다. 그렇지만 우리의 생활 가운데서 묻어나는 세상의 먼지는 물로 씻는 것이다. 이것은 히브리서에서도 말한 바 있다. 그런데 이 일에서 누가 적극적인가? 누가 능동적인가? 먼지 묻은 우리들인가? 아니다. 주님이시다. 오히려 제자들은 씻을 필요성도 못 느꼈다. 그러나 주님은 그들이 나중에는 알 것이라고 말씀하셨다.

나는 예전에 영적인 서적을 읽을 때 '성장이란 영이 한 번 씻어질 때 일어나는 현상이다'라는 말을 잘 이해하지 못했다. 한 번 씻어질 때 자란다는 것이 무슨 소리인가? 그러나 씻음이란 영적인 성장에서 너무나 필요한 것임을 점차 알게 되었다. 여러분은 주님이 부활 승천하시고 대제사장이 되셔서 지성소에서 주로 하시는 일이 바로 우리를 씻으시는 일임을 아는가? 여러분은 어느 날 잘못도 많이 한 것 같고 문제도 많은 것 같은데 씻어야 한다는 생각도 갖지 못하고 잠자리에 들은 날도 있을 것이다. 답답하고 뭔가 맑지 않은 느낌을 가진 채 하루 이틀 생활한 적도 있을 것이다. 그런데 주 안에 있다 보면 어떤가? 씻음에 있어서 내가 노력하는 것이 아니라, 내가 어떤 필요성을 생각해서 씻는 것이 아니라 주님이 우리의 발을 능동적으로 씻어주시는 것을 체험하게 된다. '아, 오늘도 주님이 나를 씻어주셨군요. 그렇기에 내가 주님과 다시 관계가 있게 되었군요'

"네가 지금은 알지 못하나 이 후에는 알리라". 씻김받지 않으면 우리는 주님과의 관계가 막힌다. 그런데 우리는 지금도 계속 씻음을 받고 있다. 이것은 주님의 지극한 사랑이다. 끝까지 사랑하시는 사랑이다. 요한은 사랑의 사도이다. 사랑의 방면에 있어서는 놓치지 않고 다 기록했다. '아, 끝까지 사랑하시는구나! 우리 같으면 포기할 인간들을 끝까지 씻어주시며 자라게 하시는구나'

제자들의 이야기가 다른 사람들의 이야기가 아닌 것 같다. 나의 이야기이고 여러분의 이야기이다. 잠시 나의 간증을 하겠다. 나는 학창 시절에 그렇게 좋은 학생이 아니었다. 선량, 불량으로 나눈다면 불량쪽이었다. 그 생활은 대학생활 초기에 절정에 달했다. 나는 참으로 무익하고 불량한 사람이었으며 소망이 없는 젊은 시절을 보냈다. 한번은 친구들과 다투다가 너무 심하게 싸움을 했다. 친구를 때려서 다치게 한 후에 물어줄 돈도 없어서 도망가듯이 군대를 갔었다. 너무나 부끄럽지만 사실이다. 이것이 대학교 1학년 마칠 때쯤이었다. 이후로 3년 동안 군생활을 마치고서도 여전히 방탕한 생활을 계속했다. 나는 참으로 형편없고 부끄러운 죄인이었다. 하지만 어렸을 때부터 교회를 다녔었기에 언제나 공허한 마음이 있었고 이렇게 살면 안 된다는 마음이 있었다. 그러다가 복학해서 대학교 3학년 때에 전도자 한 사람을 만났다. 그것이 계기가 되어서 교회를 나갔고 복음을 듣고 말씀을 깨닫고 새 생명을 얻게 되었다. 그로부터 많은 세월이 흘렀다.

1983년, 내가 직장에 있을 때 어느 날 주님이 나를 불렀다. 그 순간을 나는 잊을 수가 없다. 주님이 내게 이렇게 묻는 것 같았다. '지금 네가 몇 살이지? 계속 이렇게 살 것이냐?' 나는 그것이 주님이 나를 부르시는 음성이라는 것을 알았다. 대학교 3학년 때 구원을 받을 때도 분명한 회심이 있었기 때문에 나는 그 음성을 알 수가 있었다. 이제 이런 직장생활 그만하고 주님을 섬기라고 부르시는 것임을 알았다. 그때 나는 머리를 흔들었다. '저 직장생활 계속 해야 할 것 같은데요…' 그러면서도 내 속에서는 '아, 이 소명은 거부할 수 없겠구나'라는 생각도 교차했다. 나는 결국 직장을 내놓고 기도하면서 주님만 섬기기로 헌신했다.

그것이 33살 때였다. 그때 주님을 섬기러 나왔지만 당시에 나는 그리 좋은 그리스도인은 아니었다. 물론 대학교 3학년 때인 25살 때부터 세상에서 분별되어서 주님만 좇기 시작했지만, 33살이 되었을 때도 나의 상태는 썩 좋지 않았다. 그리고 이후로 또 30여년의 시간이 흘러갔다. 주님은 거칠고 무지한 나를 사랑하셨고, 때로는 호되게 나를 다루시기도 했다. 그러나 언제나 사랑과 긍휼로 이끌어 주셨다. 그리고 나를 섬기는 자로 만들어주셨다. 나는 내가 이렇게 되리라고 꿈에도 생각해본 적이 없다. 25살 때 교회생활을 시작했을 당시에는 내가 주의 종이 되리라는 생각을 해본 적이 없다.

베드로나 요한은 어부였다. 마태는 세리였다. 그들이 예수님을 따라다닐 당시에는 2000년이 넘도록 많은 사람들이 그들의 이름을 따서 피터(베드로), 존(요한), 매튜(마태)라고 이름을 지을지 어떻게 알았겠는가? 그러나 하나님은 그들에 대한 계획을 가지고 계셨다. 그들을 그렇게 변화시켜서 귀한 존재들로 만드신 분은 사람이 아니라 하나님이다. 이것이 하나님이 인간을 사랑하는 극진한 사랑이시다. 어떻게 그렇게 하시는가? 계속 씻어주시는 것이다.

우리에게는 주님과 닫히게 만드는 절연체의 요소가 있다. 그것이 먼지를 만든다. 우리의 교만, 우리의 거친 기질이 주님과의 관계를 가로막는다. 그런데 그럴 때마다 주님은 우리를 씻어주신다. 그분은 씻는 물을 갖고 계신다. 그것이 예수 그리스도의 십자가의 공로로 만들어진 물이다. 민수기 19장의 붉은 암송아지의 재는 십자가의 공로를 통해서 만들어진 물이다. 그 물이 우리를 계속 씻는 것이다. 여기서 주님은 그것을 말씀하시며 가르치고 계신다. '나는 너희를 씻는 하나님이다'라고 알려주시는 것이다. 부모님도 아이들이 자랄때 어떻게 하시는가? 계속 씻어주신다. 똥 싸면 씻고, 오줌 싸면 씻고, 코 흘리면 씻고, 밖에 나가서 넘어져도 씻어주신다. 씻어줌에 의해서 아이들은 자란다.

주님은 어린 우리의 티를 계속 씻어주시는 분이시다. "지금은 네가 알지 못하나". 베드로는 자신이 씻겨야 한다는 필요조차 느끼지 못하고 있다. 여러분도 지금은 잘 알지 못하더라도 시간이 지나면서 '아, 나는 씻음이 필요하다! 오늘 주님이 나를 새롭게 씻으시는구나'라는 것을 알게 될 것이다. 씻길 때에 여러분은 더욱 새롭게 된다. 새로운 사람으로 변화된다. 많은 사람들을 섬기는 축복의 사람들로, 은혜의 사람들로, 놀라운 사람들로 변화된다. 내가 지난 30년의 섬긴 세월들을 생각해보면 주님의 씻기심을 체험하는 생활이었다고 고백할 수 있다. 나는 주님 앞에 거의 매일 씻어져야 할 얼룩을 묻히곤 했고 주님은 나를 지속적으로 씻어주시는 것을 경험했다. 결과로 나는 다른 사람들을 씻어주는 사역자가 된 것이다. 나는 여러분 가운데 그런 다른 이들을 씻어주는 사람들이 많이 나타나리라고 확신한다. 그리스도인의 삶을 다만 어떤 교회의 교인이 되는 것으로 생각하지 말라. 거기에서 그친다면 슬픈 일이다. 주님의 씻김을 통해서 여러분은 예수 그리스도의 놀라운 제자들이 되기 바란다. 사람들이 여러분을 볼 때 그리스도를 볼 수 있는 그런 사람들이 되기를 간절히 바란다.

11절, 이는 자기를 팔 자가 누구인지 아심이라 그러므로 다는 깨끗지 아니하다 하시니라

유다는 깨끗함을 받지 못하고 죽은 자이다. 주님을 삼년 반이나 따르며 그 많은 이적과 기사를 보고 그분의 말씀을 코 앞에서 그렇게 많이 들었지만 그는 구원을 받지 못하고 멸망의 자식이 된 것이다. 이는 오늘날도 큰 경고가 되어야 한다.

12-15절, 저희 발을 씻기신 후에 옷을 입으시고 다시 앉아 저희에게 이르시되 내가 너희에게 행한 것을 너희가 아느냐 13 너희가 나를 선생이라 또는 주라 하니 너희 말이 옳도다 내가 그러하다 14 내가 주와 또는 선생이 되어 너희 발을 씻겼으니 너희도 서로 발을 씻기는 것이 옳으니라 15 내가 너희에게 행한 것 같이 너희도 행하게 하려 하여 본을 보였노라

발을 씻기신 후에 다시 앉으셔서 제자들에게 가르치셨다. 주님이 씻기는 씻음이 하나 있고, 다음에는 우리가 서로 씻어주는 것이 있다. 주님은 씻는 주님이시다. 그런 다음에 그분은 제자들에게 서로 씻어주라고 명령하셨다. 12장까지에서 주님은 우리에게 믿을 수 있도록 도와주셨다. 주님을 믿을 수 있게 해주시고 사랑할 수 있도록 해주신 다음에 13장에서 우리가 할 것을 한 가지 한 가지 말씀하고 계신다. '주님, 제가 믿긴 믿었는데 이제 저는 뭘 해야 하지요?' '서로 발을 씻어주어라' 또 15장에는 열매를 맺으라고 말씀하신다. 주님은 그리스도인이 해야 할 가장 중요한 것들을 13,14,15장에서 가르쳐주신다.

첫째로 중요한 섬김과 일은 우리의 형제와 자매를 씻어주는 일이다. 우리는 사람의 죄를 씻을 수는 없다. 구원받게 하는 일은 오직 주 예수께서 하신 일이다. 그러나 주님은 제자들에게 서로 발을 씻을 것을 명하셨다. 우리는 구원받을 때 새 생명을 얻는다. 이 생명 안에는 실상 물의 성분이 있다. 구원받은 후에도 혹 우리에게 지은 죄가 있으면 주님께 나아가 자백함으로 씻음을 받아야 하지만(요일1장), 발이 더러워진 경우에는 형제 자매에게 나아가 씻음을 얻어야 한다. "너희도 서로 발을 씻기는 것이 옳으니라"의 말씀은 발씻는 일이 반드시 형제 자매를 통해서 행해져야 함을 말해준다.

16-17절, 내가 진실로 진실로 너희에게 이르노니 종이 상전보다

크지 못하고 보냄을 받은 자가 보낸 자보다 크지 못하니 17 너희가 이것을 알고 행하면 복이 있으리라

"종이 상전보다 크지 못하고 보냄을 받은 자가 보낸 자보다 크지 못하니". 주님이 주인이시고 상전이신데 제자들의 종이 되어서 발을 씻으셨다. 주님은 크신 하나님이시고 왕이시고 선생이신데, 그분의 손으로 우리의 가장 더러운 부분인 발을 씻으셨다. 우리는 그분과 비교할 수 없는 보잘 것 없는 사람들인데도 어떤 사람들은 주님보다도 더 대우를 받으려고 한다. 그분의 본을 받아서 우리는 더욱 낮춰서 서로 씻어주어야 한다. 우리도 주님을 닮아서 큰 자가 되려면 다른 사람을 씻어주어야 한다. 섬기는 자가 되려면 다른 사람을 씻어주어야 한다. 여러분이 한 형제를 만난 후 씻어지는 느낌을 받은 적이 있을 것이다. 구역모임에서 한 형제, 한 자매를 통해서 씻음 받았다는 느낌을 받은 적이 있을 것이다. 사역자나 그룹의 인도자들만 씻어주는 것이 아니다. 작은 지체들도 서로 씻음을 주고 받는다. 여러분은 많은 경우 '아, 나는 사랑하는 형제자매들로부터 씻음을 받았다'는 느낌을 받은 적이 있을 것이다. 씻음을 필요로 하지 않는 사람은 한 사람도 없다.

나는 종종 교회 사무실에서 함께 일하는 지체들을 찾아간다. 아마 그들은 내가 일을 감독하러 왔다고 생각할 것이다. 그렇지 않다. 나도 씻음받으러 가는 것이다. 우리는 서로 씻음받지 않으면 안 된다. 우리는 서로 씻어줄 필요가 있다. 우리의 만남 자체가 서로에게 씻음이 된다. 여러분의 주를 사랑함이, 경외함이 나에게는 씻음이 된다. 여러분의 충성스러움이, 주님께 대한 사랑을 표현하는 말들이 나에게 큰 씻음이 된다. 나는 늘 그것을 필요로 한다.

이렇게 여러분이 씻을 수 있는 사람이 되려면 주님이 선생으로서 종과 같이 되어 여러분을 섬긴 것처럼 여러분도 낮추어야 한다. 어떤 사람을 씻어주기는 하는데 대야의 물을 뜨겁게 해서 발을 데게 만들면 안 된다. 씻김을 받기는 했는데 너무 뜨겁다고 할 것이다. 왜 그런가? 높은 위치에서 씻기 때문이다. 뭔가 치료해주기는 하는 것 같은데 마음을 아프게 하는 것이다. 좋은 씻음을 씻어주려면 겸손해야 한다. 왜 남을 씻어주지 못하는가? 교만해서 그렇다. 우리 인간은 타고날 때부터 교만하다. 그래서 다른 사람을 섬길 수 있는 좋은 상태가 못 되어 있는 것이다.

발 씻음을 받은 성도는 가벼워지고 활력이 생긴다. 발만 씻었는데도 온몸을 씻은 것처럼 매우 상쾌하고 가벼운 것이다. 우리는 성도들을 이렇게 섬겨야 한다. 성도들을 무겁게 해주는 것은 결코 잘 섬기는 것이 아니다. 우리가 어떤 잘못을 하지 않아도 성도들을 무겁게 하고 하나님과의 간격을 만드는 일은 섬기는 일이 아니라 그 반대의 일을 하는 것이 된다. 그러지 않으려면 우리는 늘 가볍고 평안한 그리스도인이 되어야 한다.

"너희가 이것을 알고 행하면 복이 있으리라"(17절). 왜 복이 있는가? 이것이 진정 주님을 섬기는 것이기 때문이다. 진정 낮아짐으로써 다른 지체를 씻어주는 것보다 큰 봉사가 없다. 여러분은 이 말씀을 통해서 낮아질 준비를 하기 바란다. 낮아지지 않으면 섬길 수가 없다. 낮아지지 않으면 다른 사람을 씻길 수가 없다. 지금까지 여러분이 다른 사람의 마음을 아프게 했다면 이유는 하나이다. 낮아지지 않았기 때문이다. 서로 낮아져서 남을 씻길 수 있어야 한다. 큰 자는 다른 사람을 섬기는 자라야 한다고 했다. 으뜸이 되려고 하는 사람은 다른 사람의 종이 되어야 한다고 했다. 우리가 기꺼이 낮아져서 다른 사람들의 종이 되어서 다른 사람들의 발을 씻길 수 있어야 참으로 복을 얻은 성도이다. 그 영혼이 참으로 잘 된 사람이다. 그리고 참으로 이 땅에서 하나님이 여러분을 창조하시고 이 땅에 있게 하신 목적을 온전히 이루는 사람들이 되는 것이다. 훌륭한 사람은 자기를 위해서 사는 사람이 아니다. 다른 사람에게 은혜를 얻게 하고 축복을 얻게 하고 씻음을 얻게 하고 주님께 더 나아갈 담력과 힘을 얻게 해주는 사람들이 이 땅에서 많이 나와야 한다.

18-20절, 내가 너희를 다 가리켜 말하는 것이 아니라 내가 나의 택한 자들이 누구인지 앎이라 그러나 내 떡을 먹는 자가 내게 발꿈치를 들었다 한 성경을 응하게 하려는 것이니라 19 지금부터 일이 이루기 전에 미리 너희에게 이름은 일이 이룰 때에 내가 그인줄

너희로 믿게 하려 함이로라 20 내가 진실로 진실로 너희에게 이르노니 나의 보낸 자를 영접하는 자는 나를 영접하는 것이요 나를 영접하는 자는 나를 보내신 이를 영접하는 것이니라

다윗은 구약에서 이미 가장 친근하던 자에게서 배신을 당한 적이 있으며 그 일을 가지고 시를 썼는데(시 41:9), 주님은 그것을 가지고 말씀하셨다. 그분이 당하실 일에 대하여 주님은 다윗의 일로 예표를 들어서 말씀하신 것이다. '내 떡을 먹는 자가 내게 발꿈치를 들었다' 19절은 그분의 예언의 말씀을 말한 것이며, 20절은 유다 같은 배신자가 있다고 해서 다른 사도들의 권위가 조금도 손상되지 않는다는 것이다. 주님은 그 남은 제자들을 사도들(보내신 자)로 인정하시고, 그들을 영접하는 자들은 '나'를 영접하는 것으로 그들과 주님 자신을 일치시키셨다.

21-22절, 예수께서 이 말씀을 하시고 심령에 민망하여 증거하여 가라사대 내가 진실로 진실로 너희에게 이르노니 너희 중 하나가 나를 팔리라 하시니 22 제자들이 서로 보며 뉘게 대하여 말씀하시는지 의심하더라

이제 마지막 날 밤이다. 이 밤이 지나면 주님은 십자가에 못 박히신다. 그날 밤에 주님은 당신이 배신을 당한다는 말씀을 하시고 계신다. 일어날 일을 다 알고 계시다는 말씀이다. 그 말씀을 하실 때 주님의 마음이 심히 민망하였다고 기록을 하셨다. 괴로워하셨다는 뜻이다. 이 유다에 대해서 요한복음 6장에서는 "너희 중에 한 사람은 마귀니라"고 말씀하셨다. 우리는 주님의 공생애 3년 반 동안 마귀 하나가 계속 따라다녔다는 사실을 보고 놀라지 않을 수가 없다.

주님은 12제자 중 한 사람에게 모든 살림을 맡기셨다. 가룟 유다는 '돈궤를 맡은 자'였다. 그에게 생활에 필요한 모든 것의 책임을 다 맡겼다. 주님이 처음에 12제자를 세우실 때 밤이 새도록 기도하셨다고 기록되어 있다. 그리고 아침에 주님을 따르던 자들 중에 12명을 제자로 세우셨다고 기록되어 있다. 예수님이 그 오랜 시간을 기도하실 때 한 사람 한 사람에 대해서 생각하셨을 것이고 아버지와 상의하셨을 것이고, 그 가운데 유다에 도달하셨을 때 주님은 그가 어떤 인물인지 너무나 잘 아셨기 때문에 그에 대해서 많은 시간 기도하셨을 것이라고 생각한다. 주님은 그가 누군지 모르고 택하셨다고 생각하지 않는다.

유다가 예수님을 따르는 가운데 처음부터 배신할 표시를 냈으리라고는 생각되지 않는다. 다른 제자들이 예수를 위해서 충성을 보이고 열심을 보일 때는 유다도 따라서 똑같이 행했을 것이고 그 누구보다도 동조하는 발언도 했을 것이다. 그러므로 예수님이 '너희 중에 하나가 나를 팔리라'고 하셨을 때, '아 그건 유다일 것이다'라고 생각하는 사람이 아무도 없었던 것이다. 그가 평소에 예수님을 팔아넘길 특징을 지닌 행동을 하지 않았기에 아무도 그가 예수를 팔 것이라는 것을 눈치 채지 못했을 것으로 생각된다. 그는 제자들과 함께 은혜를 받는 것처럼 했을 것이고, 산상에서 주님의 교훈을 받을 때는 그 귀한 말씀에 같이 놀랐을 것이고, 또 주님이 많은 기적을 행하실 때는 그것을 바라보며 정말 대단하다고 경탄하며 화답하였을 것이라고 나는 생각한다.

이제 마지막 날 밤에 '너희 중 하나가 나를 팔리라'고 말씀하셨을 때 제자들은 당황했을 것이다. 요한복음에서는 제자들이 서로 누굴까 의심했다고만 했는데, 다른 복음서에 보면 '내니이까?' 하면서 혹시 그것이 자신들이 아닐까 질문했다고 되어 있다. 나는 주님이 그 자리에서 고개를 흔드시거나 별다른 표시를 안하셨을 것이라고 생각한다. 제자들은 그 자리에서 근심스런 얼굴로 매우 의심하면서 '그것이 혹시 저는 아닙니까?'라고 주님께 물었던 것이다.

23-25절, 예수의 제자 중 하나 곧 그의 사랑하시는 자가 예수의 품에 의지하여 누웠는지라 24 시몬 베드로가 머릿짓을 하여 말하되 말씀하신 자가 누구인지 말하라 한대 25 그가 예수의 가슴에 그대로 의지하여 말하되 주여 누구오니이까

이 복음서를 기록한 사도 요한은 자기의 이름을 요한이라고 쓰지 않고 '그의 사랑하시는 자'라고 했다. 영어 성경은 분명하게 '예수의 사랑하시는 제자(his disciple whom Jesus loved)'라고 기록했다. 이것은 무슨 말인가? 주님은 자신의 모든 제자를 사랑하시는 것이 아니었던가? 1절에서는 자기 사람을 사랑하시되 끝까지 사랑하셨다고 했다. 주님은 모든 사람을 사랑하셨지만, 그 가운데 특히 세 사람을 데리고 다니실 때가 많았다. 특히 요한에 대해서는 '예수의 사랑하시는 자'라는 표현을 쓰셨다. 그러므로 우리는 성경에서 예수님이 특별히 사랑하시는 사람이 있다는 것을 발견할 수 있다. 주님은 모든 사람을 사랑하시는가? 그렇다. 하나님의 거룩하시고 무한하신 사랑으로 모든 사람을 사랑하신다. 그러나 그 가운데 특별히 사랑하시는 자가 있다는 것이다. 우리는 이런 부분을 눈여겨 볼 필요가 있다.

이것은 비단 요한에 대해서만은 아니다. 많은 사람을 사랑했지만, 예수님은 마리아를 사랑하셨고 베다니 집을 사랑하셨다. 베다니 집의 나사로에 대해서 '당신의 사랑하는 자가 병들었다'고 기록되어 있다. 사람들이 보기에도 '예수님은 저 사람들을 사랑하시는구나'라고 느껴지도록 사랑하셨다. 이스라엘을 다 사랑하셨지만 유다를 사랑하셨고, 그 가운데 다윗을 사랑하셨다. "이새의 아들 가운데 내가 다윗을 보니 그는 내 마음에 합한자라". 예수님을 낳은 성모 마리아에 대해서 천사는 말했다. "너는 하나님의 은총을 받은 자로다".

요한복음 13장에서 우리는 두 사람을 볼 수 있다. 하나는 멸망의 자식이다. 그는 정말 비참하고 불쌍한 인간이다. 나지 않았더라면 날 뻔 했다. 이런 사람이 있는가 하면 한 사람은 그 이름이 '예수의 사랑하시는 제자'라고 기록되어 있는 요한이다.

"시몬 베드로가 머릿짓을 하여 말하되 말씀하신 자가 누구인지 말하라". 그는 요한에게 묻고 있다. 베드로는 제자들 중 리더였지만 요한이 예수님과 더 친근한 것을 알고 있었던 것이다. 예수께서 돌아가실 때 자신의 어머니를 누구에게 부탁했는가? 요한이다. 사랑하는 어머니를 의탁하며 맡길 때에는 그 바탕에 사랑이 깔려있는 것이다. 그래서 십자가상에서 돌아가시기 전에 어머니에게 요한을 가리키며 '당신의 아들이니이다'라고 하셨고 요한에게는 '네 어머니다'라고 하셨다. 하나님의 자녀들 중 가장 은총을 받는 자들은 예수의 사랑을 받는 자들이다. 요한은 만찬석상에서도 예수님과 가장 가까이 앉았고 예수님의 품에 기대었다. 좀 떨어져 앉았던 베드로는 요한에게 그가 누군지 물어보라고 했다.

유다의 배신

26절, 예수께서 대답하시되 내가 한 조각을 찍어다가 주는 자가 그니라 하시고 곧 한 조각을 찍으셔다가 가룟 시몬의 아들 유다를 주시니

이것은 그들이 떡을 먹을 때의 습관이다. "내가 한 조각을 찍어다가 주는 자가 그니라...한 조각을 찍으셔다가 가룟 시몬의 아들 유다를 주시니" 주님은 대답을 이렇게 하신 것이다. 몽골 사람들은 양을 잡아서 먹을 때는 가장 맛있는 부위를 떼어내어 그 중에서 가장 나이가 많은 분에게 칼과 함께 갖다 드린다. 그분이 그 고기를 썰어서 사람들에게 나눠주면서 나머지 부분도 먹기 시작하는 습관이 있다. 당시 유대인들도 떡을 먹을 때는 그중에서 가장 리더가 한 조각을 떼어서 주면서 음식을 먹기 시작했을 것이다. 우리도 음식을 먹을 때 아버지가 맛있는 것을 아들에게나 가장 귀한 손님에게 먹으라고 주는 것과도 비슷하다. 이것은 가르침이기도 하지만 또한 예수님의 사랑이기도 하다.

성경에 기록되어 있지는 않지만 예수님께서 그 조각을 유다에게 주었을 때 그도 인간인지라 잠시 생각했을 것이다. '내가 과연 나를 3년 반이나 사랑하고 믿어준 이 사람을 꼭 팔아야 할까'하는 혼란이 약간은 있었지 않을까 생각해본다. 그러나 그에게 한두 가지 문제가 있었을 것이다. 하나는 돈이고 또 하나는 시기이다. 아마도 그는 일에 관한 한 가장 많이 했을 것이다. 재물을 맡고 있었기에 모든 살림을 도맡아서 꾸려나갔을 것이다. 그러나 정작 주님이 중요한 곳에 데리고 나설 때는 베드로, 야고보, 요한이었다. 그들끼리 누가 크냐라고 다툴 때 그 자리에 유다가 끼지 않았을 리가 없다. 또한 예수님이 가장 사랑하는 제자는 요한이었다. 이 모든 것이 유다에게는 서운함으로 작용했을 수 있다는 것이다. '나는 써먹기만 하고 항상 홀대를 하는구나, 언제나 따돌림을 당하는구나'라는 생각을 했을 수 있다. 그는 이재(理財)에 밝았기에 예수를 넘겨주면 자신에게 어떤 이득이 온다는 계산이 금방 나왔을 것이다. 당시 대제사장들과 유대교 세력은 예수를 잡으려고 했었고 예수는 힘이 없었다. 그들의 세력은 너무 컸다. 그들이 예수를 죽여버리려고 하는 상황이기에 넘겨만 주면 자기에게 돌아올 이득이 크다고 생각한 것이다. 이것이 무엇인가? 금전에 대한 욕심의 결과로 배신을 한 것이다. 대부분의 배신에는 금전이 개입되어 있다.

제자들의 '혹시 저는 아니겠지요?'하는 질문들, 그 누구도 빛 되신 주님 앞에 섰을 때 '나는 아니야, 저 사람일거야'라고 말할 수 있는 사람은 없다. 배신 앞에는 모두가 두려운 것이다. 그 위험성은 모든 사람의 속에 잠재되어 있다. '나는 아닐거야'라고 확신하지 말라. 그런 사람이 더 위험하다. 주님의 사랑을 받는 제자들까지도 자기 자신을 의심하며 '내니이까'라고 물었던 것이다.

27-30절, 조각을 받은 후 곧 사단이 그 속에 들어간지라 이에 예수께서 유다에게 이르시되 네 하는 일을 속히 하라 하시니 28 이 말씀을 무슨 뜻으로 하셨는지 그 앉은 자 중에 아는 이가 없고 29 어떤 이들은 유다가 돈 궤를 맡았으므로 명절에 우리의 쓸 물건을 사라 하시는지 혹 가난한 자들에게 무엇을 주라 하시는 줄로 생각하더라 30 유다가 그 조각을 받고 곧 나가니 밤이러라

떡 조각을 받아먹은 후 곧 사단이 들어갔다고 말한다. 우리는 이 순간의 일을 이해하기가 쉽지 않다. 그러나 우리가 알 수 있는 한 가지는 사람이 사탄과 같은 마음을 가지고 있기에 마귀가 역사할 수 있다는 것이다. 죽고 싶고 절망스런 상황에 있는 사람에게 마귀가 '너 옥상에서 뛰어내려 죽어라'하는 것과 같다. 유다는 이미 그의 속에 배신의 마음이 들어 있었다. 그는 처음부터 마귀였다고 기록하고 있다. "예수께서 대답하시되 내가 너희

열 둘을 택하지 아니하였느냐 그러나 너희 중에 한 사람은 마귀니라 하시니"(요 6:70)

"네 하는 일을 속히 하라". 떡을 주시고 나서 주님은 이렇게 말씀하셨다. 제자들은 그 말씀을 무슨 뜻으로 하시는지 아는 사람이 없었다. 유다가 돈궤를 맡았기에 명절에 쓸 물건을 사라는 뜻으로 오해하기도 했다. 지금도 명절이면 대부분의 상점이 문을 닫기 때문에 필요한 것을 미리 사놓는다. 살림을 맡은 제자이기에 혹시 그런 것을 하라는 것인가하고 오해했던 것이다. 유다가 무슨 일을 할 것인가를 아는 사람은 그 자리에 예수님밖에 없었다. 또 어떤 제자는 가난한 자들을 구제하라는 말인 줄로 알았다. 평소에 유다가 그런 일도 했다는 것이다.

유다는 조각을 받고 곧 나가서 대제사장에게 갔다. 예수를 넘겨주겠다고 하자 대제사장은 매우 기뻐했다. 예수를 잡으려고 명령을 내렸는데 그의 추종자들 중 한 사람이 와서 넘겨주겠다니 그보다 잘 된 일이 없는 것이다. 성경에서는 기뻐하며 은 삼십을 달아주었다고 기록되어 있다. 유다는 그 돈을 받았다. "네 하는 일을 속히 하라"는 말씀은 주님이 유다의 결정을 인정하셨다는 뜻이다. 하나님은 어떤 사람도 천국에서 내어쫓으시는 법이 없다. 각 사람이 스스로 자기의 길을 결정하고 나가는 것뿐이다. 다만 주님은 사람이 자기의 길을 결정했을 때 그것을 인정하시는 것이다. '배신'이라는 단어는 원문에서 '넘겨준다'는 뜻이다.

"내가 너희를 다 가리켜 말하는 것이 아니라 내가 나의 택한 자들이 누구인지 앎이라 그러나 내 떡을 먹는 자가 내게 발꿈치를 들었다 한 성경을 응하게 하려는 것이니라"(18절). '발꿈치'라는 말이 나온다. 배신이라는 말과 발꿈치라는 말은 관계가 있다. 창세기 3장 15절에 뱀에 대한 저주가 있고 '여자의 후손이 네 머리를 상하게 할 것이고 너는 그의 발꿈치를 상하게 할 것이다'라고 했다. 배신이란 돌아서서 뒤를 무는 것이다. 정면에서 따지는 사람들은 배신하지 않는다. 배신하는 자들은 돌아서서 뒤에서 무는 것이다. 이는 사람으로서 가장 악한 일이다. 하나님의 자녀들은 절대로 이런 일을 하면 안 된다. 한동안 따르던 사람, 섬기던 사람, 은혜를 입은 사람에 대해서 나중에 속상하고 섭섭하다고 하여 뒤에 돌아가서 무는 것은 해서는 안될 일이다. 우리말로는 뒷통수를 친다는 표현이 있다. 성경에는 발꿈치를 문다고 했다. 뱀이기에 문다고 한 것이다. '나는 그런 일은 하지 않겠다'라고 자신하지 말라. 그렇게 자부할 수 있는 사람은 아무도 없다. 우리는 마땅히 이를 두려워해야 한다.

이 부분의 말씀을 읽으면서 우리는 어느 정도 비결을 배울 수 있다. 아무리 서운하다 해도, 아무리 저들이 잘못 되었다라고 느껴져도 함께했던 사람들을 뒤에 가서 무는 일은 하지 말아야 한다. 그것은 사단적인 일이요 뱀이 하는 일이다. 인간의 행실중 가장 아름답지 않은 일이 이것이다.

유다를 '멸망의 자식'이라고 불렀다. 주님은 그에게 차라리 나지 않는 것이 좋다고 하셨다. 그는 자기 곳으로 돌아갔다고 기록되어 있다. 그는 마귀이고 뱀이었다. 그런 자가 예수님을 3년 반이나 따라다녔으며 예수님이 하시는 일을 다 보았다. 그리고 결국은 자기의 선생을, 그토록 사랑했던 분을 그 대적들에게 팔아버렸던 것이다. 넘겨주었다는 말은 자신이 직접 해한 것이 아니라는 뜻이다. 자기가 치는 것이 아니라 칠 수 있는 다른 세력에게 넘겨주었던 것이다. 유다는 그렇게 주님을 배신했다.

31-32절, 저가 나간 후에 예수께서 가라사대 지금 인자가 영광을 얻었고 하나님도 인자를 인하여 영광을 얻으셨도다 32 만일 하나님이 저로 인하여 영광을 얻으셨으면 하나님도 자기로 인하여 저에게 영광을 주시리니 곧 주시리라

주님은 이제 유다가 당신을 팔러 나갔다는 것과 그들이 곧 잡으러 올 것을 알고 계셨다. 유다가 대제사장에게 갔고 그들은 유다를 앞세워서 검과 몽치와 횃불과 무기를 들고 예수를 잡으러 왔다. 예수님은 겟세마네로 가서 기도하셨고 기도하고 나오시는 길에 그들과 마주쳤다. 그들 앞에는 유다가 있었다. 유다가 주님께로 나와서 입을 맞췄다. 유다는 대제사장과 그 군대들에게 '내가 가서 입을 맞추는 자가 예수니까 그를 잡아라'고 했었다. 주님은 그렇게 될 일을 미리 다 아시고 '인자가 영광을 얻을 때가 왔다'고 하신 것이다. 사단이 할 수 있는 일은 없다. 여러분은 친한 친구에게 배신

당했다고 너무 마음 아파하지 말라. 주님은 여기서 분노하지 않으셨다. '어떻게 내가 그렇게 사랑한 제자가 내게 이럴 수가 있는가'라고 하지 않으셨다. 31절에서는 저가 나간 후에 주님은 '인자가 영광을 얻었다'고 하시면서 31,32절에 영광, 영광을 서너 번 말씀하셨다.

그러므로 사단의 하는 일은 무엇인가? 결국 하나님의 역사를 이루는 것이다. 그분께 영광이 돌아가게 만드는 것이다. 배신당했다고 슬픔의 눈물을 흘리며 분노하지 말라. 그것은 결국 여러분을 통해서 하나님의 역사가 이루어지게 할 것이다. 결코 사단은 승리하지 못한다. 사단은 다만 하나님이 소극적으로 쓰시는 도구일 뿐이다. 그 자는 아무것도 하지 못한다. 주님은 물론 십자가에서 고난당하시고 수치당하시고 어려움을 당하신다. 그러나 주님은 그것을 바라보지 않으시고 그것을 통해서 이루어질 하나님의 뜻, 그리고 하나님 아버지가 받으실 영광을 바라보신 것이다. 고난 그 너머를 바라보신 것이다. 이런 눈을 가질 수 있는 것은 얼마나 귀한지 모른다. "믿음의 주요 또 온전케 하시는 이인 예수를 바라보자 저는 그 앞에 있는 즐거움을 위하여 십자가를 참으사 부끄러움을 개의치 아니하시더니 하나님 보좌 우편에 앉으셨느니라"(히 12:2)

33절, 소자들아 내가 아직 잠시 너희와 함께 있겠노라 너희가 나를 찾을 터이나 그러나 일찌 내가 유대인들에게 너희는 나의 가는 곳에 올 수 없다고 말한 것과 같이 지금 너희에게도 이르노라

"소자들아 내가 아직 잠시 너희와 함께 있겠노라". 이제 몇 시간 남지 않았다. 잡힐 순간이 다가오고 있다. '소자들(little children)'이란 여기서 특별히 사용한 애칭이다. 주님은 떠나시기 전에 사랑이 충만한 마음으로 그들을 부르시면서 '내가 잠시 너희들과 함께 있겠다'고 말씀하셨다. 유대인들은 '너희가 나의 가는 곳에 올 수 없다'는 말을 들었을 때 '자결하려고 하나? 헬라인들에게 가서 복음을 전하려고 하나? 왜 자기가 가는 곳에 우리는 갈 수 없다고 하는 것인가?' 하면서 오해했었다. 그런데 이제 제자들에게도 '내가 가는 곳에 너희들은 오지 못한다'는 말씀을 반복하고 계신다.

그분은 아버지께로부터 오셨다가 이제 돌아갈 시간이 되었다는 말씀을 이런 방식으로 하신 것이다.

34-35절, 새 계명을 너희에게 주노니 서로 사랑하라 내가 너희를 사랑한 것 같이 너희도 서로 사랑하라 35 너희가 서로 사랑하면 이로써 모든 사람이 너희가 내 제자인줄 알리라

사랑이 길이다

이제 새 계명을 주셨다. 우리는 어떻게 하면 유다의 길을 면할 수 있는가? 어떻게 하면 가장 하나님이 싫어하시고 인간으로서 가장 해서는 안 될 일을 하는 그런 사람이 되지 않을 수 있는가? 어떻게 하면 주님을 끝까지 잘 따를 수 있는가? 그것은 사랑하는 것이다.

사랑의 반대는 무엇인가? 미움이다. 유다 속에 사단이 들어갔는데 그 사단의 본질은 무엇인가? 미움이다. 주님을 넘겨줄 수 있으려면 그 속에 미움이 있어야 했다. 유다는 그동안 미움이 쌓이고 쌓였다고 보아야 한다. 사랑을 받았는데 그것은 속에 하나도 남아 있지 않았다. 자신의 욕구가 이루어지지 않은 것이 다 원망과 미움으로 자리잡은 것이다. 따라서 보이는 것마다 잘못되어 보인 것이다. 그리고 너무 작게 보인 것이다. 예수님은 너무 작아 보이고 유대교 지도자들은 너무 커 보였다. 그래서 대제사장과 유대인들의 그 거대한 집단에 주님을 팔아버린 것이다. 그 미움이 바로 마귀의 본질이다. 미워하는 것은 곧 살인하는 것이다. 인간의 육체 속에는 이것이 다 들어 있다.

누구나 서운할 때 그런 마음이 들게 된다. 유다는 주님을 선생으로 삼년 반이나 따른 제자이다. 그런 사람의 속에 사탄의 본질 곧 미움이 들어간 것이다. 어떤 부분에서 다른 제자들보다 대우를 원하는 만큼 받지 못했다는 서운한 감정이 들어왔을 수도 있다. 그럴 때 사람의 생각은 급하게 바뀌고 마는 것이다. 저 사람이 끝나야 많은 사람이 산다는 것이다. 나쁜 사람이니 내 손으로 망하게 해야 한다는 것이다. 그래야 많은 사람이 더 이상 피해를 당하지 않는다는 것이다. 하지만 그 속에는 그 사람에 대한 미움이 있는 것이다. 그래서 배신이라고 하는 것이다. 이 배신의 길, 유다의 길, 멸망의 길을 걸어가지 않으려면 주님의 계명을 들어야 한다. "너희는 서로 사랑하라". 사랑하는 자에게는 길이 있다. 주님을 사랑하는 자에게 길이 있다. 형제를 사랑하는 자에게 길이 있다.

배신자가 되지 않는 비결은 사랑하는 것이다. 왜 요한은 그렇게 사랑을 받는 사람이 될 수 있었는가? 그것은 하나님의 주권에 속한 것이다. 18절에서 '너희들은 택한 자들인데 다는 아니다'라고 하셨다. 하나님이 야곱을 사랑하신 것도 주권이시다. 야곱을 택하셨기 때문이다. 그렇다면 '주님이 나를 택하셨는지 아닌지 모르지만 나는 요한처럼 사랑받고 싶은데 어떻게 해야하지요?'라고 묻고 싶을 것이다. 우리는 그것을 알 수 없다. 그렇지만 다윗이나 요한이나 마리아 같은 사람을 볼 때 특징이 있다. 주님이 어떤 사람을 좋아하시는지 알 수 있다. 그들에게는 주님을 닮은 품성이 있다. 사랑이 많고 애정이 많다. 마리아가 옥합을 깨뜨릴 수 있었던 것은 무엇인가? 예수를 사랑한 것 아닌가?

우리가 하나님이 정말 요한처럼 마리아처럼 그분의 영원한 주권 안에서 선택하여 그분의 사랑하는 자가 되었는지는 잘 몰라도, 적어도 주님이 어떤 사람을 사랑하는지는 알 수 있다. 우리가 그런 사람이 될 수 있다면 좋을 것이다. 그것은 '사랑하는 사람'이다.

또 한 가지는 주님이 자신의 가장 사랑하는 자를 그에게 맡긴다는 것이다. 주님은 요한에게 어머니를 맡기셨다. 바로 그것이다. 주님이 정말 사랑하는 자에게는 당신의 사랑하는 자들을 돌봐달라고 맡기시는 것이다. 그러므로 사도 바울 같은 사람은 확실히 주님이 사랑했던 자였다. 그러므로 '이 일은 이 시대에 꼭 했으면 하는 일인데, 그 일을 네게 위탁하겠다'고 하신 것이다. 그것이 사랑하는 사람이다. 이로써 우리는 주님이 어떤 사람을 사랑하는지를 어느 정도 눈치챌 수 있다. 주님이 한 사람도 부탁하지 않으신다면, 주님의 가장 소중한 일도 부탁하지 않으신다면 그것은 별로 좋은 표시가 아니다.

주님은 베드로에게도 마지막에 세 번 물으셨다. '네가 나를 사랑하느냐?' '제가 주님을 사랑하는 것을 주님이 아십니다' 베드로는 이렇게 세 번이나 대답했다. 그럴 때 주님은 부탁하셨다. '그러면 내 양을 먹여라' 주님의 사랑하는 자들을 부탁하시는 것이다. 주님을 많이 사랑하고 또 주님이 그를 사랑한다면 그에게 주님의 사랑하는 자들을 부탁하신다. 주님과 사랑을 주고받는 사람에게는 어떤 특징이 있는가? 주님이 사랑하는 자들을 부탁하신다. 나이 드신 자매님들을 부탁할 것이고, 무익하고 가난하고 병든 사람들을 맡기실 것이고, 가난한 나라들의 불쌍한 사람들을 맡기실 것이다. 사랑이 있다는 증거는 주님의 사랑을 많이 받고 있다는 증거이다. 요한은 자기의 이름을 '예수의 사랑하는 자'라고 말하는 것이 영광스러워서 그렇게 기록했다. 여러분도 요한처럼 진정으로 주님을 사랑하고 주님의 사랑을 받는 분들이 되기 바란다.

새 계명

"내가 너희를 사랑한 것같이 너희도 서로 사랑하라". 다만 서로 사랑하라고 한 것이 아니라 '내가 너희를 사랑한 것 같이' 사랑하라고 하셨다. 어떤 성경 교사가 이런 말씀을 전하는 것을 들었다. '네 이웃을 네 몸과 같이 사랑하라고 했기에 여러분은 자기를 먼저 사랑해야 합니다' 물론 이런 말도 어떤 사람들에게는 유용할지 모른다. 자기를 너무 비하하고 또 자기의 정체성을 너무 몰라서 자기를 박대하는 사람들에게는 조금 도움이 될는지 모르지만, 이 말씀을 통해서 '여러분은 여러분을 사랑해야 합니다. 자신을 사랑해야 합니다'라고 풀이하고 가르치는 것은 의아한 일이다.

성경에서는 예수님이 우리를 사랑한 것처럼 서로 사랑하라고 하셨다. 주님은 우리를 어떻게 사랑하셨는가? 십자가에서 죽기까지 사랑하셨다. 그분은 우리를 위해서 자신을 내어주셨다. 그분은 자신을 사랑하는 것보다 우리를 더 사랑하신 것이다. 여러분은 다른 사람들을, 성도들을 여러분의 몸보다 더 사랑할 수 있는가? 여러분 자신보다 더 사랑할 수 있는가?

이번에 내가 캄보디아에 갔을 때 일행이 방을 잡았는데 그 중에서 내 방이 침대도 제일 넓고 좋은 것처럼 보였다. 그런데 우리 가운데 젊은 형제 3명이 있었는데 그들은 매우 비좁게 자야만 했다. 내 아내는 나에게 '이 방이 당신을 시험하네요'라고 말했다. 그런데 그 방에는 도마뱀까지 왔다갔다 하는 것이다. 나는 그 방에 들어가기가 더 싫어졌다. 아내는 도마뱀은 모기를 잡아먹으니 좋은 것이라고 했다. 하지만 내게는 차라리 모기가 더 낫게 느껴졌다. 마음속에서 순간 힘들었다. 하지만 내가 좀 어렵고 힘들어도 형제들이 더 편하게 잘 수 있다면 내가 그쪽으로 가야지 싶어서 결국 방을 옮겼다. 재미있는 것은 나중에 보니 도마뱀도 문제가 되지 않았고 침대가 넓은 원래의 방은 오히려 습기가 차고 에어컨도 잘 안 되는 방이었던 것이다.

사람은 누구나 다 남보다 자기를 더 사랑한다. 그런 생각이 우리 육체 속에 다 있다. 내가 남보다 조금 더 편하기를 원하는 것이다. 그러기에 나는 이런 말씀을 읽을 때 '역시 주님이시다'라는 생각에 참 기쁘다. 주님의 계명은 이렇게 높다는 것이다. 그리고 우리가 그런 계명을 지킬 수 있다는 것이다. 이것이 새 계명이다. 옛 사람, 율법 안에서는 이 계명을 지킬 수 없지만 주님이 우리에게 주시는 성령, 새 생명 안에서는 이것을 지킬 수 있다. 그 표준이 이렇게 높고 그런 표준에 이르는 사랑을 우리에게 명령했다는 것이다. 주님께서 우리가 이런 수준에 이를 수 있으므로 우리에게 명령해주셨다는 것을 생각할 때 그리스도인이란 참 영광스럽다고 느낀다. 사랑에도 여러 종류가 있다. 내가 할 것 다 하고 누릴 것 다 누린 후에 조금 남는 것을 가지고 '이것 먹어봐라'하는 것도 사랑은 사랑이다. 그런데 하나님의 자녀들인 우리의 사랑은 그 수준과 그 질에 있어서 이 세상의 그 어디에도 없는 그런 뛰어난 사랑인 것이다.

큰 부흥이 있었던 1700년대의 조지 휫필드와 옥스퍼드 대학의 존 웨슬레를 알 것이다. 그들은 서로 매우 친했던 것으로 알려져 있다. 그들은 둘 다 부흥을 일으킨 사람들이었지만 어떤 교리에 있어서는 서로 맞지 않았다. 한 명은 칼빈주의자였고 한 명은 알미니안주의자였다. 이렇게 첨예하게 대립된 교리로 인해서 휫필드를 따르는 사람들과 웨슬레를 따르는 사람들은 뚜렷하게 양분되었다. 어느 날 휫필드의 제자 한 명이 그에게 물었다.

'천국에 가면 웨슬레를 볼 수 있을 것 같습니까? 휫필드는 아마 그를 볼 수 없을 것이라고 대답해주었다. 그러자 그 제자는 좋아하면서 '그렇지요?'라고 물었다. 그때 휫필드는 이렇게 말했다고 한다. '웨슬레는 하나님의 보좌 너무 가까운 곳에 있을 것이기에, 당신이나 나 같은 부족한 자들은 너무나 멀리 떨어져 있어서 아마도 볼 수 없을 것 같습니다'. 이 대답에 그 제자는 큰 깨달음을 얻었다고 한다. 교리상 생각하는 것이 다를 수 있지만 휫필드와 웨슬레는 서로를 사랑했다. 형제를 사랑하지 않는 사람은 어둠 가운데 있는 사람이다. 형제를 사랑하지 않는 사람은 사망 가운데 있는 사람이다. 빛 가운데 있는 사람이 아니다. 우리가 이 길을 가다보면 성도들 서로간에 생각이 약간 다를 수 있다. 그러나 사랑은 적을 수 없는 것이다.

성도의 대한 우리의 사랑은 더 풍성해져야 하고 예수님이 우리를 사랑한 그 사랑으로 사랑해야 한다. 우리가 죄를 지으면 다 예수님께 짓는 것이다. 다윗은 '내가 주께만 범죄했다'고 고백했다. 그분이 그 죄를 다 감당하셔야 하기 때문이다. 우리는 왜 사람을 사랑하지 않는가? 우리에게 손해를 입히고 상처를 입히고 우리를 찌르고 공격할 때 받아들이려 하지 않기 때문이다. 그러나 예수님이 우리를 사랑한 그것은 어떠한가? 우리가 그에게 손실과 공격과 상처를 입힐 때 주님은 기꺼이 그것을 다 감당해주셨다. 우리는 사람들이 해를 입힐 때 왜 화를 내는가? 받지 않으려는 마음 때문이다. 그 모든 해를 감당하지 않겠다는 것이다. 그러면 언제 사랑하는가? 우리를 사랑할 때만 사랑한다. 우리에게 잘해줄 때만 사랑한다. 그것은 이 세상 사람들의 사랑이다. 그러나 우리 주님이 사랑한 사랑은 원수를 사랑하는 사랑이다. 이것은 이 세상에는 없는 사랑이다. 천국에만 있는 사랑이다. 그 사랑으로 서로 사랑하라는 명령을 예수님이 주셨다.

우리는 요한복음 13장 후반부를 통해서 두 가지를 볼 수 있다. 하나는 예수님을 배신하는 한 모형이다. 또 하나의 모형은 주님을 따라서 끝까지 사랑의 생명을 산 사람이다. 사랑의 길을 걸어가는 사람이다. 우리는 사랑의 도장(道場)에 있다. 교회는 바로 하나님으로부터 사랑을 배우는 곳이다. 여러분에게 지금 그런 사랑이 없다고 한탄하고 낙심하지 말라. 사랑은 구할 수 있는 것이다. 고린도 전서 14장 1절에 "사랑을 구하라"고 하셨다.

이 세상에서 가장 귀한 것은 사랑이다. 그리스도인이 가장 소중히 여겨야 할 것도 사랑이다. 성경의 모든 말씀을 한 마디로 압축해서 말하라고 할 때 그것은 사랑이다. 사랑이 없는 자는 주님을 잘못 배운 자이다. 교회생활 안에서 연수가 쌓여갈 때 여러분 속에는 하나님께 대한 사랑이 더 많아지고 사람들을 향한 사랑이 더 많아져야 한다. 거기에서 여러분의 장성한 분량이 나오고 하나님을 닮은 모습이 나오는 것이다. 주님께서 여러분을 많이 축복하셔서 무엇보다 주님의 새 계명을 지키는, 서로 사랑하는 교회의 모습이 나타나길 간절히 바란다.

36절, 시몬 베드로가 가로되 주여 어디로 가시나이까 예수께서 대답하시되 나의 가는 곳에 네가 지금은 따라올 수 없으나 후에는 따라 오리라

"주여 어디로 가시나이까". 이 말은 여러분이 많이 들어본 '쿠오바디스 도미네'이다. 베드로가 이 말을 묻게 된 동기는 33절에 있다. "소자들아 내가 아직 잠시 너희와 함께 있겠노라 너희가 나를 찾을터이나 그러나 일찍 내가 유대인들에게 너희는 나의 가는 곳에 올 수 없다고 말한 것과 같이 지금 너희에게도 이르노라". 이 말씀을 했을 때 베드로는 근심스러운 얼굴로 '주여 어디로 가십니까?'라고 물었다. 그때 베드로는 '내가 가는 곳에 네가 따라 올 수 없지만 후에는 따라 올 것이다'라는 혼동스러운 말씀을 듣게 된다.

베드로는 왜 내가 따를 수 없느냐고 반문했지만, 주님은 모든 것을 다 알고 계셨다. 자신이 지금 무엇을 향해서 어디로 가고 있는지도 아신다. 주님은 몇 시간 후면 사람들에게 체포되실 것이고, 대제사장에게 끌려가서 심문을 받으실 것이고, 그리고 그분은 대제사장에 의해서 당시 로마 총독인 빌라도의 관정에 끌려가서 심판을 받게 될 것이다. 빌라도는 주님을 다시 그 영지의 왕이었던 헤롯에게로 묶어서 보내고 헤롯은 다시 빌라도에게 보낼 것이다. 그렇게 주 예수는 그 밤에 이리저리 밤새 끌려다니시고 이른 새벽에 빌라도에게 사형 언도를 받게 되신다. 그리고 오전 9시 골고다라는 언덕에서 나무로 된 십자가 형틀에 못 박히신다. 그때부터 오후 3시까지 6시간 동안 십자가에 매달려 고난당하시고 운명하시게 된다. 이런 상황을 목전에 두고 '내가 지금 떠나지만 너희는 올 수 없다'고 말씀하신 것이고, 제자들은 이 말씀을 듣고 근심했다.

37-38절, 베드로가 가로되 주여 내가 지금은 어찌하여 따를 수 없나이까 주를 위하여 내 목숨을 버리겠나이다 38 예수께서 대답하시되 네가 나를 위하여 네 목숨을 버리겠느냐 내가 진실로 진실로 네게 이르노니 닭 울기 전에 네가 세번 나를 부인하리라

이 부분은 베드로의 장담과 주님의 예언이다. 베드로는 주님이 가시는 곳은 어디든지 따르겠다고 하였지만 그는 아직 그 길이 무슨 길인지, 그 참혹한 십자가의 길인지, 잘 모르고 자신도 모르는 말(주를 위하여 내 목숨을 버리겠나이다)을 하고 있었던 것이다.

14 장

1절, 너희는 마음에 근심하지 말라 하나님을 믿으니 또 나를 믿으라

하나님을 믿으니 또 나를 믿으라

유명한 성구이다. 나는 주일학교 때부터 이 말씀을 알았다. 이 말씀을 하신 뜻은 몰랐지만 유명한 구절이었기 때문에 잘 알고 있었다. 과연 주님은 왜 마음에 근심하지 말라고 하셨는가? 이 말씀은 기이하게도 한 제자의 질문 때문에 나온 말이라는 것이 우리를 인상 깊게 한다. 베드로는 물었다. '쿠오바디스 도미네(주여 어디로 가십니까?, 요 13:36)'. 그래서 근심하는 제자를 앞에 두고 주님은 이 말씀을 하신 것이다. 이 위대한 성구가 제자들의 염려 때문에 말해졌다는 것을 생각할 때 우리는 참으로 주님의 그 사랑에 놀라움을 금할 수 없다. 하나님은 그분의 자녀들이 조금이라도 근심하고 불안해하고 염려하는 것을 그냥 두고 보지 않으신다. 오! 사랑의 주여!

여러분이 아는 하나님은 어떤 하나님이신가? 큰일만 관심하시고 이런 작은 근심, 염려, 걱정, 불안함은 너희가 알아서 해결하라고 하시는 그런 분으로 알고 있는가? 하나님은 그런 분이 아니시다. 너희는 마음에 근심하지 말라는 이 말씀이 베드로의 그 질문 끝에 나온 말씀이라는 것을 기억해보라. 하나님은 과연 어떤 분이신가? 여러분이 만일 부모님을 잃고 슬퍼한다면, 또는 육신의 질병이나 경제적인 어려움 등 어떠한 상황이 닥쳐서 근심한다면, 주님은 그것도 예의 주시하고 관심하는 분이시다. 예수는 여러분의 마음을 슬프게 하는 분이 아니시다. 이사야 40장 1절을 보면 하나님은 어떤 환경에서도 우리를 위로하시는 하나님으로 나타나 있다. “너희는 위로하라 내 백성을 위로하라 ”.

신약의 사도들도 위로하는 직분을 받은 자들이다 사도 바울은 고린도 교회를 향해서 ‘너희들의 근심을 기쁨으로 바꿔주고 싶다’라고 말한 적이 있다. 이것이 고린도 후서 2장에 있다. 여러분들이 근심할 때 하나님은 여러분을 위로하기 원하신다. 13장에도 “형제들아 기뻐하라 온전케 되며 위로를 받으며…평안할지어다”(고후 13:11)라고 했으며 1장에는 ‘내가 고난 받는 것도 너희를 위로하기 위함이며 내가 위로 받는 것도 너희의 위로를 위함이라’고 했다(고후 1장).

당시에 사도 바울이 존재하는 것과 존재하지 않는 것과의 차이가 있겠는가, 없겠는가? 그의 존재로 인해서 그 만큼 더 위로가 있는 것이다. 주의 종들이 있는 것과 없는 것에는 차이가 있다. 그들이 이 땅에 존재하므로 성도들은 위로를 받는 것이다. 주 예수님도 이 땅에 존재하실 때에 사람들의 기쁨과 소망과 위로가 되셨다.

그러한 위로자이신 분이 떠나려 할 때 제자들은 불안과 근심에 휩싸였다. 그래서 주님은 말씀하신다. “너희는 마음에 근심하지 말라 하나님을 믿으니 또 나를 믿으라”. 예수님은 그분 자신을 믿으라고 하셨다. 그분은 우리 같은 사람이 아니시다. 성경에서는 사람은 믿지 말라고 가르치신다. 예레미야 17장 5절에도 혈육으로 권력을 삼는 사람은 저주를 받는다고 하셨고, 사람은 아무 힘이 없는 존재이고 그 호흡이 코끝에 있으므로 믿을 수 없는 약한 갈대라고 하셨다. 그러므로 사람을 믿는 것이 아니라 ‘하나님을 믿으니 또 나를 믿으라’하신 주님을 믿는 것이다. 예수님은 본질상 하나님과 동등하신 전능하신 하나님이시기 때문이다. 여기서 우리는 사람이지만 또한 하나님이신 한 분을 보게 된다. 그분은 사람이 되신 하나님이시다.

사랑하는 여러분! 여러분은 가까운 사람들을 위로하는 사람들인가, 혹은 근심하게 하는 사람들인가? 하나님의 자녀들이라면 하나님을 닮아서 사람들을 위로할 줄 알아야 한다. 주 예수님은 최후에 당할 죽음, 십자가에 못 박혀 돌아가실 것을 목전에 두고 불안해하고 근심하는 제자들에게 지금 위로하고 계신다. 그분은 최선을 다해서 자신에게 닥쳐오는 더 큰 슬픔을 감추시고 작은 슬픔에 잠긴 제자들을 위해서 마음을 다하고 계신 것이다. 그분은 겟세마네로 나아가서 곧 번민에 사로잡혀서 이마에 땀이 쏟아지면서 기도하실 것을 알고 계셨다. 그리고 곧 사람들이 검과 몽치와 횃불을 들고 몰려와 강도처럼 잡히실 것과 밤새도록 끌려다니며 고생하고 심문 당하시고 이제 아침에 십자가의 형틀에 못 박히실 것, 그리고 피 흘리시고 처참하게 고통당하시가다 운명하실 것을 예견하고 계셨다.

제자들은 처음에 당황스럽게 다 도망갔다. 멀찍이 떨어져서 주님이 십자가에 돌아가시는 것을 보았을 것이다. 그럴 때 그들이 주님을 사랑한 만큼 실망감과 불안한 마음을 갖게 될 것을 주님은 미리 다 아시고 생각하시면서, 자신이 당할 고통은 고려하지 않고 오히려 그들의 근심을 없애주고 위로와 용기와 소망과 믿음을 잃지 않도록 지금 도와주고 계시는 것이다.

제자들도 예감이 있었을 것이다. 그전에 몇 번이나 주님이 십자가에 죽을 것이라고 말씀하셔도 별로 관심하지 않고 오히려 엉뚱한 답변을 하기도 했었지만, 그러나 이번에는 그들도 불안한 예감이 들었던 것이다. 주님은 조금 있으면 나를 보지 못할 것이라고 하셨다. 그때 제자들은 점점 마음이 혼란되었고, 이제 조금 있으면 혼비백산하여 도망가고 흩어지게 된다. 제자들도 근본적으로 우리와 다를 것이 없다. 인간은 다 연약하고 부족하다. 이런 상황 앞에 인간은 약해지고 낙심되고 근심하게 되는 것이다.

그런데 주님은 여기서 그들을 도우시는 것이다. "하나님을 믿으니 또 나를 믿으라". 제자들이 예수를 믿지 않았던가? 주님 앞에 나온 수많은 사람들이 믿었는데 제자들이 안 믿었겠는가? 그런데 왜 주님은 여기서 또 나를 믿으라고 하셨을까? 이것은 예수를 한 번 믿으면 끝나는 것이 아니라 계속해서 믿어야 함을 암시하고 있는 것이다. 여러분도 제자들처럼 불안이 사라지지 않고 자꾸만 근심스러운 마음이 든다면 이 말씀을 다시 한 번 기억하기 바란다. 그때 주님을 다시 한 번 믿어보라. 예수 그리스도를 믿는 것만이 두려움과 근심과 불안한 마음에서 치료받고 해방되고 용기를 얻을 수 있는 유일한 치료의 길이라는 것을 믿기 바란다. 어떤 특정한 교리를 믿으라는 것이 아니다. 어떤 탁월한 가르침을 믿는 것이 아니다. 주님이 우리에게 권면하고 가르쳐 주신 대로, '하나님을 믿으니 또 나를 믿으라' 하신 대로, 주 예수 자신을 믿는 것이다. 그분의 인격과 그분의 이름을 믿는 것이다.

하나님이 전능하심으로서 모든 것을 하실 수 있듯이 주 예수도 하실 수 있다. 하나님께서 전지하셔서 모든 것을 아시듯이 예수도 모든 것을 아시는 분이시다. 그런 분을 우리는 믿을 수 있다. 예수님은 곧 수치와 모욕을 당하시고 죽으시고 묻히시고 장사될 분이지만, 그러나 주님은 여전히 '나를 믿으라'고 하신다. 주님은 물로 포도주를 만드시고 38년 된 병자를 일으키시고 소경된 자를 보게 하신 분이고 죽은 나사로를 나흘 만에 살린 분이셨지만, 제자들은 어떠한가? 주님이 아무 힘 없는 자처럼 잡혀가서 돌아가신 낙심스러운 상황을 대할 때 과거에 그들이 목격했던 그분의 모든 기적과 능력을 잊어버리게 될 것이다. 그래서 주님은 '나를 믿으라'고 말씀하시는 것이다. 이미 믿었지만 불안감에 휩싸일 때에 그 믿었던 마음이 약화될 수 있기 때문이다. 거짓된 환경들은 우리가 주 예수를 믿었던 그 믿음을 흔든다. 언제 죽은 자를 살렸는지, 언제 풍랑을 잠잠케 했는지 다 잊어버리는 것이다. 당시의 믿음은 온데간데 없어지고 지금 닥친 불안스러운 상황만 보이는 것이다. 그래서 '하나님을 믿으니 또 나를 믿으라'고 하신 주님의 이 한 마디는 의미심장한 말씀이다.

그럼에도 불구하고 우리는 여전히 예수 그리스도를 온전히 믿지 못하는 수가 있다. 이는 여전히 우리는 자신을 신뢰할 뿐, 주 예수를 신뢰하지 못하기 때문이다. 보이는 현실 상황에서 보이지 않는 예수 그리스도를 믿고 의지한다는 것이 쉽지 않기 때문이다. 여기에서 우리는 인간의 나약함을 본다. 한 사람이 어떤 환경에서도 불안해하거나 낙심하지 않고 편안히 주 예수를 믿는 다는 것은 그리 쉽게 볼 수 있는 일이 아니다. 그러나 여러분은 이 한 마디를 기억하기 바란다. "너희는 마음에 근심하지 말라 하나님을 믿으니 또 나를 믿으라"

이 말씀을 듣고도 여전히 근심이 되고 믿어지지 않는다면 어떻게 할것인가? 나는 기도해야 한다고 믿는다. '주님, 나의 근심을 제해주시고 주 예수를 믿을 수 있도록 도와주시기 바랍니다' 또한 주님은 당신의 모든 근심을 제해주시고 평안을 주실 수 있는 분으로 믿어야 한다(빌4:6-7). 주 예수는 인생을 사신 분으로서 인생의 연약함과 질고와 불안과 근심하는 모든 것들을 다 아시고 이해하시며 체휼하실 수 있는 분임을 믿기 바란다. 그러므로 주 예수께서는 '하나님을 믿으니 또 나를 믿으라'고 하신 것이다. 하나님은 창조주이시며 전능자이시므로 믿을 수 있다. 주 예수는 그러한 하나님이시면서 동시에 사람이 되신 분으로서 우리 연약함을 섬세히 돌보아 주실 수 있는 분이기에 더욱 믿을 수 있다.

2절, 내 아버지 집에 거할 곳이 많도다 그렇지 않으면 너희에게 일렀으리라 내가 너희를 위하여 처소를 예비하러 가노니

처소를 예비하러 가시는 주님

"내 아버지 집에 거할 곳이 많도다". 이것은 또 무슨 말인가? 왜 이 자리에서 주님은 이런 말씀을 하시는가? 물론 이 말씀도 제자들을 위로하기 위해서 하신 말씀이다. 지금 주 예수님은 아버지 집으로 가시고 있다는 것이다. '너희들이 내가 십자가에 고난 받고 수치스럽게 죽임 당하는 것을 보겠지만 그것은 밖에서 보는 것이고 실제로는 나는 나의 모든 역사를 마치고 내가 원래 있던 아버지 집으로 돌아가는 것이다' 그런데 여기서 무언가 암시하는 것이 있다. 거할 곳이 많다는 말씀은 제자들을 위로하는 말씀이다. 이제 주님은 아버지 집으로 가는데 그곳에는 그분만 있게 되는 것이 아니라는 것이다. 하나님이 거하시는 천국의 아버지의 집에는 주님과 천군 천사만 있는 곳이 아니라 장래에 제자들도 모두 있게 된다고 하시는 것이다.

주 예수님은 아버지의 명하신 일을 다 성취하시기 위해 이제 마지막 단계인 골고다를 향해서 가신다. 그리고 그분은 영원히 아들로서 아버지와 사실 집으로 가시고 계신다. 아버지와 함께 영원히 안식을 누리고 존귀와 영광을 받으실 곳으로 돌아가시는 것이다. 이제 예수님은 다시는 죽음의 고통이나 수치를 당하지 않으신다. 그분은 아버지와 함께 가지셨던 영원한 영광을 다시 취하실 것이다. 그때 천사들은 영광의 왕을 맞이하기 위해서 문을 열고 전쟁에 능하신 여호와 그리스도 승리의 왕을 맞이하기 위해서 찬양하며 기다릴 것이다. 시편 24편 7-9절은 바로 예수 그리스도께서 아버지 집으로 입성하실 때의 그 영광스러운 장면을 노래한 시이다. "문들아 너희 머리를 들지어다 영원한 문들아 들릴지어다 영광의 왕이 들어가시리로다 영광의 왕이 뉘시뇨 강하고 능한 여호와시여 전쟁에 능한 여호와시로다 문들아 너희 머리를 들지어다 영원한 문들아 들릴지어다 영광의 왕이 들어 가시리로다".

예수님은 지금 제자들에게 무슨 말씀을 하고 계시는가? '너희들이 볼 때에는 내가 갈보리에서 십자가에 못 박혀 죽는 것으로 보이겠지만, 사실 나는 갈보리 언덕을 넘어서 영화로운 집으로 입성하는 것이다. 그 아버지 집에는 내가 거할 뿐 아니라 너희들이 거할 곳도 많이 있다. 그렇지 않으면 너희에게 일렀을 것이다. 내가 너희를 위하여 처소를 예비하러 가는 것이니 염려하지 말아라. 너희들이 볼 때는 내가 비참한 죄수처럼 못 박혀 죽는 것 같지만, 그렇지 않다. 나는 너희를 위하여 처소를 예비하러 가는 것이다'

시편 24편 3-4절은 이렇게 말한다. "여호와의 산에 오를 자 누구며 그 거룩한 곳에 설자가 누군고 곧 손이 깨끗하며 마음이 청결하며 뜻을 허탄한 데 두지 아니하며 거짓 맹세치 아니하는 자로다". 죄인은 하나님의 성전에 갈 수가 없다. 아버지 집에 아무나 다 들어갈 수는 없는 것이다. 어떤 사람이 갈 수 있는가? 죄가 없는 사람이다. 거듭나야 한다. 완전해져야 한다. 그리스도의 형상으로 이루어져야 하고 그 혼이 변화되어야 한다. 생각이 새로워져야 한다. 그의 온 존재가 하나님의 형상으로 이루어져야만 그 아버지 집에 거할 수 있는 것이다.

주님이 '너희를 위하여 처소를 예비하러 간다'고 하신 말씀은 예수님이 하늘에 올라가셔서 건축공사를 하러 가신다는 그런 개념이 아니다. 아름다운 천국은 이미 준비되어 있다. 그러면 무엇이 문제인가? 우리들이 아직 그곳에서 살 수 있는 자격이 준비되지 못했다는 것이다. 그래서 주님은 지금 곧 가셔서 십자가에서 피를 흘리심으로 그 피로서 우리의 죄를 다 씻고자 하시는 것이다. "피 흘림이 없은즉 사함이 없느니라". 예수의 보혈만이 사람의 죄를 씻을 수 있다. 제자들도 마찬가지이고 우리들도 마찬가지이다. 예수의 피 밖에 없다. 예수의 보혈만이 우리의 주홍 같이 붉은 죄를 눈같이 희게 할 수 있다. 그래야 우리에게 의로운 옷을 입혀 주실 수 있다. 그래서 주님은 십자가에서 피를 흘리셔야만 하셨다. 그래야 우리를 그 예비하신 처소로 이끄실 수가 있기 때문이다.

그뿐 아니라 주님은 우리에게 부활 생명을 주시기 위해서 사흘 만에 부활하셨다. 주님은 또한 성령을 우리에게 보내주셔야 하고 또 승천하신 후 하늘의 대제사장이 되셔서 하늘에서 우리의 대언자가 되셔야 하고 우리를 위해서 간구하셔야 한다. 왜 그런가? 우리는 연약해서 여전히 또 죄에 빠지고 넘어지기 때문이다. 주님은 그런 우리를 위해서 아버지께 계속해서 간구해주셔야 한다. 그곳에서 무궁한 생명의 능력으로 우리를 씻어주시고 다시 새롭게 하시고 강화시켜 주시고 담대하게 하시고 일어나게 하시는 일을 계속 하셔야 하는 것이다. 그런 일을 하시려고 그분은 지금 가시고 있는 중이시다. '내가 가야 너희를 내게로 인도할 길이 있다, 내가 곧 길이다, 나를 통하지 않고는 아버지께로 갈 자가 없다'고 하셨다.

주 예수님은 제자들을 아버지 집으로 인도하기 위해서, 그 길을 예비하기 위해서 지금 가시는 것이다. 이것은 진리이다. 그들을 단순히 위로하기 위해서 이런 말씀들을 하신 것이 아니다. 성경 전체를 읽어보면 바로 주님이 이 일을 하기 위해서 돌아가시고 승천하시고 보좌에 앉으셨음을 알 수 있다. 우리 모두가 주님이 이른 곳에 이를 수 있도록 역사하고 계신 분이 바로 주 예수 그리스도이시다. 그분은 하늘의 대제사장으로서 지금도 여전히 여러분들을 위해서 일하고 계신다. 십자가에서는 이미 구속의 역사를 다 이루셨지만, 지금은 성령으로 성도들 속에서 계속 일하심으로 우리를 변화시켜서 그곳에 이를 수 있는 자격을 갖도록 역사하시는 그러한 분이 되셨다.

아버지의 집

주 예수께서 내 아버지의 집에 거할 곳이 많다고 하셨는데 과연 내 아버지의 집은 천국만을 의미할 것인가? 물론 천국일 것이지만 이 구절에서 주 예수께서 제자들을 위로하시는 말씀은 장래의 천국만을 의미하는 것이 아니다. 신약의 계시에 의하면 천국도 오늘 이 시대에 영적으로 임하여 누릴 수 있는 것이다. 주 예수께서 가셔서 처소를 예비함은 오늘 우리가 영적으로 그 처소를 누릴 수 있는 것이다. 따라서 15장은 "내 안에 거하라 나도 너희 안에 거하리라"의 말씀이 있는 것이다. 오늘 우리는 어떻게 아버지의 집에 거할 수 있는가? 그리스도 안에 거함으로 가능하다. 그분은 하늘의 집에 거하시는 분이고 우리는 이 땅에 존재하는데 오늘 우리가 영적으로 그리스도 안에 거할 수 있다면 우리는 그 천국의 하늘 아버지 집에 있게 되는 것이 아니고 무엇인가? 따라서 요한복음 14장의 아버지 집에 대하여는 그 해석이 간단하지 않다.

그분은 지금 제자들을 떠나고 계신데 그 가시는 목적이 근심하는 제자들의 처소를 예비하심이라고 말씀하신다. 그분은 3절에서 "나 있는 곳에 너희도 있게 하리라"고 하신다. 그분이 죄인들의 죄를 속량하시고 성령을 보내주신 후에는 제자들이 그리스도 안에 거할 수 있게 된다. 그리고 그분은 하늘 아버지 집에 거하신다. 따라서 제자들은 영적 실제 안에서 천국 안에 있게 되는 것이다. 오늘 여러분도 그리스도 안에 있다면 여러분은 천국에 앉아 있는 셈이 된다. 이것이 여러분을 위로하지 않겠는가? 위로한다. 그분은 천국의 많은 곳을 다 소유하시고 거하실 수 있다. 따라서 주님은 '내 아버지 집에 거할 곳이 많다'고 하신 것이다. 그분은 가셔서 그 많은 아버지 집의 처소를 가지실 것이다. 그것을 누구를 위해 가지신다는 말인가? 우리를 위해서이다.

그분의 소유는 다 우리의 소유가 된다. 그것은 우리가 그분의 죽음과 부활을 통해서 그분 안에 거할 수 있기 때문이다. 오늘 성도들을 위로할 수 있는 것은 오직 천국뿐이다. 그곳만이 참 안식처요 우리의 소망이다. 그러나 천국을 내세에 들어갈 실체로만 아는 것은 부족한 계시이다. 여러분은 오늘 주 예수가 천국에 계시다는 것을 인정할 것이다. 오늘 여러분이 그리스도 안에 있다는 것은 다만 열매를 맺기 위한 것이라고 말하지 말라! 그것은 15장의 말씀의 중점이다. 14장의 중점은 위로와 평안이다. 여기에 주님이 계시지 않더라도 우리는 성령을 통해서 오늘 그리스도 안에 거하는 생활을 할 수 있다. 그리고 그 안에 거하는 결과 우리는 천국의 모든 누림을 우리의 것으로 취할 수 있다. "주여 주는 대대에 우리의 거처가 되셨나이다"(시90:1)

3절, 가서 너희를 위하여 처소를 예비하면 내가 다시 와서 너희를 내게로 영접하여 나 있는 곳에 너희도 있게 하리라

여기서 말하는 처소를 다만 성령이라고만 생각하면 안 된다. 이는 물론 하나의 영적인 장소이다. 그래서 이 처소를 가리켜 '그리스도 안', '성령 안'이라고 말한다. 그러나 부활하신 주 예수님은 형상이 없는 영(spirit)만이 아니었다. 주님은 제자들과 음식도 잡수셨다. 도마는 그분의 몸을 만지기도 했다. 손도 만져보고 옆구리의 상처도 만져보았다. 그러므로 우리 또한 부활 후에 예수님과 똑같이 되므로 우리의 영이 전부가 아니라는 것이다. 주님은 우리의 영만이 아니라 우리의 몸도 구원하시는 분이시다.

주님이 예비하실 처소는 한 면으로 천국을 말하는데 이는 장소적인 개념이지만 또한 영적으로 체험될 수 있는 실제이기도 한 것이다.

4-6절, 내가 가는 곳에 그 길을 너희가 알리라 5 도마가 가로되 주여 어디로 가시는지 우리가 알지 못하거늘 그 길을 어찌 알겠삽나이까 6 예수께서 가라사대 내가 곧 길이요 진리요 생명이니 나로 말미암지 않고는 아버지께로 올 자가 없느니라

13장과 14장에서 제자들은 예수 그리스도께 몇 가지 질문을 했다. 13장에서 베드로는 "주여 어디로 가시나이까"라고 물었고 이제 14장에 왔을 때 도마는 "주여 어디로 가시는지 우리가 알지 못하거늘 그 길을 어찌 알겠삽나이까"라고 물었다. 8절에서는 빌립이 "주여 아버지를 우리에게 보여 주옵소서 그리하면 족하겠나이다"라고 말했다. 또 22절에서는 가룟이 아닌 유다가 "주여 어찌하여 자기를 우리에게는 나타내시고 세상에게는 아니하려 하시나이까"라고 물었다. 이처럼 13장 후반부부터 14장에서 제자들은 십자가로 가시려는 예수에게 질문을 했는데 그 질문의 수준은 그렇게 높지 않았다. 그러나 예수님은 우리가 충분히 이해할 수 없는 그런 깊은 답변을 주셨다.

여기서 주님이 하신 말씀이 얼마나 중요한지 이루 다 헤아릴 수 없다. 이 말씀을 모르고 죽는다면 큰일난다는 생각이 들 정도로 중요한 말씀이다. 예수님은 떠나시기 전에 제자들에게 이 세상에 남아 있으면서 어떻게 살아야 하는가를 알려주셨다. 주 예수는 근심하지 말라고 했다. 너희들을 위해서 대책을 강구해 놓았기에 너희들이 여전히 따라올 길이 있다고 하시면서 그 비결을 알려 주신 것이다. 그래서 이 말씀들이 중요한 것이다. 이것을 모르면 어떻게 신앙생활을 할 것인지를 모르게 된다. 반드시 눈 여겨 보고 귀 기울여 들어야 할 너무나 중요한 말씀이 이곳에 기록되어 있다.

내가 곧 길이요 진리요 생명이니

첫째는 길의 문제이다. "내가 곧 길이요 진리요 생명이니 나로 말미암지 않고는 아버지께 올 자가 없느니라". 우리의 목표는 아버지께로 가는 것이다. 아버지의 집에 거하는 것이 우리들의 목표이다. 그런데 아버지의 집에 이르려면 길이 있어야 한다. 아버지 집에 거하려면 생명이 있어야 된다. 그 집에 이르기 위해서는 진리가 있어야 한다. 그런데 예수님은 당신 자신이 '길이요 진리요 생명'이라고 하셨다. 나로 말미암지 않고는 아버지한테 갈 수 없다고 하셨다. 그러므로 예수 그리스도에게 모든 해답이 있다. 길도 예수요 진리도 예수요 생명도 예수이다. 모든 것이 예수이며 그분을 통해서만 아버지께로 갈 수 있는 것이다.

주님은 주님이 떠나실까봐 근심하는 제자들에게 자신을 믿으라고 하면서 '내가 곧 길이다'라고 하셨다. 도대체 주님은 왜 근심하는 제자들에게 길에 대하여 말씀을 하셨겠는가? 이것은 모든 사람의 근심이 어디서부터 오는가에 대한 해답을 주는 말씀이라고 생각이 된다. 제자들은 당시 주님이 아닌 나름대로의 길이 있었던 것이다. 아마도 그것이 세상적인 욕망을 위한 길은 아니었을 것이다. 틀림없이 그들은 주님을 위한 일생을 살고자 하는 나름대로의 길을 생각하고 있었을 것이다. 그러기에 주님은 "나로 말미암지 않고는 아버지께로 올 자가 없느니라"고 하신 것이다. 즉 모든 제자들은 '아버지께로 간다'는 이 목표에 있어서는 문제가 없었다는 것을 증명한다. 그러나 그 목표에 이르는 길에 있어서 그들은 나름대로의 뜻을 갖고 있었을 것이다. 그러므로 주님이 떠나신다 할 때 저들의 생각은 혼돈되었을 것이다. 그것이 바로 그들의 근심이 되었음에 틀림없다.

그러한 제자들에게 주님은 하나님을 믿을 뿐 아니라 '나를 믿으라'고 하셨다. 그리고 '내가 그 길'이라고 말씀해 준 것이다. 제자들은 주님 외에 나름대로의 길(살 방법)을 갖고 있었던 것이다. 많은 사람들이 그리스도 외의 어떤 철학과 성공의 비결을 인생의 길(way)로 취한다. 또 전적으로 그런 성공학을 설교하는 가르침에 귀를 기울인다. 그들은 결코 주 예수 그리스도 자신을 길로 취하지 않는다. 심지어 사역의 성공을 위해서 외적인 방법을 취하여 적용하기도 한다. 이것은 작은 문제같지만 작은 것이 아니다, 일종의 우상숭배인 것이다. 주님을 믿는 것이 아니라 다른 것을 믿는 것이 된다. 그러니 그들은 주님 안에 안식할 수 없었던 것이다. 우리가 이 땅에 살면서 어려움과 근심으로부터 벗어나는 길은 예수 그리스도 한 분만을 우리의 길로 취하는 것이다. 우리가 아버지께로 가는 유일한 길은 예수 그리스도만을 우리의 길로 취하는 것임을 기억하기 바란다. 그럴 때만이 예수는 우리의 생명이 되고 진리가 된다. 예수 그리스도만을 우리의 길과 생명과 진리로 취할 때 우리는 아버지께로 나아갈 수 있다. 예수만이 길이요 진리요 생명이라는 말씀은 영원히 잊지 말아야 할 귀한 말씀이다.

예수 그리스도는 곧 하나님

7-9절, 너희가 나를 알았더면 내 아버지도 알았으리로다 이제부터는 너희가 그를 알았고 또 보았느니라 8 빌립이 가로되 주여 아버지를 우리에게 보여 주옵소서 그리하면 족하겠나이다 9 예수께서 가라사대 빌립아 내가 이렇게 오래 너희와 함께 있으되 네가 나를 알지 못하느냐 나를 본 자는 아버지를 보았거늘 어찌하여 아버지

를 보이라 하느냐

주님은 알 듯 모를 듯한 말씀을 하셨다. 그러자 빌립이 또 엉뚱한 말을 하는 것이다. '아버지를 보여 주십시오. 그러면 족하겠습니다' 그러자 예수님은 '내가 이렇게 오래 너희와 함께 있었는데 아버지를 보여달라 하느냐? 나를 본 자는 아버지를 본 것이다'라고 대답하셨다. 이 말씀은 무슨 뜻인가? 예수가 바로 아버지의 표현이라는 것이다. 영어로는 'embodiment(체현)'라고 할 수 있겠다. 예수 그리스도께서 몸으로 아버지를 표현하신 것이다. 예수님은 바로 하나님 아버지의 체현이시다. 그런 분으로서 그 자리에 계시다는 것을 빌립에게 말씀하시는 것이다.

10-11절, 나는 아버지 안에 있고 아버지는 내 안에 계신 것을 네가 믿지 아니하느냐 내가 너희에게 이르는 말이 스스로 하는 것이 아니라 아버지께서 내 안에 계셔 그의 일을 하시는 것이라 11 내가 아버지 안에 있고 아버지께서 내 안에 계심을 믿으라 그렇지 못하겠거든 행하는 그 일을 인하여 나를 믿으라

주 예수님이 하시는 모든 일, 그분이 하시는 모든 말씀은 스스로 한 것이 아니라 다 지금까지 아버지께서 하신 말씀을 하셨다는 것이다. 그러니까 예수님은 그분이 하시는 모든 일이든 모든 말이든 다 아버지가 하시는 것이라는 것이다. 그렇기 때문에 빌립이 아버지를 보여달라고 했을 때 '네가 오랫동안 나와 함께 있었는데 아버지를 또 보여달라는 것이 무슨 일이냐 지금까지 네가 본 것이 바로 아버지다'라고 말씀하셨던 것이다. 우리는 이것을 한 마디로 '예수는 하나님의 아들이시다'라고 말한다.

하나님과 아들은 어떤 때는 분리된 것 같다. 1절에서는 '하나님을 믿으니 또 나를 믿으라'고 하셨기에 아버지와 내가 따로 있는 것처럼 말씀하신다. 하지만 이후로는 다시 아버지와 아들이 나누어진 것 같지 않게 말씀하시는 것이다. 아버지가 내 안에 있고 내가 아버지 안에 있다고 하셨다. 이처럼 주님은 때로는 아버지와 당신을 나누어진 것처럼 말씀하시고, 때로는 아버지를 보여달라니 무슨 말이냐고 하시면서 나를 본 자는 아버지를 보았다고도 하셨다.

그러면 도대체 어떻게 된 것인가? 이것은 인간 세계에서는 없는 수학이다. 둘이기도 하고 하나이기도 하고 셋이기도 하고 하나이기도 하다. 이것을 우리가 어떻게 이해하겠는가? 삼위일체 하나님이란 인간 세상에는 없는 개념으로 하늘에 속한 계시 속에서만 깨달을 수 있는 것이다. 분리된 것 같고 구분 할수 있는 것 같지만 그러나 여전히 또 구분 할 수 없는 것이 본질은 하나이면서 또 세 위격이 있는 거룩한 삼위일체 하나님이시다. 아버지 하나님, 아들 하나님, 성령 하나님은 세 분이신 것 같지만 또한 여전히 한 분 유일하신 하나님이시다. 우리는 다신교를 믿지 않는다. 우리는 유일하신 하나님을 믿는다.

이것을 이해하기란 쉽지 않다. 제자들도 이해하기 어려웠다. 예수님께서 아버지에 대해서 말씀하시니까 빌립은 분리된 어떤 분이 또 있는 줄 알고 아버지를 보여달라고 했던 것이다. 주님이 하나님의 아들이라고 할 때, 성경에서 그 아들이라고 하는 개념은 분리된 것을 말하는 의미에서의 아들이 아니다. 오늘날 우리도 그런 비슷한 표현을 한다. 어떤 사람이 아주 바람 같이 빠른 사람이라고 할 때 '바람의 아들'이라고 말한다. 성경에서도 하나님의 아들이란 바로 그분이 하나님이라는 표현이다. 유대인들은 그것을 알았기에 주님이 자신을 '하나님의 아들'이라고 말했을 때, 사람으로서 어떻게 자신을 '하나님'이라고 하느냐며 반박했던 것이다.

복음의 정수

예수 그리스도가 하나님의 아들이라는 것은 바로 그분이 '하나님의 나타남'이라는 뜻이다. 아버지는 보이지 않는 하나님이시다. 아들 하나님은 나타난 하나님이신 것이다. 이것만 차이가 나는 것이다. 형광등을 예로 생각해보자. 형광등은 '나타난' 전기라고 말할 수 있다. 발전소의 전기는 우리가 볼 수 없다. 그렇지만 형광등의 전기는 볼 수 있는 것이다. 발전소의 전기는 볼 수 없는 아버지의 전기라고 한다면 이 형광등은 나타난 전기로서 아들 전기라고 할 수 있다. 동시에 발전소의 전기나 이 형광등의 전기는 하나라고 말할 수 있는 것이다.

이와 같이 요한복음 14장은 이 땅에 오셔서 이제 곧 십자가의 죽음을 앞두고 제자들에게 마지막 말씀을 하고 계시는 그 예수가 바로 하나님이라고 말하고 있다. 온 세상 사람들은 하나님을 다 알고 싶어 한다. 그것은 모든 사람들 속에 있는 갈망이고 갈구이다. 그래서 이 땅에는 종교가 있는 것이다. 그런데 여기에 한 나사렛 사람이 스스로를 전능하시고 우주를 창조하시고 모든 세계를 섭리하시는 영원한 하나님이라고 하니 믿을 수 있겠는가? 이것은 너무나 놀라운 일이다. 예수 그리스도가 바로 하나님이시라는 것이다! 더욱 놀라운 것은 그 하나님이 우리의 죄를 사하기 위해서 십자가에 달리셔서 손과 발에 못 박히고 창에 찔리고 죽임을 당하셨다는 사실이다. 성경은 우리에게 바로 이것을 말해주고 있는 것이다.

여러분이 믿는 하나님은 인간이 되어 이 땅에 오셔서 우리의 죄를 위해서 피 흘리고 못 박혀 죽으신 바로 그런 하나님이라는 것이다. 이 세상에 어떤 종교가 이런 종교가 있는가? 어떤 교주가 이렇게 놀라운 말을 하는 자가 있단 말인가! 이것은 정말 놀라운 일이다. 천지가 진동하도록 놀랍고 또 놀라운 일이다. 인간을 창조하시고 우주만물을 지으신 하나님이 작은 한 사람 예수라니! 여러분은 이것을 믿는가? 성경이 왜 기록되어 있는가? 이 사실을 증거하기 위해 있는 것이다. 그런데 이분이 기록된 대로 이제 십자가에 피 흘리고 돌아가심으로 우리 죄를 용서하기 위해서 십자가로 나가시기 전에 근심하는 제자들에게 동정 어린 마음으로 '나를 믿으라'고 말씀하신 것이다. 또 아버지를 보여달라는 제자에게 '너희들이 이렇게 오랫동안 나와 함께 있으면서 아버지를 보아왔는데 또 아버지를 보이라 하니 그게 무슨 소리냐? 내가 아버지 안에 있고 아버지께서 내 안에 계신 것을 믿어야 한다'고 가르쳐주신 것이다.

12절, 내가 진실로 진실로 너희에게 이르노니 나를 믿는 자는 나의 하는 일을 저도 할 것이요 또한 이보다 큰 것도 하리니 이는 내가 아버지께로 감이니라

우리 주 예수님이 이 땅에서 얼마나 많은 일을 하셨는가? 얼마나 능력의 일을 많이 하셨는가? 그런데 우리도 그런 일을 할 수 있다는 것이다. 어떤 사람이 할 수 있는가? 바로 지금까지 말씀하신 대로 아버지가 나타나신 예수 그리스도라는 것을 믿는 사람이다. 아버지와 아들이 하나임을 믿는 사람이다. 예수가 하나님의 아들이요 말씀이신 하나님 자신임을 믿는 사람이다. 이것을 믿는 것이 이토록 중요한 것이다. 이것을 믿는 사람은 예수님이 이 땅에서 하신 일을 그들도 한다는 것이다. 그리고 주님이 하신 것보다 더 큰일도 한다는 것이다.

성경은 참말이라면 진정한 진리이고 거짓이라면 엄청난 거짓말이다. 만일 이것이 거짓말이라면 이 세상에 이것보다 더 큰 거짓말은 없을 것이며, 만일 이것이 참말이라면 이는 정말 엄청나게 놀라운 말인 것이다. 만일 우리가 예수님이 하나님의 아들인 사실을 믿기만 한다면 예수 그리스도께서 이 땅에서 하신 일을 우리도 할 수 있게 된다. 요한복음 1장부터 11장까지 우리는 그분이 어떠한 일을 하셨는가를 보았다. 그런데 믿는 우리는 그러한 일을 할 수 있다고 말씀하신다. 또한 그보다 더 큰 일도 할 것이다. 그 이유를 말씀하신다. "이는 내가 아버지께로 감이니라" 이 짧은 말씀에서 우리는 교회를 본다. 예수께서 아버지께로 가셔서 하신 일은 무엇인가? 그분이 높이 들어 올려 지셔서 교회의 머리가 되신 것이다.

많은 그리스도인들이 이 구절을 개인적인 그리스도인에게 적용시키려고 애쓴다. 그러나 그리스도께서 부활 승천하시고 성령을 보내주심으로 이 땅에 일으키신 것은 교회이다. 교회가 아니고는 음부의 문을 이길 수 없고 대적을 이기는 능력과 권세를 충분히 발휘할 수 없다. 교회는 음부의 권세를 이기며 무엇이든지 묶고 풀 수 있는 권세를 가진다. 이는 그리스도의 부활과 승천을 통하여 얻으신 모든 것을 교회에 주셨기 때문이다. 바울에게 교회가 계시되기까지는 이 말씀의 충분한 적용을 우리는 알지도 못하고 체험하지도 못한다. 그러나 그리스도의 몸이 계시되었을 때 우리는 이 부분의 주님의 말씀이 충분히 체험될 수 있음을 믿는다(엡1:19-23).

13-14절, 너희가 내 이름으로 무엇을 구하든지 내가 시행하리니

이는 아버지로 하여금 아들을 인하여 영광을 얻으시게 하려 함이라 14 내 이름으로 무엇이든지 내게 구하면 내가 시행하리라

주님은 무엇이든지 개인에게 말씀하시는 것 같지만 사실은 교회에 말씀하신 것으로 보아야 한다. 그분이 아버지께 가시고 성령을 보내신 후 이 땅에는 더 이상 단독적인 그리스도인은 없다. 주님은 모든 그리스도 안의 신자들을 하나 안에, 그리스도의 몸 안에 두셨다. 그리고 지체가 되게 하신 것이다. 따라서 이 모든 기도들은 개인 보다는 교회로써 실행되어야 한다. 이는 매우 중요하고 중대한 계시임을 기억하기 바란다.

"너희가 내 이름으로 무엇을 구하든지"의 말씀에서 '너희가'는 복수이다. 주님은 교회의 최소 단위인 두 세 사람이 내 이름으로 모인 곳에 함께 하신다고 하셨으며 두 사람이 합심하여 기도하면 하늘에 계신 아버지께서 이루리라고 말씀하셨다. 우리는 주님의 많은 말씀이 교회가 아니면 적용될 수 없는 것을 볼 수 있다.

"내가 시행하리라". 사실 예수님은 다음 날이면 십자가에 죽으신다. 제자들이 그것을 볼 것이다. 그런데 너희가 앞으로 내 이름으로 무엇이든지 구하면 내가 다 시행해 준다고 말씀하시면 제자들은 혼동될 것이다. '너희들이 내 이름으로 구하면 하늘 아버지께서 다 이루어 주실 것이다'라고 하면 오해가 별로 없을 텐데, 주님은 그렇게 말씀하지 않으시고 "너희가 내 이름으로 무엇을 구하든지 내가 시행하리니"라고 하셨다.

13절에 와서는 주님 자신과 전능한 하나님을 나누지 않으셨다. 예수님은 지금 전능한 하나님의 위치에서 믿는이들의 구하는 것을 다 이루어 주실 것이라고 선포하시는 것이다. 예수는 이 땅에 계실 때보다 떠나신 후에 보좌에 오르셔서 믿는 이들의 모든 간구와 기도를 들으시고 그분의 이름으로 구하는 모든 것을 들으실 것이니 그분이 이 땅에서 하신 일 뿐 아니라 그보다 큰 일도 행하실 것이라는 말씀이다. 십자가에 달려서 죽으실 그 예수님이 하늘에 오르셔서 당신의 이름으로 구하는 모든 것을 다 시행할 하나님이 되실 것을 제자들이 믿도록 도와주고 계신다.

15절, 너희가 나를 사랑하면 나의 계명을 지키리라

진정한 믿음에는 사랑이 따라온다. 누군가 진정으로 예수를 믿었는지 보려면 그가 예수를 사랑하는지를 보면 된다. 주님을 진정으로 사랑하는 사람에게는 특징이 있는데, 그것은 계명을 지킨다는 것이다. 요한복음 14장은 정말 중요한 말씀이다. 이 말씀을 듣지 못하고 깨닫지 못하면 안 된다. 무엇이 그렇게 중요한가? 예수를 사랑하는 것이 중요한 것이다. 이런 말을 들으면 매일 듣는 말이라고 여길 것이다. 사실 평범한 말이 가장 중요하다. 그런데 사람들은 너무나 평범하기 때문에 그것을 간과하는 것이다. 그래서 일생의 축복을 놓치는 것이다.

오늘날 많은 설교자들이 빠지기 쉬운 유혹이 있다. 그것은 일상적인 평범한 이야기 대신에 아주 신기한 이야기를 찾아내서 사람들에게 어필하고자 하는 유혹이다. 그러나 성경에서 우리에게 가장 중요시하는 말씀을 놓쳐버린다면 우리는 다 놓쳐버리게 된다. 떠나시기 전에 주님은 제자들에게 사랑의 문제를 제기하셨다. "너희가 나를 사랑하면 나의 계명을 지키리라". 이는 21절에도 나온다. "나의 계명을 지키는 자라야 나를 사랑하는 자니 나를 사랑하는 자는 내 아버지께 사랑을 받을 것이요 나도 그를 사랑하여 그에게 나를 나타내리라". 하나님 아버지와 아들 예수는 자신을 사랑하는 사람, 계명을 지키는 사람을 사랑하신다는 것이다.

나는 예전부터 들을 때마다 궁금했던 찬송이 하나 있었다. 그것은 '사랑이 길이다, 지식을 따르면 안 된다, 사랑이 길이다'는 곡이었다. 들을 때마다 '이것은 무슨 뜻인가?'라고 생각했다. 사실 너무 당연하고 쉬운 이야기 같다. 그런데 이후 주님을 따르면서 많은 세월이 흘렀다. 내가 주님을 따른 지 햇수로 30년이 넘었다. 지금 와서 가장 마음속 깊이 느끼고 또 느끼는 것은 '주님을 사랑하는 것보다 더 중요한 것이 없다' 라고 하는 이 한 가지이다. 사랑하는 것보다 더 귀한 것은 없다.

주 예수는 다시 오실 것이다. 그리고 우리는 다 그 앞에 나타날 것이다. 다 주님을 만나게 될 것이다. 그런데 그때 문제가 되는 것이 무엇인지 아는가? 주님을 사랑하지 않은 사람이다. 그는 저주를 받게 된다. 고린도 전서

16장 22절을 보라. "만일 누구든지 주를 사랑하지 아니하거든 저주를 받을지어다 주께서 임하시느니라". '주께서 임하신다'는 말씀은 히브리어로 '마라나타'이다. '저주를 받을지어다'는 '아나테마'이다. 어떤 사람이 저주를 받는가? 예수를 사랑하지 않은 사람이다. 그들은 주님이 다시 오실 때(마라나타)에 저주를 받을 것이다(아나테마). 그러면 어떤 사람들이 주님이 다시 오실 때 상을 받고 칭찬을 받게 될 것인가? 디모데 후서 4장 8절에 따르면 주의 나타나심을 사랑하고 사모하는 자들이다. 그 마음에 진실하게 주님을 사랑하는 자들이다.

요한복음 14장에서 주님은 떠나시기 전에 제자들에게 그분을 따르는 비결을 가르쳐 주고 있으시다. 주를 따르는 가장 큰 비결은 주를 사랑하는 것이다. 스펄전이라는 설교자는 그날 주님 다시 오실 때는 이런 일이 벌어질 것이라고 말한바 있다. "학식 있는 신학교 교수, 유명한 복음 전도자, 존경받는 장로, 대중적인 목사, 활동력 있게 움직이는 집사들이 주님을 사랑하지 않는 자로 발견될 수 있습니다. 택한 자의 회중에서 거룩한 이름으로 성찬을 떼기 위한 모인 사람들 가운데도 주 예수 그리스도를 사랑하지 않는 자들로 발견되는 자도 있을 것이고 저주 아래 놓인 자들이 있을 것입니다."

우리는 주님을 사랑하는가, 사랑하지 않는가라는 이 문제에 대해서 답을 해야 한다. 요한복음 마지막 장에서 주 예수님이 베드로에게 물으셨다. "네가 나를 사랑하느냐". 예수를 사랑하는 문제는 해도 되고 안 해도 되는 것이 아니다. 주를 위해서 일만 많이 하고 전도만 많이 하고 봉사만 많이 하면 되는가? 그렇지 않다. 성경에서는 그것이 아니라 다른 모든 것보다 주를 사랑하라고 가르치고 있다. 사랑하는 여러분, 우리는 자칫하면 이 길을 잘못 갈 수 있다. 예수 그리스도는 떠나시기 전에 제자들에게 그분을 따르는 길에 대해서 말씀하셨다. 그러므로 미혹되지 말기 바란다. 오늘날 많은 사람들이 예수 그리스도에 대해 교리나 지식에 빠지도록 사람들을 가르치고 있다. 그저 맹목적으로 일하는 것만 가르친다. 열심히 일하는 것으로 주님 사랑하는 것을 대치해서 속임 당하고 세월을 낭비하도록 하는 것이다.

여러분이 앞으로 그리스도인의 생활을 10년, 혹은 20년, 30년, 얼마를 더

할지 몰라도 그 시간 동안 제대로 신앙생활 하지 않을 때 여러분의 인생은 좀먹게 되고 낭비된다는 것을 반드시 기억하기 바란다. 그러면 어떻게 해야 하는가? 주님을 사랑해야 한다. 속에 별로 사랑이 없는데 어떻게 할지 고민이 되는가? 그렇다면 기도해야 한다. 주님을 더 사랑할 수 있도록 도와달라고 기도해야 한다. 그래서 이 부분에서 보혜사 성령을 보내주신다고 약속하시는 것이다. 15절에서 주님을 사랑하는 문제, 계명을 지키는 문제를 말씀하시고는 16절에서는 보혜사를 말씀하신 것이다. 우리 스스로는 주 예수를 사랑하기 어렵기 때문이다. 보혜사란 '돕는 자(helper)'라는 뜻이다. 성령께서 우리가 주님을 사랑할 수 있도록 도와주신다. 여러분은 최소한 '주님, 제가 주님을 사랑할 수 있도록 도와주세요'라고 기도할 수 있다.

나에게는 아들이 하나 있다. 이 아들이 중학교 때 속을 좀 썩였다. 나와 아내는 아들 때문에 몇날며칠 많은 고민을 했었다. 지금은 주님의 은혜로 주님을 섬기고 부모의 기쁨이 되는 아들이 되었지만 중학교 때는 그렇지 않았다. 당시에도 나는 주님을 섬기는 상태였기에 이 아들 때문에 우리 가족이 다 시골로 내려가서 농사지으려고까지 생각할 정도였다. 자식이 말을 안 듣는데 무슨 설교를 하며 어떻게 하나님을 섬기겠는가? 고민을 많이 했다. 그때 아들이 잘못한 것이 한 가지 있는데 친구들과 함께 담배를 피우는 것이었다. 친구들과 어울리다보니 일 년 선배들이 꼬이는 바람에 담배를 피우기 시작했던 것이다. 그것을 알게 된 담임선생님이 나와 아내를 학교로 불러서 알려준 것이다. 나는 그 문제로 인해서 한 달 동안이나 아내와 밤잠 못자면서 고민했다. 아들은 친구들과 함께 어울리면서 계속 빠져들고 있었다. 그때 아들에게 매를 대었다. 마음이 너무나 아팠다. 아들은 아들대로 아주 어렵고 부모는 부모대로 어려웠다. 눈물의 시간들을 많이 보냈다. 그런데 어느 날 아들이 나에게 편지를 썼다. '아빠, 저도 잘하고 싶은데 안 돼요. 저를 좀 도와주세요' 나는 그 편지를 읽으면서 참 눈물이 났다. 어떻게 도와줄 것인지 생각했다. 대화도 많이 하고 가깝게 지내려고 노력했다. 우리는 하나님을 섬기는 사람들이기에 항상 바쁘고 아들하고 커뮤니케이션이 잘 되지 않았었다. '그래, 내가 어떻게 하면 아들하고 눈높이를 맞추어서 사랑의 대화를 많이 나눌 수 있을까?' 고민을 많이 했다. 나는 진정 내 아들을 돕고 싶었다. 그리고 자녀들을 데리고 대만에 한 번 갔다. 자녀들에게 시간을 제대로 못 내어주었던 하나의 보상이기도 했다. 그런데 나는 대만에 가서 쓰러지게 되었고 그후로 2년 동안 깊은 질병과 시름 속에 아픈 세월을 보냈다. 하지만 아들은 그 후 고등학교와 대학을 졸업하고 군대를 다녀온 후 부모를 순종하는 성실한 아들로 변했다. 누가 그렇게 했는가? 주님이 그렇게 하신 것이다. 주님이 그가 그렇게 되도록 도와주신 것이다. 여기에 한 가지가 있다면 아빠와 엄마의 아들에 대한 사랑이다. 사랑이 결국 아들의 마음을 감동시킨 것이 아닐까!

내가 하고 싶은 말은 이것이다. 내가 자녀를 도와주는 것보다 하나님은 더 잘 도우실 수 있는 분이 아니신가? 하나님은 더 능력 있으시고 또 도와줄 마음도 더 있으시고 또 실제로 그렇게 하신 분이시다. 그것을 위해서 우리에게 성령을 보내주셨다. 그러므로 여러분은 방향만 잘 잡으면 되는 것이다. '아, 주님을 사랑하는 것이었구나…주님 따르는 길이 다른 것이 아니라 주님을 사랑하는 것이구나!'라고 알면 된다. 거기에 길이 있다.

그런데 아무리 사랑하려 해도 잘 안되고 자꾸만 세상을 더 사랑하려 하고 물질이 사랑스럽고 다른 것이 더 사랑스러운가? 주 예수님을 사랑해 보려고 하는데 잘 안 되는가? 그러면 방법이 있다. 다른 것은 못해도 내 아들이 내게 요청했던 것처럼 아버지께 도움을 청하면 된다. 기도하면 된다. '아버지, 저를 좀 도와주세요 사랑할 수 있게 도와주세요. 이 세상의 다른 것들은 다 무시하고 무엇보다도 주 예수를 가장 사랑하게 도와주세요' 이것은 할 수 있지 않은가? 그러면 아버지는 반드시 도와주실 것이다. 이미 돕는 자를 보내주셨다. 돕는 자가 없으면 우리가 도저히 안 될 것을 아셨기에 예수님은 아버지께 구하셔서 보혜사 성령을 우리에게 주신 것이다.

16절, 내가 아버지께 구하겠으니 그가 또 다른 보혜사를 너희에게 주사 영원토록 너희와 함께 있게 하시리니

이 구절에서 보혜사란 성령을 일컫는 말이다. 육신으로 오신 예수 그리스도는 떠나시지만 보혜사로 오시는 성령은 영원히 함께 하신다는 말씀이다. 이와같이 14장은 그분이 떠나시기 전에 제자들에게 가장 필요하고 위로가 되는 말씀을 주고 계시다. 또한 이제부터 그들을 돌보시는 방식이 바뀔 것을 말씀하신다. 헬라어로 보혜사란 '파라클레토스(παράκλητος)'이며 '파라(παρά)'란 '곁에'를 의미하고 '클레토스(κλητος)'란 '도움'이나 '지지'의 사상을 전달한다. 즉 보혜사는 옆에서 돕는 자란 뜻이다. 즉 보혜사는 우리의 가까이에서, 또 옆에서 우리를 돕고 지켜보시며 지지해주는 일을 하시는 분이다. 여기서 주 예수님은 제자들을 떠나시지만 또 다른 보혜사를 보내주셔서 그들과 영원히 함께 있게 해주시리라는 약속을 주신다. 현재 제자들에게는 첫 번째 보혜사가 계시다(그 때는 보혜사이신 성령께서 예수 안에 계셨다). 그분은 육신으로 오신 주 예수이시다. 그러나 그분은 이제 십자가로 나아가려고 하고 계신다. 그분은 십자가와 죽음을 통하여서 그분 자신을 성령 안에 계시게 하셔서 우리 안으로 오시도록 하신다. 주 예수님은 근심하는 제자들에게 '영으로 새롭게 도와주실 또 다른 보혜사'를 보내주시도록 아버지께 구하시겠다고 하신다.

17절, 저는 진리의 영이라 세상은 능히 저를 받지 못하나니 이는 저를 보지도 못하고 알지도 못함이라 그러나 너희는 저를 아나니 저는 너희와 함께 거하심이요 또 너희 속에 계시겠음이라

그는 진리(실제)의 영이시다. 모든 영적 실제들은 이제 성령 안에 있다. 예수의 모든 실제를 우리는 오늘 성령으로 체험할 수 있다. 이것은 매우 놀라운 일이다. 그런데 이 실제의 영은 오직 믿는 이들과만 관계가 있고 세상과는 아무 관계가 없다. 왜냐하면 세상 사람들은 그분을 보지도 못하고 알지도 못하기 때문이다. 세상은 왜 성령을 받지 못하는가? 예수를 알지 못하기 때문이다. 주 예수를 알고 본 자들은 실제의 영인 성령을 받게 된다. 어떤 사람이 알지도 못하는 음식을 먹을 수 있겠는가? 보지도 알지도 못한 사람을 집에 들이겠는가? 그러나 제자들은 예수를 알기에 성령을 받을 수 있다. 누구든지 자기 안에 거하시는 성령을 알 수 있다. 이 구절에서 '너희 속에'라는 말은 매우 중요한 말이다.

이는 구약 에스겔 36장 27절 말씀의 성취이다. 신약의 귀한 점은 성령께서 성도들의 안에 거하셔서 그들의 보혜사가 되신다는 점이다. 제자들은 당시에 육신으로 계신 주님을 체험하였다. 그분과 함께 먹고 마셨으며 그분의 말씀을 바로 앞에서 들었다. 그러나 오늘의 시대는 주 예수께서 성령으로 우리 안에 오셔서 우리로 예수를 내적으로, 주관적으로 체험하게 하신다. 제자들이 더 축복인가? 우리가 더 축복인가? 우리는 주 예수를 안에 모시고 체험하는 시대에 살고 있다. 따라서 주 예수는 우리 안에서 더욱 더 실제적이 되셨다. 이것이 신약의 커다란 축복이다. 실상 이 구절에 '너희 속에'란 말은 시대가 바뀜을 알리는 말씀이다. 기껏해야 제자들은 주 예수를 곁에서 만지고 누릴 수 있었다. 그러나 이제 우리는 우리 안에 사시는 주 예수를 매 순간 매 시간 체험하며 누릴 수 있다.

구약시대는 하나님께서 밖의 율법으로 우리를 가르치시는 시대였다. 그러한 가르침은 통하지 않는다. 원래 타고날 때부터 수학을 잘못하는 사람은 수리개념에 약하고 미분적분을 보기만 해도 머리에 쥐가 나려고 한다. 그런 사람에게 아무리 수학에 뛰어난 가정교사를 붙여서 가르쳐도 진보하기란 거의 불가능에 가깝다. 이것이 모세의 율법의 한계이다. 차라리 그 수학 천재의 유전자를 수학을 못하는 사람에게 주입할 수만 있다면 그도 그 유전자를 인하여 수학을 잘할 수 있게 된다. 왜 주 예수께서 이제 우리 안에 오시는가? 밖에서 우리를 가르치는 방법으로는 우리를 바꿀 수 없기 때문이다. 그분은 이제 우리 안에 들어오셔서 속에서부터 우리를 바꾸시고 우리 안에서 항상 실패하는 우리를 위해 대신 살아주시러 오셨다(갈2:20). 만일 여러분이 여러분 안에 사시는 그리스도께서 모든 것을 가르치시고 행하실 것이라는 믿음을 갖고 있다면 매일 그리스도의 역사를 볼 것이며 기적은 매일의 체험이 될 것이다. 여러분이 할 수 없었던 사랑을 할 것이며 여러분이 갖지 못했던 지혜와 의로움과 거룩함을 갖게 될 것이다(고전1:30).

18절, 내가 너희를 고아와 같이 버려두지 아니하고 너희에게로 오

리라

18절의 '내가'라는 말을 주의하기 바란다. 이 구절의 '나'는 16절의 보혜사이다. 주 예수님은 17절에서 '저(He)'라는 대명사를 썼지만 18절에는 '나(I)'라고 바꾸신다. 여기서 우리는 주 예수님과 또 다른 보혜사인 성령이 다른 분이 아님을 알게 된다. 삼위일체 하나님의 비밀이 여기에 있다. 16절과 17절은 예수께서 구하시는 분이며 아버지는 보혜사를 보내시는 분이며 18절에서 성령은 우리를 고아와 같이 버려두지 않고 돌보시기 위해 오시는 분이다. 그러나 사실은 셋이자 한 분이시니 어찌 비밀이 아닐소냐! 17절의 진리의 영인 '그'는 18절의 '나'로 바뀐다. 고아와 같이 버려두지 않고 우리에게 오시는 분은 분명 성령이시며 보혜사이신데 그분은 우리의 보호자와 아버지처럼 우리를 돌보러 오신다.

고아란 범사를 돌볼 아버지가 없는 자식을 일컫는다. 그러나 주 예수님은 이 땅에 남은 제자들을 위하여 보혜사를 보내시는데 그분은 다만 능력이나 기적을 위한 분이 아니라 우리의 범사를 아버지처럼 돌보시는 성령이시다. 따라서 우리 안에 사시는 분은 삼위일체 하나님이시다. 우리 안에는 하나님을 모시고 있다. 따라서 신약의 성도들은 하나님의 성전이 된다(고전3:16).

19절, 조금 있으면 세상은 다시 나를 보지 못할 터이로되 너희는 나를 보리니 이는 내가 살았고 너희도 살겠음이라

세상 사람들은 주님을 보지 못하게 된다. 왜냐하면 그분은 성령으로 보이지 않게 강림하시기 때문이다. 그러나 제자들은 주님을 보게 된다. 이는 주님이 부활하시며 성령으로 다시 오실 것이기 때문이다. "너희도 살겠음이라". 당시에 제자들은 죽어 있다는 것이다. 죽어 있으니 어떻게 사랑하겠는가? 성령이 오실 때에게 그들은 살게 되는 것이다. 여기서 죽었다는 말은 감각이 죽었다는 것이다. '네가 이것을 먹는 날에는 정녕 죽으리라'고 하셨는데도 아담은 선악과를 먹은 후에도 여전히 살았다. 그러므로 이때 죽었다는 것은 하나님에 대한 감각이 죽었다는 것을 의미한다. 하나님을 알 수 있고 느낄 수 있고 하나님과 소통 할 수 있는 감각이 죽었다는 것이다. 그런데 보혜사 성령을 보내주셨을 때 살아난다는 것이다. "내가 살았고 너희도 살겠음이라". 살아날 때에서야 사랑할 수 있다.

20절, 그 날에는 내가 아버지 안에, 너희가 내 안에, 내가 너희 안에 있는 것을 너희가 알리라

여기서 '그 날'이란 보혜사가 오시는 날을 의미한다. 그날에서야 그리스도께서 아버지 안에 우리가 그리스도 안에 그리스도께서 우리 안에 계시게 됨을 알게 된다고 말씀하신다. 성령이 강림하실 때에서야 우리는 그리스도와 교회의 완전한 연합을 알게 된다. 오순절 날은 이를 증명하였다. 이 말씀은 시대의 전환을 알리는 말씀이다. 그분은 십자가의 죽음과 부활, 보혜사 성령의 보내주심을 통하여 하나님과 사람의 완전한 연합을 이루려 하신다. 삼위일체 하나님과 사람의 완전한 연합은 성령이 오심으로 성취된다. 사람은 놀라운 존재이다. 하나님과의 완전한 하나를 이룰 수 있는 존재란 말이다. "내가 아버지 안에, 너희가 내 안에, 내가 너희 안에" 이러한 상태가 성령을 받은 신약의 성도들의 정상적인 상태이다. 아멘.

21절, 나의 계명을 가지고 지키는 자라야 나를 사랑하는 자니 나를 사랑하는 자는 내 아버지께 사랑을 받을 것이요 나도 그를 사랑하여 그에게 나를 나타내리라

사랑하는 여러분, 나는 여러분이 주님을 사랑하는 자들이 되기를 바란다. 그럴 때에 아버지도 여러분을 사랑을 해주고 예수님도 사랑을 해주신다고 말씀하신다. 이 땅에서도 부모의 사랑을 듬뿍 받고 자란 사람들은 좋은 사람들이 된다. 반대로 부모의 사랑이 결핍된 사람들은 비뚤어지고 모나게 되는 것이다. 그렇다면 어떤 그리스도인이 좋은 그리스도인 되는가? 아버지와 아들 예수의 사랑을 많이 받은 사람이다. 어떤 사람은 요한,

베드로, 바울은 예수의 사랑을 많이 받은 사람들이라고 말하기도 했다. 그렇기 때문에 다른 사람이 보아도 복된 사람으로 보인다는 것이다. 여러분도 하나님의 사랑을 많이 받는 사람들이 되기 바란다. 그것이 비결이다. 일을 많이 하는 것이 아니다. 하나님의 사랑을 많이 받는 것이다. 그 비결은 또한 예수를 사랑하고 계명을 지키는 것이다.

여러분은 주 예수를 사랑하는가? 나는 엊그제 새벽에 한 시간 정도 기도한 후에 찬송시를 하나 썼다. 주님을 사랑하는 마음에 감동이 되어 써내려갔다.

주 사랑합니다 마음 다하여
나 위해 죽은 구주 예수를 참 사랑합니다
온 우주보다도 목숨보다도
내 생명되신 구주 예수를 참 사랑합니다

날 도와주소서 더 사랑하도록
모두 버리고 한 분 주님만 사랑할 수 있도록
주 순종하도록 충성 다하도록
날 사랑하신 주 예수께서 날 도와주소서

나는 생각해 보았다. 우주보다도 주님을 사랑하는가? 만약 내게 온 우주를 준다고 한다면 그것을 내려놓고 주님을 더 사랑할 수 있을까? 그렇지 않다면 이런 고백을 할 수 없을 것 같았다. 그런데 잠시 생각할 때 주님이 우주보다 더 귀하다고 느껴졌다. 또한 목숨보다도 그분이 사랑스러운가? 어떻게 내 마음속에도 없는 것을 찬송시로 지을 수 있겠는가! 그리고 2절에서는 나를 도우시라는 고백을 했다. 그렇다. 도와달라고 하면 된다. 이것이 가장 축복된 길이다. 다른 것 구하지 말라. 오직 예수를 사랑할 수 있는 길을 찾기 바란다. 잠언 8장 17절은 "나를 사랑하는 자들이 나의 사랑을 입으며 나를 간절히 찾는 자가 나를 만날 것이니라"라고 했다.

하나님의 특별한 사랑

요한복음 14장 21절에서 '나를 사랑하는 자는 내 아버지께 사랑을 받을 것'이라고 할 때의 이 사랑은 하나님이 보편적으로 인류를 사랑하는 그 사랑과는 다르다. 이것은 보다 특별한 사랑이다. 물론 하나님은 선인이나 악인이나 다 사랑하신다. 은혜를 모르는 자도 사랑하신다. 그것은 하나님의 보편적인 사랑이다. 그러나 이 구절에서 아버지께서 사랑하신다고 하는 것은 그런 보편적인 사랑이 아니라 매우 특별한 사랑을 의미하는 것이다.

우리는 하나님으로부터 그런 특별한 사랑을 받을 수 있는 자격이 있다. 여러분이 사람이기에 그렇다. 사람이라면 아버지의 사랑을 받을 충분한 자격을 갖고 있다. 동물은 안 된다. 하지만 사람이라면 되는 것이다. 예수를 많이 사랑하면 아버지는 여러분을 사랑하실 것이다. 그 이유를 아는가? 이 예수는 하나님의 유일한 사랑의 대상이기 때문이다. 영원 전부터 영원 후까지 아버지는 아들을 사랑하신다고 했다. 그러므로 우리가 아들을 사랑할 때 아버지는 아들을 사랑하는 공감대 안에서 우리 역시 사랑하지 않으실 수 없는 것이다.

기독교는 무엇을 가르치는가? 성경은 우리에게 무엇을 가르치고 싶어하는가? 아들 예수 그리스도를 사랑하라는 것이다. 그것이 언뜻 생각할 때 하나의 명령 같지만 그렇지 않다. 강요하는 것 같지만 사실은 그렇지 않다. 이것은 진리이다. 진리란 이 세상에서 가장 합리적이고 옳은 이치라는 것이다. 만약 예수를 알고도 사랑하지 않는다면 그것은 이치에 맞지 않는 것이라는 뜻이다.

생각해보라. 그분은 하나님이시다. 원래는 영광 보좌에 계신 분이신데 그 모든 영광을 버리고 낮아지셨다. 위엄의 보좌를 떠나서 어느 날 비천한 말구유에서 출생하셨던 것이다. 그것은 우리를 위한 것이었다. 연약한 아기의 모습으로 강보에 싸여 말구유에서 태어나신 인자는 공생애 동안에 머리 둘 곳도 없으셨다. 사람들은 그분을 받아들였는가? 아니다. 자기 땅에 오시매 자기 백성이 영접하지 않았다. 거절당하시고 멸시만 받으셨다. 사람들에게 싫어버린바 되었다고 기록되어 있다. 그분의 인생은 질고의 인생이었다.

또한 주님은 우리를 건강하게 하기 위해서 아픔을 당하셨다. 예수를 제대로 믿은 사람들은 그래서 건강의 축복도 받는다. 죄악된 삶은 사람의 몸을 망친다. 예수 믿기 전에 죄로 물든 몸으로 많은 병을 얻었던 사람들은 그래서 예수를 믿은 후에 건강해지는 경우가 많이 있다. 예수를 믿은 때부터 그리스도의 능력이 그들 속에 역사하시기 때문이다. 주님이 채찍에 맞으시고 질고의 인생을 사심으로 우리의 약함과 질병을 담당하셨다고 성경은 말한다. 우리에게 건강을 주시기 위해서 그 분은 채찍에 맞으시고 질고를 당하셨다는 것이다. 그러므로 죄악된 인생으로 망친 몸을 주님이 이미 회복시켜 주심으로 축복을 누리고 있는 성도들이 많이 있을 것이다. 그 배후에는 주님이 계시는 것이다. 주님의 질고의 인생이 있다. 채찍에 맞으신 주님이 계시는 것이다. 그런데도 여러분은 그 주님을 사랑하지 않을 수 있겠는가?

여러분의 죄를 용서하기 위해서, 그 죄로 인한 죄와 저주와 사망과 영원한 지옥을 면하게 하기 위해서 십자가에 달려 피 흘리신 그 예수를 사랑하지 않을 수 있겠는가? 사랑하지 않는다면 그것이 합당한가? '나는 사랑하기 싫은데 왜 나더러 사랑하라고 하는 것입니까?'라고 한다면 그것은 과연 이치에 맞는 말인가? 그렇다면 그는 과연 주님을 믿은 사람이라고 말할 수 있는가? 그것은 이치에 맞지 않는다는 것이다. 믿었다면 어떻게 주님을 사랑하지 않을 수 있단 말인가?

겟세마네에서, 십자가에 달리시어 고민하시며 탄식하시며 기도하신 예수님이 여러분들의 죄 때문에 그렇게 하셨다는 것을 한 번쯤 생각해 볼 필요가 있다. 예수님은 땀이 피가 되도록 고뇌하시면서 기도하셨다. 사람이 극심한 고뇌 가운데 이르면 피땀을 흘린다는 것은 의학적으로도 증명이 된다고 한다. 겟세마네에서 주 예수님은 제자들이 보이는 데서 아버지께 기도를 하셨다. 그것이 우리와 관계가 없는 것인가? 우리가 주 예수를 믿었다면, 죄 용서를 받았다면, 겟세마네에서 고민하시며 아버지께 기도하신 우리 구주 예수를 어떻게 사랑하지 않을 수 있겠는가!

그분은 빌라도의 재판석에 가셨다. 사람들에게 침 뱉음을 당하셨다. 그들은 주님을 조롱하며 날카로운 가시 면류관을 주님의 머리에 눌러 씌웠다. '네가 유대인의 왕이라면 면류관을 써라, 왕이면 홀이 있어야 될 것 아닌가!' 그들은 갈대로 홀을 만들어 쥐어주었다. 주님은 이토록 멸시를 받으셨다. 누구 때문인가? 우리의 죄로 인함이다. 모두 우리가 당할 수치였다. 우리는 일생토록 너무 많은 죄를 지었기에 심판대 앞에 드러날 때 너무나 수치스러울 것이다. 그 모든 수치를 예수님이 담당하시기 위해서 그분은 우리를 대신해서 수치를 당하신 것이다. 주님이 당하신 모든 것이 이렇게 우리와 직접적인 관계가 있는데 우리가 어떻게 이 예수를 사랑하지 않을 수 있는가?

심판받고 지옥으로 떨어져서 불못에서 영원히 고통받을 우리를 구출하기 위해서 주님은 피를 흘리지 않으면 안 되셨다. 양발에 못을 박히고 여섯 시간 동안 피를 쏟으셨다. 로마 병정이 옆구리를 찌른 창이 심장을 뚫고 피와 물을 다 쏟게 만들었다. 여러분은 한 번쯤은 겟세마네를 가봐야 되지 않겠는가? 그 심판석에 가봐야 되지 않겠는가? 십자가 밑에 한 번 서보아야 하지 않겠는가? 그분이 여러분의 구주라면, 여러분이 그 예수를 믿었다면 그분의 발자국을 한 번 따라 가봐야 하지 않겠는가? 십자가를 지고 골고다 언덕까지 가신 그 발걸음을 따라서 가봐야 하지 않겠는가? 그분이 여러분을 위해서 죽으신 예수라면 여러분과 관계가 있지 않은가? 그분의 십자가 밑에서 그 머리와 채찍에 맞은 등과 손과 발에서 흐르는 피를 바라보아야 하지 않겠는가? 여러분이 그 피로 인하여 용서를 받았는데, 주님의 온 몸에서 쏟아지는 그 피를 한 번은 바라보아야 할 것 아닌가? 그리고 스스로에게 한 번 질문을 해보기 바란다. '이 예수를 나는 어떻게 할 것인가?'

말씀에 이렇게 되어 있으니 구원받았다고 말하는 사람들이 많이 있다. 예수님이 과연 그렇게만 대할 수 있는 분인가? 예수는 나에게 있어서 단지 그런 지식 안에 있는 분인가? 아니다. 그분은 인격이시다. 여러분은 그분과 반드시 사랑의 관계를 맺어야 한다. 그렇지 않으면 여러분의 신앙생활은 잘못된 것이다.

예수님은 십자가에 죽으셨을 뿐 아니라 결국 부활하셔서 하늘 보좌에 앉으셨다. 승천하셔서 여러분을 위해 선물을 준비하셨다. 이를 신약 성경에서는 은사(gift)라고 말한다. 우리 가운데도 그런 은사들이 나타난다. 말씀을 전하고 가르치는 것을 볼 때 '아, 이것은 은사들이다'라고 알게 된다. 하지만 여러분은 은사를 자랑하지 말라. '내가 언제 성경을 알아서 말씀을 이렇게 잘 전하는가? 내가 생각해도 참 놀랍도다'라고 하지 말라. 그것은 모두 선물이다. 부활하신 주님이 승천하셔서 선물로 주신 것이다. 여러분이 다 주님을 사랑하기 때문에 받은 은사이다. 나도 마찬가지이다. 내가 오늘날 섬길 수 있는 작은 사역은 다 은사이다.

그리고 그분은 아버지 집에 거처를 예비하시고 온 땅을 다스리신다. 여러분을 위해서 모든 만물을 다스리고 계신다. 지금 온 세상의 정세는 다 여러분들을 위해서 이렇게 돌아간다고 생각하면 된다. 그리고 주님은 다시 오실 것이다. 여러분을 데리고 가실 것이다. 여러분은 이러한 예수를 어떻게 대할 것인가?

23절, 사람이 나를 사랑하면 내 말을 지키리니 내 아버지께서 저를 사랑하실 것이요 우리가 저에게 와서 거처를 저와 함께 하리라

요한복음 14장의 말씀은 예수 그리스도께서 이 땅을 떠나시기 바로 직전에 주신 유언과도 같은 말씀이다. 여기서 강조하는 것은 '하나님을 믿으니 또 나를 믿으라'고 했듯이 예수를 믿는 것과, 또 예수를 믿는 사람은 예수를 사랑한다는 것이다. 진실로 예수를 믿는 사람들은 예수를 사랑하게 된다. 예수를 사랑하는 사람은 예수 그리스도의 계명을 지킨다. 어떤 사람이 예수를 진실로 믿었는가를 알려면 그가 예수를 사랑하는가를 봐야 한다. 진실로 예수를 믿었는데 예수를 사랑하지 않는 일은 없다. 갈라디아서 5장에서는 '사랑으로 역사하는 믿음'을 말했다. 정상적인 믿음이라면 사랑이 그 속에서 역사하게 되어 있다. 디모데 전서 1장은 '거짓 없는 믿음에서 나오는 사랑'을 말했다. 믿음에서 사랑이 나오는 것이다.

여러분은 진실로 믿었는가? 그렇다면 반드시 주 예수를 사랑하게 된다. 주 예수를 사랑하는 사람에게는 한 가지 특징이 있는데 예수의 말씀을 사랑하고 지킨다. 그분이 진정 어떻게 말씀하셨는지를 알고 싶어 한다. 매일 말씀을 보고 싶고, 그 뜻을 알고 싶고, 마음속에 간직하고 싶고, 그 말씀대로 살고 싶은 마음이 생긴다. 이것은 자동적인 현상이다. 주님의 마음속에는 무엇이 있을까? 내가 어떻게 해야 주님이 기뻐하실까? 내가 어떻게 말해야, 행해야 주님이 기뻐하실까? 이것은 사랑하는 사람들이 갖는 심리이다. 하나님은 그런 사람들을 사랑하신다고 했다.

성경은 이처럼 우리가 그분을 사랑해야 한다고 가르치고 있다. 여러분이 진정으로 주님을 사랑한다면 자연히 말씀을 지키는 사람이 될 것이다. 그 말씀대로 살고자 하기 때문에 말씀을 배우려고 하고 알고자 하는 것이다. 주님을 사랑할수록 갈망이 더 생긴다. 그래서 작은 한 말씀이라도 순종하고 싶고 무슨 뜻인지 알고 싶은 것이다. 연인들이 러브레터를 주고받으면 상대방의 편지를 읽고 또 읽는다. 사실 별 뜻도 없는데도 마치 거기에 깊은 뜻이 있는 것처럼 확대 해석하기도 한다. 사실 쓴 사람은 별다른 뜻이 아닌데도 혼자 읽으며 좋아하는 것이다. 그러나 성경에는 실제로 깊은 뜻이 있다.

주님을 사랑한다면 주님이 주신 말씀 한 구절 한 구절이 무슨 의미인지 알려고 할 것이다. 성경은 주님이 우리에게 보내신 사랑의 편지이다. 그러하기에 읽고 또 읽어서 이것이 과연 무슨 뜻인가를 알아서 그 말씀대로 살고자 하는 마음이 자연적으로 생기는 것이다. 그것이 주님을 사랑하는 사람들의 특징이다. 그러므로 여러분은 하나님의 말씀인 성경을 부지런히 연구하고 배우셔서 그 말씀대로 살려고 힘써야 한다. 그것이 그리스도인의 최고의 축복이다. 주님을 사랑하는 자들은 주님의 말씀을 잘 간직하고, 소중히 여기고, 잘 지키는 자이다. 마음에 늘 그 말씀을 새기려 할 것이다. 그럴 때 '내 아버지께서 저를 사랑할 것이고 우리가(아버지와 아들) 저희에게 와서 거처를 저와 함께 하리라'고 하셨다.

그리스도인이라고 다 똑같지 않다. 아버지와 아들이 여러분을 특별히 더 사랑한다면 그 사람은 보기에도 아주 귀한 사람이 된다. 주님을 사랑하면 그 사람은 달라진다. 주님을 따라 길을 잘 걸어간다면 훗날 여러분은 자신이 변화된 것을 간증할 수 있을 것이다. 정말 주님을 사랑하며 이 길을 가

보라. 여러분의 신분이 바뀌는 것을 스스로도 알게 되고 남들도 알게 된다. 사람들이 보기에도 '아, 저 사람 참 귀하구나' 하도록 변화된다. 이유가 무엇인가? 주님을 사랑하고 말씀을 지키고 살면 아버지께서 저를 사랑하고 아들도 사랑함으로 그에게 오셔서 거처를 함께하시기 때문이다. 이것은 작은 일이 아니다. 주님은 아무나에게 오셔서 함께하지 않으신다. 이 땅에 계셨을 때 주님은 베다니 집은 자주 가셨어도 다른 곳은 잘 안 가셨다. 주님은 정말 그분을 사랑하는 자들에게 가셨다. 예루살렘에 좋은 집들이 많았겠지만 주님은 작은 베다니 집에 가셔서 그들과 함께 거하셨다.

주님은 오늘도 어떤 자들과 거처를 함께 하시는가? 진정으로 주님을 사랑하는 자들이다. 스펄전은 '그분으로 하여금 거처를 여러분에게 정하게 하라. 그러면 그분은 충분한 숙박료를 내실 것이다'라고 했다. 이것이야말로 남는 장사인 것이다. 여러분의 거처를 그분에게 빌려 드리라. 하나님이 거하시는 곳은 천국이다. 주님이 여러분 안에 거하시면 여러분 안은 천국이 되는 것이다. 거기에는 정금 길이 깔릴 것이다. 여러분 속은 진주와 보석으로 꾸며질 것이다. 그분은 그런 곳이 아니면 거하시지 않으신다. 여러분 속은 환하게 빛으로 비춰어 있고 거룩함으로 가득할 것이며, 왕의 행차하심으로 인해 천군천사들이 여러분을 지킬 것이고 주목할 것이다. 그분이 오시면 놀라운 일들이 일어난다. 지극히 존귀하고 행복한 삶으로 변할 것이다.

이러한 삶을 살고 싶지 않은가? 그래야 후회 없는 그리스도인의 인생을 살게 된다. 오늘 여러분은 이 길을 발견했으리라 믿는다. 그렇다면 간절히 사모하는 마음으로 주님께 기도하라. '주님! 나를 도와주세요. 주님을 사랑할 수 있도록, 최고로 사랑할 수 있도록 저를 도와주세요. 지금 상태로는 부족하오니 내속에서 주님을 사랑하는 마음이 샘솟듯 솟아나게 해주세요. 더 사랑하도록 성령이시여 나를 도와주소서' 아멘.

24절, 나를 사랑하지 아니하는 자는 내 말을 지키지 아니하나니 너희의 듣는 말은 내 말이 아니요 나를 보내신 아버지의 말씀이니라

24절은 23절에 반대되는 내용이다. "나를 사랑하지 아니하는 자는 내 말을 지키지 아니하나니". 24절은 23절에 반대되고 대립되는 내용이다. 23절은 나를 사랑하는 자는 내 말을 지킨다고 말하고 24절은 나를 사랑하지 않는 자는 내 말을 지키지 않는다고 말한다. 진실로 주님을 믿는 자는 주님을 사랑하지 않을 수 없다는 것이다. 그렇지만 예수님은 '나를 사랑하지 않는 자도 있다'는 암시를 주신다. 그것을 어떻게 아는가? 그들은 주님의 말을 개의치 않는다는 것이다. 주님의 말씀에 대해서 관심이 없다. 지키려고도 하지 않는다. 그런 사람은 주님을 사랑하지 않는 사람이다. 그러나 주님을 사랑하지 않아도 괜찮은가? 사도 바울은 주님을 사랑하지 않으면 주님이 오실 때에 저주를 받을 것이라고 했다. 우리가 예수 그리스도를 사랑해도 되고 사랑하지 않아도 되는 것이 아니다. 사랑하지 않는 사람들은 커다란 위험에 빠지게 된다는 것이다.

주님께서는 '너희의 듣는 말은 내 말이 아니라 나를 보내신 아버지의 말씀이다'라고 하셨다. 주님의 말씀은 다 하나님 아버지의 말씀이다. 그러므로 그 말씀을 지키는 사람과 지키지 않는 사람과의 차이는 큰 것이다. 성경을 소홀히 여기지 말라. 성경은 아버지의 말씀이다. 아들의 말씀이며 또한 성령의 말씀이다. 하나님의 말씀이다. 그러니 우리가 어떻게 이를 소홀히 할 수 있겠는가? 하루라도 말씀에서 떨어져서 살면 안 된다. 늘 말씀과 함께 말씀으로 인해서 생활하기 바란다.

26-27절, 보혜사 곧 아버지께서 내 이름으로 보내실 성령 그가 너희에게 모든 것을 가르치시고 생각나게 하시리라 27 평안을 너희에게 끼치노니 곧 나의 평안을 너희에게 주노라 내가 너희에게 주는 것은 세상이 주는 것 같지 아니하니라 너희는 마음에 근심도 말고 두려워하지도 말라

예수님은 이 땅을 떠나시면서 남아있는 제자들에게 어떻게 해야 할지를 알려주고 계신다. 첫 번째는 '나를 믿으라'는 것이고 두 번째는 '사랑해야 한다, 사랑하면 내 말을 지켜야 한다'는 것이다. 그러나 이렇게 하려고 할 때 여러분 스스로는 어려울 것이고 능력이 부족할 것이다. 그러하기에 보혜사를 보내서 우리를 도와주리라고 약속하셨던 것이다.

"보혜사 곧 아버지께서 내 이름으로 보내실 성령". 보혜사에 대해서는 이미 16절에서 말한 바 있다. "내가 아버지께 구하겠으니 그가 또 다른 보혜사를 너희에게 주사 영원토록 너희와 함께 있게 하시리니". 여기에는 내(아들)가 나오고 아버지가 나오고 보혜사 성령이 나온다.

삼위일체 하나님

요한복음 14장은 매우 심오한 장이다. 여기서 우리는 삼위일체 하나님의 비밀을 조금 볼 수 있다. 분명히 예수는 아버지를 하나님이라고 말하고 자신은 '나'라고 말했다. 1절에서는 "너희는 마음에 근심하지 말라 하나님을 믿으니 또 나를 믿으라"고 하셨다. 그렇다면 하나님이 계시고, 예수가 따로 계신 것 같지 않은가? 16절도 마찬가지이다. "내(예수)가 아버지께 구하겠으니 그가 또 다른 보혜사를 너희에게 주사". 나와 아버지가 따로 있는 것 같다. 또한 보혜사도 따로 있는 것 같다. 그래서 신학자들은 '삼위'라고 했다. 그러나 사람처럼 각각 세 명으로 나누어진 존재가 아니다. 그래서 '일체'라고 했던 것이다.

9절에서는 빌립에게 "나를 본 자는 아버지를 보았거늘"이라고 하셨고 10절에서는 "나는 아버지 안에 있고 아버지는 내 안에 계신 것을 네가 믿지 아니하느냐"고 하셨다. 예수님 안에 아버지가 계시고 아버지 안에 예수님이 계시기에 예수님을 본 자는 아버지를 보았다고 하신다. 두 분을 나눌 수가 없다. 어느 구절에서는 따로 계신 것처럼 말하고, 어느 구절에서는 아버지와 아들이 나눌 수 없는 분인 것처럼 말하고 있다. 성령과 예수 그리스도도 때로는 나눌 수 없는 것처럼, 때로는 따로 있는 것처럼 말하고 있다. 16절에서는 보혜사가 있고 아들이 있는 것 같다. 그래서 17절에서는 "저는 진리의 영이라"고 하셨는데 이때 '저'는 바로 16절에서 말하는 보혜사이다. 그런데 18절에서는 다시 오시는 보혜사 성령을 주님은 '나'라고 하셨다. "내가 너희를 고아와 같이 버려두지 아니하고 너희에게로 오리라". 보혜사 성령은 또한 아들 자신인 것이다.

그러면 도대체 하나님은 세 분이신가, 한 분이신가? 우리는 이것을 잘 알 수가 없다. 세 분 사이에는 분명히 구분은 있다. 아버지는 분명히 아버지이시다. 그러므로 아들은 내가 아버지께 구하겠다고 했다. 성령 또한 성령이시다. 그럼에도 세 분은 또한 분리되지 않으신다. 'not separated, but distinct', 구분은 있지만 분리되지는 않았다는 것이다. 'co-inhere', 즉 삼위가 서로 안에 거하신다고 표현하는 것이다. 물질세계에서는 이런 수학은 있을 수 없다. 이해할 수 없는 존재이다. 셋이자 하나이고, 하나이지만 동시에 셋이다. 그래서 하나님을 'Triune God'이라고 부른다. triune이란 three in one, 즉 셋이자 동시에 하나라는 뜻이다. 하나님은 그런 분이시다. 우리는 이런 하나님을 믿고 있다. 성경에서 하나님은 한 분이라고 했다. 유일하신 분이시다. 한 분 하나님이신데 거기에 아버지 성부가 있고 아들 성자가 있고 성령이 계시는 것이다.

이제 예수님이 십자가에 돌아가시고 성령을 보내주신다고 하시면서 마지막으로 유언 같은 말씀을 하신다. 이때 아버지에 대해서 말씀하시고 성령에 대해서 말씀하시고 또 자신에 대해서도 말씀하시면서, 이제 두려워하고 외롭게 될 제자들을 위로하고 격려하고 계신 것이다. 창조시에도 삼위일체 하나님이 이렇게 분명하게 나타나서 역사하신 적이 없다. 그런데 이제 십자가로 가시기 직전, 곧 성령 시대, 교회 시대가 도래할 것을 앞두고 삼위일체 하나님이 분명하게 드러나고 계시는 것이다.

가르치시는 분

"그가 너희에게 모든 것을 가르치시고". 이것이 첫째이다. 여기서 '모든 것'이라는 말은 매우 중요하다. 여러분이 예수를 믿으면 죄 용서함을 받게 되고 성령을 얻게 되는데, 성령을 얻은 사람들은 다 가장 탁월한 튜터(tutor, 가정교사)를 하나씩 얻게 된 것이다. 그 성령께서 바로 여러분 안에 계신다. 그것은 17절 마지막 부분에 있다. "또 너희 속에 계시겠음이라". 여러분 속에서 모든 것을 가르치신다고 하셨다.

나는 과거 30여년 동안 가장 귀한 교사로부터 배웠다. 그는 바로 내 안에 계신 주님이시다. 우리는 그분을 성령이라고 부른다. 그분이 우리를 가르치신다. 사도 바울은 어떻게 그렇게 영적이며 지혜롭고 사람들을 그렇게 잘 가르칠 수 있었겠는가? 바울은 고린도 전서에서 '그것은 다른 것으로 말미암지 않았다. 우리는 세상으로부터 온 영을 받지 않고 하나님께로부터 온 영을 받았다. 나는 여러분에게 내 지혜로 가르치지 않고 성령께서 나를 가르치는 것을 가지고 가르쳤다'고 말했다. 사도 바울이 우리보다 나은 것이 있다면, 교사이신 성령께 잘 배웠다는 것이다. 그렇다면 우리가 아직 부족한 이유는 그만큼 성실하게 배우지 않았기 때문이라고 말할 수 있다.

잘 배우지 못하는 사람에게는 몇 가지 특징이 있다. 그것은 집중하지 않는 것이다. 곤충 학자들이 숲속을 지나갈 때 듣는 곤충 소리는 일반 사람들이 듣는 소리와는 다르다. 곤충 학자들은 하나하나 아주 귀 기울여 들으면서 모든 소리를 구분한다. 우리의 배움은 우리가 성령의 내적인 가르침에 얼마나 귀를 기울이는가, 집중하는가에 달려 있다. 그리고 그 가르침을 받기를 얼마나 사모하는가에 있다. 문제는 교사에 있는 것이 아니라, 배우는 사람에게 문제가 있을 때 잘 배우지 못하게 되는 것이다.

그분은 언제나 가르쳐주실 준비가 되어 있으시다. 그러므로 우리는 배울 마음만 있으면 언제나 배울 수 있다. 그러려면 사도 바울처럼 우리의 천연적인 지혜를 신뢰하지 말아야 한다. 우리의 지혜를 자랑하지 말아야 한다. 무엇이든 안다고 하지 말아야 한다. 어떤 것이든지 이제까지 스스로 알던 방식으로 알려고 하지 말아야 한다. 자기 자신의 지능과 지혜를 신뢰하는 사람은 성령님의 가르침을 잘 배우지 못하는 사람이다. 고린도 전서 3장을 보자. 18-19절, "아무도 자기를 속이지 말라 너희 중에 누구든지 이 세상에서 지혜 있는 줄로 생각하거든 미련한 자가 되어라 그리하여야 지혜로운 자가 되리라 이 세상 지혜는 하나님께 미련한 것이니 기록된 바 지혜 있는 자들로 하여금 자기 궤휼에 빠지게 하시는 이라 하였고". 이것이 비결이다. 미련한 자가 되어야 지혜로운 자가 된다. 여러분이 만약 스스로 지혜 있다고 생각하고 여러분이 뭘 잘 한다고 생각하면 여러분은 미련한 자가 되고 성령의 가르침을 받지 못하게 된다.

말씀을 듣고 깨닫는 것과 성령께서 우리로 알도록 도와주시는 것은 또 다른 차원의 이야기이다. 그러므로 좋은 성도들이 되려면 하나님의 말씀을 잘 읽고 들어야 하며 그 다음에는 성령께서 여러분을 가르쳐주실 때마다 그것을 잘 배워야 한다.

성도들이 어떤 문제든지 얘기가 나오면 그에 대해 '나는 안다'고 하는 말을 자주 듣게 되는데, 나는 그런 말을 하는 것에 대해 좋지 않다고 말하겠다. 무엇인가를 아는 것처럼 말하는 사람은 아직 어린 사람들이다. 알아야 할 것을 아직 모르는 사람들이다. 어떤 사람이 주 안에서 전망이 있는 사람들인가? 언제나 잘 모른다고 하는 사람들이다. 주님이 가르쳐주실 때까지 늘 기다리는 사람들이다. 그리고 자신이 생각하는 것들을 그렇게 많이 신뢰하지 않는 사람들이다. 어떤 일이 생기면 우리는 자연적으로 머리가 돌아간다. 뭔가 스스로 알아야 할 것같이 여기게 된다. 그리고 거기에 판단이 생겨난다. 그러나 그것을 즉시 믿는 사람은 어리석은 사람이다. 성경은 우리에게 먼저 미련한 자가 되라고 했다. 자기를 신뢰하는 사람, 자기의 생각을 믿는 사람은 어리석은 사람이다. 그것은 위대한 가정교사의 가르침을 스스로 차단하는 사람이다.

나는 옛날부터 언제나 이것을 훈련했다. 내가 뭔가를 좀 아는 것이 있더라도 그것을 붙잡지 않았다. 그것을 신뢰하지 않고 주님께 늘 열어드렸다. '주님, 저는 제가 아는 것이 좀 있지만, 그러나 저는 이것을 신뢰하지 않습니다. 주님이 직접 가르쳐 주실 때, 저는 분명히 알게 될 것입니다. 그러니 주님이 필요하실 때 언제나 저를 가르쳐주십시오' 그리고 주님은 한 번도 나를 실망시키지 않으셨다. 배울 자세를 취하고 있는 당신의 종에게 늘 가르쳐 주셨다. 언제나 나는 주님께 열어드렸다. 내 자신의 머리를 믿지 않고, 총명을 믿지 않고 늘 주님을 바라보고 주님을 기다렸다. 때로는 그렇게 한 달이 지나갔다. 어떤 경우에는 일 년을 모를 때가 있었다. 그래도 내 판단을 고집하지 않았다. 무엇인가를 아는 것은 정말 쉽지 않다. 여러분은 특히 성도들을 안다고 생각하지 말라. '아, 저 형제는 저런 사람이야. 저 자매는 왜 저렇게 문제가 많아?'라고 말하지 말라. 사람은 그렇게 쉽게 알 수 있는 것이 아니다. 여러분은 함께 사는 배우자를 이해하는데 수많은 세월이 걸린다는 것을 고백할 수 있을 것이다. 하물며 어떻게 일주일에 한 두 번 만나는 성도들을 몇 달 안에 다 알았다고 자부하는가? 사람도 그렇고 어떤 일도 그렇고 어떤 정황도 마찬가지이다. 무엇이든지 쉽게 알 수 있다고 생각하는 사람은 경망스러운 사람이다. 그런 사람은 주님으로부터 더 깊고 오묘한 가르침을 받는 것을 스스로 차단해 버리는 사람이다.

주님이 십자가로 가시기 전에 성령을 보내주신다고 하시며 저가 모든 것을 너희에게 가르치실 것이라고 했다. 나는 여러분이 성령의 가르침을 잘 받는 성도들이 되기를 바란다. 그럴 때 여러분은 이 세상에서 가장 탁월한 사람들이 될 것이라고 확신한다. 그 어떤 사람의 판단력보다 가장 탁월한 판단력을 갖게 될 것이다. 어떤 일이 일어났을 때 내가 어떻게 보고 느껴야 할지, 어떻게 말해야 할지, 어떻게 행동해야 할지 아는 것은 쉽지 않다. 그러나 성령께 의존하면 주님이 알맞은 태도를 취할 수 있도록, 알맞은 느낌을 가질 수 있도록, 알맞은 말을 할 수 있도록 다 가르쳐 주실 것이다. 잘 모르겠으면 기다리라. 빨리 알아야 할 필요도 없고 다 알아야 할 필요도 없다. 주님을 위해서 기꺼이 바보가 되어 보라. 그러면 어느 날 주님이 가르쳐주신다. 그때 가르쳐 주시는 지식은 그 누구도 덮을 수 없다. 가장 올바른 지식이기 때문이다.

나는 성경도 이런 방식으로 배우길 힘썼다. '주님, 제가 이렇게 이해하지만, 이런 이해가 혹시 틀릴 수 있기 때문에 주님께서 언제든지 고쳐주십시오'라고 간구했다. 늘 주님을 바라보며 주님의 가르침 안에 머물렀다. 어린 아이처럼 한 가지씩 배우고 또 배웠다. 여러분도 그렇게 하기를 바란다. 보혜사 성령께서는 여러분을 가르치기 위해 오셨다. 또 가르치시기를 원하신다. 여러분이 그 음성에 귀 기울일 때 성령께서는 모든 것, 즉 여러분의 인생 전반에 걸쳐서 일어나는 모든 일에 대해서 자상하게 가르치실 것이다. "그가 너희에게 모든 것을 가르치시고"(26절, 요일 2:27).

생각나게 하시는 분

"내가 너희에게 말한 모든 것을 생각나게 하시리라". 첫째는 가르치시는 것이고 둘째는 생각나게 하시는 것이다. 어떤 사람은 내게 배우고서 말한다. '저는 늘 배우는데 배울 때마다 돌아서면 잊어버립니다. 그러니 배운다고 소용이 있겠습니까?' 사실 나도 잊어버린다. 나도 전한 후에 곧 잊어버릴 때가 많다. 어떻게 그것을 다 기억하는가? 그런데 기억력도 성령을 의지해보라. 어떤 사람을 만나서 복음을 전하고 말씀을 전하려고 할 때 입을 열어보라. 그러면 다 잊어버렸던 말들이 입에서 나오는 것을 발견하고 스스로 놀랄 것이다. 그것이 성령의 생각나게 하시는 역사이다.

나는 여러분이 성령의 가르침을 하나도 못 받았다고 생각하지 않는다. 성령이 생각나게 하시는 것을 한 번도 체험하지 못했다고 생각하지 않는다. 그러나 내가 이것을 가르치는 것은 여러분이 더욱 성령께 가르침 받고 더욱 생각나게 하시는 역사를 늘 체험하기를 원하기 때문이다. 성령께서는 여러분에게 생각나게 하신다. 말씀을 가르쳐야 할 기회가 올 때면 성령을 신뢰하고 가르치라. 입만 열면 생각이 나고 말할 시간이 부족하게 될 것이다. 일 년 전에 들었던 것도 다 여러분 속에 있다. 컴퓨터처럼 내장되어 있어서 누르면 다 나오게 되어 있다. 이것이 바로 성령의 생각나게 하는 역사이다.

성령의 내적인 평안

"평안을 너희에게 끼치노니". 이것은 굉장히 위대한 선포이다. 주님은 십자가를 앞에 놓고 두려워하는 제자들에게 이 말씀을 하셨다. 평안은 'peace', 즉 화평 혹은 평강과 같은 말이다. 이때 주님은 '나의 평안'이라고 하셨다. "나의 평안을 너희에게 주노라". 주님은 이것을 유산처럼 돌아가시기 전에 주신 것이다. 그러므로 예수 그리스도의 피로 구속된 성도들은 다 이 한 가지를 받았는데, 그것은 평안이다. 그리스도인들은 그래서 '평안'이라는 말로 인사를 한다. 이태리에서도 '빠체'라고 인사하는데, 그 뜻도 평안이다.

여러분은 이 평안을 체험해 보았는가? 이 평안은 하나님의 평안, 예수의 평안이다. "내가 너희에게 주는 것은 세상이 주는 것 같지 아니하니라". 이 세상의 평안이 아니라는 말씀이다. 이는 천국의 평화, 그리스도의 평화이다. 하나님의 나라에는 평강이 있다. 하나님의 나라에는 희락이 있다. 이것이 로마서 14장에 있는 말씀이다. 예수 그리스도가 십자가에 돌아가시기 전에 제자들에게 남겨준 그 평강은 이 세상에 있는 평화를 조금 증가시켜 주신 정도가 아니다. 그것은 이 세상에 없는 것이다. 하늘에서 가지고 내려오신 그리스도의 평화를 신자들에게 주신 것이다. 이 평강의 성질은 하늘에 속한 것이기에 이 세상에서는 그 어떤 것으로도 이것을 사라지게 할 수가 없다. 빼앗아 갈 수가 없다. 주 예수는 이러한 평안을 우리에게 주셨다. 어떤 사람은 이렇게 묻는다. '나는 교회생활 하고 말씀 들은 후에 마음이 이렇게 평화로운데, 계속 이래도 괜찮은가요? 돈을 많이 못 벌어도 평안한데, 이렇게 살아도 되나요? 뭐가 잘못된 것이 아닌가요?' 우리 이방인들은 하나님의 문화에 대해서 문외한이기에 자기들이 체험하면서도 그것이 무엇인지 모른다. 그것은 세상이 주는 평화가 아닌, 특별히 불안해하고 근심하는 제자들에게 주신 그리스도의 평화이다. 이 평안은 핍박으로도 질병으로도 사망으로도 어려운 일로도 혼란시키는 일로도 없앨 수 없다. 주님은 하늘에서 온 기묘한 이 평안을 그리스도인에게 주신 것이다.

성경에서는 '은혜와 평강이 너희에게 있을지어다'는 말로 인사한다. 이는 너무나 중요한 말씀이다. 아무리 '평화'를 노래해도 그것이 무슨 뜻인지 모르는 사람들이 많다. 그것은 바로 주님이 십자가로 가시기 전에 제자들에게 "내가 너희에게 평안을 끼치노니 곧 나의 평안을 너희에게 주노라 내가 너희에게 주는 것은 세상이 주는 것 같지 아니하니라"고 하셨던 바로 그 평안이다. 이것은 이 세상 사람들이 갖는 일시적인 평화와 같지 않다. 그런 것은 풍랑이 닥치면 금방 다시 불안으로 바뀌는 평화이다. 그러나 이 평안, 그리스도의 평안, 하나님의 평안, 천국의 평안은 이 세상의 어떤 것으로도 없앨 수 없고 사라지게 할 수 없고 깨뜨릴 수 없는 평안이다. 하나님은 이 평안을 당신의 자녀들에게 주셨다. 그러니 우리는 복음을 전해야 하지 않겠는가? 우리가 값없이 누리는 이 평안을 많은 사람들에게 누리게 해주어야 하지 않겠는가? 그래서 바울은 에베소서에서 이 복음을 평안의 복음이라고 말했다.

예수를 믿은 사람은 죄 사함을 받고 의롭게 된다. 그러므로 당연히 이 평화를 얻게 된다. 우리 사람은 이 평화를 누릴 수 있게 창조되었다. 그러나 타락하여 죄인이 됨으로 우리는 이 평화를 잃어버렸다. 평화 대신에 불안과 사망과 저주가 임했다. 그러나 예수 그리스도께서 이 모든 불화의 요인을 십자가에서 제하셨다. 예수 그리스도의 십자가의 보혈이 흘려진 후에 하늘 보좌로부터 온 우주를 향해 평화가 선포된 것이다. 그러므로 여러분의 양심 속에서도 이 평화를 누릴 수 있게 된 것이다. 우리 주님은 평화의 주님이시다. 성경에는 '평강의 하나님'이라는 말이 많이 나온다. 그리고 여러분이 얻은 성령은 바로 그 평강 자체이시다. 따라서 여러분은 이 평화를 누릴 줄 알아야 한다.

로마서 5장 1절을 보자. "그러므로 우리가 믿음으로 의롭다 하심을 얻었은즉 우리 주 예수 그리스도로 말미암아 하나님으로 더불어 화평을 누리자". 이 화평이 바로 평강이다. 우리가 믿음으로 의롭다 하심을 받은 것만 알면 안 된다. 더 전진해서 하나님으로 더불어 평강을 누려야 한다. 예수 믿는 사람들은 다 죄 사함을 받은 사람들이다. 주님을 믿었는데도 죄 용서 받은 것을 모르는 사람들은 아직 분명한 믿음을 갖지 않은 사람들이다.

우리가 예수를 믿고 우리의 모든 죄가 사함 받았다는 것을 알게 될 때, '아, 내 죄가 용서되었구나. 나의 그 많은 죄가 주 예수의 보혈로 용서를 받았구나'라는 것을 알 때, 우리 속에 평강이 오는 것이다. 이 평화는 예수 그리스도께서 십자가에서 영 단번에 이루신 것을 근거로 하기 때문에 더 이상 무너뜨릴 수 있는 것이 아니다. 주님이 영 단번에 십자가에서 우리의 죄를 다 끝냄으로 우리에게 임한 평안이기 때문이다. 그래서 이 평안을 흔들 자가 없다. 더 이상 죄 의식도 느낄 필요가 없을 만큼 주님은 십자가에서 완전한 죄 사함을 이루셨기 때문에(히 10:1), 우리는 양심 안에서의 평화를 누릴 수 있다. 질병도 이 평안을 빼앗을 수 없으며 원수들이 힘을 다해서 공격을 해도 이 평안을 빼앗을 수 없고, 박해도, 죽음의 공포도 이 평안을 빼앗을 수 없다. 이는 하늘의 평안이기 때문이다.

어떤 유럽의 순교자가 자신의 사형을 집행하는 사람에게 이렇게 말했다고 한다. '당신의 손을 내 가슴에 대어 보십시오' 사형 집행인은 그렇게 했다. '이번에는 당신 가슴에 손을 얹어 보십시오. 누구의 심장이 더 두근거리며 고통스러운가요?' 사형 당하는 순교자는 마음이 평안하기 그지 없었지만 죽이려고 하는 사람들은 그 악독한 짓을 하려고 흥분해 있었기 때문에 그 심령이 두려움으로 떨리고 있었다. 순교하는 성도는 마치 결혼잔치에 가는 사람처럼 평안한 마음으로 죽음을 맞이했지만 사형 집행자는 그의 모습을 보고 알 수 없는 두려움에 휩싸였다고 한다. 이 평강에 대해서 빌립보서에서는 '지각에 넘치는 그리스도의 평강'이라고 이름을 붙였다. 그 깊이와 그 넓이를 알 수 없으며 사람의 생각으로는 헤아릴 수 없는 평강이기에 이것을 어떤 사람은 '달콤한 평안'이라고 불렀고 어떤 사람은 '완전한 평강', 혹은 '위대한 평강'이라고 이름을 붙이기도 했다.

사도행전 12장에서 베드로의 평강을 보라. 내일이면 끌려나가서 사형을 당할지도 모르는 상황이었다. 유대인들은 그를 명절에 끌어내어 죽여서 즐거워하려고 했다. 베드로는 군사들 틈에서 쇠사슬에 묶인 채 감옥에 누워 있었다. 그런데 그는 그곳에서 깊은 잠이 들었다. 이 어떠한 평강인가! 바울과 실라는 어떠했는가? 16장에서 보면 매를 심하게 맞고 형틀에 채워져서 갇혀 있었지만, 그들은 간수들이 듣는 데서 찬양을 불렀다고 기록되어 있다. 이 어떠한 평강인가? 하나님의 자녀들이 갖고 있는 평강은 바로 이러한 평강이다. 지각에 뛰어난, 이해할 수 없는, 이 땅에서는 도저히 체험할 수 없는 그러한 평강을 예수 그리스도께서는 우리에게 남겨주셨다.

영국에서 가장 박해가 심했던 엘리자베스 여왕 시절에 국교도는 비국교도를 많이 죽였다. 당시 '그린우드'와 '바로우'라는 사람이 국교도들에 의해 순교를 당했다. 그들은 사형수, 미치광이들, 흉악범이 수감되어 있는 클링컷 교도소라는 곳에 갇혔다. 어느 날 그들을 사형시키라는 명령이 떨어져서 그들을 수레에 묶어서 막 형장으로 끌고가려고 하는데, 전령이 달려와서 여왕의 집행유예 명령서를 전달했다. 그들은 다시 감옥으로 돌아가게 되었다. 이후 다른 감옥으로 이송되었다가 똑같은 절차를 겪게 되었다. 그들은 다시 끌어내어져서 수레에 묶이고 밧줄이 목에 걸렸다. 마지막으로 둘러 선 사람들에게 할 말을 해보라고 하자 그들은 그곳에서 설교를 했다. 설교가 끝나자 그 사악한 여왕은 또 다시 집행유예 명령서를 보내서 그들을 살려서 뉴게이트라는 다른 감옥으로 보냈다. 그리고 며칠 후에 다시 끌려 나와서 결국은 사형을 당했다.

이처럼 당시 핍박자들은 성도들을 순순히 죽인 것이 아니다. 참된 그리스도인들이 죽음 앞에서 두려워 떨면서 목숨을 구걸하는 것을 보기 원했던 것이다. 죽으려는 순간에 다시 살려주면 얼마나 좋아하는가, 그들의 신앙이 얼마나 허황된 것인가를 보이려고 그랬던 것이다. 그러나 그린우드와 바로우는 사형장에 끌려나왔을 때나 다시 감옥으로 돌려보내질 때나 늘 같은 평화를 그 마음속에 누렸다는 간증이 전해진다. 그들은 사형장으로 끌려갈 때 마치 잠자러 가는 사람처럼 기쁘게 교수대로 갔으며, 교수대 밧줄이 목에 걸릴 때 마치 왕관을 받는 것처럼 즐거워하는 모습이었다고 기록되어 있다. 이런 예들은 초대 교회로부터 교회 역사에서 수없이 많이 볼 수 있다. 예수 그리스도께서 제자들에게, 또 오늘 우리 그리스도인들에게 주신 평화는 그저 있다가 잠시 사라지는 아슬아슬한 것이 아니다. 천국의 평강, 주님 자신의 평강을 우리에게 주셨기에 이 세상의 그 무엇도 깨뜨릴 수 없는 그런 안전하고 위대하고 놀랍고 달콤한 평화가 우리 마음속에 있게 된 것이다.

우리는 그리스도인으로서 이 특권을 누리고 있다. 평강은 기쁨과 함께 있기에 평강도 누리고 기쁨도 누린다. 이 평강으로 인해 우리는 여유가 있고 사람들을 사랑할 수가 있다. 이 평강 가운데서 우리는 거룩함을 추구할 수 있고 하나님의 얼굴을 볼 수 있고 하나님의 보좌 앞에 늘 나아가서 담대하게 주님과 함께 생활할 수 있는 능력을 얻는다. 다만 이 평화를 유지하기 위해서 죄를 조심하고 불신을 조심해야 한다. 하나님에게서 떨어지지 않도록 항상 믿음 가운데 거하고 말씀 안에 거하고 성도들과의 교제 안에 거할 때 하나님의 평강은 늘 성도들을 지켜주시고 그날까지 이끌어 주실 것을 확신한다. 하나님께서 여러분에게 이 평강의 축복을 한없이 내리시기 바란다.

15장

예수님은 마리아로부터 출생했지만 그분은 하늘로부터 오신 성령으로 잉태되신 분으로서 하나님의 아들이셨다. 주님은 33살의 나이로 십자가에 죽으셨는데 요한복음 14,15,16장은 마지막 떠나시기 전날에 주신 말씀이다. 14장은 근심하는 제자들에게 더 이상 근심하지 말도록 위로하신 말씀이었다. 위로의 성령, 보혜사를 보내주시겠다고 하셨다. 15장에서는 포도나무의 비유를 말씀하셨다. 이는 주님이 떠난 후에라도 믿는이들이 예수 그리스도와 어떤 관계가 되어야 하는지 알려주시는 말씀이다.

구약 성경에는 이스라엘을 포도나무로 이야기 한 곳이 많이 있다. 이사야, 예레미야, 에스겔, 호세아, 시편 등 많은 성경에 기록되어 있다. 특별히 이사야 5장에는 이스라엘을 포도나무에 비유하시면서, 가장 좋은 극상품의 포도나무를 심고 좋은 포도를 맺기를 바랐는데 어찌 들포도를 맺었느냐라고 한탄하신 노래가 나온다. 또 다른 곳에서는 이스라엘을 애굽에서 가져다가 가나안 땅에 심은 포도나무로 비유하기도 했다. 하나님은 그 포도나무에서 최고의 열매가 맺히기를 기대하셨는데, 구약 시대에는 좋은 열매를 거두지 못했다.

포도나무와 가지

1절, 내가 참 포도나무요 내 아버지는 그 농부라

예수님은 이제 십자가에 돌아가시기 전에 포도나무의 말씀을 하시는데 이는 구약과는 너무나 다른 매우 특이한 방식의 말씀이었다. "내가 참 포도나무요 내 아버지는 그 농부라"고 하셨다. 마태복음 21장에서 예수님은 당시의 이스라엘 지도자와 제사장들을 포도원의 농부들로 비유하셨다. 그들을 포도원을 잘못 가꾸는 악한 농부라고 하셨다. 그런데 돌아가시기 전에 예수님은 그 농부가 더 이상 이 땅의 지도자들이 아니라 아버지라고 말씀하시는 것이다. 교회는 포도나무인데 그 포도나무를 기르시는 분은 하늘의 하나님 아버지이시라는 것이다.

농부는 어떤 사람인가? 좋은 열매를 맺기 위해서 가지치기를 한다. 마른 가지나 불필요한 가지를 잘라내서 불에 태우고, 남은 가지들은 열매를 잘 맺을 수 있도록 깨끗케 하는 일을 한다. 그러므로 15장은 하늘의 아버지가 그 농부의 일을 하시고 이제 우리는 포도나무가 되었으니 포도를 잘 맺으라는 것이다. 그러면 예수님이 하시고자 하는 말씀은 무엇인가? '내가 지금 떠나가지만 너희들과 나의 관계는 그 결합이 매우 밀접한 관계이다, 너희들은 나와 항상 긴밀하게 연합되지 않으면 안 된다. 포도나무와 가지가 완전히 붙어서 하나의 유기체를 형성한 것 같이 그렇게 되지 않으면 안 되는 관계이다'라고 가르쳐 주고 계신다. 즉 예수 그리스도와 믿는 여러분과의 관계는 붙었다 떨어졌다 하는 관계가 아니라는 것이다. 성도들에게 예수님이 계셔도 되고 안 계셔도 되는 그런 관계가 아니라, 늘 함께 붙어 있어야 되는 관계라는 것이다.

성도들은 생명과 능력, 은혜와 인내로 살아가는데 필요한데 그러한 생명의 근원, 공급의 근원, 은혜의 원천이 여러분 안에는 없는 것이다. 포도나무를 생각해보라. 뿌리로부터 진액이 흡수되어 가지로 흘러 들어가야 포도 열매를 맺는 것이다. 그러므로 이 땅의 성도들이 나타내는 모든 아름다운 표현, 생각, 느낌, 사상 미덕은 모두 하늘로부터 나오는 것이다. 이 포도나무의 뿌리는 하늘이다. 성도들이 이 땅에서 살아 나타내는 생명은 하늘의 것이다. 주님께 붙어있는 성도들이 땅에서 표현하는 모든 것들은 이 땅의 것이 아니다. 뿌리로부터 흡수된 영양분이다. 거기에서 생명이 나오고 힘이 나오며 활기와 능력과 지혜가 나온다. 그러므로 성도들은 이 세상 사람들이 가질 수 없는 어떤 일관성, 인내, 겸손도 가질 수 있는 것이다. 포도나무의 가지인 성도들은 도저히 참을 수 없는 것도 참을 수 있고 도저히 순종할 수 없는 상황에서도 순종할 수 있다. 능력의 진액이 포도나무로부터 흘러오기 때문이다. 그 비결은 4절 말씀대로 주님 안에 거하는 것이다.

2절, 무릇 내게 있어 과실을 맺지 아니하는 가지는 아버지께서 이를 제해 버리시고 무릇 과실을 맺는 가지는 더 과실을 맺게 하려 하여 이를 깨끗케 하시느니라

두 종류의 가지가 있는데, 한 종류는 과실을 맺지 않는 가지이고 또 하나는 과실을 맺는 가지이다. 이것이 거듭난 자들과 거듭나지 않은 자들인가, 혹은 거듭난 자들 중에서 열매를 맺는 자와 열매를 맺지 않는 자인가에 대해서 이론이 많다. 물론 거듭나지 않은 자는 열매를 맺지 못한다. 하지만 거듭난 자들 중에서도 열매를 맺지 못하는 자들이 있다. 그들은 주님께서 "내 안에 거하라"(4절)고 하셨음에도 주님 안에, 포도나무에 늘 거하지 않는 사람들이다. 사람들이 거듭나서 누구나 포도나무에 늘 붙어 있다면 왜 '내 안에 거하라'고 하셨겠는가? 거듭난 그리스도인일지라도 주님 안에 항상 거하지는 않기 때문에 이런 가르침을 주신 것으로 보아야 한다.

그리스도인은 크게 나누어 두 종류가 있는데 하나는 과실을 맺는 가지와 다른 하나는 과실을 맺지 않는 가지이다. 그런데 이 둘의 운명은 너무나 큰 차이를 가져온다. 하나님은 열매를 맺지 않는 가지는 이를 제하여 버린다고 하셨다. 그리고 맺는 가지는 더 과실을 맺게 하기 위해서 이를 깨끗케 하신다는 것이다. 우리는 하나님을 말씀대로 믿어야지 우리 생각대로 믿으면 안 된다. 그러면 열매란 무엇인가? 구약 성경에서 하나님은 이사야 선지자를 통해서 '이스라엘이 좋은 포도 열매를 맺기를 기대했는데 들포도가 어찜이뇨 극상품의 포도나무를 심었는데 무슨 이런 포도를 맺었느냐'라고 말씀하셨다. 구약 시대에는 그들이 하나님을 떠났다. '소도 임자를 알고 말도 구유를 알건만 내 백성은 나를 떠났다'고 이사야 선지자가 탄식했다. 그들이 하나님을 떠나서 우상을 섬기다보니 그들 가운데는 죄가 가득했다고 성경에 기록되어 있다.

첫째로 성도들이 맺어야 할 열매는 성령의 열매이다. 그 삶에서 나오는 표현이 다 아름다운 열매인 것이다. 성도들의 삶에서 나타나는 사랑, 동정, 겸손, 온유, 화평, 양선, 절제, 희락, 이 모든 것이 성령의 열매이다. 그러면 열매를 맺지 않는 가지는 어떠한가? 이런 것은 없고, 그저 거듭나지 않은 사람들과 똑같이 속상하면 화내고 기분 좋으면 웃는 것이다. 거기에 호색과 음란과 각종 분내는 것들이 있다는 것이다. 주님 안에 견고하게 붙어 있지 않으면 설사 그리스도인이라 할지라도 그런 열매를 맺는 것이다. 하나님은 그러한 가지에 대해서 경고의 말씀을 주고 계신다. 나무에서 제하여 버린다고 하신다. 모세 오경에 의하면 이스라엘 백성들도 어떤 죄를 지으면 총회 중에서 끊어질 것이라는 말을 많이 했다.

하나님은 사랑의 하나님이시지만 그분이 교회를 관리하시는 방법이 있는 것이다. 참으시고 기회를 주시지만 계속해서 열매를 맺지 않으면 찍어버리는 것이다. 그것이 하늘 아버지께서 이 포도나무를 관리하시는 방법이다. 주님 안에 거하는 생활을 할 때 성도들은 몇 개의 열매라도 맺게 된다. 밖으로 표현한다면, 예배에 빠지지 않고, 기도를 쉬지 않고, 말씀에 붙어 있고, 성도들과의 교제가 끊이지 않는다면 내가 확신하건대 그의 삶은 변한다. 이전의 구습을 벗어버리고 거룩함이 생겨난다. 은혜가 있고 사랑과 겸손이 생겨나고 주님으로부터 나오는 어떤 열매가 있게 되는 것이다. 그런데 5년, 10년을 같이 생활해도 열매가 없는 사람이 있을 수 있는가? 유감스럽지만 그렇다. 그런 가지에 대해서는 아버지께서 가차없이 제하여 버린다고 하셨다.

그런데 조금이라도 열매를 맺는 가지라면 잘려지거나 불에 태워지지 않아도 고난이 있게 된다. 과실을 더 맺게 하시려고 깨끗하게 하시는 아버지의 역사가 있기 때문이다. 오늘도 하늘의 아버지는 그분의 포도나무인 교회를 깨끗하게 하시고 계신다. 나는 성도들 가운데서 주님이 깨끗하게 하시는 역사를 보고 있다. 어떤 성도를 볼 때 열매가 있기는 한데, 아직도 너무 딱딱하고 교만한 부분이 보일 때면 주님은 옛 사람이고 육체인 그 부분을 깨끗하게 하시기 위해서 손을 대시는 것이다. 그 방법은 주로 시련이다. 건강도 될 수 있고 또 어려움도 될 수 있고 곤란한 일이 될 수도 있다. 주님은 그에게 여러 가지 어려움을 주셔서 깨끗하게 하신다. 그 결과 그는 더 많은 열매를 맺게 된다. 더 겸손하고 더 큰 사랑을 갖게 되며 더 큰 은혜를 얻게 되는 것이다. 그것은 전도로도 연결된다. 로마서 1장을 읽어보면 복음을 전하는 열매도 있다. "열매를 맺게 하려 함이로되"(13절). 회개하고 복음을 전하는 것을 열매로 계산했다. 그러므로 열매에는 성령의 덕성의 열매나 경건만이 아니라 사람들을 그리스도께 인도하는 열매도 있다. 그런데 이것은 상호 연결되어 있는 것이다.

열매를 맺지 못하는 것은 결국 우리의 삶에 변화가 없고 주님과의 깊은 연결이 없는 것이다. 우리에게서 흐르는 생명이 없는 것이다. 그러니 열매가 없는 것이다. 그런데 이것이 되어야 더 많은 사람을 섬길 수 있고 더 많은 영혼을 주신다는 것이다. 그렇게 되어야 하니까 아버지는 우리를 깨끗하게 하셔야 한다. 여러분은 아버지의 그 깨끗케 하심에 참여해 본 것 같은가? 이러한 말씀의 체험이 있다면 여러분에게는 주님의 축복이 있는 것이다. 그럴 때 우리는 알 수 있다. 우리에게 깨끗케 될 부분이 있는데 내가 어떻게 할 수 없는 그것을 하나님이 특정한 환경을 일으키셔서 깨끗케 하신다는 것을 안다. 내가 파쇄되고 부드럽게 되고 육체가 제거 되고 깨끗하게 되니까 과거에는 받을 수 없던 사람을 받고 섬길 수 없던 사람을 섬기고 접촉할 수 없던 사람을 접촉하고 연결할 수 없던 사람과 연결이 되는 것이다.

따라서 성도들은 시련을 당할 때 야고보 사도의 권면처럼 기뻐해야한다. 그 시련은 대부분 우리를 깨끗케 하여 열매를 맺게 하기 위함이다. 내 과거의 많은 체험이 이를 증명한다. 많은 고난을 거쳤다. 물론 나 자신이 어리석어서 자초한 고난도 많았다. 그러나 결과는 유익한 것이었다. 얼마나 자신을 벗을 수 있었는지! 얼마나 낮아질 수 있었는지! 얼마나 은혜를 얻을 수 있었는지! 따라서 사람들에게 전할 말씀을 얼마나 얻었는지 이루 말할 수 없다.

그러나 이사야 시대처럼 오늘날도 하나님과 외식적이고 형식적인 연합을 하고 있는 성도들이 많이 있다. 단순히 침례 받음으로 교회의 회원이 되고 그저 예배만 참석하며 성도들과 때때로 교제할 때만 붙어 있는 것 같다가 일상생활을 할 때면 다시 떨어져서 주님과 전혀 상관없이 사는 사람도 있다는 것이다. 그렇게 잠깐씩만 주님과 연결되었다가 곧 떨어지는 사람들은 열매를 맺지 못한다. 4절에는 "내 안에 거하라 나도 너희 안에 거하리라"고 했다. 거하라(abide)라는 말은 어떤 성(城)이나 집 안에 거주하면서 나가지 않고 계속 산다는 뜻이다. 들어갔다 나갔다 하는 것이 아니라 어떤 영역 안에 계속 산다는 말이다. 그렇게 거하지 않으면 안 된다는 것이다. 여러분은 예수님과의 관계를 그렇게 갖고 있는가? 아니면 불이 들어왔다 나갔다 하는 소켓처럼 살고 있는가?

생각해보라. 가지가 나무에 붙었다 떨어졌다 하면 열매를 맺겠는가? 한 시간만 붙어 있다가 열 시간은 떨어져 있다면 열매를 맺지 못한다. 지속적으로 붙어 있어야 열매가 맺히는 법이다. 14장에서 예수님은 우리가 주님이 하는 일을 할 것이고 더 큰일도 할 것이라고 말씀하는데, 이것은 거짓말이 아니다. 그러면 우리가 어떻게 주님이 하시는 일을 할 수 있는가? 어떻게 주님보다 더 큰일을 하겠는가? 그 비결은 우리에게 있지 않다. 우리는 약하고 무능한 사람이고 그저 그릇일 따름이다. 창조될 때부터 우리 사람은 하나님의 모양과 형상대로 지음받은 그릇에 불과한 것이다. 우리가 지어진 목적이 무엇인가? 하나님을 우리의 생명과 내용과 모든 것으로 담기 위해서이다. 하나님 없이는 아무것도 할 수 없는 존재로 지음을 받은 것이다. 요한복음 6장 57절에는 "살아계신 아버지께서 나를 보내시매 내가 아버지로 인하여 사는 것 같이 나를 먹는 그 사람도 나로 인하여 살리라"고 했다. 사람은 하나님이 없이는 살 수 없는 존재들이다.

3절, 너희는 내가 일러준 말로 이미 깨끗하였으니

하나님의 말씀에는 우리를 깨끗하게 하는 성분이 있다. 여러분도 때로 주일날에 뭔가 속이 답답하고 칙칙하고 맑지 않은 그런 느낌으로 예배에 나오는 수가 있을 것이다. 그런데 집회에 참석해서 말씀을 받은 후에 영혼이 씻어진 체험이 없었는가? 그것이 바로 말씀으로 씻김을 받는 것이다. 에베소서 5장에서 교회는 예수 그리스도의 말씀의 물로 씻어서 깨끗게 된다는 말씀이 있다. 말씀 안에는 물이 있다. 그 말씀의 물이 우리를 씻는 것이다. 그렇게 씻지 않으면 우리는 주님 안에 거할 수가 없다. 더러운 상태로는 거룩하신 주님과 연합할 수가 없다.

일단 구원 받았다는 것은 우리의 온 몸이 씻어진 것을 의미한다. 이것은 13장에 있는 말씀이다. 그러나 그것으로 다 씻어진 것은 아니다. 발은 계속 씻어야 하는 것이다. 주님은 베드로에게 '네가 씻지 않으면 나하고 상관이 없다'고 말씀하셨다. 이 씻음의 문제는 너무 중요하다. 그래서 말씀과의 관계를 맺어야 되는 것이다. 매일 말씀을 읽고 들으며 계속해서 말씀과 관계를 맺고 살 때 이 씻음을 늘 유지할 수 있다. 그래야 4절 말씀처럼 생활하게 되는 것이다.

4절, 내 안에 거하라 나도 너희 안에 거하리라 가지가 포도나무에 붙어 있지 아니하면 절로 과실을 맺을 수 없음 같이 너희도 내 안에 있지 아니하면 그러하리라

"내 안에 거하라 나도 너희 안에 거하리라". 베드로 전서 1장 22절에도 "너희가 진리를 순종함으로 너희 영혼을 깨끗하게 하여"라고 했다. 진리의 말씀은 듣기만 하는 것이 아니라 순종해야 되는 것이다. 말씀을 순종할 때 우리는 씻어지는 것이다. 그리고 우리는 주님 안에 쉽게 거할 수 있다. '내 안에 거하라'는 말은 무슨 뜻인가? 그 뜻은 이렇다. '너희들은 나에게 고착되어 있다. 붙어 있어라 단단히 붙어 있어야 한다. 더 밀접하고 친밀한 교제의 삶을 살아라. 모든 일을 나에게 다 맡겨라 내 안에 뿌리를 박고 심겨져서 살아라. 내 안에 안식해라. 나 하고 붙어 있어라' 우리가 이렇게 살면 주님도 우리 안에 살 것이라고 말씀하셨다.

"절로 과실을 맺을 수 없음 같이". 여기서 '절로'라는 말은 매우 중요한 말이다. 포도나무의 가지가 과실을 많이 맺는 것은 노력이 아니라 '절로' 맺는 것이다. 그냥 붙어 있으면 저절로 열매맺는 것이다. 갈라디아서 5장에서는 이를 성령의 '열매'라고 했고 육체의 '일'이라고 했다. 여러분은 포도나무 가지가 힘써서 일해서 열매를 맺는 것을 본 적이 있는가? 스스로 열매맺기 위해 흔들어 댄다고 열매가 맺히는가? 흔들수록 나무에서 떨어지게 된다. 이것이 율법주의이다. 율법주의는 뭔가 계속 흔들지만 거기에 열매가 없다. 가지는 가만히 붙어 있어야 하는 것이다. 따라서 절로 과실을 맺는다는 이 말씀은 매우 중요하다. 주님과의 연결, 연합, 하나 되는 것, 그 자체가 전부이다. 여러분의 책임은 그저 주님께 붙어 있는 것이다. 이것은 무엇을 하는 것이 아니라 믿음이다. 그저 믿고 신뢰하는 것이 가지에 붙어 있는 것이다. 그 나머지 열매 맺는 것은 주님이 알아서 다 하신다. 이 붙어 있는 문제, 주님 안에 거하는 문제는 모두 믿음의 문제이다.

5절, 나는 포도나무요 너희는 가지니 저가 내 안에, 내가 저 안에 있으면 이 사람은 과실을 많이 맺나니 나를 떠나서는 너희가 아무 것도 할 수 없음이라

이미 가지가 되었음을 믿음

"나는 포도나무요 너희는 가지니". 이것을 믿으면 된다. 예를 들어 하나의 컵이 있다고 하자. 그 컵이 스스로 '내가 어떻게 하면 컵이 될 수 있을까?'라고 고민한다면 얼마나 기가막힌 일인가? 자기가 이미 컵이면서 늘 '나는 컵이었으면 좋겠네'라고 한다면 말이다. '포도나무에 붙어 있으면 좋겠네'라고 하는 사람이 그와 같은 사람이다. 거듭난 여러분은 이미 포도나무에 붙어 있는 가지이기 때문이다. "나는 포도나무요 너희는 가지니". 여러분은 예수를 믿었는가? 그러면 여러분은 이미 가지가 된 것이다. 주님이 포도나무에 이미 견고히 붙여 놓은 것이다. 떨어져 있는 것처럼 생각하지 말라. 그것이 믿음이 없는 것이다. 이렇게 믿는 사람은 나무가 책임을 지신다.

여러분은 예수님은 머리시고 우리는 지체라는 것을 알고 있을 것이다. 그렇다면 여러분의 인생의 일들을 누가 궁리하고 계획하는가? 진짜 주님이 머리이시라면 우리의 미래, 모든 계획들을 다 주님이 하셔야 하지 않는가? 그런데 말로만 그렇게 하고 여러분이 다 궁리하고 머리 노릇을 하지 않는가? 그래서 계시가 필요하다. 어느 날 이 사실이 믿어졌을 때, '아, 주님이 내 머리이시구나. 모든 것은 주님이 책임지고 주님이 관리하시고 통제하시고 인도하시는구나' 했을 때, 우리는 비로소 안식하게 되고 주님의 인도만 따르게 되는 것이다. 이것이 바로 믿음이다. 주님이 포도나무이고 내가 가지라는 이 사실을 단순하게 말씀 그대로 믿는 이 믿음이 바로 열매를 맺게 하는 근거이다.

사람은 다 노력하기를 좋아하고 행위를 좋아한다. 하지만 가지가 되려고 노력하고 붙어 있으려고 애를 쓰는 것으로는 절대로 열매가 맺히지 않는다.

그냥 '내가 가지로구나' 하면 열매가 맺힌다. 여러분의 행위가 역사를 하는 것이 아니라 믿음이 큰일을 하는 것이다. 믿은 그 시간부터 진액이 뿌리로부터 가지로 흘러 들어가서 포도를 맺기 시작한다. 지금 당장이라도 믿으면 되는 것이다. 이제 믿었는가? '어떻게 미안하게 오늘 믿어서 당장 혜택을 누리나? 고생 좀 하다가 믿어야지' 할 필요가 없다. '아, 그렇구나. 이제 보니 내가 가지였네. 아멘!' 하면 된다. 그러면 열매 맺는 것은 주님이 보장하실 테니까 걱정하지 말라.

믿음으로 주님 안에 거함

주님은 포도나무이고 나는 가지이기에 저가 내 안에 내가 저 안에 있으면 과실을 많이 맺는다고 말씀하셨다. 그러면 주님 안에 어떻게 거하는가? 그냥 믿는 것이다. 주님이 여러분을 붙잡고 있어야지 여러분이 주님을 붙잡고 있는 것은 너무나 힘들다. 그러나 주님이 붙들고 계시면 안전하다. 그분은 절대로 여러분을 놓치지 않으신다. 믿음이란 바로 이런 것이다. 그렇다면 행위는 무엇인가? 여러분이 붙들려고 하는 것이다. 그러나 믿음은 주님이 붙잡는 것이다. 행위로는 안 된다. 할 수가 없다. 그래서 여러분은 오늘도 다만 이 축복의 말씀, 언약의 말씀을 믿으시기 바란다. "나는 포도나무요 너희는 가지니 저가 내 안에, 내가 저 안에 있으면 이 사람은 과실을 많이 맺나니". 주님 안에 거하는 것은 바로 이렇게 말씀을 믿는 방식으로이다. 거하기 위해 무엇인가를 하는 것이 아니다. 믿었을 때 주님은 여러분 안에 거하시면서 열매를 맺도록 도와주신다고 약속하셨다.

"나를 떠나서는 너희가 아무것도 할 수 없음이라". 그렇다. 주님과 분리되어서는 아무것도 할 수 없다고 강조하고 있다. '나를 떠나서는 아무것도 할 수 없다'는 이 말씀은 또한 보통 말씀이 아니다. 주님은 죽으실 것이지만 그분은 하나님이시다. 그분이 보통 사람이라면 이런 말을 할 수 있겠는가? 이는 굉장히 큰 말이다. 주님이 없이 우리는 아무것도 만들지 못하고 아무것도 해내지 못하고 아무 열매도 맺지 못한다는 말씀이다. 여러분은 주님을 믿고 열매를 맺는 사람이 되어야 하지 않겠는가? 나는 성도 여러분이 많은 열매를 맺기 바란다. 겸손의 열매, 온유의 열매, 화평의 열매, 사랑의 열매, 양선의 열매, 친절의 열매, 동정하는 것, 은혜를 베푸는 것, 인내하는 등의 성령의 열매가 풍성하기를 바란다.

이때 성령의 열매로서의 인내나 겸손은 인간의 그것과는 다르다. 이는 주님의 생명으로 인한 하나님의 성품인 것이다. 사도 바울은 우리는 과거에 피차 미워하는 자들이었다고 했다. 사람들이 대적하면 우리도 대적하고 사람들이 미워하면 우리도 미워했다. 그러나 우리가 거듭나고 이 생명을 받은 후에는 변했다. 우리 속에 사랑이 있게 되었다. 은혜가 있고 용서가 있고 겸손이 있고 순종이 있게 되었다. 이러한 열매가 여러분 속에서 나타나야 하는데 이것이 포도나무의 가지가 된 결과이다. 이것이 믿은 결과이다. 성도들 가운데 믿은 지 1,2년도 안 된 사람이라도 삶의 변화가 있지 않던가? 여러분의 생명이 변하는 것을 내가 목격했다. 하나님 아버지께서도 매우 기뻐하실 것이다. '이것이 바로 내가 심은 포도나무의 열매다'라고 하시면서 극상품의 포도를 얻는 여러분을 기뻐하실 것이다.

이 포도 열매는 이 땅의 것이 아니라 하늘의 것이다. 뿌리가 하늘에 있는 포도나무인 것이다. 하나님은 그런 열매를 맺게 하시려고 부르신 자들로 교회를 만드시는 것이다. 그런데 성도들이 이런 열매를 많이 맺지 못한다면, 그 근원을 추적해보면 주님과 연합된 생활을 하지 않기 때문이다. 예배드릴 때만 잠시 붙어 있다가 집에 돌아가면 언제 주님과 관계가 있었는가 싶을 만큼 자기 마음대로 생각대로 육체대로 살기에 열매가 나오지 않고 변화가 되지 않는 것이다. 그렇게 신앙생활을 10년, 20년 하면 무엇하는가? 일주일, 아니 하루를 하더라도 참된 성령의 내주하심, 성령의 역사하신 열매를 맺는 삶을 살아야 가치가 있지 않겠는가?

그리스도 안에 거하는 생활

고린도 전서 1장 30절에는 "너희는 하나님께로부터 나서 그리스도 예수 안에 있고"라고 한다. 그리스도인은 그리스도 안에 있는 자들이다. 우리가 그리스도 안에 있게 된 것은 하나님께서 우리를 그리스도 안에 넣으셨기 때문이다. 하나님은 왜 우리를 그리스도 안에 넣으셨는가? 여기에는 매우 깊은 비밀이 들어있다. 하나님은 온 세상에 수많은 인구가 있을지라도 오직 두 사람만 있는 것으로 간주하신다. 첫째는 아담 안에 있는 사람이고 둘째는 그리스도 안에 있는 사람이다. 고린도 전서 15장 22절은 "아담 안에서 모든 사람이 죽은 것 같이 그리스도 안에서 모든 사람이 삶을 얻으리라"고 한다. 이 말씀에 의하면 '아담 안에 있는' 모든 사람이 있으며 '그리스도 안에 있는' 모든 사람이 있다. 또한 아담 안에 있는 사람들은 다 죽게 되고 그리스도 안에 있는 모든 사람은 영생을 얻게 된다.

하나님은 온 인류의 죄와 사망이 한 사람 아담으로 말미암은 것임을 알고 계신다(롬 5:12). 그러므로 모든 사람은 태어나자마자 자동적으로 아담 안에 있는 사람이 됨으로 아담 안에 있는 죄와 사망을 유산으로 얻게 되며 멸망을 당하게 된다. 이에 하나님은 또 하나의 새로운 인류의 머리를 준비하셨으며 그분이 바로 마지막 아담이신 그리스도이다. 하나님은 그리스도를 믿는 모든 사람을 아담 안에서 이끌어내어 그리스도 안으로 들어가게 하셨다.

그리스도를 믿는 모든 사람들은 그리스도 안에서 구속과 죄 사함을 받은 자들이요(골 1:14), 그리스도와 함께 십자가에 못 박혀 죽은 사람들이다. 왜 하나님은 그리스도 안에 있는 모든 사람들을 그리스도와 더불어 죽음에 이끌었는가? 이는 옛 사람은 죽기에만 합당할 뿐 하나님의 계명을 지킬 수 없으며 심히 부패하여 아무것도 할 수 없는 존재가 되었기 때문이다. 오늘날도 유감스러운 일이지만 인생을 살 자신이 없고 삶 자체가 너무나 고통스러운 사람들은 죽음으로 인생을 마감하는 일이 있다. 물론 불신

자들의 이러한 자살은 그것으로 모든 것이 끝나는 것은 아니다. 하지만 죽음을 통해 현실 세계의 모든 문제가 해결되는 것도 사실이다. 어떤 고통이나 근심거리나 불안함도 죽음으로 다 해결되기 때문이다.

하나님은 우리 인간이 이 땅에 살면서 그렇게 좋지 않다는 것을 아셨다. 그러므로 하나님은 그러한 모든 인류를 그리스도 안으로 이끌어서 죽게 한 것이다. 이것이 그리스도의 십자가이다. 당신은 당신의 죄나 자아로 인해 심하게 고통을 겪으며 갈등을 경험한 적이 있는가? 당신은 그러한 자신에서 벗어날 수 있다고 생각했는가? 만일 벗어날 수 있는 것이라면 하나님은 아들의 십자가를 이 땅에 가져오지 않으셨을 것이다. 주님은 요한복음 15장에서 죽음으로 나아가시기 직전에 왜 '내 안에 거하라'고 하셨겠는가? 그분은 필경 그분 안에서 모든 문제가 해결된 제자들을 바라본 것임에 틀림없다. 그들의 안식은 그리스도의 죽음과 연합함 안에서의 안식임에 틀림없는 것이다.

당신은 자신의 못된 기질과 별난 성격으로 인해 고민한 적이 있는가? 그리고 주님께 그 기질을 고쳐달라고 기도해 본 적이 있는가? 하나님은 당신의 그 기도를 들으사 그 성격과 기질을 고쳐주셨는가? 그것은 당신의 몸부림이나 심지어 기도로도 해결되지 않음을 체험했을 것이다. 당신은 아는가? 예수 그리스도께서 십자가로 가실 때 당신의 문젯거리인 그 옛 사람을 데리고 가셔서 거기서 함께 죽으신 것이다. 그러므로 하나님의 눈으로 볼 때 당신의 모든 문제는 그리스도의 죽음으로 이미 다 해결된 것이다. 오늘 무엇을 바라볼 것인가? 당신이 그리스도 안에 있다는 것을 바라보기 바란다. 당신이 그리스도 안에 있는 자신을 바라볼 때 당신은 이미 죽은 자이다. 그 사실을 믿고 안식하면 된다. 고린도 후서 5장 17절 말씀은 "그런즉 누구든지 그리스도 안에 있으면 새로운 피조물이라 이전 것은 지나갔으니 보라 새것이 되었도다"라고 한다. 예수 그리스도의 죽음과 부활은 당신을 완전히 끝내고 새 창조가 되게 한 위대한 사건이다. 당신이 만일 그리스도 안에 있는 자신을 본다면 완전한 새 창조임을 볼 것이다.

그러면 당신의 옛 사람은 어떻게 되었는가? 이 말씀은 이전 것은 지나갔다고 말한다. 당신은 그리스도께서 완전하신 것처럼 완전한 새 피조물이 된 것이다. 당신은 어쩌면 스스로를 바라보면서 '아니야, 나는 어제와 전혀 다를바 없는 똑같은 사람이야'라고 할 것이다. 그것은 당신이 자신을 그리스도 안에 본 것이 아니라 자신 안에서 본 것이다. 믿음이란 무엇인가? 믿음이란 하나님이 그리스도 안에서 이루신 사실을 믿는 것이다. 여러분은 무엇이 사실이라고 믿는가? 지금 여러분이 내 앞에 앉아 계신 것보다 더 분명한 사실이 그리스도와 함께 여러분과 내가 죽었으며 그분과 함께 부활하여 새 사람이 되었다는 것이다. 당신이 만일 이 말씀을 믿고 그 안에 거한다면 그것은 조만간 여러분들에게 실제가 될 것이며 그리스도는 여러분들 안에서 활력있게 거하시며 많은 역사를 행할 것이다.

6절, 사람이 내 안에 거하지 아니하면 가지처럼 밖에 버리워 말라 지나니 사람들이 이것을 모아다가 불에 던져 사르느니라

스펄전이라는 설교자는 이런 말을 했다. "보라, 그날에 한 다발의 목사 포도나무 가지들이 불 속으로 들어갈 것입니다. 장로 가지들이 불 속으로 들어갈 것입니다. 한 다발의 포도나무 집사들이 들어갈 것입니다 한 다발의 교인 가지들이 불로 들어갈 것입니다. 한 다발의 주일 학교 선생들도 들어갈 것입니다." 여러분은 어떤 열매를 맺고 있는가? 장래 심판대 앞에서 그 운명이 결정될 것이다. 그것이 어떻게 될지 추상적으로 어렵게 생각할 것이 없다. 죄를 짓고 안 짓고의 문제가 아니다. 오늘 여러분의 삶 속에서 열매가 나오지 않는다면 그 운명은 불이다. 열매 맺지 못하는 가지는 제하여 버리고 말라진 가지들은 다 불 속에 집어넣는다고 했다. 이것은 매우 심각하고 엄중한 말씀이다. 열매를 맺지 않는 가지의 운명은 비참한 것이다. 우리 주님은 떠나시기 전에 이 말씀을 남기신 것이다.

"나를 떠나서는 너희가 아무것도 할 수 없음이라"(5절). 이는 너무 중요한 말씀이다. 역으로 말하면 주님과 함께라면 모든 일을 할 수 있다는 말도 된다. "내게 능력 주시는 자 안에서 내가 모든 일을 할 수 있느니라"(빌 4:13). 제자들은 이 땅에 남아서 주의 일을 계속 해야 했기에 주님은 그들에게 그 비결을 알려주고 계시는 것이다. '나와 긴밀히 연합해야 할 수 있다' 이것이 비결이다. 주님과 연합하라. 말씀과 연합하라. 믿음 안에 거하고 주님 안에 거하면 우리는 주님이 하시는 일을 하고 우리가 상상할 수 없었던 성령의 역사가 일어남으로 우리 스스로가 놀라게 될 것이다. '내가 언제 이런 사람이 되었지? 나는 원래 이런 사람이 아니었는데? 나는 정말 못나고 부족한 사람이었는데, 어떻게 이런 미덕과 겸양과 사랑과 인내를 나타낼 수 있게 되었지? 그럴 때에 주변의 사람들도 여러분을 좇아서 예수를 믿게 되는 것이다. 그것이 바로 열매이다. 이것이 진정한 복음이다.

그런데 가장 위험한 일은 오늘날 그리스도가 없는 설교, 그리스도가 없는 가르침이 많다는 것이다. 그런 말들은 아무리 들어도 변화가 안 된다. 그리스도와 성도들이 서로 연결되지 않으면 아무런 소용이 없는데 성도들을 그리스도께로 붙여주지 않는 설교, 그것은 위험한 것이다. 밀가루가 있어야 빵을 만드는데 밀가루 없이 무슨 빵이 나오겠는가? 그리스도가 없는데 성결한 생활이 무슨 소용이 있는가? 그래서 우리는 모일 때마다 다른 말이 필요하지 않다. 예수 그리스도만 말하면 된다. 그리스도에게 모든 비결이 있는 것이다. 사랑하는 성도 여러분, 오직 한 가지 여러분은 예수 없이는 살 수 없는 존재라는 것 하나만 알면 된다. 또한 여러분은 주님과 함께라면 모든 것을 할 수 있음을 알면 된다. 거짓 신자들은 열매를 맺지 못한 채 죽은 포도나무 가지처럼 불 속으로 들어가게 될 것이다. 여러분은 이런 사실에 경고를 받기 바란다. 스스로 조심하고 늘 주님 안에 거하므로 많은 열매를 맺는 가지가 되기를 진심으로 바란다.

열매 맺음의 중요성

주님과 신자들의 연합은 신비스런 일이다. 우리가 어떻게 예수님 안에 거할 수 있는가? 주 예수님이 어떻게 또 우리 안에 거하실 수 있는가? 이것은 성경에서만 이야기하는 예수 그리스도와 우리와의 비밀스러운 연합이다. 영어로는 'Holy Union'이다. 이러한 연합의 생활을 사는 사람들만이 열매를 맺는다고 요한복음 15장은 우리에게 가르쳐주고 있다. 그런데 이제 조금 더 전진해서 이 열매를 맺는 삶의 중요성을 살펴보기로 하자.

주님은 우리가 열매를 맺으면 아버지께서 영광을 받으시고, 참 제자가 된다고 하셨다. 하지만 열매를 맺지 않으면 가지처럼 말라버리고, 제해지고, 불에 태워진다고 했다. 이는 어떻게 해석하더라도 열매를 맺지 않는 그리스도인의 불행, 저주스런 미래에 대해서 말하고 있는 것이다. 열매를 맺기 위해서 우리가 주님 안에 거하고 주님이 우리 안에 거해야 하신다고 분명히 말씀하신다. "나는 포도나무요 너희는 가지니 저가 내 안에, 내가 저 안에 있으면 이 사람은 과실을 많이 맺나니 나를 떠나서는 너희가 아무 것도 할 수 없음이라"(5절).

열매는 맺어도 되고, 안 맺어도 되는 것이 아니다. 성경은 그런 사상을 우리에게 가르치지 않는다. 우리가 열매를 맺는 것은 아버지께 큰 기쁨과 영광이 된다. 아버지는 이를 기쁘게 여기셔서 더 열매를 맺도록 깨끗하게 해주시고, 열매를 맺지 않는 가지는 제해버리신다고 했다. 말라버린 가지는 사람들이 모아다가 불에 던져버린다고 표현하고 있다. 그러므로 열매는 맺어도 되고 안 맺어도 할 수 없는 그런 것이 아니라, 열매를 맺지 못할 때는 심각한 결과가 따른다는 것을 성경은 보여주고 있다.

열매의 정의

그러면 우리는 한 번 정의를 해봐야 한다. 열매란 무엇인가? 도대체 성경에서 이야기하는 열매란 무엇인가? 이것을 정의하는 것은 쉽지 않다. 어떤 사람들은 '열매'를 사람들을 전도하고 교회로 데려오는 것이라고 생각한다. 물론 그것도 열매이다. 하지만 성경의 열매는 그렇게 간단하지 않다. 성경에서 열매에 대해 말한 구절들을 다 종합할 때 열매가 무엇인지를 이해할 수 있다. 열매란 간단히 말해서 하나님 말씀을 듣고 믿음이 생기는 것이다. 그 말씀을 받아들인 결과 우리의 삶에서 나타나는 믿음의 표시가 열매인 것이다. 믿었는데 그 삶에 어떠한 표현이 나타나는가? 그것이 바로 열매라는 것이다.

이사야서 5장을 읽어보면 하나님이 극상품의 포도나무를 심었음에도 그들은 가장 좋은 포도를 열지 않고 들포도를 맺었다. 하나님은 천상의 포도나무를 이스라엘에 심으셨다. 이것은 하나님의 말씀, 율법이다. 그런데 그 표현이 어떠했는가? 이 땅의 쾌락과 정욕을 위해서 사는 것이다. 마음은 없이 입술로만 건성으로 믿는 종교적인 모습을 보여주었다. 그럴 때 하나님은 '너희들이 나를 거역했다. 소도 임자를 아는데 너희들은 소만도 못하다. 나귀도 구유를 아는데 너희들은 나귀만도 못하다. 내 백성은 나를 버렸다. 그들이 입술로는 나를 섬기지만, 마음은 내게서 멀다. 내 성소에 들어와서 무수한 제물을 드리지만 나는 그 제물을 받기 싫다. 마음이 없는 제물은 받기 싫다'고 하셨다. 하나님은 이런 상태를 극상품의 포도나무를 심었지만 들포도를 맺은 것이라고 하신다. 말씀을 받아들였는데 그 삶에서 나타나는 표현이 틀렸다는 것이다.

주님은 열매를 맺기 위해서 먼저 무엇을 '하라'가 아니라 '내 안에 거하라'고 하신다. 이것은 무엇을 하는 것이 아니다. 나는 지금껏 적지 않은 시간에 걸쳐 그리스도인은 스스로 뭔가를 하는 사람들이 아니라고 가르쳤다. 그리스도 안에 거한다는 것은 그리스도의 죽음 안에 거하는 것이다. 그분 안에 들어가면 그곳에는 죽음이 있다. 그리스도와 연합하여 죽은 죽음이기 때문에 그 안에 거하는 사람은 그 안에 안식하는 사람이다. 스스로 아무것도 하지 않는 사람이다. 이렇게 그리스도 안에 거하는 사람은 주님이 나도 너희 안에 거하리라는 말씀을 이루신다. 오늘날 어떤 사람들은 주님과 함께 죽었다는 말을 알고, 아무것도 스스로 해서는 안 된다는 것도 안다. "내가 그리스도와 함께 십자가에 못 박혔나니 그런즉 이제는 내가 산 것이 아니요 오직 내 안에 그리스도께서 사신 것이라 이제 내가 육체 가운데 사는 것은 나를 사랑하사 나를 위하여 자기 몸을 버리신 하나님의 아들을 믿는 믿음 안에서 사는 것이라(갈 2:20)".

우리가 살아서는 안 된다. 이것이 바로 그리스도 안에 거하는 것이다. 그런데 거기서 끝나 버린다. 가장 보기가 싫은 것은 육체의 정욕으로, 육신적으로 열심을 가지고 하나님을 섬기려고 하는 모습이다. 그것을 그쳐야 한다. 그것은 갈라디아서에서 "육체의 일은 현저하니 곧 음행과 더러운 것과 호색과 우상숭배와 술수와 원수를 맺는 것과 분쟁과 시기와 분냄과 당 짓는 것과 분리함과 이단과 투기와 술 취함과 방탕함과 또 그와 같은 것들이라(갈 5:19-21)". 열매를 맺으려면 이것을 그쳐야 한다. 그리고 그리스도 안에 거해야 한다. 아무것도 스스로 하려고 나서지 말아야 한다. 우리의 육체의 정욕과 욕심은 십자가에 못 박았기 때문이다.

그러나 우리가 알아야 할 것이 또 한 가지 있다. 우리는 그리스도와 함께 죽고 장사 지낸 바 되었지만 예수와 함께 부활했다. 그러므로 우리가 주 안에 거하면 주님은 그분의 약속대로 우리 안에 거하신다. 그러므로 우리 안에 그분의 말씀이 거하시고, 그분의 생명이, 그분의 부활이 거하시는 것이다. 육체의 정욕은 십자가에 못 박았지만, 새 생명의 소원은 우리 속에 있게 되는 것이다.

독자들은 명심해야 한다. 요한복음 15장의 열매는 성령의 열매만을 가리키는 것이 아니라는 사실이다. 이는 우리가 복음을 증거해서 얻은 생명의 열매를 의미한다. 이는 16절에서 증명된다. '너희로 가서 과실을 맺게 하고' 라는 말씀이 그것이다. 성령의 열매는 갈 필요 없이 맺을 수 있지만 복음의 열매는 다만 옆집이라도 가야 한다. "너희는 가서 모든 족속으로 제자를 삼으라"고 하셨다. "사마리아와 땅끝까지 이르러" 예수의 증인이 되어야 한다. 가지 않고 열매맺을 수 있는 사람은 아무도 없다.

7절, 너희가 내 안에 거하고 내 말이 너희 안에 거하면 무엇이든지 원하는 대로 구하라 그리하면 이루리라

"너희가 내 안에 거하고 내 말이 너희 안에 거하면". 주님이 우리 안에 거하신다고 해도 되고, 주님의 말씀이 우리 안에 거하신다고 해도 된다. 주님은 말씀이시기 때문이다. 우리가 주 안에 거하면 주님은 우리 안에 말씀으로 거하시게 된다. 말씀은 또 생명이다. 생명은 살아있는 것이다. 하나님의 말씀은 운동력 있고 살아있다. 우리는 새 생명의 사람들이다. 그러므로 새 생명의 욕구가, 소원이, 갈망이 자연히 생겨나는 것이다. 옛 사람도 죽었고 새 생명도 없는 것은 이상한 것이다. 나는 여러분이 그런 사람들이 될까봐 고민이 된다. 율법의 의를 행하지 말라고 했지 믿음으로 난 의는 있어야 하는 것이다. 율법으로 난 의로는 열매를 맺을 수 없다. 육체의 행위는 결국 더러운 것들, 들포도를 맺기 때문이다. 그러나 극상품의 포도나무를 심었기에 우리는 너무나 아름다운 최상의 열매를 맺을 수 있는 것이다.

역동적인 주님의 생명

주님의 생명은 우리 안에서 역동적이다. 사도 바울을 보라. 그는 과거에도 열심이 있었다. 그러나 예수를 믿은 후에는 더욱더 충성스러운 사도가 되었다. 그는 시작할 때부터 끝까지 그 속에 꺼지지 않는 불이 있는 사람으로 보였다. 이것은 여러분들 속에도 똑같아야 한다. 열매를 맺기 위해서는 "내 말이 너희 안에 거하면 무엇이든지 원하는 대로 구하라"고 했다. 주님 안에 거하는 사람들, 또 말씀이 그들 속에 거하는 사람들에게는 원함이 생기게 된다는 것이다. 그 속에 아무 원함도 없는 사람들은 그 속에 말씀을 채우지 않은 사람들이다. 말씀을 채운 사람들은 그 속에 갈망과 소원이 없을 수 없다. 빌립보서 2장 13절을 보라. "너희 안에서 행하시는 이는 하나님이시니 자기의 기쁘신 뜻을 위하여 너희로 소원을 두고 행하게 하시나니". 우리 사랑하는 성도들이 반드시 알아야 할 것은 우리 스스로 무엇을 하는 것이 아니라는 것이다. "너희 안에서 행하시는 이는 하나님이시니". 하나님이 행하셔야 하는 것이다.

내가 그리스도와 함께 못 박혔나니, 그런즉 이제는 내가 사는 것이 아니라 그리스도께서 내 안에 사시는 것이다. 하나님이 여러분 안에 사셔야 한다. 하나님께서 여러분 안에 행하셔야 하는 것이다. 그런데 어떻게 하시는가? "자기의 기쁘신 뜻을 위하여 너희로 소원을 두고 행하게 하시나니"라고 했다. 하나님이 하실 것이라고 해서 아무것도 하지 않고 가만히 있는 사람이 있다. 물론 하나님이 다 하신다. 하나님이 행하시는데 우리에게 '소원을 두고 행하게 하시는' 것이다. 하나님은 우리 속에 그분의 소원을, 그분의 뜻을 두셔서 우리로 그것을 좋아하게 만드시는 것이다. 나는 사업에 성공한 사람들, 또 세상에서 잘된 사람들의 자서전과 글을 많이 읽어보았다. 공통적으로 그들은 자기가 가장 좋아하고 기뻐하는 일을 찾으라고 조언한다. 자기가 할 때 가장 기쁘고 만족스럽고 하면 할수록 힘이 나는 그 일을 찾으라는 것이다. 그리고 그 일을 계속 밀고 나가면서 중요하지 않은 일과 중요한 일을 분별해서 중요하지 않은 일은 제하라고 권면한다. 왜냐하면 우리는 한꺼번에 많은 것을 할 수 없기 때문이다. 그러므로 집중하라는 말을 많이 한다.

나는 이런 원리가 그리스도 안에서도 동일하다고 생각한다. 주님을 섬기는 우리들은 속에 사모함과 소원과 좋아하는 것이 없는 사람들이 아니다. 그것도 없다면 그는 죽은 사람이지 산 사람이 아닐 것이다. 우리는 그리스도와 함께 죽었지만, 또 그리스도와 함께 살았다. 우리가 주 안에 거해서 우리의 육체와 그 정욕과 욕심을 십자가에서 못 박았지만, 주님의 성령, 새 생명은 우리 속에서 꿈틀거리고 역동적으로 살아계시다. 하나님은 그분의 기뻐하시는 뜻을 우리 속에 심어두셨다. 우리는 그것이 무엇인지 찾아내고 발견해야 한다. 어떻게 발견하는가? 사모하고 원하면 알려주신다. 주님의 말씀이 우리 안에 거할 때 무엇이든지 원하는 대로 구하라고 하셨다. 원하는 것이 생긴다는 것이다. 이것은 정욕적이고 부패한 우리 육체가 좋아하는 것이 아니라, 주님과 연합한 우리 속의 그 생명이 좋아하는 소원을 말한다. 하나님은 이것을 아주 귀하게 보신다. 나는 주 안에서 새로운 영혼들을 만나는 것을 늘 사모한다. 복음을 증거하고 새 사람을 주님께 드리는 것을 사모한다. 이 나라 저 나라에 교회들이 세워지는 것을 사모한다.

7절에서 말씀하시듯이 열매를 맺는 가지는 그냥 멍한 채로 아무것도 안 하는 것이 아니라 주님 안에 거하는 것이다. 주님 안에 잠잠히 거할 때 그분의 살아있는, 운동력 있는 말씀이 우리 안에서 어떤 원함을 창출한다는 것이다. 이것은 너무나 귀한 것이다. 그것은 하늘의 소원이고 아버지의 기뻐하시는 뜻이다. 우리는 언제나 이 뜻을 발견해야 한다. 나는 여러분에게 이러한 소원이 하나도 없다고 믿지 않는다. 하나라도 있을 것이다. 그러면 그 뜻을 성취해야 한다. 그럴 때 여러분에게서 열매를 맺는 생활이 하나씩 나오게 된다.

나는 600-700번 비행기를 타고 다니면서 가난한 나라들, 어려운 환경, 황량한 벌판들을 헤매면서 전도를 했다. 어떻게 그렇게 많은 나라에 가서 선교할 수 있었느냐고 묻는 사람들도 있다. 어떤 때는 선교하는 것이 군대생활보다 더 어렵다고 느낀 적도 있다 (우리 시절에는 군대생활이 무척 어려웠었다). 그런데 선교를 나가보니 군대는 아무것도 아니었다. 그런데 어떻게 그렇게 할 수 있었는가? 좋았기 때문이다. 나는 지금도 열심히 선교지를 돌아다닐 때의 내 영과 마음을 잊을 수가 없다. 인도의 벌판을 걷다가 무릎을 꿇고 하나님께 기도하고 감사했다. '저에게 이러한 기회를 주시다니 감사합니다. 섬길 수 있는 영광을 주시다니 감사합니다' 나는 그런 순간들을 잊을 수가 없다.

함께 동역하던 선교사들이 어느 공항에서 헤어지면서 한 사람은 한국으로 돌아가고, 한 사람은 인도로 가고, 나는 아프리카로 떠나기도 했다. 공항에서 두 시간, 세 시간, 여섯 시간, 어떤 친구들은 밤새도록, 혹은 이틀씩 머물기도 했다. 그렇게 보낸 많은 날들이 있었다. 그렇지만 우리 속에는 평화롭게 안주하며 좋은 음식 먹고 좋은 침대에서 자던 시절보다 그때가 훨씬 기쁘고 행복했다. 이것을 누가 이해하겠는가? 나는 지금도 때로 성도들이 느슨해지는 모습을 볼 때면 마음이 답답해지면서 자동적으로 속에서 다시금 그러한 소원이 살아난다.

나는 무엇이 가장 좋은지 아는 사람이다. 그렇기 때문에 여러분들에게 이 길을 가려면 성실하고 충성되게 가라고 권하는 것이다. 육신이 편하면 다 좋다고 생각하는가? 그렇지 않다. 우리 안에 사시는 주님이 기뻐하셔야 좋은 것이다. 인도의 성도들은 너무 가난하기에 주님보다는 한국의 풍요로운 물질문명에 관심을 많이 가졌다. 그래서 나는 그들을 한 번 꾸짖은 적이 있었다. '여러분은 뭐하고 있는가? 나는 한국에서 안주하고, 배부르게 먹고, 느슨하게 사는 삶이 너무나 견딜 수 없어서 어떻게 하면 정말 내 영이 기쁘고, 가볍고, 신선한 삶을 살 수 있을까 싶어서 그 모든 것을 버리고 이곳에 왔다. 나는 여러분 나라와 같은 가난한 곳에 와서 이렇게 살고 싶은데, 여러분은 도리어 반대로 우리를 선망하고 있으니 이것은 도대체 무슨 일인가?'

열매란 무엇인가? 열매란 우리 속생명의 표현이다. 우리 속에 받아들인 주님이 우리의 삶을 통해서 나오는 것이 바로 열매이다. 우리의 생활에서 우리의 몸으로 살아서 나타내어진 것이 아니면 그것은 열매로 간주되지 않는다. 열매란 우리가 믿어서 나오는 결과물이다. 그래서 그것을 열매라고 부르는 것이다. 아브라함이 모리아 산에서 독자 이삭을 제물로 바쳤을 때 하나님은 그것을 순종한 것으로 간주하고 믿음의 열매로 여기셨다.

단순히 '하나님, 저 다 바칠 수 있어요. 목숨 내놓고, 재산도 다 내놓을 수 있어요' 하는 소위 마음만의 감동은 열매로 치지 않는다. 사랑도 마찬가지이다. 하나님은 말과 혀로만의 사랑은 열매로 간주하지 않으신다. 야고보 사도는 무엇이라고 말했는가? "형제들아 말과 혀로만 사랑하지 말고, 행함과 진실함으로 하자." 어떤 형제가 배고픈데 배부르게 먹으라, 추운데 따뜻하게 하라고 말만 하는 것은 열매가 아니라는 말이다. 그렇게 불쌍한 사람을 위해서 실제로 무언가를 해주어야 그것이 진실한 사랑이다. 가난하고 굶주린 형제를 위해서 쌀 한 말이라도 팔아다가 먹으라고 가져다주어야 하는 것이지, 순간적인 감동으로 인한 말잔치, 립서비스는 열매가 될 수 없는 것이다.

야구나 축구 같은 운동 경기도 마찬가지다. 심지어 어떤 때는 안타를 쳐도 나가 있는 주자가 홈을 밟아야 1점이 올라가는 것이다. 아무리 멋진 장면을 연출해도 실제로 점수가 안 올라가면 지는 것이다. 축구할 때도 멋진 폼으로 절묘한 패스를 한다 해도 그것만으로 안 된다. 한 골이라도 골문으로 집어넣어야 1점이 올라가는 것이다.

열매를 맺는다는 것이 무엇인가? 열매를 맺는다는 것은 하나님의 역사와 하나님의 나라의 일에, 교회를 위한 일에 뭔가 계산되는 일을 하는 것이다. 사도 바울이 그저 정신적으로만 하나님을 위했던가? 갈망만 가졌던가? 아니다. 그는 실제로 이 땅에 무엇인가를 있게 한 사람이다. 그러기에 그것이 열매로 간주되는 것이다. 그는 자기를 통해 이루신 역사가 헛되게 되면 그날에 부끄러움을 당할 것을 알았다. 그러므로 그의 일들을 헛되게 하지 않으려고 최선을 다 한 것이다.

다시 한 번 말하지만, 하나님은 우리에게 말씀을 심으시고 그 열매를 보기 원하신다. 그런데 사람들은 자신이 변하지 않는 것을 보니 심은 것에 문제가 있는 것 같다고 생각한다. 물론 잘못 심는 것도 문제가 있다. 옳지 않은 가르침을 계속 들어봤자 그것은 소용없다. 조금도 변하지 않는다. 지식과 율법적인 가르침을 계속 들어봤자 그것으로는 변화되지 않는다. 오히려 악화된다. 그러나 정당한 씨앗을 받았어도, 정당한 말씀을 받았어도 열매가 안 맺히는 수가 있다는 것이다. 마태복음13장, 마가복음 4장에는 씨 뿌리는 비유가 나오는데, 그 씨는 모두 똑같은 씨다. 길가에 떨어진 씨나, 돌밭에 떨어진 씨나, 가시덤불에 떨어진 씨나, 옥토에 떨어진 씨나 차별이 없다. 그 씨는 말씀이다. 거기서 문제는 사람의 마음 밭에 있었다. 누가복음 8장에 의하면 30배, 60배, 100배의 열매를 결실하려면 착하고 좋은 마음으로 말씀을 듣고 지켜서 인내로 결실해야 한다고 했다.

여러분에게도 책임이 있는 것이다. 바울은 디모데에게 선한 양심과 믿음을 가지라고 했다. 어떤 사람들은 그 마음이 좋지 않다. 삐뚤어지고 너무 완악하다. 하나님의 말씀을 받는 사람들은 그 마음이 선해야 하고 정직해야 한다. 그 양심이 착해야 된다. 양심이 바르게 작동되지 않으면 말씀이 떨어져도 결실이 없다. 어떤 사람은 잘못을 저지르고 응당 자신을 심판해야 할 텐데 도리어 남을 심판한다. 자신을 질책해야 할 텐데 남을 질책한다. 그러한 마음은 열매를 맺지 못하는 마음이다. 씨가 문제가 아니다. 하나님은 극상품의 포도나무를 심었는데 들포도를 맺은 것이다.

열매 없는 일들

에베소서 4장과 5장의 말씀은 다 열매에 대한 말씀이다. 에베소서 5장 11절을 보자. "너희는 열매없는 어둠의 일에 참여하지 말고 도리어 책망하라". 9절, "빛의 열매는 모든 착함과 의로움과 진실함에 있느니라". 열매 없는 어둠의 일에 참여하지 말라고 했다. 여러분이 주를 위해서 어떤 일을 한다고 하는데 열매가 없는 수가 있다. 열매가 없는 것은 본인이 안다. 삶의 변화가 없고 주님을 위한 뭔가 적극적이고 생산적인 역사가 없다. 그런 일은 필경 열매 없는 일이다. 그러한 열매 없는 어둠의 일에는 참여하지 말아야 한다. 열매가 없는 일은 어둠의 일이다. 그러한 열매 없는 일은 청산해야 한다. 그 일에 많은 의미를 부여하지 말라. 그러면 여기에서 말하는 빛의 열매는 무엇인가? 모든 착함, 의로움, 진실함이다. 그러므로 열매란 그리스도인의 생활에서 나타나는 여러분의 변화이다. 한 가지 한 가지 행실에서 사람이 착하게 변하는 것이다. 의로운 삶을 살게 된다. 진실한 사람이 된다. 나무가 빛 가운데서 햇볕을 잘 쪼이고 자라면 반드시 이런 결실을 하게 된다. 나는 성도들 가운데 이러한 빛의 열매들이 날마다 생겨나기를 바란다.

에베소서 4장 21절을 보면 "진리가 예수 안에 있는 것 같이 너희가 과연 그에게서 듣고 또한 그 안에서 가르침을 받았을진대"라고 말한다. 이것은 말씀의 씨가 떨어지는 것이다. 말씀을 받는 것이다. 22절, "너희 유혹의 욕심을 따라 썩어져가는 구습을 좇는 옛사람을 벗어버리고". 23절, "오직 심령으로 새롭게 되어". 24절, "하나님을 따라 의와 진리의 거룩함으로 지으심을 받은 새 사람을 입으라". 썩어져가는 구습을 좇는 옛 사람을 벗어버리라고 했다. 말씀을 받으면 어떤 열매가 보여야 하는가? 옛것들은 떨어져 나가고 의와 거룩함으로 지으심을 받은 새 사람을 입게 된다. 그러한 구체적인 말씀들이 에베소서 4, 5장에 기록되어 있다.

모든 음행, 더러운 것, 탐욕이 제해지고 우리 입에서 누추한 말, 어리석은 말들이 제해진다. 그리고 감사하는 말, 긍휼과 자비, 용서, 사랑, 의로움, 착함 같은 것들이 생겨난다. 이것이 누군가에게 말씀이 들어간 효과가 열매로 발생하는 것이다. 이런 것이 없다면 그 사람은 열매 없는 나무이다.

열매는 무엇인가?

1. 전도의 열매

전도도 열매이다. 요한복음 15장 16절은 "너희가 나를 택한 것이 아니요 내가 너희를 택하여 세웠나니 이는 너희로 가서 과실을 맺게 하고, 또 너희 과실이 항상 있게 하여"라고 했다. 하나님이 우리를 택하여 세우시고 우리로 가게 하신 것은 열매를 맺게 하기 위함이다. 가서 맺게 되는 이것이 전도의 열매이다. 여러분이 주 예수님을 믿은 후에 한 사람이라도 주님께 인도한 적이 없다면 그것은 정말 작은 일이 아니다. 적어도 내가 주님을 믿은 만큼, 한 사람이라도 그렇게 만들 수 있어야 되는 것이다. 내가 주님을 사랑하는 만큼, 내가 변화된 만큼, 내가 다른 사람을 그렇게 이끌 수 있어야 한다. 주님이 여러분들을 택하여 세웠고, 가서 열매를 맺게 하려 하셨다고 했다. 그런데 우리가 어떻게 주님께 드릴 열매 하나 없이 주님을 만날 수 있겠는가?

그리고 여기에서는 너희 과실이 항상 있게 하려 한다고 했다. 영어로는 'your fruit should remain'이다. 남아 있어야 한다는 것이다. 하나님이 계산하는 열매는 '남아 있는 열매'이다. 복음의 열매가 하루는 붙어 있다가 그 다음날 보니 떨어진 것은 열매로 계산이 되지 않는다. 계속 붙어 있는 것이라야 한다. 어떤 형제나 자매들의 전도하는 것을 보면 한 주, 두 주는 데려오는데, 그 후에는 보이지 않는다. 그런데도 그 사람에 대하여 어떤 부담도 없다. 그것은 참된 열매가 아니다. 주님이 맺게 하는 열매는 항상 남아있는 열매이다. 이러한 열매를 맺는 사람이 주님이 계산하는 좋은 열매 맺는 사람들이다. 하나라도 제대로 열매를 만들어 놓아야 하는 것이다.

우리가 주님 안에 거하고 주님이 우리 안에 거하는 주님과의 밀접하고 신비한 연합은 무엇으로 측정할 수 있는가? 우리의 삶의 변화된 열매, 또는 전도의 열매가 그것을 반증하는 것이다. 여러분은 스스로 점검해 볼 수 있다. 정말로 주님과 밀접하게 관계를 맺으면서 생활한다면 여러분의 열매는 붙었다 떨어졌다 하지 않는다. 성도들은 자신이 맺는 열매를 통해서 자신과 주님과의 연합에 대해서 점검할 필요가 있는 것이다. 모든 보이지 않는 것은 나타난 것으로 점검할 필요가 있는 것이다. 하나님을 사랑하는 것은 형제를 사랑하는 것으로 점검된다. 말로 외칠 필요가 없다. 주님과 끊임없이 긴밀하게 연합되어 있다면 여러분들의 열매 또한 흔ㅈ들리지 않는다.

2. 연보(헌금)의 열매

다음은 연보의 열매이다. 빌립보서 4장 17절은 빌립보 교회에게 사도 바울이 말한다. "내가 선물을 구함이 아니요 오직 너희에게 유익하도록 과실이 번성하기를 구함이라". 사도 바울이 말하는 과실은 무엇을 말하고 있는가? 바로 빌립보 성도들이 사도 바울에게 드린 헌금이다. 헌금을 드리는 것도 열매인 것이다. 바울은 고린도 후서 9장에서 교회가 드린 연보에 대해서 '의의 열매'라고 표현했다. "심는 자에게 씨와 먹을 양식을 주시는 이가 너희 심을 것을 주사 풍성하게 하시고 너희의 의의 열매를 더하게 하시리니". 우리가 은혜를 받았는데 어찌 우리에게서 주님께 헌금이 나오지 않을 수 있는가?

나는 주님을 섬긴 지 오래되었다. 그래서 성도들이 헌금을 드리는 것을 항상 유심히 본다. 주님은 연보궤 앞에 앉아 계신 분이다. 그리고 과부의 두 렙돈을 바치는 것을 보고 칭찬하신 분이다. 그녀는 생활비 전체를 넣었다. 자기 목숨과도 같은 돈을 바친 것이다. 이것을 주님이 아신다. 여러분이 연보를 드리는 것은 적은 일이 아니다. 주님이 지금 당장에 사용할 물질이 필요한 것을 알면서도 마음을 닫고 가만히 있다면, 그것은 열매를 맺는 자들의 태도가 아니다.

3. 섬김의 열매

섬김과 일도 열매이다. 빌립보서 1장 22절에는 "그러나 만일 육신으로 사는 이것이 내 일의 열매일진대 무엇을 가릴는지 나는 알지 못하노라"고 했다. 사도 바울은 그가 육신으로 이 땅에 존재하는 것이 자기의 일의 열매라고 했다. 우리는 우리의 봉사에서나 우리의 섬김, 일에서나 모두 열매를 맺어야 하는데, 그러려면 주님 앞에서 부지런한 습관을 세우고 꾸준해야 한다. 마음만의 신앙생활은 안 된다. 무엇이든지 하다가 안 하다가를 반복하는 것은 열매를 맺지 못하는 생각들이고 행동들이다. 열매를 맺는 사람들은 뭐든지 꾸준히 한다. 교회의 집회에 나오는 것도 마찬가지이다. 주일, 수요일, 금요일, 세 번도 많다면 여러분은 어떻게 예수를 믿겠다는 것인가? 일주일에 적어도 필수적인 예배 세 번은 빠지면 안 된다. 그것도 다 열매이다.

교회의 사역자나 직분자, 장로들은 어떤 사람이라야 하는가? 그들은 구체적인 열매를 맺는 사람들 가운데서 세워져야 한다. 그렇지 않으면 결국 지위만 얻게 되는 꼴이 된다. 주님이 기뻐하시지 않을 것이다. 장로라 함은 성도들의 본이다. 앞서가는 양이다. 성도들은 다 그를 보고 따라가게 된다. 나는 사역자 모임에서 몇 번이나 말한 적이 있다. '나는 교회 중에서 청소하는 장로들을 보고 싶다. 앞서서 일하는 장로들을 보고 싶다. 모든 면에서 본이 되는 장로들을 보고 싶다' 오늘 이 말씀을 결코 소홀히 듣지 말기 바란다. 이렇게 열매를 맺지 않는다면 우리는 다 주님 앞에서 공허한 신앙생활을 하는 것이다. 그날에 아무것도 없게 된다. 우리가 열매를 많이 맺으면 아버지께서 영광을 얻으신다. 그날에 주님과 결산할 때 한 달란트 받은 사람이라도 주님께 다섯 달란트를 보여 드릴 수 있어야 한다. 그것이 열매이다.

하나님은 우리에게 은혜를 주셨고 말씀을 주셨다. 모든 사람에게 무엇인가를 주셨는데, 그것을 발전시켜야 한다. 이 땅에 하나님의 나라가 확장되게 해야 한다. 그분의 말씀이 번성하게 해야 한다. 그분이 십자가에서 죽고 부활하셔서 우리에게 그 생명을, 말씀을 심었는데 그것이 이 땅에서 꽃이 피게 해야 한다. '보시옵소서, 주님이 이렇게 주셨는데 나의 삶에 변화가 있습니다. 또 나를 통해서 이러한 발전이 있습니다'라고 말할 수 있게 되어야 한다. 이렇게 여러모로 여러분은 하나님께 열매를 보이시기 바란다.

4. 찬송의 열매

히브리서 13장에서는 찬송도 입술의 열매라고 했다. 생활 가운데 어려움이 있고, 슬픔이 있고, 답답한 일이 있을 때, 입술에서 원망이 나가고, 불평이 나가는 것은 다 열매가 아니다. 어느 때라도 여러분의 입술에서 찬미의 제사를 드릴 때, 하나님은 '오! 이 사람의 입술에 열매가 있다'라고 여기신다. 여러분 모두가 이처럼 열매 가득한 그리스도인이 되어서 우리 하나님을 기쁘시게 하게 되기를 진심으로 바란다.

열매를 맺는 과정

1. 말씀 안에 거함

요한복음 8장에서 주님은 유대인들에게 "너희가 내 말에 거하면 참 제자가 되고"라고 말씀하셨다. 유대인들이 예수님과 관계를 맺을 수 없었던 이유는 바로 예수님의 말씀이 그 안에 들어갈 자리가 없다는 것이었다. "너희가 내 말에 거하면". 좀 더 구체적으로 말하면 예수님 안에 거하는 문제는 예수 그리스도의 말씀과의 관계이다. 그리스도는 말씀이시기 때문에 말씀 안에 거하는 것이라고 말할 수 있다. 그리스도 안에 늘 거하는 생활을 하기 위해서는 주님의 말씀과의 관계를 소홀히 할 수 없다. 늘 말씀을 가까이 할 수 있는 길을 찾아야 한다. 진리는 단번에 알 수 있지 않다. 매일 조금씩 말씀을 공부하고, 읽고, 연구하고, 서로 나누는 시간을 가져야 한다. 말씀을 묵상하는 시간이 있어야 하고, 말씀을 듣기 위해 집회를 참석하는 것이 있어야 한다. 말씀을 더 많이 접촉할수록 실제적으로 주님 안에 거하는 것이 더 많아지는 것이다.

이 주님과의 연합, 영적인 비밀스러운 연합을 과거에는 신비한 연합이라고 했다. 이러한 비밀스러운 연합(Mysterious Union)의 시간이 많을수록, 꾸준할수록, 성도들 속에서는 기묘한 역사가 일어나는 것이다. 오늘날 많은 사람들이 이 연합을 중요시하지 않는 이유를 아는가? 그 효과를 본 적이 별로 없기 때문이다. 그 안에 머물러 본 적도 없고 그 효과를 본 적도 없기 때문에 그 안에 있는 것을 중요시하지 않는 것이다. 그러나 주님 안에 거하는 이것에 그리스도인의 삶의 비결이 있다. 오늘날 얼마나 많은 사람들이 이것이 없이 단지 일을 해서 주님을 기쁘시게 하려고 하는가? 일을 하는 것이 먼저가 아니라 주님 안에 거하는 것이 먼저이고, 주님과의 깊은 연합 안에 머무는 것이 먼저임을 잊지 말라.

나는 이것의 중요성을 여러분에게 어떻게 설명해야 할지 모르겠다. 만일 진실로 우리가 그리스도 안에 거한다면 그리스도 안에 있는 모든 영적인 능력과 지혜와 거룩함과 의로움과 기쁨과 부활과 그 모든 것이 여러분에게 조금씩 체험되고 적셔지게 될 것이다. 우리가 예수님으로 적셔진다는 것은 적은 일이 아니다. 주님을 위해서 큰 일을 하려고 하면 생각만 해도 피곤하다. 주님을 위한 일은 무엇을 하는 것이 아니라, 우리 안에 예수 그리스도가 적셔지는 것이다. 예수 그리스도로 충만되는 것이다. 영어로 'saturation'이라는 단어로서 완전히 적셔지는 것을 의미한다. 예수 그리스도의 성분이 우리의 세포 구석구석까지 충만되는 것을 뜻한다. 여러분의 강한 설득력이 사람들에게 영향을 줄 것 같지만, 그렇지 않다. 우리를 통해서 흘러나오는 그리스도의 지혜가 사람들에게 영향을 준다. 그리스도의 향기로운 냄새가 곧 능력이다. 메마른 일은 자신도 남도 피곤하게 만든다. 그러니 이 연합으로 말미암은 역사야말로 얼마나 주님이 원하시고 기뻐하시는 역사이겠는가? 또 우리에게는 이것이 또 얼마나 필요하겠는가?

나는 성도들이 이 비밀을 진정으로 깨닫게 되기를 원한다. 여러분이 항상 주님 안에 집요하게 붙어 있기를 바란다. 항상 예수님께 접합되며 그분을 신뢰함으로 그 안에 거해야 한다. 처음 예수님을 믿을 때처럼 주님 없이는 한 시간도 못 산다는 마음, 한시도 주님과 떨어질 수 없다는 마음을 갖고 끝까지 일생토록 살기 바란다. 여러분은 그간 예수를 믿는다고 하지만, 주님 없이 많이 살아왔을 것이다. 이 말씀을 통해서 지금 이 순간부터 '내가 주님 안에 거해야 겠구나, 주님과 내가 연합되어 살아야 되는구나'라는 비밀을 깨닫는다면 여러분은 오늘 위대한 시작을 갖게 되는 것이다. 그렇게만 되면 여러분의 일생은 바뀐다. 열매를 맺는 일생으로 바뀐다. 참 그리스도인의 생활로 바뀐다. 여러분 일생을 완전히 주님께 내어 맡기고 그분의 생명이 여러분 속에 들어와서 결실을 맺게 하시기 바란다.

우리 주 예수님은 여러분이 없이는 열매를 맺을 수 없으시다. "나는 포도나무요 너희는 가지니"라고 했다. 주님은 여러분들을 통해서 그분의 목적을 이루기를 원하신다. 그분 스스로가 아니다. 나무로 말한다면 열매를 맺는 것이 그 나무의 최종 목적이며 결과이다. 포도나무이신 주님께서는 포도 열매를 맺으셔야 하는데 가지인 여러분들이 성실하지 않으면 그분은 열매를 맺을 도리가 없는 것이다. 그러니 주님에게는 여러분들이 얼마나 필요하겠는가? 여러분이 없이는 그분의 거룩한 뜻을 이룰 수가 없다. 그러므로 주님은 여러분이 필요하고, 여러분도 주님이 필요하다. 이처럼 주님과 우리는 서로 없어서는 안 되는 필수불가결한 관계이다. 우리는 마음속으로 '나라는 존재는 예수 없이는 안 되는 존재구나' 생각해야 한다. 주님도 똑같이 여러분에게 그렇게 말씀실 것이다. '나는 네가 진실로 필요하다. 너와 나는 서로 안에 거하면서 깊은 연합을 가지고 살아야 하는 존재이다'

교회란 무엇인가? 교회란 결국 이렇게 된 사람들이 주님을 받아들이고 또 받아들여서 하나님의 성품으로 충만된 존재이다. "교회는 그의 몸이니 만물 안에서 만물을 충만케 하시는 자의 충만이니라"(엡 1:23). 결국 하나님의 모든 것이 다 그 안에 있게 되는 충만된 존재가 교회라는 것이다. 주님 안에 거할수록 우리에게는 아무것도 없고, 주님에게는 너무나 귀한 것이 많다는 것을 발견하게 된다. 그래서 우리는 기도하게 되는 것이다.

2. 기도

열매를 맺기 위해서 필요한 두 번째는 바로 기도이다. 5절 하반절에는 "나를 떠나서는 너희가 아무것도 할 수 없음이라" 했지만, 7절에서는 "너희가 내 안에 거하고 내 말이 너희 안에 거하면 무엇이든지 원하는대로 구하라"고 했다. 구하라는 것은 기도를 의미한다. 열매를 맺는 문제는 자동적으로 되는 것이다. 사람의 인위적인 일에 의해서가 아니라 그리스도로 말미암아서 자동적으로 이루어지는 역사인 것이다. 그래서 저절로 열매를 맺는다고 했다. 우리가 주님 안에 머물러 있는 것, 주님과 조금도 떨어지지 않고 사는 것이 바로 주님과 연합을 하는 생활이다. 주님의 말씀이 여러분 속에 거하는 생활이다. 그럴 때에 여러분 속에 소원이 생겨나게 되는데, 무엇이든지 원하는 대로 구해보라. 주님이 이루신다고 하시는 것이다.

성경을 읽거나 좋은 영적인 서적들을 읽어보라. 읽다 보면 저절로 기도가 나오지 않던가? '아, 내게는 이런 것이 없구나. 나는 이런 것이 너무나 부족하구나. 그런데 주님은 너무나 귀한 분이시구나. 주님, 저도 이렇게 되게 해주세요' 이러한 기도가 나오지 않던가? 주님 안에 늘 거하게 되면 기도생활이 저절로 이루어진다. 그리고 주님은 자신 있게 말씀하신다. "무엇이든지 원하는 대로 구하라." 주님과 연합되었을 때, 주님의 뜻과 생명과 주님의 성품과 마음과 하나로 연합되었을 때, 우리의 원함이 주님의 원함이 된다는 말이다. 그러니까 무엇이든지 원하는대로 구하라고 백지수표를 주시는 것 아닌가? 그분 안에 거하지 않는 사람들은 원하는 대로 구하라면 엉뚱한 것을 구할 것이다. '돈 벌고 싶어요. 출세하고 싶어요. 잘 살고 싶어요. 좋은 여자하고 결혼하고 싶어요' 이렇게 욕심을 부리게 된다. 그러나 주 안에 거하다 보면 주님이 원하시는 뜻이 자연스럽게 여러분 속에서 솟아나게 될 것이다. 그러므로 시편 37편 4절에는 "여호와를 기뻐하라. 저가 네 마음의 소원을 이루어 주시리라"고 했다. 주님 안에 거하는 사람들은 소원이 있게 되고 그 소원을 기도하게 된다. 이것이 자동적으로 이루어지는 것이다.

다시 정리해보자. 여러분이 그분 안에 늘 거하면 주님은 여러분 안에 거하시고, 그분의 말씀이 거하시며, 그럴 때 자연히 원하는 것이 있게 되고, 원하는 것이 있으면 자연히 기도가 있게 되는 것이다. 사도 바울은 무시로 기도하고, 쉬지 말고 기도하라고 했다. 어떻게 쉬지 않고 기도할 수 있는가? 주님과 떨어져 있지 않고 연합되어 있으면 기도가 늘 있게 된다. 호흡처럼 늘 있게 된다는 말이다. 이것이 쉬지 않는 기도의 비결이다. 기도란 예수 그리스도 안에 거하는 사람들이 자연히 할 수 있는 활동이다. 온종일 기도 속에 사는 것이 그리스도 안에 거하는 사람들의 특성이다. 그리스도 안에 거한다면 구할 마음이 자연히 생긴다. 또, 주님의 말씀을 깊이 받아들이고 묵상한다면 틀림없이 기도를 하게 된다. 그리스도 안에 생명이 있는 것을 아는 사람들은 그리스도를 조금이라도 떠나면 자기에게 사망이 오는 것을 알게 된다. 그러므로 그리스도 안에 늘 거함으로 하나님의 거룩한 소원이 여러분 속에 가득하게 되어서 늘 기도하는 여러분이 되기를 바란다.

요한복음 1장에도 "우리가 다 그의 충만한 데서 받으니, 은혜 위에 은혜러라"고 했다. 주님 안에 늘 거할 때 여러분은 주님으로부터 받아들이고자 하는 갈망이 계속 생겨나는 것이다. 여러분이 그리스도 안에 들어오게 될 때 여러분과 주님과 너무나 큰 차이가 느껴지기 때문에 주님을 닮아가기를 원하는 기도가 늘 있게 된다. 그리고 주님은 원하면 원하는 대로 다 채우실 것이다. "원하는 대로 구하라 그리면 내가 이루리라." 이는 모두 자동적으로 이루어지는 하나의 과정이다.

3. 소원을 두고 행하게 하심

그런데 이제 세 번째는 소원을 두고 행하게 하신다고 하셨다. 빌립보서 2장 13절에 "너희 안에서 행하시는 이는 하나님이시니 자기의 깊으신 뜻을 위하여 너희로 소원을 두고 행하게 하시나니"라고 했다. 실상 모든 일을 행하시는 분은 하나님이시다. 우리가 아니다. 그분이 행하시만, 하나님은 자기의 기쁘신 뜻을 우리의 마음속에 두신다. 그리고 그것이 소원이 되게 하시는 것이다. 요한복음 15장 15절에서는 "이제부터는 너희를 종이라 하지 아니하리니 종은 주인이 하는 것을 알지 못함이라. 너희를 친구라 하였노니 내가 내 아버지께 들은 것을 다 너희에게 알게 하였음이니라"고 하셨다. 여러분이 주님과 깊은 연합을 갖고 생활을 하게 되면 관계가 친해지고 가까워져서 서로 친구가 된다. 그러면 주님은 여러분에게 늘 그분의 기뻐하시는 뜻을, 마음속에 있는 소원과 갈망을 다 알게 해주신다. 주님과 늘 가깝게 지내면 주님의 마음을 잘 알게 된다. 그래서 친구가 되는 것이다. 여러분은 그분의 친구라고 고백할 수 있는가? 아직 그렇게 될 수 없다면 오늘부터 그분과의 관계를 친구로 발전시킬 야망을 품으라! 이것이 그 안에 거하는 사람들의 특징이다.

그의 마음이 주님의 마음과 똑같을 때에 그는 기도하게 되는 것이다. 16절에는 "너희가 나를 택한 것이 아니고 내가 너희를 택하여 세웠나니 이는 너희로 가서 과실을 맺게 하고"라고 하였다. 이렇게 주님 안에 늘 거하며 주님의 마음을 아는 신자가 나오게 되면 하나님은 반드시 그를 택하여 세우신다. 주의 일을 할 수 있도록 세우시는 것이다. 마태복음 9장 38절에서 주님은 제자들에게 "추수하는 주인에게 청하여 추수할 일꾼을 보내어 주시옵소서"라는 기도를 하라고 하셨다. '곡식이 희어졌는데 추수할 일꾼이 필요하니 너희들은 기도해라. 추수할 일꾼들을 보내달라고 기도해라'고 하신 것이다. 그런 후에 바로 이어지는 10장 1절에서는 주님이 열두 제자들을 사도로 세웠다는 말씀이 있다. 누구를 보내시는가? 기도하는 사람들을 보내신다. 여러분이 정말로 소원을 가지고 '주님, 그 일을 이루어 주십시오'라고 기도하면 주님은 '그러면 그 일을 네가 해라'고 하신다.

나도 예전에 잘 모르고 '주여, 땅끝까지 복음이 전파되어야 합니다'라고 몇 년을 간절히 기도했었다. 정말 그때는 매일 한두 시간씩 동네가 떠나가도록 시끄럽게 부르짖으며 기도했다. 그래서 혹 이사를 할 상황이면 시끄럽게 기도해도 무방한지를 살피곤 했다. 그러자 주님께서는 '네가 가라'

고 하셨고 결국 나는 90년대부터 20여개국을 다니며 복음을 전하기 시작했다. 내가 이 일을 놓고 기도하기 시작한 것은 83년도부터였다. 83년도부터 6~7년을 매일 한두 시간씩 목이 쉴 정도로 부르짖었다. 당시 나는 다른 사람을 보내달라고 기도를 했었는데, 어느 날 '네가 가라'는 주님의 명령에 한 무리의 동역자들을 이끌고 온 땅을 다니게 되었던 것이다. 그리고 91년도에 몽골의 형제들을 만나게 되었다. 지금 몽골에는 교회가 10여 군데에 세워져 있다.

이런 일들이 일어나기 전에 먼저 우리들 마음속에 소원이 있었던 것이다. 말씀을 깨닫다 보니, 이 귀한 말씀의 비밀을 알다 보니 우리만 가지고 있기에는 너무나 아까웠다. 그래서 '주님 이 말씀이 방방곡곡 퍼지게 해주시고, 온 세계로 나가게 해주십시오'라는 기도를 매일같이 7년을 하게 되었다. 그것이 우리의 소원이 되었던 것이다. 그러던 어느 날 '네가 가라'고 하시면서 기도하던 우리를 각국으로 보내셨으며, 현재는 이 한국 땅에서도 많은 역사를 이루고 계신다.

4. 천국은 침노하는 자의 것

나는 열매를 맺기 위해 필요한 위의 세 가지에 이 항목을 하나 더 넣기를 원한다. 천국은 침노하는 자의 것이다. 모든 것을 하나님이 하신다는 것에 있어서 오해하는 사람들도 있다. 하나님이 다 하시니까 사람은 아무것도 할 필요 없이 가만히 있어야 한다는 것은 잘못된 생각이다. 성경에서 열매를 맺는 사람들의 본으로 제일 먼저 바울을 떠올릴 수 있다. 그는 열매를 풍성히 맺은 사도이지만 절대로 피동적인 사람이 아니다. 구약에서 여호수아, 갈렙도 열매를 맺은 사람들인데 그들 역시 절대로 피동적인 사람들이 아니다. 감나무 밑에서 그저 감이 떨어지기를 바라는 식의 사람들이 아니라는 것이다. 침노하는 영이 없다면 그는 절대로 열매를 맺을 수가 없는 것이다.

사도 바울에 대해서 잠시 생각해보자. 그는 다메섹 도상에서 주님을 만난 뒤에 자신이 과거에 예수를 핍박했고 무시했는데 바로 그분이 하나님이시라는 것을 깨닫고 나서 그 마음속에 얼마나 큰 소원이 생겼겠는가? 자신이 만나고 깨달은 주님을 전하고 싶지 않았겠는가? '내가 과거에 함께했던 유대교의 친구들이 다 속고 있구나, 이 사실을 모르고 있구나, 주여, 저들을 구원해주십시오'라는 소원과 기도가 없었겠는가? 또한 그럴 때에 하나님은 '네가 가라'고 하지 않으셨겠는가? 그래서 그는 가서 전파하기 시작했다. 핍박을 당했다. 사람들이 그를 너무나 핍박하고 죽이려고 하자 형제들은 그를 고향인 다소로 보냈다. 다소에 가서 전도활동을 했겠지만, '나는 이렇게 이곳에만 머물러 있어서는 안 된다. 나에게 주신 이 은혜와 진리를 온 땅에 전해야 한다'라는 소원이 일어나지 않았겠는가?

그는 기도했을 것이다. 그리고 하나님은 어느 날 바나바를 보내주셨다. 그는 안디옥을 섬기다가 바울 같은 사람이 있으면 참 좋겠다고 생각하여 다소까지 찾아갔던 것이다. '바울, 함께 갑시다. 안디옥을 혼자 섬기다 보니 힘이 듭니다. 당신 같은 형제가 필요합니다' 바울 사도는 그곳에서 소원하며 기도하고 있었던 사람이었다. 늘 무시로 기도하라고 권면한 당사자이니 그는 늘 기도하지 않았겠는가? 어느 날 바나바가 와서 '가자'고 할 때 이것이 응답이라 생각하고 따라갔을 것이다.

안디옥 교회에 가서 바울은 한동안 다섯 명의 선지자, 교사들과 함께 섬기면서, 또 금식하고 기도하면서 '주님, 안디옥 교회는 어느 정도는 되었지만, 저 유럽 땅에, 더 많은 세상에 복음이 필요합니다'라고 부르짖지 않았겠는가? 그리고 어느 날 성령께서 '너희 가운데 바나바와 바울을 따로 세워라' 하고 그들을 보내시려고 할 때 바울과 바나바는 이것이 주님의 음성이고 자기들의 소원이 이루어진 줄 알고 순종하면서 나가지 않았겠는가? 그러면서 많은 핍박을 당하고 매 맞고 돌로 맞기도 했지만 그는 충성을 다해서 앞으로 나아갔다.

바울은 결코 피동적으로 움직인 사람이 아니다. 주님이 기회를 주실 때, 주님이 역사하실 때 그는 그 기회를 잡아 순종하고 앞으로 나아갔다. 그가 바나바와 싸움으로 갈라지게 되었던 사건이 있었지만, 바울은 '우리가 전도한 곳에 다시 가보자'고 하면서 앞장섰던 사람이었다. 이러한 모습을 볼 때에 사도 바울은 주님 안에 거하면서 늘 주님의 필요를 생각한 사람이 아니겠는가? 기도한 사람이 아니겠는가? 그렇기 때문에 가봐야겠다는 생각이 들었을 것이다. 이것이 침노하는 영이다. '전도만 하면 주님이 다 알아서 하시겠지' 하고 있었던 것이 아니다. 늘 깨어서 주님의 필요를 놓고 기도할 때 주님이 그분의 생각을 친구처럼 그에게 알려주신 것이다.

그는 그렇게 해서 예루살렘까지 들어간 것이 아니겠는가? 예루살렘에 들어간 사건에 대하여는 주 예수께서 바울에게 그분의 깊은 마음을 알게 하셨을 것이다. 그분은 그 일을 명령조로 알려주신 것이 아니다. 어쩌면 바울은 그분의 얼굴빛을 보고 깊은 마음을 헤아렸을 것이다. 가까운 친구는 말이 없어도 마음을 깊이 이해하고 헤아린다. 그 일은 너무 힘들고 죽음을 요구하는 일이어서 주님조차 사랑하는 종에게 선뜻 요구하지 않으셨던 것 같다. 그곳에 들어가면 어려운 핍박과 환난이 기다리고 있었던 것이다. 그러나 바울은 친구 예수의 마음을 헤아렸다. 그분이 자신의 선택된 민족의 무지를 불쌍히 여기신다는 것을 알고 있었다. 그러기에 바울은 동역자들의 만류에도 불구하고 주님의 깊은 뜻을 헤아리면서 그 땅에 들어간 것이고, 거기서 잡혀서 죄수가 된 것이다. 어떤 것을 주님이 알려주실 때 그것을 가지고 기도하면 주님이 또 길을 열어주신다. 이는 자연스럽게 연속되는 역사인 것이다. 여러분도 오늘부터 이러한 주님의 역사 속에 자신을 두기 바란다.

한 달란트 받은 사람의 문제는 무엇이었는가? 피동적인 것에 있다. 주님은 다섯 달란트, 두 달란트, 한 달란트 주셨는데, 다섯 달란트 받은 사람은 가지고 나가서 적극적으로 침노하는 영으로 장사를 해서 많은 달란트를 남겼다. 한 달란트 받은 사람은 게을렀고 피동적이었다. '주님이 다 알아서 하셔야겠습니다. 당신은 없는 것도 있게 하시는 분이니 내가 안 해도 주님이 다 하실 것입니다'라는 소극적이고 피동적인 자세를 가진 사람이기 때문에, 그는 그 한 달란트를 감춰두었다가 가지고 와서 '당신은 엄한 사람이기에 나는 이것을 감춰뒀다가 가져왔습니다'라고 했던 것이다. 주님은 '네가 나를 엄한 사람으로 아느냐. 그렇다면 그 돈은 장사하라고 주었으니 취리하는 자에게 주어서 변리라도 받게했어야 할 것 아니냐? 너는 나를 잘못 안 것이다'라고 꾸짖으셨다.

여러분에게도 하나님은 무한한 은혜를 주셨다. 그분이 주신 것은 남기라고 주신 것이다. 여러분은 '나에게는 은사가 없다'고 생각하지 말라. 모두가 받은 달란트가 있다. 여러분이 하고자 하는 작은 일들, 작은 마음, 작은 활동들이 여러분의 은사일 수 있다. 작은 마음, 일들을 살려야 한다. 교회는 열려 있다. 여러분의 은사를 발휘하고자 할 때 교회는 도울 것이다. 지금까지 우리는 섬기고자 하는 단 한 사람이라도 그 길을 막은 적이 없다. 오히려 열어주었다. 소극적인 사람들은 일깨워서라도 은사를 발휘하도록 도와주었다. 그것이 바로 교회의 할 일이다. 사랑하는 여러분이 정말 주님에 대해서 갈망이 있고 충성되다면 반드시 섬길 기회를 주시고, 장사할 기회를 주실 것이다. 침노하는 영을 갖고, 여호수아와 갈렙과 같이 적극적인 영을 갖고, 기회가 있을 때에 붙잡고 전진하면서 열매를 맺기 바란다.

5. 원함에서 나아가 성취함

마지막으로 다섯 번째는 '원하기도 하였은즉 이제는 성취하라'는 것이다. 고린도 후서 8장 10-11절은 "이 일에 내가 뜻만 보이노니 이것은 너희에게 유익함이라. 너희가 일 년 전에 행하기를 먼저 시작할 뿐 아니라 원하게도 하신즉 이제는 행하기를 성취할지니 마음에 원하던 것과 같이 성취하되 있는 대로 하라"고 하였다. 사도 바울은 고린도 교회에게 일 년 전부터 연보를 할 수 있도록 요청을 한 적이 있는데, 이제 성취하기를 격려하고 있는 것이다. 이 말씀에 따르면 일 년 전에 행하기를 시작했고 원하게도 하셨는데, 이제는 행하기를 성취하라는 것이다.

오늘날 한국 교회 성도들의 문제는 무엇인가? 원하기만 하고 끝나는 것이다. 성취하지를 않는다. 이 시대는 많은 사람들이 지식과 감동으로만 신앙생활을 하는 시대이다. 실천이 없는 시대이다. 지금까지 하나님의 나라를 확장시키고 주님을 위한 역사를 가져온 사람들은 실천한 사람들이지, 마음의 감동만 있고 머릿속으로 지식만 갖고 있는 사람들이 아니다. 한 가지라도 마음에 결심한 것이 있다면 반드시 실천에 옮겨야만 한다. 마음에 감동이 있고 원함이 있으면 그것을 실행으로 가져가야만 하나님의 역사가 있고 열매를 거두는 것이다. 여러분은 그저 감동했다가 사라지고, 감동했다가 사라지는 이런 신앙생활을 종식시켜야 한다. 그것은 여러분에게 유익하지 않다. 바울은 사랑하는 고린도 교회 성도들에게 말했다. '너희가 원하기도 하였다면 이제는 행하기를 성취하라. 주님을 위해서 원했다면 행하기를 성취하라. 이것이 너희에게 유익하다'

사도 바울이라는 사람은 결과와 목표를 중요시한 사람이다. 나는 성도들 중에 내 말을 이해하지 못하는 분이 있을까봐 염려한다. 나는 이에 대해서 축구 경기의 예를 자주 든다. 중간에 아무리 폼 나게 멋있게 뛰어다녀도 한 골도 안 들어가면 계산이 안 되는 것이다. 아무리 슈팅을 많이 날린다 해도 골이 중요한 것이다. 시작했으면 마쳐야 한다. 주님은 알파와 오메가이시다. 시작과 마지막이 되시는 분이시다. 시작하고 마치지 않는 사람은 좋지 않은 것이다. 고린도 전서 15장 10절에도 "그러나 나의 나된 것은 하나님의 은혜로 된 것이니 내게 주신 그의 은혜가 헛되지 아니하여"라고 했다. 하나님의 은혜를 받았어도 헛될 수 있는 것이다. 바울은 은혜가 헛되지 않게 하기 위해서 모든 사도들보다도 더 많이 수고했다고 했다.

저절로 열매를 맺는다는데 무엇하러 수고하느냐고 하는 사람은 게으른 사람이다. 정말로 주님 안에 거하는 사람, 정말로 그 마음에 소원이 있는 사람은, 또 기도하는 사람은 바로 수고하는 사람이다. "내가 다른 모든 사도들보다 더 많이 수고하였으나 내가 아니요 오직 나와 함께 하신 하나님의 은혜로다". 하나님의 은혜가 있는 사람은 수고하는 사람이다. 갈라디아서 2장 2절에는 "계시를 인하여 올라가 내가 이방 가운데서 전파하는 복음을 저희에게 제출하되 유명한 자들에게 사사로이 한 것은 내가 달음질하는 것이나 달음질한 것이 헛되지 않게 하려 함이라"고 말씀하신다. 바울은 달음질하고 있었고 수고하고 있었다. 그런데 사도 바울이 염려하는 것이 하나 있다. 유명한 사람들에게 내가 전한 복음을 사사로이 제출하지 않으면 내가 달음질한 것이 헛되게 될 수도 있으니 할 일을 해야겠다는 것이다.

빌립보서 2장 16절에도 "생명의 말씀을 밝혀 나의 달음질도 헛되지 아니하고 수고도 헛되지 아니함으로 그리스도의 날에 나로 자랑할 것이 있게 하려 함이라". 달음질도 헛될 수 있고, 수고도 헛될 수 있다는 말이다. 주님이 재림하시면 그리스도의 날에 우리는 모두 심판대에서 다 만날 것이다.

그때 모든 수고와 모든 달음질에 아무런 결과가 없다면 그것은 다 헛된 열매이다. 부끄러움을 당하게 된다. 바울 사도는 이것을 염려한 것이다.

데살로니가 전서 2장 1절에도 "형제들아 우리가 너희 가운데 들어감이 헛되지 않은 줄을 너희가 친히 아노니"라고 했다. 바울은 많은 나라에 가서 일하고 수고하며 교회를 세웠지만, '나는 할 일을 다 했다. 이 정도면 많이 복음 전한 것이다'라고 하지 않았다. 원수가 와서, 시험하는 자가 와서 그의 열매를 다 헤쳐 놓고 망쳐 놓을 수도 있다는 것을 알고 있었기 때문이었다. 그러기 때문에 그는 그 열매를 보존하고 주님께 드릴 수 있도록 하기까지 최선을 다했다. 즉 열매를 항상 남아있게 하려고, 열매를 주님께 드릴 수 있도록 최선을 다한 사람이 사도 바울인 것이다. 나는 사랑하는 성도들이 열매 맺는 문제에 있어서 다만 피동적으로 혹은 관념적으로, 이론적으로, '주님이 다 하시니까 걱정하지 말라'고 할까봐 염려스럽다.

열매를 맺기 위해서 위에서 말한 다섯 단계를 반드시 기억함으로 공허한 그리스도인이 되지 않고 여러분의 일생토록 열매에 있어서 풍성한 그리스도인이 될 수 있기를 바란다. 앞에서 말했듯이 그 첫 번째는 그리스도 안으로 올인(all in)하는 것이다. 이것이 되지 않으면 아무것도 되지 않는다. 사랑하는 성도 여러분은 오늘부터 '나 아무개는 그리스도인으로서 전적이고 확실하며 통쾌한 그리스도인이 되겠다'라고 분명하게 출발하는 날이 되기를 바란다. 그리스도인 같기도 하고 아닌 것 같기도 하고, 세상 사람들이 흔히 말하듯이 소위 '나일론 그리스도인'이 아니라 전적인 그리스도인이 되기 바란다. 운동이나 취미도 완전히 매니아가 되어야 잘할 수 있다. 예수 믿는 사람들은 마땅히 그렇게 되어야 한다.

우리의 선배 손양원 목사는 이렇게 말했었다. "화투하는 노름꾼은 노름에 미치고, 아편 중독자는 아편에 미치듯이, 우리는 예수님에 미쳐야 한다." 이것은 맞는 말이다. 우리가 예수를 믿었다면 완전히 예수에게 몰입되어야 한다. 주님과 우리의 관계는 조금이라도 끊어질 수 있는 관계가 아니다. 성도들은 헛된 세월을 보낼 것이 아니라 이왕 믿었다면 온전히 주님과 하나되고, 절대적으로 주님과 연합되어서, 주님 없이는 못 산다고 고백하면서 하루하루를 살게 되기 바란다. 그렇게 살다보면 그리스도를 체험하는 정도가 달라진다. 주님을 아는 것이 달라진다. 그러나 여러분이 그렇게 하지 않으면 십 년이 지나도 이십 년이 지나도 삼십 년이 지나도 똑같다. 그것은 허송세월 하는 것이다. 그러나 여러분이 진정으로 전적인 그리스도인으로 생활한다면 한 달 후에는 바뀐다. 일 년 후에는 엄청나게 바뀔 것이다.

그리스도인으로서 이렇게 생활해야 보람도 있고 신나고 감사하고 기쁨이 충만한 것이다. 하는 둥 마는 둥 하는 생활은 오늘부로 청산하기 원한다. 주님이 지금 우리를 보고 계신다. 우리의 인생은 짧다. 그리 길지 않다. 오늘을 기억하라. 오늘이 나의 인생의 커다란 전환점이요, 그리스도인의 인생에서 하나의 혁명 같은 날이라고 생각하라. 지금까지 어떠하게 살았더라도 지난 일은 다 잊어버리고 오늘부터 새롭게 주님을 믿고 주님 안에서 절대적으로 전진하는 여러분이 되시기 바란다.

신성한 본질을 전달받는 특권

우리는 포도나무에 접붙여진 가지로서 하나님의 신성한 본질을 전달받게 되었다. 이것은 놀라운 특권이요 축복이 아닐 수 없다. 예수 그리스도를 믿는 우리가 주님과 어떤 관계를 갖고 있는지에 대해서는 주님이 직접 말씀해주셨다. 그것은 포도나무와 가지가 연결되어져서 진액을 공유하듯이 주님과 우리도 그렇게 밀접하게 관련되어 있다는 것이다. 로마서 11장에서 믿지 않는 이방인은 돌 감람나무라고 표현되어 있다. 그런데 거룩한 하나님의 백성인 이스라엘은 참 감람나무인데, 돌 감람나무인 우리가 예수님을 믿을 때에 그 거룩한 나무 가지에 접붙여졌다. 그래서 진액을 함께 받는 자가 되었다는 것이다. 포도나무의 가지인 우리가 포도나무이신 주님과 그 진액을 공유할 수 있게 된 것이다.

이것은 너무나 비밀스러운 일이다. 그리스도 안에는 하나님의 생명이 있고 하나님의 성품이 있다. 그것은 하늘에 속한 것이고, 인간이 원래 갖고 있지 않는 것이다. 우리는 예수 그리스도를 믿음으로 인해서 비밀스러운 축복을 누리게 되는데, 그것은 그리스도 안에 있는 하나님의 신성한 본질을, 그 생명과 성품을 우리가 공유할 수 있게 되었다는 것이다.

베드로후서 1장 3절에서는 그의 신기한 능력으로 생명과 경건에 속한 모든 것을 우리에게 주셨다고 했다. 생명과 경건에 속한 모든 것, 이것은 하나님의 것으로서 원래 우리에게 있는 것이 아니다. 이어서 4절은 "이로서 그 보배롭고 지극히 큰 약속을 우리에게 주사 이 약속으로 말미암아 너희로 정욕을 인하여 세상에서 썩어질 것을 피하여 신의 성품에 참여하는 자가 되게 하려 하셨으니"라고 했다. '신의 성품'은 영어로는 Divine Nature 로서 신성한 본성, 본질이라는 뜻이다. 신성한 본질에 참여하는 자가 되는 것, 이것이 바로 그리스도인이 누리는 특권이라고 말할 수 있겠다.

사랑하는 성도 여러분, 우리는 예수를 믿음으로써 포도나무이신 예수 그리스도께 접붙여졌다. 그리고 뿌리로부터 그 진액을 함께 받는 자가 되었다. 성경에서 주 예수님은 늘 이런 말씀을 하셨다. '내가 아버지 안에 있고 아버지는 내 안에 계심을 믿으라' 아버지와 아들 예수 그리스도는 서로 안에 거하신다. 아버지의 생명이 아들에게 있고, 아들은 그 아버지 안에 거하신다. 그런데 요한복음에서는 이것을 우리에게까지 확장하셨다. 17장 21절에서는 "아버지께서 내 안에, 내가 아버지 안에 있는 것 같이 저희도 다 하나가 되어 우리 안에 있게 하사"라고 했다. 우리란 아버지와 아들이다. 이렇게 해서 그리스도를 믿는 우리는 원래 인간이 갖지 않은 본질을 부여받게 되었다. 그래서 나는 '그리스도인들은 신성한 본질을 전달받는 존재이다'라고 표현하는 것이다.

그리스도의 죽으심은 우리의 죄를 대속하기 위한 것이다. 그런데 그리스도의 부활은 그분의 본질을 우리에게 전달하기 위한 것이다(Transmission of Divine Nature). 거룩한 본질을 우리에게 전달하시는 이것은 너무나 놀라운 일이다. 우리 속에는 원래 하나님의 속성은 없었다. 야곱을 예로 들어보자. 야곱은 원래 그저 야곱이다. 그는 다른 사람에게 절대로 뒤지지 않으려는 기질을 갖고 있다. 그런데 하나님이 야곱에게 계속 역사한 결과 그는 변화되었다. 야곱이 변화된 것은 기질이 좀 다른 모양으로 변한 정도가 아니라 야곱 속에 하나님의 본질이 조성이 된 것이다.

하나님은 원래 아담을 창조할 때 하나님의 형상과 모양대로 지으셨다. 그러나 창세기 전반부에는 사람 속에 하나님의 본질이 주입되고 전달된 모습을 많이 볼 수 없다. 그렇지만 창세기 후반부로부터 볼 때에는 야곱 속에, 요셉의 성품 안에는 하나님이 많이 들어 있음을 볼 수 있다. 하나님의 본질들이 그들 속에 새롭게 조각된 것이다. 그것은 원래 인간에게는 없던 것이다. 이것이 바로 포도나무 가지가 그리스도의 생명을 공유할 때의 갖게 되는 바로 그 축복을 보여주는 것이다.

사람은 놀라운 존재이다. 하나님의 거룩한 생명과 성품을 함께 가질 수 있는 존재라는 것이다. 만일 더욱더 많이 하나님의 생명을 분여받을 수 있다면 여러분은 놀라운 하나님의 사람으로 변모될 수 있다. 마태복음 5장에는 어떤 사람들이 너희의 오른편 빰을 치면 왼편도 돌려대고, 억지로 오리를 가자고 하면 십리를 가주고, 송사를 해서 속옷을 빼앗고자 한다면 겉옷까지도 주라고 했다. 구하는 자에게는 거절하지 말고 주라고 했다. 또한 원수를 사랑하라고 했다. 인간은 그렇게 할 수 없다. 원수를 사랑하기는커녕 미워하지나 않으면 다행이다. 고소를 걸어서 속옷을 빼앗으려고 할 때 줄 수 없다. 내가 벌어 내가 만든 내 재물을 누군가 빼앗고자 할 때 줄 수가 없는 것이다. 거기다가 달라고 하지 않은 겉옷까지 줄 수는 없다. 누가 그렇게 할 수 있다는 말인가? 구하는 자에게 주라는 것도 사실은 힘이 든다. 구하는 사람이 정말 착한 사람이고 나중에 그 은혜에 보답할 수 있는 사람이라면 모르겠는데, 가만히 보니 배신할 사람 같다면 어떻게 줄 수 있겠는가?

최근에 누군가에게 뭔가를 주어야 할 일이 있어서 사역자들 모임에서 의논했더니 사역자 형제들이 그것은 어렵다고 했다. 그러나 다음 주에 와서는 그 일에 대해서 정말 돌이켰다고 고백했다. 나는 매우 기뻤다. 이것은 변화이다. 지난 주에는 사람의 본질로 말하던 사람들이 이번 주에는 하나님의 본질로 바꿔서 이야기를 하는 것이다. 이것은 그들의 체질이 하나님의 본질로 바뀌고 있는 역사이다. 에베소서 4장 24절에는 우리가 구습을 좇는 옛사람을 벗고 생각의 영으로 새롭게 되어서 의와 거룩함으로 지으신 것을 받은 새 사람을 입으라고 하였다.

또한 새 사람이란 의와 진리만이 아니다. '하나님을 따라(after God)'라고 했다. 하나님이 없으면 새 사람이 없는 것이다. 하나님의 본질이, 하나님의 의가, 하나님의 진리가 사람 속에 들어와서 역사되어야만 그 사람이 새 사람이 되는 것이다. 이는 원숭이를 데려다가 교육을 시켜서 조금 버릇을 고치는 것 정도를 말하는 것이 아니다. 원숭이 속에 근본적으로 사람의 유전인자를 집어넣어서 그 원숭이의 본질이 사람으로 변화되도록 하는 것이 성경에서 말하는 '변화'이다. 우리가 하나님의 본질을 받아서 근본적으로 과거에 없던 어떠한 본질이 우리 안에 생겨나는 것이다. 그것이 그리스도인이다. 그래서 열매를 맺으려면 계속해서 우리 속에 하나님의 본질이 전달되도록 간구하는 기도가 있어야 한다는 것이다. 그러한 간구와 소원과 갈망이 있어야 한다.

열매맺음을 위한 기도

여기서 7절 말씀을 분해해서 자세히 살펴보는 것이 유익할 것 같다.

너희가 내 안에 거하고 내 말이 너희 안에 거하면 무엇이든지 원하는 대로 구하라 그리하면 이루리라(7절)

1. 너희가 내 안에 거하고

7절은 "너희가 내 안에 거하고"라는 말로 시작된다. 이것은 대치(replacement)를 말한다. 우리의 본질이 나가고 하나님의 본질이 들어오는 변화의 역사가 있어야 한다는 것이다. 그렇게 하나님의 사람으로 변화되는 역사가 일어나기 위해서 가장 중요한 것은 우리가 주님 안에 거하는 것이다. 그렇다면 '내 안에 거하라'는 이 말은 도대체 무슨 뜻인가? 이것이 열매를 맺기 위한 하나의 전제이다. 이것이 안 되면 열매를 못 맺는다는 말이다.

이는 사실 믿음의 문제이다. 그리고 믿음은 전일하게 믿는 것이다. 사실 전적으로 믿는 것이 아니면 믿는 것이 아니다. 그것은 의심하는 것이다.

'내 안에 거하라'는 말씀의 의미는 무엇인가? 이는 주님과의 관계에 있어서 우리는 주님이 없으면 살 수 없으며 주님 역시 우리를 떠날 수 없는 존재라는 것에 대해서 확고한 믿음을 갖는 것을 주님 안에 거하는 것으로 표현하는 것이다.

한 번 생각해보라. 주님은 우리가 어떻게 하기를 원하시는가? 우리가 한시도 그분의 품을 떠나지 않게 하시고 싶은 것이다. 그분의 마음을, 그분의 공급을, 그분의 도우심을, 그분의 팔을, 날개를 떠나지 않기 원하시는 것이다. 그것이 '내 안에 거하라'는 뜻이다. 이어지는 구절들을 보면 알 수 있다. '나를 떠나서는 너희가 아무것도 할 수 없다'고 하셨다. 그러므로 내 안에 거하라는 이 말씀은 너희가 조금도 나를 떠나서는 안 된다는 뜻이 된다. 이것이 얼마나 감사한 말씀인가? 주님은 우리를 늘 주님 품속에, 주님 안에 있기를 원하시는 것이다. 우리가 한시도 주님을 떠나서는 안 된다는 말이다. 여러분은 꼭 데리고 일하고 싶은 직원이나 일꾼들이 있다면, 어디를 가든지 그가 내 뜻을 떠나지 않고 함께해주기를 바라는 마음이 있다면, 여러분도 주님처럼 그렇게 말할 것 아닌가? '늘 나와 함께 있어요. 내 안에 거하세요'라고 하지 않겠는가? 그런데 처음에는 잘 따르는 것처럼 하다가 후에는 자기 멋대로 하는 사람은 주님 안에 거하는 사람이 아니다.

주님은 십자가에 돌아가시기 전에 우리에게 '내 안에 거하라'는 이 중요한 말씀을 하셨다. 그러므로 열매를 맺는 사람이 되기 위해서는 어떻게 해야 한다는 말씀인가? 주님을 한시도 떠나서는 안 된다는 것이다. 주님이 없이는 호흡하지도 않고, 주님 없이는 생각하지도 않고, 주님 없이는 아무것도 하려고 하지 않으며 절대적으로 주님께 붙어 있겠다는 그러한 결단, 그러한 믿음, 그분 없이는 죽는다는 각오, 이것이 바로 주님 안에 거하는 것이다. 여러분은 이런 마음으로 신앙생활을 하는지 묻고 싶다. 이것이 첫 번째로 주님이 여러분들에게 부탁하는 말씀이다. "내 안에 거하라".

2. 내 말이 너희 안에 거하면

그 다음에는 "내 말이 너희 안에 거하면"의 문제이다. 그분 안에 거하는 것이 첫 번째이고, 내 말이 너희 안에 거하는 것이 두 번째 문제이다. 주님 안에 거하고, 주님을 떠나서는 아무것도 할 수 없는 사람은 자연히 생활 가운데 그분의 말씀을 늘 흡수하는 사람이다. 실제로 주님 없이는 살 수 없다고 말하는 사람은 날마다 말씀을 먹게 되어 있다. 나는 주님 안에 있은지 32~33년이 되었다. 나는 지금까지 말씀을 놓은 적이 없다. 매일 말씀을 먹지 않고는 살 수가 없다. 그래서 주님의 말씀이 늘 내 마음속에 거하게 해왔다. 어머니 품을 떠나면 젖이 없다. 어린아이는 어머니 품 안에서 살아야 한다. 사람은 떡으로만 살 것이 아니라 하나님의 입에서 나오는 말씀으로 산다고 했다. 갓난아이에게는 필요한 것이 신령한 말씀의 젖이라고 베드로 사도도 말했다. 늘 주님의 말씀을 대하고, 말씀과의 관계를 가까이 하고 살아야 열매를 맺게 되는 것이다.

3. 무엇이든지 원하는 대로

"무엇이든지 원하는 대로". 하나님이 우리 가운데에 무엇인가를 역사하고 이루시려면 사람의 마음속에 당신의 기뻐하는 소원을 먼저 두신다. 그것을 좋아하게 만드시고 그것을 이루려는 열심을 먼저 주신다. 나는 지난 15년 이상을 외국으로 많이 다녔다. 인간적으로 보면 정말로 고생스러운 때도 많이 있었다. 하지만 억지로 그렇게 한 것이 아니다. 하나님은 내 마음속에 먼저 거룩한 소원을 두셨다. 그러면 왜 그런 소원이 내게 생겼겠는가? 거슬러 올라가면 내가 주님을 늘 떠나지 않고, 주님의 말씀을 계속 내 안에 받아들이고, 항상 주님과 연합하는 삶을 살았기 때문이다. 주님 안에 거하는 삶은 반드시 우리 속에 주님의 원함을 창출한다.

만일 우리가 역량과 능력과 경륜이 있고, 뭔가 하고자 하는 뜻이 충만한 어떤 사람 가까이에서 계속 그에게 듣다보면 나중에는 그런 마음이 생길 것이다. 회사에서도 자꾸만 교육을 시키면 가만히 있던 사람이 나중에는 물건을 팔러 다니고, 상담 전화도 하지 않는가? 그러나 아무 능력도 없고 생각도 없이 멍한 사람과는 오랫동안 함께 지내도 아무런 소원이 생기지 않는다. 그런데 우리 하나님은 부처처럼 가만히 있는 존재가 아니라, 살아계시고 능력이 있으시며 소원이 있고 뜻이 있고 경륜과 계획이 있는 분이시기 때문에, 계속 그분께 붙어 있다보면 우리 속에서 솟아나오는 것이 있고 하고 싶은 것이 있게 된다.

나도 그렇게 해서 많은 나라를 다니게 되었던 것이다. 힘들고 고통스러워도 마음이 좋은 것이다. 그렇게 좋을 수가 없다. 그래서 몸이 부서지는 줄도 모르고 끊임없이 다니게 된 것이다. 내가 캄보디아를 사역한 지 12년 정도가 되었다. 가장 큰 몽꼴보라이 지역의 인도자인 본초이 형제 같은 사람은 오래 전부터 캄보디아 가기만 하면 내가 전하는 말씀을 듣던 형제이다. 지금 캄보디아에는 부흥이 일어나고 있다. 여덟 지방에 교회가 일어났다. 어디 캄보디아뿐인가? 우리는 베트남도 많이 갔고, 중국과 몽골에도 수없이 갔다. 인도, 네팔까지도 여러 차례를 다녔다. 힘들고 고생스러운 때가 많았지만, 한국에 돌아오면 그 거룩한 소원이 불꽃처럼 계속 타오르기에 또 다시 가지 않을 수가 없었다.

"무엇이든지 원하는 대로 구하라". 시편 37편 4절에서도 "또 여호와를 기뻐하라 저가 네 마음의 소원을 이루어 주시리로다"고 했다. 여호와를 기뻐하며 늘 주님과 붙어 있다보면 우리 마음에 소원이 있게 된다. 그럴 때 구하면 그 소원을 이루어주신다고 하시는 것이다. 사랑하는 여러분, 주님을 믿음으로 인하여, 주님과 늘 함께 생활함으로 인하여 여러분 속에 이러한 소원들이 일어나기 원한다.

어린 성도들은 처음에는 그것을 잘 모를 수도 있다. 그러하기에 사도 바울은 주를 기쁘시게 할 것이 무엇인지 시험해보라는 말을 하기도 했다. 또 어리석은 자가 되지 말고 주의 뜻이 무엇인지 이해하라고도 했다. 또한 생각이 새롭게 되고 변화를 받아서 하나님의 선하시고 기뻐하시는 뜻이 무엇인지 분별하기도 해야 한다. 디모데후서 1장 6절에서 바울은 디모데에게 네 속에 있는 하나님의 은사를 불일 듯 하게 하라고 권면하기도 했다. 마음이 소심하고 연약한 사람들은 그 속에 하나님의 소원이 있고 갈망이 있다 해도 자꾸 위축된다. 주님이 주신 소원함을 소멸시키고 마는 경우도 있는 것이다. 그래서 데살로니가 전서 5장에는 "성령을 소멸치 말라"는 말씀도 있다. 연약한 불이라도, 성령의 작은 감동이라도, 그것을 끄지 말고 살려야 한다. 은사를 불일 듯 하게 하라는 영어로는 fan, 즉 부채로 부치듯이 부치라는 말이다.

나는 지금까지 그렇게 해왔다. 어떻게 그토록 많은 나라를 다니면서 많은 일을 할 수 있었겠는가? 주님으로부터 나온 작은 불을 자꾸만 붙여서 일으킨 것이다. 조그만 불씨라도 계속 조심스럽게 불어서 일으키면 결국 그것은 커지는 것이다. 그리고 활활 타오르게 된다. 무엇이든지 귀한 것은 귀하게 여겨야 한다. 나는 하나님으로부터 온 것, 하나님이 내 속에 둔 것은 작은 느낌이라도 귀하게 여기고 '이것이 혹시 주님이 원하시는 것인가' 하는 마음을 가지고 그것을 불어댔다. 그것이 기도로 이어지는 것이다. 주님께 가지고 나가서 다시 한 번 아뢰며 이것이 정말 주님이 원하시는 것이냐고 여쭤보는 것이다.

'주님, 이것을 기뻐하십니까? 그래서 이런 마음을 제게 두셨습니까?' 이렇게 적극적으로 주님께 묻는 사람이 되어야지, '이것은 아닐 거야. 괜한 생각일 거야'라고 한다면 그런 사람들은 사실은 주님을 사랑하는 사람들이 아닐 것이다. 여러분이 정말로 주님을 사랑한다면 여러분 속에 있는 성령의 작은 감동이라도 무시할 수 있겠는가? 늘 적극적으로 '이것이 무엇을 의미하는 것입니까? 주님, 무엇을 하라는 것입니까?'라고 주님께 물으면서 여러분 속에 있는 성령의 은사, 작은 성령의 불길을 늘 타오르도록 해야 한다.

최근에도 나는 교회 안에서 성도들이 어려운 형편에 처한 형제나 친척들에게 물질적인 도움을 주고 자신의 집에 와서 지내게 하는 모습을 보았다. 그런 일들이 지속되는 것을 보면서 이것은 정말 거룩한 하나님의 본질로부터 나오는 것이지, 사람은 저런 일을 할 수 없다고 생각한 적이 있다. 또 지금은 지방에서 교회를 개척하고 있는 한 사역자가 떠나기 전에 이런 저런 지체들을 찾아가서 한두 마디 권면하며 도움을 주는 모습도 보았다. 그것은 정말로 주님을 기쁘시게 하는 말들이었다. 그러한 속성은 다 하나님으로부터 온 것이다. 그것은 어떤 지체들을 생각하며 위해서 기도할 때 '아, 그에게는 이러한 말을 해주어야 할 것 같다'는 성령의 작은 감동에 순종한 것이다. 그런 것이 아니라면 그렇게 할 수 없었을 것이다.

나는 이렇게 교회 안에 주님으로부터 말미암은, 그분의 뜻으로 말미암은 어떤 소원이 일어나서 역사되는 모습들을 보기 원한다. 이것이 주님의 역사가 일어나는 원칙이다. 주님이 뭔가를 행하려면 사람들 속에 반드시 소원과 갈망을 두신다. 여러분 속에도 두신다. 그것이 바로 하나님이 원하시는 역사이다. 고린도후서 8장을 살펴보자. 3절, "내가 증거하노니 저희가 힘대로 할 뿐 아니라 힘에 지나도록 자원하여". 4절 마지막에서는 '간절히 구하니'라고 했다. 연보에 참여하는 일에 대해서 그들이 구했다는 것이다. 5절, "저희가 먼저 자신을 주께 드리고". 10절 후반부에서는 "원하기도 하였은즉"이라고 했고, 11절 중반부에는 "마음에 원하던 것과 같이 성취하되"라고 했다. 마음에 원하는 것이 있다는 말이다. 12절에도 "할 마음만 있으면"이라고 되어 있다. 이처럼 하나님은 사람 속에 뭔가 할 마음이 있는 것, 원함이 있는 것을 매우 중요하게 생각하신다. 16절에도 "너희를 위하여 같은 간절함을 디도의 마음에도 주시는 하나님께 감사하노라" 했다. 같은 간절함을 주시는 것이다.

여기서 사도 바울은 연보를 가지고 예루살렘으로 가려고 하는데 어떤 사람을 데리고 가는가? 아무런 느낌도 없는 사람을 데리고 가지 않는다. 그 마음속에 바울 사도와 같은 간절함을 갖고 있는 사람, 즉 디도와 함께 한 것이다. 같은 간절함이 디도의 마음속에도 있었다. 17절에서 "저가 구원함을 받고 더욱 간절하므로"라고 말한 것처럼, 디도는 원래도 간절함이 있었지만 바울이 권하고 사람들이 권할 때 더욱 간절한 마음으로 갔다고 말하고 있다. 하나님은 아무 소원도 없는 사람을 통해서 일하지 않으신다. 22절, "그 간절한 것을 여러 번 시험하였거니와 이제 저가 너희를 크게 믿으므로 더욱 간절함이라". 이 간절함이 무엇인가? 마음속의 간절한 소원이다. 하나님의 사역을 하는 사람들은 그 마음속에 간절한 소원이 없이는 안 된다. 19절, "이뿐 아니라 저는 동일한 주의 영광과 우리의 원을 나타내기 위하여". 결국 사역이라는 것은 그들 속에 있는 간절한 소원을 이루는 행위인 것이다. 따라서 그 마음속에 원함이 없는 사람들은 사역을 할 수 없고 주를 위해 일할 수 없다. 주님으로 인하여 마음속에 원함이 일어난 사람들에 의해서 하나님은 역사를 하시는 것이다.

"무엇이든지 원하는 대로". 이때의 원함은 하나님이 넣어주신 소원이고, 하나님이 기뻐하시는 뜻이기 때문에 원하는 대로 구하면 이루어 주시겠다고 말씀하신다. 그런 원함이 있을 때, 그 원함을 친히 이루어주실 테니 하나님께 구하라고 하시는 것이다.

4. 구하라 그리하면 이루리라

마지막으로는 "구하라 그리하면 이루리라"이다. 주님은 우리에게 첫 번째로는 원함을 창조해 주시고, 그 다음에는 그 원함을 따라 이뤄주신다. 그러므로 전부 다 하나님이 하시는 것이다.

사무엘 상에는 사무엘의 어머니 한나의 이야기가 나온다. 한나에게는 브닌나라는 경쟁자가 있었다. 한나의 남편 엘가나는 부인이 둘이었다. 아내가 둘이면 반드시 서로간에 경쟁을 하게 된다. 브닌나는 아들을 쑥쑥 잘 낳는데, 한나는 아들을 못 낳았다. 그러자 브닌나는 한나를 무시하고 윽박지르고 괴롭혔다. 한나는 마음이 너무나 괴로웠다. 남편이 아무리 잘 해주어도 서운한 것이다. 그러나 어쨌든 남편은 좋은 사람이었기에 그녀를 위로해주었다. 그러나 한나는 브닌나로 인해 격동되어 너무나 괴로운 나머지 그녀의 마음에 어떻게 해서든 아들을 하나 낳았으면 좋겠다는 소원이 생겨났다. 하나님은 한나에게 귀한 아들 하나를 주고 싶으셨지만, 주님이 하시고자 할 때는 반드시 그 사람 안에 소원을 만들어 내신다. 한나라는 여자는 너무나 슬펐고 간절한 소원이 생겼다. '아들 하나만 낳게 해주세요. 저 이 집에서 무시당해서 못 살겠습니다' 이러한 기도를 하게 되던 것이고 마침내 아들을 받게 되었다.

하나님은 이처럼 원함을 가지고 기도할 때에 그 기도를 들어주시는 분이시다. 여러분 속에도 작은 원함이라도 있을 것이다. 그러나 그것을 기도로 가져가서 주님이 응답하시고 역사하시도록 끊임없이 기도하는 사람은 적을 것이다. 나는 그래서 아마도 열매가 적을 것이라고 생각한다. 우리에게는 요한복음 15장 7절에서 "무엇이든지 원하는 대로 구하라"는 부분이 부족하지 않은가라고 생각하게 된다. 원함은 있는데 그것을 간절히 기도하지 않는 것은 아닌가? "구하라 그러면 주실 것이요"라고 약속하셨다. 나는 이 부분에서 여러분을 돕고 싶다.

1) 간절한 기도

야고보서 5장 17절에서는 “엘리야는 우리와 성정이 같은 사람이로되 저가 비 오지 않기를 간절히 기도한즉 삼 년 육 개월 동안 땅에 비가 아니오고”라고 했다. 왜 하나님은 다른 사람 기도는 잘 듣지 않으셨는데 엘리야의 기도는 들으셨다는 말인가? 그는 우리와 성정이 같은 사람이지만 간절히 기도했다고 했다. 그것이 우리와 다른 것은 아닐까? 어쩌면 여러분의 기도 속에는 그러한 간절함이 부족하지 않은가? 원함을 가지고 기도할 때라도 간절히 기도한 것이 아닐 수 있다는 말이다. 여기서 ‘간절히 기도한즉’에 해당되는 헬라어는 ‘기도 안에 기도했다’는 의미이다. 다비역은 ‘prayed with prayer’라고 번역했는데, 더 정확한 번역은 ‘prayed in prayer’이다. 즉 기도 안에서 기도한 것이다.

한나의 기도는 어떠했는가? 처음에는 그냥 속이 상해서 기도했다. ‘아들 좀 낳게 해주세요. 브닌나 때문에 너무 속상하니 이 한을 좀 풀어주세요’라고 했을 것이다. 그렇게 시작한 기도였지만, 기도를 계속하다보니 기도 안에 또 기도가 나오게 되는 것이다. 그것이 하나님의 마음을 만지는 기도이다. 하나님의 영을 만지는 것이다. 사실은 당시에 한나를 통해서 낳을 아들을 하나님이 얻으시고자 했던 것이다. 그때는 사사 시대 말, 엘리 제사장 시대로서 하나님의 백성이 너무나 부패해 있을 때이다. 아무도 이스라엘을 위해서 간절히 기도하고 사역하는 사람이 없었을 때이다. 주님은 시대를 바꾸시고자 했다. 그러기 위해서는 진정으로 하나님께 드려진 나실인, 헌신된 한 사람이 필요하셨던 것이다.

한나는 처음에는 자기 기도를 하다가 점차로 그러한 하나님의 영을 만지게 된 것이다. 그래서 기도가 변한 것이다. ‘하나님 아들을 주시면 제가 하나님께 바치겠습니다. 머리에 삭도를 대지 아니하고 하나님의 목적을 위해서 드리겠습니다’ 성령의 감동으로 인해서 주님이 원하시는 바로 그 기도를 드리게 된 것이다. 엘리야의 기도도 마찬가지이다. 당시 이세벨이 있던 아합 시대는 얼마나 부패했던가? 그도 깊은 기도 가운데 비를 내리지 않게 해 달라고 기도했을 때 그것이 하나님의 뜻과 맞았던 것이다. 기도 안의 기도로 변하게 되는 것이다.

여러분도 이러한 체험이 있으리라 믿는다. 간절히 기도하다 보면 어느 시점에 갔을 때 그 기도가 더 이상 나의 기도가 아닌 것이 된다. 성령의 탄식과 성령의 감동으로 인한 기도가 나온다. 그러한 기도가 바로 이 구절에 말하는 '간절한 기도'이다. '기도 안에 하는 기도'이다. 여러분도 원함을 가지고 기도해 보라. 기도하다 보면 정말 주님이 원하는 기도가 나오게 되는 것을 체험할 것이다. 하나님은 그러한 기도를 들으신다.

2) 낙심치 않는 기도

누가복음 18장에는 여러분들이 잘 아는 과부의 기도가 나온다. 그 과부는 재판관에게 나아가서 원수를 갚아달라는 기도를 했다. 처음 그녀가 간구할 때 관원은 듣지 않았다. 얼마 동안은 듣지 않았다고 했다. 여러분도 기도생활을 할 텐데, 기도를 할 때에 주님이 얼마 동안은 듣지 않으실 수 있음을 기억해야 한다. 기도하자마자 바로 들어주지 않으신다는 말이다. 주님은 여기서 우리에게 그런 힌트를 주시고 계시는 것이다. 이런 비유를 통해서 '내가 얼마동안 듣지 않을 수가 있다. 그렇지만 믿음으로 끝까지 기도를 해 보아라'고 하실 수 있음을 배워야 한다. 오늘날 많은 사람들은 그저 어떤 원함을 가지고 얼마간 기도하다가 속히 들어주시지 않으면 '내 기도는 안 들으시는구나' 하면서 속상해 하고 하나님을 원망하고 돌아서는 경우가 많다. 주님은 그런 사람이 있을까봐 이런 이야기도 기록해 놓으시지 않았겠는가?

그러나 결국 그 불의한 재판관은 어떻게 했는가? 왜 그가 과부의 기도를 들어주어야 한다고 생각했는가? 들어주지 않으면 계속 와서 번거롭게 할 것 같으니까 하는 수 없이 들어준 것이다. 이런 말씀의 의미는 이런 것 같다. 성도의 그 원함이 진정인가를 보시는 것 같다. 조금 구하다가 '에이, 안 되네' 하고 포기하는 사람은 그 원함이 깊지 않은 사람이다. 그 원함이 진실하게 속에서 우러나는 사람이 아닐 수 있다. 하나님은 그것을 가려내고 싶어 하시는 것 같다. 그래서 한동안 안 들어주시는 것이다. 그러나 계속해서 부르짖는 사람이라면 그는 들어주지 않으면 안 되는 사람인 것이다. 그것은 진정 그의 원함인 것이다. 주님은 그것을 이루어주실 것이다. 밤낮 부르짖는 자들의 원한을 풀어주지 않으시겠느냐고 말씀하신다. 곧 풀어주신다는 말씀이다.

3) 응답의 시점

응답에 대해서 한두 가지 살펴보자. 요한복음 11장에서 나사로가 병이 들어서 죽어가고 있을 때 마리아와 마르다는 예수님이 나사로를 사랑하시는 것을 알기 때문에 기도했다. '우리 오라비 나사로가 지금 병들어 죽겠는데 와서 좀 고쳐주세요' 그런데 주님이 그 기도를 들으셨다. 주님은 어떤 기도도 들으신다. 시편에는 "우리의 기도를 들으시는 주여"라고 말했다. 듣기는 하시지만 듣고 나서 얼른 달려가지는 않으셨다. 머무시던 곳에서 이틀을 더 유하셨다. 마리아와 마르다는 실망했다. 숨이 넘어가기 전에 오셔서 안수하시고 '일어나라' 하시기를 기대했는데, 주님은 사람이 죽는데도 우리의 기도를 안 들어주신다고 생각했을 것이다. 이 말씀을 통해서 우리는 무엇을 알 수 있는가?

주님은 기도를 들으시되 우리의 생각대로, 우리가 구한대로 반드시 그렇게는 안 하실 수 있다는 것이다. 그리고 주님이 거기서 이틀을 더 머무신 이유도 설명하셨다. '내가 거기에 있지 아니한 것을 감사한다. 왜냐하면 그들로 하여금 그때 믿게 하기 위한 것이다' 주님은 아픈 사람을 낫게 하실 수 있을 뿐 아니라 죽은 자도 살리실 수 있는 분이시지만, 아직 그들은 믿지 않았던 것이다. 아픈 것은 낫게 해도 죽은 자를 살리는 것은 못한다고 생각했던 것이다. 그래서 주님은 '나는 부활이요 생명이라'고 하시면서 그분이 죽은 자를 살릴 수 있는 능력을 가지신 분이심을, 부활이며, 부활의 능력을 소유한 분이심을 보이셨던 것이다. 그래서 나사로가 죽을 때까지 그곳에 가지 않으셨던 것이다.

4) 가장 좋은 것으로 응답하심

주님이 우리의 기도를 들으시는 방식은 우리에게 가장 좋고 유익한 방식으로 하시기 때문에 우리의 짧은 생각으로는 기도하는 그대로 들어주지 않으실 때가 많다고 느낀다는 것을 알기 바란다. 나는 오랜 신앙생활 가운데 이 점을 많이 느꼈다. 나도 예전에는 한국 사람의 기질대로 '주님, 지금 큰일났습니다. 속히 해주십시오'라는 식으로 기도했었는데, 금방 잘 안 들어주시니 매우 서운했다. '아니, 지금 제가 급하다고 이렇게 부르짖는 것을 모르십니까?' 그런데 세월이 많이 지난 후에 우리의 기도를 안 들으신 것 같아도 나중에 보면 다 들어주신 것을 알게 된다. 그래서 나는 그 이유를 알게 되었다. '주님이 나보다 지혜로우시구나. 주님은 역시 한국 사람의 기질과는 다르시구나. 정말 나보다 이해가 풍성하시구나'라는 마음을 갖게 되었다.

그래서 우리는 '어떤 아들이 떡을 달라면 돌을 주겠느냐? 생선을 달라고 할 때 뱀을 주겠느냐?'고 하신 마태복음 7장의 말씀도 이해할 수 있다. 거꾸로 말하자면 우리가 잘 몰라서 뱀을 달라고 기도하기도 하고, 돌을 달라고 기도하는 경우가 있는 것이다. 그럴 때 주님은 달라는 대로 주시지 않으신다. 주님은 우리보다 총명하시고 이해가 풍성하시며 모든 것을 아시는 분이시기에 우리가 구하는 것이 무엇인지 아신다. 어떻게 주어야 할지, 언제 주어야 할지 너무나도 잘 아시기에 기다리시는 것이다. '지금은 안 된다. 지금 주면 너는 그것을 감당하지 못하니 조금 더 기다려라'고 하신다. 그럴 때 우리는 변화되고 분량이 커진다. 구하는 것을 주셨을 때 비로소 감당할 수 있게 된다. 우리 자신이 더욱더 체험이 있고 변화된 사람이 되는 것이다. 주님은 그럴 때까지 기다리셨다가 역량있게 모든 것을 할 수 있을때 '지금이다' 하고 주시는 것이다.

여러분은 그런 체험이 없었던가? 그럴 때에 '아, 역시 하나님은 사람이 아니시구나. 우리의 이해를 초월하시고 뛰어넘는 사랑의 하나님이시구나'라는 것을 깨닫게 되는 것이다. 그러므로 어린 그리스도인들은 참고 기다려야 한다. 금방 이루어지지 않더라도 믿음을 가져야 한다. 여러분의 하나님은 결코 여러분을 실망시키는 분이 아니시다. 여러분의 소원을 들어주신다. 지금은 속으로 '주님, 나 너무 어려워요. 나 너무 힘들어요. 왜 주님이 살아계신다면 저의 이런 상황을 얼른 벗어나지 않게 하시나요? 이렇게 어렵게 계속 두시는 건가요?'라고 할지 모른다. 그래도 기도 하라. 체험이 있는 사람은 그런 기간이 우리에게 필요하다는 것을 안다. 결국 시간이 지날 때 주님은 그분의 풍성한 대로 그분의 은혜로우심을 여러분들에게 보여주실 것이다. 그리고 여러분은 '주님, 죄송합니다. 제가 예전에는 주님을 잘 몰랐네요. 그때는 속상했었지만, 지혜로우신 주님께서 인내하시고 기다리시다가 가장 좋은 것을 좋은 때에 주시려고 저를 지금까지 인도해 오셨습니다'라고 고백하게 될 것이다.

그러므로 언제나 감사해야 한다. 영원 안에 갔을 때 여러분들은 '아, 그때 원망하지 말고 감사했어야 했는데'라고 말할 것이다. 그러니 지금 잘 이해가 가지 않아도 그냥 '감사합니다'라고 하면 된다. 그러면 영원 안에 갔을 때 '그때, 참 잘했다'라고 기뻐하게 될 것이다. 실수하는 일이 적으려면 주님께 늘 감사하고 찬양하며 경배하는 삶을 살기 바란다. 주님은 반드시 여러분들에게 가장 좋은 것으로 채워주실 것이다. 선하신 하나님을 믿고 의지하며 그분께 간절히 지속적으로 기도함으로써 열매가 풍성한 삶을 살기 바란다.

믿음과 사랑과 인내와 증거 - 요한복음 15장의 중점

요한복음 15장은 열매를 맺는 것에 관한 말씀이다. 주 예수님이 떠나시기 전에 마지막으로 제자들에게 하신 말씀이다. 이 말씀의 중요성은 전할수록 더욱 느끼게 된다. 그래서 이 말씀을 쉽게 지나가지 못한다. 너무나 중요한 부분이기 때문이다.

요한복음 15장의 말씀을 네 마디로 요약을 해본다면 믿음, 사랑, 인내, 증거이다. 우리 그리스도인은 열매를 맺어야 한다. 열매를 맺지 못하는 가지는 불에 던져 사른다고 했다. 반면 열매를 맺으면 하나님께 영광이 되고 주님의 참 제자가 된다고 했다. 우리가 그리스도인인 척하는 것은 소용이 없다. 진짜 그리스도인이 되고 그리스도의 제자가 되어야 한다. 또 제자라면 반드시 열매를 맺어야 한다. 참 가지가 열매를 맺지 못하는 법은 없다. 가지라면 당연히 열매를 맺게 되어 있다. 성경에는 가라지도 있고 참 열매도 있다. 가라지를 많이 생산하는 가지도 있을 것이다. 참다운 포도나무의 열매를 맺는 삶을 살아야 그리스도인으로서 복된 것이고 또 가치가 있는 것이다. 시간과 에너지와 물질과 모든 것을 투자했는데, 그리스도인 비슷하게는 살았는데, 결국 그리스도인답게 살지 못했다면 헛된 것이고 실패이다. 우리는 여기서 적어도 그리스도인의 표준을 발견해야 한다. 모든 비슷한 것에서 나와야 한다. 주님이 정확하게 말씀하신 그것을 붙잡아야 한다.

1. 믿음

첫 번째 요점은 믿음이다. 하지만 15장 본문에서 믿음이라는 단어는 발견할 수 없다. '내가 포도나무요 너희는 가지이니 내가 저 안에 저가 내 안에 있으면 이 사람을 과실을 많이 맺을 것'이라고 하였다. 주님은 포도나무이고 우리는 가지이다. 포도나무와 가지는 하나로 연결되어 있다. 그렇게 생활하려면 서로 안에 거해야 한다. '내 안에 거하라'는 말씀대로 주님 안에 거하는 생활, 즉 포도나무에 붙어 있는 삶을 사는 것이 바로 믿음이다.

포도나무에 흐르는 생명의 진액이 가지에도 흐르게 되고 그것이 열매를 맺게 하는 것이다. 그리스도 안에 계셨던 하나님의 생명이 열매를 맺게 한다. 다른 것으로는 열매를 맺을 도리가 없다. 우리는 주님과 한 생명이어야 한다. 그리스도와 우리는 같은 생명을 가지고 살아야 한다. 마태복음 5장에서 주님은 많은 말씀을 하셨다. 왼쪽 뺨을 때리면 오른쪽 뺨을 돌려대라. 오리를 가자면 십리를 가라. 속옷을 달라고 송사하면 속옷을 주고 겉옷도 내어주라. 원수를 사랑하라는 이런 말씀들을 우리가 과연 지킬 수 있는가? 그래서 흔히 이 말씀들은 유대인들에게 주신 말씀이라고 핑계를 대는 경우가 있다. 그러나 그렇지 않다. 5장 끝에 아버지의 온전하심같이 너희도 온전하라고 했다. 우리 안에 있는 생명이 예수 그리스도의 바로 그 생명이기에 그리스도께서 그렇게 하실 수 없었다면 몰라도 그분이 그렇게 할 수 있었다면 우리도 할 수 있다는 말이다. 포도나무 가지는 포도나무 자체의 생명의 진액과 다른 진액이 아니다. 바로 그 진액이 흘러서 열매를 맺는 것이다.

갈라디아서 2장 20절 "내가 그리스도와 함께 십자가에 못 박혔나니 그런즉 이제는 내가 산 것이 아니요 오직 내 안에 그리스도께서 사신 것이라 이제 내가 육체 가운데 사는 것은 나를 사랑하사 나를 위하여 자기 몸을 버리신 하나님의 아들을 믿는 믿음 안에서 사는 것이라". 내가 산다면 가능성이 없다. 그러나 내가 사는 것이 아니라 그리스도께서 사신다고 하면 가능성이 있는 것이다. 그러므로 그리스도께서 하신 일을 바울도 할 수 있었던 것이다. 주님은 너희가 나보다 더 큰일도 하리라고 말씀하셨다. 이것이 그리스도인의 정당한 생활이고 이것이 성경에 적혀져 있는 그리스도인의 생활의 표준이다.

그리스도인의 생활이란 그리스도께서 성도들 안에, 우리 안에 사는 생활이다. 그리스도처럼 살려고 노력하는 것이 아니다. 그리스도처럼 되려고 애를 쓰는 것이 아니다. 원숭이가 사람처럼 되려고 노력하는 것 같은 것이 아니다. 그리스도께서, 그분의 생명이 내 안에 사시는 것이다. 그러므로 이것은 바로 믿음이 아니면 안 되는 것이다. '아 내 안에 예수 그리스도께서 사시는구나. 내가 사는 것이 아니라 그리스도께서 사시는구나' 이것이 믿음이다. 이것이 이루어져야 한다. 이렇게 믿어졌다면 믿는 자에게 능치 못할 것이 없기에 이 믿음 자체가 이렇게 중요한 것이다. 믿었다면 그 믿는 자 속에서 그 믿음이 역사하기 때문이다. '그리스도께서 어떻게 내 안에 사시는가? 어떻게 내가 그리스도와 똑같은 일을 할 수가 있겠는가?'라고 생각하는 사람은 믿음이 없는 것이다. 어느 날 여러분의 눈이 열리고 밝아져서 '그리스도가 내 안에 산다'는 사실을 보게 되었을 때 그 믿음이 여러분의 삶을 바꾼다. 믿음이 그리스도께서 여러분 안에 사시게 하는 근거를 제공하는 것이다. 이것이 놀라운 일이다. 에베소서 3장에 "믿음으로 그리스도께서 너희 마음에 거하게 하시고"라는 말씀이 있다. 믿음이 있어야 그리스도께서 우리 안에 거하시는 것이다. 그러므로 우리가 포도나무 가지로서 열매를 맺는 것은 이 믿음이 있어야만 가능한 것이다. 이것이 너무 중요하다.

바울 사도는 빌립보서 1장 21절에서 '내게 사는 것이 그리스도'라고 말했다. 바울은 이 땅에서 많은 일을 했지만 그것은 자신이 아니라 자신 안에 사시는 그리스도가 하신 것이라고 했다. 그리스도가 하셨기에 그는 그렇게 많은 사람을 섬길 수가 있었고 많은 능력을 행할 수가 있었다. 이렇게 생활할 수 있을 때 포도나무의 진액이 가지로 흘러서 그 진액의 열매가 주렁주렁 맺히는 것이다. 이것이 첫째로서, 곧 믿음의 문제이다.

2. 사랑

12절, 내 계명은 곧 내가 너희를 사랑한 것같이 너희도 서로 사랑하라는 것이니

둘째는 사랑의 문제이다. 사랑이 없으면 열매를 맺지 못한다. 죄인을 사랑하고 사람을 사랑하는 사람이 열매를 맺는다. 요한복음 15장에서는 첫째는 성도, 믿는이와 주님과의 관계를 말했다. 이는 주님과 하나된 관계로서 너무나 밀접한 관계이다. 가까이 있는 것이 아니라 아예 주님과 한 영 되고 하나된 것이다. 둘째는 성도들과의 사랑하는 관계이다. 그런데 12절은 그것을 '계명'이라고 말했다. 이것은 새 계명이며 사실은 유일한 계명이다. "내가 너희를 사랑한 것같이". 이것은 사랑의 표준이다. 예수 그리스도께서는 죄인을 사랑하심으로써 자신의 목숨을 버리셨다. 이것은 제자들이 해야 할 사랑의 표준을 제시하는 것이다. 그것은 예수 그리스도와 다른 사랑이 아니라 그리스도께서 죄인을 사랑하신 그 사랑이다. 그처럼 사랑하라고 하셨다. 다만 사랑한다고 되는 것이 아니라 거기에는 표준이 있는 것이다.

앞부분에서 말한 믿음, 그리스도께서 사는 삶이 아니면 그것도 표준에 이르지 못한 것이다. 그러한 그리스도인의 생활은 실패 그 자체이다. 다람쥐 쳇바퀴 돌듯이 아무리 돌아봤자 언제나 그 자리이다. 그리스도께서 우리 안에 사는 삶이 아니면 계산이 되지 않는 것이다.

그러나 그리스도께서 제자들 안에, 성도들 안에 사신다면 그 사랑의 표준에 이를 수가 있다. 내가 사랑하는 것이 아니라 내 안에 사시는 분의 사랑으로 사랑하는 것이기 때문이다. 하나님은 그 생명을 우리에게 부여해 주시고, 그 성령을 우리에게 넣어주신 후에 이렇게 사랑하라고 하신 것이다. 주님은 가능하지 않은 것을 하라고 하시지 않는다. 믿음이 있으면 그렇게 생활할 수 있는 것이다. 정당한 신자라면 주님의 그 사랑이 그 속에 있는 것이다. 주님이 죄인을 위해서 죽으신 것처럼 우리에게도 사람들을 죽기까지 사랑할 수 있는 그 사랑이 있다는 것이다.

13절, 사람이 친구를 위하여 자기 목숨을 버리면 이에서 더 큰 사랑이 없나니

주님이 우리에게 명령하신 사랑은 그 수준이 높은 것이다. 친구를 위하여 자기 목숨을 버리면 이에서 더 큰 사랑이 없다는 것이다. 자기 목숨을 버리는 사랑으로 사랑하라는 것이다. 이것이 표준이다. 우리 그리스도인이 열매를 맺기 위해서는 믿음이 있어야 하고, 믿음이 있다면 그 믿음은 반드시 그리스도와의 연결을 가져오기 때문에 사랑을 또한 가져오게 된다. '거짓 없는 믿음에서 나오는 사랑'이 나오게 되는 것이다.

이러한 사랑에 미치지 못하는 사랑은 누구나 다 할 수 있다. 조금 동정하고 사랑하는 것은 인간적으로 다 할 수 있다. 교회생활을 그런 식으로 한다면 그것은 흉내내는 것에 지나지 않는다. 그것도 역시 헛바퀴 돌리는 것이다. 전혀 계산이 되지 않는다. 과녁에 하나도 맞지 않는데 화살을 많이 쏘면 무엇 하는가? 제대로 하나 맞췄을 때 한 점이 올라가는 것이다. 그리스도인의 생활은 그저 비슷하게 한다고 되는 것이 아니다. 왜 오늘 날 열매가 없는가? 그것은 사랑이 없기 때문이라고 해야 할 것이다. 친구를 위해 목숨을 버리는 사랑이 없는데 어떻게 열매가 맺히는가?

성경에서는 그 표준을 제시하고 있다. 목숨을 버리는 사랑이 아니면 그저 간지러운 감정일 뿐이라는 것이다. 그리스도께서 우리 안에서 생명이 되어서 이루어지는 사랑이 아니면 그것은 다 비슷할 뿐 참된 사랑이 아니다. 그것은 속임당하는 것이고 여러분의 인생을 낭비하는 것이다. 그리스도의 사랑은 목숨을 버린 사랑이며 바다보다 깊고 하늘보다 높은 사랑임을 인하여 하나님께 감사하고 찬미한다. 이런 사랑만이 열매를 맺는다.

14절, 너희가 나의 명하는 대로 행하면 곧 나의 친구라

이와 같이 우리의 목숨이라도 아끼지 않고 사람들에게 줄 수 있는 그런 사랑으로 사랑하는 그 사람이 주님의 친구라고 하셨다. 나는 사도 바울이 바로 이런 사랑으로 사람들을 사랑한 사람이라고 믿는다. 그는 자기 동족 이스라엘 백성들을 사랑했다. 그는 로마서에서 '내가 저주를 받아 그리스도에게서 끊어질지라도 나는 내 동족이 구원받기 바란다'는 고백을 했다. 그는 예루살렘에 올라가면서도 '내가 은혜의 복음을 전하는 데 있어서 나는 내 목숨을 조금도 아까운 것이나 귀한 것으로 여기지 않는다'고 말했다. 그는 실제로 그렇게 움직였다. 가서 매 맞고 돌로 맞고 핍박당하며 말할 수 없는 고통을 겪었지만, 그는 사람들을 사랑했다. 그의 서신서를 보면 죄를 범한 한 형제라도 그러한 사랑으로 동일하게 사랑했음을 알 수 있다. 바울 사도는 그것이 자기가 한 것이 아니고 그리스도라고 말했다. 이렇게 사는 삶이 주님께 계산되는 생활이다. 그러기에 바울에게는 풍성한 열매를 맺는 결과가 있었다.

이렇게 사는 사람이 아니면 주 예수의 친구가 될 수 없다. 구약에서 하나님은 아무나 친구라고 하지 않으셨다. 아브라함을 친구라고 부르셨다. 그리고 '내가 하려는 것을 숨기겠느냐'하셨다. 친구에게는 깊은 속 마음을 털어놓으시는 것이다.

15절, 이제부터는 너희를 종이라 하지 아니하리니 종은 주인의 하는 것을 알지 못함이라 너희를 친구라 하였노니 내가 내 아버지께 들은 것을 다 너희에게 알게 하였음이니라

그저 두려워하면서 주님을 섬긴다고 하는 사람은 '종'이다. 그러나 주님은 우리를 가장 우대하셔서 그분과 가까운 관계를 가지라고 격려하신다. 가장 가까운 관계는 종이 아니라 '친구'이다. 친구가 되려면 그와 같은 믿음, 그와 같은 사랑을 가져야 할 것이며, 그렇게 사랑하는 자들을 주님은 친구로 여겨주신다. 종은 주인이 하는 것을 몰라도 친구에게는 알려준다고 하신다. 나는 사도 바울이 주님의 친구가 되었다고 확신한다. 목숨을 버리는 그러한 사랑으로 사람들을 사랑하고 주님의 계명을 지켰기 때문이다. 주님은 그를 친구로 삼으셨기에 그렇게 풍성한 계시를, 아버지 속에 있는 모든 비밀들을 그에게 알려주신 것이다. 친한 사람이 아니면 비밀을 다 말해주지 않는다. 우리가 주님을 사랑하고 그분을 가까이 하는 만큼 주님은 우리에게 그분 자신을 계시해주신다.

내 자신에게도 작은 간증이 있다. 나는 지난 20여년을 각지를 다니면서 복음을 전하고 많은 나라에 교회를 세울 수 있는 긍휼을 얻었다. 정말 많은 나라를 사랑했다. 많은 나라를 다니면서 성도들을 사랑하다보니 주님이 그분의 마음속에 있는 비밀들을 가르쳐주셨다. 내가 많은 말씀을 받게 된 것은 여기에 그 이유가 있다고 믿는다.

15장의 이 말씀은 물론 당시에 제자들에게 하신 말씀이다. 하지만 이 말씀은 모든 성도들에게 하신 말씀이기도 한다. 요한복음 15장이 열두 제자에게만 해당되는가? 아니면 여러분 모두에게 해당되는가? 다 해당된다. 여러분 모두가 다 이 말씀을 체험할 수 있는 것이다. 물론 그 분량에 있어서는 작을 수 있지만, 적어도 여러분이 이웃에게 보내심을 받아서 몇몇 사람들을 구원하고 몇몇 사람들을 사랑할 때에 주님은 여러분에게 그 비밀을 보여주실 것이다.

16절, 너희가 나를 택한 것이 아니요 내가 너희를 택하여 세웠나니 이는 너희로 가서 과실을 맺게 하고 또 너희 과실이 항상 있게 하여 내 이름으로 아버지께 무엇을 구하든지 다 받게 하려 함이니라

이것이 당시 유다를 제외한 11제자에게 한 말이다. 그들이 주님을 택한 것이 아니라 주님이 그들을 택해서 세웠다는 것이다. 여기에는 뭔가 직분적인 성격이 있다. 요한복음 6장 70절에서 '내가 너희를 제자로 세웠다'는 것에는 직분적인 것이 있다. 하지만 모든 그리스도인이 다 제자로 세움을 받을 수 있는 것이다. 세우신 이유는 여러분으로 가서 과실을 맺게 하기 위함이다.

"너희로 가서"라는 말은 하나의 보내심이다. 어떤 사람이 주님의 택한 사람인가? 택하심 받은 증명은 무엇인가? 여러분 속에 영혼들에 대한 깊은 사랑, 목숨을 아끼지 않고 성도들을 사랑하고자 하는 영이 있는가이다. 그럴 때 주님이 여러분 속에 주님의 비밀을 알려주시는 느낌이 있는가이다. 이 모든 것이 주님이 여러분을 택하여 세웠다는 증거이다. 이것이 없다면 이 구절에 해당 사항이 없다.

한두 사람에게라도 갈 수 있다. 이웃에게라도 갈 수 있다. 여러분이 여러분의 부모나 믿지 않는 친척이나 친구를 위해서 복음을 전해주려는 애끓는 심정도 없고 그 영혼을 진정으로 사랑하는 마음이 없다면 과연 하나님이 여러분을 택했는지 생각해볼 필요가 있다. 물론 바울 사도 같은 사람에게는 이런 말씀이 아주 강하게 적용되었다.

"내 이름으로 무엇을 구하든지 다 받게 하려 함이니라". 열매를 맺는 일에 있어서 기도해야 한다는 것이다. 거저 맺혀지는 것이 아니다. 아버지께 간구함으로 열매를 맺게 되어 있다. 우리가 복음 전도와 교회를 세우고 돌보는 모든 사역에서 기도를 빼고 할 수 있는 것은 아무것도 없다. 주님은 열매를 주시되 기도에 대한 응답으로 주시기를 기뻐하신다.

17절, 내가 이것을 너희에게 명함은 너희로 서로 사랑하게 하려 함이로라

이렇게 되어야만이 서로 사랑하게 되는 것이다. 나도 그렇게 열매를 맺는 일을 하지 않고, 가서 교회를 세우는 일을 하지 않았다면 그리스도의 참 사랑을 몰랐을 것이다. 하지만 나는 비로소 알게 되었다. '예수 그리스도의 사랑이란 이렇게 깊은 것이구나. 친구를 위해서 목숨을 버릴 수 있는 사랑이구나. 우리의 모든 것을 주어도 아깝지 않구나'라는 것을 체험했다.

여러분이 다 갈 수 없다면 취리하는 자들에게 여러분의 달란트를 맡겨서 함께 일할 수 있다. 취리하는 자들은 사도들, 사역자들이다. 여러분 스스로 장사를 할 수 없다면 그런 취리하는 자들에게 맡길 수 있다. 여러분의 마음을 맡기고 물질을 맡기고 여러분의 행동을 맡길 때 돌아오는 변리는 함께 취하게 된다. 그 열매에 참여할 수가 있다. 그럴 때에 사역자들이 갖는 마음과 사랑을 여러분도 나눠가질 수 있다. 그 기쁨을 함께 누릴 수 있다. 그럴 때 주님이 말씀하신 모든 계명들이 우리 가운데서 실제가 되는 것을 체험하게 된다.

믿음이 있고 사랑이 있다. 이런 삶을 사는 사람들이 아니면 참다운 포도나무의 열매는 맺지 못하는 것이다. 참다운 열매는 포도나무의 그 진액으로부터 나온 것이다. 그렇지 않으면 주님이 자신의 열매로 간주하지 않는다. 아가서에는 주님이 술람미 여인을 보고 '네게 있는 것은 다 내 것이다'라고 하셨다. 그 포도나무의 즙이라야 한다. 열매를 갖다 붙인다고 열매가 되겠는가? 우리 집 현관 앞에는 조화로 만들어놓은 포도 열매가 붙어 있다. 사시사철 주렁주렁 달려있다. 하지만 그것은 보기 좋으라고 붙여놓은 가짜일 뿐이다.

주님은 포도나무의 참 열매를 원하신다. 그래서 우리는 성도들과의 관계를 피상적으로 맺지 않는다. 진심으로 사랑하면 사랑하는 것이다. 아니면 아닌 것이다. 한국의 성도들이든, 미국의 성도들이든, 어느 나라이든, 그들은 곧 나의 분신, 우리의 지체, 우리의 존재 자체이다. 그들이 살면 우리도 살고, 그들이 죽으면 우리도 죽는 것이다. 바울 사도는 데살로니가 성도들을 향해서 너희가 믿음에 굳게 서니까 우리가 살겠다고 했다. 삶과 죽음을 같이 하는 것이다. 이것이 정당한 그리스도인들 사이의 관계이다. 그것이 그리스도의 사랑이다.

3. 인내

18-19절, 세상이 너희를 미워하면 너희보다 먼저 나를 미워한 줄을 알라 19 너희가 세상에 속하였으면 세상이 자기의 것을 사랑할 터이나 너희는 세상에 속한 자가 아니요 도리어 세상에서 나의 택함을 입은 자인 고로 세상이 너희를 미워하느니라

이제는 서로의 관계가 아니라 세상과의 관계이다. 서로는 이렇게 사랑하는 관계가 형성되는데 세상으로부터는 어떠한가? 세상은 주님을 따르는 자들을 이해하지 못한다. 세상으로부터는 우리는 좋은 대우를 받지 못한다.

좋은 대우는 고사하고 미움을 당하게 된다. 주님은 우리에게 미움을 당할 각오를 하라고 말씀하시는 것이다. 그래서 세 번째는 인내이다.

왜 인내해야 하는가? 세상 사람들이 우리를 별로 좋게 대하지 않기 때문이다. 전도하러 다녀보라. 또 사람들을 사랑한다고 하면서 이 귀한 진리를 가지고 이야기해보라. 처음에는 좋다고 할지 모르지만 갈수록 별로 반가워하지 않을 것이다. 우리의 마음은 너무나 간절하지만 돌아오는 것은 찬바람이다. 이러한 차가운 대우를 인내로 견딜 수 없는 사람이라면 열매를 맺지 못한다는 것이다. 한두 번 냉대당하면 기분이 상해서 포기하는 사람은 열매 맺지 못한다. 그러한 대우를 정당한 것으로 여기고 여전히 사랑할 수 있는 인내를 가져야 한다. 우리 주님은 이 세상에서 먼저 그런 대우를 견디셨다.

20절, 내가 너희더러 종이 주인보다 더 크지 못하다 한 말을 기억하라 사람들이 나를 핍박하였은즉 너희도 핍박할 터이요 내 말을 지켰은즉 너희 말도 지킬 터이라

그러나 전부 다 여러분에게 그런 대우를 하는 것은 아니다. 어떤 사람들은 핍박하고 멸시하지만 어떤 사람은 듣는다. 주님은 이 땅에서 미움과 핍박을 당하였는데 우리가 어찌 좋은 대우를 받을까? 상전이 멸시와 천대의 길을 가셨는데 종들인 우리가 어찌 영광받는 길을 갈 수 있는가? 영광은 주님이 오실 때 얻을 것이니 그의 종들인 우리는 사람들에게 받는 멸시와 천대와 핍박을 견디고 인내해야 한다.

21절, 그러나 사람들이 내 이름을 인하여 이 모든 일을 너희에게 하리니 이는 나 보내신 이를 알지 못함이니라

왜 그렇게 하는가? 주님을 모르기 때문이다. 알면 그렇게 하지 않는다. 말씀을 듣고 지키는 사람은 주님을 아는 사람들이다. 아는 사람은 지킨다. 이 말씀에 의하면 주님의 말씀을 들어도 주님을 아는 사람이 있고 모르는 사람이 있다. 주님의 증거자들은 주님을 모르는 자들의 핍박을 당하지 않을 수 없다.

22절, 내가 와서 저희에게 말하지 아니하였더면 죄가 없었으려니와 지금은 그 죄를 핑계할 수 없느니라

우리가 만일 지금 이 시대에 이렇게 전파를 하는데도 듣지 않는 죄는 고려 시대나 조선 시대 살던 사람들보다 훨씬 큰 것이다. 지금은 주의 종들이 전하기 때문이다. 그것은 주님 당시도 마찬가지이다. 주님이 오셔서 전하시는데도 듣지 않았다. 주님 이전에는 못 들었다고 핑계를 댈 수 있었을 것이다. 그러나 주님의 진리가 이렇게 편만하게 보급된 이 복음의 시대에는 모른다, 안 들었다고 핑계를 댈 수가 없다. 이제 그들의 심판은 더욱 혹독하다. 하나님은 공의로운 분이시기에 그들이 받은 빛에 따라서 그 시대에 따라서 심판을 다르게 하신다. 하물며 주님 당시에 주님이 직접 오셔서 전파하신 것을 듣지 않았다면 그 심판은 그 누구도 핑계할 수 없다. 진리가 이렇게 편만한 시대에도 핑계할 수가 없다. 우리나라에도 예전에 복음이 없던 시대에는 그런 핑계가 통할 수가 있었다. 하지만 이제는 피할 수 없다고 분명하게 말씀하신다.

4. 증거

26절, 내가 아버지께로서 너희에게 보낼 보혜사 곧 아버지께로서 나오시는 진리의 성령이 오실 때에 그가 나를 증거하실 것이요

보혜사 성령을 보내신 것은 예수 그리스도를 증거하시 위해서이다. 그러므로 인내 다음으로 봐야 할 것은 '증거'이다. 이때는 사람들이 믿지 않고 반대하고 주님을 모르는 상황이다. 따라서 물러서기 쉽다. 그러기 때문에 돕는 자이신 보혜사의 능력으로 담대함을 얻어서 전할 수 있도록 주님은 성령을 주시기로 약속을 하신 것이다. 당시 제자들은 장래에 될 일로 약속을 받았지만 우리는 이미 받았다. 우리는 이미 성령을 받았기에 이 성령의 능력으로 증거할 수 있다. 어떤 사람들은 성령을 다만 방언이나 신비로운 체험을 위해서 얻으려고 힘쓴다. 그러나 신약성경에서 성령이 주어질 때마다 복음이 증거되기 위함으로 씌여 있다. 성령은 그리스도를 증거하는 일을 위하여 오신다. 사도행전 1장 8절의 성령의 임함도 땅끝까지 증인이 되기 위함이다. 어떤 사람들은 성령의 임함에 있어서 어떤 은사나 현상만을 얻으려 하는데 이는 잘못된 것이다. 우리가 성령의 능력과 충만을 얻으려는 목적이 그리스도의 복음을 증거하고 열매를 맺기 위함이어야 한다.

27절, 너희도 처음부터 나와 함께 있었으므로 증거하느니라

제자들은 주님과 함께 있으면서 보고 들은 것이 있다. 그들은 3년 반 동안에 예수께로부터 배운 것이 있는 것이다. 여러분도 마찬가지이다. 들은 것이 있고 본 것이 있고 성령이 있으니 증거하면 된다. 어디에 가든지 입을 벌려서 증거한다면 사람들은 듣고 믿게 될 것이다. 열매를 맺게 될 것이다. 이것이 요한복음 15장의 말씀이다. 믿음과 사랑과 인내와 증거를 가질 때 여러분에게 열매는 반드시 주어질 것이다.

요한복음 15장을 마치면서

요한복음 15장에는 포도나무가 나온다. 포도나무 이야기는 신약만이 아니라 구약성경에도 나온다. 하나님은 이스라엘을 한 그루의 포도나무로 비유했다. 이사야서 5장, 예레미야 2장, 에스겔 17장 등 이사야, 예레미야, 에스겔, 호세아 등의 선지자들이 이스라엘을 하나님의 포도나무로 비유했다. 이사야는 '하나님은 극상품의 포도나무를 심고서 좋은 포도를 맺을 줄 알았는데 들포도가 어찜인고' 하신 말씀을 기록했다.

주님께서는 '나는 포도나무요 너희는 가지니'라고 말씀하셨고 내 아버지는 그 농부라고 하셨다. 이 포도나무를 중심으로 아버지 하나님이 나오고 아들 예수가 나온다. 그리고 가지는 믿는 성도들인 우리이다. 그러므로 이 포도나무는 결국은 예수 그리스도와 믿는 성도들이 연합된 연합체인 교회인 것이다. "나는 포도나무요 너희는 가지니". 주님은 한 분이시고 따라서 포도나무도 하나이다. 많은 가지가 있어도 다 한 포도나무의 가지이다. 아버지가 포도나무를 이 땅에 두신 목적은 열매를 맺기 위한 것이다. 구약에서는 이스라엘이 포도나무이지만 예수님이 요한복음 15장에서 말씀하시는 포도나무는 결국 신약의 교회이다. 그러므로 신약의 교회도 하나님을 위해서 열매를 맺어야 한다.

깨끗하게 되는 비결

열매를 맺게 하기 위해서 하나님이 첫 번째로 하시는 일은 깨끗게 하시는 것이다. 과실을 더 맺으려면 아버지께서 그 가지를 깨끗케 하신다고 했으며(2절), 너희는 내가 일러준 말로 이미 깨끗하였으니(3절) 내 안에 거하라고 했다(4절). 깨끗해지지 않으면 주님 안에 거할 수 없다는 것이다. 예수 그리스도의 말씀을 듣지 않고 깨끗해질 수 있는 사람은 없다. 여러분이 집회에 올 때에는 별로 깨끗하지 않게 올 수 있다. 그런데 와서 하나님의 말씀을 받을 때 그 말씀에는 깨끗하게 하는 능력이 있다. 에베소서 5장 26절에는 '말씀의 물'로 깨끗하게 하신다고 하셨다. 영어로는 '말씀 안에 있는 물(water in the word)'이다. 말씀 안에 물이 있다. 그러므로 이 말씀을 듣고 받으면 깨끗케 된다. 우리의 영혼이 깨끗하게 되는 비결은 하나님의 말씀을 받아들이는 것이다.

어떤 사람은 어차피 잊어버리는데 말씀을 자꾸 들으면 뭐하느냐고 한다. 물론 우리의 지력에는 한계가 있으니까 잊어버린다. 그렇지만 말씀을 들을 때마다 씻어진다. 그것도 참 진리의 말씀, 예수 그리스도의 말씀을 제대로 들어야 씻어지지 아무 말이나 듣는다고 씻어지지 않는다. 씻어지는 말씀이 따로 있다. 이것은 체험적이다. 생명의 말씀이 아닌 다만 지식이나 율법은 씻어지지 않는다. 여러분도 어쩌면 예배에 참석해서 말씀을 듣고 정말 영이 씻어짐을 느꼈던 경험이 있을 것이다. 우리는 체험적으로 주님 안에 거하기 위해서 아무리 애를 써도 안 되는 경우가 있다. 그런데 주의 말씀을 듣고 씻어질 때 자연히 그 안에 거하게 되는 것을 발견한다. 그러므로 3-4절에 "너희는 내가 일러 준 말로 이미 깨끗하였으니 내 안에 거하라 나도 너희 안에 거하리라". 깨끗하게 씻어지면 어느새 주님 안에 거하는 자신을 발견한다. 주님 안에 거하는 것이 너무나 쉽고 편하다. 그리고 주님은 우리 안에 거하시게 되며 그럴 때 과실을 맺게 되는 것이다.

15장을 마치면서 강조하고 싶은 것은 '깨끗하게 되는 것'이다. 씻어지지 않고 깨끗하게 되지 않으면 우리는 능력을 얻을 수 없다. 베드로 전서 1장 22절에는 "너희가 진리를 순종함으로 너희 영혼을 깨끗하게 하여"라고 했다. 깨끗하게 되려면 말씀을 듣고 또한 순종해야 한다. 진리의 말씀을 순종할 때 우리의 영혼이 깨끗하게 되는 것이다. 디모데 후서 2장 20-22절에는 큰 집에는 금과 은과 질그릇, 나무 그릇 등 천한 것과 귀한 것이 있는데 천한 것에서 자기를 분별해야 깨끗하게 된다고 했다. 모든 속된 것과 세상적인 것에서 분별되어서 깨끗하게 되지 않으면 우리는 주님 안에 있는 누림을 얻지 못한다. 주님의 영접함을 실제적으로 누리지 못한다. 우리 그리스도인이 그리스도 안에 거하기 위한 가장 중요한 한 가지 일은 주님의 말씀으로 깨끗하게 되는 것이다.

한 그루의 포도나무

요한복음 15장의 포도나무는 한 그루의 포도나무이다. 하나님은 두 개의 포도나무를 심지 않았다. "내가 참 포도나무요". 주님이 한 분이면 포도나무도 하나이다. 가지는 많지만 포도나무는 여전히 하나이다. 고린도 전서 12장 12절은 '몸은 하나인데 많은 지체가 있다'고 했다. 신약 성경에서 교회가 여러 개가 있다는 말은 없다. 언제나 몸은 하나이다. 모든 깨끗케 된 지체들이 그리스도 안에 거함으로 유일한 포도나무의 가지들이 된 것이다. 이러한 그림을 요한복음 15장에서 볼 수 있기를 바란다. 모든 성도들은 이방인이나 유대인이나 종이나 자유자나 다 모퉁이돌인 예수 그리스도를 붙들어서 한 몸을 이루었다는 것이 에베소서 2장에 있는 말씀이다. 최근에 천주교인들이 '천주교만이 참된 기독교'라고 말했다. 이에 개신교 지도자들이 크게 반발했다. 그런데 성경 말씀 안에 깊이 들어가보면 교회는 하나임을 알 수 있다. 교회가 하나라고 주장하는 그들의 말에 일리가 없는 것이 아니다. 초대 교회사를 볼 때, 당시에는 오늘날처럼 많은 분열이 없었다. 많은 종파가 없었다. 그저 암브로스의 감독이다, 예루살렘의, 트리폴리의, 로마의 감독이 누구라고 불렸을 뿐 특별한 구분이 없었다. 요한복음 15장을 볼 때 주님은 당신께 속한 사람들을 한 무리로 보시고, 교회와 구분된 것은 세상으로 보신 것을 알 수 있다.

17절을 보자. "내가 이것을 너희에게 명함은 너희로 서로 사랑하게 하려 함이로라". 이것이 16절까지의 말씀의 결론이다. 결국 이 열매를 맺는 포도나무가 하나로 유지되는 비결은 사랑이다. 서로 사랑하는 것이다. 성도들이 서로 사랑함에 의해서 이 포도나무는 하나로 유지되는 것이다.

18절, "세상이 너희를 미워하면 너희보다 먼저 나를 미워한 줄을 알라." 그러나 교회, 즉 이 포도나무는 세상으로부터는 사랑을 받지 못한다는 것이다. 여기에 하나의 구분이 있다.

19절, "너희가 세상에 속하였으면 세상이 자기의 것을 사랑할 터이나 너희는 세상에 속한 자가 아니요 도리어 세상에서 나의 택함을 입은 자인 고로 세상이 너희를 미워하느니라".

주님은 '너희'와 '세상'을 언제나 구분해서 말씀하셨다. 그것은 16장에서도 동일하다. 그러므로 우리는 주 예수님의 마음속에는 그분을 믿는 사람들이 분열되어 있다는 어떤 암시도 발견하지 못한다. 그들은 다 주님께 속한 사람들이다. 그들이 나뉘어졌다면 세상과 나뉘어진 것이다. 그들은 세상으로부터 주님의 택함을 받아서 하나의 포도나무의 가지가 된 것이다. 오늘 어떤 성도는 한 교회에서 마음이 맞지 않으면 얼마든지 다른 교회에 가면 된다고 생각한다. 한 교회에서 문제를 일으키고 회개하지도 않고 다른 교회로 가버린다. 또 유감스럽게도 받아들인 교회는 그의 문제에 대하여 묻지도 않고 받아주는 실정이다. 이것이 무엇인가? 교회의 분열의 산물이다. 분열은 그 자체가 큰 죄악이라는 것을 아는가?

에베소서 4장에는 몸이 하나라고 했다. 성령이 하나이고 믿음도 하나이고 세례도 하나고 주도 하나이고 하나님이 한 분이고 그리스도도 한 분이고 교회도 하나이고 성령도 하나라고 분명히 말씀하셨다. 교회의 통일성의 문제는 너무나 중요한 것이다. 성경에는 성령의 하나 되게 하신 것을 힘써 지키라는 명령이 있는데 오늘날 교회는 주님의 이러한 명령을 너무나 소홀히 하고 있다. 나누어지는 것에 대한 어떤 죄의식도 없을 정도로 수백 수천 갈래로 나뉘어졌다. 이런 분열의 죄를 죄로 여기지 않는 것은 통탄할 만한 일이다.

구약에도 이런 일이 있었다. 솔로몬 왕의 아들 르호보암 왕 때 이스라엘은 유다와 이스라엘로 나뉘어졌다. 정치적으로 나뉘어진 것이다. 여러보암 왕은 이스라엘의 초대 왕이 되었다. 정치적으로는 나뉘어졌지만 종교적으로는, 교회적으로는 여전히 통일이었다. 하나님께서는 예배의 중심지는 예루살렘으로 정하시고 예루살렘 이외의 아무 곳에서나 예배할 수 없도록 하셨다. 신명기에서 주님은 '너희가 이 광야에 있는 동안 너희 좋은 대로 너희 소견대로 하였지만 그 땅에 들어가면 여호와께서 택하실 곳에서 반드시 예배드리라'고 명하셨다. 그곳이 어디인가? 모리아 산, 예루살렘 성전이 세워진 바로 그곳이다. 그럴 때 비록 나라는 정치적으로 분열되었어도 신앙적으로는 하나를 유지할 수 있었다.

그런데 여로보암이라는 왕은 이스라엘이 일 년에 세 번씩 유다 땅으로 계속 예배를 드리러 가다보면 자신의 왕권이 약화될 것만 같았다. 그래서 '내 휘하에 있는 백성들은 예루살렘까지 갈 것 없이 벧엘과 단에 경배의 장소를 만들어줄테니 그곳에서 얼마든지 예배하라'고 한 것이다. 하나님은 정치적으로 나뉘어지는 것은 허락했지만 신앙적으로 나눠는 것은 허락하지 않으셨음에도 여로보암은 자신의 야심 때문에 벧엘과 단에 금송아지를 만들어서 이스라엘로 섬기게 만든 것이다. 그리고 일반 백성들로 제사장들을 삼고 절기도 비슷하게 해서 예배를 드리게 했는데 그것이 후에 산당의 기초가 되고 여러 분열적인 예배 처소가 이스라엘에 생겨난 기초가 되었다. 그러므로 하나님은 느밧의 아들 여로보암의 죄를 거듭해서 언급하신 것이다. 그것이 무슨 죄인가? 분열의 죄이다.

원래 교회는 하나이다. 그런데 오늘날 어떻게 되었나? 루터의 개혁 이후, 수많은 교회들이 분열적으로 생겨났다. 그러다 보니 교회가 분열되는 것에 대한 느낌이 둔감해졌다. 이것은 큰 손실이 아닐 수 없다. 요한복음 17장에서 말하겠지만 '교회의 하나됨'은 주님이 십자가에 돌아가시기 전에 드린 기도이다. "저희로 하나 되게 하옵소서". 그러면 우리는 이 명령, 교회의 통일성에 대한 진리를 어떻게 받아들일 것인가? 현실이 그러니까 괜찮은 것인가? 그렇다고 그 진리는 없어지는 것인가? 없어지지 않는다. 성경 진리는 여전히 존재한다. 이 말씀 앞에 우리는 다 심판되어져야 하고 점검되어야 한다.

이 하나를 어떻게 지킬 것인가?

이 진리를 지키는 문제에 대해서 세 가지를 점검해 봐야 한다. 첫째는 진리, 둘째는 생명, 셋째는 길이다. 우리 주님은 "나는 길이요 진리요 생명이라"고 하셨기에 이 세 가지 면에서 봐야 한다.

1. 진리 안에서

첫째, 진리 면에서 우리는 분명해야 한다. 성경에서 교회는 하나라고 했다. 그 안에 이방인, 유대인, 종, 자유자의 어떤 차이도 없이 주님이 중간에 막힌 담을 다 허시고 한 몸을 만드신 것이다. 오직 예수 그리스도의 갈보리의 피로써 구속을 받고 성령으로 인침을 받은 거듭난 모든 그리스도인들은 이 유일한 한 몸의 지체가 된 것이다. 심지어 먼저 주님 앞에 간 성도들이나, 동서고금의 모든 성도들은 예수 그리스도의 옆구리로부터 나온 피와 물로 구속함을 받고 이 한 몸의 지체가 되었다는 이 사실을 우리가 분명하게 알아야 한다. 이들은 모두 다 한 분 예수 그리스도를 머리로 삼는 것이다. 오직 예수 그리스도만을 교회의 반석과 기초로 삼는 것이다. 그리고 우리 모두는 다 그리스도 안에서 하나가 된다. 결코 나뉘어질 수 없는 것이다. 교회가 둘로 셋으로 백으로 천으로 나뉠 수 있다고 생각하는 사람은 진리는 받지 않는 사람들이다.

오늘날 '교회 연합 운동' 같은 것은 바로 이 진리를 지키고자 어떻게 하면 교회가 하나될 수 있을까 하여 생겨난 것이다. 그리고 다행스럽고 감사한 것은 이 나라 교회의 지도자들도 다 이 분열의 문제를 회개하고 있다는 것이다. 우리는 더욱더 성경 안에서 말씀하고 있는 바를 직시하고 더 철저하게 진리의 빛 안에서 우리 자신을 심판할 필요가 있다.

2. 생명 안에서

둘째는 생명이다. 진리만 가지고 이야기하면 안 된다. '교회는 성경에서 하나다'라는 것만을 말하면 안 된다. 생명이란 우리의 체험이다. 우리의 삶이다. 그러므로 성경에서는 특히 에베소서에서 우리가 온 교회 성도들과 하나 되기 위해서는 겸손과 온유와 오래 참음으로 사랑 가운데서 서로 용납하고 성령의 하나 되게 하신 것을 힘써 지키라고 했다. 겸손해야 한다. 모든 분열은 교만과 강퍅함에서 나온다. 겸손과 온유가 없고 사랑이 없고 서로에 대한 용납이 없기 때문에 나오는 것이다.

로마서 14장을 읽어보면 서로 관념이 다르고 실행이 다른 문제가 언급된다. 어떤 사람은 이 날을 저 날보다 귀하게 여긴다. 아직도 구약의 안식일이나 절기에 대한 개념이 남아 있다. 그래서 어떤 이들은 특정한 날을 귀하게 여긴다. 그러나 어떤 사람은 그런 구약적인 모든 율법이 끝난 것을 알기 때문에 다 의미가 없다는 것을 안다. 바울 사도는 그것 때문에 서로 나뉘어지지 말라고 권한다. 그것 때문에 서로 멸시하고 판단하지 말고 서로 받으라고 한다. 만일 진정으로 주님을 사랑하고 주님을 믿었고 주님을 위해 죽고 사는 자들이라면 서로 받아야 한다. 그런 차이로 나뉘어지지 말아야 한다. 작은 차이들을 가지고 서로 미워하고 판단하고 분열되지 말아야 한다.

또 어떤 사람들은 음식을 먹는 데 있어서 아직도 관념이 있어서 고기를 먹어서는 안 된다, 야채를 먹어야 한다는 것이다. 반면에 다른 사람은 나는 믿음이 있기 때문에 우상의 제물을 먹을 수 있다고 하면서 고기도 먹고 야채도 먹는다. 그럴 때에 먹는 사람이 먹지 않는 사람을 업신여기거나, 먹지 않는 사람이 먹는 사람을 판단하지 말라고 했다. 너희들이 정말 주를 위해 산다면, 또 주를 위해 죽을 수도 있는 사람들이라면 그것으로 서로 감사하고 서로 받아들이라고 했다. 예수께서 할례자나 무할례자를 다 받은 것처럼 너희들도 받으라는 것이 바울의 가르침이다.

이것은 생명의 문제이다. 진리적으로 교회가 하나인 것을 알 뿐 아니라 생명으로도 우리가 한 생명임을 알아야 한다. 우리는 다 한 생명이다. 서로 조금 다른 것은 사랑으로 용납해야 한다. '이 사람은 나와 다르네' 하면서 다른 것을 부각시키지 말라. 우리는 한 하나님의 자녀이지만 조금 다를 수 있다. 다르더라도 그리스도의 사랑은 모든 것을 덮을 수 있다. 조금 다른 것은 문제가 안 된다.

아마도 나만큼 여러 다른 단체, 다른 나라, 다른 방식의 예배 모습을 많이 본 사람은 없을 것이다. 나는 수많은 나라를 다녔다. 내게는 이런 저런 모습이 별로 문제가 되지 않는다. 희한한 형태의 예배, 습관을 가진 그리스도인들을 많이 보았다. 에디오피아에 가면 그리이스 정교회가 많다. 그들의 복장 등은 너무나 특별하다. 하지만 그들도 우리에게 교제하러 온다. 우리는 어떤 종류의 사람들이라도 서로 안에서 '같은 것'을 발견하며 조금이라도 같은 것이 있으면 그것을 강화시키고 함께 기뻐한다. 우리는 서로 다른 것들을 붙잡고 주장하거나 부각시키지 않는다. 그러면 즉시 나눠지기 때문이다.

우리는 이렇게 서로 하나를 지키는 것이다. 우리가 이 땅의 모든 그리스도인을 어떻게 하나로 만들겠는가? 그것은 불가능하다. 우리가 할 수 있는 일이 아니다. 그것은 하나님이 하실 수 있는 것이다. 우리는 다만 지키는 것이다. 생명으로 진리로 지키는 것이다. 나는 사람들이 어디서 찾아오든, 어디 가서 어떤 사람들을 만나든, 나는 그들을 다른 교회의 식구라고 여기지 않는다. 내 마음속에는 다른 교회가 없다. 오직 하나님의 교회는 하나이다. 예수 그리스도의 교회는 하나이다. 한 몸의 지체가 되었으니 그저 사랑할 따름이다. 6개월에 한 번 만나든 1년에 한 번 만나든 조금도 차이 없이 그들을 사랑하기를 힘써 왔다. 우리의 믿음이 그러하기 때문이다. 우리의 믿음은 '교회는 오직 하나'라는 것이다. 인간이 만들고 사단적인 궤계가 만들어놓은 모든 분열의 체계를 우리는 인정하지 않는다. 오직 주님께서 구원하시고 주님이 생명 주시고 주님이 은혜 주신 그 부분을 인정할 뿐이다. 그것을 인정해서 그것을 근거로 해서 용납하며 조금 다른 부분은 개의치 않고 최선을 다해서 서로 사랑하는 것, 이것이 우리가 하나를 지키는 비결이다.

3. 길 안에서

세 번째는 길이다. 우리는 진리 안에서 하나를 지킬 뿐 아니라, 생명 안에서 지킬 뿐 아니라, 길이 있어야 한다. 우리 그리스도인은 동적이다. 지금 이 순간이 어떨 뿐 아니라 시간 속에서 우리는 길을 걸어간다. 우리의 발걸음은 하나를 향하여 걸어가는 발걸음 안에 있어야 한다. 점점 더 많은 형제들과 점점 더 많은 하나님의 자녀들과 하나될 수 있는 길로 걸어가는 노정 위에 있어야 한다. 방법도 마찬가지이다. 길이란 방법(way)도 된다. 우리가 예배하고 하나님을 섬기며 걸어가는 모든 길, 모든 방법은 어떻게 하면 더 많은 사람들과 하나를 이룰 수 있을까 하는 것이다. 그것은 진리를 개의치 않고 하는 것이 아니다. 최선을 다해서 진리 위에 서서 행하면서 사랑 안에서 '하나'의 길을 걸어가는 것이다. 우리가 모든 그리스도인들을 하나 되게 만들려고 노력하는 것이 아니라, 다만 우리는 최선을 다해서 그 길을 걸어가야 한다고 믿는 것이다. 그 책임은 우리에게도 있다.

성경을 볼 때 우주적으로 교회가 있지만, 또한 각 지역마다 특정한 지역 교회가 있다. 예를 들어 최소한 고린도에 있는 성도들은 고린도에서 한 마음과 한 뜻으로 온전히 합해야 한다. 빌립보에서 성도들은 같은 사랑과 같은 마음으로 합해야 한다. 서로 겸손해야 한다. 서로 연결되어야 한다. 이것이 바로 교회생활에서 구체적으로 하나님이 이루어놓으신 하나를 지키는 것이다.

교회와의 구분은 오직 세상

15장 후반부의 말씀을 볼 때 교회와 구분되는 것은 세상이다. 위에서도 말했지만 오늘날 많은 그리스도인들은 교회와 세상과의 구분점을 모르고 교회와 교회, 성도와 성도, 즉 그리스도 안에서 자꾸 구분을 지으려고 한다. 주님은 항상 '나에게 속한 너희'와 '세상 임금에 속한 사람' 이 두 가지를 구분하는데, 오늘날 어찌된 일인지 세상과의 구분은 약화시키고 성도들과 성도들을 구분시키려고 한다. 이는 매우 잘못된 생각이다.

교회란 세상으로부터 주님께 부르심받아서, 택함받아서 모인 무리이다. 헬라어로 '에클레시아(ἐκκλησία)'란 세상으로부터 주님께 부르심받아서 나온 무리이다. 그러므로 교회가 유일한 구분을 가져야 한다면 그것은 곧 세상이다. 교회란 세상으로부터 구원받아서, 세상으로부터 분별되어서 나온 무리이기 때문이다. 그런데 어찌하여 그리스도인들의 마음속에서는 세상으로부터의 분별은 잊어버리고 그리스도인 사이에서 조금만 다른 것이 있어도 그것을 가지고 구분을 하려고 하는가? 이것은 너무나도 옳지 않은 것이다.

16장부터 주님은 교회와 반대되는 세상에 대해서 말씀하신다. '세상은 너희를 미워할 것이다, 핍박할 것이다, 심지어 너희를 쫓아내고 죽일 것이다'라고 하셨다. 교회와 반대되는 것은 세상인 것이다.

기도

"하나님 아버지, 감사합니다. 사랑하는 아들을 우리에게 보내주시고 아들을 통해서 귀한 말씀을 주셨으니 이 말씀이 그대로 교회 중에 통용이 되어서 열매맺는 포도나무가 되게 해주시옵소서. 서로 사랑하게 해주시고 이 세상에 대한 강한 증거가 있는 교회가 될 수 있도록 축복해주시기 바랍니다.
서로 사랑하게 해주옵소서. 겸손과 온유로 서로 용납할 수 있게 해주옵소서. 성령이 하나 되게 하신 것을 힘써 지키게 해주옵소서. 죄와 세상에 대해서는 분별하되 주님이 주신 은혜로 거듭나게 하신 형제들에 대해서 최선을 다해 하나되고 받아들일 수 있는 영을 주옵소서. 우리가 진리 안에서 생명 안에서 길 안에서 하나를 지킬 수 있게 도와주옵소서. 감사와 찬양 드리며 예수 그리스도의 이름으로 기도드리옵나이다. 아멘."

16 장

요한복음 16장은 핍박에 대한 예언으로 시작한다. 1절부터 4절까지는 핍박에 대한 예언이고 이어서 7절부터 11절까지는 보혜사를 보내신다는 약속과 그 목적을 말씀하고 계신다.

핍박의 예언

1절, 내가 이것을 너희에게 이름은 너희로 실족지 않게 하려 함이니

이제 주님은 제자들을 남겨 두시면서 이 세상에서 주님의 말씀을 증거하는 자들이 되도록 보내시면서 이제 그들이 주님의 진리를 이 세상에 전하면 그들이 사람들로부터 감사를 받고 추앙을 받고 영예를 얻는 것이 아니라, 오히려 핍박을 당할 것임을 알려주고 계신다. '사람들은 너희들을 그렇게 환영하지 않을 것이다. 어려운 일이 발생할 것이다. 그럴 때에 실족지 말아야 한다'고 예언을 하신다.

2절, 사람들이 너희를 출회할 뿐 아니라 때가 이르면 무릇 너희를 죽이는 자가 생각하기를 이것이 하나님을 섬기는 예라 하리라

'출회'는 쫓아내는 것이다. 공회에서 쫓아낸다는 것이다. 당시의 유대교와 유대교의 원칙을 따라 세워진 종교 조직이 공회이다. 그들은 사람들을 출회할 뿐 아니라 죽이기도 한다. 세상은 참되게 주님을 따르고 이 세상에 복음을 전하고 예수 그리스도를 알려서 사람들에게 복을 끼치려 하고 은혜를 주려고 하는 복된 메신저들인 제자들을 환영하는 것이 아니라, 도리어 그런 참된 예수의 제자들을 쫓아내고 핍박하고 죽이기까지 할 것이라고 말씀하신다. 그러면서도 그들은 그렇게 하는 것이 하나님을 참되게 섬기는 것이라고 생각할 것이라고 하시는 것이다.

이 말씀을 통해서 알아야 할 것은 참된 제자들을 핍박하고 출회하고 죽이는 사람들은 하나님에 대해서 전혀 관심이 없는 불신자들이 아니라, 오히려 하나님을 섬긴다고 자부하는 사람들이라는 사실이다. 그렇게 사람들을 쫓아내고 죽이는 것이 하나님을 섬기는 것이라고 확신하는 사람들에 의해서 참된 제자들이 핍박을 당하게 된다는 것이다. 그리고 그렇게 되더라도 실족하지 말라고 미리 말씀해주심으로 나중에 당할 환난으로 인해서 넘어지지 않도록 도와주고 계시는 것이다.

3절, 저희가 이런 일을 할 것은 아버지와 나를 알지 못함이라

그들이 하는 말이 있고, 주님이 하시는 말씀이 있다. 그들은 '이것이 주님 섬기는 것이다'라고 확신하고 그렇게 사람들을 핍박하고 죽이는데, 우리 주님은 '저들이 아버지와 나를 모르기 때문에 그렇게 한다'고 말씀하시는 것이다. 그들은 아버지와 아들은 모르지만 이들은 '성경을 안다'고 자부하는 사람들이다. 이 예언의 말씀은 첫 번째로 누구에게 응했는가? 주님이 돌아가신 후에 사도들을 첫 번째로 대적한 사람들이 유대인들, 바리새인들, 공회였다. 그들은 참된 제자들을 쫓아내었다. 요한복음 9,10장에도 한 눈 멀었던 청년이 예수님 만나서 눈을 떴을 때 참되게 주님을 만났다고 몇 마디 증거하자 그들은 그 청년을 쫓아냈다. 스데반은 누구에게 죽임을 당했는가? 하나님을 잘 믿는다고 하는 사람들인 바리새인들, 공회 사람들에게 죽임을 당했다.

또한 교회의 역사는 예수 그리스도의 이 예언이 참으로 확증되었음을 우리에게 알려준다. 로마 천주교가 종교재판으로 수없이 많은 참된 그리스도인들을 죽인 사실을 여러분은 아실 것이다. 나는 〈요한 계시록 강해〉에 이 부분을 자세하게 소개했었다. 영국에서는 개혁 교회의 참된 신앙을 갖겠다고 몸부림치는 사람들을 얼마나 많이 화형시켰는가? 성경을 번역한 윌

리엄 틴데일도 그 중 한 사람이다. 많은 사람들이 화형을 당하고 많은 성경이 불태워졌다. 누가 그렇게 했는가? 안 믿는 세상 사람들이 그렇게 했는가? 아니다. 자신들이 가장 정통이고 잘 믿는다는 사람들이 그렇게 했다. "아버지와 나를 알지 못함이라". 그들은 가장 제대로 성경을 알고 제대로 신앙을 갖고 있다고 자부하는데 우리 주님은 그들이 주님과 아버지를 알지 못하기에 그렇게 한다고 말씀하셨다. 오늘날도 참된 신앙인을 가장 많이 대적하고 핍박하는 자들이 누구인가? 지식이 있다는 사람들이며 뭔가를 안다는 사람들이다.

생명과 지식

창세기 2장에는 사람의 창조한 직후부터 존재하는 두 흐름이 나타난다. 하나는 생명나무(tree of life)의 흐름이고 하나는 선악과이다. 선악과는 지식의 나무(tree of knowledge)이다. 생명과 지식은 반대의 개념이다. 지식이 많은 사람들은 다 교만하다. 자신들이 가장 하나님을 잘 안다고 생각한다. 지식을 갖고 있기에 그것으로 무언가를 할 수 있다고 생각하는 것이다. 하지만 나는 지금까지 성경 지식을 많이 안다는 사람들치고 거역적이지 않은 사람을 보지 못했고 하나님의 일을 훼방하지 않는 것을 보지 못했다. 차라리 아무 것도 모르는 사람들은 거역하고 훼방하는 일을 하는 것을 보지 못했다. 나름대로 안다는 사람들이 하나님의 역사를 훼방하고 거역한다. 고린도 전서 8장 1절에도 지식은 사람을 교만하게 한다고 했다. 오직 사랑이 덕을 세우는 것이라고 했다. '너희가 무엇을 안다고 생각한다면 너희는 진정으로 알 것을 알지 못하는 자들'이라고 바울 사도는 말했다.

성경 지식을 교리적으로 지식적으로 많이 알고 있는 사람들은 자기들이 하나님을 안다고 생각하지만, 나는 그런 사람들치고 진정으로 하나님을 아는 사람을 보지 못했다. 하나님을 아는 사람들은 하나님을 경외하는 사람들이고 하나님을 순종하는 사람들이다. 하나님을 아는 사람들은 성도들을 사랑하는 사람들이다. 하나님을 아는 사람들은 하나님의 권위에 굴복하는 사람들이다. 하나님을 아는 사람들은 하나님의 음성을 이해하는 사람들이다. 함부로 말하지 못하고 두려워하는 사람들이다. 이것은 지식적으로 많은 것을 알아서 교만하게 된 것과는 다르다. 그들은 많은 지식을 가르쳐서 결국은 순수하게 하나님의 길을 걸어가고자 하는 사람들을 멸시하고 핍박한다.

성도들은 주님을 사랑하는 사람들이 되기를 힘써야 한다. 또한 참된 성도들이라면 사람들에게 멸시와 무시와 핍박을 당하는 것이 옳다. 핍박을 하고 남들을 무시하고 경멸하는 위치에 서는 것은 참 그리스도인의 길이 아니다.

이번에 몽골에 갔을 때 몇몇 형제들이 '어떤 학교를 가고 싶다. 미국에 가서 어떤 공부를 하고 싶다'고 하길래 '형제들이 진정 하나님을 섬기고 싶다면, 진정 예수를 따르고자 한다면 너무 좋은 간판을 사모하지 말라'고 말해 주었다. 그것은 예수의 길이 아니다. 나사렛 사람의 길이 아니다. 예수님은 그저 이스라엘 사람이면 되었다. 예루살렘의 거창한 가문 출신이 아니었다. 물론 그분은 비밀스럽게 다윗의 자손이셨지만, 겉으로는 나사렛 사람으로 사람들 앞에 나타났다. 대부분의 제자들도 다 갈릴리 어부들이었다. '만일 형제들이 가장 그럴듯한 신분을 사모하여 갖게 된다 해도 그것이 무슨 유익이 있겠는가? 다른 사람들을 압도할 수 있는 지위를 사모하지 말라. 그것이 형제들에게 유익하지 않다. 그냥 성도면 되었고 그리스도인이면 되었다. 섬기는 사람으로 불리면 되었지, 뭐 그렇게 떳떳한 이름을 가지려고 하는가? 그러지 말라. 지금 주어진 위치에서 충성을 다 하라' 나는 몽골 형제들에게 이렇게 말해주었다.

오늘 이 시대에도 참되게 주님을 따르는 그리스도인들은 이런 저런 방식으로 무시를 당하게 되어 있고 때로는 출회를 당하게 되어 있다. 한 번이라도 그런 일을 당해보았다면 그것은 기뻐해야 할 일이라고 말씀드리고 싶다. 그것은 눈물을 흘릴 일이 아니다. 그로 인해 얻는 축복은 쫓겨나온 사람만이 안다. 요한복음 9,10장에 있는 소경은 유대교에서 쫓겨난 후에 예수를 만났다. 그전에도 주님을 만났었지만 참되게 주님을 만난 것은 출회당한 뒤였다. 참되게 예수를 만나는 것보다 더 큰 축복은 없다. 인간의 본성은 예나 지금이나 변하지 않는다. 종교적인 열심이 반드시 다 좋은 것은 아니라는 것은 성경과 역사에서 증명하고 있다. 열심과 지식이 있는 것이 바로 진정한 그리스도인임을 입증하는 것은 아니다. 열심이 있고 열렬하지만 무지한 많은 사람들이 순수한 그리스도인을 얼마나 많이 핍박하고 죽였던가! 교회사가 이것을 증명하고 있다.

4절, 오직 너희에게 이 말을 이른 것은 너희로 그 때를 당하면 내가 너희에게 이 말 한 것을 기억나게 하려 함이요 처음부터 이 말을 하지 아니한 것은 내가 너희와 함께 있었음이니라

주님이 왜 이런 것을 말씀하고 계시는가? 주님이 떠나시고 제자들이 이 땅에서 당할 환난을 미리 이야기해 주심으로써 그들이 일을 당할 때 실족하지 않도록, 또 예수의 말씀을 기억하도록, 또 굳게 설 수 있도록 도와주시기 위함이다. 참으로 자상하신 주님임을 알 수 있다. 여러분이 참되게 예수의 길을 걸어가고자 한다면 여러분 앞에는 사람들로부터 영광받고 칭송받고 영예를 얻고 존귀를 받는 길이 놓여있지 않음을 알아야 한다. 특히 믿는다는 사람들, 진리를 잘 알고 자신들이 주님을 최고로 잘 섬긴다는 사람들로부터의 무시와 배척을 예상해야 한다.

주님은 누가복음 14장에서 망대를 지으려면 앉아서 먼저 비용을 계산해 보라고 했다. 우리가 그리스도인의 길을 끝까지 가려면 도대체 우리 앞에 당할 일이 무엇인가 어떤 일이 있을 것인가를 미리 생각하고 계산을 하고 가라고 했다. 가다가 힘들어졌을 때 중도에 포기하지 말라. 망대를 짓다가 비용이 점점 더 들어감으로 멈추게 된다면 주위에 있는 사람들이 비웃을 것이라고 말씀하셨다. 주님은 '너희들이 당할 것이 이런 일이다. 그러나 내가 다시 올 때는 너희에게 존귀와 영광과 칭찬을 줄 것이다'라고 미리 예언하신 것이다. 이것이 바로 성경에서 주님이 그분의 제자들을 굳게 하시는 방식이다. 이것은 오늘날 우리도 똑같다. 제자들이 걸어갔던 그러한 길을 가는 것이 주님이 명령하신 참된 길을 가는 것이다.

보혜사에 대한 약속

5-6절, 지금 내가 나를 보내신 이에게로 가는데 너희 중에서 나더러 어디로 가느냐 묻는 자가 없고 6 도리어 내가 이 말을 하므로 너희 마음에 근심이 가득하였도다

5절부터는 보혜사를 보내는 것에 대한 내용이다. 그분이 간다는 것은 무엇을 의미하는가? 주님은 제자들이 그분이 가는 것에 대하여 묻기를 원하셨고 무엇을 의미하는지 알기를 원하셨다. 그분이 오신 것은 구속을 이루기 위함이요 가신 것은 성령을 보내기 위함이다.

7절, 그러하나 내가 너희에게 실상을 말하노니 내가 떠나가는 것이 너희에게 유익이라 내가 떠나가지 아니하면 보혜사가 너희에게로 오시지 아니할 것이요 가면 내가 그를 너희에게로 보내리니

보혜사를 보내신다는 약속이다. 주님이 떠나시면 앞으로 아주 좋은 일이 생길 것인데도 근심만 하고 있는 제자들이 주님은 답답하시다. 그들은 주님이 왜 가시는지, 어디로 가시는지 물어보지 않았다. 그저 간다는 것 자체만 근심하는 것이다. 보혜사를 주신다는 것은 제자들에게 너무나 큰 선물이 될 터였다. 이것은 하나님의 역사에서 엄청난 획을 긋는 일이 될 것임을 주님은 아셨다.

보혜사는 성령이다. 주님이 승천하셔서 오순절날 성령을 보내주시기 전까지 보혜사는 없었다. 물론 구약에도 성령은 있었고 성령에 감동된 자들이 있었다. 모세도 그렇고 오홀리압, 브살리엘에게도 성령이 임했다. 이를 '하나님의 영'이라고 불렀다. 다윗도 '성신을 내게서 거두지 마옵소서'라고 했다. 이처럼 구약의 성도들도 성령의 체험이 있었다. 주님이 이 땅에 계실 때, 아직 그분이 부활 승천하셔서 보혜사 성령을 보내주기 전에도 제자들이 예수를 믿었고, 그분의 말씀을 믿고, 깨끗함을 얻었었다. 이것은 요한복음 13장에도 기록되어 있다. '너희는 이미 다 목욕을 하였다'고 하신바 있다. 요한복음 15장 3절에서도 '너희는 내가 일러준 말로 이미 깨끗해졌다'라고 하셨다. 믿음으로 인해서 이미 얻은 무언가가 있다는 것이다.

그렇지만 이러한 상태에 있음에도 다 되었다고 하지 않고 보혜사 성령이 오시면 우리에게 엄청나게 좋은 일이 생긴다는 것을 알려주셨다. 그리고 오순절 날에 보혜사 성령이 오심으로 이 땅에 교회가 생기게 된 것이다. 그것은 영 단번에 일어난 일이다.

오순절에 부어지신 보혜사 성령

"내가 떠나가지 아니하면 보혜사가 너희에게로 오시지 아니할 것이요 가면 내가 그를 너희에게로 보내리니". 예수 그리스도께서 죽고 부활하시고 승천하셔서 아버지께로 가신 후에야 보혜사를 보내실 수 있다는 것이다. 예수님이 돌아가셨기 때문에 우리는 죄 사함을 받을 수 있다. 예수님이 죽은 자 가운데 부활하셨기 때문에 우리는 생명을 얻을 수 있다. 예수님께서 승천하셔서 아버지께로 가셨기 때문에 우리는 보혜사를 얻을 수 있다. 예수님은 십자가에 두 번 가실 필요가 없다. 한 번 가셔서 우리의 모든 죄를 다 해결하셨다. 예수님은 두 번 부활하실 필요가 없이 한 번 부활하셔서 그분의 생명을 우리에게 나눠주셨다. 예수님은 두 번 승천하실 필요가 없다. 이미 보혜사를 보내주셨기에 다시 보내주실 필요가 없다. 그분이 가셨기에 약속하신 보혜사를 보내실 수 있었던 것이다. 이것이 바로 '약속의 성령'이다.

이 약속의 성령을 얻는 것도 믿음에 의해서이다. 에베소서 1장 13절을 읽어보면 진리의 말씀, 곧 구원의 복음을 듣고 믿을 때 약속의 성령으로 인치심을 받았다고 했다. 이 보혜사를 얻는 비결도 믿음이다. "믿음으로 약속의 성령으로 인치심을 받았느니라". 우리는 약속의 성령을 이미 다 받았다.

시편 68편은 에베소서 4장과 연관되는 말씀이다. "주께서 높은 곳으로 오르시며 사로잡은 자를 끌고 선물을 인간에게서, 또는 패역자 중에서 받으시니 여호와 하나님이 저희와 함께 거하려 하심이로다(시 68:18)". '주께서 높은 곳으로 오르시며'는 예수의 승천을 의미한다. 그리스도가 승천하셨다는 것이다. 그런데 '사로잡은 자를 끌고 선물을 인간에게서, 또는 패역자 중에서 받으시며'라는 말씀을 여러분은 이해할 수 있겠는가? 이는 에베소서 4장과 연결해서 읽어야 이해가 된다. 바울이 이 말씀을 해석했다. 주님은 승천하실 때 혼자 가신 것이 아니다. 모든 그분의 택한 사람들, 보혈로 씻은 사람들을 아버지께로 데리고 가셨다는 것이다. 여러분이 참된 그리스도인이라면, 참된 교회라면 여러분은 이미 한 번 보좌에, 아버지께 갔다 왔어야 한다. 아버지께 갔다온 사람이 아니라면 은사자는 아니다.

그렇다면 '패역자 중에서'란 무슨 뜻인가? 주님이 사로잡은 사람들 중에서 어떤 사람은 패역자 중에서라고 했다. 사도 바울이 바로 그런 사람이 아니었는가? 그런 사람을 주님은 사로잡으셔서 아버지께로 데려가신 것이다. 아버지는 그 패역자 바울을 보시고 '오, 여기에 좋은 선물이 있구나' 하시면서 그를 다시 교회에 선물로 돌리셨다는 것이다. 바울이 에베소서 4장에서 그렇게 해석을 했으니 우리는 그렇게 믿을 수밖에 없다. 에베소서 4장 8절, "그러므로 이르기를 그가 위로 올라가실 때에 사로잡힌 자를 사로잡고 사람들에게 선물을 주셨다 하였도다". 시편에서는 패역자들 중에서 하나님께 선물을 드렸다는 것이고, 에베소서에서는 아버지께서 그 선물을 다시 아들 손에 주셔서 그들을 교회에 선물로 주셨다는 뜻이다. 아버지가 먼저 은사자들을, 선물을 받으셨다. 주님은 대적자들 중에 하나를 사로잡으셔서 '아버지, 이 자가 나의 교회를 섬길 좋은 은사입니다'라고 하셨고, 아버지는 그를 받아서 다시 아들에게 주시고 아들은 교회에게 주셨다. 그렇게 은사가 생겨나는 것이다.

그리스도의 승천에는 이렇게 깊은 뜻이 있다. 그리스도의 승천으로 오순절 성령을 부어주셨는데, 이 오순절의 성령은 그 전에 있던 성령과는 뭔가 달라서 사람들에게 능력과 은사와 이전에 없었던 대단히 좋은 것을 부어주신다는 뜻이다. 그때서야 이 땅에 교회가 생겨난 것이다. 그것이 오순절의 사건이다. 예수님이 십자가에 돌아가셔서 피를 흘려서 죄를 용서했다고 교회가 생겨나지 않는다. 죄 사함 받은 것만으로는 교회가 되지 않는다. 생명을 얻는 것만으로도 되지 않는다. 주님이 돌아가시기 전에는 아직 교회라는 것이 없었다. 주님이 부활하셔서 이 땅에 40일간 계시면서 제자들이 주님을 만났지만 아직 교회는 없었다. 승천하신 후에 열흘간 그들이 간절히 기도하는 중에도 아직 교회는 없었다. 오순절 날 성령이 부어졌을 때에야 드디어 이 땅에 교회가 있게 된 것이다.

이처럼 오순절의 성령의 의미는 아주 특별한 것이기 때문에, 여기서 주님은 제자들이 근심하는 것을 볼 때에 답답하셨던 것이다. 너희는 지금 내가 가려고 하는데 물어보지도 않느냐? 내가 가면 너희들에게 무슨 좋은 일이 생길지 물어보지도 않느냐?

우리는 이를 믿음으로 이미 다 받은 것을 알아야 한다. 받은 것을 아는 믿음이 그 믿음대로 되게 하는 것이다. 교회는 성도들이 무언가를 해서 얻는 것이 아니다. 하나님의 모든 축복을 우리가 얻고 내 것이 되게 하기 위해서 필요한 단 한 가지는 믿음이다. '내가 이미 얻었구나' 하는 것이다.

베드로나 요한이나 야고보 같은 사람들은 사실 오순절 성령 이전과 이후가 달라졌다. 그들은 담대해졌다. 그것은 오순절 성령의 덕이다. 이렇게 우리를 바꿀 수 있는 능력의 성령이, 지혜의 성령의, 사랑의 성령이, 은사의 성령이 이미 우리에게 주어졌다는 것이다. 이것이 주어지지 않으면 교회는 없는 것이다. 그것이 주어졌을 때 이 땅에 교회가 일어난 것이다. 그래서 각종 은사가 생겨난 것이고 그것이 고린도 전서 12장에 있는 말씀이다. "유대인이나 헬라인이나 종이나 자유자나 한 성령으로 침례를 받아서 한 몸이 되었고". 한 몸이 되었다. 교회는 이렇게 된 것이다. 한 성령으로 침례를 받아서 한 몸이 되었고 여러 지체들의 은사가 생겨난 것이다. 다양한 은사들, 이것이 있어야 교회가 이루어지는 것이다.

예수님이 승천하시기 전에는, 오순절 성령을 부어주시기 전에는, 교회라는 것은 있을 수 없다. 그러니 교회란 어떠한 존재인가! 구약 시대에는 꿈꿀 수 없었던, 심지어 주 예수님이 오셔서 이 땅에 계실 때도 꿈꿀 수 없었던 그런 놀라운 무리가 교회라고 말씀해주고 계신다. 그러므로 참된 교회의 성도들은 핍박받을 준비가 되어 있는 자들이라고 주님은 말씀해주신 것이다(4절). 그 이후에 참된 교회의 성도들은 보혜사, 즉 오순절 성령의 능력을 가지고 모든 사람들이 하나님의 선물이 되었기에 은사가 없는 사람이 없다. 고린도 전서 12장에 보면 성령을 받은 사람은 다 은사가 있다고 하셨다. 성령으로 말하는 사람은 누구든지 예수를 주라고 한다고 하면서 우리 여러 사람들이 은사는 많지만 성령은 같고, 지체는 많지만 몸은 하나라고 했다. 각자 무엇을 하든지 모두 교회를 위하고 몸을 위하라고 이렇게 많은 은사를 주신 것이다. 그래서 성령을 부어주신 것이다. 이런 보혜사 성령이 오시면 죄에 대하여 의에 대하여 심판에 대하여 이 세상을 책망하게 된다고 하셨다.

증거하시는 보혜사

일차적으로 보혜사가 오시면 증거하는 일을 하신다. 무엇을 증거하는가? 주 예수를 믿지 않는 것에 대해서 증거하신다. 보혜사가 왔을 때에서야 그 성령의 능력은 믿지 않음에 대해서 세상을 책망할 수 있고, 심판에 대해서 심판할 수 있는 길이 있다. 이것은 다 보혜사의 역사이다. 그러니 오늘날 보혜사와 함께하지 않는 교회는 이런 기능을 가질 수 없고 세상을 책망할 수 있는 위치에 있지 못하다. 도리어 교회라는 단체가 세상으로부터 책망을 받게 된다. '어찌 교회가 저럴 수가 있는가'라는 말을 듣게 된다. 이것은 예수 그리스도의 죽음과 부활과 승천과 성령 강림 등의 모든 역사를 수치스럽게 만드는 일이다.

주님이 죄를 위해서 십자가에 돌아가시고 부활하시고 승천하셔서 성령을 보내주신 후에는 성령과 함께하는 무리들에 의해서 이 세상은 책망을 받아야 한다. '아 저들은 의를 가지고 있구나'라는 것을 나타내야 한다. 영의 사역은 의의 사역이다. 그분은 가셨지만 이 땅에 예수의 의가 있다. 예수는 보지 못하지만 성령을 가진 무리들에게 의가 있게 되는 것이다. 그들에 의해서 심판을 볼 수 있다. 사탄 마귀가 심판을 받는 것을 그들을 통해서 볼 수 있어야 한다. 세상은 그들로 인해서 책망을 받을 수 있어야 한다. 주님은 이러한 일을 집행할 수 있는 기관으로 이 땅에 교회를 두셨다.

그런데 어떤가? 오늘날 교회가 이런 사명을 감당하고 있는가? 이런 믿음이 있는가? 이것은 실로 숙제가 아닐 수 없다. 하나님께서 이 시대를 구원해주셔서 참되게 그리스도의 제자의 길을 갈 수 있는 사람을 얻으시고 주를 위해서 핍박을 당할 수 있고 죽임을 당하기까지 주님의 마음을 기쁘시게 하는 사람들이 나올 수 있기를 바란다. 보혜사 성령의 강한 능력을 얻어서 주신 은사대로 주를 위해서, 그리스도의 몸된 교회를 위해서 모두가 일어나서 섬기는 그런 교회가 이 땅에 나타날 때, 주님이 이 땅에서 이루신 사역들이 나타나며 영광스럽게 되고 주님이 기뻐하시는 교회의 모습이 나올 것이라고 확신한다.

8-11절, 그가 와서 죄에 대하여, 의에 대하여, 심판에 대하여 세상을 책망하시리라 9 죄에 대하여라 함은 저희가 나를 믿지 아니함이요 10 의에 대하여라 함은 내가 아버지께로 가니 너희가 다시 나를 보지 못함이요 11 심판에 대하여라 함은 이 세상 임금이 심판을 받았음이니라

주님이 15장 후반부터 16장에서 강조하시고 말씀하시는 것이 바로 이것이다. '내가 가면 보혜사를 내게 보내줄 터인데 이 성령을 여러분이 받으면 세상을 책망할 것이다' 이것이 교회의 사명이다. 요한복음 15장에서 아직 주님이 이야기하실 때는 보혜사 성령, 약속의 성령을 받지 못했을 때이다. 그렇지만 당시에 그들은 주님을 믿었다. 깨끗케 되었고, 포도나무 가지가 될 수 있는 것이 있다. 하지만 신약의 교회란 엄청난 축복을 받은 무리이다. 그리스도께서 십자가에 죽고 부활하시고 승천하셔서 오순절에 부어진 성령은 그 이전에-구약 시대의 아브라함 때나 심지어 제자들까지 포함해서-하나님을 믿는 자들이 갖고 있었던 어떤 것보다 더 풍성하고 강력하고 가장 귀한 모든 것을 다 포함해서 주시는 보혜사 성령이시다. 교회는 바로 이 오순절 성령을 받은 날부터 시작되었다.

교회는 특이한 존재이다. 가장 축복된 존재이다. 아브라함도 주님을 믿었고 다윗도 성도였다. 당시 제자들은 아직 오순절을 경험하지 못했지만 그들은 분명 예수님의 말씀을 받았고 깨끗해졌다고 하셨다. 13장에서도 주님은 너희들은 이미 깨끗해졌기에 발만 씻으면 된다고 하셨다. 그들은 믿지 않는 사람들과는 분명히 다른 은혜를 이미 얻은 사람들이다. 그러나 아직 보혜사 성령은 얻지 못했다.

하지만 신약의 교회인 우리는 보혜사 성령을 얻은 자들이다. 약속의 성령을 얻었다(엡 1:13). 믿음으로 약속의 성령으로 인치심을 받았다고 했다. 보혜사 성령이 오심으로 교회가 이 성령을 얻게 되면 교회는 죄에 대하여 의에 대하여 심판에 대하여 세상을 책망한다는 것이다. 이것을 주님이 원하시는 것이다. 물론 보혜사 성령의 기능에 대해서는 16장 이후에 더 많은 내용이 있지만 가장 먼저 이 보혜사 성령에 대해서 말씀하신 것은 세상에 대하여 책망하신다는 것이다.

죄, 의, 심판에 대해 책망하심

죄에 대한 책망은 '저희가 나를 믿지 않는 것에 대한' 책망이다. 오순절 성령을 받은 교회의 특징은 무엇인가? 믿지 않는 사람들이 그들을 볼 때 뭔가 찔림을 받게 된다는 것이다. 자신들의 불신에 대한 찔림이다. '아, 저들을 볼 때 예수 그리스도가 없다고 말할 수가 없다'라고 느끼게 된다는 것이다. 성령받은 사람들을 대할 때 이 세상은 그들의 불신의 죄에 대해서 책망을 받게 되어 있다.

의에 대해서도 마찬가지이다. 의에 대해서라 함은 '내가 아버지께로 가기 때문에 저희가 나를 다시 보지 못하기 때문이다'고 하셨다. 비로소 성령받은 사람들이 이 땅에 나타났을 때 그리스도로 인한, 하늘로 올라가신 분으로 인한 의가 이 땅에 산출되는 것이다. 그럴 때 저들은 그 의를 보고, 성령을 받은 교회의 의를 보고 책망을 받는다. 마음속에 찔림이 있게 된다. 오순절 때 이 일이 정확하게 일어났다. 그들이 성령을 받아서 방언도 하고 예언도 하며 술에 취한 자들같이 성령을 받은 특징이 나타났을 때 사람들은 마음에 찔림을 받아 '우리가 어찌할꼬, 우리가 저 예수를 죽였는데 어떻게 할꼬' 하면서 회개하며 책망을 받았다. 그들은 예수가 승천하셨기에 보지 못하지만 성령을 받은 제자들을 보면 의를 대하게 되고 책망을 받게 된다는 말씀이다.

심판에 대한 책망은 우리 주 예수님이 십자가에 죽으신 것은 사단을 심판하기 위한 것임을 말한다. 심판에 대하여라 함은 이 세상 임금이 심판을 받은 것이다. 성령이 임하고 성령받은 무리가 일어날 때, 모든 사탄 마귀의 궤계, 모든 거짓된 교리들, 거짓된 사상들, 거짓된 이단적인 무리들이 심판을 받게 된다. 오순절 성령을 받은 교회가 일어나지 않으면 그것들은 심판을 받지 못한다. 그들이 주인 같고 다 옳은 것처럼 보인다. 그러나 보혜사 성령이 오심으로 참된 주의 성령을 누리는 자들이 일어났을 때, 비로소 주님으로부터 심판받은 무리들이, 십자가에 정죄받고 심판받은 그 상황이, 책망되어지고 드러나는 것이다.

이것이 주님께서 이 포도나무를 귀히 여기시는 이유이다. 세상으로부터 분별되어서 하나된 교회는 이런 일을 할 수 있기 때문이다. 그러므로 교회란 오늘날 이런 성령의 증거를 통해서 이 세상을 책망할 수 있어야 한다. 주님은 이 땅에 오셨다 가심으로 성령을 보내시고 이 세상을 책망하고 심판하시는 일을 하기 원하셨다. 하지만 유감스럽게도 도리어 어떤 일이 있는가? 이 세상 사람들의 양심이 교회를 책망한다. '어떻게 교회가 저럴 수가 있을까? 어떻게 목회자가 저럴 수가 있을까?' 세상이 교회를 책망하고 있다. 이것은 통탄할 만한 일이 아닐 수 없다. 이는 있을 수 있는 일이 아니다. 우리가 회개해야 할 점이 바로 이것이다.

다시 말씀으로 돌아가야 한다. 우리가 깨끗하게 씻어지지 않고, 그리스도의 포도나무에 견고하게 붙어 있지 않고, 오순절 성령으로 충만되지 않고, 의로운 삶을 살지 않고 서로 사랑하지 않고, 세상과의 정확한 분별을 갖지 않고 혼동되어 생활할 때, 우리가 어떻게 보내주신 보혜사 성령의 증거를 가지고 이 세상을 책망하는 교회가 될 수 있는가? 그것은 가능하지 않다.

책망하지 못하는 이유

에베소서 4장 4절에서는 '몸이 하나이고 성령이 하나'라고 했다. 하나의 영을 가져야 한다. 'one spirit, one body'라야 한다. 우리의 영이 하나여야 한다. 나눠지고 분열되지 않아야 한 몸인 것이다. 이 하나의 영을 갖는 것은 본질이고 내용이다. 그리고 한 몸이란 나타나는 그릇이다. 성도들 속에 이미 분열이 있고 나눠짐이 있는데 어떻게 거기에 한 몸에 기름부어진 성령이 있겠는가? 교회란 성령을 담는 그릇이다. 그릇이 깨어지면 내용물을 담을 수가 없다. 교회가 하나를 지키는 문제를 적은 문제라고 생각하지 말라. 그릇이 깨지면 내용물이 새어나온다.

시편 133편에서는 '형제들이 연합하여 동거함이 어찌 그리 선하고 아름다운가'라고 했다. 그러면서 아론의 머리로부터 기름이 수염으로 옷깃으로 흘러내리며 그곳에서 여호와께서 영생의 복을 명령하셨다고 했다. 형제들이 연합해서 하나되는 그곳에 성령의 기름이 머리로부터 내려온다. 분열과 반목과 미움 속에는 하나님의 비둘기 성령은 내려오지 않는다. 모든 성도들이 다 우리 육체 속에 있는 미움과 나눔과 분열을 버리고 심판해야 한다. 우리가 우리 속에 있는 세상을 심판하지 않는데, 어떻게 이 세상을 심판하는 존재가 될 수 있겠는가? 교회는 그리스도의 십자가로 먼저 우리 자신을 심판한 무리이다. 십자가는 세상을 못 박고(갈 6장), 육체를 못 박은 것이다(갈 5장). 이런 모든 것을 심판한 사람들이 성령 충만하여 이 세상을 향하여 증거하는 것이다.

분열은 다른 데 있지 않고 우리 속, 우리 육체 속에 있다. 그것이 심판된 연후라야 참 하나가 나오는 것이다. 이렇게 참되게 하나된 교회라면 인수가 많고 적음이 큰 문제가 아니다. 두세 사람이라도, 이삼십 명이라도 문제가 되지 않는다. 참된 하나의 영을 가지고 참되게 자신의 육신을 심판하고 진정으로 예수 그리스도를 머리로 모시며 동서고금의 모든 그리스도인을 하나로 받고 하나로 인정하는 성령충만한 교회가 일어날 때, 이 세상은 그들이 나타내는 성령의 증거로 인해서 죄에 대하여 의에 대하여 심판에 대하여 책망을 받을 수 있는 길이 있다.

주님은 이러한 교회가 일어나기를 바라고 계신다. 그리고 성도들이 서로 사랑하기 바라신다. 그러나 이 세상은 교회를 미워할 것이라고 하셨다. 우리는 이런 모든 말씀들이 성경에만 있고 오늘 이 시대의 교회에는 적용될 수 없는 말씀으로 여겨서는 안 된다. 오늘 우리가 바로 주님 앞에서 말씀을 들은 제자들처럼 이 말씀을 그대로 받을 수 있기 바란다. 나는 여러분이 주님이 주신 보혜사 성령을 통해서, 이 세상이 그분을 믿지 않는 죄에 대해서, 그리스도의 의에 대해서, 사단을 심판한 그 심판에 대해서, 이 세상을 책망할 수 있는 영광스런 교회가 되기를 축원한다.

14장부터의 간략한 요약

다음 구절로 가기 전에 잠시 14장부터 여기까지의 흐름을 상고해보자.

성경에서 중요한 한 가지 일은 아버지께서 아들을 보내셨다는 것이다. 구약 성경은 주로 하나님이 말씀하신 것에 대한 기록이다. 그렇다고 해서 거기에 아들에 대한 암시가 없다는 이야기는 아니다. 아들의 출현이 전혀 없다는 이야기도 아니다. 하지만 그분이 육신을 입고 이 땅에 오셔서 우리에게 구체적으로 은혜와 진리를 충만케 하신 역사는 지금으로부터 2000여 년 전이다. 그분은 여자에게 출생하시고 이 땅에 33년 동안 존재하시면서 죄인들을 가까이 하시고 또 많은 사람들에게 복음을 전하시고 병자를 고치시고 끝내는 골고다에 가셔서 죄인을 구속하기 위해 십자가에 못 박혀 죽으시고 사흘 만에 부활하셨다. 이것이 가장 큰 사건이며 그분의 이름은 예수이시다.

지금 우리가 읽고 있는 요한복음 16장은 14장에서부터 연장된 말씀으로서 주로 성령을 보내신다는 내용이다. 성령을 보내주신다는 말씀은 주님의 말씀 중에서 굉장히 중요한 부분을 차지하고 있다. 아들을 임마누엘 하나님으로 이 땅에 보내주신 것이 큰일이고, 아들이 떠나시면서 약속하신 그 성령을 보내주신 것이 또 하나의 큰일이다. 아들은 이 땅에 오셔서 '내가 보혜사 성령을 너희에게 보내주겠다, 이 일은 너희에게 유익한 일이다'라고 말씀하셨다. 그리고 성령을 보내주신다는 약속을 이루어주셨다.

성령은 '보혜사(파라클레토스(παράκλητος))'로서 '곁에서 돕는 자'라는 뜻이다. 오늘날 사람들은 예수를 믿으면 교회에 다니고 헌금해야 하고, 시간이 많이 들고, 봉사해야하고, 여러 가지로 어려워지고 구속받을 것 같아서 예수 믿기를 꺼린다. 그런데 성경을 잘 읽어보면 하나님은 우리 사람을 도와주고 싶어 하신다. 왜 성령을 보내주신다고 하셨는가? 우리를 도우시기 위해서이다. '보혜사'란 '돕는 자'라는 뜻이다.

"너희는 마음에 근심하지 말라. 하나님을 믿으니 또 나를 믿으라"(14:1). 성령께서는 첫째, 위로하신다. 그분은 위로자(comforter)이기에 근심하는 제자들을 위로해 줄 수 있다. 외로울 때, 상처받아 슬플 때, 혼자서 헤어날 수 없을 때에 성령은 기름부음이고 위로해주고 돕는 분이시다. 아무것도 생각나지 않고 답답할 때 성령께서는 주님이 말씀하신 것을 생각나게 하고 가르쳐주신다. 우리의 마음속에 말씀으로, 깨달음으로 빛을 주신다. '그것은 잘못된 것이다. 이래서 그런 것이다' 하시면서 우리에게 도움을 주신다. 성령은 하나의 능력이다. 기력이 빠지고 좌절하여 일어날 힘이 없고 너무나 연약한 우리에게 강한 능력을 공급해주신다. 더 이상 기쁨이 없고 마음이 아프고 답답할 때 성령께서는 오셔서 샘솟는 기쁨을 우리에게 공급해주신다.

우리를 도와주고자 믿으라는 것이지 '그러지 않아도 지금 힘든데 교회 다니면서 더 힘들게 만드려고 전도하네' 라는 것은 잘못 생각하는 것이다. 예수를 믿으면 더 힘이 난다. 이 힘든 세상에 예수를 안 믿고 어떻게 살려고 안 믿는다는 말인가? 우리의 많은 부족한 부분을 채워주시려고 하나님이 우리에게 믿으라고 하시는 것이다. 주님은 생명의 근원이시며 생수의 근원이시다. '너희들이 나를 믿을 때 생수의 강이 너희 배에서 흘러날 것'이라고 하셨다. 예수를 믿지 않으면 목마를 것이지만, 믿으면 영원히 그 속에서 솟아나는 샘물이 있게 될 것이라고 하셨다.

14장을 보면 성령은 오셔서 우리에게 말씀이 생각나게 하고, 또 진리를 지킬 수 있는 힘을 주시고 또 평안을 끼쳐주신다. 우리 속에 평안을 주신다. 우리에게는 평안이 얼마나 필요한지 모른다. 우울증에 걸린 사람들, 괴로워서 잠을 못 자는 사람들, 불안해하는 사람들에게 이 평안이 필요하다. 성령은 오셔서 우리에게 평안을 주신다. 우리 하나님의 이름이 '평강의 하나님'이시다. 여러분이 만약 성령을 얻으면 여러분 속에 평강이 있고 기쁨이 있게 된다. 그것은 여러분이 만들어내는 기쁨이 아니다. 어떤 외부적으로 기쁜 일이 생겨서, 평강의 일이 생겨서 생겨난 기쁨도 아니다. 아무도 알지 못하는, 이 세상이 주는 평안과 같지 않은 기묘한 평안이 속에서부터 올라오는 것이다. 그것이 성경에 기록되어 있다.

만일 믿었어도 그런 것이 없다면 뭔가 제대로 연결이 안 된 것이다. 다시 한 번 점검해봐야 한다. 어떤 기계 같은 것이 안 돌아가면 한 부분이 고장이 난 것이다. 전선의 연결에 문제가 있든지, 다른 문제가 생긴 것이다. 멀쩡한 기계라면 제대로 작동이 안 될 리가 없기 때문이다. 마찬가지로 예수를 믿으면 반드시 우리가 알 수 없는 마음속 깊은 곳에서부터의 평강과 기쁨이 솟아오르는 것이다. 믿지 않을 때는 어려운 일이 생기면 좌절하고 상처받을 일이 생기면 힘들고 일주일이고 한 달이고 그치지 않는데, 이 생수의 근원이신 하나님과 제대로 믿음으로 연결이 된다면 반드시 위에서 말한 일들은 일어난다. 그렇지 않다면 성경은 거짓이며 우리는 거짓 증인이 된다. 그러나 나는 이것을 체험했기에, 맛보았기에 거짓될 리가 없다고 말한다. 따라서 나는 도리어 반문한다. 앞으로 무슨 일이 발생할지 모르는 이 암담한 세상에서 어떻게 주님을 믿지 않고 담대하게 살 수 있다는 말인가?

그러나 우리가 주님을 믿을 때 두려움이 없다. '주 안에 있는 나에게 딴 근심이 있으랴'는 찬송가 가사는 사실이다. 모든 일을 돌봐주시는 보혜사가 계시기 때문이다. 어떤 일이든지 주님 안에서 해결이 안 되는 일이 없고, 주님 안에서 돌보아지지 않는 일이 없기 때문이다. 이렇게 주님은 이 세상을 떠나시면서 제자들을 앞에 놓고 '내가 떠나가는 것이 너희에게 유익이다. 내가 떠나가면 보혜사를 너희에게 보낼 것인데, 이 성령이 오시면 성령은 너희를 고아와 같이 버려두지 않으시고 언제나 아버지처럼 자식인 여러분을 돌봐줄 것이다. 모든 사정을 돌봐줄 것이다'고 말씀하신 것이다. 성도들은 바로 이러한 주님을 소유하고 있는 것이다.

요한복음 15장은 보혜사 성령을 보내주신 것과 관계없이 별도의 장처럼 생각할 수 있지만 그렇지 않다. 15장의 포도나무의 비유도 보혜사 성령이 오시면 그 성령의 역사로 말미암아 열매를 맺고 결실할 수 있는 사람이 될 수 있게 한다는 의미가 담겨 있다. 포도나무의 비유에는 성령이 나오지 않는 것 같지만, 포도나무와 가지가 연결되어서 그 속에 진액이 서로 공유할 때 그 진액이 바로 성령이 아니겠는가? 성령이 바로 주님과 우리를 연결시켜서 끊임없는 교제, 교통, 흐름을 통해서 결국 열매를 맺게 한다는 것이다. 보혜사 성령을 우리에게 보내주셔서 우리로 하여금 열매 없는 사람이 되지 않고 뭔가 풍성한 열매를 맺을 수 있는 사람으로 만들어 주신다는 것이다.

성령을 받은 우리는 이 땅에 그리스도를 증거할 것인데, 사람들이 우리를 핍박하고 미워할 것이라고 하셨다. 그리고 이제 16장에 와서는 성령이 오시면 이 성령은 여러분을 통해서 이 세상을 책망하게 된다고 말씀하신 것이다.

12절, 내가 아직도 너희에게 이를 것이 많으나 지금은 너희가 감당치 못하리라

주님은 제자들에게 더 이를 말씀이 있지만 지금 그들의 상태는 감당할 수 없는 상태임을 아셨다. 그래서 더 일러주어야 할 말씀에 대해서는 보혜사 성령이 오신 이후로 미루겠다고 하시는 것이다. 주님은 감당할 만한 시험 외에는 주지 않는다는 말씀이 고린도 전서에 있다. 주님은 최고의 선생이기 때문에 그들의 상태가 그것을 받기에 벅찰 때에는 가르치시지 않는다. 기다리셨다가 감당할 수 있는 역량이 생겼을 때 가르치신다. 만일 여러분이 최고의 교사가 되고 싶으면 주님께 배워야 한다. 학생이 못 알아듣는다고 선생이 얼굴을 붉히면서 야단치는 것은 예수님을 닮지 않은 것이다. 주님은 그들이 감당할 수 있는 것만 가르치시고 다른 것은 뒤로 미루신다.

주님께서는 이 세상 사람들이 제자들을 핍박할 것이라고 하셨다. 종교인들이 너희를 출회할 것이며 죽이는 자가 이것이 하나님을 섬기는 예라 하리라고 하셨다. 그래서 4절에서 주님은 "오직 너희에게 이 말을 이른 것은 너희로 그 때를 당하면 내가 너희에게 이 말 한 것을 기억나게 하려 함이요 처음부터 이 말을 하지 아니한 것은 내가 너희와 함께 있었음이니라". 그런데 주님은 제자들과 3년 반 동안 함께 다니셨지만 그동안에는 이런 말씀을 하지 않으셨다. 주님이 함께 계셨기에 주님이 제자들을 지키시고 책임을 지셨기 때문이다. 그러나 이제는 떠나셔야 하기 때문에 해야 할 말씀을 하신 것이다. 주님은 할 말을 필요한 때에, 때에 맞게 하시는 분이시다. 한 번에 다 하시고 알아서 하라고 하시는 것이 아니라 그때마다 알맞게 가르치시는 분이시다. 지금도 더 하실 말씀이 있지만, 감당치 못할 말은 아직 보류하고 하지 않으신다는 뜻이다.

진리의 성령이 오시면

13절, 그러하나 진리의 성령이 오시면 그가 너희를 모든 진리 가운데로 인도하시리니 그가 자의로 말하지 않고 오직 듣는 것을 말하시며 장래 일을 너희에게 알리시리라

성령이 오시는 것은 아주 큰 사건이다. 보혜사 성령이 오셔서 이 성령을 받아야 그때서야 어떤 말은 감당할 수 있다고 하셨다. 이 성령이 오시기 전에는 주님과 함께 있는 제자들도 주님이 더 이르시는 말씀을 감당할 수 있는 상태가 아니었다. 성령이 제자들에게 오시는 것은 그들에게 유익한 것이다. 좀 비약적으로 말한다면 당시의 제자들보다 오늘날 여러분이 주님으로부터 말씀을 들을 수 있는 역량이 더 크다고 할 수 있다. 지금은 오순절 성령 이후의 시대이고 여러분은 그 성령을 가지고 있기 때문에 여러분이 감당할 수 있는 역량이 큰 것이다.

"그가 너희를 모든 진리 가운데로 인도하시리니". '그'는 성령이다. 모든 진리로 인도하신다는 말씀은 무엇인가? 인도한다는 말은 그저 뭔가 가르친다는 말이 아니다. 헬라어로는 '호데게오(όδηγὲω)'라는 말인데 영어로는 'guide', 즉 안내한다는 뜻이다. 성령께서는 안내하는 일을 하신다. 모든 진리 가운데로 안내하신다는 것이다. 예수님은 이 땅에 계실 때에 제자들과 함께 거하시며 함께 먹고 마셨지만 그들을 모든 진리 가운데로 인도할 수 없으셨다. 그러나 성령이 오셔야 그분이 그렇게 하신다는 것이다. '모든 진리'에서 진리는 어떤 교리를 의미하는 것이 아니다. 이 진리는 주님 자신이다. 14,15절에 나오지만 성령께서는 내 영광을 나타내고 내 것을 가지고 너희에게 알리신다고 하셨다. '내 영광', '내 것'은 주 예수께 속한 것이다.

모든 진리는 아들이신 그리스도와 관계있는 것이다. 그리스도를 중심으로 하는 것이다. 그리스도 안에 있는 것이다. 그리스도께서는 '내가 곧 진리'라고 하셨다. 그분 안에 은혜와 진리가 충만하다고 했다. 예수가 진리이다.

그런데 성령이 오시면 어디로 인도하시는가? 의역해서 설명한다면, 그리스도 안으로 인도하신다는 것이다. 진리는 무엇인가? 진리는 복음이다. 그리스도의 이야기들이 곧 진리이다. 성경은 무엇을 기록하고 있는가? 성경은 그리스도를 기록하고 있다. 우리에게 구원을 주시고 우리를 이끌어서 하나님께로 인도하는 모든 말씀, 그것이 바로 그리스도이시다. 그리스도의 인격, 그분의 역사가 다 진리를 구성하고 있는 것이다. 그리고 보혜사께서 오시면 너희를 모든 진리 가운데로 인도해주신다고 하신다. 지금 예수 그리스도는 어떤 길을 걸어가시는가? 육신 되셔서 이 땅에 거하셨다. 하나님과 연합하신 삶을 살고 십자가에서 우리의 죄를 대속하는 죽음을 죽으셔야 한다. 십자가의 죽음과 사흘 만의 부활, 그리고 승천, 보좌에 앉으시는 문제, 주와 그리스도가 되시고 교회의 머리가 되시는 문제, 그리고 오순절 성령을 부어주시는 문제, 이런 문제가 다 앞에 놓여 있다. 이 역사를 기록한 것이 4복음서이다.

그리스도가 없으면 기독교가 없다. 성경은 결국 그리스도 때문에 있는 말씀이다. 4복음서는 역사이다. 주님은 이런 일을 하시고, 이렇게 사시다가 이렇게 죽으셨다, 우리는 그것을 보았다는 증언들이다. 복음서 이후의 서신서들에는 그분의 어떠하심, 그분의 역사, 죽으심이 의미하는 것을 세세하게 설명하고 기록해 놓은 것이다. '그분의 죽음이 어떤 의미인가? 구속을 주셨다. 그와 함께 우리가 죽어서 죄에서 벗어났다. 부활은 우리에게 어떤 의미를 주는가? 우리는 예수와 함께 부활했고, 새 생명을 갖게 되었다'라는 것이다. 예수 그리스도의 역사가 있기에 많은 교리가 있게 되는 것이다. 이것이 모든 진리이다. 그리고 성령은 오셔서 모든 진리 가운데로 여러분을 안내해주시는 것이다. 성령이 오시면 여러분을 그리스도의 인격 안으로 인도해주심으로 그분의 미덕, 덕성들이 여러분의 것이 되게 하신다. 그분의 사랑과 겸손과 인내와 모든 것을 체험할 수 있도록 하신다.

예수 그리스도의 죽음도 마찬가지이다. 죽음으로써 우리는 죄 용서를 받는다. 우리의 옛 사람이 죽었기에 우리는 죄에서 벗어난다. 죽었기 때문에 모든 민족 가운데 유대인과 이방인의 간격이 다 허물어졌다. 예수님이 돌아가셨기 때문에 우리는 서로 화목되고 하나되었다. 이러한 모든 것이 진리를 구성하는 것이다. 그리고 이것을 우리로 체험하도록 인도해주시는 분이 성령이시다. 보혜사가 오시지 않으시면 그리스도의 어떠하심, 인격과 역사, 모든 진리를 체험하며 우리 것이 될 수 있도록 해줄 수 있는 분이 계시지 않다는 뜻이다. 보혜사가 오셔서 하는 일은 이 모든 진리 가운데로 우리를 인도하시는 것이다.

이 '진리'에는 헬라어로는 정관사가 붙어 있다(텐 알레세이아(τήν αλεθεια), the truth). 즉 '그 진리'라는 뜻인데, 이것은 일반적인 진리가 아니라 바로 그리스도를 중심으로 한, 그리스도와 관련된, 그리스도께서 이루신 모든 역사 안으로, 그리스도가 성취하시고 얻으신 모든 역사 안으로 우리를 이끌어 들여서 체험토록 해주신다는 것이다. "인도하시리니". 이것이 신약의 음조이다. 구약은 율법이며 우리로 무언가를 하라는 것인 반면, 신약의 음조는 성령께서 오셔서 너희를 이렇게 인도하신다는 것이다.

그러므로 여러분 가운데 '나는 아직 그렇게 인도받은 적이 없다'는 사람이 있다면 기도하기 바란다. 하나님께 말씀드리라. '하나님, 저를 그리스도의 모든 진리 안으로 안내해주십시오'. 인도하신다고 말씀하셨다. 이것이 바로 신약의 음조이다. 주님이 하신다면 반드시 하신다. 여러분을 인도해주시고 체험하게 하신다. 누군가에게서 '주여, 인도하소서(Lord, lead us)', '안내하소서(guide us)'라는 기도가 매우 좋은 기도라고 말하는 것을 들은 적이 있다. 당시에는 안내한다는 것에 무슨 깊은 뜻이 있기에 안내를 받는 것을 그렇게 원하는가라고 생각했었다. 성령께서 모든 진리 가운데로 우리를 안내하신다는 것은 매우 귀한 진리이다.

나는 성도 여러분들이 날마다 주님이 약속하신 모든 진리 가운데로 우리를 안내하시고 체험케 하신다는 이 말씀을 붙들고 기도하시고, 주님께 심지어 분부하시고, 약속이므로 약속을 붙들고 간구하심으로 이러한 모든 축복을 체험하시기를 바란다.

14-15절, 그가 내 영광을 나타내리니 내 것을 가지고 너희에게 알리겠음이니라 15 무릇 아버지께 있는 것은 다 내것이라 그러므로 내가 말하기를 그가 내것을 가지고 너희에게 알리리라 하였노라

"그가 내 영광을 나타내리니". 이것은 무슨 의미인가? 그리스도는 그분 자체로 영광스러운 분이시다. 그런데 성령이 오시면 우리들 가운데서 영광을 나타내신다. 아무리 그분이 고귀하더라도 우리가 그것을 맛보고 체험해서 '아, 이런 분이구나, 이런 역사를 하셨구나'라고 느끼지 않고 체험하지 못한다면 우리 가운데 영광이 되지 않는다. 성령이 바로 그렇게 하시는 분이시다. 어떤 분이 이런 말을 하셨다. 하나님은 꽃에 있는 꿀과 같고, 아들은 벌통에 있는 꿀과 같고, 성령은 입 안에 있는 달콤한 꿀과 같다는 것이다. 벌통에 있는 꿀을 그냥 먹는 사람도 있지만, 그러나 성령께서는 그런 꿀을 잘 유리(遊離)해서 달콤한 꿀을 입에 넣어주시는 분과 같다. 우리 속에 그 꿀이 실제로 달콤하게 느껴져야 '이 꿀 맛있네. 진짜 꿀이네'라고 그 꿀을 칭송 할 것 아닌가? 맛도 안 보고, 가짜인지 진짜인지 알지 못하고 어떻게 영광을 돌리겠는가? 먹어보고 체험하니까 너무 좋은 것이다. 이렇게 성령께서는 그리스도의 모든 진리 안으로 우리를 이끄시는 분이시다. 우리가 체험하도록 이끄신다. 이는 객관적인 어떤 교리를 이해하도록 한다는 뜻이 아니다. 우리로 하여금 주관적으로 그리스도의 모든 진리가 우리 것이 될 수 있도록 하신다는 것이다.

성령께서는 우리를 인도하셔서 예수 그리스도의 죽음도 체험하게 하신다. 이 세상에 얼마나 골치 아픈 일이 많은가? 그것에서 벗어날 수 있는 가장 좋은 길은 죽는 것이다. 죽은 사람은 골치 아플 일이 없다. 우리가 이렇게 살아 있지만 그리스도의 죽음을 체험할 수 있다면 얼마나 좋겠는가? 그리고 다시 부활해서 하늘에 앉아 있다면 이 땅에 아무리 답답한 일이 있다고 하더라도 아무 문제가 안 될 것이다. 여러분 가운데도 이 땅의 여러 가지 얽히고 설킨 문제 때문에 머리가 복잡하신 분들이 있을 것이다. 하지만 해결하려고 애쓸 필요 없이 죽고 하늘로 올라가버린다면 문제가 해결될 것 아닌가? 그런데 성경은 무엇이라고 말씀하시는가? 예수 그리스도께서 우리와 함께 죽고 함께 부활하고 함께 하늘에다 우리를 앉히셨다고 하신다. 이 모든 진리들을 체험할 수 있도록 해주시는 분이 바로 성령이시다.

성령께서는 스스로 하지 않고 아들이 하시는 것을 말한다. 우리도 오늘날 스스로 뭔가를 하는 사람들이 아니다. 주님이 우리에게 깨닫게 하시고 성령의 감동을 주시고 능력 주시는 데에 따라서 하는 것이다. 무엇이든지 스스로 하는 사람들은 예수 그리스도의 도가 무엇인지 모르는 사람들이다. 또한 성령이 오시면 장래 일을 너희에게 알리시리라고 하셨다. 이 땅에서 사역하시는 동안 주님이 하신 말씀은 4복음서를 형성했다. 그런데 주님은 아직도 할 말이 있으시다. 그 할 말은 보혜사 성령을 통해서 하겠다고 하시는 것이다. 그것이 이루어진 것이 4복음서 이후에 있는 서신서들이다. 이는 주님이 직접 하신 말씀이 아니라 사도들이 한 말로써, 사실은 성령이 하신 말씀이다. 그리고 성령께서는 스스로 말씀하신 것이 아니라 아들에게 들은 것을 말하신다. 장래 일을 말한다는 것은 주로 계시록을 말하는 것이다. 물론 분명하게 구분하기는 어렵다. 복음서에도 예언적인 것이 있고 서신서에도 예언적인 것이 있다. 그러나 중점적으로는 그렇다는 것이다. 구약 성경에도 신약이 있다. 하지만 구약 성경은 중점적으로는 하나님의 말씀, 복음서는 아들의 말씀, 서신서에 나오는 것은 성령의 말씀이고 또 예언적인 성령의 말씀은 요한 계시록이라고 할 수 있다.

결국은 이렇게 보혜사 성령께서 오셔야 더욱 더 말씀하실 수 있으시다. 에베소서 3장을 보자. "너희를 위하여 내게 주신 하나님의 그 은혜의 경륜을 너희가 들었을 터이라 곧 계시로 내게 비밀을 알게 하신 것은 내가 이미 대강 기록함과 같으니 이것을 읽으면 그리스도의 비밀을 내가 깨달은 것을 너희가 알 수 있으리라." 그리스도의 비밀이란 무엇인가? 5절, "이제 그의 거룩한 사도들과 선지자들에게 성령으로 나타내신 것 같이 다른 세대에서는 사람의 아들들에게 알게 하지 아니하셨으니". 예수 그리스도께서 말씀하신 것이 있지만, 사도들과 선지자들을 통해서 성령으로 나타내신 진리가 있다는 말씀이다. 다른 세대에서는 사람의 아들에게 알게 하지 않으셨다고 했으므로 사도 바울 시대에 알려진 계시가 있다는 말씀이다. 6절, "이는 이방인들이 복음으로 말미암아 그리스도 예수 안에서 함께 후사가 되고 함께 지체가 되고 함께 약속에 참예하는 자가 됨이라." 이방인들이 복음으로 말미암아 그리스도 예수 안에서 함께 후사가 된다고 하셨다. 함께 그리스도의 지체가 된다고 하셨다.

다시 요한복음 16장으로 가자. 만일 주님이 당시에 베드로, 요한, 야고보 등을 앉혀 놓고 '사실은 내가 이방인들을 불러서 너희들과 한 몸이 되게 하려는 것이 경륜이다'라고 했다면 그들은 감당할 수가 없었을 것이다. 당시는 말할 것도 없고, 주님이 떠나신 후 오순절의 역사를 체험한 뒤에도 베드로에게 보자기의 이상을 보여주시고 '너희는 이방인에게 가서 그들을 받아들이라'고 하셨을 때 그는 그것을 받지 못했다. 세 번을 보여주실 때까지 받지 못했다.

사도 바울은 전도하러 다닐 때 처음에는 유대인의 회당으로 다녔다. 나중에 주님이 뜻이 그를 이방인에게 보내는 것으로 드러났을 때 유대인 앞에서 이 말을 했다가 큰 소동이 벌어졌다. 사람들은 바울을 잡아 죽이려고 했다. 유대인들은 하나님이 자신들을 택했다고 하는 특별한 선민의식이 있기 때문에 오순절 성령이 오셔서 유대인과 이방인 사이에 막힌 담을 헐고 그리스도 예수 안에서 한 몸이 이루어진다는 성령의 역사에 대해서, 그 후에 하실 역사에 대해서, 성령께서 더 하실 말씀에 대해서 당시에는 받을 수 있는 역량이 없었다. 그래서 보류하셨다가 사도 바울 시대에 계시로 알려주신 것이다. 이전 시대에는 그 어떤 사람의 아들들에게도 이것을 계시한 바가 없는데 바울에게 그 비밀을 알려주신 것이다. 그리고 그대로 기록한 것이 그리스도의 말씀이 되었다. 이 말씀에 대해서 주님은 여기서 미리 이야기하신 것이다. 성령께서 더 이를 것인데 그것은 성령 스스로 하시는 말씀이 아니라 그가 내게 듣는 말을 하는 것이라고 하셨다. 그래서 14,15절에서는 '내 것'이라는 말씀을 많이 하셨다. "내 것을 가지고 너희에게 알리겠음이니라". "무릇 아버지께 있는 것은 다 내 것이라". 성령께서 알리시는 것은 다 내 것이라고 하신 것이다.

여기서 한 가지를 짚어보고 싶다. 성령께서 오셔서 이러한 여러 가지 일들을 하신다고 하셨다. 우리는 하나님이 거룩하신 분이기에 성부라고 부르고 아들도 거룩하신 분이기 때문에 성자라고 부르고 성령도 거룩하신 분이기에 성령이라고 부른다. '거룩 거룩 거룩'은 주로 삼위일체 하나님을 찬양할 때 쓰는 말이다. 그런데 어찌된 일인지 거룩하신 아들은 이 땅에 오셔서 죄인들과 함께 지내셨다. 세리와 죄인을 친구로 삼아서 그들 사이에 거하시면서 그들을 도와주시고 은혜로 대하시고 용서하시는 일을 하셨다. 그래서 우리는 예수 그리스도가 너무나 귀한 분이라고 말하는 것이다. 눈이 열려서 주님의 어떠하심을 볼 때 베드로처럼 고백할 수밖에 없는 것이다. '주여, 나는 죄인입니다. 나를 떠나소서' 눈이 열렸을 때 우리는 얼마나 더럽고 그분은 얼마나 고귀하고 거룩한 분인가를 알게 되기 때문이다. 그러므로 우리가 늘 놀라운 마음으로 감사를 드려야 할 한 가지 일은 그 거룩하신 분이 육신을 입고 이 땅에 오셔서 죄인들 가운데 거하셨다는 사실이다.

성령 하나님은 한 발 더 나아가셔서 죄 많고 오염되어 버린 우리의 육신 속에 들어오셨다. 여러분은 이 말을 당연하게 들을지 모르지만, 나는 때로 이 사실을 감당할 수 없다고 느낀다. '주여, 어떻게 거룩하신 당신이 이 더럽고 누추한 우리 같은 자들을 거처 삼고 성전 삼아 우리 안에 들어오셨습니까? 우리 안에 거하십니까?' 어떤 성경 학자는 이런 말을 했다. '어떤 분이 더 겸손한가? 아들이 겸손한 것인가? 성령이 겸손한 것인가? 어떤 분이 자신을 더 낮춘 것인가? 도대체 어떤 분이시기에 우리같이 더러운 자들 속에 들어오셔서 우리와 함께하시고 영원히 떠나지 않으시는가? 우리가 죄 지으면 근심하시고 그러나 우리 안에서 우리를 변화시키시고 우리를 늘 아버지께로 인도하시고 우리 속에서 탄식하시고 기도하시는 이러한 역사를 하시는가?' 이분이 보혜사 성령이시다. 그분은 우리를 어떻게든지 이끌어서 그 모든 진리 가운데로 인도하시고 안내하시는 분이 되셨다. 그래서 결국은 우리로 하여금 예수 그리스도를 높일 수밖에 없고 그분께 영광 돌릴 수밖에 없도록 하셨다. '그가 내 영광을 나타내리니' 이것이 바로 보혜사 성령의 역사이다.

이런 성령을 보내주시기 위해서 주님은 떠나려 하시고 십자가로 나아가려고 하신다. 그분의 말씀대로 그분은 돌아가시고 승천하신 후에 성령을 부어주셨으며 우리는 이 성령을 다 받았기에 주님이 말씀하신 것들을 체험할 수 있다. 당시에 제자들이 감당할 수 없었던 것을 감당할 수 있다. 오늘 우리는 주님이 최종적으로 말씀하고자 하시는 것, 주님의 마음속의 소원들을 다 받아서 감당할 수 있는 자격을 갖춘 자들이 되었다. 더 이상 우리는 '주님, 우리는 아직 감당할 수 없습니다'라고 핑계댈 수 없다. 우리는 주님께 '주님, 우리에게 더 말씀하시고 완전히 말씀하심으로 우리 시대에는 주님이 원하시는 것을 다 이루소서. 하늘에서 이룬 것이 이제는 이 땅에서 다 이루어지게 하옵소서'라고 기도하기 바란다.

주님의 제자들에 대한 강화하심

16-18절, 조금 있으면 너희가 나를 보지 못하겠고 또 조금 있으면 나를 보리라 하신대 17 제자 중에서 서로 말하되 우리에게 말씀하신 바 조금 있으면 나를 보지 못하겠고 또 조금 있으면 나를 보리라 하시며 또 내가 아버지께로 감이라 하신 것이 무슨 말씀이뇨 하고 18 또 말하되 조금 있으면이라 한 말씀이 무슨 말씀이뇨 무엇을 말씀하시는지 알지 못하노라 하거늘

여기서 주의할 것은 '조금 있으면(a little while)'이라는 말이다. 주님은 이 말씀을 일곱 번이나 하셨다. 조금 있으면 너희가 나를 보지 못한다, 그런데 조금 있으면 나를 본다고 하셨다. 제자들은 이 말씀을 알지 못했다. 주님이 원래 있었던 아버지께로 가신다면 영원히 가신다는 것인데 또 조금 있으면 나를 보리라고 하시는 것은 무슨 뜻인지 이해 할 수가 없었던 것이다. '조금 있으면'이라는 기간이 언제부터 언제까지를 말하는 것인지 어리둥절해 했던 것이다.

많은 강해서나 주석을 찾아보면 나를 보지 못한다는 것은 죽는다는 것을 의미하는 것이기에 사흘 만에 부활한 나를 볼 것이라는 것이다. 그래서 기간을 삼 일로 생각하는 사람들이 있다. 또 어떤 사람들은 주님이 재림하실 때에 볼 것이라고 해석하기도 한다. 내가 자주 참조하는 존 라일의 강해서에도 그렇게 되어 있다. 그러나 그 부분만큼은 그가 잘못 해석한 것

같다. 그러면 16절은 무슨 의미인가? 당시의 제자들도 몰랐고 오늘날 많은 사람들도 잘 모른다. 성령을 받아야 이런 것을 알게 되는데, 예수님은 이에 대해서 설명해주셨다.

19-20절, 예수께서 그 묻고자 함을 아시고 가라사대 내 말이 조금 있으면 나를 보지 못하겠고 또 조금 있으면 나를 보리라 하므로 서로 문의하느냐 20 내가 진실로 진실로 너희에게 이르노니 너희는 곡하고 애통하겠으나 세상은 기뻐하리라 너희는 근심하겠으나 너희 근심이 도리어 기쁨이 되리라

그들이 서로 문의할 때 주님이 지금 너희들이 이 말 때문에 서로 의논하느냐 하시며 20절에서 직접 설명해 주신다.

16절의 '조금 있으면'이라는 기간은 언제인가? 주님은 조금 있으면 십자가에 돌아가시기에 못 보게 된다. 그때 제자들이 곡하고 애통할 것이라고 하셨다. 이는 맞는 말이고 다들 그렇게 해석한다. 그런데 조금 있으면 나를 보리라고 하신 것은 단정적으로 분명히 말해서 오순절 성령으로 말미암아 주님을 다시 본다고 하시는 것이다. 그러므로 그 기간은 삼 일이 아니다.

부활하신 주님을 보는 것도 기쁨이 될 것이다. 그것으로도 제자들은 주님을 전보다 더 알게 될 것이다. 물론 재림시에도 주님을 보게 될 것이다. 그런데 이 구절에서 주님이 말씀하신 의미는 오순절 성령으로 다시 오셔서 내가 너희들과 다시 만나겠다고 하시는 것이다.

14장부터 주님은 고별 설교를 하시고 있다. 주님은 제자들에게 '내가 지금 아버지께로 간다, 너희들을 고아와 같이 버려두지 않고 내가 아버지께 간구해서 성령을 너희에게 보내줄 것이다, 나는 다시 올 것'이라는 말씀을 계속하고 계신다. 그리고 성령이 오시면 죄에 대하여, 의에 대하여, 심판에 대하여 세상을 책망하실 것이고, 성령이 오면 너희에게 모든 것을 가르쳐 주실 것이며, 많은 유익이 있을 것임도 말해주고 계신다. 성령이 오실 때에 제자들의 기쁨은 충만해질 것이다. 그러므로 그 기간은 삼 일도 아니고,

이천 년도 아닌, 오십 일인 것이다.

조금 있으면(A little while)은 오순절 성령이 강림하실 때이다. 주님은 성령을 다시 보내 주시는 일, 성령으로 다시 오시는 일을 굉장히 크게 생각하고 계신다. 세례 요한은 예수 그리스도의 사역을 한 마디로 "성령으로 세례주시는 분"이라고 표현했다. 이것은 오순절에 이루어진 일이다. 오늘 교회는 반드시 이것을 의미있게 받아들여야 한다. 주님이 돌아가시기 전에 제자들에게 가장 강조한 것이 무엇인가? 보혜사 성령을 보내주신다는 것이다. 이것은 너무나 놀라운 시대의 전환을 가져오는 것이었다.

"내가 진실로 진실로 너희에게 이르노니 너희는 곡하고 애통하겠으나 세상은 기뻐하리라 너희는 근심하겠으나 너희 근심이 도리어 기쁨이 되리라(20절)". 지금은 너희들이 근심하고 주님의 돌아가신 것을 보고 마음 아프고 슬퍼하겠지만, 이제 성령이 다시 오실 때 너희들의 마음은 너무 기쁠 것이라고 하시는 것이다. 제자들은 오순절 성령을 받기 전에는 그렇게 뛰어나지 않았다. 베드로만 보더라도 한 면으로는 말고의 귀를 베어낼 만큼 성격이 아주 강했지만, 또 다른 면에는 대제사장의 뜰에서 아주 작은 하녀에게 주님을 세 번이나 부인하는 말을 할 정도의 연약함도 있었다. 그는 마지막에는 저주하면서 예수를 모른다고 부인하기까지 했다. 육신으로는 배반하지 않겠다고 장담했지만, 사실은 연약했다. 그러한 베드로가 언제 변했는가? 사도행전 2장에서 오순절 성령이 강림했을 때, 이 성령을 받은 후에 그는 사람이 달라졌다. 아무것도 두려워하는 것이 없었다. 그전에는 그 작은 하녀 앞에서도 벌벌 떨며 예수를 부인하던 사람이 예수를 죽인 그 많은 핍박자들 앞에서도 예수를 강하게 증거하는 강한 사람이 되었던 것이다. 이것은 오순절 성령 강림으로 얻은 변화이다. 성령이 우리에게 임할 때, 성령이 우리에게 주어질 때, 베드로가 변한 것처럼 여러분도 다른 사람이 될 수 있다. 성령이 오시면 달라진다. 성령 강림은 시대의 전환점이었으며 또한 우리의 인생의 전환점도 되는 것이다.

그러므로 16절의 '조금 있으면'은 주님이 오순절 성령으로 다시 오시는 것을 말하는 것이다. 그때 너희의 마음은 기쁠 것이다, 너희는 곡하고 애통하겠으나 세상은 기뻐하리라, 너희는 근심하겠으나 너희 근심은 기쁨이 되리라고 하셨다. 이는 해산하는 것과 같다고 하셨다. 여인이 해산할 때 어떤가? 예전에는 아이를 해산하기 전에 신발을 다시 보고 들어간다고 했었다. 다시 이 신발을 신을 수 있을까 하는 마음에서이다. 그렇게 고통스런 것인데 아이를 낳고 나면 그 고통을 다 잊어버리는 것이다. 내가 아내의 얼굴을 가장 아름답다고 생각했을 때는 아이를 출산했을 때였다. 분만 뒤에 고통스러운 가운데도 편안하고 안정감 있고 보람되기도 한 모습이었다. 모든 사람이 그러할 것이다. 그럴 때에 근심했던 고통이 다 잊어지는 것이다.

주님의 제자들은 예수 그리스도의 죽음을 목전에 두었다. 주 예수님은 자신이 그 많은 사람들 앞에서 피 흘려 돌아가실 때에 그들의 마음이 얼마나 아플 것인지 생각하고 지금 위로해 주시는 것이다. 21절에도 기쁨이 있을 것이라고 했다. 그 기쁨으로 인해 고통을 다시 기억지 아니하리라고 했다. '마음이 아프겠지만 너무 근심하지 말아라. 그 기간은 잠시 동안이다. 곧 기쁨으로 바뀔 것이다' 이것은 주님의 자상함이다. 사람을 사랑하고 배려하는 깊은 마음이다. 주님을 아는 사람, 성령을 아는 사람은 이렇게 한다. 바울 사도도 그렇게 했다. 그는 고린도전서에서 죄를 범한 형제를 심하게 책망하며 쫓아내라고 했다. 그를 사단에게 내어 주었다고 했다. 그것은 아마 육신의 질병을 말할 것이고 회개하지 않으면 죽으리라는 말일 것이다. 그러한 심각한 책망을 한 후에 그가 회개했을 때 고린도후서 2장에서 사도 바울은 편지를 쓸 때 무엇이라고 했는가? 심히 애통하고 슬펐다고 말했다. 그러면서 '그러나 나는 잠시 동안만 그렇게 했다, 그가 지금까지 받은 고통은 충분하다. 이제 용서해 주자. 이제 도리어 위로해주어라. 기쁘게 해주어라'라고 고린도 교회 성도들에게 당부했던 것이다.

우리는 여기서 우리 주 예수 그리스도가 어떤 분이심을 알게 된다. 그분은 소리 없이 떠나신 분이 아니고 제자들에게 할 말을 다 해주시고 위로해 주셨다. '조금 있으면 너희들이 정말 감당하기 어려운 장면들을 대하게 된다. 슬퍼하고 애통할 것이다. 그러나 너희들은 조금만 기다려라. 잠시 후면, 너희들의 고통을 잊어버릴 만한 사건이 일어난다. 내가 부활할 뿐 아니라 오순절 성령이 왔을 때 너희들은 나를 다시 보게 된다' 이때 보는 것은 육신적으로 보는 것이 아니다. 제자들은 육신적으로 보고 있지만 육신으로 보는 것은 영적인 시각으로 보는 것만 못한 것이다. 잠시 후에 그들은 주님을 영으로 보게 되는데, 이는 육신적으로 보는 것보다 훨씬 더 가치있는 것이다.

당시에 많은 유대인들은 예수를 육신적으로 보았다. 그들은 예수가 누군지를 몰라보았다. 그저 유대인, 나사렛 사람, 갈릴리 사람, 혹은 목수의 아들, 선지자 중 한 사람으로 생각했다. 사도 바울도 고린도 후서 5장 16절에서 '나도 예수님을 육신대로 알았지만 이제부터는 이같이 알지 아니하노라' 고 했다. 예수님을 육신으로 아는 것은 그렇게 큰 가치가 없다. 영으로 예수를 알고, 영적인 시각으로 예수를 보아야만 진실하게 주님을 보는 것이다. 사도 바울이 육신대로 주님을 알았을 때는 예수 믿는 자들을 핍박했다. 사람들은 육신대로 예수를 알았기 때문에 예수를 죽였다. 베드로는 마태복음 16장에서 눈이 열려져서 영적으로 예수가 하나님의 아들이고 그리스도인 것을 보게 되었다. 이렇게 예수가 어떤 분인가를 영적인 눈이 열려서 보는 것이 바로 구원이다. 주님을 만나게 되는 것이다. 우리는 구원 받는 순간만 영적인 눈이 열려 볼 것이 아니라 늘 하나님 우편에 계신 예수를, 내 앞에 계신 주님을 볼 수 있어야 한다. 늘 주님을 모시고 늘 주님을 바라보면서 생활하는 성도가 되어야 한다. 이렇게 영적으로 주님을 보게 되는 사건이 우리를 변화시키는 큰 사건이다.

베드로가 변했다. 성령으로 오신 주님을 만나고 약속의 성령으로 충만케 된 그때부터 사도들과 제자들이 변했다. 여러분이 진정으로 주님을 만나면 변하게 되어 있다. 성령이 여러분을 바꾸어 놓는다. 이것은 여러분의 결심이 아니다. 성령을 받게 되면 사람이 바뀐다. 나 자신이 바뀐 것도 성령으로 인한 것이다. 다른 것으로는 바뀌지 않는다. 오직 성령의 능력이 여러분에게 임하면 변화된다.

21절, 여자가 해산하게 되면 그 때가 이르렀으므로 근심하나 아이를 낳으면 세상에 사람 난 기쁨을 인하여 그 고통을 다시 기억지 아니하느니라

오순절의 사건은 아이를 출산하는 역사이다. 그리스도의 부활은 주 예수께서 이 땅에 오셨다가 하늘로 오르신 사건이다. 부활은 승천을 포함하며 그분의 승천은 성령을 부어주시는 근거가 되었다. 그리스도의 부활 승천은 이 땅에 교회를 산출하는 일을 하셨다. 이것이 이 구절에서 여자가 해산하는 것에 비유한 말씀이다. 주님은 이 땅에 교회를 산출하셨을 때 기뻐하셨다. 여러분은 그리스도께서 승천하시고 성령을 부어주신 후 교회를 태어나게 하신 후 그 태어난 아이를 보고 모든 고통을 잊으시고 기뻐하신 사실을 생각해보았는가?

22절, 지금은 너희가 근심하나 내가 다시 너희를 보리니 너희 마음이 기쁠 것이요 너희 기쁨을 빼앗을 자가 없느니라

오순절에 지구상에 교회가 일어난 후 주님은 교회를 바라보셨다. 그분이 해산한 아이인 것이다. 그분은 십자가의 고통과 슬픔을 통해서 아이를 낳으신 것이다. 주님에게 교회는 매우 소중하고 사랑스럽다. 그것은 그분이 친히 해산의 고통을 거쳐 낳았기 때문이다. 실상 사도들도 동일한 고난에 동참한다. 주 예수님은 구속의 고난은 홀로 감당하셨지만 교회를 위한 고난은 사도들의 몫으로 남겨두셨다(골1:24).

지금 주님은 우리를 보고 우리도 주님을 본다. 교회 안에서 주님과 우리는 서로 보고 있다. 영으로 우리는 주님을 보고 주님도 성령으로 우리를 보신다. 우리는 그리스도의 몸 안에서 운행하시는 성령을 통해 그분을 볼 수 있다. 오늘 우리가 성령으로 보는 기쁨은 빼앗기지 않는 기쁨이다. 여러분은 이 기쁨을 이미 얻었으며 아무도 이 기쁨을 빼앗을 수 없다. 예수 믿기 전에는 어떤 때는 슬펐다가 어떤 때는 기뻤다가 또 다시 슬퍼지는 것을 반복했다. 그래서 예수를 믿은 후에도 '내가 왜 이렇게 기쁜가? 하지만 또 예전처럼 불안하게 되지는 않을까?' 하는 염려가 있을 수 있다. 예전에는 기쁨과 불안감이 교차되었기에 주님을 믿고 성령의 기쁨을 얻었음에도 이것이 사라지지 않을까 근심이 될 수 있다. 그러나 여러분이 진정으로 주님과 영적인 관계를 맺게 되면 주님께서 우리 마음에 한 번 주신 그 기쁨으로부터 기쁨의 샘이 끝까지 솟아난다. 여러분은 사라지지 않는 기쁨으로 적셔진다. 사라지지 않는 기쁨, 사라지지 않는 평강이 파도처럼 계속 여러분들에게 임하게 된다.

23절, 그날에는 너희가 아무것도 내게 묻지 아니하리라 내가 진실로 진실로 너희에게 이르노니 너희가 무엇이든지 아버지께 구하는 것을 내 이름으로 주시리라

그날은 어떤 날인가? 성령이 오신 날이다. 지금은 제자들이 많이 묻지만 그날에는 묻지 않을 것이다. 성령을 보내주심으로 주님은 의문이 많은 제자들에게 물어볼 필요가 없도록 만들어 주겠다고 하신다. 이를테면 '주여 어디로 가시나이까' 라든가, '주여 지금은 어찌하여 따를 수 없나이까', '주여 어디로 가시는지 우리가 알지 못하거늘 그 길을 어찌 알겠삽나이까 주여 우리에게 아버지를 보여 주시옵소서'라는 질문들이다. 성령이 오시면 '빌립아 네가 나와 같이 이렇게 오래 있었는데 아버지를 보여 달라 하느냐 나를 본 자는 이미 아버지를 보았느니라'고 말해줄 필요가 없다. 14장 22절에는 '주여 어찌하여 저희에게는 나타내려 하시고 세상에는 아니하려 하시나이까'라는 질문도 있고, 또 '조금 있으면 나를 보지 못하겠고 조금 있으면 또 나를 보리라 한 말씀, 내가 아버지께로 간다는 것은 무슨 뜻입니까'라는 질문도 있다.

"너희가 아무것도 내게 묻지 아니하리라". 제자들은 끊임없이 예수님께 물었다. 그런데 주님이 그날에는 너희가 아무것도 내게 물을 필요가 없다고 하셨다. 왜 그런가? 성령을 우리에게 주셔서 성령을 얻게 되면 영적인 인식과 지혜가 충만해서 알게 되기 때문이다. 물어볼 필요가 없이 알게 되는 것이다. 그런데도 모르겠다고 하는 사람은 믿음이 없는 사람이다. 영적인 것은 무엇이든지 믿음으로 생기는 것이다. 성령을 얻으면 알게 된다. 특히 하나님께 속한 것, 예수 그리스도를 아는 것, 아버지를 아는 것, 영적인 지식들에 대해서 알게 된다. 어떤 말씀을 들을 때라도 분별할 수 있게 된다. '이것이 목자의 음성인지, 또는 이것이 진리의 말씀인지, 이것은 내가 먹을 양식인지'에 대해 알게 되는 것이다.

"내가 진실로 진실로 너희에게 이르노니 너희가 무엇이든지 아버지께 구하는 것을 내 이름으로 주시리라". 이제 알고 구하게 되면 그 구하는 것이 예전과 달라진다. 성령으로 인하여 아버지께 구할 것이 무엇인지 알게 되며 아버지 뜻과 일치되는 것을 구하기 때문에 주시는 것이다. 성령을 우리에게 보내 주신 결과 주님과 통할 수 있게 된다. 하늘과 땅이 연결되었다. 따라서 우리는 정말 구해야 할 것을 구할 수 있게 되기 때문에 너무나 좋은 것이다. 성령을 보내주시는 것은 그야말로 가치있는 기도를 올바르게 할 수 있도록 해주는 크나큰 사건이 되는 것이다. 그러기에 신약의 성도들은 마땅히 하나님 뜻에 맞는 합당한 기도를 할 수 있어야 한다.

24절, 지금까지는 너희가 내 이름으로 아무것도 구하지 아니하였으나 구하라 그리하면 받으리니 너희 기쁨이 충만하리라

내 이름으로 구하라

승천하심으로 우리에게 유익한 것은 이와같이 여러 가지가 있다. 그분의 권세의 이름을 우리에게 주신 것이다. 그러면 지금까지는 제자들이 아무런 기도도 하지 않았다는 의미인가? 그렇지 않다. 제자들은 분명히 이전에도 기도를 한 적이 있을 것이다. 제자들은 주님이 항상 기도하는 것을 보았을 것이다. 그래서 어느 날은 기도하는 법을 가르쳐 달라고 주님께 구했다. 그리고 주님이 가르쳐주신 기도에 따라 기도했을 것이다. 그러므로 제자들이 기도를 전혀 하지 않았다는 것이 아니라, 주님의 이름으로 구하지 않았다는 뜻이다. "지금까지는 너희가 내 이름으로 아무것도 구하지 아니하였으나". 따라서 성령께서 이 땅에 강림하신 일은 또한 기도에 있어서 큰 변혁의 사건이 되었다. 예수 그리스도께서 십자가에서 우리의 모든 죄를 사하시고 하나님과 우리 사이에 막혔던 담을 허시고 하나님과 우리를 연결시키고 승천하셔서 하나님께로 가셔서는 존귀한 이름을 얻으셨다. 주와 그리스도가 되시고 아버지 앞에서 그 이름이 거룩하게 되셨으며 새로운 이름을 얻으시고 아버지 앞에 더욱더 기쁨이 되는 이름을 얻으신 것이다. 그 이름만 대면 아버지께서 너무나 기뻐하시고 만족하시고 우리의 기도를 들어주지 않을 수 없게 된 것이 바로 이 순간이었다.

그러한 당신의 이름을 제자들에게 주시면서 '지금까지는 너희가 기도를 하더라도 내 이름으로는 기도하지 않았지만 이제부터는 내 이름으로 기도하면 아버지께서 들어주실 것이다'라고 하신 것이다. 이는 마치 통장을 하나 주면서 비밀번호를 알려줄 테니 은행에 가서 찾아서 쓰라는 말과 같은 것이다. '내가 지금 너희를 위하여 십자가에 죽고 부활 승천하여 너희에게 내가 얻은 새 이름을 주는데, 이 이름은 언제든지 모든 것을 네 것으로 할 권한을 가질 수 있는 강력하고 가치 있는 이름이다. 이 이름으로 아버지께 기도하면 들어주실 것이다. 그럴 때 너희 기쁨이 충만할 것이다' 그러므로 '조금 있으면'이라는 이 기간은 제자들을 달라지게 하는 기간이다. 오늘 많은 그리스도인들은 왜 우리가 예수 그리스도의 이름으로 기도하는지, 어떻게 그 존귀한 이름으로 기도하게 되었는지 그 의미를 전혀 알지 못한 채 습관적으로 기도하고 있다. 하지만 우리가 예수 그리스도 이름으로 기도하고 있는 것은 그리스도께서 치르신 큰 대가로 인한 것이다.

마태복음에는 '구하라 그러면 주실 것이라'고 했지만 요한복음에서는 더 자세하게 '내 이름으로 구하라 그러면 너희가 받을 것이고 너희의 기쁨이 충만할 것이라'고 하셨다. 여러분이 성령을 얻으셨기 때문에 여러분 속에서 아는 것이 있다. '아, 이것은 이래서는 안 되겠구나. 이렇게 해야 되겠구나. 그런데 이런 어려움이 있구나. 이런 장애가 있구나'라는 것을 안다. 그럴 때 여러분은 어떻게 해야 된다는 말인가? 예수의 이름으로 기도하라는 것이다. 그러면 아버지께서 들어주실 것이고 그 응답을 받을 때 기쁨이 충만할 것이다. 그런데 여기서 그 이름으로 기도한다는 것은 기도를 마칠 때 그 이름만 붙이는 것이 아니다. 그 이름이란 하나의 인격이기 때문에 내가 주 예수와 연합되어 내 뜻이 주님의 뜻이 되고 내 마음이 주님의 마음이 되어 기도할 때 그 이름으로 기도하는 것이 된다. 내 공로가 아니라 예수의 공로를 의지하는 것이다. 내가 지금까지 성실하게 일하고 주님을 잘 섬기고 열심히 충성했기 때문에 주님이 나를 보시고 긍휼히 여겨 주셔서 내

기도를 들어주시는 것이 아니다.

아버지께서는 예수 그리스도의 이름으로 그분의 공로를 의지해서 기도하는 것을 들으시지 '우리가 선한 일을 하고 지금까지 충성되게 주일학교 봉사, 중고등부 봉사를 잘하고 주방 일을 너무 열심히 했으니 그것을 봐서라도 들어주셔야 하지 않습니까?'라는 기도는 주님의 이름으로 드리는 기도가 아니라는 것이다. 아버지는 아들의 공로를 의지하여 기도할 때 기뻐하며 들으시는 것이지 여러분이 노력하고 30년 봉사했다고 들어주시는 것이 아니다.

오늘도 우리는 아버지 하나님께 예수 그리스도의 피의 공로와 그분이 우리를 구속하신 공로를 의지하여, 그 존귀한 이름을 의지해서 기도하는 것이지 우리 자신이 아무리 지금까지 주님을 잘 섬겼어도 우리의 공로를 의지할 수는 없는 것이다. 이것이 '내 이름으로 기도하라'는 것의 의미이다. 여러분이 그분을 의지해서 기도하는 법을 배우신다면 이 말씀처럼 주님께서는 응답해 주실 것이고 여러분의 기쁨은 충만케 될 것이다.

25절, 이것을 비사로 너희에게 일렀거니와 때가 이르면 다시 비사로 너희에게 이르지 않고 아버지에 대한 것을 밝히 이르리라

'비사(比辭)'란 헬라어로는 '파라볼레(παραβολή)'로 불가사의한 말, 이해하기 어려운 말을 의미한다. 주님이 어린아이가 태어날 때의 그 고통과 태어난 후의 기쁨을 이야기하시는 것이 비사이기에 제자들은 잘못 알아듣고 있는 것이다. 그런데 때가 이르면 비사로 하지 않고 아버지에 대한 것을 밝히 이르리라고 하셨다. 아버지에 대한 것은 예수님이 전하시는 복음으로서 주님은 이 땅에 오셔서 아버지를 나타내셨다. 그런데 성령께서 오시면 비사로 말하지 않고 아버지에 대한 것을 분명히 말해주신다는 것이다. 오늘 우리는 성령을 받았기에 아버지에 대해서 애매모호하게 아는 것이 아니라 분명하게 알 수 있는 시대에 살게 된 것이다. 그 이유를 27절에 밝혔다.

27절, 이는 너희가 나를 사랑하고 또 나를 아버지께로 온 줄 믿은

고로 아버지께서 친히 너희를 사랑하심이니라

아버지와 우리의 관계가 직접 연결이 된 것이다. 우리는 예수 그리스도가 아버지께로부터 오셨다는 것을 믿고 그분을 사랑한다. 그러하기에 아버지는 우리의 기도를 다 들어주시며, 여러분은 아버지에 대한 모든 것을 다 이해하고 알 수 있게 되었다. 결론적으로 성령충만 되어서 모든 것을 알 수 있고 기도하고 응답 받을 수 있는 사람이 되는 것은 다른 것이 아니다. 무엇을 할 필요가 없이 다만 믿음으로 되는 것이다. 에베소서 1장 13절에서 약속의 성령을 받아서 인침을 받는 것은 듣고서 믿을 때 이루어지는 것이다.

결국 26절의 아버지에 대하여 밝히 알 수 있게 되는 비결은 무엇이라는 말인가? 그것은 우리가 주 예수를 사랑하는 것이다. 주님을 사랑하는 길이 그분을 알게 되는 비결이다. 또 그분을 아버지께서 보내신 분으로 믿는 것이다. 이 두 가지 믿음과 사랑에 의하여 하나님은 우리에게 모든 것을 알려주신다고 말씀하신다.

기쁨에 대해서 한 가지 더 말하자면 믿을 뿐 아니라 사랑하면 기쁘다고 했다. 27절에 "이는 너희가 나를 사랑하고"라고 했다. 우리는 사람들을 사랑할 때 기쁜 것이다. 미워할 때는 기쁘지 않다. 더 나아가 사랑할 수 없는 사람, 원수를 사랑할 수 있다면 큰 기쁨을 얻는다. 너무나 사랑하기 어려운 사람을 사랑할 때 더 큰 기쁨을 얻게 된다는 것이다. 참을 때도 큰 기쁨을 얻는다. 참기 어려운 환경이 닥칠 때 참는 데까지 참다가 못 참고 만다. 그러면 기쁨이 사라진다. 하지만 끝까지 참을 때 더 큰 기쁨이 있다. 야고보는 '인내를 온전히 이루라'고 했다. 성령을 받게 되면 원수도 사랑하게 된다. 성령을 받게 되면 참을 수 없는 환경에서도 참게 된다. 이것은 다 믿음으로 되는 일이다. 이럴 때에 여러분의 인생은 완전히 변하게 된다. 여러분 모두가 주님이 신약에서 주신 축복을 누리고 기쁨을 충만히 얻는 삶을 살게 되며 확신 있는 기도를 드림으로써 풍성히 응답받는 성도들이 되기를 바란다.

주님의 제자들에 대한 강화의 절정

28절, 내가 아버지께로 나와서 세상에 왔고 다시 세상을 떠나 아버지께로 가노라 하시니

16-18절에서 제자들은 주님이 조금 있다가 떠난다고 하시고 조금 있다가 다시 오신다고 하신 뜻이 무엇인지 몰라서 서로 물었다고 했다. 18절, "또 말하되 조금 있으면이라 한 말씀이 무슨 말씀이뇨 무엇을 말씀하시는지 알지 못하노라 하거늘". 제자들은 예수님이 하신 말씀의 뜻을 몰라서 서로 논의했다. 그러자 주님은 20절에서 그에 대한 답을 해주셨다. 그리고 이제 본문은 결론적으로 하신 말씀이다.

"내가 아버지께로 나와서 세상에 왔고 다시 세상을 떠나 아버지께로 가노라 하시니"(28절). 이것은 예수 그리스도께서 자신의 신분과 근원을 말씀해주시는 구절이다. 어디서 오셨으며 아버지와는 어떤 관계인가를 말해준다. 신학적으로 말하면 그리스도론(Christology, Who is christ?)에 해당되는 것이다. 누가 그리스도인가? 오늘날 모든 이단은 바로 이 문제에서 발생한다. 그런데 먼저 '이단'이라는 말부터 생각해보자. 보통은 성경을 근본적으로 잘못 가르치는 것을 이단이라고 생각하지만 꼭 그런 것은 아니다. 물론 성경의 근본적인 사항을 잘못 가르치는 것은 말할 필요도 없이 이단이다. 하지만 제대로 가르친다고 해도 어느 한쪽을 지나치게 강조하다보면 균형을 잃어버림으로 다른 한쪽의 진리가 훼손되게 되는데, 그럴 때 성도들의 신앙은 바르지 못하게 된다. 그래서 이단이 생겨난다.

예를 들어 삼위일체론에서 이단의 양극단이 있다. 하나는 하나님이 한 본질 안에 세 위격을 가지셨음을 강조하는 사상인데 그러다보니 셋의 구별이 없어지게 된다. 단일성을 주장하다가 생겨난 이단인 'Unitarian(일위론)'이 그것이다. 하나를 너무 강조할 때 셋의 부분이 훼손되게 된다. 그런가 하면 삼신론을 주장하는 이단도 있다. 즉 세 분의 위격을 너무 존중하다 보니까 다신론에 빠지게 되는 것이다. 여러 하나님을 만들어 놓음으로써 하나인 부분을 훼손시킨 것이다. 그러므로 우리는 성경의 어떤 부분을 지나치게 강조하는 것에 대한 위험을 경계해야 한다. 음식의 예를 들어보자. 어떤 음식이 좋다고 해서 계속 그것 한 가지만 먹으면 어떻게 되는가? 건강해지는 것이 아니라 오히려 건강을 잃어버린다. 과거에 당근이 좋다고 해서 계속 당근만 갈아서 마신 결과 얼굴이 누렇게 되고 황달기가 생긴 사람이 있었다. 모든 것은 다 균형이 잡혀야 건강한 것이다.

성경 진리도 마찬 가지이다. 구원이라는 진리는 중요하다. 구원받지 못하면 지옥에 떨어지게 되니 구원이란 그리스도인에게는 가장 중요하고 기본적인 진리임에는 분명하다. 구원이 없으면 그 다음 모든 이야기는 사상누각에 불과하다. 그런데 이 구원도 지나치게 강조하면 진리의 균형에서 벗어나게 된다. 모든 성경 구절을 구원에 맞추어서 해석하기 때문이다. 가령 열 처녀 비유에서도 슬기로운 다섯 처녀는 구원받은 자들이고 미련한 다섯 처녀는 구원받지 못한 자들이라고 말한다. 모든 것을 구원으로 구분하게 되는 것이다. 마태복음 7장의 불법을 행함으로 아버지께 거절당하는 자들도 모두 구원받지 못한 자들로 해석하는 것이다. 이처럼 성경 전체를 구원받은 것과 구원받지 못한 것으로 구분하다 보니 그리스도인의 성화와 성도들이 온전케 되며 성장하는 것에 대한 진리는 다 잊어버리게 되는 것이다. 오로지 구원에만 머물게 되는 것이다. 그 결과로 이 땅에서 그리스도인으로 살면서 진보할 수 있는 진리를 가르치지 못하게 된다.

이렇게 한 가지만 편식하듯이 가르치는 것을 성도들은 구분할 줄 알아야 한다. 나는 과거에 하나님의 삼위일체 속성에서 한 분 하나님만 강조하는 사람을 본 적이 있다. 물론 한 분 하나님이시다. 하지만 그것을 계속 강조하다보니 셋의 측면을 무시하기에 이른 것이다. 무조건 한 분이라는 것이다. 그들의 마음속에서는 성부와 성자의 구분이 없다. 성경에는 분명히 아버지가 있고 아들이 있고 성령의 구분이 있다. 그런데 그들에게는 이런 구분이 전혀 없고 무엇이든지 '주 예수' 한 분으로 끝이 난다. 그들의 머리 속에는 아들만 남고 아버지가 사라졌다. 교리에 대한 논쟁이 붙으면 사람들은 그들을 이단이다, 삼위 양태론이다라고 공격했고, 그들은 자신들이 그렇지 않으면 정확하게 구분한다고 주장했지만, 그러나 그들의 마음속에서는 단일론을 계속 강조하며 치우쳐 있음을 볼 수 있었다. 또 그들을 공격하는 편에 있는 사람들은 반면에 삼신론쪽으로 치우치는 것을 보았다. 그러므로 성경을 균형있고 합당하고 단정하게 가르치는 것은 너무나 중요하다. 건강한 가르침을 받는 성도들은 너무나 축복된 것이다.

그리스도는 어떤 분이신가?

"내가 아버지께로 나와서 세상에 왔고 다시 세상을 떠나 아버지께로 가노라 하시니"

28절은 짧지만 대단히 중요한 말씀이기에 세분해서 살펴보기로 하자.

1. 내가 아버지께로 나와서

"내가 아버지께로 나와서". 나사렛 예수는 하늘로부터 오셨다는 뜻이다. 그분의 선재성, 그분의 신성한 충만을 말하는 것이다. 요한복음은 예수 그리스도의 신성을 강조하는 복음서이다. 즉 예수는 메시아로서 영원 전부터 존재하신 분이시다. 주님은 친히 자신이 아버지로부터 오셨다고 말씀하셨다. 니고데모도 예수님의 하시는 일을 보고, 하나님으로부터 오지 않았다면 이런 일을 할 수 없다고 증거했다. 그는 당시 유대인의 학자였기 때문에 예수께서 하시는 모든 일을 보고 이분이 하나님으로부터 오셨다는 것을 알았던 것이다.

요한복음 6장에서 예수님은 물고기 두 마리와 떡 다섯 개로 오천 명 이상을 먹이고 열두 바구니가 남도록 거두었다. 그때 사람들은 무엇이라고 했는가? 이분은 세상에 오실 그 선지자(메시아)라고 했다. 메시아는 유대인의 왕이 될 인물이기에 그들은 예수님을 왕으로 삼고자 했던 것이다. 요한복음 11장 21절에는 나사로가 살아난 사건이 있다. 그때 마르다가 예수님을 맞으며 무엇이라고 했는가? '세상에 오신 하나님의 아들이로소이다'라고 했다. 이와 같이 하나님의 인격은 보통 사람과 다르시다. 그분은 영원 전부터 존재하던 하늘에 계신 하나님 아버지와 동등한 아들이시다. 예수님도 친히 요한복음 8장에서 말씀하시기를 '아브라함이 있기 전부터 내가 있느니라'고 하셨다. 그리스도는 이 땅에 마리아로부터 출생했지만 아브라함이 존재하기 이전부터 하나님이심을 분명히 밝히신 것이다. 주님은 아버지로부터 오신 분이시다.

2. 세상에 왔고

"세상에 왔고". 이는 그분이 타락하고 죄 많은 세상에 성육신하여 오셨음을 말하고 있다. 이것은 현재완료 시제이기 때문에 한 번 일어난 사건이 계속 지속되는 것을 알려준다. 그분은 성육신하여 오신 사람이고 그때부터 영원토록 사람이시라는 말이다. 예수 그리스도는 어느 시점에서 사람이 되어 오셨고, 세상에 오실 때부터 영원히, 또 지금도 하늘에 앉아계신다. 인자로서 하늘에 계신 것이다. 이것은 매우 놀라운 일이다. 그런데 그분이 사람이 되어 오신 이유에 대해서는 히브리서 10장에 말씀하고 계신다. '아버지여 보시옵소서 내가 아버지의 뜻을 행하러 왔나이다'

주님은 이 땅에 왜 오셨는가? 참된 제물이 되기 위해서이다. 우리의 모든 죄를 대속하기 위해서 오신 것이다. 전체로 번제와 속죄제는 아버지께서 기뻐하시지 않으셨다. 구약의 모든 제물들이 있지만 그것은 다 그림자이다. 그분이 실제의 제물이시다. 따라서 세례요한은 "세상 죄를 지고 가는 하나님의 어린양을 보라!"고 한 것이다. 재판장의 비유를 들어보겠다. 한 재판장에게 아들이 있었는데 그가 교통법규를 어겨서 마침 아버지 재판장에게 판결을 받게 되었다. 그는 법규를 어겼기에 아버지는 그 공소사실을 인정할 수밖에 없었고, 그 법이 정한대로 아들에게 벌금을 부과했다. 그런데 아들이 돈이 어디 있겠는가? 아버지는 아들에게 노란 봉투를 내밀면서 이 돈으로 벌금을 내라고 한 것이다.

하나님은 영광의 보좌에 계신 재판장으로서 죄를 지은 우리를 율법대로 심판하지 않으실 수 없다. 그런데 우리가 지은 죄대로라면 우리는 심판받고 멸망해야 하는 것이다. 하지만 하나님은 우리를 사랑하시기에 구원하셔야 했다. 그래서 그분이 보좌에서 내려오셔서 사람이 되어서 우리의 죄에 대한 대가를 치르기 위해서 십자가에서 피 흘려 죽으심으로 그 벌금을 내어주신 것이다. 제물이 되어서 피 흘리신 것은 바로 우리의 재판장 되시는 분이 우리의 죄값을 치르기 위해 마련하신 노란 봉투인 것이다. 주님은 친히 그 피로 우리의 죄값을 치르셨다. 이를 위해서 예수님은 세상에 오신 것이다.

3. 다시 세상을 떠나

"다시 세상을 떠나". 나는 세상을 떠난다(I am leaving the world)는 것은 짧지만 대단히 중요한 말씀이다. 이는 승천하셔서 아버지께로 간다는 뜻이다. 그분은 이제 곧 십자가로 가시는데, 죽고 부활하신 후에는 이 세상을 떠나 아버지께로 가신다는 것이다. 그런데 주님은 '내가' 세상을 떠난다(I am leaving the world)고 말씀하시는 것이다. 내가 왔고 내가 간다는 뜻이다. 주님은 자원해서 하늘에서 내려오셨고 자원해서 십자가로 가시고 자원해서 이 세상을 떠나시며 그분 스스로 모든 것을 하신다. 요한복음이 10장 17-18절에서도 "아버지께서 나를 사랑하시는 것은 내가 다시 목숨을 얻기 위하여 목숨을 버림이라 이를 내게서 빼앗는 자가 있는 것이 아니라 내가 스스로 버리노라"고 하셨다. 주님이 십자가에 돌아가신 것은 그분이 힘이 없어서가 아니다. 우리를 사랑하심으로 스스로 자원하여 십자가로 가신 것이다. 자원하여 이 세상을 떠나셨다. 그분은 아버지와 하나이시면서도 '스스로'의 의지를 포기하신 것이 아니다. 이것이 삼일성의 비밀인 것이다.

4. 아버지께로 가노라

"아버지께로 가노라". 마지막으로 그분은 가시는 목적지를 말씀하고 계신다. 아버지께로부터 오셨다가 아버지께로 가신다는 것이다. 첫째 그분은 구속의 모든 역사를 마치시고 하나님 보좌 우편에 앉으시려고 가시는 것이다. 구약의 제사장들이 일을 할 때는 앉을 수가 없었다. 계속 서서 섬겼다. 주님도 십자가에 돌아가시기 전에는 이 땅에서 계속 서서 일하셨다. 그러나 그분이 십자가에 돌아가셔서 부활 승천하셔서는 비로소 하늘에 앉으신 것이다. 앉으셨다는 말은 이제 일을 끝냈다는 것이다. 일을 마치지 않았는데 어떻게 앉을 수가 있겠는가? 다 마치셨기에 앉으신 것이다. 히브리서

1장 3절에는 그분은 '죄를 정결케 하는 일을 하시고 위엄의 보좌 우편에 앉으셨느니라'고 했다.

둘째로는 그분이 하늘 아버지께로 가셔서 우리에게 성령을 보내주시고 은사들을 나누어 주려고 가시는 것이다. 내가 떠나지 않으면 너희에게 유익이 없다고 하셨다. 내가 가서 너희에게 성령을 보내겠다고 하셨다. 그 말씀대로 주님은 승천하신 후에 오순절 성령을 부어 주셨다. 그분이 가셨기 때문에 우리는 성령을 얻은 것이다. 주님은 이 땅에 오시는 것에도 의미가 있고 가시는 것에도 의미가 있다. 이는 다 우리를 위한 것이다. 오시는 것은 우리의 죄를 속죄하기 위함이시고, 가시는 것도 우리에게 성령을 보내주시고 은사를 주시고 우리를 인도해 주시고 가르쳐 주시고 지혜를 주시고 능력을 주시고 우리로 할 수 있는 사람이 되게 하시기 위함이시다.

주님은 하늘로 올라가셨다. 올라가셔야 우리를 대언하는 기도도 해주실 수 있고 중보기도도 하실 수 있는 것이다. 예수님은 하늘에서 여전히 당신의 백성을 위해서 기도하고 계신다. "그러므로 자기를 힘입어 하나님께 나아가는 자들을 온전히 구원하실 수 있으니 이는 그가 항상 살아서 저희를 위하여 간구하심이니라"(히 7:25). 주님이 우리를 위해서 항상 간구하고 계시기에 우리를 온전히 구원하실 수 있는 것이다. 오늘날 많은 사람들이 왜 영적으로 성장을 못하는지 아는가? 왜 온전히 구원받지 못하는 지경에 머무는지 아는가? 그 이유 중 하나는 다만 예수님이 우리의 죄로 인하여 죽으셨다는 십자가의 공로만 알지 주님이 승천하셔서 하늘에서 무엇을 하시는지 모르기 때문이다. 주님은 하늘에서도 여전히 간구하시며 우리에게 무궁한 생명의 능력을 역사하셔서 완전히 구원받도록 도와주시는데 그에 대한 믿음이 없기에 온전한 데까지 나아가지 못하는 것이다. 히브리서는 이 부분을 강조했다.

또한 그분이 승천하셨다는 것은 우리에게 하나의 소망이 된다. 하늘에 그를 받아 두었다고 말하는데 이는 그분을 다시 보내기 위함이다. 예수 그리스도께서는 하늘에 계시기에 언젠가는 다시 보내어지실 것이다. '가는 것을 본 그대로 오시리라'고 하신 것처럼 예수님은 다시 오실 것이다. 그러므로 예수님의 승천하심은 성도들의 소망이 되신 것이다. 이것이 예수 그리스도께서 아버지께로 간다는 말씀의 의미이다.

29-33절, 제자들이 말하되 지금은 밝히 말씀하시고 아무 비사도 하지 아니하시니 30 우리가 지금에야 주께서 모든 것을 아시고 또 사람의 물음을 기다리시지 않는 줄 아나이다 이로써 하나님께로서 나오심을 우리가 믿삽나이다 31 예수께서 대답하시되 이제는 너희가 믿느냐 32 보라 너희가 다 각각 제 곳으로 흩어지고 나를 혼자 둘 때가 오나니 벌써 왔도다 그러나 내가 혼자 있는 것이 아니라 아버지께서 나와 함께 계시느니라 33 이것을 너희에게 이름은 너희로 내 안에서 평안을 누리게 하려 함이라 세상에서는 너희가 환난을 당하나 담대하라 내가 세상을 이기었노라 하시니라

제자들의 참된 상태

그런데 제자들은 어땠는가? 이 말씀을 다 듣고 나서 이제 다 되었다고 생각했다. 그러나 12절을 보면 제자들은 아직 완전히 깨닫지 못하고 있음을 알 수 있다. 성도들도 때로는 당시의 제자들처럼 생각할 때가 있다. 어느 정도 알고 어느 정도 이해하고 나면 다 안 것처럼 생각한다. 나는 사람들을 가르치면서 이런 경우를 많이 보았다. 내가 볼 때는 아직 멀었는데도 어느 정도 듣고 나서는 더 배울 것이 없고 모든 것을 다 안다고 생각하는 것이다. 그러나 실제로 말하고 행하는 것을 보면 아는 것이 별로 없다. 조금 알고서 다 알았다고 생각하는 것이다. 당시에 제자들이 그랬다. 주님은 때가 이르면 아버지께서 밝히 이를 것이라고 하셨는데, 제자들은 지금이 그때라고 생각했는지 몇 분도 안 지나서 벌써 다 알았다고 하는 것이다. '아, 이제 주님이 비사로 아무 말도 하지 않으시네. 모든 것을 밝히 말씀하시네'라고 하면서 '아, 이제 당신이 하늘로부터 오신 하나님의 아들인 것을 알았습니다'라고 한 것이다. 그러나 주님은 '이제 너희가 믿느냐 조금 있으면 너희들 황당한 일을 당할 것이고 혼란스러울 것이며, 결국 다 도망갈 것이다'라고 말씀하고 계신다.

주님은 사람의 연약함을 다 감안하시는 분이시다. 나도 선교하면서 한 때는 동역하는 선교사들이 30-40명이 있었다. 오지에 가서 선교할 때 감동하지 않는 사람이 없다. 그 위태한 지경에서도 기도하면서 주님의 응답을 받고 수고하고 역사할 때 얼마나 감동이 있었겠는가? 당시에 우리 동역자들이 그랬다. 그때는 나에게 '목사님 저는 선교하다가 순교할 겁니다. 그보다 큰 영광이 없을 것 같습니다'라고 말하곤 했다. 그리고 선교지에서 이제 막 주님을 믿은 어린 신자들에게 순교에 대해서 가르치는 것이었다. 나는 옆에서 '이건 너무 지나치네. 이 사람 자기 혼자 흥분해서 어린 성도한테 저렇게 말하면 어떻게 하나'라는 생각이 들었지만 굳이 말을 하지는 않았다. 또한 '어쨌든 주님을 위해 죽을 마음도 가졌으니 얼마나 귀한가'라고도 생각했다.

이것이 당시의 제자들과 똑같은 상황이다. 그런데 나중에 어려운 상황이 닥치자 그들은 두려워 하였다. 그래서 사람이 순간적으로 감동해서 하는 말은 다 믿을 수가 없다. 주님께서도 그것을 다 아시기에 '이제 너희들이 믿는다고 말하느냐 조금 있으면 너희들이 나를 버리고 다 흩어질 것이다'라고 말씀해주시는 것이다. 나도 그때 이런 것을 미리 알았다면 '그런 소리 하지 말라'고 했을 텐데, 나는 사실 좋아서 '우리 동역자 중에 순교자가 하나 나오겠구나. 그렇지, 우리 가운데는 순교의 제물도 나와야겠지' 하며 기뻐했던 기억이 있다.

"보라 너희가 다 각각 제 곳으로 흩어지고 나를 혼자 둘 때가 오나니 벌써 왔도다 그러나 내가 혼자 있는 것이 아니라 아버지께서 나와 함께 계시느니라"(32절). 주님의 구속의 역사에서는 아무도 도와준 사람이 없었다. 주님에게 도움이 된 사람은 아무도 없었고 다 도망갔다. 주님은 홀로 십자가에 고민하시고 혼자 당하신 것이다. 그분은 유일한 구주이시다. 우리 죄인의 유일한 구주이시다. 당시에 제자들은 절대로 주님을 떠나지 않을 것이라고 장담했었다. 오히려 주님을 위해서 목숨을 버릴 것이라면서 확신있게 주장했다. 하지만 주님은 그들의 연약함을 아시고 버리지 않으시고 그들을 돌보셨다. 꾸짖지 않으시며 '너희들은 지금 내가 무슨 말을 하는지 잘 모른다'라고 사실을 알려주셨다. 베드로에게는 누가복음에서 '네가 오늘 밤 닭 울기 전에 세 번 나를 부인할 것이다. 그러나 네가 먼저 돌이킨다면 다른 제자들을 굳게 세워주어라'고 말씀하셨다. 주님은 제자들을 어떻게 목양하고 어떻게 세울 줄을 다 아신 것이다.

주님은 내가 혼자 있는 것이 아니라 아버지와 함께 있다고 하셨다. "보라 너희가 다 각각 제 곳으로 흩어지고 나를 혼자 둘 때가 오나니 벌써 왔도다 그러나 내가 혼자 있는 것이 아니라 아버지께서 나와 함께 계시느니라" 여기서 아버지와 아들은 또 구분이 있다. 주님이 이 땅에 스스로 오셨다면 그분은 하나님이시다. 아버지로부터 오셨다면 그분은 하나님이시다. 그렇지만 '아버지께서 나와 함께 계시느니라'는 말씀에서는 여전히 아버지와 아들, 성부와 성자의 구분이 있음을 볼 수 있다.

33절, 이것을 너희에게 이름은 너희로 내 안에서 평안을 누리게 하려 함이라 세상에서는 너희가 환난을 당하나 담대하라 내가 세상을 이기었노라 하시니라

그리스도인이 누리는 평안

그리스도인이 이 땅에서 항상 순탄하고 순조로운 삶을 사는 것은 아니다. 환난을 당할 수 있다고 했다. 주님도 제자들에게 환난을 면하게 해준다는 말씀은 하지 않으셨다. 환난은 당할 수 있겠지만 나는 너희에게 평안을 누리게 하겠다고 하셨다. 환난 속에서도 평안을 누리게 해주시겠다는 것이다. 평안이 있으면 되는 것 아니겠는가? "세상에서는 환난을 당하나 담대하라 내가 세상을 이기었노라".

여기서 우리는 주님의 말씀을 이해하기 어려움을 발견한다. 나는 젊을 때 이 구절을 잘 이해하지 못했다. "세상에서는 너희가 환난을 당하나 담대하라 내가 세상을 이기었노라" 세상을 이긴 것은 주님이신데 무슨 연고로 우리가 담대할 수 있는가? 주님은 주님이시고 우리는 우리가 아닌가? 그러나 우리가 깨닫는 것은 그분이 우리고 우리가 주님이라는 것이다. 그분은 우리의 대표이시다. 그분의 승리는 우리의 승리인 것이다. 그분은 사람의 대표이시고 우리를 포함하신 분으로서 사탄을 이기신 것이다.

이기는 자들의 상태가 있는데, 그것은 늘 평안하다는 것이다. 늘 평안을 누리며 사는 사람들이 승리하는 자들의 영적인 상태이다. 그러면 어떤 사람들이 패배한 사람들의 모습인가? 두려워하고 불안해하는 사람들이다. 주님은 담대하라고 하셨다. 담대하지 못하면 환란이 임할 때 혼비백산한다. 제자들이 그러했다. 그들은 죽을까봐 두려워서 도망갔다. 그러나 당시에 그들은 그랬지만, 오순절 성령을 부어 주신 후로 그들은 달라졌다. 아무것도 두려워하지 않았다. 베드로 같은 경우는 감옥에 갇혀서 언제 죽을지 모르는 상황이었는데도, 그곳에서 편안하게 잠을 잤다. 그들 속에는 하늘에서 주신 평화가 자리잡고 있었기 때문이었다. 그들은 어떠한 경우에도 평안을 누릴 수 있었다.

이러한 평안을 누렸던 어떤 성도의 시를 소개하고자 한다. 이 찬송시를 쓴 사람은 미국 시카고의 변호사인데 1874년에 그의 부인과 아들 넷이서 미국에서 프랑스로 가는 빌레드하브렛이라는 정기선 배를 타고 출항을 하다가 그만 항해하는 배와 충돌하는 사고가 발생하여 침몰하게 되었다. 배에 탔던 모든 사람들은 극소수를 제외하고는 모두 다 죽었다.

그때 그 변호사의 부인 호라티우스 스텝포우 부인은 배에 물이 차서 가라앉을 위기에 처한 것을 알고 네 자녀와 무릎을 꿇고 기도를 했다고 한다. '주님, 우리를 구원해 주십시오. 그러나 만일 구조받지 못하고 죽어야 한다면 죽을 수 있는 용기를 주십시오' 그런데 배는 계속 가라앉는 것이었다. 결국 부인만 선원에 의해 가까스로 구조되었고 네 아이는 모두 죽고 말았다. 부인은 10일 후에 다른 배로 갈아타고 카딋이라는 항구에 도착해서 남편에게 짧게 전보를 쳤다. '나만 혼자 살았어요'

남편도 그 사고를 알고 있었다. 요즈음도 비행기 사고 등 여러 가지 사고가 일어는데, 이런 사고를 당해보지 않은 사람은 그 심정을 모를 것이다. 네 아들을 한 번에 잃었으니 어떠했겠는가? 그런데 이 두 부부는 그리스도인이었다. 이런 상황에서도 그들은 주님께 받은 이 평화가 깨지지 않더라는 것이다. 전보를 받고 남편이 달려왔는데 그 극한 상황 속에서도 찬송시가 나오더라는 것이다. 그래서 쓴 찬송이 470장(내 평생에 가는 길)이다.

이것은 실화이다. 그 영문 내용을 직역하면 다음과 같다.

강 같은 평화 내 길에 넘칩니다
바다에 격랑 같은 슬픔이 소용돌이 칠 때
내가 아무리 많은 것을 잃어버린다고 해도 좋습니다
내 영혼에 아무 문제가 없다고 주님께서 가르쳐 주셨습니다
사단이 격동하고 시련이 온다 해도 이 복된 확신
주님은 내 힘이 없는 상태를 아시고
내 영혼을 위해서 자신의 피를 흘려주셨다는 확신
이 확신으로 말미암아 나를 이기게 해주십니다

그리스도인에게도 어떤 시련이나 갈등, 좌절이나 낙담이 전혀 없는 것은 아니다. 그렇게 가르치는 사람이 있다면 잘못 가르치는 것이다. 욥도 매우 신실한 그리스도인이었지만 그에게는 얼마나 많은 고난이 있었던가? 그리스도인이라고 해서 고난이 전혀 없는 것이 아니라는 말이다. 절대로 사고도 안 나고 병도 생기지 않는다는 것은 잘못된 가르침이다. 병이 들고 고난도 당할 수 있지만, 하나님은 그것을 이길 수 있는 평강을 그들 마음속에 부여해주신다고 약속하신 것이다. 주님은 오히려 그런 좌절과 갈등과 슬픔 속에서 그것을 뛰어넘고 이길 수 있는 은혜와 평강을 부어주시는 분이시다. 이것이 바로 예수 그리스도께서 이 땅에 오셔서 십자가에 죽으시고 부활 승천하여 아버지께로 돌아가시면서 자신의 사역이 공허하지 않도록 우리에게 남겨 두신 것이다. '내가 너희에게 평안을 끼치노니 이 평안은 세상이 주는 평화와 같지 않다. 하늘에 속한 평화가 너희 마음속에 있게 될 것이다'

그러므로 어려운 환경이 임했을 때 기묘하게도 우리 마음속에 평화가 있는 것이다. 이런 상황은 당해 보지 않으면 모른다. 그렇기 때문에 우리가 형제자매들이 아플 때 위로해 주려고 병문안을 가서는 오히려 그 아픈 형제자매들로부터 위로를 받고 돌아오는 적이 한두 번이 아니다. 주님이 그들의 마음속에 비밀스러운 하늘의 평화를 부어주시기 때문이다. 그래서

능히 이기게 하시는 것이다. 그래서 두려워하지 말고 담대하라고 하신 것이다.

"이것을 너희에게 이름은 너희로 내 안에서 평안을 누리게 하려 함이라". 주님이 제자들에게 이 모든 말씀을 해주신 이유는 그들로 평안을 누리게 하려 한다는 것이다. 그러므로 여러분 역시 어떤 상황에서도 평안을 누릴 수 있음을 알기 바란다. 그리고 어떤 일을 당할지라도 여러분 속에서 주어진 평안을 누리면서 주님께 감사하다고 고백할 수 있을 것이다.

평안의 조건

1. 그분 안에서

주님은 '내 안에서' 평안을 누리게 하신다고 하셨다. 그러므로 이는 그리스도 밖에 있는 사람들에게는 해당이 안 되는 말이다. 주님 안에 들어온 사람들에게만 이 하나님의 평화가 있는 것이다. 또 주님과 함께하며 깊은 교제 속에 사는 사람들에게만 이 평화가 있는 것이다. 그런 사람에게는 언제나 평안이 있다. 우리가 자주 가는 이탈리아는 지진이 자주 일어나는 나라이다. 우리가 선교하는 지역인 나폴리도 도시가 푹푹 꺼지고 사람들이 매몰되어 죽기도 하며 많은 사고가 일어나는 지역이다. 그런데도 사람들이 참 평안하게 산다. 한번은 그렇게 큰 지진이 일어나서 사람들은 물건을 가지고 도망가는데 어떤 할머니가 그 광경을 가만히 쳐다보며 '우리 하나님이 땅을 좀 흔든다고 그렇게 두려워하나요? 장래 이 땅이 정말로 흔들릴 때가 올 텐데.' 하고 웃으면서 서 있었다고 한다. 주님을 아는 사람들은 어떤 상황에서도 평안을 잃지 않는 사람들이다.

2. 주님의 승리를 의지함

"내가 세상을 이기었노라". 주님은 세상을 이기셨다고 했다. 주님이 십자가에 돌아가신 것은 승리하신 것이다. 당시에 사람들은 예수는 죽을 것이고 패배할 것으로 생각했지만, 주님은 승리의 개가를 부르신 것이다. 그분은 '내가 세상을 이겼다'고 하셨다. 십자가에 돌아가실 때 사탄 마귀의 머리를 깨뜨리신 것이다. 그래서 우리 그리스도인은 그리스도 안에서 모두 승리한 사람들이다. 과거에 어떤 형제가 말끝마다 예수는 승리하셨다고 말했다고 한다. 다른 한 형제가 지금 이렇게 상황이 어렵고 힘든데 저 형제는 입만 열면 주님은 승리하셨다고 한다면서 못마땅하게 여겼다. 무슨 말만 하면 예수는 승리하셨다고 하기에 제 정신인가 생각했는데, 후에 보니 진실로 그 형제는 예수의 승리를 아는 사람이었다는 것이다. 몇 번째 그 말을 듣고 나니 빛이 오더라는 것이다. '아, 정말 주님은 승리하셨구나!'

그렇다. 주님은 다 이기셨고, 우리는 이미 그분 안에서 승리했기 때문에 두려워할 필요가 없다. 더 이상 대적은 우리를 넘어뜨릴 수 없다. 예수님이 십자가에서 이미 대적의 머리를 깨고 이기셨기 때문이다. 대적이 우리를 패배시킬 수 없으므로 우리는 담대할 수 있다. 예수 그리스도의 이김이 우리의 이김이다. 그분은 우리의 머리이시기에 그렇다. 교회는 그리스도의 몸이고 그분은 머리이시다. 머리가 이겼는데 몸은 이기지 않을 수 있는가? 그럴 수 없다. 주님이 이겼으면 우리도 이긴 것이다. 다만 주님이 교회를 이 땅에 두신 것은 이긴 싸움에 함께 참여해서 승리를 맛보라는 것이다. 그래서 우리에게 여러 가지 어려운 환경이 있다고 보면 된다. 이것은 매우 중요한 말씀이다. 처음 이 길을 가는 사람들은 어떤 어려운 환경이 오면 이 제자들처럼 조금 혼란스러울 것이다. 그렇지만 오랫동안 주님을 따르다보면 어떤 문제가 터져도 '어떤 노획물을 주시려고 이런 일이 있는가'라고 생각하게 된다. 우리에게는 지는 것이 없고 이미 다 이겼기 때문이다. 우리는 이미 이긴 싸움을 하는 것이다.

과거에 어떤 선교사님이 나에게 우리의 싸움은 땅 짚고 헤엄치기라고 하신 적이 있다. 당시 대학생이었던 나는 그것이 무슨 말인지 전혀 몰랐다. 그런데 지금 와서 보니 정말 그렇다는 것을 느끼게 된다. 이 싸움은 주님이 다 이겨 놓으셨기 때문이다. 그리스도께서 우리의 대표로서, 머리로서 다 이겨 놓으셨다. 이미 사탄의 머리를 깨셨다. 그러므로 어떤 상황에도 우리는 승리한다. 우리에게는 실패란 없다. 모든 상황은 우리가 귀한 노획물을 얻는 기회가 된다. '큰일났습니다. 이제 희망이 없습니다. 어찌하면 좋습니까?'라는 탄식이 우리에게는 있을 수 없다. 성도들은 그러므로 어떤 환경이 와도 담대하기 바란다. 주 예수님은 우리에게 '내가 세상을 이기었으니 너희는 내 안에서 평안을 누리라'는 말씀을 주고 계신다. 나는 사랑하는 성도들이 이 모든 말씀을 이해하고 어떤 환경에서도 두려워하거나 불안해하지 않고 담대함으로 승리하게 되기를 바란다.

17 장

요한복음 17장은 예수 그리스도의 기도이다. 한 장 전체가 예수 그리스도의 기도문을 적은 것이다. 마태복음 6장에 있는 '하늘에 계신 우리 아버지여'라는 기도는 주님이 제자들에게 '너희는 이렇게 기도하라고' 가르쳐주신 것이기에 사실은 제자들의 기도문이다. 제자들인 우리가 드리는 기도이다. 그러나 17장은 주님 당신이 직접 아버지께 드린 기도이기 때문에 이 기도야말로 주님의 기도문이라고 할 수 있다.

요한복음 17장은 매우 긴데, 세 부분으로 나눌 수 있다. 1절부터 5절까지는 주님 당신 자신을 위한 기도이다. 6절부터 19절까지는 당시 주님을 따라다녔던 11명의 제자들을 위한 기도이다. 그리고 20절부터 마지막 절까지는 제자들의 전도를 통해서 예수를 믿을 모든 사람, 우리까지 포함한 기도이다. 그러므로 이는 모든 기도를 포함한 것이다. 주님이 십자가에 나아가시기 전에 아버지께 이러한 긴 기도를 드렸다. 이 기도를 통해서 주님은 과연 그 마음속에 어떤 것을 가지고 계신가를 살펴볼 필요가 있다.

루터는 이 기도에 대해서 "진정 한량없는 따뜻함과 온전한 마음을 기울인 기도이고 너무나 정직하고 순전하고 깊고 부요하고 넓어서 아무라도 그 깊이를 잴 수 없다"고 말하였다. 루터와 함께 사역했던 멜랑히톤이라는 사람도 "이제까지 하늘에서나 땅에서 성자께서 하나님께 직접 드리신 기도만큼 고차원적이고 거룩하고 그만큼 열매가 있는(오늘날 우리도 다 열매이다.) 그렇게 고상하게 들렸던 기도는 없다"고 했다. 또 벵겔이라는 주석가는 "이 요한복음 17장의 기도는 문체가 쉽지만 그렇게 심오할 수가 없다""고 했다. 이렇게 많은 성경 학자들이 요한복음 17장 예수 그리스도의 기도를 놓고서 감탄했다. 또한 많은 성도들이 고난을 당하고 어려울 때면 이 17장의 기도를 읽으면서 묵상했다고 전해진다.

그리스도의 거룩한 원하심

우리도 그렇지만 주님도 기도를 하실 때는 마음속에 갈망과 소원이 있기에 하신 것이다. 그래서 이 17장에는 주님의 거룩한 갈망(desire)이 있었다. 9절, "내가 저희를 위하여 비옵나니". 빈다고 하셨다. 15절, "내가 비옵는 것은(I do ask)". 20절, "내가 비옵는 것은(간절히 빈다는 뜻)". 24절, "원하옵나이다(Father, I desire, 내가 갈망하옵나이다)"라고 하셨다. 우리 주 예수님은 이러한 기도를 드리기 전에 그분의 마음속에 소원이 있으셨다. 즉 갈망이 있으셨다. 그러기 때문에 기도가 나오는 것이다. 그리스도인은 기도를 잘 해야 하는데, 기도를 하려면 선한 갈망을 갖는 것을 배워야 한다. 주위의 상황들을 살피며 선한 마음으로 선한 뜻을 갖기를 원해야 한다. 몸이 안 좋은 사람들, 형편이 어려운 사람들, 고난당하는 사람들의 형편을 놓고 깊이 묵상하는 가운데서 그들을 위해서 무언가 하나님께 기도하고자 하는 갈망을 갖는 것을 배워야 한다. 그럴 때 좋은 기도를 드릴 수 있는 기도의 중보자가 될 수 있다. 또 주님의 말씀을 잘 듣고 성경 말씀과 함께 좋은 영적인 서적들을 찾아 읽을 필요가 있다. 그러다보면 전에 없었던 영적인 소원이 생겨난다. 그럴 때 기도를 드리게 되는 것이다. 이제 주님의 기도를 살펴보겠다.

영광을 위한 주님의 기도

1절, 예수께서 이 말씀을 하시고 눈을 들어 하늘을 우러러 가라사대 아버지여 때가 이르렀사오니 아들을 영화롭게 하사 아들로 아버지를 영화롭게 하게 하옵소서

"예수께서 이 말씀을 하시고 눈을 들어 하늘을 우러러 가라사대". 예수님은 이 기도를 드리실 때 16장까지의 모든 말씀을 마치시고 눈을 들어 하늘을 우러러 보셨다. 누가복음을 보면 세리와 죄인이 있는데, 세리는 아버지께 감히 눈을 들지도 못하고 가슴을 치면서 '주여 나를 불쌍히 여겨주소서'라고 기도하였다. 우리 주 예수님은 한 번도 자신의 죄나 문제로 인하여 아버지와의 교제가 깨진 적이 없기 때문에 항상 고개를 들고 아버지께 기도하실 수 있었다. 물론 고개를 들 수 없는 상황일지라도 하나님은 세리처럼 우리가 하나님께 나아가 기도하는 것을 기뻐하신다. 그렇지만 우리 주님은 늘 아버지와 친밀한 사랑의 관계 속에서 아버지께 고개를 들어서 하늘을 향하여 기도를 드렸다는 것이다.

"아버지여 때가 이르렀사오니". 주님은 때가 이르렀다는 말씀을 먼저 하셨다. 주님은 '때'라는 말을 많이 하셨다. 요한복음 2장에서는 "내 때가 아직 이르지 아니하였나이다"라고 하셨다. 당시에 주님은 아직 때가 이르지 않았다는 것을 아셨다. 그러나 지금 이 지점에 오셨을 때에는 때가 이르렀다고 말씀하셨다.

때를 알아서 일하는 사람은 지혜로운 사람이다. 전도서 3장에는 천하에 범사에 기한이 있고 목적이 있고 때가 있다고 하였다. 날 때가 있고 죽을 때가 있다. 심을 때가 있고 심은 것을 뽑을 때가 있다. 울 때가 있고 웃을 때가 있다. 슬퍼할 때가 있고 춤출 때가 있으며, 돌을 던져버릴 때가 있고 거둘 때가 있다. 안을 때가 있고 안는 일을 멀리 할 때가 있고, 찾을 때가 있고 잃어버릴 때가 있으며, 지킬 때가 있고 버릴 때도 있다. 말할 때도 있고 잠잠할 때가 있다. 아직은 말하면 안 되는데 말하는 사람은 때를 모르는 사람이다. 나서지 말아야 하는 때인데 일어나는 사람은 때를 모르는 사람이다.

우리 주님이 복음서에서 일하시는 방식을 보면 늘 때를 알아서 하신다. '내 때가 아직 이르지 않았다'고 하시면서 어떤 곳에 가시지 않았다. 우리가 성령 안에서 생활할 때 이렇게 때를 알게 된다. '아 지금은 내가 말을 해야 할 때이다', 혹은 '아 지금은 내가 말해서는 안 될 때이다' 그러면 말을 해서는 안 되는 것이다. 주님은 이 '때'를 향해서 계속 걸어오셨다. 그리고 이제는 하나님이 예정하신 그 때가 이르렀다는 것을 아셨다. 그리스도께서는 모든 사람을 위하여 십자가를 지시고 죽음을 맛보고 영광과 존귀로 관 쓰시는 것이 하나님의 뜻인 것을 알고 지금 그것을 원하고 있는 것이다.

"아버지여 때가 이르렀사오니 아들을 영화롭게 하사". 이는 결국 무엇인가? 십자가를 지러 가시는 것이다. 말씀으로는 '아들을 영화롭게 하사 아들로 아버지를 영화롭게 하게 하옵소서'라고 하셨지만 이 말씀은 결국 이러한 뜻이다. '아버지여 나는 나를 비워서 세상에 왔습니다. 나는 내가 세상에 온 목적을 달성하기 전에는 돌아가지 않으려 합니다. 십자가에 못 박힘을 통하여 아들을 영화롭게 하옵소서. 그리고 내가 원래 가졌던 영광을 주시기를 바랍니다. 그러나 십자가로 영광스럽게 되는 길을 통해서 나는 아버지를 영광스럽게 하기 원합니다' 주님이 이 지점에서 바라시는 것은 십자가, 그리고 십자가로부터 오는 영광이었다. 주님은 이 땅에 오실 때에 내려 놓으셨던, 비우셨던 그 영광의 상태로 다시 돌아가시려 하는데, 그것은 십자가의 고난을 통해서였다. 많은 사람들의 죄를 대속하시고 많은 사람들에게 영생을 주시는 역사를 하시는 것이 결국 아들을 영화롭게 하는 것이고 아들이 영화롭게 됨을 통해서 아버지께 영광을 돌린다고 말씀하시는 것이다.

아버지를 영화롭게 하소서

첫 번째로 아들이 그 마음속에서 품었던 소원, 갈망은 무엇인가? 아버지를 영화롭게 해드리는 것이다. 제자들이 기도를 가르쳐달라고 할 때도 주님은 '아버지여, 아버지의 이름이 거룩히 여김을 받으시옵소서'라고 기도하셨다. 아들은 늘 아버지의 영화롭게 됨과 아버지가 거룩히 여김을 받는 것을 생각하셨다. 그것이 아들의 소원이었다. 그 소원이 아버지께 이러한 기도를 드리게 만들었다. 하나님은 사람을 하나님께 영광 돌리게 하려고 창조하셨다. 이사야 43장 7절에는 "무릇 내 이름으로 일컫는 자 곧 내가 내 영광을 위하여 창조한 자를 오게 하라 그들을 내가 지었고 만들었느니라". 하나님은 사람을 자신의 영광을 위해 지었다고 말씀하신다. 그러므로 사람은 우리를 지으신 창조주 하나님을 영광스럽게 하고 영화롭게 해야 할 의무가 있다. 우리는 그 목적을 위해 지어진 것이다.

그런데 이 '영광'이라는 말은 헬라어로 '독사(δόξα)'인데 '도케오(δοκεω)'

라는 말이 그 어원이다. '도케오'의 뜻은 '...같이 보인다, 견해, 칭찬, 평판'이라는 뜻이다. 그러면 하나님의 영광이란 무엇인가? 하나님은 사랑이시고 빛이시며 거룩이시고 또 의로우신 분이신데, 이러한 하나님의 어떠함이 '아, 영광이구나' 하면서 사람들이 볼 수 있도록 나타날 때 그것이 영광인 것이다. 하나님 같아 보이는 것이다. 이것이 헬라어 어원적으로 설명한 영광의 의미이다.

히브리 사람들은 빛이나 광채로 눈이 부셔서 아무도 그 속으로 접근하지 못하는 것을 영광이라고 생각했다. 원래 예수 그리스도는 아버지와 함께 아무도 범접할 수 없는 영광 가운데 계셨던 분이시다. 그런데 예수 그리스도께서 이 땅에 오실 때 그 영광을 비우고 오셨던 것이다. 만일 아들이 이 땅에 오셨을 때 하늘의 영광을 그대로 가지고 오셨다면 아무도 예수 그리스도를 접할 수 없었을 것이다. 하지만 때때로 제자들은 '그리스도가 영광을 나타내셨다'는 표현을 썼다. 가나의 혼인 잔치에서의 기적을 '그리스도가 첫 번째로 영광을 나타내신 일'이라고 했다. 또 요한 사도는 우리가 독생자의 영광을 보았다고 하였다. 그러므로 이 영광이라는 단어 하나도 그렇게 단순하게 해석할 수 없다.

아들을 영화롭게 하는 것이 아버지를 영화롭게 하는 것

"아들을 영화롭게 하사 아들로 아버지를 영화롭게 하게 하옵소서". 이 기도는 도대체 무슨 의미인가? 아들을 영광스럽게 하라는 말은 그분의 백성들의 구원과 관계가 있는 것이다. 십자가를 지는 것은 무엇인가? 결국 그분의 백성들의 죄를 용서하고 모든 죄를 사하기 위해서 십자가에서 피를 흘리고 돌아가셔야 했던 것이다. 고난을 당하시고 죽음을 당하신 것이다. 이 모든 것이 하나님의 극진한 사랑이 없이는 일어날 수가 없는 일이다. 자신의 독자를 아낌없이 내어주셔서 십자가에 그렇게 처참하게 죽게 하시기까지 죄인을 사랑하신 것은 하나님의 사랑이 나타나신 것이다. 그리고 하나님의 공의도 나타나신 것이다. 그것은 하나님은 적당히 구원하지 않으시기 때문이다. 죄에 대한 대가를 완전하게 치르게 하셨다. 아들이 십자가에서 그 대가를 다 받은 것이다. 그런 하나님의 의와 사랑과 진리와 모든 것이 십자가에서 최대한 나타난 것이다. 이것을 우리 주님은 '아들을 영광스럽게 해서 아버지를 영광스럽게 하옵소서'라고 표현하신 것이다. 그분이 앞으로 당할 십자가의 사건을 아버지께 말씀드리고 있는 것이다.

십자가의 돌아가심이 아들을 영광스럽게 하는 것이고 또 그를 통해서 아버지께 영광을 돌리는 것이라고 생각하셨기에, 그것이 예수님의 소원이 되었고 그것을 아버지께 간구했던 것이다. 그리고 아버지는 이 기도를 들으시고 응답하셨다. 그래서 주 예수님이 십자가에 돌아가신 후 부활하게 하시고 승천하게 하시고 보좌에 앉게 하셨다. 이 모든 일련의 과정이 무엇인가? 바로 아버지가 아들을 영화롭게 하시는 것이다. 주님은 십자가에서 수치를 당하고 모욕을 당하고 고난을 당하고 피땀을 흘리면서 돌아가셨지만, 그 내면적인 본질은 아버지께서 아들을 영광스럽게 하는 과정이었다는 것이다. 이것이 레위기 1장에서 번제가 의미하는 바이다. 번제는 속죄제나 속건제와는 그 본질이 다르다. 번제는 온전히 제물을 불사르는 것인데 그 목적은 하나님을 영화롭게 하는 것이다. 속죄와 화목제의 일은 그 다음으로 간다. 예수께서 십자가에서 돌아가신 일에 있어서 맨 먼저는 속죄가 아니고, 온전히 순종의 제물로 자신을 불태우셔서 하나님을 영화롭게 하는 것이다. 이것을 성경이 아니고서야 어떻게 알겠는가? 그분의 온전한 순종은 하나님을 완전히 기쁘시게 하였다.

우리가 어떻게 이 비밀을 이해할 수 있겠는가? 그래서 오늘날까지도 수많은 사람들이 예수 그리스도의 십자가를 수치스러운 것으로 생각하지 않고 오히려 찬양하고 영광 돌리고 있다. 아버지께서 그것을 영광스럽게 하셨기 때문이다. 아들이 이러한 기도를 먼저 드렸다는 것을 기억하기 바란다.

2절, 아버지께서 아들에게 주신 모든 자에게 영생을 주게 하시려고 만민을 다스리는 권세를 아들에게 주셨음이로소이다

아버지께서 아들에게 주신 선물

"아버지께서 아들에게 주신 모든 자에게". 십자가에서 돌아가시기 전에 우리 주 예수께서는 당신에게 아버지가 선물을 주셨다는 것을 아셨다. 무엇을 선물로 주셨는가? 그분에게는 집도, 차도, 이 세상에 아무것도 필요한 것이 없었다. 모든 것이 다 그분의 것이다. 그런데 여기서 아들은 아버지가 자기에게 주신 자들이 있다는 것을 계속 말씀하신다. 6절에서 "세상 중에서 내게 주신 사람들에게"라고 하셨고, 9절에도 "내게 주신 자들을 위함이니이다"라고 했다. 하나님이 예수 그리스도에게 사람들을 주셨다는 것이다. 십자가의 그 고난을 받으시기 전에 주님은 당신에게 주신 선물인 사람들을 귀하게 생각하면서 지금 이 기도를 하고 있는 것이다. 그 중에는 나와 여러분도 포함이 되어 있다. "아버지께서 아들에게 주신 모든 자에게 영생을 주게 하시려고". 결국 예수께서 이 땅에 오셔서 십자가에서 죽으시려고 하시는 이유는 그들에게 영생을 주시기 위함이다.

'영생(eternal life)'은 요한복음에서 가장 많이 나오는 단어이다. 우리 인간에게는 다 생명이 있다. 그런데 이 생명은 성경에서 나오는 생명이라는 단어와 다르다. 우리 육신의 생명은 헬라어로 '뷔오스(βιος)'이다. 그러나 여기서의 생명은 헬라어로는 '조에(ζωη)'로서 인간이 원래 가지고 태어나는 그 생명을 이야기 하는 것이 아니다. 이는 우리의 생물적인 생명(뷔오스)이 아니다. 'biology'등에서 쓰이는 'bio'는 육신적인 생명을 이야기할 때 쓰는 말이다. 그러나 우리가 영원한 생명을 말할 때의 그 생명은 하늘에서 살 수 있는, 영생할 수 있는 생명이다. 이것은 사람이 태어날 때 갖지 못한다. 이 생명은 오직 예수 그리스도를 믿는 사람들에게만 주어지는 것이다.

또한 이 영생이라고 하는 단어는 성경에서 단지 예수를 믿을 때 얻는다는 개념만이 아니라 내세에까지 이 영생이 이어진다고 말한다. "내세에 영생을 얻지 못할 자가 없느니라"는 말씀이 누가복음에 있다. 그러므로 영생은 매우 중요한 것이다. 이 영생을 얻지 못한 사람들은 결국은 그 나라에서 살 수가 없기 때문이다. 물고기는 물고기의 생명을 가졌기에 물 속에서 산다. 영생이 있는 사람만이 영원한 나라에서 살 수 있다. 영생이 없는 사람을 천국에 데려가면 다 녹아버려서 살 수가 없을 것이다. 그 생명이 없기 때문이다. 예수 그리스도께서 이 땅에 오신 것은 그의 택한 자들에게 이 영생을 주시기 위해 오셨다. "누구든지 예수를 믿는 자는 영생을 얻게 하려 하심이라".

주 예수 그리스도는 십자가에 나아가시기 전에 자기가 받으실 고난과 영광을 통해서 한 무리의 사람들에게 구원이 베풀어지고 영생을 나누어 줄 것을 생각하시고 영생에 관하여 기도하시는 것이다. 1절에서는 아버지께 영광을 돌리는 것이 중점이다. 그리고 2절에서는 택한 백성들에게 영생을 주시기를 기도하신 것이다. 이것이 주님이 이 땅에 오신 가장 큰 일이다. 첫째는 아들로서 아버지께 영광을 돌리는 것이다. 모든 것을 순종하시고 해야 할 일을 다 하시고 십자가에서 사람들을 구속하는 일을 하심으로 아버지께 영광을 돌리고자 하신 것이 첫 번째이고, 두 번째는 믿는 자들에게 영생을 주시기를 간절히 원하셨다는 것이다. 하나님께 영광돌림이 첫째요 믿는 이들에게 영생주심이 다음이다.

"영생을 주게 하시려고 만민을 다스리는 권세를 아들에게 주셨음이로소이다". 이것도 성경에서 읽을 수 있는 아주 비밀스러운 것이다. 예수 그리스도의 가장 큰 임무는 믿는 자들에게 영생을 주시는 것이다. 그 영생을 주게 하려고 아버지는 아들에게 만민을 다스리는 권세를 주셨다는 것이다. 만민(all flesh), 즉 믿지 않는 사람을 포함한 모든 인류(all mankind)를 다스릴 수 있는 권세를 아들에게 주셨다는 것이다. 주님은 부활하신 뒤에도 이 말씀을 하셨다. 마태복음 28장 18-19절에는 "아버지께서 하늘과 땅의 모든 권세를 내게 주셨으니"라고 한다. 무엇때문에 하늘과 땅의 모든 권세를 아들에게 주셨는가? 사람들에게 복음을 전해서 영생을 얻게 하기 위함이다. 십자가에서 죽고 부활하실 때 이 권세를 아버지가 아들에게 주셨다. 그래서 그리스도가 왕 중의 왕이요, 만주의 주이다. 그분은 지금도 만유를 다스리고 계신다.

모든 일이 우연히 되는 것 같지만 우연이 아니다. 전쟁이 왜 일어나는가? 믿지 않는 사람도 그분이 다스리는 것이다. 바로의 마음을 강퍅케 한 것은 주님이시다. 사람의 마음을 강퍅하게 하는 것도 부드럽게 하는 것도 주님이시다. 어려운 환경을 주는 것도 주님이시다. 그런 모든 환경 때문에 영생을 얻는 것에 도움이 되는 것이다. 탕자를 보라. 사람들에게 가도 먹을 것을 주지 않으니 나중에 돼지 우리로 가게 된다. 그것이 다 하나님이 하시는 일이다. 그래야 하나님께로 돌아오기 때문이다. 친구들이 계속 먹을 것을 주고 재미있게 해주고 좋은 취직 자리가 생기고 돈벌이가 잘 되었다면 탕자는 아버지께 돌아오지 않았을 것이다. 모든 사람은 아버지께서 관리하시고 다스리시기에 사업이 잘 되거나 잘 안 되는 것도 다 아버지의 관리하에 있는 것이다. 이 구절에서는 그 모든 권세를 아들에게 주셨다고 말씀하신다. 왜 그런 권세를 주셨는가? 택하신 자들이 영생을 얻게 하시기 위함이라고 말씀하신다.

3절, 영생은 곧 유일하신 참 하나님과 그의 보내신 자 예수 그리스도를 아는 것이니이다

참 하나님을 아는 지식

여기서 영생을 정의한다. 영생 얻은 사람을 다른 말로 표현하자면 구원받은 사람이다. 구원받는 것에 대해서는 믿었다, 죄 사함 받았다, 혹은 영접했다 등 여러 가지 표현이 있다. 죄 사함 받지 않았다면 아직 구원 받지 못한 것이다. 또 영접하지 않았으면 아직 영생을 얻지 못한 것이다. 그런데 이 구절에서는 영생에 대해서 다른 식으로 정의를 했다. "영생은 곧 유일하신 참 하나님과 그의 보내신 자 예수 그리스도를 아는 것이니이다". '아는 것'이 곧 영생이라고 한다. 여기서 안다는 것은 무슨 말인가? 지식적으로 아는 것인가? 그렇다면 영생을 얻기 위해서는 성경 공부만 많이 하면 되는 것인가? 그렇지 않다. 어떤 것이 결국 영생을 얻는 것인가? 모르던 하나님을 어느 날 알게 되는 것이다. 예수 그리스도가 어떤 분인지 몰랐는데 알게 되는 것이다. 하나님은 만민을 다스리는 권세를 아들에게 주셔서 한 사람 한 사람 영생을 얻도록 주권을 행사하신다. 하나님은 만민을 다스리는 권세를 사용하셔서 모세의 인생을 설계하셨고 바로의 궁에서 40년, 미디안 광야에서 40년을 지나게 하시고 어느 날 호렙산 가시덤불 사이에서 그를 부르셨고 모세는 참되게 하나님을 만나게 된다.

그 때 모세가 하나님의 음성을 듣고 첫 번째로 느낀 것이 하나님은 거룩하신 분이라는 것이다. 그리고 모세는 거기에서 신발을 벗었다. "네가 선 곳은 거룩한 곳이니 네 발에서 신을 벗으라". 모세는 하나님께 가까이 가기를 두려워하였다. 하나님은 너무나 거룩하신 분이시기 때문이다. 그는 하나님 뵈옵기를 두려워하여 얼굴을 가렸다고 했다. 베드로도 수차 주 예수님을 보았지만 정작 그분이 누군지 알지 못했다. 그러나 그분의 주권은 베드로에게 역사하셨다. 베드로는 어느 날 주님이 그물을 배 오른쪽에 치라고 하였을 때 고기가 수없이 올라오는 것을 보고 주님이 어떤 분인가를 그때에서야 알았고 '주여, 나는 죄인이로소이다. 나를 떠나소서'라고 말했다. 하나님의 아들 예수 그리스도에 대해서 새로운 인식이 생겨나는 것, 그것이 바로 영생이라는 것이다.

나 자신도 예전에는 하나님을 아는 지식이 없었다. 나는 고등학교 때 예배당에 다녔고 또 고등부 회장도 했지만 그때는 하나님이 어떤 분인지 전혀 몰랐다. 대학 시절 방탕한 생활을 할 때 감리교회에 다니던 내 동생은 항상 나에게 '형, 교회 좀 다녀'라고 말했다. 남동생은 매우 성실하게 공부하고 교회도 잘 다니고 성품도 착했다. 그래서 나는 저런 애들은 하나님이 잘 받아주시겠지만 나같이 안 좋은 사람은 하나님이 안 받아주실 것이라고 생각했다. '너나 잘 다니고 천당 가거라, 나는 안 돼, 내가 하나님이라 하더라도 나 같은 사람이 가면 뒷발로 차서 내쫓을 거다'. 그런데 우리 동네에 복음을 잘 전하는 장로님이 계셨는데, 어느 날 나를 만났다. 그분이 나와 대화를 하는데 믿으라는 것이다. '나는 죄를 많이 져서 믿을 수가 없다'고 하자 그분은 '예수님은 죄인을 사랑하신다'고 하면서 마태복음 9장을 같이 읽자고 하셨다. 건강한 자에게는 의원이 필요 없고 병든 자에게 필요한데, 예수님은 의인을 부르러 온 것이 아니라 죄인을 부르러 왔다고 하는 것이다.

나는 그런 말씀이 성경에 있다는 것을 그때 처음 알게 되었다. 장로님은 계속해서 예수님께서 십자가에서 우리의 죄를 위해서 죽으셨기 때문에 예수 믿는 사람은 그 죄가 다 사해지고 의롭게 되었다는 말이 성경에 있다면서 보여주셨다. 진짜 그렇게 되어 있었다. 정말 신기했다. 나는 성경을 통해서 우리 주 예수님이 용서해주시는 하나님이시라는 것을 알게 되었다. 주님은 죄인에게 자비를 베풀고 용서해주시고 구원해주신다는 것을 그제서야 알게 된 것이다. 영생이란 무엇인가? 유일하신 참 하나님과 그의 보내신 자 예수 그리스도를 아는 것이다. 주 예수가 누구인지 제대로 알았으면 그것이 바로 영생을 얻은 것이다. 사마리아 여인이나 날 때부터 소경인 자나 베드로나 요한 등 모든 사람들이 주 예수가 누구인지를 알게 됨으로 구원을 받은 것이다.

4-5절, 아버지께서 내게 하라고 주신 일을 내가 이루어 아버지를 이 세상에서 영화롭게 하였사오니 5 아버지여 창세 전에 내가 아버지와 함께 가졌던 영화로써 지금도 아버지와 함께 나를 영화롭게 하옵소서

하라고 주신 일을 순종함으로 아버지를 영화롭게 하심

우리 주님은 이 세상에서 사시는 동안 아버지를 영화롭게 하는 삶을 사셨다. 어떻게 그렇게 하셨는가? '하라고 주신 일을 이룸으로써'이다. 우리도 하나님을 영화롭게 하는 삶을 살려면 결국 아버지의 뜻대로 순종하면서 생활하는 수밖에 없다. 그것이 우리가 아버지를 영화롭게 하는 삶이다. 예수 그리스도께서는 아버지께서 하라고 하신 일을 다 이루어서 아버지를 영화롭게 하셨다는 것이다. 아버지께서는 무엇을 하라고 하셨는가? '베들레헴에서 아기로 출생해라' 출생하셨다. '목수의 아들로 삼십 년간 생활해라' 생활하셨다. '삼십 세부터 사역을 해라' 복음을 전하고 병을 고쳐주고 많은 사람들에게 하나님의 진리의 말씀을 가르쳐 주셨다. 말씀대로 다 순종하셨다.

그런데 그것이 다가 아니었다. 이제 마지막으로 해야 할 일이 있는데 그것은 십자가로 가시는 것이다. 여기에서는 그 일도 다 이루었다고 표현되어 있다. 그것은 주님이 반드시 하실 것이기 때문이다. 주님은 그렇게 아버지를 영화롭게 하셨다. 그러므로 주님은 '창세 전에 내가 아버지와 함께 가졌던 영광'을 다시 갖게 해달라고 하신다. 이제 그 영광으로 돌아가시겠다는 뜻이다. 그분이 이 땅에 오실 때 영광의 보좌를 버리셨다. 그 모든 영광의 지위를 비우셨다. 그렇지만 이제는 다 이루었으므로 '내가 비웠던 그 영광을 다시 얻을 수 있게 해 주십시오'라는 것이 아들의 기도이다.

그리스도인의 위대한 특권이 무엇인가? 우리가 이 땅에 온 의미를 다 이루고 가는 것이다. 이것이 그리스도인의 특권이다. 그것은 완전히 주님을 닮은 것이다. 주님은 이 땅에 오셔서 아버지께서 맡기신 일을 온전히 마치고 가셨다. 다 마치고 가신 것이다. 사도 바울도 마찬가지이다. 그는 '내가 달려갈 길을 다 달렸다'고 선포하였다. 그는 '선한 싸움을 다 싸웠다. 이제는 나에게 의로운 재판장이 주실 면류관이 예비되어 있다'고 말했다. 성실하고 참된 그리스도인이라면 반드시 누리는 축복이 있는데 그것은 이 땅에 와서 할 일을 다 하고 가는 것이다. 그런 마음으로 홀가분하게 떠날 수 있는 것이다. 아직 그렇지 않은데도 병에 걸렸거나 죽을 것 같은 생각이 든다면 거절해야 한다.

영국의 유명한 극작가 버나드 쇼는 자신의 묘비에 이렇게 쓰라고 했다고 한다. '우물쭈물하다가 내 이럴 줄 알았다(I knew if I stayed around long enough, something like this would happen)'. 이 땅에 와서 정말 할 일을 하고 가야 하는데, '이거 지금 내가 해야 하는 일인지 모르겠네' 하면서 우물쭈물 하다가 진짜 할 일을 못 하는 것 같이 하고서 그냥 간 것이다. 사람들은 할 일을 다 하지 못하고 세상을 떠난다. 농사를 더 지어야 하는데, 추수할 일, 갈아야 할 밭, 치워야 할 곡식단을 두고서 그냥 가는 것이다. 학교 교사라면 다음 주에 강의해야 하고 다음 학기에 수업을 들을 학생들이 기다리고 있는데 남겨 놓고 가는 것이다. 의사라면 병원도 운영을 해야 하고 간호사들, 사무장들, 환자들도 다 기다릴 텐데 먼저 가는 것이다. 이럴 때에 우리의 느낌은 '이렇게 갑자기 가는 것인가?'이다. 이 세상에는 그런 죽음으로 죽는 사람들이 많다. 그러나 주님은 그런 죽음으로 돌아가시지 않았다. '아버지께서 내게 하라고 하신 일을 다 이루었다'고 하셨다. 사도 바울 역시 '내가 달려가야 할 경주 코스를 다 경주했다'고 했다. 그리스도인이라면 이러한 위대한 선포를 남기고 가야 한다. 만일 우리가 살았을 때 주님이 오신다면 더 없이 좋은 것이고, 더디 오심으로 우리가 그분께 가야 한다면 바로 이렇게 가야 한다.

지금 우리 주님은 이 땅에 오셔서 가장 중요한 일을 남겨 두고 그 일을 성취하고 이제 아버지께로 돌아가시려고 이러한 기도를 드리고 있다. 다시 한 번 말하지만 여러분이 주님의 부르심을 받았다면 거기에는 뜻이 있으시다. 이 땅에서 여러분의 마음속에도 바라는 것이 있을 것이다. '내가 주님의 쓰임을 받아야지. 내가 주를 위해 살아야지'라는 소원이 있을 것이다. 그것을 다 이루고 가야 한다. 그래야 후회가 없다. 주님처럼 '내가 다 이루었다'고 할 수 있어야 한다.

17장 1절부터 5절까지는 주로 예수 그리스도 그분 자신의 기도이다. '아버지여 나를 영화롭게 하사 당신을 영화롭게 하옵소서' 우리 주 예수 그리스도는 당신 자신을 위한 기도조차도 자아 중심적인 기도가 아니라 아버지의 영광을 위한 것이었다. 아들을 영화롭게 하시라는 것은 십자가의 죽음과 부활을 의미하는 것이다. 그 역사 또한 결국 만민에게 구원을 주시고자 하는 것이며 택한 자들에게 영생을 주시고자 하는 갈망으로 기도하는 것이었다. 주님은 자신을 위한 기도조차도 자아 중심적인 기도가 아니라 오직 하나님의 뜻을 이루고, 하나님께 영광 돌리고, 사람들을 구원하기 위한 그런 갈망으로 가득차 있다. 이것이 1절부터 5절까지이다. "아버지여 창세 전에 내가 아버지와 함께 가졌던 영화로써 지금도 아버지와 함께 나를 영화롭게 하옵소서" 주님은 창세전부터 그분이 가지셨던 영광으로 아버지와 자신을 영광스럽게 해달라고 기도하신다. 이는 십자가의 죽음의 사건과 부활의 사건을 일컫는 말씀이다. 그리스도의 십자가의 죽음과 부활은 그분의 창세전 영광이 나타난 사건이다.

6절, 세상 중에서 내게 주신 사람들에게 내가 아버지의 이름을 나타내었나이다 저희는 아버지의 것이었는데 내게 주셨으며 저희는 아버지의 말씀을 지키었나이다

제자들을 위한 기도

6절부터는 제자들을 위한 기도이다. 여기서 한 가지 우리가 참 단정하기 어려운 진리가 있다. "세상 중에서 내게 주신 사람들에게". 세상이 있고 아버지께서 내게 주신 자들이 있다. 이렇게 두 종류 밖에 없다. 그런데 17장 내용을 죽 읽어보면 그들은 유다를 제외한 열 한 제자 같다. 그러면 주님이 요한복음 17장에서 떠나시기 전에 주로 기도한 대상은 바로 삼년 반 동안 데리고 다니던 열 한 제자라는 것이다. 본문 내용을 읽어보면 '다 보존하고 내가 지켰습니다. 그러나 한 사람 멸망의 아들, 그는 내가 지키지 않았습니다. 그 사람 외에는 다 보존하여 지켰습니다' 하는 것으로 봐서 이 사람들은 '열 한 제자'라고 볼 수 있다. 그리고 나머지는 '세상'으로 되어 있다. 이렇게 구분되어 있는 것이다. 그러면 예수님 당시에 그분을 따랐던 무리가 많았고 많은 이들이 믿었다고 기록된 것도 있는데 그들은 기도의 대상에 포함되지 않았다는 말인가? 이것이 17장을 읽으면서 단정하기 어려운 점이다.

그래서 나는 우리가 하나님의 말씀의 이러한 구절들을 이렇게 받아들여야 할 것 같다고 생각한다. 도대체 세상과 열 한 제자 외에 그 중간에 있는 사람들은 무엇인가? 그들은 주님이 중점적으로 기도한 대상이 아니라는 것이다. 기도의 효력이 별로 미치지 않을 것 같다는 것이다. 우리는 하나님의 말씀과 진리를 다 이해할 수는 없다. 과연 열 한 제자 외에는 구원받은 이가 없다는 말인가? 우리는 이 장을 읽으면서 그렇게 단정할 수는 없을 것 같다. 그렇지만 주님이 떠나시기 전에 기도한 요한복음 17장의 기도의 대상이 당시에 예수 그리스도의 말씀을 듣고 믿었다고 하는 모든 사람을 위한 것인가 아니면 열 한 명인가는 단정하기 어렵다. 그러나 이 말씀을 읽을 때에 제자들과 같은 신앙을 가진 다른 많은 사람들은 열 한 제자에 포함되어 있다고 생각하는 편이 옳을 것이다.

주님이 지금 기도를 하셨고, 그 응답이 있을 것이다. 신실한 성도들의 기도도 응답하시는데 귀한 하나님의 독생자 예수 그리스도께서 돌아가시기 전에 간절히 아버지께 기도한 그 기도에 응답이 없겠는가? 2000년이 지난 지금까지도 이 기도는 응답되고 있는 것이다. 그런데 그 기도의 응답이 효력 있게 미치는 범위가 누구이겠냐는 것이다. 열 한 제자와 같이 제대로 믿는 사람들이 아니면 이 기도의 효력이 미친다고 보지 못한다. 내가 말하고자 하는 요점은 바로 이것이다.

아버지의 이름을 나타내심

6절을 다시 보겠다. "세상 중에서 내게 주신 사람들에게 내가 아버지의 이름을 나타내었나이다". 예수 그리스도께서 하시는 말씀은 한 마디 한 마디가 쉬운 말 같지만 사실은 이해하기가 쉽지 않다. 그분은 이 땅에서 많은 말씀을 하셨다. 요한복음 3장도 예수님 말씀이고 4장에도 예수님의 말씀이 있고 6장에도 주님의 말씀이 있는데, 제자들은 모두 이를 들었다. 그 모든 일을 한 마디로 말해서 '아버지의 이름을 나타내었다'고 하신다. 구약에도 하나님을 아버지라고 칭한 것이 몇 번이 있지만 이는 신약의 개념과는 다르다. 신약의 개념은 하나님의 말씀으로 거듭나고 하나님의 생명, 즉 영생을 얻어서 하나님 아버지의 자녀가 되기 때문에 우리는 예수 그리스도처럼 하나님을 아버지라고 부를 수 있다. 그러나 구약에는 단체적으로 이스라엘의 근원이 되신다는 의미에서 아버지라고 칭한 것이 한두 번 있을 뿐이다. 예수 그리스도께서 이 땅에 오셨을 때에 제자들은 항상 그분이 하나님을 부를 때마다 '아바, 아버지'라고 부르는 것을 들었다. 이는 매우 특이한 것이고 예사로운 것이 아니다.

오직 한 번 십자가에서 돌아가실 때에 '엘리, 엘리, 라마 사박다니' 하셨을 때만 예수님은 하나님을 '아버지'라고 부르지 않고 '하나님'이라고 불렀다. 왜 그런지 아는가? 그때는 아버지와의 관계가 끊어지는 찰나였기 때문이다. 하나님께 버림받았기 때문이다. '엘리, 엘리'라는 것은 '하나님, 하나님'이라는 말이다. '라마 사박다니'는 '왜 나를 버리시나이까'라는 뜻이다. 예수 그리스도는 당시에 우리의 죄를 짊어지고 죄가 되셨기 때문에 하나님은 그 아들을 사랑하시지만 버리지 않으실 수 없었다. 버림받으시면서 예수님은 더 이상 '아버지'라고 부르실 수 없었던 것이다. 유일하게 한 번 거기에서 예수는 그분을 하나님이라고 불렀을 뿐 그 외에는 다 '아버지'이다. 예수 그리스도의 말씀을 하나님이 주신 말씀으로 믿은 사람들은 영생을 얻는데, 그들도 역시 하나님을 아버지라고 부를 수 있게 만들어 주신 분이 바로 예수 그리스도이시다. 요한복음 20장에 예수님이 부활하신 후에 마리아와 제자들에게 '가서 말하라'고 하시면서 '너는 지금 나를 만지면 안 된다. 내가 지금 아버지께 가야한다. 그리고 제자들에게 말해줘라. 내가 지금 나의 하나님 곧 너희 하나님, 나의 아버지 곧 너희 아버지에게로 올라간다고 해라' 이제 예수 그리스도의 아버지가 우리의 아버지가 되었다는 것이다.

이것이 바로 예수 그리스도께서 이 땅에 오셔서 하신 역사이다. 예수님은 아버지의 이름을 제자들에게 나타내주셨다. 그분의 말씀이 결국은 아버지의 말씀이었던 것이다. 신약은 놀라운 시대이다. 신약은 하나님이 많은 아들들을 낳는 시대이다. 자식을 낳지 않았으면 아버지 소리를 듣지 못한다. 낳았을 때에야 아버지 소리를 듣는 것이다. 신약은 마태복음 1장부터 '낳다'는 소리가 많다. '아브라함이 이삭을 낳고…낳고…낳고'처럼 낳는 이야기가 많다. 구약은 하나님과 이스라엘 백성들이 율법의 계약으로 인해서 하나님과 백성의 관계가 되는데, 신약은 우리 주 예수 그리스도의 역사로 말미암아 하나님과 우리가 부모와 자녀의 관계, 생명 관계로 확립된 것이다. 이것이 바로 신약의 역사이다. 그래서 우리가 하나님을 '아버지'라고 부르는 것이 결코 작은 일이 아닌 것이다. 전능한 하나님이 우리를 아들로 낳으신 것이다. "영접하는 자 곧 그의 이름을 믿는 자에게는 하나님의 자녀가 되는 권세를 주셨으니." 영접하는 우리는 모두 하나님의 자녀가 되는 것이다.

아버지의 양떼

아버지가 되었다는 것은 어떤 것인가? 여러분이 예수를 믿었다면, 자녀가 되었다면, 그때부터 하나님 아버지는 걸음마부터 가르치고 모든 것을 다 하실 것이다. "천부께서 너희를 기르지 않겠느냐?"(마 6장). 아버지가 모든 것을 다 책임지시는 것이다. 저 산 속의 백합화는 누가 기르는가? 우리가 매일 가서 돌보고 물을 주어서 자라는 것인가? 아니다. 우리는 그 깊은 산속에 들어가 보지 못했다. 천부께서 기르는 것이다.

여러분이 예수를 믿고 하나님의 자녀가 되었다는 것은 보통 일이 아니다. 하나님이 우리의 아버지가 되셨다는 것이다! 그러니 하나님이 여러분을 눈동자같이 지키시며 늘 돌보시는 것이다. '나는 몸이 좋지 않다, 나는 걱정거리가 많다'라고 걱정하지 말기 바란다. 아버지가 계시지 않은가! "공중의 새도 하나님이 돌보시는데, 들의 백합화도 하나님이 돌보시는데 하물며 너희일까보냐." 하나님은 여러분이 태어날 때부터 성인이 될 때까지 책임져주신다. 이것은 호세아 11장에 보면 잘 나와 있다. 호세아 11장 1절부터 3절을 읽어보면 하나님은 일단 낳은 자식은 걸음마부터 시작해서 잘 기르시고 인도하시며 가르쳐주신다는 것을 알 수 있다.

"세상 중에서 내게 주신 사람들에게 내가 아버지의 이름을 나타내었나이다 저희는 아버지의 것이었는데 내게 주셨으며". 우리 주 예수님은 이 열한 제자를 가리켜 아버지의 것이었는데 내게 주셨다고 하시면서 이 사람들에 대한 관계성을 이야기하고 계신다. 이런 것이 분명하지 않으면 기도를 분명하게 하지 못한다. 내가 기도하는 대상에 있어서, 상황에 있어서 분명해야 기도가 되는 것이다.

우리 주님은 기도하실 때에 여기에 열 한 명이 있지만, 이들이 아버지의 것이라는 것을 분명히 말씀하신다. 이런 것을 제대로 인식하지 못하면 성도들을 위해서 중보기도를 제대로 할 수 없다. 나도 많은 성도들이 나를 떠난 적이 있었다. 심지어 변절한 사람들도 많이 있었다. 물론 나는 그것이 마음이 아프지만 내 앞에는 또한 내가 책임져야 할 사람들이 있다. 이 모든 것은 주님께 달려 있다. 그런 것을 정확하게 인식하고 있어야 그들을 위한 기도도 제대로 되는 것이다. 어떤 돈이 내가 써야 할 돈인지, 아니면 교회의 돈인지, 아니면 다른 형제의 돈인지 분명히 알아야 그 돈을 위해서 기도할 것이 아닌가. 내 돈도 내 돈이고, 저 형제의 돈도 내 돈이라서 '주여, 저 형제의 돈이 내 호주머니로 오기를 원하나이다'라고 기도하다면 그것은 오지 않는다. 이런 것이 분명해야 하나님 앞에서의 우리의 기도 소리가 분명해지는 것이다. 성도들을 위한 기도도 분명하게 되는 것이다.

여러분이 진정으로 예수 그리스도께 주어진 존재인지, 하나님 아버지의 것이었다가 예수 그리스도께 위탁된 존재인지는 여러분 스스로도 체크해 볼 수 있다. 무엇을 보면 아는가? 내가 주의 말씀을 듣고 마음 속 깊이 그 말씀을 지키는 사람인가를 체크하면 되는 것이다. 여기서 지킨다는 의미는 '계속적으로' 지키는 것을 말한다. 계속해서 그 말씀을 받아서 간직하며 지킨다는 것이다. 이 사람들이야말로 아버지의 것이었다가 아들에게 주어진 그러한 귀한 사람들이다.

7-8절, 지금 저희는 아버지께서 내게 주신 것이 다 아버지께로서 온 것인 줄 알았나이다 8 나는 아버지께서 내게 주신 말씀들을 저희에게 주었사오며 저희는 이것을 받고 내가 아버지께로부터 나온 줄을 참으로 아오며 아버지께서 나를 보내신 줄도 믿었사옵나이다

여기에서 믿고 받아들이고 참으로 깨닫는 그 상황을 자세하게 말하는 이유가 무엇인가? 아버지의 것이었다가 아들에게 주어진, '내게 주신 자들'이라는 말이 17장에서는 많이 나온다. 그들은 어떤 특징이 있는 자들인가? 그냥 단순히 믿었다면 제대로 믿은 것인지 아닌지 알 수가 없다. 말씀을 들을 때에 예수 그리스도를 받아들이고 그 말씀을 하나님께서 보내셔서 하늘로부터 오신 자의 말로 받고, 참으로 깨달아 알고, 그리고 그 말씀을 계속해서 믿고 지키는 사람들이 하나님 아버지께서 아들에게 주신 귀한 사람들이라는 뜻이다. 그들이 바로 여기서 예수님이 하나님 아버지께 기도해 올리신 대상들인 것이다.

그러므로 다시 한 번 정리하자면 다음과 같다. '이제 나는 아버지께로 가는데 남아 있는 이 사람들을 하나님 보존해 주십시오. 당신의 이름으로 보존해 주십시오. 그리고 저들을 하나 되게 해 주십시오. 그리고 저들이 세상의 악에 빠지지 않게 지켜주십시오. 저들이 영광을 보게 해 주십시오' 이것이 17장의 기도의 내용인 것이다. 나는 예전에 믿었다고 하는 사람들이 믿는 사람들과의 하나를 지키지 않으면서도 그것에 대한 인식이 없는 것을 보고 놀랐다.

우리가 진정 예수 그리스도의 제자라면 요한복음 17장에서 주님이 돌아가시기 전에 간절히 기도하신 기도, '내가 아버지 안에 있고 아버지가 내 안에 계시며 우리가 하나된 것처럼 저희로 하나 되게 하옵소서'라는 마음이 있어야 한다. 그런데 왜 이것이 없을까? 주 예수님이 떠나시기 전에 기도하신 대로 믿는 우리 가운데 이루어져야 할 것 아닌가? 전능하신 하나님이 그 아들의 기도를 들으시고 그런 상황을 주실 것이 분명한데, 그런데 왜 그렇지 않은가?

우리는 하나님을 대충 믿고 나서 믿었다고 하지 않길 바란다. 그것은 속임 당하는 것이다. 이왕 시간을 투자하고 에너지를 투자하고 모든 것을 투자해서 예수님을 믿는다면, 주 예수님이 이렇게 기도하신 내용이 그대로 적용되고 체험되고 이루어지는 생활을 해야 가치가 있는 것이지 대충 믿는 것은 소용이 없다. 최고의 계명은 무엇인가? 네 이웃을 네 몸 같이 사랑하라는 것이다. 이것은 실제로 이루어질 수 있는 말씀이다. '아들이 아버지와 하나된 것처럼 저희도 다 우리 안에서 함께 하나되게 하옵소서. 이 세상에 물들지 않게 거룩하게 지켜주시옵소서' 이렇게 기도하신 아들의 기도가 이루어지고 응답되는 범위가 바로 교회가 되어야 하는 것이다. 그런 대상이 누구인가? 진실로 예수 그리스도께서 말씀하신 그 진리를 하나님 아버지께서 보내서 하시는 말씀으로 받고, 그리고 참으로 알고 믿고 그 말씀을 그대로 지켜나가는 무리가 아니면 유감스럽지만 요한복음 17장의 예수 그리스도의 기도의 대상이 아니다. 그들은 세상에 포함되는 것이다 .

9-10절, 내가 저희를 위하여 비옵나니 내가 비옵는 것은 세상을 위함이 아니요 내게 주신 자들을 위함이니이다 저희는 아버지의 것이로소이다 10 내 것은 다 아버지의 것이요 아버지의 것은 내 것이온데 내가 저희로 말미암아 영광을 받았나이다.

"세상을 위함이 아니요 내게 주신 자들을 위함이니이다". 요한복음 17장의 기도는 주 예수께서 '내게 주신 자들'을 위해서 하신 기도이다. 5절까지는 당신 자신을 위한 기도이다. 6절부터는 19절까지 긴 기도는 '내게 주신 자들'을 위한 것이다. 그들이 어떻게 되기를 원하셨는가? 그 내용이 11절부터 나온다. '하나되게 하옵소서. 보존하여 지켜주옵소서' 이것이다. '멸망의 아들 외에는 다 지켜지기를 원합니다. 다 지켜주옵소서' 이것이 예수 그리스도께서 십자가에 돌아가시기 전에 드린 기도였다. "내 것은 다 아버지의 것이요 아버지의 것은 내 것이온데 내가 저희로 말미암아 영광을 받았나이다." 거룩하신 주 예수는 그분의 것이 무엇인지 아버지의 것이 무엇인지를 분명히 아셨다. 주님은 그 열 한 제자도 아버지께서 주신 것을 분명히 말씀하셨다. 그리고 그들에 의해 영광을 받았다고 고백하신다. 그분의 겸손하심을 보라! 그분은 크고 많은 무리에 의해 영광을 받았다고 하시지 않았다. 그 작은 무리에게 아버지를 알리시고 믿은바 되었을 때 주님은 기뻐하셨고 그들에게 영광을 받으셨다고 기도하신다. 그 크신 하나님의 이 어떠한 낮은 마음이요 겸손인가?

11절, 나는 세상에 더 있지 아니하오나 저희는 세상에 있사옵고 나는 아버지께로 가옵나니 거룩하신 아버지여 내게 주신 아버지의 이름으로 저희를 보전하사 우리와 같이 저희도 하나가 되게 하옵소서

하나 되게 하소서

요한복음 17장을 읽다 보면 읽기는 쉬운데 이해가 잘 가지 않는다는 생각이 든다. 단순해 보이지만 그 내용이 심오하기 때문이다. 요한복음 17장은 주님이 십자가로 나아가시기 전에 마지막으로 아버지께 기도한 내용이 기록되어 있다. 사도 요한은 주님의 가장 사랑하는 제자라고 기록되어 있다. 그래서 그는 주님의 품에 기대어 있기도 했고, 주님에 대한 가장 자세한 부분들을 섬세하게 기록한 사람이기도 하다. "십자가에서 피와 물이 흐르더라." 피를 흘리신 것은 다른 사람도 보았지만 물이 흘려진 것은 요한밖에 보지 못했다. 가장 가까이에서 주 예수님을 만나서 이야기한 기록도,

17장의 말씀도 요한만이 기록했다. 주님이 어디에서 이러한 기도를 드리셨는지 우리는 알지 못하지만, 주 예수님이 아버지께 깊고 간절하게 기도하신 내용을 기억했다가 한 자 한 자 이렇게 기록한 것을 생각하면 요한이라는 제자는 역시 주님 가까이에서 주님의 마음을 가장 깊이 헤아리고 만질 수 있던 제자였음을 느끼게 된다.

그 문체는 매우 평이하고 쉽지만 읽을 때마다 무슨 뜻인지 잘 알 수 없다고 느끼게 되는 것이 바로 이 요한복음 17장이다. 그렇지만 역대로 훌륭한 하나님의 종들이 이 17장을 귀하게 여겼으며, 주님이 마지막으로 떠나시기 전에 아버지께 드린 기도이기 때문에 중요한 내용이라고 생각하여 이 장을 중점적으로 연구한 사람들이 있다. 그 중에 한 사람이 마커스 레인스포드인데 이 분은 이 장을 깊이 연구해서 많은 글을 남겼다. 그의 글 중 한두 군데를 인용하겠다.

"주님은 마지막으로 떠나시기 전에 제자들을 위해서 기도를 하셨는데, 부유해지기를 기도하거나 명예를 얻도록 기도하거나 세상의 영향력을 얻도록 기도하거나 위대한 출세를 하게 해달라고 기도해주지 않고, 다만 세상에서 악에 빠지지 않고 하나되고 기뻐하고 거룩케 되기를 위해서 기도했다." 그리고 그는 이어서 11절을 다음과 같이 설명했다. "나는 세상에 더 있지 아니하오나 저희는 세상에 있사옵고 나는 아버지께로 가옵나니 거룩하신 아버지여 내게 주신 아버지의 이름으로 저희를 보전하사 우리와 같이 저희도 하나가 되게 하옵소서"(11절). 이 구절에 대한 레인스포드의 묵상은 다음과 같다. "나는 갑니다. 아무 원수도 따라 올 수 없는 곳, 아무런 시험도 나를 괴롭힐 수 없는 곳, 아무런 진력나는 일도 나를 괴롭게 할 수 없는 곳으로 나는 갑니다. 그러나 이 사람들(제자들)은 세상에 있습니다. 나는 갑니다. 내 위대한 승리의 상을 받기 위해 갑니다. 홀을 잡고 면류관을 쓰기 위해 그리고 보좌에 오르기 위해 나는 갑니다. 세상에서 매우 힘이 들었습니다. 그러나 이제 더 이상 나는 힘들지 않을 것입니다. 내가 걸어온 이 길은 거친 가시밭길이었습니다. 그러나 이제 그 모든 것은 끝났습니다. 이제 하늘이 거의 눈앞에 당도하게 되었습니다. 그런데도 이 사람들은 세상에 있습니다."

주님은 이제 떠나시면서 아버지께로 돌아가신다고 말씀하셨다. 그러나 제자들은 여전히 이 땅에 있기에 "아버지여 내게 주신 아버지의 이름으로 저희를 보전하사"라고 기도했다. 그들을 보전하고 지켜달라는 기도이다. 여기서 주님은 '거룩하신 아버지여'라는 호칭을 사용하셨다. 하나님은 본성이 거룩하신 분이기 때문에 죄에서 멀리 계신 분이시다. 또 하나님은 아버지이시기 때문에 우리를 모든 것을 돌보시는 분이시다. 주님은 자신에게 주신 아버지의 이름으로 저희를 지켜달라고 하셨다. 아버지께서는 아들에게 아버지의 이름을 주셨다. 이름이란 아버지의 인격이며 아버지의 생명이고 아버지 자신이다. 아버지의 이름으로 아버지의 것을 자신의 것으로 가지고 계셨던 아들은 이제 아버지께로 돌아가기에 '내가 돌아가더라도 그 아버지의 이름은 여전히 이들을 보전해주셔서 하나되게 해 주십시오'라고 기도하신 것이다.

하나님은 구약에서부터 택한 백성들을 지키시는 분이라는 것을 계시하고 있다. '보전한다'는 것은 영어로는 'keep', 즉 지킨다는 뜻이다. 시편 121편에 기록되어 있듯이 그분은 '이스라엘을 지키시는 하나님'이다. 그분은 당신의 백성들을 지키시는 하나님이시다. 시편 기자는 하나님은 우리를 지키시는 분이라고 노래한다.

> 내가 산을 향하여 눈을 들리라 나의 도움이 어디서 올꼬
> 나의 도움이 천지를 지으신 여호와에게서로다
> 여호와께서 너로 실족지 않게 하시며
> 너를 지키시는 자가 졸지 아니하시리로다
> 이스라엘을 지키시는 자는 졸지도 아니하고
> 주무시지도 아니하시리로다
> 여호와는 너를 지키시는 자라
> 여호와께서 네 우편에서 네 그늘이 되시나니
> 낮의 해가 너를 상치 아니하며
> 밤의 달도 너를 해치 아니하리로다
> 여호와께 너를 지켜 모든 환난을 면케 하시며

또 네 영혼을 지키시리로다
여호와께서 너의 출입을 지금부터 영원까지 지키시리로다

이사야 27장에도 같은 말씀이 있다. "그날에 너희는 아름다운 포도원을 두고 노래를 부를지어다 나 여호와는 포도원지기가 됨이여 때때로 물을 주며 밤낮으로 간수하여 아무든지 상해하지 못하게 하리로다"(사 27:2-3). 하나님은 포도원지기가 포도원을 지키듯이 이스라엘을 보호하신다. 우리 주님은 아버지의 생명과 능력으로, 아버지께서 주신 이름으로 제자들을 지켜왔는데 이제는 떠나서 아버지께로 돌아가기 때문에 그 이름으로 여전히 이 제자들을 지켜주셔서 하나가 되게 해달라고 하시는 것이다.

"우리와 같이 저희도 하나가 되게 하옵소서". '우리와 같이'라는 말로 알 수 있듯이, 제자들의 하나됨은 단지 서로 만나서 악수하고 웃으면서 인사하는 그런 하나가 아니다. 아버지와 아들이 하나이듯이 내면적으로도 그 깊은 속에서 한 마음이 되고 한 뜻이 되고 같은 사랑이 되어서 서로 안에 거하며 깊은 속에서부터 통할 수 있는 그러한 하나가 될 수 있게 해달라는 것이다. 그러기에 제자들은 사도행전에서 두 사람이 어디로 보내심 받더라도 여전히 한 사람 같았다. 열 한 제자가 있지만 여전히 한 사람 같이 기도할 수 있었으며 다락방에서 오순절을 체험할 수 있었다. 그들은 한 사람 같았다. 예수 그리스도의 기도를 힘입은 교회들의 특징은 성도들이 연합하고 하나되는 것이다. 서로 싸우고 다투고 나누어지고 분열되는 것은 주님의 기도의 효력을 맛보지 못한 불쌍한 사람들이다. 주님은 하나를 위해서 기도하셨다. 지키심을 받은 성도들은 하나되는 특징이 있다. 주 예수님의 보전해달라는 기도의 응답을 받은 사람들은 그 결과로 하나를 이루게 된다. 나누어지고 분열되며 서로 당을 짓고 서로 헐뜯고 싸우는 것은 주님의 기도하신 기도에서 멀리 떨어진 사람들이다. 성도들과의 하나를 떠날 때 보장이 없어지는 것을 사람들은 모른다. 아버지의 이름으로 지켜진 사람들의 특징은 하나 안에 머무는 것이다.

12절, 내가 저희와 함께 있을 때에 내게 주신 아버지의 이름으로

저희를 보전하와 지키었나이다 그 중에 하나도 멸망치 않고 오직 멸망의 자식뿐이오니 이는 성경을 응하게 함이니이다

"내게 주신 아버지의 이름으로 저희를 보전하와 지키었나이다" 주 예수님은 자신의 힘으로 지킨 것이 아니라 내가 아버지 안에 있고 아버지는 내 안에 계셔서, 언제나 아버지께서 하시는 일을 내가 하고 아버지께서 내 안에서 역사하시는 그 역사를 행하셨다고 하셨다. 그래서 아버지의 이름으로 저희들을 지켰다고 하신 것이다. 제자들은 주 예수님과 함께 다닐 때에 세상에 빠지지 않고 죄를 짓지 않았다. 슬쩍 슬쩍 악한 일을 행하지 않았다. 왜 그런가? 자신들의 힘이었는가? 아니다. 예수님께서 늘 아버지의 이름으로 그들을 지키셨기 때문이다. 오늘 여러분들은 죄를 짓지 않고 지금까지 이렇게 경건하게 생활하시는 것이 본인의 능력이라고 생각하면 안 된다. 나 자신도 우리 아버지께서 지켜주셨기에 30여 년 동안이나 보호를 받고 있었던 것이다. 그렇지 않으면 그 누구라도 이 세상 유혹들에 쉽게 넘어질 것이다. 주님은 삼 년 반 동안 따라다니는 제자들을 아버지의 이름으로 지켜오셨다. 그런데 이제는 떠나셔야 하기에 기도하는 것이다. "아버지의 이름으로 보전하사 …저희도 하나가 되게 하옵소서(11절)." 따로 떨어져서 혼자 자기를 분리시키는 사람은 죄를 짓기가 쉽다. 하지만 주의 이름으로 성도들과 하나로 연합한 사람은 지켜지기가 쉽다. 무리에게서 자신을 분리시키는 사람은 자신을 죄의 위험에 노출시키는 사람이다.

"그 중에 하나도 멸망치 않고 오직 멸망의 자식뿐이오니 이는 성경을 응하게 함이니이다". 그 중에 하나도 멸망치 않았지만 오직 '멸망의 자식' 하나가 있다고 하는데, 이는 누구를 가리키는가? 예수님을 팔아 넘긴 유다이다. "이는 성경을 응하게 함이니이다." 열 한 명만 주님이 보전하시고 하나는 멸망하게 되었는데, 이는 성경에 기록된 대로라고 기도하신 것이다. 이 말씀만 지켜도 배도하지는 않았을 것이다.

13절, 지금 내가 아버지께로 가오니 내가 세상에서 이 말을 하옵는 것은 저희로 내 기쁨을 저희 안에 충만히 가지게 하려 함이니

이다

성도들의 충만한 기쁨

지금 주님은 십자가로 가시는데, 죽으러 간다고 하지 않으시고 '나는 아버지께로 간다'고 하신다. 주님의 기도의 내용을 가만히 보라. 보전되기를 바라고, 그 이름으로 지켜지기를 바라고, 하나되기를 바라시고, 떠나신 뒤에 그들 속에 기쁨이 충만되기를 원하신다. 교회가 하나된 성도들로 연합한 상태에 있으면 그것이 주님의 이름으로 보전된 상태이며 그 속에는 반드시 기쁨이 있다. 성경에 있는 초대 교회에는 사도 바울이 사역할 때에 기쁨이 많았다. 사도들이 복음을 전하면 그들 가운데 기쁨이 충만하였다고 말한다. 신약 성경에서 '기쁨, 기뻐하라' (카이레인, 헬)는 말이 70번이 넘게 나온다. 복음은 그 자체가 '기쁜 소식'이다. 복음을 듣고 진리를 듣고 말씀을 들으면 성도들은 기쁘다. 돈을 번 것도 없고 잘 된 것도 없고 일이 풀린 것도 없는데 말씀을 들으면 기쁨이 온다. 누가복음 2장에도 그 소식을 '기쁜 소식'이라고 표현한다. '오늘 기쁨의 좋은 소식을 너희에게 전하노라'고 한다. 예수 그리스도의 복음의 소식은 사람들에게 기쁨을 가져다 준다는 말이다. 야고보서 1장 1절의 '문안한다'는 말의 헬라어 원문에도 '카이레인(καρειν)'이 들어가 있다. 따라서 '너희에게 기쁨이 있을지어다'라고 인사를 하는 것이다.

빌립보서 4장에는 기뻐하라는 말이 많다. "내가 다시 말하노니 기뻐하라". 사도 바울은 당시에 감옥에 있었지만 성도들에게는 계속 기뻐하라고 말했다. 바울 사도의 사역은 성도들에게 기쁨을 주는 사역이었다. 그는 고린도 전서에서 고린도 교회를 많이 책망하였다. 어떤 형제가 간음을 범한 일, 분열 등의 문제가 있을 때 사도 바울은 심하게 책망을 하였다. 그런데 그들이 회개하였을 때 내가 너무 심하게 하지 않았나 후회한다면서 '나는 너희의 믿음을 주관하는 자가 되고 싶지 않고 여러분의 기쁨을 돕는 자가 되기 원한다'고 했던 것이다.

결혼한 지 얼마 안 된 부부는 대개 신혼 초에 서로 기 싸움을 많이 한다. 남편은 아내가 꼼짝 못하고 자신의 말을 듣게 하려고 억누르고, 아내는 거기에 잡히지 않으려고 대들면서 싸우는 것이다. 그런데 나이가 들고 주 안에서 성숙하다 보면 남편은 아내를 기쁘게 해주지 못하는 것, 아내는 남편을 기쁘게 하지 못하는 것을 가장 안타까워하게 된다. 이것은 고린도 전서 7장에도 있는 것이다. 사도 바울은 결혼한 사람은 어떻게 하면 내가 내 아내를 기쁘게 할꼬, 어떻게 내 남편을 기쁘게 할꼬 한다고 했다. 그것이 정당하다는 것이다. 그것은 당연하며 그렇게 해야 한다는 것이다. '그렇게 하지 않으려면 결혼하지 말고 나처럼 단순하게 하나님을 섬기라'고 바울은 말했다.

결혼을 한다는 뜻은 내 가장 옆에 있는 사람부터 기쁘게 하는 것을 배우는 것이다. 이것이 사역이다. 여러분이 좋은 사역자, 좋은 섬기는 자가 되려면 가정에서 자기의 배우자부터 기쁘게 하는 것을 배워야 한다. 그러나 젊은 남편들은 자기 아내를 윽박지르고, 핀잔을 주고, 제압하려고 해놓고 아내가 며칠째 억눌려서 마음이 아프게 지내는데도 아무런 느낌이 없는 경우가 있다. 마치 학생을 벌주는 선생처럼 하는 것이다. 이는 잔인한 것이다. 나는 젊은 부부들이 그렇게 하지 않기를 바란다. 때로 서로간에 조금 근심하게 하는 경우가 있을 것이다. 살다 보면 다투는 일이 없을 수 없다. 하지만 즉시 그 마음을 풀어줄 수 있도록 애를 써야 한다. 내 옆에 있는 사람에게 기쁨을 주지 못하는데 어떤 사람에게 기쁨을 줄 수 있다는 말인가! 만일 여러분의 배우자가 마음이 답답하고 괴로운데 여러분이 풀어주고 기쁨을 주지 못해서 괴로움의 시간을 보낸다면 그 책임은 당신에게 있는 것이다. 하나님은 그렇게 하는 당신을 보고 당신이 잘 한다고 하지 않으실 것이다. 나는 여러분이 이 말을 명심하기를 바란다.

사역이란, 또 사역자란 성도들의 마음에 기쁨을 더해주기 위해 존재하는 것이다. 성도들이 교회에 올 때는 혹 마음이 우울하거나 근심스러운 마음으로 왔다 하더라도 하나님의 말씀을 받아들인 후에는 기묘하게도 마음 속에 기쁨이 생긴다. 그것이 하나님의 말씀의 특징이다. 말씀은 진리이고 생명이기 때문이다. 살아있기 때문이다. 하늘에서부터 온 말씀이기 때문이다. 이 말씀은 사람들에게 기쁨을 주는 것이다. 하지만 모든 설교가 다 사람들을 기쁘게 하는가? 그렇지는 않다. 건전한 가르침, 성경 진리에 합한 가르침, 참된 진리만이 사람들에게 기쁨을 준다. 예수 그리스도의 말씀만이 사람들에게 기쁨을 준다. 악한 가르침, 비슷하지만 다른 가르침은 사람들의 기쁨을 창출하지 못한다. 건강한 가르침을 어떻게 구분하는가? 그것은 가르침을 받은 뒤에 여러분의 마음속에서 평강과 기쁨이 솟아나는 것이어야 한다.

시편 19편 8절, "여호와의 교훈은 정직하여 마음을 기쁘게 하고". 여호와의 교훈 즉 하나님의 말씀은 정직하여 단련된 은과 같아서 우리가 그 말씀을 받아들이면 우리의 마음이 기쁘다고 한다. 우리 주 예수님도 요한복음 15장에서 "내가 너희에게 이것을 이름은 내 기쁨이 너희 안에 있어 너희 기쁨을 충만케 하려 함이라"고 하셨다. 하나님의 말씀을 받는 성도들은 하나님의 기쁨을 그들 마음속에 충만히 갖는 사람들이다. 시편 34편 8절에서는 "하나님을 의뢰하는 자는 행복하도다"(흠정역)라고 했다. 여기에서 행복하다는 말은 영어로는 'happy', 즉 기쁘다는 것이다. 시편 144편 15절에도 이런 말씀이 있다. '이러한 백성은 행복하나니 여호와를 자기 하나님으로 삼는 백성은 행복하도다' 개역성경에는 '복이 있도다'라고 되어 있는데 이는 'happy'이다. 하나님의 백성의 특징은 행복한 것이다. 하나님의 백성은 다른 말로 하면 교회인데, 교회는 행복한 백성이라는 것이다.

'행복한 백성, 하나님의 백성, 여호와를 자기 하나님으로 삼는 백성은 행복하도다(happy is the people that is such a case, yea, happy is the people whose God is Jehovah)'. 여호와를 하나님 삼는 백성은 행복하다. 행복해야 한다. 교회생활을 할 때 여러분의 심중 깊은 속에서 '나는 행복하다'라고 간증할 수 있어야 한다. '아, 별로 행복하지 않다. 엿새 동안 세상에 가서 괴로웠는데 주일날 교회에 와서 더 괴롭다' 한다면 불행한 것이다. 여러분이 진정 참된 가르침을 받고 하나님의 복음을 듣고 말씀을 들었다면 여러분의 깊은 속에서 '나는 정말 행복하다'는 마음이 있어야 한다. 여러분은 그런 마음이 있는가? 내게는 그런 마음이 있다. 나는 여러 성도들로부터 '지금까지 50년, 60년을 살았는데 지금보다 더 행복한 시절이 없었다'라는 간증을 들은 적이 있다. 지금보다 더 행복한 때가 없었다는 것은 무슨 뜻인가? 주님의 은혜로 하나님의 말씀이 가깝고 참된 주님의 진리의 말씀을 들을 수 있기 때문에 행복이 여러분들에게 있는 것이다. 어떤 어려운 상황에서도 그 행복과 기쁨을 빼앗아 갈 자가 없다.

'예수로 나의 구주삼고', '너희 죄 흉악하나', '주의 음성을 내가 들으니'등의 유명한 찬송을 많이 지은 화니 크로스비 여사는 5살에 눈이 멀게 되었다. 그녀는 95세까지 살면서 많은 찬송을 지었다. 일생토록 기쁨이 충만한 가운데서 유명한 찬송시를 많이 썼는데, 그녀는 8살 때에 이런 시를 썼다고 한다.

오 내 영혼은 얼마나 행복한가
나는 볼 수 없지만 이 세상에서 만족하기로 결심을 했다네
다른 사람이 누리지 못하는 얼마나 많은 축복을 나는 누리고 있는가
눈이 멀어서 슬퍼 낙심된다 하더라도 나는 결코 그럴 수 없다네

우리가 오늘날 얻은 이 기쁨은 주 예수님이 십자가에서 돌아가시기 전에 아버지께 간절히 기도한 그 기도의 응답으로서 우리에게 주어진 것이라는 것을 여러분은 잊어서는 안 된다. 우리는 기쁨을 누리면서도 이것이 어떻게 왔는지 잘 모르고 감사할 줄도 잘 모른다. 그런데 이 말씀은 그 출처를 우리에게 알려주고 있는 것이다. 주님이 우리를 위해서 기도하심으로 이루어진 것이다. 우리가 어떻게 서로 사랑할 수 있는지, 하나될 수 있는지, 어떻게 악에 빠지지 않을 수 있는지는 모두 주님의 기도와 관계가 있다는 사실을 여러분은 잊어서는 안 된다.

14절, 내가 아버지의 말씀을 저희에게 주었사오매 세상이 저희를 미워하였사오니 이는 내가 세상에 속하지 아니함 같이 저희도 세상에 속하지 아니함을 인함이니이다

"내가 아버지의 말씀을 저희에게 주었사오매". 중요한 것은 이것이다. 말씀을 받은 것이다. 이 세상 사람들과 당시의 제자들의 차이가 하나 있다

면 다른 것이 아니라 아버지의 말씀을 받은 것이다. 이 세상 사람들은 말씀을 받지 않았다. 그러므로 말씀을 받은 여러분은 그들과는 다르다. 하나님의 말씀을 받은 영혼들인 여러분들은 이 세상에 속한 사람들이 아니다. 그것은 다른 차이가 아니라 아버지의 말씀을 받았는가, 아닌가의 차이인 것이다.

15절, 내가 비옵는 것은 저희를 세상에서 데려가시기를 위함이 아니요 오직 악에 빠지지 않게 보전하시기를 위함이니이다

무엇이 보전되게 해달라는 것인가? 저희들의 마음속에 기쁨이 충만하게 해주시며, 또한 이 세상에서 악에 빠지지 않게 해달라는 것이 주님의 간절한 기도이다. 그렇지만 이 세상은 악으로 충만하다. 악으로 충만한 이 세상에서 저들을 아예 데려가 버리면 좋을 텐데 주님은 그것이 아니라 저들이 세상에 존재하지만 악에 빠지지 않게 해주시라고 기도하셨다.

16절, 내가 세상에 속하지 아니함 같이 저희도 세상에 속하지 아니하였삽나이다

예수님은 세상에 속한 분이 아니다. 우리가 성경을 읽어보면 우리 주 예수님은 세상에 속하지 않았다는 것을 알 수 있다. 온전히 하늘에 속한 거룩하신 분으로서 이 땅에 존재하셨다. 그렇지만 여전히 그분은 어디에 있었는가? 세상에 계셨다. "그가 세상에 계셨으나 이 세상이 저를 알지 못하였고". 그리고 주님은 제자들도 이 세상에서 데려가는 것이 아니라 이 세상에 두시고, 다만 악에 빠지지 않게 해주시라고 구하셨다. 오늘날 여러분들이 이 세상의 악에 빠지지 않고 이렇게 일주일동안 지켜졌다면 그것이 여러분의 능력이라고 생각하지 말기 바란다. 이는 주님의 기도 때문이며 아버지의 이름으로 여러분이 지켜진 것이다. 그 생명과 능력이 여러분을 지키시는 것이다. 하나님의 성도들에 대한 갈망은 세상과의 분별이다. 교회는 세상으로부터 나온 무리이다.

17절, 저희를 진리로 거룩하게 하옵소서 아버지의 말씀은 진리니이다

분별됨과 거룩함

악에 빠지지 않는 것은 소극적인 것이다. 그러나 주 예수님은 거기에 그치지 않고 적극적으로 '저희를 거룩하게 해달라'는 기도를 드린다. 즉 13절에서 기쁨을 말한 뒤에 그분의 기도는 더 나아가 거룩으로 전진하고 있다. 주님은 세상에서 제자들을 데려가는 것이 목적이 아니라 그들이 악에 빠지지 않기 원하셨고, 악에 빠지지 않을 뿐만 아니라 그들이 거룩하게 되는 것을 원하셨다. 거룩은 죄에 빠지지 않는 것이다. 지금도 많은 애독자를 가진 크리소스톰이라는 성경학자는 이렇게 말했다. "주님을 위해서 나는 감옥도 죽음도 두려워하지 않지만 오직 한 가지 죄를 두려워한다." 이는 성도들이 마땅히 가져야 할 태도이다. 성도로서의 괴로움은 사람들에게 욕을 먹는 것도 아니고 가난하게 되는 것도 아니고 병이 드는 것도 아니다. 가장 심각한 어려움은 죄를 짓는 것이다. 죄를 지으면 악에 빠지고, 기쁨이 사라지며 거룩을 잃어버린다. 그리고 성도들과의 하나를 잃어버린다. 거룩하게 되어야, 세상에서 분별될 수 있어야, 성도들은 하나가 되는 것이다.

내가 자주 하는 말이 있는데, 그것은 '교회의 경계선은 세상'이라는 것이다. 세상과 분리되지 않기에 교회에 분열이 생기는 것이다. 거룩함을 온전히 이루지 않기 때문에 분열이 생기는 것이다. 우리의 육체를 철저하게 심판하지 않고 십자가로 처리하지 않기 때문에 분열이 생긴다. 주님은 우리에게 '내가 거룩하니 너희도 거룩하라'고 말씀하신다. 거룩하지 않으면 성도로서 소용이 없다. '성도'라는 말 자체가 거룩한 무리라는 뜻이다. 히브리서에도 이런 말씀이 있다. '아무도 거룩함이 없이는 주를 보지 못하리라' 거룩하지 않으면 주를 보지 못한다는 것이다. 그런데 여기서 우리는 거룩에 대한 올바른 개념을 가져야 하는데, 세상에서 떠나야 거룩한 것이 아니라 우리의 본질이 거룩해져야 하는 것이다. 물론 거룩은 음란이나 세속적인 것에 물드는 것이 아닌 것을 말하지만 그보다 근본적인 문제가 있다. 그것은 거룩은 '분별'이라는 것이다. 하나님께로 분별되는 것이다. 원래 시장에 있는 금은 거룩하지 않다. 그런데 그것이 성전에 놓여질 때 거룩해진다. 이는 주님이 하신 말씀이다. 하나님을 위해서 분별되어졌을 때 거룩한 것이다. 다만 깨끗하다는 것이 아니다. 그가 하나님을 위해서 분별되어졌는지, 온전히 하나님께 쓰여지도록 드려졌는지가 거룩함의 척도라는 말이다.

여기서 19절을 보라. "또 저희를 위하여 내가 나를 거룩하게 하오니" 주님이 자신을 거룩케 한다고 하신다. 주 예수님은 원래 성령으로 잉태된 분이고 거룩한 분이다. 그런데 거룩케 한다는 것은 무슨 뜻인가? 여기서도 주님은 '저희를 위해서 내가 십자가로 가서 제물이 되어서 죽는다'는 것을 뜻하신다. 하나님의 뜻에 온전히 순종한다는 뜻이다. 하나님께 자신을 완전히 드리겠다는 뜻이다. 이것이 거룩케 한다는 뜻이다. 오늘 여러분이 모든 세상적인 것에서, 자신을 위한 삶에서 자신을 분별해서 '하나님, 오늘부터는 내가 아버지 뜻을 위해서만 살겠습니다. 나는 주님 뜻만 위해 이 땅에 존재하겠습니다. 주님 뜻대로 나를 사용해주십시오'라고 기도해보라. 그런 마음을 가지고 헌신해보라. 그때 당신은 거룩하게 되는 것이다.

레위기 8장에 보면 하나님이 레위 지파 하나를 분별해서 '너희들은 나만 섬겨라' 하시면서 그들에게 옷을 입혀서 성전에서 하나님만 섬기게 하셨을 때 저들이 거룩하게 되었다고 기록하고 있다. 왜 거룩한가? 하나님께 완전히 헌신되어서 하나님만 위하여 살고 섬기는 사람들이 되었기 때문이다. 그러므로 거룩한 것이다. 성경에 '거룩한 사도들과 선지자들'이라는 말이 있다. 그들이 거룩한 것은 무엇 때문인가? 그들의 일생이 오직 하나님만 위해서 존재하는 사람들이 되었기 때문이다.

세상에서 거룩함을 드러냄

그런데 여러분들이 반드시 하나 기억해야 할 것은 세상에서 완전히 육신적으로, 물리적으로 떠나야만 그 사람이 거룩하게 되는 것이 아니라는 점이다. 세상 속에서 거룩해야 한다. 중세에 '기둥 성자'라는 사람이 있었다. 당시에는 거룩하게 살려는 많은 사람들이 수도원에 들어갔다. 거기서 거룩한 사람들끼리만 따로 생활을 했던 것이다. 다른 사람들과는 상대하지 않았다. 그러므로 그곳에 있을 때는 거룩한 것 같다. 항상 기도하고 말씀을 읽고 찬송을 부르니 거룩한 것 같은데, 그런 생활을 10년 한 후에 내려와서 세상 사람들을 만나 보니 어떤가? 그것은 시험을 거치지 않은 거룩함, 에덴동산의 아담과 하와의 무죄 상태(innocent)와 같은 것이다. 깨끗하지만 그것이 과연 하나님이 원하는 거룩함인가? 그렇지 않다. 주 예수님의 기도는 그런 뜻이 아니다. 세상에 존재하지만 거기서 악에 빠지지 않고, 세상에 존재하지만 거기서 거룩하게 되게 해달라는 것이다. 이러한 거룩은 시험된 거룩이고 능력 있는 거룩이다. 생명의 능력이 그들 가운데 있어서 거룩하게 되는 것이다.

우리 주 예수님의 말씀은 우리가 '세상'의 빛이고 '세상'의 소금이라고 하셨다. 항상 성도들끼리만 모여 있으면 별로 시험되지 않는다(물론 우리는 성도들과 많이 교제해야 한다). 또 그리스도인들 가운데서도 항상 만나는 한두 사람과만 만나면서 자신이 거룩하다고 확신하는 것은 착각이다. 그것은 시험이 되지 않은 거룩인 것이다.

소금이란 무엇인가? 야채나 여러 가지 재료 속에 집어넣으면 녹아 없어져 버린다. 눈에 보이지는 않지만 소금의 기능은 살아 있다. 그래서 음식이 부패하지 않는다. 이러한 거룩함이야말로 하나님이 원하시는 것이다. 이 세상에 성도들을 두심으로 이 세상의 부패를 막고 이 어두운 세상의 빛이 되기를 원하시는 것이다. 소금이 자기들끼리만 모여서 '야, 우리 참 짜다' 하는 것은 하나님이 원하시는 바가 아니다. '이 세상'의 소금이 되라는 것이다. '이 세상'의 빛이 되어야 하는 것이다. 불을 켜서 통 속에 넣어두고 '우리끼리 얼마나 밝은가!'하는 것은 하나님의 원하시는 바가 아니다. "너희는 세상의 빛이라 산 위에 있는 동네가 숨기우지 못할 것이요…저희로 너희 착한 행실을 보고 하늘에 계신 너희 아버지께 영광을 돌리게 하라(마 5:14,16)".

이 세상의 빛이어야 하는 것이다. 우리 주 예수님은 제자들을 세상에서 데려가기 원하는 기도를 하지 않으셨다. 그들을 이 세상에 두지만 이 세상

속에서 악에 빠지지 않고 거룩함을 온전히 이루어서 사람들로 하여금 제자들 속에서 이루어진 거룩함 속에서의 연합, 하나됨, 서로 사랑함을 보고 '아, 하나님은 살아 계시구나, 하나님을 믿어야겠구나' 하는 느낌을 갖도록 해달라는 것이다. 지금 주님은 바로 그것을 위한 기도를 드리고 계신 것이다.

진리로 거룩하게 됨

그렇다면 어떻게 거룩하게 되는가? 우리 주님은 '진리로 거룩케 하옵소서'라고 하셨다. 진리가 있어야 한다. 진리의 열매는 지식이 아니다. '나는 많이 배워서 이렇게 많이 안다'고 자랑하라고 진리를 가르치신 것이 아니다. 우리 주님의 기도에서 우리가 알 수 있는 것은 진리의 말씀을 받은 성도들은 그 열매로서 거룩에 이르게 된다는 것이다. 삶이 성결케 된다. 진리의 열매란 우리가 배운 뒤에 우리의 삶이 진정 거룩케 되고 그리스도의 사랑과 온유함과 겸손함과 그리스도의 미덕들을 나타냄으로 많은 사람들에게 영향을 주며 그들로 하여금 그리스도를 알 수 있게 하고 하나님의 은혜를 알 수 있게 하고 복음을 알 수 있게 하는 능력을 가진 사람이 되는 것이지, 지식이 많은 사람이 되는 것이 아니다. 그러한 것은 잘못된 진리이다. 성도들이 참된 말씀을 배운 결과는 타락한 삶에서 나와서 거룩 안으로 들어가는 것이다. 그리고 기묘한 것은 여러분이 참으로 성결하게 되었다면 주님은 다시 여러분들을 세상으로 보내신다는 것이다. 18절 말씀을 보라.

18절, 아버지께서 나를 세상에 보내신 것 같이 나도 저희를 세상에 보내었고

주님은 거룩하게 된 성도 여러분들을 세상에 보내었다고 하신다. 여러분은 '주님, 제 주변에는 왜 이렇게 거룩하지 않은 사람들이 있어서 나를 괴롭힙니까?'라고 생각할지 모른다. 하지만 그것은 하나님이 여러분들을 보내신 이유이다. 어떻게 하라고 보내셨는가? 거기에서 하나님이 여러분에게 주신 은혜와 거룩과 생명과 그 아름다운 것을 나타내라는 것이다. '저는 항상 지고 맙니다'라고 핑계대지 말라. 여러분은 이길 수 있다. 지금 한두 번은 졌을지 몰라도 여러분은 다시 일어나서 그 거룩한 생명을 나타낼 수 있는 사람들이다. 그 생명을 살아 나타내라. 빛을 발하라. 거룩한 생명은 여러분들을 통해서 나타날 수 있게 되어 있다. 거짓 신앙으로는 거룩이 이루어지지 않는다. 행동으로 나타나는 거룩은 여러분 마음속 깊이에 있는 참된 신앙이 세워졌을 때에서야 오는 것이다. 선한 행위, 거룩한 행위는 참된 신앙의 결과이다. 진리를 참되게 믿었을 때 그 모든 진리는 여러분의 삶 속에서 거룩함을 낳게 되어 있다. 반면에 잘못된 교리는 간접적으로나 직접적으로 여러분을 죄로 인도한다. 편협하게 만들고 인생의 발걸음을 바르지 못하게 만든다. 참된 진리는 자연스럽게 거룩으로 인도한다.

그러나 하나님의 말씀은 '아버지의 말씀은 진리'라고 하신다. 아버지의 말씀만이 여러분들을 거룩하게 하는 것이다. 여러분은 계속 말씀을 배운다. 이런 말씀을 배울 때 여러분의 마음속에는 무엇이 남아있는가? 좋은 해설이 남아있는가? 아니다. 그 속에 아버지의 말씀이 남아 있어야 한다. 말씀은 왜 듣는가? 거룩하게 되기 위해서이다. 말씀을 계속 들으면 결국 여러분의 삶이 거룩하게 변하는 것이다. 아버지의 말씀은 진리이고 성경은 아버지의 말씀이다. 이 말씀만이 여러분을 거룩하게 하는 것이다. 말씀을 들은 뒤에 여러분의 마음속에는 성경에 있는 말씀들이 그대로 남아 있어야 한다. 그것이 아니면 아무리 좋게 보여도 소용이 없다. 많은 사람들의 달콤한 말들이나 탁월한 해석이 아니라 주님의 말씀이 남아야 한다. 아버지의 말씀만이 진리이고 그 말씀만이 여러분을 거룩하게 하는 요소라는 것을 잊어서는 안 된다. 성경은 이미 정경으로 완성되어서 여러분의 손 안에 있다. 그 외에 다른 계시를 찾을 필요가 없다. 거기에 무엇을 더할 필요가 없고 뺄 필요도 없다. 여러분 손에 있는 정확무오한 성경을 더욱 부지런히 탐독하고 연구하고 배워서 여러분 자신이 아버지의 말씀으로 거룩하게 되기를 원한다.

지금은 마지막 시대이다. 주님은 거룩한 교회를 얻기 원하신다. 거룩하게 되기 위해서 우리가 가야할 곳은 성경이다. 성경으로 돌아가야 한다. 여러분이 말씀 자체를 사랑하고 그 말씀으로부터 영양분을 얻고 가르침을 받고 감동을 받고 새롭게 함을 받고 거룩하게 되기를 원한다. 성경의 증거에서 떠나지 말고 성경을 사랑하되 끝까지 이 경주에서 낙오하지 않기 바란다. 어떤 특정한 사람들만 거룩하게 된다고 오해하지 말라. 진리의 말씀을 부지런히 배울 때에 여러분의 삶 가운데 거룩함이 이루어지는 것을 보게 될 것이다.

세상은 타락했고 부패했고 가망이 없고 원수가 득실거리고 악이 가득하다. 이 세상은 전체가 악으로 가득 차 있다. 그런데 하나님은 이 세상을 사랑하셨고 거룩하신 그분의 아들을 이 세상에 보내셨다. 그 아들은 이 땅에 오셔서 열두 제자를 뽑으셨는데, 그 중의 하나 유다는 떠났고 지금 열한 제자를 놓고 마지막으로 십자가로 가시기 전에 기도를 하시는 것이다. 무엇이라고 하시는가? '하나님 아버지께서 나를 세상에 보낸 것처럼 나도 이 열 한 명을 세상으로 보내었습니다' 라고 하신다. 거룩하신 하나님은 아들을 세상에 보내셨다. 그런데 아들은 또 제자들을 세상에 보내신 것이다.

예수 그리스도는 이 땅에 오신 하나님의 독생자이시다. 그런데 이 아들은 이 땅에 오셔서 제자들에게 아버지께서 자신에게 해주신 것을 다 해주셨다. 22절에 보면 "내게 주신 영광을 내가 저희에게 주었사오니"라고 하신다. 그 영광을 누가 주셨는가? 아버지이다. 아버지께서 아들에게 주신 영광을 제자들에게도 주었던 것이다. 그러므로 아들 예수 그리스도는 아버지로부터 부여받은 것을 제자들에게 나누어주는 역사를 하신다는 것을 볼 수 있다.

19절, 또 저희를 위하여 내가 나를 거룩하게 하오니 이는 저희도 진리로 거룩함을 얻게 하려 함이니이다

아버지에 의해서 아들이 이 세상에 보내심 받은 것처럼 아들은 제자들을 보내는데 19절에서는 "또 저희를 위하여 내가 나를 거룩하게 하오니 이는 저희도 진리로 거룩함을 얻게 하려 함이니이다"라고 했다. 18-19절을 연결해서 읽어보면 이런 느낌이 든다. '제자들이 주 예수의 보내심을 받아서 거룩케 함을 얻고자 하려면 세상에 보내심을 받아야 한다'라고 느껴지는 것이다. 우리 주님은 원래 거룩하시다. 하늘에 계실 때부터, 또 이 땅에 태어나실 때부터 거룩하시다. 그런데 여기서는 주님이 저희들을 위해서 내가 나를 거룩케 한다고 하셨으니, 거룩이라는 말에는 한 가지 의미만 있는 것은 아닌 것 같다. 무엇인가 더 깊은 의미가 있는 것이 분명하다. 그러므로 예수 그리스도께서 지금 자신을 거룩하게 한다는 것은 틀림없이 그분이 십자가에서 죽으시고 부활하시고 하나님께 절대적으로 자신을 바쳐 순종하시는 것과 관계가 있다고 생각된다.

그렇다면 지금 예수께서는 제자들을 진리로 거룩하게 해달라는 기도를 하고 계시는데, 이것은 과연 무슨 의미인가? 우리는 여기서 생각해볼 필요가 있다. 주님이 이 땅에 오셔서 죄인을 위해서 십자가에 죽고 부활하시는 역사를 하지 않으셨다면 주님은 거룩하게 되는 것이 아니라는 말이 된다. 하나님은 아들을 이 땅에 보내셔서 아버지께 절대적으로 순종케 하심으로 말미암아 아들을 거룩하게 하셨다. 그리고 이제 예수 그리스도는 한 무리의 제자들을 삼 년 이상 가르치시고 훈련한 후에 세상으로 보낸다고 하셨다. 그러면서 저들로 하여금 진리로 거룩하게 함을 입게 해달라고 하신 것이다. 그러므로 여기에는 세상에 보내어지지 않는다면 거룩하게 되지 않는다는 암시가 들어 있는 것 같다.

거룩하게 되려면

1. 주님께 배워야 함

그리스도께서 자신을 거룩케 하셨듯이 우리도 거룩케 해야 한다. 우리가 온전히 자신을 분별하여 주님께 드리지 않으면 거룩한 것이 아니다. 따라서 체험적으로 여러분들이 진정으로 주님의 거룩하게 함을 입으려면 첫째는 먼저 배워야 한다. 제자들처럼 주님 앞에서 배워야 한다. 많이 배웠을 때, 은혜를 많이 얻었을 때, 비로소 보내심을 받는다. 세상으로 보내심을 받는 것이다. 그리고 그때부터 여러분은 거룩케 되는 것이 무엇인지 알게 된다. 그때부터 진리가 여러분 속에서 역사하게 되고 거룩케 함이 여러분에게서 이루어지게 된다. 아마 보내심 받기 전에는 진리를 머릿속으로 갖고 있었을 것이며 마음속으로 간수하고 있었을 것이다. 하지만 실제적인 거룩은 아직 이루어지지 않았을 수 있다. 우리 주 예수님도 거룩한 분으로 이 땅에 오셨지만 그분의 거룩함은 실제적으로 진실하게 증명되어야 했다. 죄인을 위해서 십자가에 죽으시는 그 죽으심으로 말미암아 그분의 거룩함은 증명되셔야 했던 것이다. 그럴 때에 세상은 예수 그리스도가 진실로 거룩한 분이라는 것을 알게 되었다.

제자들도 마찬가지이다. 주 예수님은 제자들을 삼 년 이상 교육하셨다. 그들은 많이 배웠다. 발 씻어주는 것도 배우고 말씀을 많이 들었다. 그런데 이제 마지막에 이르렀고 주님은 떠나려고 하신다. "아버지께서 나를 세상에 보내신 것 같이 나도 저희를 세상에 보내었고 또 저희를 위하여 내가 나를 거룩하게 하오니 이는 저희도 진리로 거룩함을 얻게 하려 함이니이다"(18-19절). 이제 진실로 제자들의 거룩함이 증명되어야 할 단계이다. 나는 여러분도 이런 단계에 도달하기를 원한다. 어느 날 주님께서 여러분을 보내실 것이다. 어디로 보내시는가? 세상으로 보내신다. 어떤 사람들은 거룩함을 추구하기 위해서 수도원으로 들어가고 산으로 들어간다. 자기 혼자 거룩하게 되기 위해서이다. 또 어떤 무리를 형성해서 다른 사람들과 접촉하지 않으면서 죽을 때까지 그들 가운데서만 산다. 그것은 진정한 의미에서 성경이 말씀하시는 거룩함이 아니다.

여기서 주님의 기도는 제자들을 세상으로 보내셔서 그 속에서 진리로 거룩함을 얻게 해달라는 것이다. 주님이 거룩하신 분이지만 이 땅에 오셔서 죄인들을 위해서 십자가에 못 박혀 죽으심으로 말미암아 그분 자신을 거룩하게 하셨듯이 말이다. 주님은 자신이 어떻게 하나님을 절대적으로 순종하고 얼마나 죄인을 사랑하며 절대적으로 구별된 사람인가를 증명하셨다. 이것이 바로 거룩한 것이다.

2. 세상 속에서 입증됨

거룩은 이 세상에 있는 속된 것이나 평범한 것과는 구별되는 다른 어떤 것이다. 그러므로 거룩함을 나타내는 길은 세상 속에 있을 때에라야 입증될 수 있는 것이지 혼자 거룩한 것은 아직 거룩한 것이라고 말할 수 없다. 하지만 오해가 없기 바란다. 스스로 거룩한 것이 다 거짓이라고 말하는 것이 아니라 그것이 참되게 증명되는 곳은 바로 세상이라는 것이다. 거룩이란 세상과는 절대적으로 다른 방식, 다른 속성, 다른 본질의 어떠함을 가지고 있다. 그러므로 세상이 배경이 되지 않으면 어떻게 성도의 거룩함이 세상과 대비되어 나타날 수 있겠는가? 그래서 예수 그리스도께서는 이 문제를 위해서 기도하신 것이다.

여러분도 주님의 음성과 명령을 듣고서 가야 한다. 여러분 주위에 있는 것이 다 세상이다. 그곳에서 결국 우리 주 예수님이 그러하셨던 것처럼 미움을 받고 핍박을 당해야 한다. 그러나 주님이 끝까지 그들을 사랑하고 그들의 죄를 위해서 자신을 버리고 피를 흘리셨듯이 그분과 같은 생명을 가진 여러분 역시 세상 속에서 거룩함을 나타내게 되어 있다. 여러분을 거룩하게 만드는 것은 결국 여러분들이 받은 진리이다. 진리가 여러분 속에서 역사해서 여러분을 거룩하게 만드는 것이다.

모든 믿는 자들을 위한 기도

20절, 내가 비옵는 것은 이 사람들만 위함이 아니요 또 저희 말을 인하여 나를 믿는 사람들도 위함이니

예수 그리스도께서는 열 한 제자만 위해서 기도하시는 것이 아니라 그들 후에 그들의 전도를 받고 예수를 믿을 모든 사람들을 위해서도 기도하셨다. 그 사람들 속에 우리도 포함되어 있는 것이다. 제자들의 전파를 듣고 앞으로 장래 예수를 믿을 하나님의 자녀가 될 많은 사람들을 위해서 지금 기도를 하고 계시다는 것이 20절의 말씀이다. 그리스도의 교회는 말씀으로 설립되고 말씀으로 전해가는 말씀의 종교이다(이상근).

21절, 아버지께서 내 안에, 내가 아버지 안에 있는 것 같이 저희

도 다 하나가 되어 우리 안에 있게 하사 세상으로 아버지께서 나를 보내신 것을 믿게 하옵소서

장차 세워질 예수 그리스도의 첫 번째 기도의 주제는 '하나'이다. 먼저는 11제자들이 하나되기를 기도하셨다. 다음으로는 그들의 전도를 받은 전 세계의 모든 성도들이 하나되기를 위해 기도하신 것이다. "분열된 교회는 진정한 성령의 역사를 볼 수 없고 외적으로도 참된 복음의 결실도 기대할 수 없다. 성도들이 성삼위 하나님과 완전하고도 아름다운 하나를 이룰 때 하나님의 임재와 복음전도의 미를 거둘 수 있다"(이상근).

"아버지께서 내 안에, 내가 아버지 안에 있는 것 같이". 이러한 말씀은 이해하기 쉬운 말씀이 아니다. 하늘에 아버지 하나님 곧 성부 하나님이 계시고 이 땅에 성자 예수가 계신데 분명히 구별이 있다. 아들은 아들이고 아버지는 아버지이다. 그런데 이 두 인격 간에는 하나가 있다. 서로 '안에' 거한다고 했다. 아버지는 아들 안에 거하고 아들은 아버지 안에 거한다. 이것은 이해하기 어렵다. 영어로 'co-inhere(서로 안에 거한다)'고 표현한다. 아버지와 아들은 이러한 하나를 갖고 계시다. 그런데 "저희도 다 하나가 되어"라고 말씀하시는 것이다.

성경에는 성부 하나님(아버지)과 성자 하나님(아들)이 있다. 그리고 세상이 있다. 성부와 성자는 원래 가지고 계시던 영광스럽고 거룩하고 비밀스러운 것이 있다. 그것은 다 하늘에 속한 것이다. 17장의 기도의 내용을 잘 읽어보면 결국 이 성자가 세상에 보내심을 받아서 세상에서 믿는 사람들, 즉 택한 백성들을 성부에게로 이끄는 일을 하셨다. 그래서 이 성자는 중보자가 되셨다. 이 세상 가운데서 성부에게 이끌리는 가람들을 가리켜서 교회라고 부른다. 성자가 오셔서 십자가에 못 박혀 죽으시고 이 세상 가운데 한 무리를 택하셨는데, 그분은 이 택함 받은 백성들을 성부께로 인도하는 일을 하신다. 이것이 바로 성자의 일이다. 예수님은 그것을 위해서 지금도 기도하고 계시는 것이다. 주 예수님께서는 과거에 먼저 11명을 뽑으셨다. 그리고 그 11명이 확장되는 것이다. 먼저 하나님의 부르심을 받은 자들이 그리스도 안에서 하나되어야 할 책임이 있다.

그런데 지금 주님은 아버지께 어떻게 해 달라고 구하시는가? 아버지가 내 안에 계시고 내가 아버지 안에 있는 것처럼 해 달라는 것이다. 성부와 성자 사이에는 뭔가 서로의 하나됨이 존재하고 있었다. 그것처럼 저희도 하나가 되게 해달라는 기도이다. 그것이 바로 21절의 내용이다.

성도들의 하나됨

"아버지께서 내 안에, 내가 아버지 안에 있는 것 같이 저희도 다 하나가 되어 우리 안에 있게 하사". 이 기도에서 중점은 교회의 하나, 곧 성도들의 하나이다. 이 땅의 성도들이 분열되지 말고 하나 되게 해달라는 것이다. 하나님의 자녀들인 교회는 하나 되어야 한다. 이것이 예수 그리스도의 기도이다. 오늘날은 유감스럽게도 '교회는 하나 이다. 하나님의 자녀들은 하나 되어야 한다'는 외침이 별로 없다. 그러한 찬송곡도 별로 없다. 이 메시지를 전한 후에 부르려고 하나됨에 관한 찬송을 아무리 골라도 마땅한 가사를 찾을 수가 없었다.

그러나 성경에 특히 예수 그리스도께서 십자가로 가시기 전의 기도 속에는 하나를 강조하는 말씀이 많다. 초기 교부 시대에 클레멘트나 이그나시우스가 교회에 보낸 서신들을 보면(이 서신들은 외경 속에 포함이 된다) 거기에는 성도들이 다 하나 되어야 한다고 간곡하게 교회들에게 호소하는 말들이 많다. 천주교까지는 하나에 대한 관념을 많이 가지고 있다. 그러나 유감스럽게도 개혁교회는 분열이 많이 된 이후에 얻은 것도 크지만 잃은 것도 크다. 그것이 바로 성도들의 마음속에 '교회는 하나 되어야 한다'는 생각이 너무나 약화되고 소홀히 되고 있다는 것이다. 성경에는 분명히 '몸이 하나이니', '많은 우리가 한 몸이니', '지체는 많으나 몸은 하나라' 등, 하나에 대한 말씀이 많이 있는데, 교회가 수많은 갈래로 나뉘고 나서 사람들은 더 이상 하나를 말하지 않는다. 그러나 우리 주 예수 그리스도께서 이 세상을 떠나시기 전에 하신 간곡한 그분의 유언적인 기도에서는 성도들이 하나 되어야 한다는 데 대한 간절함을 볼 수 있다.

그런데 그러한 하나는 천주교처럼 중앙집권적이고 조직적인 하나가 아니다. 교황을 머리로 삼은 그러한 하나를 얘기하고 있는 것이 아니다. 여기서 하나는 아버지가 아들 안에, 아들이 아버지 안에 있는 것 같은 본질적이며 생명의 법에 속한, 성령 안에서 누리는 하나를 말하는 것이지, 그러한 외적이고 종파적이고 조직적이며 인간 체계적이고 중앙 정부적인, 사람들이 보기에 하나라고 여겨지는 그러한 하나가 아니다. 그러한 것은 외적인 것이다. 오히려 성경에서의 하나는 겉으로 볼 때는 다양한 것이다. 그 나타나는 은사는 여러 가지이지만 성령은 같다고 했다. 이는 다양성 가운데서의 본질의 하나를 이야기 하는 것이다. 또한 직분은 다르나 주는 같다고 했다.

이는 또한 획일적인 하나도 아니다. 어떤 이는 말하는 것이 똑같아야 한다고 말한다. 그러나 같은 말을 하라고 성경에서 말씀하였지만 단어를 쓰는 것, 용어를 쓰는 것도 다 똑같이 말해야 한다면 그것은 공산주의 같은 것이다. 행동하는 것도 똑같아야 하기에 심지어 자매들이 시장에 갈 때도 함께 가야 한다고 말하는 사람들도 보았다. 그것은 겉으로 드러나는 여러 가지 행동을 똑같이 해야 한다는 획일적인 하나가 결코 아니다. 우리 주 예수님은 사람을 틀에 묶어 놓고 꼼짝 못하게 만들어서 '하나를 지키라'고 하는 식의 하나를 말씀하시는 것이 아니다. 사람들의 숨이 막히고 어떤 자유도 누리지 못하게 하는 그런 하나가 아니라 이 하나는 본질에서의 하나이며 생명에서의 하나이다. 주님이 주신 은혜로 말미암아서 성령을 통해서 우리는 하나라는 말이다.

또 이 하나는 어떤 교리상의 일치나 교회의 연합운동이나 지방적 입장의 동의를 통하여 이룬 하나보다도 더 깊은 하나이다. 외면적인 일치나 정치적인 일치는 요한복음 17장의 하나의 사상과 거리가 멀다. 이 요한복음 17장의 하나는 지상에서 사람들이 어떤 실행으로 만들어 낼 수 있는 것이 아니다. 그것은 내적인 것이요 생명에 속한 것이며 영원 전부터 하늘에 존재한 하나이다. 우리는 그리스도의 사역을 통하여 그 하나에 참여하게 되는 것이다. 이 하나를 만드신 분은 주 예수님이시다(엡2:13-16). 십자가의 역사는 그리스도께서 성도들을 태초로 이끄는 일을 하신 것이다. 믿는 우리가 얻은 생명은 태초부터 있는 생명이다. 그 생명은 태초부터 있는 말씀 안에 있는 것이다.

"아버지께서 내 안에, 내가 아버지 안에 있는 것 같이 저희도 다 하나가 되어 우리 안에 있게 하사". 하나된 교회라야 아버지와 아들 안에(우리 안에 있게 하사) 실제적으로 존재하게 되는 것이다. 분열적이고 서로 나누어지는 무리는 체험적으로 아버지와 아들 안에 거할 수가 없다. 진정으로 우리가 주 안에, 아버지 안에 거할 수 있는 길은 성도들이 태초로 돌아가는 것이다.

원래 하늘에 하나가 먼저 존재하였다

그러나 하늘에는 성부와 성자 간의 비밀한 서로 안에 거하는 하나가 있다. 하나님은 한 무리의 교회를 부르셔서 하늘의 하나님 아버지와 아들 안에 있었던 그 하나를 확장시키고자 하시는 것이다. 주님은 우리 믿는 이들이 이미 존재하는 성부와 성자의 하나 안에 우리도 있게 해달라고 하셨다. 하나는 우리가 만들어내지 못한다. 이 세상에 있는 하나가 아니다. 태초에 말씀이 계셨듯이 이 하나도 삼일성의 하나님 안에 존재하고 있었다. 아들은 십자가와 죽음과 부활을 통해 이 하나를 이 땅에 확장하고자 하셨다. 이 일은 사람이 할 수 있는 일이 아니기에 아들은 십자가로 나아가기 전에 기도하셨다. 이 신비한 하나, 즉 하나님 아버지와 아들 예수 그리스도 안에 있는 하나가 확장된 무리가 바로 교회이다. 그렇게 될 때에서야 21절의 하반절의 "세상으로 아버지께서 나를 보내신 것을 믿게 하옵소서"가 이루어지는 것이다. 그럴 때 복음이 자동적으로 전파된다는 뜻이다.

17장 전반부에서 주님은 세상을 위하지 않는 것 같다. 그러나 여기쯤 와서는 주님은 이렇게 말씀하시는 것 같다. '너희 가운데 이 거룩한 하나가 나타날 때 이 세상 사람들이 구원을 받을 수 있다. 이 세상은 여러분들에게 달려 있다. 내가 세상을 구원하기를 원하지만 그것은 먼저 믿은 여러분들이 얼마나 주 안에서 참 하나를 소유하는가에 달려 있다' 즉 주님이 성도들의 하나를 위해 기도하시는 것은 세상을 구원하기 위한 것이다.

22절, 내게 주신 영광을 내가 저희에게 주었사오니 이는 우리가 하나가 된 것 같이 저희도 하나가 되게 하려 함이니이다

"내게 주신 영광을 내가 저희에게 주었사오니". 이 말씀을 보면 성부는 성자에게 영광을 주었다고 했다. 성자는 제자들에게, 교회에게, 믿는이에게 영광을 주었다고 했다. 성부는 아들에게 영광을 주었고 아들 성자는 믿는 자들에게 아버지께로 받은 영광을 주셨다. 이 아들 예수 그리스도와 우리 제자들과의 관계는 아버지와 아들과의 관계와 너무나 같은 것이 많다. "내가 아버지로 인하여 사는 것 같이 나를 믿는 그 사람도 나로 인하여 살리라"(요 6:57). 성자는 마치 성부의 제자 같다. 우리는 마땅히 성자의 제자이다. 성자는 이처럼 중보적인 역할을 하셔서 우리 택함 받은 성도들을 아버지께로 인도하심으로 그분과 다 함께 하나가 되기를 바라시는 것이다. 이것은 매우 비밀스럽다. 이 땅에서 죽고 썩어지고 망할 수밖에 없는 하찮은 인간들 가운데 한 무리를 선택하셔서 영원 전부터 하늘의 영광과 거룩함 속에서 누리던 특권을 부여해 주시기 위해서 이 땅에 오신 분이 성자 예수이시다. 그리고 성부께서 성자를 사랑한 것처럼, 성자는 교회를 사랑하셨다.

요한복음은 이러한 이야기가 계속 나오는 것이다. '아버지께서 나를 사랑하는 것처럼 내가 너희를 사랑했다. 아버지가 나에게 주신 영광을 내가 너희에게 주었다' 결국은 한 아들이 많은 아들들을 이끌어서 원래 한 아들이 가지고 있던 모든 특권과 영광을 많은 사람들에게 주심으로 자신은 맏아들이 되신 것이다. 많은 아들들을 아버지께로 인도하는 역사를 하시는 분이 바로 성자이시다. 사람이 도대체 무엇이관대.. 하나님은 죄인인 우리를 이렇게까지도 우대하시는가? 우리는 이러한 말씀을 대할 때 감당할 수가 없다. 지금 이 일을 예수 그리스도께서 하고 계시고 또 기도하시는 것이다. "내게 주신 영광을 내가 저희에게 주었사오니". 이 영광이라는 것은 도대체 무엇인가? 하나님께 속한 것은 하나님의 생명, 하나님의 은혜, 진리, 이 모든 것이 다 영광이다. 하나님께 속한 것은 다 최고이기 때문이다. "성도들의 하나님과의 일치는 단지 공존이 아니라 거기에는 영광의 분여가 있고(22절), 사랑의 교류가 있다. 이런 복스러운 일치는 곧 세상에 알려지기 마련이다. 이것이 세상에 대한 성도의 진정한 증거이며 빛이 되는 경지이다(이상근)".

때로는 성도들이 말하는 것을 들을 때 '참 귀하다. 이 세상에는 이러한 사람들이 없다. 어쩌면 이렇게 귀한가'라고 느낀다. 왜 그런가? 하나님의 생명을 가졌기 때문에 그런 것이다. 그 영광은 성도들을 하나로 묶을 수밖에 없다. 성도들 안에도 내 속에 있는 것과 똑같은 귀한 것이 있음을 서로 발견하게 되기 때문이다. 이러한 영광을 누가 주었는가? 원래 아버지가 아들에게 주셨던 것을 아들이 우리에게, 믿는 자들에게 주심으로 하나가 되게 하셨는데, 이 하나의 모양은 아버지와 아들이 서로 안에 거하는 것 같은 그러한 하나인 것이다. 바로 이러한 하나를 위해서 우리 주님이 기도하셨던 것이다. 오늘 교회가 가져야 할 하나, 성도가 서로 누려야 할 하나는 바로 이러한 하나인 것이다.

바울 사도는 성도들에게 '내가 여러분을 너무나 사랑하고 사모함은 여러분이 항상 내 마음에 있기 때문이다'라고 고백했다. 나도 여러분 마음속에 있기 원한다. 우리는 서로의 마음에 있어야 한다. 그렇게 마음에 있기에 항상 위해서 기도할 수 있는 것이다. 떨어져 있는 상태에서 마음도 없으면서 서로 하나 되려고 애를 쓴다면 그렇게 하나 되기란 얼마나 어렵겠는가?

23절, 곧 내가 저희 안에, 아버지께서 내 안에 계셔 저희로 온전함을 이루어 하나가 되게 하려 함은 아버지께서 나를 보내신 것과 또 나를 사랑하심 같이 저희도 사랑하신 것을 세상으로 알게 하려 함이로소이다

단어로 볼 때는 어려운 말이 하나도 없다. 그런데 그 뜻은 결코 쉽지 않다. 여러분, 이 말씀을 100번 읽고 나서 뜻이 통하는지 보기 바란다. 이는 참 말하기 어려운 말씀이다. "내가 저희 안에, 아버지께서 내 안에 계셔 저희로 온전함을 이루어"라고 했다. 결국 성도들이 온전함을 이룬다는 것이 무엇인가? 믿는이가 온전케 된다는 것이 무엇인가? 그것은 바로 그리스도께서 성도들 안에 거하시는 것이다(갈2:20). 여러분 속에 여러분이 사는 것이 아니라 예수 그리스도께서 거하게 하시는 것이다.

성도들이 그리스도를 안에 모시고 살며 그에 더하여 많은 성도들과 하나로 일치되는 상태가 온전하게 되는 길이다. 개인적인 영성이 좋다고 해서 온전하게 되었다고 말하지 말라! 많은 성도들이 한 몸으로 온전히 건축되어지지 않았다면 여러분은 아직 온전하지 않은 것이다. 이는 사도 바울도 말한 바 있다. "우리가 다 하나님의 아들을 믿는 것과 아는 것에 하나가 되어 온전한 사람을 이루어 그리스도의 장성한 분량이 충만한데까지 이르리니"(엡4:13) 여러분이 그리스도인으로서 온전하게 되고자 할진대 교회는 절대적으로 필요한 존재이다. 성도들과 함께 하나되어 전진하지 않는 그리스도인은 절대적으로 그리스도 안에서의 온전함을 얻지 못한다.

하나됨의 비결

"내가 저희 안에, 아버지께서 내 안에 계셔 저희로 온전함을 이루어 하나가 되게 하려 함은". 예수 그리스도께서 성도들 안에 계시겠다는 것이다. 그래야 하나가 된다는 말이다. 우리가 어떻게 하나가 되겠는가? 기질도 다르고 배운 것도 다르고 취미도 다르고 모든 것이 다른데 여러분과 내가 어떻게 하나가 되겠는가. 그러나 우리가 그리스도 안에 거하며 그리스도께서 우리 안에 사실 때 그리스도는 한 분이시기에 하나 될 수 있는 것이다. 성도들이 실제로 그리스도 안에 거하며 그리스도께서 그들 안에 사신다면 어찌 하나될 수 없겠는가? 여러분의 긴급한 필요가 무엇인가? 그리스도 안에 늘 거하는 것이며 내가 살지 않고 내 안에 그리스도께서 사시게 하는 것이다. 그것이 여러분의 필요이고 나의 필요이기도 하다. 그럴 때 여러분과 나는 쉽게 하나 될 수 있는 것이다. "이제는 내가 사는 것이 아니라 오직 내 안에 그리스도께서 사신 것이라". 그리스도께서 여러분 속에 살면 여러분의 생각, 여러분의 행동, 여러분의 말이 다 그리스도이다. 나도 마찬가지이다. 그럴 때 우리는 하나 될 수 있으며 이렇게 되는 것이 온전하게 되는 것이다. 그럴 때 그리스도는 우리의 모퉁이 돌이 되셔서 우리를 하나

되도록 연결시켜주신다.

"하나가 되게 하려 함은 아버지께서 나를 보내신 것과 또 나를 사랑하심 같이 저희도 사랑하신 것을 세상으로 알게 하려 함이로소이다". 아버지께서 나를 보내신 것, 그것은 복음이다. 복음의 능력과 복음의 증거도 하나가 되어야 있다. 하나님의 사랑이 사람들에게 알려지는 것도 마찬가지이다. 세상 사람들이 어떻게 하나님의 사랑을 알 수 있는가? 복음과 사랑은 성도들이 하나됨으로 전파된다. 그러나 중세 천주교를 보라. 그러한 거창하고 중앙 집권적인 조직적인 하나로 복음과 사랑이 세상에 알려졌는가? 아니다. 사람들은 믿지 않았다. 도리어 더 혐오감을 가졌다. 그러므로 사려 깊은 사람들은 그런 조직이 틀렸다고 했다.

그러면 예수 그리스도께서 위하여 기도하신 하나는 도대체 어떤 하나인가? 그야말로 중앙집권적이고, 획일적이고, 조직적인 하나가 아니라, 본질적이고 내적인, 오늘 우리가 추구하는 바, 그 하나를 말하는 것이다. 그럴 때에야 세상 사람들은 하나님께서 우리를 사랑하신 그 사랑을 알게 된다는 것이다. 요한복음 1장의 그 생명이 17장에 와서는 확장되려 하고 있다. 우리의 하나는 그 생명의 확장 이외에 아무 것도 아니다. 생명 안의 하나 외에 다른 하나는 아무런 의미가 없다.

24절, 아버지여 내게 주신 자도 나 있는 곳에 나와 함께 있어 아버지께서 창세 전부터 나를 사랑하시므로 내게 주신 나의 영광을 저희로 보게 하시기를 원하옵나이다

"아버지여 내게 주신 자도". 내게 주신 자가 누구인가? 믿는 사람들, 곧 제자들이다. 오늘 날은 우리를 말한다. "나 있는 곳에 나와 함께 있어". 지금 주님은 떠나려 하고 있다. 아버지께로 돌아가시는 것이다. 그런데 '모든 믿는 자들이 나와 함께 있게 해달라'는 이 기도는 무엇인가? "아버지께서 창세 전부터 나를 사랑하시므로 내게 주신 나의 영광을 저희로 보게 하시기를 원하옵나이다". 아들 외에는 이 영광을 본 사람이 없다. 아는 자도 없고 체험한 자도 없다. 사람들은 그저 이 세상에서 죄 가운데 태어나서 아무것도 모르고 살아 왔다. 그러나 성자는 창세 전부터 그 영광 가운데 계셨기 때문에 이 땅에 와서 한 무리를 구속해서 그 영광을 같이 볼 수 있게 해달라는 기도를 드리고 있는 것이다. 이 기도는 응답될 것이다. 이 거룩하신 아들이 영원 전부터 계셨던 그 영광으로 여러분 모두를 다 이끄실 것이다. 뿐만 아니라 성도들은 이 땅에서 아들 안에 거함으로, 그분이 계신 곳에 함께 있음으로 말미암아(나 있는 곳에 너희도 있게 하리라, 요14:3) 우리가 그리스도께서 계신 곳에 늘 함께 있을 수 있다면 오늘 우리는 그리스도 안에서 그분이 보신 영광을 볼 수 있다.

25절, 의로우신 아버지여 세상이 아버지를 알지 못하여도 나는 아버지를 알았삽고 저희도 아버지께서 나를 보내신 줄 알았삽나이다

"의로우신 아버지여". 아들과 아버지는 사랑의 관계이다. 그런데 여기서 왜 주님은 아버지를 의롭다고 말씀하셨는가? 의롭다는 말은 심판과 관계된다. 공정하게 심판하는 것과 관계된다. "세상이 아버지를 알지 못하여도 나는 아버지를 알았삽고 저희도 아버지께서 나를 보내신 줄 알았삽나이다". 결국은 성자께서 한 무리를 성부께 영광으로 인도하시는데, 무엇이 그들을 그곳으로 올라가게 할 수 있는 열쇠라는 말인가? 그것은 다름 아닌 '아는 것'이다. 3절에 바로 그 말씀이 있다. "영생은 곧 유일하신 참 하나님과 그의 보내신 자 예수 그리스도를 아는 것이니이다(3절)". 이것은 하나님을 아는 문제이다. 여러분이 주일마다 듣는 하나님의 말씀은 결국 여러분 속에 계속 들어가서 아버지와 그의 보내신 예수 그리스도를 알게 만든다. 그렇게 알게 됨이 여러분을 하늘 영광으로 이끌 것이다.

그러므로 의롭다는 말씀을 하신 이유는 이들을 영광으로 이끄는 것이 합당하다는 것이다. 그 이유는 무엇인가? 이제 우리 주님은 죄인들을 위해 돌아가실 것이고 피를 흘리실 것이다. 그들 대신 죄와 심판을 담당하실 것이다. 그렇기 때문에 이제 아들은 의로우신 아버지를 부르면서 저들이 영광을 보게 해달라, 나 있는 곳에 있게 해달라는 기도를 드릴 수 있는 것이다.

26절, 내가 아버지의 이름을 저희에게 알게 하였고 또 알게 하리니 이는 나를 사랑하신 사랑이 저희 안에 있고 나도 저희 안에 있게 하려 함이니이다

"내가 아버지의 이름을 저희에게 알게 하였고 또 알게 하리니". 여기 알게 한다는 말이 또 있다. 아는 것이 핵심이고 열쇠이다. 아버지의 이름에는 진리도 있고 생명도 있고 아버지의 역사도 있고 인격도 있다. 모든 것이 그 이름 속에 다 포함되어 있다. 그것이 바로 복음의 내용이다. 예수 그리스도는 그것을 알게 하시겠다는 것이다. "알게 하였고 또 알게 하리니". 여러분은 이미 주님을 알았다. 그러나 더 알아야 한다.

교회의 특징은 사랑

"이는 나를 사랑하신 사랑이 저희 안에 있고 나도 저희 안에 있게 하려 함이니이다" 믿는 사람들 속에는 하나님의 사랑이 있게 된다. 그리고 그리스도께서 그 안에 사시게 된다. 어떤 사람들에게인가? 하나님을 아는 사람들 '속에'이다. 하나님을 사랑하는 자는 하나님을 아는 자이다. 오늘날 사람들은 '하나 되어야 한다'고 말한다. 그런데 그 하나의 본질은 사랑이다. 사랑이 없이 하나를 이루려면 그것은 공산당식의 하나가 될 뿐이다. 사랑이 하나됨의 본질인 것이다. 거룩함 속에도 사랑이 있어야 한다. 진리 속에도 사랑이 있어야 한다. 성도들의 마음속에는 사랑이 있어야 한다. "하나님은 사랑이시라". 그리스도인의 특징은 그 속에 미움이 없고 사랑이 있다는 것이다. 하나님의 자녀들은 간단히 말하면 사랑하는 사람들이다.

나는 일생토록 여러분들을 사귀고 교제하다가 언젠가 주님께 가는 날 헤어질 것이다. 그럴 때 '아, 그는 정말 우리를 사랑한 사람이었다'라고 기억되고 싶다. 그리스도인은 사랑하는 사람들이다. 그것은 하나님의 사랑을 받았기 때문이다. 그리스도인은 누군가를 미워하거나 이용하지 않는다. 사람을 이용하는 이유는 무엇인가? 사랑하지 않기 때문이다. 진정한 사랑은 하나님의 사랑인 '아가페' 뿐이다. 진정으로 하나님을 아는 사람들, 예수 그리스도로부터 진정한 아버지의 이름을 듣고 알게 되고 진정으로 주님을 믿은 사람이라면 그들 속에 특징적인 '사랑'이 있는 것이다. 만일 사랑이 없다면 그 사람은 거듭나지 않은 사람이다. 거듭난 사람의 특징은 그 속에 사랑이 있는 것이다. 그리고 그 다음은 무엇인가? 그리스도께서 그들 안에 거하시는 것이다. "나도 저희 안에 있게 하려 함이니이다". 주님이 안에 사는 사람들이 그리스도인이다. 그런 사람들만이 하나를 이룰 수 있다. 분열이 있다는 것은 그들 안에 그리스도가 없고, 그저 사람들이 존재한다는 것이며, 육에 속한 시기와 미움이 역사한다는 것이다(고전1-3장 참조). 어떻게 목숨을 다 하도록 서로 사랑하는데 서로 분열할 수 있겠는가? 있을 수 없는 일이다. 하나님의 사랑으로 참되게 사랑하는데 어떻게 나누어질 수 있겠는가? 그것은 가능하지 않다.

주 예수의 기도는 하나를 위한 기도이고, 그 본질이 사랑이다. 우리 안에 사랑이 있고, 그리스도께서 성도 안에 거할 때, 그로 말미암아 하나가 이루어진다는 것을 잊지 말기 바란다. 이러한 삶이 결국 그리스도인의 삶이고, 교회가 하나 되는 것이다. 이러한 교회가 있다면 주님의 유언의 기도가 그들 가운데 이루어지는 무리인 것이다. 주님의 기도가 응답된 모습은 바로 성도들의 하나 안에서 볼 수 있는 것이다. 나는 우리가 무엇보다도 바로 그러한 교회가 되기를 바란다. 우리가 바로 대제사장으로서의 주 예수의 기도가 응답되어지는 무리이기를 바란다.

하나에 대한 높은 표준

오늘 날 성도들이 하나되어야 할 표준은 얼마나 높은지! 요한복음 17장은 우리가 지상에서 누려야 할 하나의 표준을 제시한다. 그저 일주일에 한 번 교회에서 만나 악수를 나누는 식의 하나는 낮은 수준이다. 서로 함께 사랑한다고 하지만 이기적인 동기를 가지고 있는 식의 하나도 표준에서 멀다. 심지어 교회가 초대 교회 형태로 돌아가서 하나되는 것도 표준이 아니다. 교리와 사상과 교회의 입장을 찾아서 하나를 만들자 해도 요한복음 17장의 하나의 표준에서 멀다. 우리는 적어도 요한복음 17장에서 아버지와 아들의 하나가 오늘 우리 믿는 이들이 가져야 할 하나의 표준임을 배울 수 있다.

우리는 먼저 우리가 진정 그렇게 될 수 있는지를 물어야 한다. 우리는 초대교회가 이 시대에도 회복되어 나타날 수 있음을 믿는다. 더 나아가 우리는 요한복음 17장의 하나가 투영될 수 있음도 믿는다. 이러한 하나가 이루어질 수 없는 것이라면 예수께서는 기도하실 필요가 없으셨을 것이다. 요한복음은 우리를 태초로 이끈다. 무엇이든지 중간에서는 해결이 어렵다. 요한복음 1장 1절은 우리를 영원 전의 아들과 아버지의 기묘한 하나를 보여준다. 태초부터 계셨던 말씀이신 아들은 아버지와 함께 계셨고 그 말씀은 하나님이셨다. 아버지와 아들은 한 번도 나뉘어진 적이 없다. 아들은 언제나 아버지 안에 거하셨고 아버지는 아들 안에 거하셨다. 주 예수의 기도는 이 땅의 성도들을 그 영원한 영광의 하나 안으로 이끄시는 것이다. 성도들은 얼마나 복된 존재인가! 오늘 날도 그리스도의 십자가와 성령께서는 우리로 완전한 태초의 하나를 이루실 수 있는 분임을 믿는다.

이 땅에 사역하실 때도 아들은 한 가지 일도 혼자 하신 일이 없으시다. 아버지께서 함께 하시니 아들이 일하시고 말씀하셨다. 오늘 우리 그리스도인들이 이루어야 할 하나는 이것이다. 얼마나 많은 이들이 이해관계 속에서 하나를 가지려 하는가? 경제적으로나 이해관계 속에서 상대가 필요하니 하나를 이루는 것이다. 따라서 필요가 없어지면 멀어지고 만나지 않는다. 함께 일하지도 않는다. 이것은 주님이 기도하신 하나와 거리가 너무나 멀다.

주님이 기도하신 이 하나는 초대교회의 모형보다도 더 본래로 돌아가야 한다. 태초의 성부와 성자의 가지셨던 하나로 돌아가는 것이다. 하나님은 사람을 지으실 때부터 이러한 하나를 계획하셨다. 죄로 잃어버린 바 되었던 것을 주 예수께서 십자가로 회복하셔서 한 떡이 되게 하신 하나이다. 우리는 이 하나에 참여할 수 있을 뿐 이 하나를 만들 수 없다(고전10:16, 17).

따라서 오늘 우리는 교회를 말할 때 '하나'를 말해야 한다. 하나가 없으면 교회가 없다. 사탄은 인류에게 죄만 가지고 온 것이 아니라 분리와 분열을 가져왔다. 아담과 하와가 타락한 후 하나님과의 분리가 생겨나고 부부 간에도 분리가 생겨났다. 서로 부끄러움을 알게 되고, 잘못을 서로 핑계대었다. 이는 분리이다. 원래 그들을 지으신 하나님은 동산에서 남자와 여자를 따로 지은 것이 아니라 하나에서 나오게 한 것이다. 따라서 하와의 죄를 아담 한 사람의 죄로 표현하는 것이다(롬5:12, 19).

이러한 분리가 창세기 11장 바벨에서 언어를 혼잡케 하여 큰 열매가 되어 나타났다. 실상은 바벨탑을 쌓은 그들의 연합이 진정한 생명의 하나가 아니므로 실제는 혼란이요 분열적인 육체 안에서였다. 따라서 하나님은 그들 내부의 분열을 밖으로 표출되게 하였다. 그리고 언어를 혼잡케 한 것이다. 오순절의 사건은 언어의 한계를 초월케 한 일이다. 그 날 교회가 탄생한 날이며 '하나'가 생겨났다. 교회는 '한 몸', '한 떡'이다. 오늘 우리는 하나를 말하지 않고 교회를 말할 수 없음을 보아야 한다. 오순절 성령은 하나를 위한 성령임을 잊지 말라! 사도행전 8장의 베드로와 요한의 안수와 성령의 부어짐은 교회의 하나를 유지하기 위한 것이다. 사마리아 성도들이 빌립의 전도로 구원은 받았지만 오순절 능력의 성령은 당시 교회를 대표하는 베드로와 요한이 사마리아 성에 도착하여 기도할 때 부어진 것이다. 오늘 성령으로 말미암아 교회가 나타나는 것은 죄로 말미암아 잃어버린 하나를 회복하는 것임을 잊지 말아야 한다. 그러므로 교회는 한 떡을 떼며 주님을 기념하는 것이다(고전10:16). 오늘 교회는 이 땅에서 이 하나를 간증하기 위해 부르심 받았다.

우리는 오늘 아들 안에 거하면서 성도들과 하나를 누릴 수 있다. 우리 안에 그리스도가 사시기에 우린 생명 안에서 하나이다. 아들이 언제나 아버지 안에 거하셨듯이 아버지께서 아들 안에 거하셨듯이 우린 아들 안에 거하며 성도들과 하나이다. 우리 모두가 그리스도 안에서 하나이다. 아버지께서 아들을 사랑하신 그 사랑이 우리 안에 있어서 서로 사랑할 수 있다. 따라서 우린 영원히 나뉘어질 수 없다. 오늘 날 성도들은 새로운 사람들을 만나기를 두려워하기도 한다. 언젠가 서로 헤어질 것을 염두에 두어야 하기 때문이다. 이것은 표준에서 벗어나도 한참 벗어난 것이다. 우리는 브리스가와 아굴라가 바울을 위하여 자기들의 목이라도 내어놓으려 했다는 것을 로마서 16장에서 읽는다. 바울은 디모데를 위하여 늘 사랑의 마음으로 기도한 것을 읽을 수 있다. 디모데를 아들같이 여긴 것이다. 아니 아들이라고 불렀다. 우리가 오늘 이러한 수준에 이르지 못한다면 무슨 말로도 주님 앞에 변명할 수 없다. 오늘 교회는 요한복음 17장의 상태에서 너무 멀리 있다는 것을 시인하지 않을 수 없다. 우린 회개하는 마음을 가져야 하고 주님의 기도가 우리 안에서 응답되는 교회가 되기를 원해야 한다. 오히려 우리는 주님이 우리에게 주신 하나의 표준이 이렇게 거룩하고 영광스러우며 높은 것에 대하여 주님을 찬양해야 한다. 주여, 우리에게 주님 당신이 십자가로 나아가시기 전 아버지께 기도하신 그러한 온전하며 참된 하나를 가질 수 있도록 도와주소서!

18 장

배신자 유다

요한복음 18장에는 유다의 이야기가 나온다. 그는 예수 그리스도의 12명의 제자 중 한 명으로서 예수를 죽이려고 집요하게 찾고 있었던 대제사장들과 바리새인들에게 예수를 배반하고 팔아버렸다. 주님을 따랐던 11제자는 주님의 기도에 따라 참 하나를 이루었고 그들의 목숨이 다 하기까지 주님을 따랐다. 그러나 그들 중 하나는 마귀에게 속하여 철저히 예수를 부인하였다. 신약의 참된 사역은 이렇게 생명과 사망, 어두움과 빛을 완전하게 나눈다. 바울이 가는 곳에 생명을 얻는 무리가 있는가 하면 사망에 이르는 무리가 있었던 것과 같다(고후2:15-16). 이는 그의 사역이 순전하게 그리스도의 말씀을 전하는 것이었기 때문이다(고후2:17).

여러분은 '예수가 이 땅에 오셨을 당시에 베드로와 요한과 야고보처럼 우리도 그분과 함께 있었다면 얼마나 좋았을까? 그분의 얼굴을 직접보고 함께 지냈다면 얼마나 좋았을까?'라는 생각을 해본 적은 없는가? 물론 그것은 그야말로 사람으로서의 가장 큰 특권일 것이다. 하나님의 아들이 이 땅에 오셨을 때 가까이에서 대하며 제자로 뽑혀서 삼년 동안 함께 생활하는 것보다 더 큰 특권은 없을 것이다. 그런데 유다를 생각해볼 때, 특권을 가지고 있는 사람이라고 해서 그것을 온전히 누릴 수 있는 것은 아니라는 사실을 알게 된다. 제자들 중의 한 사람은 멸망의 자식이 되어버렸던 것이다. 인간으로서 얻기 어려운 고귀한 특권을 한 번에 상실해 버리고 세세토록 배신자의 대명사인 가룟 유다로 기억되게 된 것이다.

나는 대학 시절에 사회와 정치에 관심이 많아서 활동을 많이 했다. 당시 정보부 실력자였던 선배 한 분이 나에게 한 가지 말해 주고 싶다고 하면서 일생을 살면서 절대로 배신하는 길은 가지 말라고 가르쳐 주셨다. 그것은 가파른 인생을 살아왔던 사람으로서 정말 사랑하는 후배에게 한 마디 가르쳐 주고 싶은 가르침이었는데, 그 말이 내 마음에 깊이 새겨졌다. 인생을 살다가 여러 가지 잘못을 할 수 있다. 하지만 잘못이라고 다 똑같은 것이 아니다. 그중에 가장 좋지 않은 것이 배신이다. 하지만 사람이 배신하고 싶어서 배신하는 것은 아니다. 배신하는 사람들은 동기와 조건이 있다. 상황이 생기고 조건이 성립되면 배신하게 된다. 인간 누구에게나 그럴 수 있는 요소가 다 잠재해 있다. '나는 아니다'라고 하지 말라. 성경 말씀에서도 선 줄로 생각하는 자는 넘어질까 조심하라고 했다.

5절 하반에는 "유다도 저희와 함께 있더라"고 했고 3절에도 "유다가 군대와 및 대제사장들과 바리새인들에게서 얻은 하속들을 데리고"라고 되어 있다. 그 배신의 일에 있어서 유다가 주동이 된 것을 알 수 있다. 예수님을 3년 반이나 따라다닌 제자가 예수를 잡아 죽이려고 하는 대열 속에 끼어서 그 일에 앞장섰다는 사실에 우리는 참으로 놀라지 않을 수 없다.

배신의 원인

1. 이생의 삶을 사랑함

유다가 배신하게 된 원인은 무엇인가? 첫째는 돈 때문에 배신한다. 그는 열두 제자 중에서 금전을 맡은 사람이었다. 또 돈에 대한 관심이 많았던 사람이다. 마리아가 향유 옥합을 깨서 주님의 발에 부을 때도 그는 돈 계산부터 했다. 이렇게 귀한 향유를 깨서 허비할 이유가 무엇인가, 이것을 팔면 삼백 데나리온을 받아서 많은 사람에게 나누어 줄 수 있고 효율적으로 사용할 수 있는데 왜 값없이 깨어 버리느냐고 했다. 이처럼 유다는 재리(財利)에 밝은 사람이었다.

그러므로 배신할 수 있는 첫째 조건은 이생의 삶을 중요시 하고 자기의 목숨을 사랑하는 것이다. 그는 자신에게 호의를 베푼 자신의 권위자나 지금까지 도움을 베푼 자라 할지라도 그를 해하고 넘어뜨리지 않으면 나아갈 수 없을 때는 가차 없이 배신할 수 있는 사람이었다. 그래서 사도 바울은 돈을 사랑하는 것이 일만 악의 뿌리라고 했던 것이다. 유다 속의 배신의 뿌리는 이생의 삶을 사랑하고 돈을 사랑하고 자기를 사랑하는 것이었다. 일을 사람보다 더 사랑하며 자신의 일을 성공시키기 위해서라면 사랑하는 사람들과의 관계도 가차 없이 끊어 버리고 배신의 길을 가게 된다. 나는 절대 배신하지 않겠다고 해도 소용없다. 그것은 결심으로 되는 것이 아니다. 본질적으로 그 사람의 존재가 바뀌지 않는 한 배신의 기질은 우리 속에 자리 잡고 있음을 명심하기 바란다.

그러면 우리는 돈도 벌지 말고 직장도 갖지 말고 하나님만 섬겨야 하느냐고 묻는 사람도 있다. 물론 하나님을 섬겨야 되지만 성도들은 마땅히 열심히 일을 해야 한다. 데살로니가전서 4장 11-12절에서는 "또 너희에게 명한 것 같이 종용하여 자기 일을 하고 너희 손으로 일하기를 힘쓰라 이는 외인을 대하여 단정히 행하고 또한 아무 궁핍함이 없게 하려 함이라"고 사도 바울은 말했다. 열심히 일하고 부지런히 일하는 사람은 궁핍하지 않다. 여러분은 부지런히 일해서 돈을 벌고 살아야 한다. 하지만 그리스도인들은 돈을 사랑하면 안 되는 것이다. 이것은 차이가 있다.

디모데후서 6장 7-9절에는 이렇게 말했다. "우리가 세상에 아무 것도 가지고 온 것이 없으매 또한 아무 것도 가지고 가지 못하리니 우리가 먹을 것과 입을 것이 있은즉 족한 줄로 알 것이니라 부하려 하는 자들은 시험과 올무와 여러 가지 어리석고 해로운 정욕에 떨어지나니 곧 사람으로 침륜과 멸망에 빠지게 하는 것이라 돈을 사랑함이 일만 악의 뿌리가 되나니 이것을 사모하는 자들이 미혹을 받아 믿음에서 떠나 많은 근심으로써 자기를 찔렀도다". 돈 버는 데만 관심이 있고 부자가 되려고 애쓰는 사람들이 있다. 그래서 다단계를 찾아다니고 여기저기 다니는데 결과적으로 시험에 떨어지는 사람이 많이 있다. 아주 어려운 시험과 올무와 여러 가지 해로운 정욕에 떨어지게 된다.

이어지는 10절은 이렇게 말한다. "돈을 사랑함이 일만 악의 뿌리가 되나니 이것을 사모하는 자들이 미혹을 받아 믿음에서 떠나 많은 근심으로써 자기를 찔렀도다". 이런 말씀은 틀림없이 정신없이 돈을 좇는 사람들에게 반드시 적용되는 말씀인 것이다. 사도행전 20장 33-35절에서 바울 사도는 에베소의 장로들 앞에서 '내가 아무의 은이나 금이나 의복을 탐하지 않았고, 열심히 일했다'고 말했다. 이는 바울의 간증이다. 열심히 일해서 그 대가를 받는 것은 좋지만 남의 돈을 가지려 하거나 불로소득을 원하는 것은 도둑의 마음이다. 그리스도인은 그런 마음을 가져서는 안 된다. 아무의 은이나 의복을 탐하지 않는 정신이 좋은 것이다.

바울이 이런 말을 했다는 것은 하나님을 섬기는 사람들 중에도 다른 사람들의 은이나 금이나 의복이나 물질을 탐내는 사람이 있을 수 있다는 것이다. 하지만 바울은 그렇게 하지 않았다. 34절에서는 "너희 아는 바에 이 손으로 나와 내 동행들의 쓰는 것을 당하여". 바울이 보여준 손은 어떤 손이었을까? 그 손은 장막을 만드는 손이었다. 당시 장막을 만들려면 많은 염색제를 써야 하기 때문에 그 손은 분명 일한 흔적들로 거칠어지고 염색제로 인해서 많이 상해 있었을 것이다. 그런 손을 들면서 그는 말했을 것이다. '이 손을 보라. 이 손으로 나는 나와 내 동행의 쓰는 것을 충당했다'

바울은 그렇게 일함으로 자신의 필요를 채울 뿐 아니라 동행들의 필요도 충당했다. 이것은 하나님을 섬기는 사람들의 자세일 뿐 아니라, 모든 성도들도 이런 마음을 가지고 살아야 한다. 35절, "범사에 너희에게 모본을 보였노니 곧 이같이 수고하여 약한 사람들을 돕고 또 주 예수의 친히 말씀하신 바 주는 것이 받는 것보다 복이 있다 하심을 기억하여야 할지니라". 그리스도인은 수고하여 물질적으로 부족한 사람들을 도우며, 받는 것보다 주는 것을 기쁨으로 여겨야 한다. 가장 좋은 그리스도인은 열심히 일을 해서 소득을 발생시키고 선한 일을 하며 여기저기 연약하고 부족한 사람들을 채워 주는 사람이다. 만일 유다가 이런 마음을 갖고 있었다면 주님을 배신했겠는가? 그는 불로소득을 좋아하는 사람이었다. 어떻게 3년 반 이상을 데리고 다니시면서 책임져주시고 사랑해주시고 부족한 것을 채워주시고 도와주시고 감싸주신 선생을 은 30이라는 대가를 받고 팔수 있는가! 그 은 30이라는 돈은 그가 노력해서 번 돈이 아니다. 이러한 금전을 노력과 수고없이 얻으려는 정신, 쉽게 살고 싶은 정신, 돈을 사랑하는 정신, 부하려 하는 마음이 곧 배신을 하게 만드는 마음이다. 자신이 손해를 보더라도 다른 사람을 유익하게 하며 사랑하는 사이를 깨지 않고자 하는 사람은 배신할 이유가 없다. 결국 무능하고 수고하기 싫어하며 자기 손으로 가정 경제를 일으킬 수 없는 사람이 배신의 가능성이 가장 큰 사람이다. 소위 기독교의 일을 하며, 사람들을 모아 설교를 하며 쉽게 배를 채우려하는 사람이 배신의 길로 빠져들어가는 것이다.

2. 혼자 있는 기질

두 번째는 유다의 기질이다. 성경을 읽어볼 때 그는 다른 제자들과 함께하지 않고 홀로 행동하는 기질이 있었다. 혼자 돈을 관리하고 혼자 쓰고 혼자 생각하고 홀로 왔다 갔다 하는 사람이었다. 음흉하게 혼자 왔다 갔다 하는 사람은 배신하기가 쉽다. 성품이 좋은 사람은 어떤 사람인가? 모든 일에 공개적이고 여러 사람들과 함께하는 사람이다. 그런 사람이 비교적 위험성이 적은 사람이다. 어떤 일이 일어날 때 보면 그의 성품을 알 수 있다. 혼자 떨어져 다니는 사람은 성격상 좋지 않다. 지난 번 버지니아 총기 사건을 일으킨 사람도 한 가지 특징이 있는데 늘 혼자였다는 것이다. 따라서 가정에서나 형제들간에나 늘 함께 하는 사람의 성품이 좋은 것이다. 부모와의 관계, 형제들과의 관계는 매우 중요하다. 늘 함께 하고 서로 사랑하는 사람이어야 한다.

할 수 있는대로 많은 사람과 함께하는 것이 좋다. 생각이나 마음을 함께 공유하는 것이 좋다. 사람이라는 존재는 홀로 있도록 지음 받은 피조물이 아니라 함께하도록 지어졌다. 정상적인 사람은 여러 사람과 마음과 생각을 공유하며 함께하는 것을 좋아한다. 그런 사람은 위험성이 훨씬 적다. 혼자 있다 보면 사람들과 달라지고 혼자만의 아주 독특한 생각이 강해지게 되고 또 그에 따른 유별난 행동을 하게 된다.

사도 바울은 우리에게 무엇이라고 권면하는가? “형제들아 내가 우리 주 예수 그리스도의 이름으로 너희를 권하노니 다 같은 말을 하고 너희 가운데 분쟁이 없이 같은 마음과 같은 뜻으로 온전히 합하라”(고전 1:10). 같은 마음과 같은 뜻으로 합하라고 했다. ‘합하다’의 헬라어 원문을 ‘조율하라(attune)’로 번역한 성경도 있다. 피아노를 조율한다고 할 때의 그 단어이다. 음계는 ‘tune’이라고 한다. 조율은 음을 서로 맞추는 것을 말한다. 한 형제가 도를 치면 다른 형제는 미를 치고 또 다른 자매는 솔을 치면 '도미솔'이라는 화음을 이룬다. 이처럼 불협화음을 내지 않고 조율하며 어울릴 때 우리는 한 목소리를 내고 서로 아름다운 조화를 이루게 되며 하나님이 기뻐하시는 삶을 살게 되는 것이다. 그렇게 살아가기를 힘쓰는 사람들로부터는 유별나게 배신하는 사람이 나오지 않는다. 여러분은 이런 성품을 배양하기 바란다.

빌립보서 2장 2절에도 "마음을 같이 하라"는 말씀이 있다. 이런 말씀들이 성경 여러 군데에 나온다. '같은 사랑을 가지고 뜻을 합하라', '한 마음을 품으라'고 성경은 권면하고 있다. 좋은 그리스도인은 이런 성도이다. 늘 성도들과 함께하고 마음과 생각을 공유하고 조율하며 그 가운데 내가 좀 더 섬기는 것이다. 내가 할 수 있는 부분을 조금 더 하는 것이다. 이러한 삶을 살 때 어느 날 갑자기 누군가의 가슴에 대못을 박는 일은 하지 않게 된다.

3. 일을 좋아하는 기질

사람마다 기질이 있는데 어떤 사람은 특히 일하기를 좋아한다. 따라서 본인의 일에 방해가 되고 어려움이 된다 싶으면 배신한다. 일하는 사람은 사람을 필요로 하고 성공을 원하게 된다. 자기를 따르는 사람을 얻기 위해서는 필요하다면 배신을 하게 된다. 일을 사람과의 관계보다 우선시하는 사람은 배신을 피하기 어렵다. 유다는 옥합을 깨서 향유를 부은 마리아를 핀잔하면서 그 돈으로 많은 일을 할 수 있을 거라고 생각했다.

4. 교만한 사람

지식이 많고 교만함이 또한 배신의 기본이 된다. 아무 것도 할 수 없는 사람, 아무 것도 모르는 사람은 배신하지 않는다. 할 수 있는 것으로 가득한 사람이 배신하는 것이다. 실력은 없지만 의욕이 있고 야심이 가득한 사람이 배신한다.

5. 무능한 사람

야심이 있고 교만하며 자신만만하면서 능력도 있으면 배신의 가능성이 적어진다. 그러나 거기에 능력이 결여되면 배신하게 된다. 즉 야심이 있고 무능한 사람, 자신을 과대평가하는 사람이 배신하는 법이다.

6. 지위감이 있는 사람

천사장도 지위가 없었다면 배신하지 않았을 것이다. 예로부터 배신은 가까운 자에게서 나타난다고 했다. 자신의 보좌를 조금만 더 높이면 하나님의 아들보다 높아질 것이라는 생각에서 마귀는 배역을 했다(사14장 참조). 지위감이 있는 사람은 배신할 가능성이 높다.

1절, 예수께서 이 말씀을 하시고 제자들과 함께 기드론 시내 저편으로 나가시니 거기 동산이 있는데 제자들과 함께 들어가시다

'기드론 시내 저편으로 나가시니' 다윗은 아들 압살롬의 난이 일어났을 때 울면서 이 시내를 건넜다(삼하15:23-30). 다윗은 자기의 죄로 말미암아 이 강을 건넜던 것이다. 그러나 다윗의 자손인 그리스도는 모든 인류의 죄를 대속하기 위해 이 강을 건넌 것이다. 그리스도는 십자가의 수난의 첫 걸음으로 이 시내를 건넌 것이다. 우리 또한 기꺼이 십자가를 지고 그분을 따를 수 있도록 그분은 수난을 맞이하면서 세상에서 물러나는 본을 보여주셨다. 비록 세상의 도성이 거룩한 것이라고 해도 그곳의 많은 무리들과 세력, 거짓된 사랑과 염려, 피상적인 위로 등을 뒤로 하고 우리는 능욕을 지고 영문 밖으로 그에게 나아가야 하는 것이다.

그분은 동산으로 들어가셨다. 그분의 고난이 겟세마네에서 시작된 것은 요한의 복음에서 강조된 바이다. 겟세마네란 기름을 짜는 곳이라는 뜻이다(막14:32). 요한은 겟세마네를 동산(garden)으로 표현했다. 죄가 시작한 곳이 동산이었듯이 마지막 아담이신 예수 그리스도는 사탄과 일전을 벌려서 첫 사람인 아담이 가져온 죄를 끝내시려 동산으로 가신 것이다.

2절, 거기는 예수께서 제자들과 가끔 모이시는 곳이므로 예수를

파는 유다도 그곳을 알더라

이 말씀은 왜 기록했을까? 이 동산으로 나오시기 전에 한 다락방에서 최후의 만찬을 하시고 거기서 제자들의 발을 씻어주셨다. 14장, 15장, 16장에서는 매우 중요한 마지막 강론도 하셨다. 그리고 17장에서 그 위대한 기도를 드리신 후에 이제는 동산으로 가셨는데 그곳이 겟세마네이다. 거기서 아버지께 세 번 간구를 드리셨는데, 그 내용은 요한복음에는 없지만 다른 복음서에 기록되어 있다. 그런데 그 장소를 유다도 알았다. 예수님은 유다가 당신을 배반하고 넘겨주려고 나간 것을 알고 계셨는데, 그것은 13장 27절에 나타나 있다. "조각을 받은 후 곧 사단이 그 속에 들어간지라 이에 예수께서 유다에게 이르시되 네 하는 일을 속히 하라 하시니". 그러므로 주님은 유다가 무슨 생각을 하고 있고 무슨 일을 할 것인지 다 아셨음에도 유다가 알고 있는 그 장소로 가셨다.

3-4절, 유다가 군대와 및 대제사장들과 바리새인들에게서 얻은 하속들을 데리고 등과 홰와 병기를 가지고 그리로 오는지라 4 예수께서 그 당할 일을 다 아시고 나아가 가라사대 너희가 누구를 찾느냐

자발적으로 잡히신 주님

그리스도를 체포하기 위해 동원된 자들을 기록하고 있다. 가장 강력한 그리스도의 대적은 바리새인들이었다. 그 하속들은 연대병력의 로마 군대였다고 한다. 학자들은 5백명이라고도 하고 천명이라고도 한다. 성도들은 결코 악을 행하는 자들과 함께 하지 말아야 한다(시1:1). 예수님을 잡으러 온 사람들에게 주님은 물으셨다. "너희가 누구를 찾느냐". 주님은 이 모든 일을 미리 다 알고 계셨다. 예수님은 힘이 없어서 잡혀 죽은 것이 아니다. 주님께는 자신을 내어주지 않을 권세도 있지만 그분은 죄인을 위해 죽으시기 위해 이 땅에 하나님의 어린 양으로 오신 분이시기에 지금 자신을 그들에게 내어주고 계시는 것이다.

5-7절, 대답하되 나사렛 예수라 하거늘 가라사대 내로라 하시니라 그를 파는 유다도 저희와 함께 섰더라 6 예수께서 저희에게 내로라 하실 때에 저희가 물러가서 땅에 엎드러지는지라 7 이에 다시 누구를 찾느냐고 물으신대 저희가 말하되 나사렛 예수라 하거늘

"내로라". 이는 '나를 잡아가라' 하시는 것과 같다. 그리고 아주 안타까운 말이 나온다. "그를 파는 유다도 저희와 함께 섰더라".

다른 복음서에서는 유다가 와서 예수님께 입을 맞추었다고 했다. "저희가 물러가서 땅에 엎드러지는도다". 주님이 이렇게 평안한 모습으로 '내로라' 할 때에 그 잡으러 왔던 사람들은 땅에 엎드러졌다. 그러므로 우리는 예수 그리스도께서 아무 힘이 없이 처량한 모습으로 붙잡힌 것이 아니라는 것을 알 수 있다. 그분은 진정 하늘에서 오신 분이고 위엄이 있으신 분이시다. 주님이 너무나도 태연하고 위엄있는 모습을 나타냈기 때문에 잡으러 왔던 사람들이 땅에 엎드러졌던 것이다. 사실 예수를 잡으러 온 서기관들과 바리새인들은 서로 교리도 맞지 않고 대적 관계이다. 그런데 예수를 잡을 때는 하나가 된 것이다.

유다는 예수님이 14장, 15장, 16장에서 가르치신 말씀과 겟세마네에서 기도하시는 것을 보지 못하고 최후의 만찬 도중에 나갔었다. 그리고 대제사장에게 가서 거래를 했던 것이다. 30냥을 받은 후 작전이 시작되었다. 로마 군단에게 가서 병력도 지원받고 대제사장과 성전을 지키는 하속들을 다 모아서 병기까지 갖추었다. '등과 홰와 병기'를 가지고 잡으러 왔다고 했다. 그들은 이번에는 차질이 없이 반드시 잡겠다고 결심했던 것이다. 그 상황에서 우리 주님은 그들에게 '그 나사렛 예수가 나다'라고 말씀하셨고, 그 앞에서 잡으러 온 사람들은 엎드러졌던 것이다. 그리고 주님은 누구를 찾느냐고 다시 물으셨고 그들은 나사렛 예수라고 대답했다.

8절, 예수께서 대답하시되 너희에게 내로라 하였으니 나를 찾거든

이 사람들의 가는 것을 용납하라 하시니

"이 사람들의 가는 것을 용납하라". '이 사람들'이란 누구인가? 자신의 제자들이다. 만일 주님이 이렇게 하지 않으셨다면 예수님을 잡으러 왔던 사람들이 제자들 몇 명을 해할 수도 있었다. 그렇기 때문에 주님은 '나를 찾는 것이라면 이 사람들은 보내라'고 말씀하셨던 것이다. 주님은 이처럼 사랑, 보살핌, 배려, 동정이 충만하신 분이시다. 오늘날 주님께 헌신하고 자신을 드리기를 두려워하는 사람들이 많다. 주님을 따르다가 큰일을 당하면 어떻게 하나 하고 망설이는 것이다. 그런 사람은 주님을 정말 모르는 사람이다. 전적으로 주님을 따르면 주님께서는 너무나 세심하신 인정과 사랑으로 자신의 사람들을 돌보아주시기 때문이다.

9절, 이는 아버지께서 내게 주신 자 중에서 하나도 잃지 아니하였삽나이다 하신 말씀을 응하게 하려 함이러라

이는 또한 주님이 하신 모든 말씀을 다 응하게 하시려는 것이었다. 그런데 이제 베드로라는 제자가 사고를 일으키는 모습이 10절에 나온다.

10-11절, 이에 시몬 베드로가 검을 가졌는데 이것을 빼어 대제사장의 종을 쳐서 오른편 귀를 베어버리니 그 종의 이름은 말고라 11 예수께서 베드로더러 이르시되 검을 집에 꽂으라 아버지께서 주신 잔을 내가 마시지 아니하겠느냐 하시니라

다른 복음서에 보면 베드로가 다른 한 사람을 쳤고 칼을 한 번 휘둘렀다. 베드로는 이런 일이 주님께 도움이 된다고 생각했지만, 그것은 하나도 도움이 되는 일이 아니었다. 베드로에게는 열정과 혈기는 있었지만 주님이 지금 무엇을 하시는지 왜 한발씩 나가시는지에 대해서는 머릿속에 전혀 인식이 없었다. 그러므로 겨우 한 일이란 흥분으로 인한 커다란 실수였다. 어디를 치려고 칼을 휘둘렀는지 모르지만 대제사장의 종의 오른쪽 귀가 떨어져 나갔다. 다른 복음서에서는 주님이 친히 그 귀를 주워다가 낫게 하셨다고 되어 있다. 오늘날도 많은 사람들의 무지 때문에 얼마나 불필요한 일이 생겨나는가? 원수 맺고 시기하고 분쟁하고 분을 낸다. 베드로는 분을 낸 것이다. 이런 것은 다 육체의 일이며 이런 사람들은 하나님의 나라를 유업으로 받지 못한다고 했다. 성도들은 절대로 무지한 열정으로 분을 내는 것으로 하나님을 섬긴다고 하지 말아야 한다. 그리스도인은 그렇게 열을 낼 필요가 없다. 언제나 온유함으로 행해야 한다. 화를 내면서 주님을 위해서 그렇게 한다고 말하지 말라.

고린도전서 13장 4-5절을 보자. "사랑은 오래 참고 사랑은 온유하며 투기하는 자가 되지 아니하며 사랑은 자랑하지 아니하며 교만하지 아니하며 무례히 행치 아니하며 자기의 유익을 구치 아니하며 성내지 아니하며 악한 것을 생각지 아니하며". 어떤 경우에든 성질을 내는 것은 좋지 않다. 야고보서 1장 19절, "내 사랑하는 형제들아 너희가 알거니와 사람마다 듣기는 속히 하고 말하기는 더디하며 성내기도 더디하라". 성경에서는 그리스도인들이 성내는 것을 그렇게 좋게 기록해 놓지 않았다. 나는 성도들이 주님을 믿으면서 혈기가 사라지기를 바란다. 그것이 건강에도 좋다. 그렇게 혈기로 하나님을 섬기는 것이 전혀 유용하지 않다는 것을 알아야 한다. 주님만 불편하게 하고 주님의 일만 더디게 하고 방해하며 어렵게 만들어 놓는 것이다.

"아버지께서 주신 잔을 내가 마시지 아니하겠느냐 하시니라" 그리스도께서는 아버지의 뜻에 끝까지 순종하신 것을 보여준다. 그분이 이 잔을 받으신 것은 우리에게 구원과 축복과 위로의 잔을 주시기 위해 받으신 것이다. 우리는 주의 만찬에서 늘 이를 기억해야 한다. 그분이 저주의 잔을 받으심으로 우리에게 구원과 축복의 잔을 주신 것이다.

12절, 이에 군대와 천부장과 유대인의 하속들이 예수를 잡아 결박하여

이제 그들은 예수를 결박했다. 하늘로부터 오셔서 죄를 모르는 분이신 주님, 이 땅에 오셔서 한 사람에게도 해를 끼친 적이 없으신 예수 그리스도를 왜 사람들은 악하게 대하고 잡아 죽이려고 하는가? 주님은 그럴 만한 죄를 지은 것도 아니시고 오히려 선한 일만 하신 분이시다. 병자를 많이 고치시고 어려운 사람 동정하는 분이신데, 왜 이렇게 사람들은 주님을 죽이려고 결박하는가? 주님은 우리의 구속주로 오셔서 우리 대신 그분이 결박을 당하시고 우리를 자유케 하시려 하셨기 때문이다. 우리를 구원하시려고 우리의 죄를 대속하러 오셨기 때문이다. 이로써 시편 22:12절의 "많은 황소가 나를 에워쌌나이다"의 말씀이 응한 것이다. 그리스도의 고난 중에 그분이 결박당하는 장면을 묘사한 것은 요한사도 뿐이다. 그들은 죄목도 정하지 않고 심판도 하지 않은 상태에서 오늘 날로 말하면 수갑을 채우고 포승줄로 묶은 것이다.

13-14절, 먼저 안나스에게로 끌고 가니 안나스는 그 해의 대제사장인 가야바의 장인이라 14 가야바는 유대인들에게 한 사람이 백성을 위하여 죽는 것이 유익하다 권고하던 자러라

우리는 이하의 구절들에서 당시 대제사장에게 심문당하시는 그리스도와 다른 복음서 저자들에게서는 볼 수 없는 몇 가지 사실들을 수록하고 있다.

대신 결박 당하심

주님은 이렇게 붙잡히시고 포승줄로 결박 당하신 후에 먼저 그 해의 대제사장인 안나스에게로 끌려가셨다. 누가복음 22장 52절에서 주님은 "너희가 강도를 잡는 것 같이 검과 몽치를 가지고 나왔느냐"라고 하셨다. 사람들은 포승으로 주님을 묶었지만, 사실상 주님을 묶은 것은 무엇이었을까? 그것은 밧줄이 아니라 사랑이었다. 우리를 너무나 사랑하신 그분의 사랑이었다. 그분은 그 사랑의 줄로 묶이셨던 것이다. 이 어떤 사랑인가! 그분은 우리의 대속물이고 대치물이시다. 우리가 묶일 것을 대신해서 그분이 묶이신 것이다. 주님은 우리가 죄의 사슬에 묶여 있다는 것을 다 아셨다. 쓸데없는 이론과 사상에 묶여 있음을 아셨다. 여러분은 무엇인가에 묶이고 사로잡혀 있다는 것을 아는가? 아마 자신은 묶여있지 않다고 생각할 것이다. 그러나 사실 이 세상의 무익한 관념과 사상들에 사로잡혀 있다. 종교적인 관념에 사로잡혀 있다. 우리 주님은 결박당할 필요가 없는데 왜 결박당했는가? 여러분의 사로잡혀 있는 그 사상, 사망의 세력으로부터 여러분을 풀어주시기 위함이다. 여러분을 꽁꽁 묶고 있는 사슬을 풀어주시기 위해 대신 결박당하신 것이다.

그러므로 여러분들은 주님을 진정으로 믿는다면 자유를 느끼게 된다. '옛날에는 이렇게 자유롭지 않았는데 내가 왜 이렇게 자유로와졌을까?'라고 고백하게 된다. 주님이 자유롭게 해 주신 것이다. 진리가 너희를 자유케 하리라고 하셨다. 주님은 이 땅에 자유를 주시기 위해 오신 분이시다. 사단에게 매여서 죄와 사상과 지식과 관념으로 묶인 채 우리는 자유롭지 못하게 매여서 태어났다. 주님이 우리의 대속자로서 우리를 대신해서 묶이신 것은 죄에 매여 있는 우리를 해방하기 위한 것이다. 주님을 믿는 모든 사람들은 해방된 사람들이다. 해방과 자유를 누리지 못하는 사람들은 아직 주님을 진정으로 믿는 사람들이 아니다. 다음과 같은 찬송이 있다.

예수 결박 푸셨도다 모든 결박 푸셨도다 나의 결박 푸셨도다
나는 자유해 소리높여 할렐루야 소리 높여 할렐루야 나는 자유해

그분은 이렇게 결박당하시고 묶이심으로 우리를 자유케 하셨다.

15-18절, 시몬 베드로와 또 다른 제자 하나가 예수를 따르니 이 제자는 대제사장과 아는 사람이라 예수와 함께 대제사장의 집 뜰에 들어가고 16 베드로는 문 밖에 섰는지라 대제사장과 아는 그 다른 제자가 나가서 문지키는 여자에게 말하여 베드로를 데리고 들어왔더니 17 문 지키는 여종이 베드로에게 말하되 너도 이 사람의 제자 중 하나가 아니냐 하니 그가 말하되 나는 아니라 하고 18

그 때가 추운고로 종과 하속들이 숯불을 피우고 서서 쬐니 베드로도 함께 서서 쬐더라

주님께서 안나스에게 심문을 당하셨다. 그 장면은 19절부터 기록되었다. 그리고 그에 앞서 베드로가 주님을 부인하는 장면이 나온다. "또 다른 제자, 대제사장과 아는 사람"이란 요한복음의 저자인 사도 요한일 가능성이 있다(그로솨이데). 주님은 잡히셔서 심문을 받으러 대제사장의 뜰 안으로 깊이 들어가시는데 문앞에서 서성이던 베드로는 문 지키는 여종에게 몇 마디를 들을 때 심하게 위축되었다. 칼을 휘두를 때는 무척이나 용감했던 베드로가 얼마의 시간도 지나지 않은 이 순간에 두려움으로 가득차서 작은 하녀 앞에서 예수님을 부인했던 것이다. 인간이란 이렇게 믿을 수 없는 존재이다.

19절, 대제사장이 예수에게 그의 제자들과 그의 교훈에 대하여 물으니

대제사장 안나스가 예수에게 물었다. 요한은 어떻게 이런 상황을 자세히 알고 기록할 수 있었는가? 15절에 나와 있다. "시몬 베드로와 또 다른 제자 하나가 예수를 따르니 이 제자는 대제사장과 아는 사람이라 예수와 함께 대제사장의 집 뜰에 들어가고". 요한은 대제사장과 아는 사이인지라 그 안에 들어가서 예수님과 하는 이야기를 다 들을 수 있었던 것이다.

안나스는 예수께 무엇을 물어보았는가? '당신을 따르는 자가 누구인가?' 즉 제자들에 대한 것을 물었다. 또한 '무엇을 가르쳤는가?'라고 그분의 가르침에 대해서 물었다.

20절, 예수께서 대답하시되 내가 드러내어 놓고 세상에 말하였노라 모든 유대인들의 모이는 회당과 성전에서 항상 가르쳤고 은밀히는 아무것도 말하지 아니하였거늘

드러내서 전파하신 주님

"은밀히는 아무것도 말하지 아니하였거늘". 주님은 은밀히 하지 않으셨다. 드러내놓고 말씀하셨다. 은밀한 종교 지도자를 따라다니지 말라. 거의 대다수의 이단자들은 신비롭고 은밀한 사람들이다. 주님은 드러내어 세상에 말씀하셨다. 드러나게 말하는 사람이 안전한 사람이다. 자기만 옳다고 하면서도 가만히 숨어서 말한다면 그것은 속임수이다. 우리 주님은 대제사장이 무슨 질문을 하는지 그 진의를 간파하셨다. 그가 제자들에 대해 물었고 가르침에 대해 물었는데 왜 주님의 대답은 '내가 드러내 놓고 세상에 말하였다'는 것이었을까? 동문서답을 하신 것 같지만, 그렇지 않다. 지금 대제사장은 '뒤로 살살 다니면서 한 무리를 꾀고 있느냐'는 질문을 하는 것이다. 그런 사람들이 있다. '너희들만 내 말을 잘 듣고 배워라' 하면서 자기들의 일을 은밀하게 만든다. 그러다 사람들이 욕을 하면 그것이 바로 십자가를 지는 것이라고 주장한다. 결코 그렇지 않다. 주님은 그런 방식으로 일하지 않으셨다. 모든 것을 드러내놓고 하셨다. 은밀하게는 아무것도 하지 않으셨다.

사도 바울도 동일한 말을 했다. 사도행전을 읽어보면 '이 일은 한편 구석에서 한 일이 아니라 드러내 놓고 한 일'이라고 했다. 다 알리지 않기 원하는 사람은 우리 주님의 길과는 다른 길을 가는 사람이다. 주님께서는 모든 사람에게 알려서 드러 내놓고 가르치셨다고 말씀하신다. 주님께서는 언제나 유대인들이 모이는 회당과 성전에서 가르치셨고 은밀히는 아무것도 말하지 않았다고 주님이 말씀하시는 것이다. 그러므로 이처럼 공개적인 성품이 안전하며 주님의 성품과도 맞는 것이다. 주님께서 우리는 세상의 빛이라고 했다. 산 위의 동네가 숨기지 못한다고 했다. 교회는 산 위의 동네 같은 존재이기에 우리는 산 위에서 사람들에게 빛을 비추는 방식으로 사역을 해야지, 은밀하게 해서는 안 된다.

21절, 어찌하여 내게 묻느냐 내가 무슨 말을 하였는지 들은 자들에게 물어보라 저희가 나의 하던 말을 아느니라

"어찌하여 내게 묻느냐…들은 자들에게 물어보라". 너무나 많은 사람이 들었으니 들은 자에게 물어 보라는 것이다. 그들이 다 알고 있다는 말이다. 너무나 많은 말을 공개적으로 전했기 때문이다. 여러분도 이렇게 공개적인 사람이 되도록 힘쓰시기 바란다.

22절, 이 말씀을 하시매 곁에 섰는 하속 하나가 손으로 예수를 쳐 가로되 네가 대제사장에게 이같이 대답하느냐 하니

당시 보통 사람들은 대제사장 앞에서 감히 말도 못했을 것이다. 이 하속은 대제사장의 체면을 세워주기 위해 하늘로부터 오신 거룩한 아들의 얼굴을 쳤다. 그분은 우리 같은 죄인을 구원하기 위해 죄인들에게 모욕과 수치를 당하셨다.

23절, 예수께서 대답하시되 내가 말을 잘못하였으면 그 잘못한 것을 증거하라 잘하였으면 네가 어찌하여 나를 치느냐 하시더라

오늘날 소위 십자가를 안다는 사람, 십자가를 잘못 이해하는 사람들은 이럴 때는 말을 하지 말아야지 왜 말을 하느냐고 한다. 그러나 주님은 여기서 말씀을 하신다. 여러분이 가지고 있는 것이 진리라면 말해야 한다. 참된 것은 말을 해야 한다. 진리는 드러내야 하는 것이다. 응당 입을 열어 말을 해야 할 때 진리를 선포하지 않으면 비 진리와 어두움이 들어온다. 그리고 비 진리를 말하는 자 역시 자신이 말하는 것이 옳은 줄로 착각한다.

예를 들어 어떤 아내가 예수를 믿게 되어 교회생활을 하면서 정말 성실해지고 남편도 잘 섬기는데, 남편이 믿지 않는 사람이라서 아내를 계속 핍박한다고 하자. 그럴 때 계속 말을 하지 않는 것이 옳은가? 현명한 아내라면 좋은 시간을 잡아서 남편이 수긍할 수 있도록 합당하게 말할 것이다. '여보, 생각해보세요. 내가 과거에 동창들과 놀러 다닌다고 술 먹고 돌아다닐 때가 좋아요? 아니면 지금처럼 교회 가는 시간 외에는 당신에게 잘하고 애들한테 잘하는 성실한 주부로 사는 것이 좋아요? 다시 과거로 돌아갈까요?' 사람들이란 말을 하지 않으면 잘 모른다. 참된 것은 말해야 한다.

여러분은 사람들이 기독교에 대해서 함부로 말하지 못하게 해야 한다. 기독교가 없었다면 우리나라에 지금처럼 병원이나 학교가 생겨났겠는가? 우리가 개화되는데 있어서 기독교가 없었다면 어떻게 되었겠는가? 지난 주에 의사 한 분이 우리 교회에 오셔서 개화기 기독교에 대해서 말씀해주셨다. 연세대학교가 어떻게 생겨났는가? 고종 때 선교사들이 들어오면서부터이다. 당시 선교사들이 다 죽게 된 사람을 살려 놓음으로써 광해원이 생기고 세브란스가 생겼던 것이다. 기독교의 도움이 없었다면 이 나라가 어떻게 되었겠는가? 초대 이승만 대통령이 얼마나 독실한 그리스도인이었는지 알고 계실 것이다. 독립선언서를 작성한 33명이 거의 다 기독교인이라는 것도 아실 것이다. 이런 사실을 말해주지 않으면 사람들은 잘 모른다. 무슨 일만 생기면 예수 믿는 사람이 더 나쁘다고 말하는 사람들 앞에서 가만히 있으면 안 된다. 사람들과 따지고 싸워서는 안되지만 온유한 가운데 할 말은 해야 한다는 뜻이다. 우리 주님은 그렇게 하셨다.

24절, 안나스가 예수를 결박한 그대로 대제사장 가야바에게 보내니라

안나스는 예수를 가야바에게 보냈다. 안나스라는 대제사장은 가야바의 장인이다. 요한복음에는 안나스의 집에서 대화한 것을 기록해 놓고 있다. 이제 사람들은 예수님을 가야바라는 대제사장에게 데리고 들어갔다. 그들은 예수님을 결박한 그대로 가야바 제사장에게 보냈다고 기록되어 있다. 요한복음서는 가야바와의 대화는 기록하지 않았다. 사형 확정 판결은 가야바 제사장의 뜰 안에서 있었다.

그들이 주님을 판결한 죄목은 무엇이었는가? 그들은 여러 가지 거짓 증거를 찾았다. 성전을 헐고 사흘 만에 짓는다는 말은 증거가 되지 못했다. 그들은 최종적으로 '네가 찬송 받을 자의 아들 메시아냐'라고 물었을 때 예수님은 그것을 부인하지 않으시고 '내가 권능자의 우편에 앉을 것과 하늘 구름을 타고 다시 올 그 자다'라고 대답하셨고 이에 대제사장 가야바가

옷을 찢으며 오늘 참람한 말을 들었다고 하면서 이 자는 사형 판결이 합당하지 않느냐고 했고 이에 다 찬성하고 죽이기로 확정한 것이 가야바의 법정이었다.

25-27절, 시몬 베드로가 서서 불을 쬐더니 사람들이 묻되 너도 그 제자 중 하나가 아니냐 베드로가 부인하여 가로되 나는 아니라 하니 26 대제사장의 종 하나는 베드로에게 귀를 베어 버리운 사람의 일가라 가로되 네가 그 사람과 함께 동산에 있던 것을 내가 보지 아니하였느냐 27 이에 베드로가 또 부인하니 곧 닭이 울더라

베드로와 유다의 차이

이미 여종 앞에서 주님을 부인했던 베드로는 이제 두 번을 더 부인함으로서 세번을 채웠다. 그리고 주님의 말씀대로 닭이 울었다. 여러분은 베드로와 유다에 차이가 있다고 생각하는가? 베드로는 예수님을 세 번 부인했고 유다는 예수님을 한 번 배반했다. 그렇다면 그 죄질에 있어서, 그 사악함에 있어서, 잘못에 있어서 어떤 차이가 있는 것인가? 다른 복음서에 비해 요한의 복음서에는 베드로의 부인한 장면을 자세히 다루지 않은 것을 볼 수 있다. 간단히 다루었다. 이는 베드로와 요한의 관계에서 비롯된 것일 수도 있다. 사람이란 어쨌든 사람이고 관계성도 있는 것이다.

유다는 배신한 것이고 베드로는 약해서 넘어진 것이다. 배신이란 자신을 위해서 남을 해하고 팔고 욕하고 공격하는 것이다. 베드로는 그렇지 않았다. 베드로가 한 일도 물론 잘못된 일이지만, 그러나 육신이 연약함으로 스스로 넘어진 것이다. 그러므로 이것은 용서받기가 쉽다. 연약하기에 두렵고 겁이 나서 넘어졌던 것이다. 자기의 갈 길을 위해서 남을 해치는 배신과는 다르다. 배신은 자기의 성공과 유익을 위해 다른 사람을 밟고 해하는 것으로서 정말 좋지 않은 것이다.

나는 사랑하는 성도들이 이 말씀을 통해서 일생토록 이런 유다의 길을 걸어가지 않기를 바란다. 우리는 유다보다 더 악해질 수 있다는 것을 알고 두려워해야 한다. 일생 주님의 긍휼을 구하면서 주님을 배반하지 않고 또 부인하지도 않으며 충성스럽게 섬기는 그런 귀한 분들이 되기를 진심으로 바란다.

마지막 한 주간

요한복음은 12장에서 21장까지 전체 분량의 절반 이상을 주님이 고난받으시고 죽으신 마지막 한 주간을 위해 할애하고 있다. 11장에서 죽은 나사로가 살아난 것은 나사로의 가정으로서는 커다란 축복이지만 그로 인해서 유대인들은 더욱더 예수를 죽이고자 하는 하나의 사건이 되었고, 12장에서 베다니의 마리아로부터 향유로 기름부음을 받으신 것도 사실은 주님의 장사를 예비하기 위함이었다. 그런 다음 나귀를 타고 예루살렘 성으로 입성하시고 만 4일 동안 여러 사람들로부터 정치적으로나 종교적으로나 율법적으로 여러 가지 시험과 공격을 당하시는 장면이 나온다. 그것은 이스라엘 백성들의 출애굽기의 유월절 행사로 어린 양이 흠이 없는지 점검하는 것에 그대로 적용된다. 만 사일이면 앞뒤로 육일이다. 즉 유월절 엿새 전에 어린 양을 하나 끌고 와서 흠이 있나 없나 점검한 후 유월절 날 잡았던 것이다. 우리 주님은 유월절 어린 양으로서 예루살렘에 들어오셔서 그런 점검을 다 마치신 것이다.

그리고 제자들과 마지막 자리를 함께 한 것이 13장이다. 제자들의 발을 씻기고, 유다가 사단에게 붙잡혀 예수를 팔 마음을 갖게 된 시점이 바로 13장이다. 또한 떡과 잔으로 만찬을 설립하시고 제자들에게 떡을 떼어주시고 잔을 마시게 하시고 축복하셨다. 14장부터는 마지막으로 제자들에게 강론하신 내용이다. 떠나시기 전에 위로하시고 성령을 보내주시겠다고 약속하셨다. 그리고 15,16장까지의 말씀을 하시고 17장에서 대제사장으로서의 기도를 하셨다. 하나님의 백성들이 주님 안에서 하나되게 해달라고 기도하셨다. 그리고 18장에서 겟세마네로 가서 기도하셨다. 제자들과는 돌을 던지면 닿을 만큼의 거리에서 주님 홀로 씨름하듯이 피땀을 흘리면서 기도하셨다. 그곳에서 잠든 제자들을 깨워서 데리고 나오시던 그때, 배반자 유다가 데려온 자들에 의해서 주님은 체포되고 결박당하셨다.

성경의 핵심은 십자가이다. 하나님의 아들 예수는 죽으러 이 땅에 오셨다. 사복음서는 그 마지막 고난과 죽음의 이야기를 자세하게 기록하고 있으며 특히 요한복음은 주님이 고난받고 돌아가신 마지막 한 주간에 많은 분량을 할애해서 기록하고 있다. 이는 읽을 때마다 주를 사랑하는 자들의 가슴이 아픈 이야기이다.

빌라도 앞에 서신 주님

28절, 저희가 예수를 가야바에게서 관정으로 끌고 가니 새벽이라 저희는 더럽힘을 받지 아니하고 유월절 잔치를 먹고자 하여 관정에 들어가지 아니하더라

"저희가 예수를 가야바에게서 관정으로 끌고 가니". 이제 예수님은 가야바 대제사장에서 관정(Pratorium)으로 끌려가셨다. 그들은 예수를 결박한 채로 안나스에게로, 가야바에게로, 관정으로 끌고 다녔다. 관정은 당시 로마 총독 빌라도의 법정이었다. 그 사이에 마태 마가 누가 요한은 베드로가 예수님을 세 번 부인하는 것을 다 기록해 놓았다. 요한 사도는 베드로와 항상 같이 다닌 사람임에도 베드로가 주님을 부인한 사건을 있는 그대로 기록했던 것이다.

"관정으로 끌고 가니 새벽이라". 이것은 지켜보기에도 너무나 힘겨운 광경이다. 주님은 전날 저녁에 겟세마네에서 나오시면서부터 결박당하셨고 밤새 여기 저기 끌려다니다 보니 새벽이 된 것이다. 다른 복음서에서는 새벽에 온 공회가 모여서 사형 확정을 하고서 당시 로마 총독인(당시 이스라엘은 로마의 식민지였다) 빌라도에게 데리고 갔다고 했다. 주님은 밤새 잠을 못 주무셨다.

"저희는 더럽힘을 받지 아니하고 유월절 잔치를 먹고자 하여 관정에 들어가지 아니하더라". 이들 유대인은 유월절 절기에 이방인들과 접촉하는 것이 위법이기에 자기들을 성별시키기 위해서 관정으로 들어가지 않았다.

얼마나 모순된 일인가? 아무 죄도 없으신 하나님의 아들 예수를 죽이려고 하면서도 종교적인 교리를 지키는 데는 아주 열심인 것이다 오늘날도 이런 사람들이 많이 있다. 이는 엄청난 실수가 아닐 수 없다. 작은 교리 한두 가지 지킨다고 하면서 큰 범죄를 저지르고 있는 것이다.

몇 년 전에 어떤 한 교회에 다닌다는 분에게 전화가 걸려왔다. 자기 아내가 자기와 다른 교회를 다니는데 꼭 자기가 다니는 교회에 나오기를 바란다고 했다. 그런데 자기 말을 듣지 않는다는 것이다. 아내가 의심하고 옮겨오지 않는다는 것이었다. 그는 불과 십여 분 전화 통화를 하는 동안에도 아내를 죽이고 싶다고 몇 번이나 말했다. 그러면서 자기는 다른 교회를 다닐 때는 그렇게 신앙이 좋지 않았는데 지금 다니는 교회로 옮기고 나서는 아주 좋아졌다는 것이다. 무엇이 그렇게 좋아졌느냐고 물으니 예전에는 술 담배를 했는데 지금은 다 끊었고, 매일 아침 큐티도 한다는 것이다. 그러면서도 다른 교회 목사들에 대한 험담도 한참을 했다. 나는 그의 말을 다 듣고서, '당신은 아내를 죽이고 싶다고 몇 번이나 말했는데, 예전보다 신앙이 더 좋지 않은 것 같다, 어떻게 예수를 잘 믿은 다음에 떠오르는 생각이 자기 아내를 죽이고 싶다는 것인가? 그것은 예수를 잘 믿는 것이 아니다'라고 말해주었다.

유대 종교의 기득권 세력이 약화될까봐 미움과 시기로 가득해서 예수를 죽이려고 하고 있음에도 그들은 율법을 지키려고 빌라도의 관정에 들어가지 않았다. 그러면 빌라도라는 사람은 어떠한가?

29절, 그러므로 빌라도가 밖으로 저희에게 나가서 말하되 너희가 무슨 일로 이 사람을 고소하느냐

"그러므로 빌라도가 밖으로 저희에게 나가서". 유대인들이 관정에 들어오지 않기 때문에 빌라도가 그들에게 말하려면 나가야 했다. 그는 관정 안의 예수님과 관정 바깥의 유대인들 사이를 오가고 있는 것이다. 33절, "이에 빌라도가 다시 관정에 들어가 예수를 불러 가로되" 38절, "빌라도가 이 말을 하고 나서 유대인들에게 나가서". 19장 4절, "빌라도가 다시 밖에 나가서", 9절, "다시 관정에 들어가서". 13절, "나와서". 빌라도가 이렇게 들락날락 하면서 예수를 심문하는 과정이 소상하게 기록되어 있다. 무능한 빌라도 총독이 소신대로 하지도 못하면서 예수 그리스도를 심판하고 있는 것이다.

"말하되 너희가 무슨 일로 이 사람을 고소하느냐". 누가복음 23에서는 그 고소 내용이 '백성을 미혹하고 가이사에게 세금 내는 것을 금하고 자칭 왕 그리스도라고 한다'였다. 또 이 사람이 온 유대에서 가르치고 갈릴리에서부터 시작해서 여기까지 와서 백성을 소동하고 있다고 빌라도에게 거짓 고소를 했다. 요한복음 18장에서는 빌라도가 먼저 말을 한 것처럼 보이지만 사실은 백성들이 먼저 거짓 고소를 했던 것이다. 그래서 빌라도는 무슨 일로 이 사람을 고소하느냐고 물었던 것이다.

30-31절, 대답하여 가로되 이 사람이 행악자가 아니었더면 우리가 당신에게 넘기지 아니하였겠나이다 31 빌라도가 가로되 너희가 저를 데려다가 너희 법대로 재판하라 유대인들이 가로되 우리에게는 사람을 죽이는 권이 없나이다 하니

그들은 이렇게 그리스도를 비방했다. 자기를 왕이라고 하고 로마 황제에게 세금 바치는 것을 금하고 민중을 소동케 하는 자로 고발한 것이다. 모두다 거짓고소인 것이다. 하지만 빌라도가 들어 볼 때에 그 정황을 잘 모르겠다고 말한다. 자기 관할 지역에서 일어난 소동이므로 대충은 알고 있었을 것이다. 하지만 빌라도의 편에서 이는 종교적인 분쟁으로 볼 수밖에 없기에 그는 이 문제를 맡고 싶지 않았던 것이다. "저를 데려다가 너희 법대로 재판하라". 종교적인 문제 같으니 너희들이 알아서 하라고 떠넘기려는 것이다.

하지만 유대인들은 예수님을 법대로 사형시키려면 총독부에서 사형 언도를 받아야 하기에 예수를 잡아다 빌라도에게 넘겼던 것이다. 그러므로 그들이 총독에게 온 이유는 죄가 있나 없나를 가려달라는 것이 아니라 이 예수를 죽여야 하는데 우리는 죽일 수 있는 권한이 없으니까 당신이 죽여

달라는 상황이었다. 빌라도가 들어보니 이는 보통 문제가 아닌 것이다.

32절, 이는 예수께서 자기가 어떠한 죽음으로 죽을 것을 가리켜 하신 말씀을 응하게 하려 함이러라

이 한 구절을 왜 기록해 놓았는가? 그 배경을 잘 알지 못하면 이해할 수가 없다. 십자가의 죽음을 예상하신 것이다. 십자가형은 당시 로마의 사형 제도였다. 유대인들은 예수를 그렇게 죽게 해달라고 온 것이었다. 즉 형을 확정지으려고 온 것이다. 이 말을 들은 빌라도는 이 상황이 간단하지 않음을 알았던 것이다.

빌라도와 주님의 대화

33절, 이에 빌라도가 다시 관정에 들어가 예수를 불러 가로되 네가 유대인의 왕이냐

이는 그다지 존경하는 어투가 아니다. 헬라어의 어투로도 '너'라고 낮추는 말을 썼다.

34절, 예수께서 대답하시되 이는 네가 스스로 하는 말이뇨 다른 사람들이 나를 대하여 네게 한 말이뇨

이런 질문은 아무나 할 수 있는 것이 아니다. 주님은 엄위를 갖고 계시다. 그분의 질문을 보라! "이는 네가 스스로 하는 말이뇨 다른 사람들이 나를 대하여 네게 한 말이뇨"

35절, 빌라도가 대답하되 내가 유대인이냐 네 나라 사람과 대제사장들이 너를 내게 넘겼으니 네가 무엇을 하였느냐

"내가 유대인이냐". 자신은 유대인이 아니라는 것이다. "네 나라 사람과 대제사장들이 너를 내게 넘겼으니 네가 무엇을 하느냐". 빌라도는 로마인의 자존심을 세우며 네 나라와 내 나라를 구분해서 이야기하고 있다.

36절, 예수께서 대답하시되 내 나라는 이 세상에 속한 것이 아니라 만일 내 나라가 이 세상에 속한 것이었더면 내 종들이 싸워 나로 유대인들에게 넘기우지 않게 하였으리라 이제 내 나라는 여기에 속한 것이 아니니라

예수님은 '네가 왕이냐'는 질문에 직접적으로 답하지 않으셨다. 그리고 내 나라는 여기에 속한 것이 아니다 라고 하셨다. 지금 빌라도와 유대인의 생각으로는 로마 제국이나 유대 민족처럼 이 세상의 눈에 보이는 나라만 나라인 것이다. 그러나 주님은 요한복음 3장에서 '나는 위에서 왔다'고 하셨고 8장에서도 '너희는 땅에서 났고 나는 위에서 났다'라고 하셨다. 지금 여기서도 동일하게 '내 나라는 이 세상에 속한 나라가 아니다'라고 하시는 것이다.

37절, 빌라도가 가로되 그러면 네가 왕이 아니냐 예수께서 대답하시되 네 말과 같이 내가 왕이니라 내가 이를 위하여 났으며 이를 위하여 세상에 왔나니 곧 진리에 대하여 증거하려 함이로다 무릇 진리에 속한 자는 내 소리를 듣느니라 하신대

"그러면 네가 왕이 아니냐". 빌라도는 주님이 하신 말을 제대로 알아들은 것이다. 주님은 당신이 왕이 아니라는 말씀은 절대로 하지 않으신다. '왕은 맞는데, 네가 생각하는 그런 왕은 아니다'라고 하시자, 빌라도는 '그러면 왕이 아니냐'라고 한 것이다.

"네 말과 같이 내가 왕이니라". 주님은 그렇다고 대답하셨다. 그러나 여기에서 그치지 않으시고 이 세상에 오신 이유를 말씀하셨다. "내가 이를 위하여 났으며 이를 위하여 세상에 왔나니 곧 진리에 대하여 증거하려 함이로다". 예수 그리스도의 나라를 이루는 방식은 그들처럼 무력과 권력으로 하는 것이 아니라 진리를 통해서 이루는 것이다. "진리에 속한 자는 내 소리를 듣느니라". 이것은 굉장히 중요한 말씀이다. 사도 바울은 예수님이 빌라도 앞에서 선한 증거로 증거하셨다고 말했다. 무슨 선한 일을 하셨다는 말인가? 주님은 빌라도 앞에서 당신이 하실 말씀을 다 하셨다는 말이다. 이것이 바로 예수 그리스도의 선한 증거인 것이다. 당신의 나라에 관한 진리를 말씀하신 것이다.

여러분도 눈에 보이는 이 세상 나라만 있는 것이 아니라 예수 그리스도의 왕국이 있음을 보아야 한다. "회개하라 천국이 가까웠느니라". 주님은 그 나라를 위하여 내가 났고 그 나라를 위하여 내가 세상에 왔다고 하셨다. 진리에 대하여 증거하러 왔다고 하셨다. 진리에 속한 자는 주님의 소리를 듣는다고 하셨다. 나는 여러분이 진리에 속한 자가 되기를 원한다. 진리에 속한 자는 예수 그리스도의 나라의 시민이다. 다니엘서에 보면 이 세상의 열국은 언젠가 끝난다고 했다. 손으로 하지 아니한 뜨인돌이 금신상을 쳐서 깨뜨려 완전히 가루가 되어버리고 그 돌은 태산을 이루었다고 했다.

다니엘 선지자가 하는 말은 무엇인가? 결국 성도들이 다스리는 나라가 세워진다는 것이다. 그 나라의 왕이 그리스도이시다. 결국 이 나라를 건설하기 위해서 예수 그리스도가 오신 것이다. 그 나라 구성원들은 진리에 속한자인데, 그들을 구분하는 방법은 진리에 대한 반응이다. 그 진리를 듣고자 하고 그 말씀을 정확하게 알고 지키고 싶어 하고 그 진리를 사모하고 그 입으로 나오는 말씀을 알고자 하는 사람들이 바로 예수 그리스도의 나라의 구성원들이다.

사람들은 교회를 가면 떡을 주나, 밥을 주나, 왜 그렇게 자꾸 교회를 가느냐고 묻는다. 그들은 실제적으로 먹고 사는 나라만 알기 때문에 그렇다. 그러나 우리는 진리를 안다. 이 세상 것은 다 그림자일 뿐, 참된 왕국이 온다는 것을 안다. 새로운 대통령이 당선되면 함께 오랫동안 고생한 사람들이 인수위원회를 구성해서 정권을 인수받을 준비를 하지 않는가? 얼마나 많은 사람들이 그들을 부러워하는가! 그들도 나름대로 고생했기에 그런 권력과 영광을 얻는 것이다.

그렇다면 우리는 지금 무엇을 하고 있는가? 없어져 가는 이 땅을 위해 존재하는 것이 아니라 영원히 사라지지 않고 영원히 무너지지 않는 나라를 위해서 달려가고 있다. 사람들은 그날에 엄청나게 부러워할 것이다. 이 세상 나라에서의 영광은 아무것도 아닐 것이다. 그리고 그 나라를 구성하는 것은 바로 오늘 우리가 전하는 진리이다. 진리에 의해서, 말씀에 의해서 그 나라는 세워진다. 그래서 천국을 씨 뿌리는 비유로 설명하면서 그 씨는 하나님의 말씀이고 그 말씀을 뿌려서 사람들 마음속에 30배, 60배, 100배의 결실을 하는 것이 그분의 나라라고 했다. 그 말씀에 대한 반응이 결국 주님의 나라의 구성원이 될 수 있느냐 없느냐의 구분선이 된다는 것을 여러분은 반드시 아시기 바란다.

38절, 빌라도가 가로되 진리가 무엇이냐 하더라 이 말을 하고 다시 유대인들에게 나가서 이르되 나는 그에게서 아무 죄도 찾지 못하노라

"진리가 무엇이냐"(What is the truth?). 주님이 진리에 대해서 말씀하시니까 빌라도는 이 유명한 한 마디를 던졌다. '도대체 진리라는 것이 무엇인데?' 이는 당시의 집권자의 입에서 나올 법한 말이다. 그러나 빌라도는 진리에 대하여 깊이 알고자 하는 마음이 없었다. 그는 오로지 보이는 왕국을 어떻게 다스려 나갈 것인가만을 관심했을 뿐 주님이 그것을 위해 오셨고 그것을 위해 목숨을 내놓으시는 진리에 대하여는 한 마디 묻고 끝난 것이다.

"나는 그에게서 아무 죄도 찾지 못하노라". 빌라도는 다시 유대인들 에게 나가서 예수님으로부터 아무 죄도 찾지 못했다고 했다. 대화를 하는 동안에 예수 그리스도 마음속에 사람을 미워한다거나 죽이려 한다거나 하는 어떠한 악한 것도 없음을 알았을 것이다. 주님이 이 세상에 속하지 않은 나라에 대해서 이야기를 하시니까 그는 이런 종교 철학적인 이야기 때문에 예수에게 사형을 언도하고 죽일 이유가 없다고 생각했을 것이다.

백성들을 두려워한 빌라도

39절, 유월절이면 내가 너희에게 한 사람을 놓아 주는 전례가 있으니 그러면 너희는 내가 유대인의 왕을 너희에게 놓아주기를 원하느냐 하니

여기서 '정치'가 개입이 되고 있다. 만일 빌라도가 참으로 공의롭고 지조 있는 바른 정치인이라면 죄 없는 사람은 무죄방면을 해야 했다. 그는 '죄가 없는 사람을 왜 데려왔는가' 하고 소신있게 말하지 못했다. 빌라도는 이렇게 성난 군중들의 말을 들어주지 않으면 폭동이 일어날 것을 두려워했다. 유월절은 유대인의 가장 큰 절기였기에 정치적으로 특사의 전례가 있었다. 죄인 중 한 사람을 풀어줄 수 있었다. 빌라도는 처음에는 예수가 죄가 없다고 하더니 지금은 또 갑자기 죄인을 만들어서 특사로 풀어주겠느냐고 제시하는 것이다. 유대인들의 의견을 일부 수용한 것이다. 이것이 의를 저버린 정치라는 것이다.

당시 민란을 획책했던 바라바라는 살인자가 갇혀 있었다. 빌라도는 종교적 분쟁과 시기가 사람을 얼마나 강퍅하고 사악하게 만드는지도 몰랐다. 그래서 두 사람 중에 누구를 풀어주는 것이 좋은가라고 물으면 예수를 풀어주라고 할 줄로 생각했던 것이다. 그는 그렇게 어리석었다.

40절, 저희가 또 소리질러 가로되 이 사람이 아니라 바라바라 하니 바라바는 강도러라

이 사람들은 예수를 죽이려는 마음으로 가득차 있었기 때문에 예수가 죄가 있느냐 없느냐에는 관심이 없었다. 오직 죽이려는 마음뿐이기에 바라바를 놓아 주라고 소리를 질렀던 것이다. 결국 빌라도는 예수를 데려다가 채찍질을 하도록 했다. "이에 빌라도가 예수를 데려다가 채찍질하더라"(19:1). 죄가 없다고 하고서는 채찍질을 했던 것이다. 누가복음 23장 13-14절, "빌라도가 대제사장들과 관원들과 백성을 불러 모으고 이르되 너희가 이 사람을 백성을 미혹하는 자라 하여 내게 끌어왔도다 보라 내가 너희 앞에서 사실하였으되 너희의 고소하는 일에 대하여 이 사람에게 죄를 찾지 못하였고 헤롯이 또한 그렇게 하여 저를 우리에게 도로 보내었도다 보라 저의 행한 것은 죽일 일이 없느니라". 죄를 찾지 못했으면 채찍질하지도 말아야 했고 무죄방면해서 놓아 주었어야 했다.

요한복음에는 기록되어 있지 않지만 빌라도는 자기에게 데려온 예수를 묶인 채로 헤롯 왕에게 보냈다. 예수는 갈릴리 사람이고 당시 갈릴리는 분봉왕 헤롯의 영지였다. 헤롯은 자기에게 끌려온 예수를 조롱하고 욕보인 후에 묶인 채로 빛나는 옷을 입혀 다시 빌라도에게 보냈다. 그리고 나서 빌라도가 예수님과 대화한 장면이 18장 33-38절의 말씀인 것이다. 예수에게 죄가 없었기에 빌라도는 때려서 놓아주겠다고 했다(눅 23:16).

당시에 십자가 형을 받는 사람들은 먼저 채찍질을 당했다. 빌라도는 예수님을 채찍질해서 피가 많이 나고 참혹한 모습을 유대인들에게 보여주면 그들이 동정하고 풀어주라고 할 줄로 생각했던 것이다. 하지만 그들의 사악함은 그 정도가 아니었다. 잡아 죽여야 속이 풀릴 사람들 앞에서 이방 정치인은 그런 식으로 그들의 마음을 돌려 보려고 했던 것이다. 여러분이 과거에 성경을 많이 읽으셨겠지만, 주의 깊게 읽지 않으면 지금 이 상황이 어떻게 돌아가고 있는지를 잘 알 수가 없다.

또한 여러분은 여러분의 구주 예수께서 어떻게 돌아가셨는지 잘 알아야 한다. 예수님은 자신이 채찍에 맞을 것을 아셨다. 돌아가시기 전에 '저들은 나를 채찍질하고 나를 죽일 것이다. 그러나 나는 사흘 만에 부활할 것이다'라고 다 말씀하셨다. 말씀하신 그대로 채찍질을 당하신 것이다. 당시의 채찍질은 우리가 지금 생각하는 것보다 훨씬 참혹한 것이다. 가죽에다 쇠를 박아 한 번 치면 살점이 뚝뚝 떨어져 나갈 정도로 잔인하게 채찍질을 했다. 그리고 나가서 피가 철철 흐르는 주님을 그들 앞에 보여준 것이다. '보라, 너희들의 왕이다'

그러나 40절에서 그들은 예수를 죽이라고 소리를 질렀다. 누가복음에서는 "소리가 이긴지라"라고 했다. 오늘날도 정치적인 사람들은 소리를 지른다. 검찰청사 앞에서 왜 사람들은 소리를 지르는가? 국회 의사당 앞에서 왜 소리 지르는가? 대체적으로 외치는 것들이 전혀 문제가 없는 사안들이 아니다. 정치란 그런 것이다. 정치가들은 백성들의 여론과 폭동을 두려워한다. 그래서 그것을 잠잠하게 만드는 묘수를 찾는 것이 정치이다. 이 세상에는 참다운 '의'가 없다. 그래서 큰 소리를 지르는 것이다. 결국은 예수 그리스도는 사람들의 소리 때문에 십자가에 못 박히신 것이다. 빌라도는 민중의 폭동을 우려해서 예수님을 십자가에 못 박혀 죽도록 내어준 것이다

극심한 죄수 바라바는 석방되었고, 죄가 없으신 예수님은 죄수로 잡히셔서 십자가형을 받으셨다. 성경은 이것을 우리에게 자세히 기록해주고 있다. 그리고 '이분이 바로 여러분을 죄와 사망에서 구하기 위해 돌아가신 구주시다'라고 말해 주는 것이다. 그런데도 이 예수를 믿지 않는가? 그래도 예수를 사랑하지 않는가? 이 죄 없는 분은 순전히 우리 죄를 대속하기 위해 하나님의 어린 양으로서 사람들 손에 미움을 당하면서 잡혀 죽으셨다. 그것을 제자들은 분명하게 보고 기록하여 우리에게 알려주고 있는 것이다.

사랑하는 여러분, 이 복음서의 기록을 보면서 어떤 생각이 드는가? 우리 같으면 이런 고난의 한 고비 한 고비를 감당할 수 있겠는가? 너무나 답답하고 무서운 이런 순간 순간을 우리 주님이 당하셨다. 죽을 우리를 살리려고 그분이 다 담당하시고 죽으셨다. 멸망할 우리 인간의 모든 죄를 용서하시기 위해서, 우리 대신 그 죄의 짐을 담당하고 죽기 위해서, 이 모든 고난을 당하신 것이다. "그가 채찍에 맞음으로 우리가 나음을 입었도다". 주님은 우리를 영 죽을 운명에서 살리실 뿐 아니라 우리가 건강하게 사는 것도 원하신다. 주님이 채찍에 맞은 것은 우리를 낫게 하기 위한 것이다. 여러분은 건강해야 한다. 여러분은 영원히 죽지 않고 살아야 한다. 그분이 채찍에 맞으셨기 때문이다. 그런 효과가 우리에게 미치지 않는다면 주님이 왜 채찍에 맞으셨겠는가? 예수를 믿는 우리는 모든 죄를 다 사함 받아야 되고, 예수를 믿는 우리는 치유도 받아야 한다.

억울하게 죄인으로 간주되어서 십자가로 한 발 한 발 나아가신 주님! 이분이 우리가 믿는 하나님이시고 우리가 믿는 예수 그리스도이시다. 나는 여러분이 이 예수를 더 많이 사랑하게 되기를 바란다.

19 장

우리는 그리스도의 십자가의 고난의 부분을 읽을 때마다 몇 가지의 느낌이 있다. 첫째는 너무 답답하다는 것이다. 또 무엇이라고 말할 수 없는 그런 괴로움을 느낄 때도 있다. 하나님의 아들이시고 죄가 없으신 분이 이렇게 사람들로부터 고소를 당하시고 조롱과 고난을 당하시고 죽으셔야만 했다는 것이다. 이것은 2000년 전에 예루살렘에서 벌어진 일이지만, 그러나 이것은 우리 모두와 관계된 일이다. 그분은 우리 모든 인류의 대표자이시고 우리의 하나님이시며 또한 우리와 하나이시기 때문이다. 그러므로 우리는 이 사건을 결코 객관적인 어떤 이야기로 읽을 수 없다. 우리와 너무나 가까운 사랑하는 주님이 이런 일을 당하셨다는 것을 생각하며 이 말씀들을 배워나가기 바란다.

과거 우리나라가 일본에게 36년간 총독부의 식민통치 아래 있었던 것처럼 당시의 유대인들은 로마의 식민지로서 총독 빌라도의 다스림 아래 있었다. 우리나라에 총독부가 있었지만 여전히 고종이라는 왕이 있었던 것처럼 유대인들에게도 헤롯왕이 있었다. 하지만 모든 실권은 빌라도에게 있었으므로 유대인들은 예수를 빌라도에게 데려가서 사형선고를 내리게 하고 빌라도에게 자기 나름대로 율법에 의해서 사형 선고를 하게 했던 것이다.

우리가 성경에서 분명히 볼 수 있는 것은 당시 최고의 법적인 책임자 빌라도는 예수를 심문하는 과정에서 3번이나 무죄하다고 말했다는 것이다. 18장 38절, "빌라도가 가로되 진리가 무엇이냐 하더라 이 말을 하고 다시 유대인들에게 나가서 이르되 나는 그에게서 아무 죄도 찾지 못하노라". 빌라도는 예수 그리스도를 심문하며 대화를 해보았다. 또한 그는 총독이므로 그간 예수에 대해서 듣지 못했을 리가 없다. 아마도 자세하게 알고 있었을 것이다. 그러므로 그가 '이 사람은 죄가 없다'라고 하면 거기서 끝나야 하는데, 유대인들은 절대로 수그러들 기미가 보이지 않았다.

이에 빌라도는 당시에 민란을 꾸미고 살인을 했던 바나바라는 큰 죄인과 예수님 중에서 한 명을 유월절 특사로 풀어주겠다는 정치적인 제안을 했다. 아마도 빌라도는 유대인들이 당연히 예수님을 풀어달라고 할 것이라 생각했을 것이다. 그러나 놀랍게도 그들은 그 큰 죄인인 바라바를 풀어주고 죄가 없는 예수는 죽이라고 했던 것이다. 여기서 우리는 세상 죄인보다 종교적 시기심이 더욱 무섭다는 것을 알 수 있다.

1절, 이에 빌라도가 예수를 데려다가 채찍질하더라

빌라도는 예수를 데려다가 채찍질을 했다. 당시 로마에서 도망갔다가 잡힌 노예들을 가장 처참한 방식으로 죽여서 노예들로 하여금 다시는 도망가지 못하게는 하는 사형 방식이 십자가 형이었다. 본떼를 보여서 다시는 도망가는 일을 생각지도 못하게 하도록 십자가에 매달아 참혹한 죽음을 당하게 하는 것이었다. 그들은 십자가에 못 박아 죽이기 전에 먼저 죄인들에게 채찍질을 했다. 스위스 사전에서 로마식 채찍질을 설명한 것을 보면 먼저 죄인의 옷을 벗겨 줄이나 가죽끈으로 어떤 틀에 묶어놓고 때리는 것이었다. 아마도 빌라도는 예수가 채찍질 당하는 모습을 보면 유대인들이 그분을 불쌍히 여겨서 놓아주라고 말할 것이라 기대했던 것 같다. 누가복음 23장 16절에서 빌라도는 '내가 때려서 놓겠노라'고 했기 때문이다. 그러나 그것은 절대로 통하지 않았다.

예수께서 채찍질을 당하신 것은 성경의 예언을 이루신 것이다. "그가 채찍에 맞음으로 우리가 나음을 입었도다"(사53:6). 또한 같은 이사야 50장 6절은 "나를 때리는 자들에게 내 등을 맡기며"라고 한다. 또한 예수 자신도 그렇게 될 것을 예언하셨다(마20:19, 막10:34, 눅18:33). 원래 우리가 우리 죄로 인하여 채찍과 괴로움을 당해야 했다. 그러나 그리스도께서 우리를 위하여 채찍을 맞으셨다. 그분이 우리를 위해 채찍에 맞으심으로 우리로 채찍의 아픔을 잊을 수 있게 해주셨다.

2절, 군병들이 가시로 면류관을 엮어 그의 머리에 씌우고 자색 옷을 입히고

군병들이 가시로 면류관을 엮어 주님의 머리에 씌우고 자색옷을 입혔다. 그들은 왜 이런 일을 했을까? 주님을 조롱하기 위함이다. 당시에 로마 황제들은 월계관처럼 나무로 된 관을 썼는데, 예수가 왕이라면 이런 것을 써야 되지 않겠느냐며 가시나무로 관을 만들어 씌웠던 것이다. 또 당시에 황제들은 망토같이 늘어뜨리는 자색(붉은색) 옷을 입었기에 자색 옷을 가져다가 입힌 것이다.

3-4절, 앞에 와서 가로되 유대인의 왕이여 평안할지어다 하며 손바닥으로 때리더라 4 빌라도가 다시 밖에 나가 말하되 보라 이 사람을 데리고 너희에게 나오나니 이는 내가 그에게서 아무 죄도 찾지 못한 것을 너희로 알게 하려 함이로다 하더라

당시의 황제 폐하 만세를 부르듯이 예수님 앞에서 조롱하는 인사를 했던 것이다. 그러면서 그들은 손바닥으로 예수를 때렸다. 예수님은 그들로부터 뺨을 맞은 것이다. 이것이 하늘로부터 오신 창조주께서 그분의 지으신 피조물 사람들에게 받은 대우이다. 총독 빌라도는 예수를 채찍으로 때리고 또 병정들이 이렇게 모욕을 한 다음에 밖에 나가서 유대인 군중에게 말했던 것이다. "보라 이 사람을 데리고 너희에게 나오나니 이는 내가 그에게서 아무 죄도 찾지 못한 것을 너희로 알게 하려 함이로다". 주님이 죄가 없음을 두 번째로 말한 것이다.

5절, 이에 예수께서 가시 면류관을 쓰고 자색 옷을 입고 나오시니 빌라도가 저희에게 말하되 보라 이 사람이로다 하매

"보라 이 사람이로다"라는 말은 라틴어로 '에케 호모(Ecce Homo)'로서 이는 아주 유명한 말이 되었다. 주님은 이때 채찍에 심하게 맞으신 후라서 피를 많이 흘리셨을 것이다. 그렇게 고통으로 일그러진 그분을 이끌어 군중들에게 보여주면서 '보라, 이 사람을!(Behold, the man!)'이라고 외친 것이다. 독자들과 이 말씀을 읽는 모든 사람은 한 번쯤은 영적인 눈을 떠서 이 예수를 바라 보아야 한다. 여러분은 마음이 많이 아플 것이다. 그런데 놀랍게도 대제사장과 그의 하속들은 예수를 보고 죽이라고 소리를 질렀다.

6절, 대제사장들과 하속들이 예수를 보고 소리질러 가로되 십자가에 못 박게 하소서 십자가에 못 박게 하소서 하는지라 빌라도가 가로되 너희가 친히 데려다가 십자가에 못 박으라 나는 그에게서 죄를 찾지 못하노라

죄가 없으신 주님

이러한 주님의 모습에 대한 그들의 반응은 십자가에 못 박으라는 외침이었다. "십자가에 못 박게 하소서! 십자가에 못 박게 하소서!". 십자가에 못 박아 죽이라는 것이다. "너희가 친히 데려다가 못 박으라 나는 그에게서 죄를 찾지 못하노라". 이것이 빌라도가 주님이 죄가 없다고 말한 세 번째이다.

예수님은 성경의 기록을 볼 때 진정 죄가 없는 분이시다. 당시의 최고의 심판자인 이방인 집권자가 심문을 다하고는 죄가 없다고 했다. 마태복음 27장 4절에서는 심지어 예수를 판 유다도 '내가 무죄한 피를 팔았다'고 증언했다. 빌라도의 아내는 새벽에 꿈을 꾸고 나서 '오늘 저 사람 때문에 많이 힘들었어요. 저 옳은 사람에게 아무 상관도 하지 마세요'라고 말했다. 누가복음 23장 41절에서는 "우리는 우리의 행한 일에 상당한 보응을 받는 것이니 이에 당연하거니와 이 사람의 행한 것은 옳지 않은 것이 없느니라"라고 강도가 말했다. 47절에서는 예수를 죽이는 로마 군인의 책임자인 백부장이 "이 사람은 정녕 의인이었도다"라고 말했다. 마태복음 27장 54절에서는 "백부장과 및 함께 예수를 지키던 자들이 지진과 그 되는 일들을 보고 심히 두려워하여 가로되 이는 진실로 하나님의 아들이었도다 하더라"고 했음이 기록되어 있다. 이처럼 성경의 기록을 통해서 예수는 의로우시며 죄가 없으신 분으로서 십자가에 죽임을 당하셨음을 분명히 알 수가 있다.

죄가 없으신 분이 왜 그렇게 죽임을 당하셔야 했나? 여러분과 우리의 죄를 대속하기 위해서이다.

빌라도는 이런 상황을 회피하고자 예수를 헤롯에게 보내서 어떻게든 적당히 무마하려고 시도했다. 바라바 대신에 예수를 방면하도록 제시하기도 했고, 또 예수를 채찍질 하여 유대 지도자들이나 군중들로부터 동정심을 얻어내기를 희망했지만, 빌라도의 정치적 계책은 하나도 통하지 않았다. 오히려 주님은 심하게 맞기만 하셨던 것이다.

주님은 그들의 조소와 비웃음 가운데 가시 면류관을 쓰셨고 그 머리에서는 피가 많이 흘러내렸다. 그들이 조롱하며 왕의 홀 대신에 갈대 지팡이를 드렸을 때 주님이 받지 않으시자 다시 빼앗아 머리를 쳐서 가시는 더 깊이 박히고 피는 더 많이 흘러내렸다. 이방 총독은 죽일 죄가 없다고 했지만, 유대인들은 십자가에 못 박으라고 외쳤다. 빌라도가 '너희들이 데려다가 십자가에 못 박아라. 죄 없는 사람을 왜 그렇게 죽이려고 하느냐'라고 하자, 유대인들은 대답했다.

7-9절, 유대인들이 대답하되 우리에게 법이 있으니 그 법대로 하면 저가 당연히 죽을 것은 저가 자기를 하나님 아들이라 함이니이다 8 빌라도가 이 말을 듣고 더욱 두려워하여 9 다시 관정에 들어가서 예수께 말하되 너는 어디로서냐 하되 예수께서 대답하여 주지 아니하시는지라

"저가 당연히 죽을 것은 저가 자기를 하나님 아들이라 함이니이다". 여기서 그들이 진실을 토해 버렸다. 예수님이 하나님의 아들이라 한다는 이 말을 듣고 빌라도는 더욱 두려워했다고 했다. 이렇게 세상 사람들의 양심이 더 살아 있을 수 있다. 종교적으로 잘못된 사람들은 양심이 완전히 마비되기 때문이다. '만일 그가 진짜 하나님 아들이면 어떡하나' 하는 마음에 빌라도는 두려워서 관정 안에 들어갔다 나왔다를 세 번이나 했다. 유대인들은 유월절에 부정하게 되지 않으려고 이방인의 집인 관정 안에 들어가지 않았다. 그러므로 빌라도가 예수님이 계신 관정으로 왔다갔다 한 것이다. 이제 그는 관정에 들어가서 예수님께 물었다. "너는 어디로서냐(Where are you from?)". "예수께서 대답하여 주지 아니하시는지라" 놀랍게도 예수님은 대답하지 않으시고 침묵하셨다. 그것은 "털깍는 자 앞에 잠잠한 양같이 그입을 열지 아니하였다"(사53:7)의 성취였다. 그분은 대제사장들의 질문에 대하여는 "내가 그로라"고 답하셨다. 그러나 빌라도는 메시아가 하나님의 아들이심에 대하여 아무런 지식이 없는 이방인이었다. 따라서 그에게는 아무런 답변을 하시지 않았다.

10절, 빌라도가 가로되 내게 말하지 아니하느냐 내가 너를 놓을 권세도 있고 십자가에 못 박을 권세도 있는 줄 알지 못하느냐

빌라도는 대답을 듣지 못해서 마음이 상했는지 왜 말하지 않느냐고 다그치며 위협한다. "내가 너를 놓을 권세도 있고 십자가에 못 박을 권세도 있는 줄 알지 못하느냐". 군중들이 두려워서 비위를 맞추느라 쩔쩔매던 사람이 연약해 보이는 한 사람 예수에게는 위압적으로 말하는 것이다. '내가 풀어줄 수도 있고 살려줄 수도 있고 죽일 수도 있는데 왜 내게 대답을 않는 것이냐' 주님께서는 어디서 왔느냐는 질문에는 대답하지 않으시고 이에 대해 한 말씀을 하셨다.

11절, 예수께서 대답하시되 위에서 주지 아니하셨더면 나를 해할 권세가 없었으리니 그러므로 나를 네게 넘겨준 자의 죄는 더 크니라 하시니

빌라도가 자신의 권세를 대단하게 여기는 말을 하자(10절), 주님은 위에서 주신 권세가 없으면 사람이 아무 것도 할 수 없는 것이라고 말씀해주신다. 죄라고 다 똑같은 것이 아니다. 어떤 모의를 해도 주모자의 죄가 더 큰 것이다. 여기서 예수님을 빌라도에게 넘겨준 유대인들의 죄가 더 크다고 하셨다. 그러나 그렇다고 빌라도의 죄가 크지 않은 것은 아니다. 빌라도의 죄도 역시 크다. 이것이 십자가에 못 박히시기 전에 땅에서 그들과 나눈 최종적인 말이다. 이후로 예수님은 더 이상 아무 말도 하지 않으셨다.

12절, 이러하므로 빌라도가 예수를 놓으려고 힘썼으나 유대인들이 소리질러 가로되 이 사람을 놓으면 가이사의 충신이 아니니이다 무릇 자기를 왕이라 하는 자는 가이사를 반역하는 것이니이다

12절은 빌라도가 더욱 주님을 석방해주고자 노력하는 것을 볼 수 있다. 그가 어떻게 하든 예수를 풀어주려고 하자 유대인들은 이제 총독인 빌라도를 위협했다. "이 사람을 놓으면 가이사(당시 로마의 황제를 부르는 말, 시이저)의 충신이 아니니이다". 이는 매우 위협적인 말이다. 그들의 말을 거절하다가는 빌라도의 입지가 불안해지는 것이다. '자기를 왕이라고 하는 자는 가이사를 반역하는 자인데, 그런 사람을 자꾸 눈감아 주려고 하는 당신도 문제가 있는 사람 아닌가?' 유대인들은 이렇게 당시 총독을 민중의 힘으로 위협한 것이다.

13절, 빌라도가 이 말을 듣고 예수를 끌고 나와서 박석(히브리 말로 가바다)이라는 곳에서 재판석에 앉았더라

'박석'이란 재판석으로서 도드라진 땅에다 재판장 의자를 맞게 놓은 자리를 말한다. 히브리 말로는 '가바다'이다. 거기서 선고하고 의사봉을 두드리면 형이 완전히 확정되어 버리는 자리이다. 재판석에 앉았다는 말은 이제 결정해야 한다는 의미와도 같다. 이쯤에서 빌라도는 자신이 결심하지 않으면 곤란한 일이 발생할 수도 있다고 판단했기에 이제는 해결해야겠다고 생각한 것이다.

14-15절, 이 날은 유월절의 예비일이요 때는 제육시라 빌라도가

유대인들에게 이르되 보라 너희 왕이로다 15 저희가 소리지르되 없이 하소서 없이 하소서 저를 십자가에 못 박게 하소서 빌라도가 가로되 내가 너희 왕을 십자가에 못 박으랴 대제사장들이 대답하되 가이사 외에는 우리에게 왕이 없나이다 하니

"이 날은 유월절의 예비일이요 때는 제육시라". 요한은 그날과 시간을 다 기록해 놓았다. 빌라도는 유대인들에게 "보라 너희 왕이로다"라고 말했지만, 그들은 예수를 십자가에 못 박아 없애라고 소리질렀다. "저희가 소리지르되 없이 하소서 없이 하소서 저를 십자가에 못 박게 하소서". 빌라도가 "내가 너희 왕을 십자가에 못 박으랴"고 하자 그들은 "가이사 외에는 우리에게 왕이 없나이다"라고 대답하는 것이다. 놀랍지 않은가? 불과 일주일 전만 하더라도 이들은 예수를 시험하면서 가이사에게 세를 바치는 것이 옳으냐고 물었던 사람들이다. 즉 이들은 자기들이 로마의 식민 통치 아래 있다는 것을 인정하지 않으려는 사람들이다. 자기들은 하나님의 백성들이고 선민이라는 것이다. 그러나 정작 이들이 예수님을 죽이려 할 때는 자기들이 가이사 아래 있다는 것을 시인하면서 마치 가이사의 충신인 것처럼 나서서 예수 그리스도를 죽음으로 내몰았다.

16절, 이에 예수를 십자가에 못 박히게 저희에게 넘겨주니라

빌라도는 이제 예수를 넘겨주었다. 성경의 다른 곳에서는 빌라도가 대야에다 물을 떠다가 손을 씻으며 '나는 이 사람의 피에 대해서 무죄하니 이 사람의 피에 대해서는 너희들이 당하라'고 했다고 말한다. 그러자 유대인들이 확신하며 소리질렀다. 그들은 예수님이 하나님의 아들이 아니라고 확신했던 것이다. 그 유대인들은 예수를 사기꾼으로 오판했기에 죽여버리라고 말했고 그 죄를 우리와 우리 자손에게까지 대대손손 돌리라고 확언한 것이다.

그들은 소리를 많이 질렀다. '소리가 이겼다'고 기록한 곳도 있다. 이 말이 얼마나 무섭고 두려운 말인지 아는가? 그들은 이것이 어떤 죄인지도 모르고 그들은 그런 말을 한 것이다. 그 결과 유대인들은 역사상 가장 큰 민족적인 비극과 고난을 당하게 된 것이다. 단지 2차 대전 뿐만이 아니다. 그 이전과 또 지금까지도 그들은 유랑 민족이 되어서 온 세계로부터 미움과 학대를 받는 나라가 되었다.

사도행전 8장 33절은 "낮을 때에 공변된 판단을 받지 못하였으니 누가 가히 그 세대를 말하리요 그 생명이 땅에서 빼앗김이로다 하였거늘"이라고 기록하고 있다.

17절, 저희가 예수를 맡으매 예수께서 자기의 십자가를 지시고 해골(히브리 말로 골고다)이라 하는 곳에 나오시니

십자가 형벌을 받는 죄인들은 자기가 달려죽을 십자가를 스스로 지고 가는 것이 관례였다. 주 예수님도 골고다 언덕을 향해서 당신의 십자가를 지고 올라가셨다고 기록하고 있다. 잡히신 이후로 밤새도록 잠도 못 자고 이리저리 끌려 다니다가 아침에 빌라도의 관정에서 채찍에 맞으셨다. 그리고 이제 십자가를 지고 가시려니 말할 수 없이 힘든 발걸음이었다. 가시다가 쓰러지고 가시다 쓰러지며 피 흘리며 한 발씩 한 발씩 걸어가셨다. 결국 로마 병정들은 구레네 사람 시몬을 억지로 데려다가 예수님의 십자가를 짊어지게 했던 것이다. 주님은 그렇게 골고다까지 올라가셨다.

18절, 저희가 거기서 예수를 십자가에 못 박을새 다른 두 사람도 그와 함께 좌우편에 못 박으니 예수는 가운데 있더라

십자가에 못 박히신 주님

우리가 참으로 마음이 아픈 것은 당시에 사람들이 참으로 의롭고 아무 죄가 없는 한 사람을 이렇게 죽음에 내몰아서 가장 처참하고 고통스러운 형벌인 십자가형을 받게 하고 죽게 했다는 것이다.

십자가형은 그 절차가 다음과 같다. 먼저 죄인의 옷을 벗기고 십자가 나무에 등을 대고 눕혀서 팔을 벌리게 하여 손에 못을 박고 세로 형틀에 발을 못 박는다. 그 다음 십자가 끝부분을 땅에 대고 미리 파놓은 구덩이에 십자가를 박고 세우는 것이다. 그리고 고난받는 자로 하여금 오랫동안 피를 조금씩 흘리면서 고통 가운데 죽게 하는 방식인 것이다. 동맥이 끊어진 것이 아니라 손발에서 피가 조금씩 흐르게 해서 결국 숨이 끊어지게 하는 것이다. 따라서 아주 강인하고 원기왕성한 사람은 완전히 죽는 데까지 이삼 일이 걸리기도 했다고 한다. 또 어떤 경우는 십자가로 갈 것도 없이 채찍질에 죽는 사람도 있었다고 한다.

주 예수님은 여섯 시간, 오늘날의 시간으로는 오전 아홉시에 십자가 형틀에 매달려 오후 세 시에 운명하셨다. 여섯 시간 동안 매달리셨던 것이다. 극도의 고통으로 혈압이 오르고 열이 얼마나 심하게 오르는지, 시편 22편 15절에서는 "내 힘이 말라 질그릇 조각 같고 내 혀가 잇틀에 붙었나이다"라고 묘사했다. 레위기에 보면 예수 그리스도의 제물되심을 번제, 속죄제라고 했다. 완전히 태우는 것이다. 유월절 행사에서도 유월절 양을 '구워먹으라'고 했다. 십자가의 죽음은 그렇게 완전히 구워지는 극한 고통이었던 것이다.

예수님은 왜 십자가에서 돌아가셨는가? "모세가 광야에서 뱀을 든 것 같이 인자도 들려야 하리니 이는 저를 믿는 자마다 영생을 얻게 하려 하심이니라"(요 3:14-15). 광야에서 불뱀에 물려 다 죽어가는 사람들을 살리는 방법은 장대에다 놋뱀을 만들어 놓고 그것을 바라보게 하는 것이었다. 하늘과 땅 사이에 하나님의 아들 예수님이 십자가에 돌아가시는 이유는 죄로 인해서 죽어가는 인류를 살리기 위함이셨다. 성경의 진리는 무엇인가? 그를 믿으면 영생을 얻는다고 하셨다. 바라보는 자는 살리라고 하셨다.

"그가 찔림은 우리의 허물을 인함이요 그가 상함은 우리의 죄악을 인함이라 그가 징계를 받음으로 우리가 평화를 누리고 그가 채찍에 맞음으로 우리가 나음을 입었도다"(사 53:5). 주님이 그렇게 처참하게 돌아가신 이유는 우리의 죄악 때문이다. 주님이 그렇게 돌아가신 혜택은 결국 우리에게 온 것이다. 그가 징계를 받아서 우리는 평화와 행복을 누리게 되었고 그가 채찍에 맞아서 우리의 건강도 치료되었다. 우리는 다 양 같아서 그릇 행하여 각기 제 길로 갔지만 여호와께서는 우리의 죄악을 그분에게 담당시킨 것이다. 그분은 그분의 죄로 인해 죽임을 당한 것이 아니다. 전혀 죄가 없으시며 죽지 않을 능력과 권세도 있으신 분이 돌아가신 이유는 우리의 죄악을 담당하시기 위함이셨다.

마태복음 26장 28절에도 "이것은 죄 사함을 얻게 하려고 많은 사람을 위하여 흘리는 바 나의 피 곧 언약의 피니라". 주님은 순교의 죽음으로 죽은 것이 아니시다. 힘이 없어 돌아가신 것도 아니시다. 여러분과 우리의 죄를 용서하기 위해서 그분의 피를 흘리셨던 것이다. 요한 일서 4장 9절은 "하나님의 사랑이 우리에게 이렇게 나타난 바 되었으니 하나님이 자기의 독생자를 세상에 보내심은 저로 말미암아 우리를 살리려 하심이니라"고 했다.

성경은 하나님은 사랑이시라고 말하고 있다. 그러면 우리가 그것을 어떻게 아는가? 또 하나님의 사랑이 얼마나 큰지는 어떻게 아는가? 십자가를 볼 때 알게 된다. 그분의 독생자를 십자가에서 그렇게 고통스럽게 죽게까지, 하나님은 우리 죄인을 살리려 하시는 그분의 사랑을 십자가를 통해 나타내신 것이다. "하나님이 자기의 독생자를 세상에 보내심은 저로 말미암아 우리를 살리려 하심이라". 우리를 살리려고 그분이 죽으셨다. 그분이 십자가를 지지 않으셨다면 우리가 살 길이 없었기 때문이다.

"내가 땅에서 들리면 모든 사람을 내게로 이끌겠노라 하시니"(요 12:32). 예수 그리스도는 신랑이시며, 땅에서 들리는 것이 바로 모든 사람을 그분께로 이끄는 방법이다. 말로 사랑한다는 것은 아무 소용이 없다. 돈을 조금 주는 것도 소용없다. 가장 확실하게 사랑하는 것을 증명하는 것은 그를 위해서 죽는 것이다. 그것은 부정할 수 없는 것이다. 우리가 이처럼 예수 그리스도의 죽음에 대해서 자세히 살펴보는 이유는 무엇인가? 우리가 이분에 대해 어떤 마음을 가질 것인가 하는 것이다. 주님의 십자가의 고난과 죽으심을 깊이 생각하게 될 때 아무리 강퍅하고 완고한 사람이라도 그분께 마음이 향하게 될 것이다.

나는 이 요한복음 19장을 읽을 때마다 '주님, 그러면 제가 어떻게 해야 합니까? 주님께 도대체 어떻게 해야 되는 것입니까?'라는 마음이 든다. 주님께서 땅에서 들리심으로 지금까지 수백만 수천만의 사람들이 예수 그리스도께로 돌아갔다. 주님이 사람들의 마음을 이끄시는 방식은 바로 십자가인 것이다.

고린도후서 5장 15절에 "저가 모든 사람을 대신하여 죽으심은 산 자들로 하여금 다시는 저희 자신을 위하여 살지 않고 오직 저희를 대신하여 죽었다가 다시 사신 자를 위하여 살게 하려 함이니라". 이것이 주님이 돌아가신 이유이다. 사람들이 공허하고 무익하게 살지 않도록 삶의 의미를 설명해주셨다. 다시는 자신을 위해 살지 말고 우리를 위해 죽었다가 살아나신 그분을 위해 살라고 하시는 것이다.

19-22절. 빌라도가 패를 써서 십자가 위에 붙이니 나사렛 예수 유대인의 왕이라 기록되었더라 예수의 못 박히신 곳이 성에서 가까운고로 많은 유대인이 이 패를 읽는데 히브리와 로마와 헬라 말로 기록되었더라 유대인의 대제사장들이 빌라도에게 이르되 유대인의 왕이라 말고 자칭 유대인의 왕이라 쓰라 하니 빌라도가 대답하되 나의 쓸 것을 썼다 하니라

마태는 이 패를 죄패(아이티아, 헬)라고 칭하였다. 이는 빌라도가 예수가 못박히신 것을 공표하기 위하여 부하들에게 부착시키라고 명한 것이다(19절). 그 내용은 '나사렛 유대인의 왕'이란 말이었다. 물론 이 패를 붙인 것은 예수를 모욕하기 위함이었다. 그 죄패는 그렇게 해서 붙여졌지만 그 죄패대로라면 그분은 십자가에 못박히실 아무 근거가 없음을 증명하는 것이 확실시 된 것이다. 그분은 실상 유대인의 왕이시다. 그 사실이 어떻게 십자가에 못박히실 이유가 된단 말인가! 그러나 하나님의 주권으로 그 패가 십자가 위에 붙게 되었고 많은 유대인들이 그 패를 읽었다(20절). 이 비문은 세 나라(히브리어, 로마어, 헬라어) 언어로 기록되었으므로 당시 모든 사람들이 읽을 수 있었다. 유대인들은 빌라도에게 그 패의 글을 고쳐 달라고 주문했다. "유대인의 왕"이라고 하지 말고 "자칭 유대인의 왕"이라고 써야 한다는 것이었다. 그러나 빌라도는 "나의 쓸 것을 썼다"하고 그들의 말을 묵살했다.

23-24절, 군병들이 예수를 십자가에 못 박고 그의 옷을 취하여 네 깃에 나눠 각각 한 깃씩 얻고 속옷도 취하니 이 속옷은 호지 아니하고 위에서부터 통으로 짠 것이라 24 군병들이 서로 말하되 이것을 찢지 말고 누가 얻나 제비 뽑자 하니 이는 성경에 저희가 내 옷을 나누고 내 옷을 제비 뽑나이다 한 것을 응하게 하려 함이러라 군병들은 이런 일을 하고

구약의 예언들이 성취됨

그들은 주 예수를 십자가에 못박기 전에 그의 옷을 벗기었다. 벌거벗음의 수치는 아담이 죄를 범한 후부터 인류에게 도달하였다. 그리스도는 옷을 벗기는 수치를 당하심으로 우리의 당할 수치를 담당하신 것이다. 따라서 그분을 믿는 우리는 수치를 당하지 않는다(롬10:11).

고대의 대부분의 나라에서 처형되는 사람의 옷은 형 집행인들의 소유가 되었다고 한다. 당시에 백부장과 네 명의 로마 군병들이 예수 그리스도의 십자가의 형 집행을 맡았던 것 같다. 당시 주님의 겉옷은 네 깃이기 때문에 네 사람이 나눠서 자기들 소유로 하나씩 취했지만 속옷은 위에서 아래로 통으로 짠 것이라서 나눌 수 없었기에 누가 가질 것인지 제비를 뽑았다. 시편 22편 18절에서 "내 겉옷을 나누며 속옷을 제비뽑나이다"라고 한 예언이 주님이 이 일을 당하시기 칠, 팔백 년 이전에 이미 다윗으로부터 예언되어 있다. 그리고 그 말씀이 그대로 이루어졌다고 24절에서 요한이 기록한 것이다.

구약에서는 하나님의 아들이 이 땅에 오시면 어떠한 모습으로 돌아가실 것이라는 것이 세세한 세부 사항까지 예언되어 있는데, 이처럼 그 예언된 한 가지 한 가지가 다 이루어진 것을 볼 수가 있다. 28절에 '내가 목마르다' 하신 말씀도 시편에 이미 예언되어 있다. "저희가 쓸개를 나의 식물로 주며 갈할 때에 초로 마시웠사오니"(시 69:21). 이 말씀도 그대로 이루어졌다. 주님이 목마르다 하실 때에(갈할 때에) 사람들은 그분에게 신포도주를 주었다(초로 마시웠으니). 34절에서는 한 군병이 창으로 옆구리를 찔렀다고 했는데, 이 말씀도 스가랴 12장 10절에 기록되어 있다. "내가 다윗의 집과 예루살렘 거민에게 은총과 간구하는 심령을 부어 주리니 그들이 그 찌른바 그를 바라보고 그를 위하여 애통하기를 독자를 위하여 애통하듯 하며 그를 위하여 통곡하기를 장자를 위하여 통곡하듯 하리로다." 스가랴 선지자는 그들이 그 찌른바 그를 바라보았다고 했고, 요한복음에는 주님이 찔렸다고 기록하고 있다.

이사야 53장 5절에도 "그가 찔림은 우리의 허물을 인함이라"고 하면서 주님의 찔림에 대해서 분명히 예언했다. 또 시편 34편 20절에 "그 모든 뼈를 보호하심이여 그 중에 하나도 꺾이지 아니하도다"라고 했듯이 두 강도는 다리를 꺾였지만 우리 주님은 이미 돌아가신 것을 보고 군병이 옆구리를 창으로 찔렀다. 이 모든 내용이 구약 성경에 그대로 세세하게 예언되었고 여기서 실제로 다 이루어졌다. 당시 사람들은 아무것도 모르고 주님께 이런 일을 했지만 이것은 다 구약의 예언을 이루는 것이었다.

자기 자신을 위해 살지 않으신 주님

군병들은 예수님을 못 박고 그의 옷을 취하였다. 사람들은 모든 것을 다 탈취해 간다는 것을 알 수 있다. 우리 주님은 모든 것을 탈취당하는 상황을 맞이하게 된 것이다. 그러나 그분은 누구도 원망하지 않고 그들을 위해 기도하셨다. 우리가 예수 그리스도의 행하신 것을 주의해야 하는 이유는 동일한 생명을 가지고 있는 우리 역시 그러한 삶을 살아야 하며 또 살 수 있기 때문이다. 주님은 모든 것을 빼앗기고 그 고통을 당하는 순간에도 다른 사람들에 대한 원망이 없으셨다. 주님이 돌아가시기 삼 년 전에 산에 오르셔서 가르치신 산상수훈의 말씀은 어떠한가? 어떤 사람들이 너희를 고소해서 너희의 속옷을 빼앗으려 하면 그 속옷을 줄 뿐 아니라 달라고 하지 않은 겉옷까지 주라고 하셨다. 주님은 자신의 가르침대로 모든 것을 탈취당하시는 이러한 순간에 어떤 원망도 없으셨다.

내게도 모든 것을 빼앗긴다고 여겨지는 경험이 있었다. '정말 다 가져가려고 하는구나'라고 생각하니 도무지 이해가 안 되고 너무나 분했다. '사람들이 어떻게 이렇게까지 악할 수가 있는가'라고 생각하니 도무지 용서가 안 되고 사랑은 더구나 안 되었다. 그러나 세월이 흐를 때에 주님이 그런 마음을 물리치고 녹여주시며 그들에 대한 이해와 용서와 사랑이 마음속에서 조금씩 흐르기 시작했다. 주님은 그러한 생명을 우리에게 주심으로 우리로 하여금 그분의 십자가의 길을 따라가도록 하시는 것이다. 주님만 그렇게 가신 것이 아니라 우리도 그분을 따라서 갈 수 있는 은혜를 주신 것이다.

주님은 십자가상에서도 자신을 위하거나 자신을 동정하지 않으셨다. 그 고통 속에서도 영혼들을 위하셨다. 첫째로는 무지함으로 자기를 십자가에 못 박는 군병들의 죄를 용서하시라고 아버지께 기도했다. '아버지여 저들의 죄를 용서하여 주옵소서 저들은 저들이 무엇을 하는지 알지 못합니다. 그들을 긍휼히 여겨주십시오'라고 기도하셨다. 그리고 강도와 대화하는 과정에서 강도를 구원하게 하셨으며 '오늘밤에 네가 나와 함께 낙원에 있으리라'고 말씀해주셨다. 강도를 위하시고 자신을 못 박는 사람들을 동정하여 그들을 위해 기도하신 것이다.

25-27절, 예수의 십자가 곁에는 그 모친과 이모와 글로바의 아내 마리아와 막달라 마리아가 섰는지라 26 예수께서 그 모친과 사랑하시는 제자가 곁에 섰는 것을 보시고 그 모친께 말씀하시되 여자여 보소서 아들이니이다 하시고 27 또 그 제자에게 이르시되 보라 네 어머니라 하신대 그 때부터 그 제자가 자기 집에 모시니라

예수의 십자가 곁에는 네 명의 여자가 있었다. 예수님의 어머니도 함께 계셨다. 이는 아기 예수가 태어났을 때부터 예언되었었다. "또 칼이 네 마음을 찌르듯 하리라"(눅2:35) 마리아는 십자가의 광경을 다 목도하면서 마음에 칼이 찔리듯이 아픈 시간을 보내야 했다. 예수께서는 십자가상에서 그들을 보시고 사랑하는 제자에게 어머니를 부탁하셨다. 그 제자가 이 복음서를 기록한 요한이다. 그때부터 그는 예수님의 어머니를 자기 집에 모셨다. 주님은 그러한 극심한 고통 속에서도 당신의 어머니를 기억하셨다.

그리고 누가 어머니를 일생 편안하게 모실 수 있을까 생각하고 요한에게 부탁하신 것이다. 여기서 우리는 주님의 생명이 어떤 것인지 알 수 있다. 그리고 우리 역시 그리스도의 생명과 조금도 다르지 않은 그 생명을 가지고 있음을 기억할 필요가 있다.

이처럼 주 예수님은 자신을 위해서 살지 않고 철저하게 다른 사람들을 위하여 고려하며 배려하고 사랑하면서 사셨다. 이것이 바로 우리가 배워야 할 것이고 이것이 바로 예수의 생명이다. 어떤 순간이 와도 자기에게 집중하지 않고 자기를 위해 살지 않으며 다른 이를 위해서만 사신 것에 대해서 우리는 깊은 인상을 받아야 한다. 사람이 자기만 사랑하고 자기 가족만 사랑한다면 그것은 타락한 육체이다. 자기 가족만 사랑한다는 것은 결국 자기를 사랑한다는 것이고 혈육적인 것이다. 그러나 십자가상의 주님은 그런 분이 아니셨다. 그분은 모든 사람을 사랑하고 당신을 찌른 사람들까지도 사랑하셨다. 그러므로 사랑이란 자신이 아닌 타인을 대상으로 하는 것이고 자아를 떠나는 순간부터 우리에게서 발생하는 것이다.

인생의 진정한 가치는 사랑에 있다. 즉 사랑하지 않는 생은 진정한 생이 아니라는 말이다. 어떤 사람들이 말했다. '누구든지 사랑이 넓을수록 그 사람의 생이 넓은 것이다' 얼마나 넓은 인생을 사는가는 그가 얼마나 사람을 넓게 사랑하는가에 달려있다. 자기만 사랑하며 사는 삶은 너무나 좁고 편협한 인생이다. 그래서 결국 부패해버리는 것이다. 그러나 자기 가족의 범위를 벗어나서 많은 사람에게로 사랑이 넓어질 때 그의 인생은 그만큼 넓어지게 되는 것이다. 인생의 가치는 사랑에서 결정된다는 뜻이다. '그 사랑이 깊으면 깊을수록 그 생이 깊은 것이다'라고 했다. 나는 이런 말들이 진실로 옳은 말이라고 생각한다. 사람이 그냥 사는 것이 중요한 것이 아니라, 어떻게 사느냐가 중요한 것이다. 자기 자신을 너무 귀하게 여기면 남을 사랑할 수 없는 법이다. 자신에서 벗어나는 순간, 남을 향해서 살기 시작하는 순간부터 그 사람의 진정한 인생이 시작된다.

우리 주님은 십자가에 달려서까지 철저하게 남을 위하시고 영혼들을 동정하고 사랑하신 분이다. 그분은 자신을 동정하고 자신을 위해서 울고 자기 가족을 위해서 우는 분이 아니셨다. 텔리슨이라는 시인의 시 가운데 이런 구절이 있다. “남들의 슬픔에 대하여 내가 깊이 생각해준 그곳에 나의 가장 좋은 날이 있었다.” 우리가 우리 자신에게 빠지면 다른 사람의 슬픔을 생각할 여지가 없다. 그러나 텔리슨은 자기 인생의 가장 좋았던 날을 회생할 때 그것은 다른 사람들의 슬픔을 깊이 생각했을 때였고 자신을 잊어버렸을 때였다고 했다. 자기 자아에 빠져있을 때 그 사람은 인생을 산다는 것이 무엇인지 모른다고도 했다. 세상의 시인들도 이런 시를 쓰는데, 만일 우리 그리스도인들이 ‘나’, ‘내 자신’ 그리고 ‘내 가족’만을 위해 산다면 그런 인생은 아무 가치가 없는 것이다.

나는 여러분 모두가 정말 주 예수 그리스도로부터 우리의 인생을 어떻게 살아야 하는지를 배울 수 있기 바란다. 그것은 마음만 먹으면 되는 것이다. 오늘부터 내 자신을 위해 사는 것을 포기하고 정말 내 이웃을 위해 다른 사람을 위해 살겠다고 마음먹는 것이다. 그렇다고 해서 가족을 포기하라는 것이 아니다. 모든 진리에는 균형이 있어야 한다. 우리 주님도 제자에게 어머니를 부탁하셨다.

디모데전서 5장 8절에서도 “누구든지 자기 친족 특히 자기 가족을 돌아보지 아니하면 믿음을 배반한자요 불신자보다 더 악한자니라”고 했다. 마땅히 가족을 돌봐야 한다. 그렇지만 오직 가족만을 위한 삶은 자기 자신만을 위해 사는 삶과 같다는 것이다. 그리스도인들은 혈육적인 관계를 어떻게 정리해야 되는지 잘 배워야 한다. 혈육적인 것보다 더 중요한 관계가 영적인 관계이다. 주님께서 ‘누가 내 모친인가, 누가 내 자매인가, 누가 내 형제인가?’ 하시면서 하나님의 뜻을 행하는 자가 내 형제요 자매요 모친이라고 말씀하셨다. 그러므로 오늘 주안에 있는 성도들은 참으로 주님 안에서 생명으로 맺어진 영적인 성도들의 관계가 얼마나 중요한가를 깨달을 필요가 있다.

28-30절, 이 후에 예수께서 모든 일이 이미 이룬줄 아시고 성경으로 응하게 하려하사 가라사대 내가 목마르다 하시니 거기 신 포도주가 가득히 담긴 그릇이 있는지라 사람들이 신 포도주를 머금은 해융을 우슬초에 매어 예수의 입에 대니 예수께서 신 포도주를

받으신 후 가라사대 다 이루었다 하시고 머리를 숙이시고 영혼이 돌아가시니라

성경은 그분의 갈증에 대하여 예언하셨다. 시22:15절은 "내 혀가 입천장에 붙었나이다"라고 하였다. 또한 시69편 21절은 갈할 때에 신 포도주가 주어지리라는 것도 예언이 되어 있었다. 예수는 신포도주를 받으신 후 '다 이루었다' 하시고 돌아가셨다. 공관복음에는 천지의 어두움과 더불어 "엘리 엘리 라마사박다니"라는 부르짖음이 있었다고 전한다(막15:33-34). .

십자가 상의 7언

주님은 오전 9시부터 6시간가량 십자가에 달려서 고통당하시다가 오후 3시에 운명하셨다. 오전 9시부터 정오까지는 사람에게 핍박을 당하셨다. 그때는 밝은 대낮이었다. 그런데 정오에 기적적인 일이 일어났다. 어두움이 이 땅에 임하고 하나님의 심판이 시작되는 순간이었다.

이제 우리가 살펴볼 것은 주님이 십자가 상에서 하셨던 7가지 말씀이다. 주님의 7언은 세 부분으로 나눌 수 있다. 어둠이 임하기 전에 세 마디, 정오에 어둠이 임했을 때 한 마디, 그리고 어둠의 마지막에 하신 세 마디 말씀이다.

1. 어둠 전에

십자가 상에서 주님이 하셨던 첫 번째 말씀은 누가복음에 기록되어 있다. "아버지여 저희를 사하여 주옵소서 자기의 하는 것을 알지 못함이니이다"(눅 23:34). 주님이 첫 번째로 하신 말씀은 용서이다. 예수님이 십자가에 돌아가신 것은 용서하기 위해서이다. 사람에게 있어서도 제일 귀한 마음은 용서하는 마음이다. 인간은 다 연약하고 부족해서 잘못할 수 있고 실수할 수 있다. 그러므로 여러분이 주 예수를 닮으려면 용서하는 것을 배워야 한다. 용서를 잘 하지 않는 사람은 마치 자기는 잘못을 안 하는 것처럼 생각하는 사람과도 같다. 그러나 자신이 잘 느끼지 못할 뿐 그도 잘못한다. 좋은 그리스도인이 되려면 용서를 많이 해야 한다. '저 사람은 정말 나쁜 사람이다, 저 사람은 문제가 심각한 사람이다'라는 말은 모두 용서하지 않는 말들이다. 용서 다음에는 사랑이 흘러가야 한다.

주님이 첫 번째로 하신 말씀은 이처럼 당신을 정말 힘들게 하고, 찌르고 못 박는 자들에 대해서 용서해주시라는 말씀이었다. 주님은 '아버지여 저들을 용서하여 주옵소서'라고 아버지께 용서를 구했다. 여러분, 어떠한 잘못도 용서하는 법을 배우겠는가? '내가 널 용서한다'라고 단지 말하는 것이 아니라 마음속에서부터 용서하는 것은 결코 쉽지 않다. 많은 사람이 자신보다 어린 사람에 대해선 용서를 잘하는데 자기보다 윗사람은 잘 용서하지 못한다. 그것 역시 용서하지 못하는 것임에는 마찬가지이다. 주님께서는 제자들에게 하루에 일곱 번씩 일흔 번을 잘못해도 용서하라고 가르치셨다. 어떤 사람은 잘못한 당사자가 자신에게 와서 용서를 빌지 않기 때문에 용서할 수 없다고 한다. 그러나 회개를 하지 않아도 용서하는 것이 진짜 용서이다. 오늘날 이방인 가운데서도 원수를 용서하는 모습을 볼 수 있다. 하물며 그리스도인이 꼭 와서 잘못을 빌어야만 용서를 해준다는 말인가? 여러분은 용서하는 것을 배우기 바란다. 그것이 정말 좋으며 여러분이 사는 길이다.

주님의 두 번째 말씀은 강도에게 한 말씀이다. "오늘 네가 나와 함께 낙원에 있으리라"(눅 23:42). 이 강도는 주님이 어떤 분이신지 조금 알았다. "예수여 당신의 나라에 임하실 때에 나를 생각하소서"라고 간구했다. 그때 주님은 "네가 오늘 나와 함께 낙원에 있으리라"고 말씀해주셨다. 주님은 악한 강도라도 회개할 때 그를 이끌어서 그분의 나라로 인도할 수 있는 분이시다.

세 번째 말씀은 "여자여 보소서 아들이니이다"(요 19:26-27)이다. 주님은 어떤 사람의 상황도 무시하지 않으신다. 이 땅에 계실 때도 여러 병자를 고치시고 불쌍한 사람을 다 돌보셨다. 그러므로 때로 여러분이 아프고 슬프고 괴롭고 힘들게 느낄 때, 모친 마리아를 돌보시는 주님을 기억하기 바란다. 그분은 모든 인간의 슬픔과 아픔을 다 이해하시고 그들을 돌보시고 위로해 주시는 분이시다. 주님이 그 어머니가 앞으로 어떻게 살아가실지 걱정하고 돌보시듯이 여러분도 마리아에게 하시듯 돌보신다. 그것이 주님의 성품이시다. 이 세 마디가 정오 전, 세 시간 동안에 있었던 일이다. 세 시간 동안 세 마디를 하신 것이다.

2. 어둠 중에

12시 정오에 온 땅에 어두움이 임했고 주님은 부르짖으셨다. "엘리 엘리 라마 사박다니(Ηλει Ηλει λεμα σαβαχθανει)"(막 27:46, 막 15:34). 이것이 네 번째 하신 말씀이다. 이 말씀의 뜻은 '나의 하나님 나의 하나님 어찌하여 나를 버리시나이까'이다. 주님은 그 순간에 버림받는 느낌이셨다. 그 순간에 주님은 모든 인류의 죄를 다 담당하고 계셨다. 나와 여러분의 죄, 이 세상 모든 사람의 모든 죄가 그 시간 다 예수님의 어깨 위에 놓여져 있었다. 그러므로 하나님은 그 예수를 심판하지 않으실 수 없었다. 이 땅에 어두움이 임하고 이제 하나님의 진노가 쏟아부어지는 찰나였다. "엘리 엘리 라마 사박다니". 그것은 우리의 구속주께서 인류의 죄짐을 짊어지시고 하나님의 진노의 심판을 당하셨던 그 순간의 외침이었다. 우리의 죄가 그 시간에 다 담당되었다는 사실은 너무나 감사하고 귀하다. 아멘. 사랑하는 주님은 우리의 죄짐을 지고 그곳에서 죽음을 맞이하셨다.

3. 어둠의 마지막에

이후 두세 시간 이상 조용하다가 세 시가 가까웠을 때, 주님은 "내가 목마르다"(요 19:28)고 말씀하셨다. 이것이 다섯 번째의 말씀이다. 이 말씀은 사람들의 오해를 불식시킨 말씀이라는 점에서 의미가 있다. 예수님은 하나님의 아들이시기에 기적적으로 그런 모든 고통은 아무 문제없이 견딜 수 있으셨다는 것은 틀린 말이다. 주님은 우리와 똑같은 육신을 가지셨기 때문에 육신의 모든 고통을 다 느끼셨다. 몸에서 물과 피가 다 쏟아져 나왔기 때문에 "내가 목마르다"고 외치셨던 것이다.

다음 구절인 29절에는 "거기 신 포도주가 가득히 담긴 그릇이 있는지라 사람들이 신 포도주를 머금은 해융을 우슬초에 매어 예수의 입에 대니 예수께서 신 포도주를 받으신 후". 주님은 십자가에 달리시기 전에 사람들이 쓸개 탄 포도주를 주었을 때는 받지 않으셨다. 쓸개 탄 포도주는 당시에 십자가형을 받는 사람들의 고통을 덜어주는 마취제로 주는 것이었다. 하지만 그것은 고통을 감소시키는 것이기에 주님은 그것을 마시지 않으셨다. 그 모든 고통을 온전히 감당하시고자 했던 것이다. "모든 사람을 위하여 죽음을 맛보려 하심이라"(히2:9) 그분은 죽음의 고난을 우리를 위해 친히 다 맛보셨다. 우리에게 생명과 평안을 주기 위해 그분이 죽음을 맛보신 것이다.

이제 6시간이 흐르고 운명할 시간이 다가왔다. 그리고 주님은 "다 이루었다"(요19:30)고 말씀하셨다. 이것이 여섯 번째 말씀이다. "거기 신 포도주가 가득히 담긴 그릇이 있는지라 사람들이 신 포도주를 머금은 해융을 우슬초에 매어 예수의 입에 대니 예수께서 신 포도주를 받으신 후 가라사대 다 이루었다 하시고 머리를 숙이시고 영혼이 돌아가시니라"(29-30절). 예수님은 이때 사람들이 드린 신 포도주는 받으셨다. 이는 시편 22편의 예언된 말씀을 성취하는 것이었다. 다른 복음서에 보면 주님은 한 모금 목을 축이신 후에 큰 소리로 외치시고 운명하셨다고 되어 있을 뿐 무슨 말씀인지는 기록하지 않았다. 하지만 요한은 당시 십자가 가까이에 있었기에 '다 이루었다(테텔레스타이(Τετελεσται))'고 하신 주님의 말씀을 듣고 기록할 수 있었던 것이다.

그러면 마지막 일곱 번째 말씀은 무엇인가? 누가복음 23장 46절에 보면 마지막 말씀이 한 마디 더 있다. "예수께서 큰 소리로 불러 가라사대 아버지여 내 영혼을 아버지 손에 부탁하나이다 하고 이 말씀을 하신 후 운명하시다". 주님은 우리 모든 사람의 대표이다. 그분은 우리를 대표하여 아버지께 부탁하신 것이다. 그리고 머리를 숙이시고 돌아가셨다. 앞에서도 설명했듯이 십자가에 못 박힌 사람들 가운데서 건강한 사람들은 2,3일을 견디는 사람도 있었다. 손과 발의 못 박힌 곳에서 피가 조금씩 흘러나오기에 금방 죽지 않는 경우가 있다는 말이다. 그러나 주님께서는 불과 여섯 시간 만에 돌아가셨다. 그럴 수밖에 없었다. 그분은 고난의 인생과 피곤한 인생을 사셨고 못박히시기 전날 한숨도 못 주무셨고 채찍에 맞으셨다. 빌라도가 때려서 유대인들의 마음을 풀어주려고 했기에 아마도 다른 죄수들보다도 더 심하게 맞으셨을 것이다. 이 모든 일은 다 성경을 응하게 하려고 그렇게 된 것이다.

주님은 심하게 맞으시고 밤새 끌려다니시고 또 십자가를 지고 그 언덕까지 올라가셨기에 오래 견디실 수 없으셨다. 또한 그 여섯 시간도 주님이 정하신 것이라고 볼 수 있다. 왜냐하면 만일 그분이 하루 이틀 계시다 돌아가셨다면 그분이 운명하신 것을 아무도 확인할 수 없지 않은가? 그러지 않아도 이제 사람들은 예수의 시체를 두고 훔쳐갔다, 안 죽었다 하는 온갖 루머를 만들어 낼 것이기에 그분의 죽음이 분명히 확인되는 것이 필요했던 것이다. 그러므로 한낮에 모든 사람이 보는 앞에서 주님은 공개적으로 돌아가신 것이다. 그러므로 예수 그리스도의 죽으심은 그 누구도 부정할 수 없는 사건이 되었다.

이 사건을 기록한 사람은 요한 한 사람이 아니다. 마태, 마가 그리고 누가가 이 사건을 동일하게 기록했다. 성경에서 그들이 쓴 글을 읽어볼 때 이들은 절대로 거짓으로 기록할 사람들이 아니었다. 우리도 사람들을 대할 때 누가 진솔하고 착한 사람인지, 거짓말하지 않을 사람인지 다 알 수 있지 않은가? 그런 사람들이 예수 그리스도께서 십자가에 매달려 고난받으시다 돌아가셨다는 것을 기록해놓고 있는 것이다. 그 누구도 예수님께서 우리 죄를 인하여 돌아가셨다는 것을 부정할 사람이 없다.

다 이루었다

주님은 '다 이루었다'고 하셨다. 무엇이 다 이루어졌다는 말인가? 예수 그리스도께서는 구약에서부터 예언된 대로 우리 인류의 속죄를 위한 제물로 오신 분이시다. 그분이 죽으신 것은 여러분과 우리의 죄를 용서하기 위함이셨다. 주님은 죄가 없는 분이시기에 죽으실 필요가 없으셨다. 그런 분이 십자가에 달려서 속죄 제물이 되신 것이다. 그러므로 여러분의 모든 죄는 그분이 십자가에서 피 흘리심으로 말미암아 용서되었다.

그리고 그분은 화목 제물이 되셨다. 죄 때문에 하나님과 우리는 원수가 되었는데, 주님이 십자가에서 어린 양 화목 제물로 돌아가시므로 하나님과 우리가 화목되었다는 것이다. 그리고 우리는 죄로 말미암아 사단의 노예로 팔렸다. 그런데 예수그리스도께서 피를 흘려서 우리를 다시 사서서 하나님께 드리심으로 우리로 하나님의 것이 되게 하셨다. 이것을 구속이라고 한다. 십자가에서 예수가 돌아가신 것은 우리를 구속하신 죽음이었다. 우리는 더 이상 사단의 멍에 아래 놓여 있지 않다. 우리는 합법적으로 하나님의 것이 되었다. 그분이 우리를 위한 대속의 죽음을 죽으셨기 때문이다. 하나님은 우리 죄인을 봐주듯이 구원하신 것이 아니라 합법적인 대가를 치르셨다.

우리는 그리스도 안에서 죄의 심판을 이미 받았다. 우리 주 예수님은 우리의 대리인이시다. 우리의 머리이시고 우리의 대표이신 것이다. 그러므로 십자가에 못 박히신 주님은 '우리와 관계있는 분'이 아니라 '우리 자신'인 것이다. 그래서 주님 한 분이 죽으셨는데도 모든 사람이 다 그분 안에서 죽었다고 하는 것이다(고후 5:14). 하나님은 우리가 죽는 대신에 그분을 심판했고 그분을 죽게 하셨는데도, 그 심판받은 것이 바로 우리 인류가 심판받는 것이 되었다. 어떤 사람들은 하나님이 우리를 그냥 믿으면 쉽게 봐주는 식으로 구원하신 줄 아는데 그것은 천만의 말씀이다. 하나님은 의로우신 재판장이시다. 죄값은 반드시 다 치르게 하신다.

예를 들어 천둥 번개가 쏟아지는 날에 그것을 다 맞고 집에까지 갈 수가 없기에 어떤 집에 들어가서 피했다고 하자. 그 집에 있는 동안에 천둥 번개, 소낙비가 다 그치고 나면 우리는 하나도 맞지 않고 집에 돌아올 수 있는 것이다. 이처럼 우리는 심판을 다 통과한 사람들이다. 그리스도의 십자가 그늘 아래서 심판과 지옥의 형벌을 다 피한 것이다. 그 모든 것은 다 지나갔다. 우리는 이렇게 구원되었다! 그러므로 여러분은 사단에게 이렇게 선포하라. '사단아 내 뒤로 물러가라 나의 죄 빚이 이미 십자가에서 그리스도의 피로 말미암아 갚아졌기 때문에 너는 나한테 두 번 요구할 수 없다!' 여러분은 이렇게 수많은 목격자들 앞에서 외칠 수가 있는 것이다. 우리의 대속물이신 예수 그리스도께서 죽임을 당하셨기 때문에 모든 우리의 죄에 대한 빚이 거기서 다 갚아졌다. 그리고 우리 모두에게 하나님의 나라가 활짝 열려졌다.

우리를 위해서 죄와 사탄과 율법의 모든 것을 끝내시고 아무도 우리를 정죄할 수 없도록 만들어주신 하나님께 감사한다. "누가 정죄하리요 죽으실 뿐 아니라 다시 살아나신 이는 그리스도 예수시니 그는 하나님 우편에 계신 자요 우리를 위하여 간구하시는 자시니라"(롬 8:34). 여러분은 '다 이루었다' 하신 주님의 음성 한 마디를 기억하기 바란다. 여러분의 속죄의 문제, 구속의 문제, 화목의 문제를 이 한마디 말씀을 듣고 안심하고 기뻐하며 확신 가운데 평안한 그리스도인의 생활을 하기 바란다.

31-37절, 이 날은 예비일이라 유대인들은 그 안식일이 큰 날이므로 그 안식일에 시체들을 십자가에 두지 아니하려 하여 빌라도에게 그들의 다리를 꺾어 시체를 치워 달라 하니 군병들이 가서 예수와 함께 못 박힌 첫째 사람과 또 그 다른 사람의 다리를 꺾고 예수께 이르러는 이미 죽은 것을 보고 다리를 꺾지 아니하고 그 중 한 군병이 창으로 옆구리를 찌르니 곧 피와 물이 나오더라 이를 본 자가 증거하였으니 그 증거가 참이라 저가 자기의 말하는 것이 참인줄 알고 너희로 믿게 하려함이니라 이 일이 이룬 것은 그 뼈가 하나도 꺾이우지 아니하리라 한 성경을 응하게 하려함이라 또 다른 성경에 저희가 그 찌른 자를 보리라 하였느니라

이 사람들은 자기들 때문에 안식일 날 십자가에 시체들이 매달려 있는 것이 싫었던 것이다. 그러므로 죽은 것을 확인하는 의미에서 다리를 꺾으라고 했던 것이다. 이는 새의 다리를 꺾는 것 같은 식이 아니라 해머 같은 것으로 다리를 찍어서 부러뜨리는 것을 말한다. 군병들은 두 강도들의 다리를 꺾었고 주님에게 와보니 이미 운명하셨기에 꺾을 필요가 없었다. 다만 한 군병이 창으로 옆구리를 찔렀더니 그곳에서 피와 물이 쏟아져 나왔다고 했다. 그것을 요한이 보았다. 주님은 이렇게 죽으셨고 또 완전히 죽으셨음이 확인되었다.

이들이 이렇게 한 것은 안식일이 다 되어감으로 더럽힘을 받지 않으려고 한 행동이다. 만일 시체가 안식일까지 매달려 있으면 안식일을 욕되게 하는 것으로 생각한 것이다. 유대인의 법에 시체는 당일에 장사하도록 되어 있었다(신21:23). 그러나 로마인의 관습대로 조금 더 둘 것도 염두에 두었지만 안식일을 고려하고 그 때에 도달할 많은 사람들의 혹 있을 동요도 고려하여 시체를 치워달라고 요청한 것이다. 병사들은 두 강도의 다리를 꺾고(여기서 시34:20절, '그 모든 뼈를 보호하심이여 그 중에 하나도 꺾이지 아니하도다'의 말씀을 응하게 하셨다), 주 예수의 시체에 와서는 돌아가신 것을 확인하고 한 병사가 그분의 옆구리를 창으로 찔렀다. 이 또한 구약 이사야나 스가랴 선지자의 예언을 응하게 한 것이다(사53:5, 슥12:10). 요한은 거기서 피와 물이 흘러나왔다고 말한다. 그분의 옆구리가 열린 것은 매우 의미있는 일이었다. 아담의 옆구리를 열어 하와를 지으신 하나님은 마지막 아담이신 그리스도의 옆구리로부터 그분의 신부인 교회를 얻으셨다(창2:21-23, 엡5:25).

"이를 본 자가 증거하였으니 그 증거가 참이라 저가 자기의 말하는 것이 참인줄 알고 너희로 믿게 하려함이니라" 요한은 그가 본 것을 기록으로 남겼다. 진실한 증인은 자기의 본 것을 다 증거하는 법이다. 요한은 특별히 이 지점에서 자신의 기록의 참됨을 강조하였다. 그는 기록자의 진실성을 한 번 확실하게 해주고자 했다. 그것은 그가 이 사실들을 읽고 믿는 자들을 위한 배려였다. 그는 이 사실들을 우리들로 "믿을수 있도록" 증거해 주었다. 요한은 예수의 죽음을 가장 가까이에서 본 증인이다. 그는 주 예수의 최후의 모양을 지켜본 증인으로서 당시 여러 이단들의 이설에 대하여 참된 증거를 증거하고 있다. 그는 그분의 옆구리에서 붉은 피만 흘러나온 것이 아니라 물이 나온 것도 기록하였다.

죽으시고 장사되신 주님

성경에서 말하고 있는 것은 오직 예수 그리스도 한 분이시다. 예수님께서는 '모든 성경은 나에 대해서 말한 것이다'라고 말씀하셨다. 주님이 이 땅에 오시기 칠백 년 전 이사야 선지자는 '그리스도가 처녀로부터 잉태할 것이다, 또 그분은 가난한 인생을 살고 슬픔의 사람이 될 것이다, 간고를 많이 겪을 것이다, 그는 못 박힐 것이다, 찔릴 것이다, 죽을 것이다'라고 예언했다. 예수 그리스도께서는 예언된 대로 이 땅에 오셔서 고난받으시고 온전히 운명하셨다. 그리고 그 시체는 십자가에서 내려져 장사되었다. 이제 주님이 죽으시고 장사되신 부분을 살펴보자.

구약 성경에 예수는 정말 사람들에게 멸시받는 사람으로 오시고 가난한 땅에서 초라하게 자라시고 생활하실 것이며 또 사람들에게 멸시받고 비참하게 돌아가신다고 예언되어 있다. 시편 22편에도 참혹하게 고통 속에 돌아가실 것이 다 예언되어 있는데, 장사지내는 것만큼은 부자들이 참여할 것 이라고 예언되어 있다. 이사야 53장 9절 말씀은 "그는 강포를 행치 아니하였고 그 입에 궤사가 없었으나 그 무덤이 악인과 함께 되었으며 그 묘실이 부자와 함께 되었도다"라고 했는데, 히브리어의 정확한 번역은 다음과 같다. "그의 무덤은 악인과 함께 있도록 지정되었으나 그는 죽음에 있어서 부자와 함께 했다(His grave was assigned with wicked men, Yet He was with a rich man in His death)". 예수 그리스도의 장례만큼은 부자들이 참여한다는 것을 예수님 오시기 칠백 년 전에 이사야 선지자가 이미 예언했다는 것은 정말 놀라운 일이다. 그리고 그 말씀 그대로 성취되었다.

38절, 아리마대 사람 요셉이 예수의 제자나 유대인을 두려워하여 은휘하더니 이 일 후에 빌라도더러 예수의 시체를 가져가기를 구하매 빌라도가 허락하는지라 이에 가서 예수의 시체를 가져가니라

아리마대 요셉의 섬김

아리마대 사람 요셉은 예수의 제자였는데 그는 부자였다. "저물었을 때에 아리마대 부자 요셉이라 하는 사람이 왔으니 그도 예수의 제자라"(마 27:57). 또 그는 존귀한 공회원이었다. "아리마대 사람 요셉이 와서 당돌히 빌라도에게 들어가 예수의 시체를 달라 하니 이 사람은 존귀한 공회원이요 하나님의 나라를 기다리는 자라"(막 15:43). 당시에 산헤드린 공회원이라면 상당한 지위에 있는 사람이었다. 유대인으로서는 더 이상 올라갈 곳이 없는 높은 지위로서 오늘날의 국회의원 이상이 되는 위치였다. 그러나 그는 예수의 제자이며 하나님 나라를 기다리고 있는 자라고 기록되어 있다.

누가복음도 비슷한 기록이 있다. "공회 의원으로 선하고 의로운 요셉이라 하는 사람이 있으니 (저희의 결의와 행사에 가타 하지 아니한 자라) 그는 유대인의 동네 아리마대 사람이요 하나님의 나라를 기다리는 자러니" (눅 23:50-51). 당시에 산헤드린이 모여서 예수님을 빌라도에게 넘겨주어 사형판결을 받도록 했다. 당시 아리마대 요셉은 공회 위원임에도 불구하고 그들의 결의와 행사에 참여하지 않았던 것이다.

"아리마대 사람 요셉이 예수의 제자나 유대인을 두려워하여 은휘하더니". 본문에서 요한은 그가 예수의 제자이지만 두려워하여 은밀하게 숨어 있었다고 기록하고 있다. 당시에 예수 그리스도를 믿는 사람들 가운데는 고위 관리층도 있었다는 것이다. 요한복음 12장 42절에도 그런 기록이 있다. "그러나 관원 중에도 저를 믿는 자가 많되 바리새인들을 인하여 드러나게 말하지 못하니 이는 출회를 당할까 두려워함이라". 아리마대 사람 요셉처럼 공회원이었던 사람들은 사회적으로 높은 신분의 사람이었기에 자신이 예수의 제자임을 공개적으로 드러내기를 꺼렸다.

오늘날은 그렇지 않다. 우리나라 대통령 당선인도 크리스천이고 미국의 대통령도 크리스천이며 우리나라의 석학들이나 세계 각국의 지도자들 가운데 많은 수가 크리스천이기에 '나는 그리스도인이다'라고 표현하는 것이 부끄럽지 않다. 하지만 당시에는 그렇지 않았다. 물론 오늘날에도 여전히 사람들이 모인 자리에서 자신이 그리스도인임을 드러내는 것을 꺼리는 사람들이 있는 것은 사실이다. 요셉이 그러했다.

그러나 예수 그리스도께서 십자가에서 처참하게 돌아가셨을 때 이 사람의 양심은 깨어났다. 그는 당돌히 빌라도에게 들어가서 예수의 시체를 요구했다. 이 사람은 공회의 위원이기 때문에 빌라도를 만날 만한 사람이었다. 그는 이때야말로 일어나 주님을 위해 무언가를 해야 할 때라고 생각한 것이다. 그는 내가 나서지 않으면 누가 나서겠나 하는 마음으로 빌라도에게 가서 예수의 시체를 달라고 했다. 사실 그때 이렇게 하는 것은 쉽지 않았을 것이다. 그래서 '당돌히'라는 말을 썼다. 당시에 제자들은 잡혀서 죽을까봐 거의 다 도망갔던 상황이었다. 그러나 이전에는 숨어서 비밀리에 제자의 생활을 했던 요셉이라는 부자는 이때 주님을 위해서 나섰던 것이다.

"예수의 시체를 가져가기를 구하매 빌라도가 허락하는지라". 빌라도는 그의 요구를 허락해주었다. 처음에는 다른 제자들보다 뒤처져 있었던 부자 관원 요셉이었지만 아무도 나설 수 없는 그때에 그의 신앙은 빛을 발하게 된 케이스이다. 여러분도 예수 그리스도를 위해서 '이때가 바로 내가 나서야 할 때이다'라고 생각되면 망설이지 말기 바란다. 그런 기회가 왔을 때 주를 위해서 무언가를 행함으로 주께 영광을 돌리는 성도들이 되기 바란다. 지금까지는 주님을 위해서 나타남이 부족했고 충성을 드리는 것이 부족했을지라도 끝까지 그러라는 법은 없다.

당시에 예수는 유대 지도자로부터 죄인으로 정죄 받고 십자가에 처형된 상태였다. 요셉은 그 이전에는 차마 자기 신분을 노출하기 꺼려한 약함이 있었지만, 주님이 돌아가신 이 시점에서라도 '나는 여러분들이 버리고 정죄하고 죽인 그 예수의 제자이다'라고 선포한 것이다. 이제 예수님께서는 차디찬 시체가 되셨기에 요셉은 예수님으로부터 아무 혜택도 받을 수 없는 상태였지만, 그는 주님의 시체를 받아서 그가 예비해놓았던 아주 좋은 새 무덤으로 운반했다.

39-40절, 일찍 예수께 밤에 나아왔던 니고데모도 몰약과 침향 섞은 것을 백 근쯤 가지고 온지라 40 이에 예수의 시체를 가져다가 유대인의 장례법대로 그 향품과 함께 세마포로 쌌더라

니고데모의 섬김

39절에 또 한 사람이 나오는데 그는 이전에 예수께 밤에 나아왔던 니고데모였다. 그도 몰약과 침향 섞은 것을 백 근쯤 가지고 와서 예수님의 장례를 위해 사용했다. 니고데모는 요한복음 3장에 나오는데 그는 바리새인이요 유대인의 관원이요 산헤드린의 공회원이요 유대인의 선생이었다. 그는 낮에 떳떳하게 예수님께 나와서 무언가를 질문하고 대화하기가 꺼려졌던지 밤에 찾아와서 예수님께 상담을 요청했다. 니고데모 역시 부자였다.

니고데모에 대해서 기록했던 사람은 요한뿐인데, 그것도 세 번을 기록했다. 한 번은 3장에서 거듭남의 말씀을 주신 장면이었고, 7장에도 많은 바리새인들이 나와서 예수님을 비평하고 죽이려고 할 때 반론을 폈다. "그 중에 한 사람 곧 전에 예수께 왔던 니고데모가 저희에게 말하되 우리 율법은 사람의 말을 듣고 그 행한 것을 알기 전에 판결하느냐"고 반론을 폈다가 "너도 갈릴리에서 왔느냐"라며 무시를 당한 적이 있었다. 그리고 이제 세 번째 기록된 것이 이곳이다.

하나님은 예수님의 장례 때에는 부자들이 동원될 것이라는 사실을 이미 칠백 년 전에 이사야 선지자를 통해서 예언하셨다. 주님은 부자들의 묘실에 장사되리라고 예언되어 있다. 니고데모는 몰약과 침향 섞은 것을 백근쯤 가지고 왔는데, 백근은 100파운드로서 대단히 많은 양이다. 당시로서는 가장 귀하고 비싼 향품을 넘치도록 마련해온 것이다. 그리고 그것으로 예수님의 장례를 준비했다. "이에 예수의 시체를 가져다가 유대인의 장례법대로 그 향품과 함께 세마포로 쌌더라". 이 세마포도 아주 좋은 것이었으리라 생각된다. 이처럼 부자들이었던 아리마대 사람 요셉과 니고데모는 비록 예수님이 살아계실 때는 가까이서 모시지 못했지만 십자가에서 운명하시자 주님의 시체를 받아다 어루만지고 그 향과 함께 세마포로 싸서 정성껏 장례를 치렀다.

여기서 우리는 예수님이 십자가에서 분명히 돌아가셨으며, 유대인의 장례법대로 장례까지 확실하게 치루었음을 알 수 있다. 지금까지 얼마나 많은 이단자들이 나타나서 예수는 돌아가시지 않았다, 장사된 적도 없다고 주장했던가! 요한복음을 기록할 당시 요한은 90세쯤 되었다. 영지주의자들 같은 이단들이 나타나서 예수님이 육체로 오신 것을 부인했지만, 그는 주님께서 어떻게 돌아가시고 어떻게 사람들 손을 거쳐서 어떻게 무덤에 안치되셨다는 사실을 한 가지 한 가지 분명하고 자세하게 기록한 것이다. 마태는 마태복음 27장 60절에 이 무덤을 '바위 속에 판 자기 새 무덤'이라고 했고, 요한은 동산 안에 아직 사람을 장사한 일이 없는 새 무덤이라고 표현했다.

예수님의 장례에 대해서 마태복음에 기록된 것을 살펴보자. 마태복음 27장에서는 조금 더 자세히 기록했다. "요셉이 시체를 가져다가 정한 세마포로 싸서 바위 속에 판 자기 새 무덤에 넣어두고 큰 돌을 굴려 무덤 문에 놓고 가니 거기 막달라 마리아와 다른 마리아가 무덤을 향하여 앉았더라"(59-61절). 이 모든 일은 여러 사람이 함께 했을 것이다. 시체를 운반하고 그렇게 큰 돌로 무덤 입구를 막는 일을 혼자 하지는 않았을 것이라 생각된다. 아마 니고데모나 요한이나 61절에도 나오듯이 거기 함께 있었던 막달라 마리아와 다른 마리아 등도 함께 협력하였을 것이다.

"그 이튿날은 예비일 다음날이라 대제사장들과 바리새인들이 함께 빌라도에게 모여 가로되 주여 저 유혹하던 자가 살았을 때에 말하되 내가 사흘 후에 다시 살아나리라 한 것을 우리가 기억하노니 그러므로 분부하여 그 무덤을 사흘까지 굳게 지키게 하소서 그의 제자들이 와서 시체를 도적질하여 가고 백성에게 말하되 그가 죽은 자 가운데서 살아났다 하면 후의 유혹이 전보다 더 될까 하나이다 하니 빌라도가 가로되 너희에게 파수꾼이 있으니 가서 힘대로 굳게 하라 하거늘 저희가 파수꾼과 함께 가서 돌을 인봉하고 무덤을 굳게 하니라"(62-66절). 그 다음날은 토요일이었다. 그날 대제사장과 바리새인들이 함께 빌라도 앞에 모여서 예수의 시체를 훔쳐갈지 모르니 잘 지켜야 한다고 했고, 결국 돌에다 인봉까지 해서 막아놓고 파수꾼이 지키도록 했던 것이다.

그러나 이 모든 것은 오히려 그리스도의 부활하신 사실을 더욱 확실하게 나타내는 반증이 되었던 것이다. 그들의 노력은 소용없는 것이었다. 돌의 인봉도 헛되고 파수꾼도 헛되었다. 주님이 하나님의 능력으로 모든 것을 이기고 부활하실 때 그 모든 것은 무용지물이 되었다.

42절, 이 날은 유대인의 예비일이요 또 무덤이 가까운 고로 예수를 거기 두니라

금요일 새벽에 주님은 빌라도로부터 사형 판결을 받으시고 오전 9시에 십자가에서 못 박히셨다. 정오 12시에 온 땅에 어둠이 임하고 주님께서는 십자가 상에서 일곱 말씀을 하셨는데 마지막에 서너 마디를 하실 때에 "다 이루었다", 크게 외치시고 "아버지여 내 영혼을 아버지 손에 부탁하나이다" 하시고 운명하셨다. 그것이 오후 세 시이다. 그리고 아리마대 사람 요셉과 니고데모가 예수님의 시체를 가져다가 새 무덤에 안장했는데 이것이 금요일 저녁이었다. 그리고 다음날 안식일인 토요일에 유대인들은 모여서 시체를 도둑질하지 못하도록 인봉하고 파수꾼을 세웠다. 그리고 이제 20장은 토요일을 지나 주일로부터 시작된다.

20 장

빈 무덤

1-2절, 안식 후 첫날 이른 아침 아직 어두울 때에 막달라 마리아가 무덤에 와서 돌이 무덤에서 옮겨간 것을 보고 2 시몬 베드로와 예수의 사랑하시던 그 다른 제자에게 달려가서 말하되 사람이 주를 무덤에서 가져다가 어디 두었는지 우리가 알지 못하겠다 하니

사도들은 복음서를 기록할 때 예수의 십자가에 죽으심만이 아니라 부활에 대하여 가장 설득력있는 증거를 하려고 힘을 다했다. 이는 그분의 부활이 그분의 메시아되심의 가장 큰 증거였기 때문이다. 주님은 그분의 부활이 선지자 요나의 표적임을 말씀하셨다(마16:4). 요나의 표적보다 큰 표적이 없고 예수의 부활보다 더 확실한 그리스도되심의 증거가 없다. 예수의 부활은 우리의 구속과 구원을 위한 가장 중요한 진리이다. 이것을 믿는 자들에게 구원과 영생이 주어진다(롬10:9). 만일 그분이 그분 자신을 우리 죄를 위한 대속물만 되시고 자신의 생명을 다시 회복하시지 못한다면 그 생명을 드림이 만족스럽게 하나님에 의해 열납되셨다고 믿을 수 없는 것이었다. 그가 만일 우리의 죄 빚 때문에 갇히셔서 그대로 무덤에 머무셨다면 우리에는 절망밖에 없다(고전15:17).

안식(토요일)후 첫날(주일) 이른 아침 아직 어두울 때, 어두워서 사람을 잘 알아보지 못할 때, 막달라 마리아가 무덤에 와서 돌이 무덤에서 옮겨간 것을 보았다. 이는 그녀가 주님을 만나기 위해 상당히 일찍부터 서둘렀음을 증명한다. 단잠을 설치더라도 그분을 사랑하는 자들은 주님과의 만남을 위해 일어나 기도해야 함을 잊지 말자! 그녀는 돌이 움직여지고 무덤은 비어 있는 것을 보았다. 당시 마리아는 주님이 부활하신 것을 깨닫지 못하고 시체가 없어졌다는 소식을 베드로와 또 한 제자에게 말했다.(그는 요한복음을 쓴 요한인데 요한은 자기 이름을 밝히지 않고 예수의 사랑하시는 제자라고만 표현했다) 그녀는 무덤을 방문하는 일에 있어서 가장 적극적인 사람이었다. 그녀는 가장 많은 용서를 받았으므로 많이 사랑하였다. 그녀는 그분의 죽으실 것을 알았고 십자가까지 따라갔으며 돌아가신 후에도 무덤을 지켰다.

3-5절, 베드로와 그 다른 제자가 나가서 무덤으로 갈새 4 둘이 같이 달음질하더니 그 다른 제자가 베드로보다 더 빨리 달아나서 먼저 무덤에 이르러 5 구푸려 세마포 놓인 것을 보았으나 들어가지는 아니하였더니

그들은 비어 있는 무덤과 그 안에 예수님을 쌌던 세마포가 놓인 것을 보았다. 요한은 무덤에 갈 때는 베드로보다 먼저 달려갔지만 막상 무덤에 가서는 구푸려 보기만 할 뿐 무덤 안에 들어가지는 않았다.

6-7절, 시몬 베드로도 따라 와서 무덤에 들어가 보니 세마포가 놓였고 7 또 머리를 쌌던 수건은 세마포와 함께 놓이지 않고 딴 곳에 개켜 있더라

베드로는 비록 요한보다 늦게 도착했으나 무덤 안에 들어가서 살펴보았다. 무덤에 들어가 보니 머리에 쌌던 수건(유대인의 장례법에 세마포로 싸고 머리는 따로 싸는 장례법)은 세마포와 함께 놓이지 않고 딴 곳에 개켜져 있음을 확인했다.

8-9절, 그 때에야 무덤에 먼저 왔던 그 다른 제자도 들어가 보고 믿더라 9 (저희는 성경에 그가 죽은 자 가운데서 다시 살아나야 하리라 하신 말씀을 아직 알지 못하더라)

그 다른 제자는 요한 자신을 말한다. 예수님께서 생전에 몇 번씩이나 '내가 죽었다가 사흘 만에 다시 살아나야 하리라'는 말씀을 하셨음에도, 이들은 그 말씀을 기억하지 못하고 아직 깨닫지도 못했다.

10절, 이에 두 제자가 자기 집으로 돌아가니라

주님이 안 계시니 그냥 집으로 돌아간 것이다. 베드로와 요한은 믿음과 불신 사이에서 방황하다가 단념하고 말았다(매튜헨리). 그들이 조금 더 용기와 믿음을 가지고 기다렸더라면 부활하신 주님을 만날 수 있었으리라!

11-13절, 마리아는 무덤 밖에 서서 울고 있더니 울면서 구푸려 무덤 속을 들여다보니 12 흰 옷 입은 두 천사가 예수의 시체 뉘었던 곳에 하나는 머리 편에, 하나는 발 편에 앉았더라 13 천사들이 가로되 여자여 어찌하여 우느냐 가로되 사람이 내 주를 가져다가 어디 두었는지 내가 알지 못함이니이다

그러나 마리아는 무덤 밖에서 울고 있었다. 막달라 마리아는 새벽에 제일 먼저 온 사람이다. 그런데 무덤이 열리고 시체가 보이지 않자 제일 먼저 베드로와 요한에게 말해서 확인하게 했다. 무덤이 비어 있고 예수님이 안 보이시니 제자 둘은 집으로 돌아갔는데도 이 마리아는 가지 않고 무덤 밖에서 울고 서 있었던 것이다. 그리고 무덤 속을 들여다보니 그곳엔 두 천사가 앉아 있었다. 마태복음에는 이 천사를 '그 형상이 번개 같고 그 옷이 눈같이 희다'고 표현했다. 그런데 여기서 마리아의 태도가 인상적이다. 번쩍번쩍 빛나는 천사들이 나타났는데도 그녀는 전혀 동요가 없다.

천사들이 마리아에게 물었다. "여자여 어찌하여 우느냐". 마리아는 "사람이 내 주를 가져다가 어디 두었는지 내가 알지 못함이니이다"라고 대답했다. 마리아는 천사들에 대해서는 별 관심이 없다. 오직 그 마음이 주님께 있는 것이다. 우리 주님, 돌아가신 주의 시체에만 관심이 있다. 그녀는 주님 밖에는 보이는 것이 없다.

부활하신 주 예수

14절, 이 말을 하고 뒤로 돌이켜 예수의 서신 것을 보나 예수신 줄 알지 못하더라

이때 예수님이 마리아 뒤에 서신 것을 보았지만 그녀는 그분이 예수님인 줄 알지 못했다. 그리스도는 그분을 진정으로 찾는 자들에게 나타내 보여주신다. 그녀는 주 예수의 시신을 찾았지만 주님은 부활하신 자신을 나타내 보여주셨다. 그러나 주님을 간절히 찾는 자들도 때로 주님을 잘 알아보지 못한다.

15절, 예수께서 가라사대 여자여 어찌하여 울며 누구를 찾느냐 하시니 마리아는 그가 동산지기인 줄로 알고 가로되 주여 당신이 옮겨 갔거든 어디 두었는지 내게 이르소서 그리하면 내가 가져가리이다

마리아에게 처음으로 나타나심

주님의 질문은 "여자여 어찌하여 울며 누구를 찾느냐"하셨다. 부활하신 주 예수의 첫 번째 음성이다. 물론 사랑하는 자에게 동정과 위로의 말씀이다. 그렇지만 마리아는 부활하신 주 예수를 알아보지 못하였다. 이렇게 주님을 사랑하고 찾는 자들도 주님을 오해할 때가 있다. 그녀는 주님이 동산지기인줄 착각하였다.

주님은 부활하신 후에 가장 먼저 이 마리아를 찾았다. 주님은 찾아야 할 사람이 많으셨을 것이다. 베드로는 세 번 부인하고 도망간 후, 지금 무덤에 왔다가 안 계시니 가버렸다. 요한도 정말 주님이 사랑한 제자이지만 그도 떠나서 엠마오로 내려가 버렸다. 주께서는 많은 제자들에게 나타나실 필요가 있으셨지만 누구에게 제일 먼저 나타나셨는가? 주님을 가장 사랑한 마리아였다. 마리아는 부활에 대한 지식이 없는 사람이다. 그러므로 우리는 예수를 잘 믿는다는 것이 무엇인지 알 수 있다. 성경 지식을 많이 아는 것은 중요하지 않다. 마리아는 그저 무덤에 와서 울고 있었다. 마리아의 마음속엔 예수밖에 없었다. 휘황찬란한 천사가 나타나도 마리아의 마음속에는 여전히 주님밖에 없었다. 주님이 부활하신 후에 자신을 가장 사랑하는 자에게 가장 먼저 나타나셨음을 아는 것은 너무나 중요하다.

그런데 이 막달라 마리아는 어떻게 이렇게 주님을 사랑하는 자가 되었는가? 나는 이 막달라 마리아가 누가복음 7장에서 시몬 집에서 향유를 깨서 예수님의 발에 붓고 눈물을 흘리며 머리털로 그 발을 씻었던 그 여자라고 믿는다. 그때 시몬은 이 여자를 은근히 멸시했다. 예수께서 만일 이 여자가 어떠한 죄인이라는 것을 아셨더라면 저 여자가 다가와서 저렇게 하는 것을 못하게 하셨을 것이라고 생각했다. 그때 주님은 시몬이라는 사람의 마음을 아시고 그에게 물으셨다. '두 사람이 있는데 한 사람은 돈을 많이 탕감 받고 또 한 사람은 조금 탕감 받았다면 둘 중 누가 탕감해준 사람을 더 사랑하겠느냐?' 그는 제대로 대답했다. '많이 탕감받은 자입니다' 주님은 죄를 많이 용서받은 사람이 더 사랑하는 법이라고 말씀하셨다.

이 말씀을 응하게 한 여자가 바로 막달라 마리아이다. 용서를 가장 많이 받은 자가 주님을 가장 많이 사랑하는 자이다. 이 막달라 마리아는 일곱 귀신이 나간 자이다. 일곱 귀신이 들렸으니 그 사람 인생에 무슨 가망이 있었겠는가? 각색 귀신이 들어가 아주 못쓰게 되어버렸던 이 여자를 예수님이 만나셔서 일곱 귀신을 다 쫓아내 주셨던 것이다. 이렇게 큰 치유를 받고 자기 인생이 완전히 새롭게 되었으니 그녀가 주님을 사랑하지 않겠는가? '예수님이 아니었으면 이 세상에서 폐인으로 살았을 나를 이렇게 살려주셨으니, 내가 예수를 사랑하지 무엇을 사랑하겠는가?' 그녀는 이런 마음이었을 것이다. 남자들도 마찬가지라고 생각한다. 남자들이라도 바로 이런 사람이 주님을 더 사랑하는 것이다. 나도 마찬가지이다. 정말 죄인이며 쓸모없었던 사람이 은혜를 받고 죄 용서를 받고 예수를 섬기는 종이 되었으니, 내 마음속에 다른 무엇이 있겠는가?

이렇게 주님을 사랑하게 되면 그에 따른 행동이 나오게 된다. 이 마리아는 행동이 달랐다. 요한은 마리아보다 사랑이 부족했다. 남자라서 그런지 집으로 빨리 가버렸다. 그러나 이 마리아는 집에 갈 마음이 없었다. 주님이 없는 이 세상은 무슨 의미가 있는가라는 생각에 그 텅빈 가슴을 채울 길이 없었다. 그래서 무덤을 떠나지 않고 울고 있었던 것이다. 부활하신 주님은 그래서 다른 제자들보다 먼저 끝까지 주님 때문에 울고 있었던 이 여인에게 가장 먼저 나타나셨던 것이다.

주님의 사랑에 강권된 사람들에게는 다른 사람들과는 다른 행동이 나온다. 그리스도의 모든 헌신이나 수고나 봉사는 '내가 주님을 위해서 열심히 해봐야지, 십자가의 길을 가봐야지' 하는 것이 아니다. 주님을 사랑하기에, 그 사랑에 강권되어서 기꺼이 좁은 길을 가게 되는 것이다. "그리스도의 사랑이 우리를 강권하시는도다 우리가 생각건대 한 사람이 모든 사람을 대신하여 죽었은즉 모든 사람이 죽은 것이라 저가 모든 사람을 대신하여 죽으심은 산 자들로 하여금 다시는 저희 자신을 위하여 살지 않고 오직 저희를 대신하여 죽었다가 다시 사신 자를 위하여 살게 하려 함이니라"(고후 5:14-15). 이는 사도 바울의 고백이다.

주님이 가신 길을 따라서

나는 여기서 여러분을 십자가로 이끌 뿐 아니라 그분의 차디찬 시체를 보게 해드리고 싶다. 그분이 누우셨던 무덤도 보여드리고, 그분이 사흘 만에 부활하신 후 비어 있는 무덤도 보여드리고 싶다. 주일 이른 새벽에 세마포와 그 머리를 쌌던 수건을 개어놓으셨던 그 빈 무덤을 보여드리고 싶다. 여러분을 위해서, 우리 죄인들을 위해서 이 땅에 육신을 입고 오시고 고난의 인생을 사시고 십자가의 온갖 고초를 다 당하시고 죽으시고 차디찬 시체가 되어서 사람들에게 운반되어 무덤에 안장되셨던 우리 구주 예수 그리스도! 우리의 구주인 예수 그리스도를 우리가 어떻게 사랑하지 않을 수 있겠는가?

주님이 이렇게 우리를 위해서 돌아가시고 매장되시고 부활하신 모든 것을 분명하게 기록을 통해서 보여주시는 이유가 있다. 그것은 무엇인가? 이것이 바로 우리의 구원이 되는 복음의 기초이기 때문이다. 주님은 죽으셔야 했다. 그분이 죽으셔야 우리가 살고 우리의 구원이 이루어지기 때문이다. 우리가 주님께 감사한 것은 이 성경을 읽어볼 때 주 예수께서 육신을 입고 이 땅에 오셔서 우리의 속죄 제물이 되기 위해서 하신 얼마 동안의 모든 일을 볼 때 분명히 그분은 십자가에 못 박혀 피를 흘리면서 죽으셨다는 것을 알 수 있다. 온 몸의 피와 물을 다 쏟으시며 우리의 구속을 성취하시고, 다 이루시고 죽으셨음을 알 수 있다. 이 사실을 깨달은 여러분에게 주님은 이제 주님의 길을 따라오라고 하신다.

성경 몇 구절을 찾아보자. 누가복음 9장 23절, "또 무리에게 이르시되 아무든지 나를 따라 오려거든 자기를 부인하고 날마다 제 십자가를 지고 나를 좇을 것이니라". 마태복음 10장 37-38절, "아비나 어미를 나보다 더 사랑하는 자는 내게 합당치 아니하고 아들이나 딸을 나보다 더 사랑하는 자도 내게 합당치 아니하고 또 자기 십자가를 지고 나를 좇지 않는 자도 내게 합당치 아니하니라". 누가복음 14장 26-27절, "무릇 내게 오는 자가 자기 부모와 처자와 형제와 자매와 및 자기 목숨까지 미워하지 아니하면 능히 나의 제자가 되지 못하고 누구든지 자기 십자가를 지고 나를 좇지 않는 자도 능히 나의 제자가 되지 못하리라". 이것은 그분이 십자가의 길을 가실 뿐 아니라 우리도 다 십자가의 길을 따라오도록 부르시는 주님의 초청의 말씀이다. 왜 주님은 우리가 십자가의 길을 따르도록 부르시는가? 그것은 그 길이 영광스러운 길이기 때문이요 생명의 길이기 때문이다. 사랑하는 여러분! 여러분도 마리아처럼 주님을 사랑하는 자들이 되어, 주님의 사랑에 강권됨으로 주님이 가신 그 길을 따라가게 되기를 진심으로 바란다.

부활의 내재적인 의미

사람들은 교회를 다니면서도 막상 무엇을 믿는가를 물어보면 잘 모르는 경우가 많다. 열심히 다니는 사람들 가운데서도 정작 믿음에 있어서 상당히 모호하고 약한 경우를 많이 보게 된다. 로마서 10장 9절을 보면 "네가 만일 네 입으로 예수를 주로 시인하며 또 하나님께서 그를 죽은 자 가운데서 살리신 것을 네 마음에 믿으면 구원을 얻으리니"라고 했다. 우리가 믿는다는 것은 마음으로 믿는 것을 말한다. 10절에서 "사람이 마음으로 믿어 의에 이르고 입으로 시인하여 구원에 이르느니라"고 했는데, 이는 하나님이 예수를 죽은 자 가운데서 살리신 것, 즉 부활을 믿는 것이다.

초대의 복음은 부활에 대한 것이었다. 사도들은 예수께서 다시 살아나신 것을 전했다. 그들은 많은 핍박과 환란 중에서도 '우리가 보고 들은 것을 증거하지 않을 수 없다'고 했다. 그들은 직접 눈으로 목도한 것들을 증거했다. 마태복음 16장 16절은, "시몬 베드로가 대답하여 가로되 주는 그리스도시요 살아계신 하나님의 아들이시니이다"라고 했다. 마가복음 16장 16절은 "믿고 세례를 받는 사람은 구원을 얻을 것이요 믿지 않는 사람은 정죄를 받으리라"고 했다. 이처럼 믿고 믿지 않는 차이는 너무나 크기에 성도들은 믿음에 있어서 분명해야 한다. 그래야 정죄를 받지 않는다.

부활하신 주님

예수 그리스도의 부활을 살펴보자. 첫 번째로 우리가 알아야 할 것은 예수 그리스도의 부활이 꾸며낸 이야기나 혹은 상상이 아니고 사실이라는 것이다. 요한복음 20장 말씀에서 우리에게 보여 주시는 것이 몇 가지 있다. 첫째로 예수 그리스도께서 돌아가신 후 그 시체를 아리마대 사람 요셉의 무덤에 안장해놓았고, 빌라도와 군병들은 혹시 시체를 훔쳐 갈까봐 돌을 막아놓고 인봉하고 파수꾼을 세워놓았다. 그것이 금요일 저녁이다. 토요일 지나서 주일 새벽 이른 아침에 마리아가 무덤에 갔는데 돌이 굴려져 있고 시체가 없어진 사건이 일어났다. 베드로와 요한도 달려가서 빈 무덤임을 확인했다. 주님을 쌌던 세마포와 머리를 쌌던 수건은 다 개켜져서 따로따로 놓여있었고, 그 자리에는 천사들이 앉아있었다. 그리고 동산에서 울고 서 있는 마리아에게 부활하신 주님이 나타나셔서 대화를 나누셨다. 이 모두가 성경에 기록되었다. 그러므로 20장에서 우리에게 알려주는 것은 분명히 예수가 다시 살아나셨다는 사실이다.

19-20절, 이 날 곧 안식 후 첫날 저녁 때에 제자들이 유대인들을

두려워하여 모인 곳에 문들을 닫았더니 예수께서 오사 가운데 서서 가라사대 너희에게 평강이 있을지어다 20 이 말씀을 하시고 손과 옆구리를 보이시니 제자들이 주를 보고 기뻐하더라

주님은 주일 새벽에 마리아에게 나타나셨고, 저녁 때에는 제자들에게 나타나셨다. 그들은 유대인들에게 잡혀서 죽을까봐 두려워서 문을 잠근 채 한 곳에 모여 서로 위로하고 있었는데, 그때 부활하신 예수님이 들어오셨다.

주님은 친히 손과 옆구리를 보여주셨는데 제자들이 보니 못 박힌 그 손이고, 옆구리를 보니 창에 찔린 그 옆구리였다. 그들은 이제 믿지 않을 수 없었다. '아, 말씀하시던 대로 살아나셨구나!' 이제 제자들은 주님의 부활을 믿은 것이다. 거기에 의심 많은 도마를 제외한 열 명의 제자가 다 모여 있었다. 그리고 주님은 말씀하셨다.

21-22절, 예수께서 또 가라사대 너희에게 평강이 있을지어다 아버지께서 나를 보내신 것 같이 나도 너희를 보내노라 22이 말씀을 하시고 저희를 향하사 숨을 내쉬며 가라사대 성령을 받으라

열 명이 둘러 앉아 주님을 보았던 것이다. 분명히 십자가에 못 박혀 돌아가셨던 분인데, 손에 상처도 있고 옆구리에도 상처가 있는 그분, 바로 주님이 모습을 드러낸 것이다. 26절에서 여드레가 지나서 제자들이 모였을 때도 다시 한 번 주님은 나타나셨다. 20장에는 주님이 나타나신 시점이 세 번이다. 첫 번째는 안식 후 첫날 새벽 마리아가 동산에서 주님 만난 장면이고, 두 번째는 저녁에 제자들이 문을 닫고 있을 때 주님이 나타나셔서 숨을 내쉬며 말씀하신 것이고, 세 번째는 8일 후 제자들이 다시 집안에 있을 때였다. 그때는 도마도 함께 있었고 문들도 닫혔는데 주님이 오셔서 가운데 서서 '너희에게 평강이 있을지어다'라고 하셨다.

예수님은 돌아가신지 사흘 만에 부활하셔서 이 땅에 40일간 계시면서(행 1:3) 친히 제자들에게 나타나 보이시며 함께하셨다. 한 번이 아니라 여러 번 나타나셨다. 요한복음 21장에서는 제자들과 음식도 드시고 또 베드로와 대화도 나누셨다.

우리가 여기서 알아야 할 것은 예수 그리스도께서 죽은 자 가운데서 부활하셨다는 것은 한두 사람이 언뜻 본 것이 아니라는 사실이다. 횟수로 따지면 수 회에 걸쳐 이 사람, 저 사람에게 나타나셨고, 인수로 보아도 많은 사람이 부활하신 주님을 보았다. 고린도전서 15장 6절에는 오백여 형제에게 일시에 나타나셨다고 기록되어 있다. 바울이 고린도전서를 쓸 때는 A.D. 56년경으로 주님이 돌아가신 후 20여 년이 지난 때였다. 그런데 바울 사도는 그 글을 쓰면서 '지금도 예수의 부활을 본 증인들이 대부분 살아 있다'고 했다. 그들에게 얼마든지 확인해 볼 수 있다는 것이다.

예수 그리스도의 부활이야말로 당시에 수없이 많은 증인들이 증거할 수 있는 역사적인 사실이지 한두 사람이 헛것을 잘못보고 퍼뜨린 이야기가 아니라는 것이다. 제자들은 그들이 기록한 성경을 볼 때 매우 이성적인 사람들이었다. 마태, 마가, 누가, 요한 같은 사람들은 매우 이성적이고 논리적인 사람들이다. 그들이 쓴 글은 지금도 신학자들이 다 연구해내지 못하고 있다. 이들은 꾸며낸 이야기나 허위 사실을 맹목적으로 믿을 만한 그런 순진한 사람들이 결코 아니었음을 알 수 있을 것이다. 예수의 제자들은 죽은 사람과 산 사람도 구별하지 못하고 헛것을 보고 헛되이 믿은 사람들이 아니라는 말이다.

베드로는 부활의 가능성에 대해서 깊이 생각도 하고 의심도 했을 것이다. 그들은 나중에 그들이 가지고 있는 부활의 믿음 때문에 혹독한 고난을 당하기도 하고 죽음의 문턱까지 가야만 했다. 유대인들이 베드로를 붙잡아 놓고 그 다음날 죽이려 했던 상황을 생각해보라. 그런 상황에 처했을 때 그가 만일 보고 들었던 것이 거짓말이었다면 과연 그렇게 쓸데없는 죽음의 고난을 당했겠는가? 사람들한테 그렇게 매맞음을 당했겠는가? 거짓이나 헛된 것을 위해서 순교당했겠는가?

부활에 관해서는 객관적인 증거가 너무나 많았던 것이다. 주님께서는 부활하신 후에 많은 사람들에게 나타나셔서 자신이 살아나셨다는 것을 친히 보여주셨고, 심지어 도마같이 의심이 많은 사람에게는 직접 만져보라고 하셨던 것이다. 그때 도마는 의심하고 있었다. 어떻게 죽은 사람이 살아나느냐고 의심하면서 내가 만져보기 전까지는 믿을 수 없다고 하는 도마 앞에 예수님은 나타나셨고 그가 믿을 수 있도록 도와주셨다. 그때서야 도마는 주님의 부활을 믿게 되었고 '당신은 나의 주시며 나의 하나님이시라'고 고백했다. 그에게 주님은 '보지 못하고 믿는 자들은 복되다'고 말씀하셨다.

부활은 사실이다

나는 여러분에게 그리스도의 부활을 증거하고 있다. '나도 그때 거기에 살았었더라면 더 잘 믿었을 텐데'라고 생각하는 사람이 있는가? 하지만 직접 보았던 제자들이 증거한 것을 기록한 것이 바로 성경이다. 그것이 여러분이 듣고 있는 복음이다. 직접 보지 않았더라도 증인들의 증거를 믿는다면 여러분은 그들보다 더 복이 있다고 주님은 말씀하신다.

요즘은 무엇이든지 믿지 않으려는 사람들이 있다. 가짜가 너무 많기 때문이다. 다단계 판매도 있고 가짜 상품도 많고, 너무 속임수가 많다보니 무엇이든지 안 믿는 것이다. 이단도 수없이 많다. 물론 안 믿어서 좋은 것도 있겠지만, 안 믿으면 큰일나는 것이 있는데 그것이 바로 복음이다. 뭐든지 의심하고 안 믿으면 영리하다고 생각하겠지만 복음을 믿지 않으면 망하게 된다. 믿지 않는 사람은 정죄받을 것이고 지옥불을 면치 못할 것이다. 수많은 정상적인 사람들이 예수 그리스도가 죽었다가 다시 살아나신 것을 증거했다. 죽음에서 부활하신 예수를 믿으면 죄 사함을 받고 구원을 얻는다고 했다. 이 복음을 믿는 것은 너무나 쉬운 일이다. 안 믿기로 작정한 아주 완고한 사람이 아니고서는 이렇게 성경에서 분명한 근거를 가지고 제시하는 부활의 복음을 믿지 않을 수 있는가? 불가지론자이고 저널리스트였던 프랭크 보리스라는 사람은 예수의 부활을 부정하려는 책을 쓰려고 했던 사람이다. 예수 그리스도의 부활은 너무 모호한 이야기라고 생각해서 많은 조사를 했는데, 결국 그는 자신의 생각을 바꾸지 않으면 안 되었고 그리스도인이 되었던 것이다.

금요일 저녁에 여러 사람들이 보는 앞에서 못 박혀 죽으시고 창에 찔려서 피를 다 쏟으시고 돌아가신 분의 시체가 주일날 새벽에 없어진 것이다.

당황한 대제사장들은 예수의 제자들이 시체를 훔쳐갔다고 소문을 냈지만, 제자들이 그럴 이유가 무엇인가? 성경의 십계명과 중요한 가르침 중의 하나가 거짓 증거하지 말라인데, 그들이 거짓말을 하면서 사람들에게 부활을 믿으라고 하겠는가? 또한 그토록 극심하게 핍박당하고 결국은 순교 당하면서까지 거짓 증거할 이유가 무엇인가?

여러분은 사람들이 하는 말을 무조건 받아들임으로 불신에 떨어지지 말아야 한다. 여러분의 마음은 그렇게 완고하고 강퍅해서는 안 된다. 부활의 복음을 들을 때에 '아! 그랬구나. 사도들은 본 것을 그대로 증거했고, 예수님은 그렇게 믿을수 있는 증거를 보여 주셨구나'라고 하면 된다. 주님은 제자들에게 친히 보여주셨다. 손도 보여주시고 옆구리도 보여주셨다. 하지만 여러분은 오늘 이 증거를 듣고 '아! 그리스도는 정말로 죽은 자 가운데서 사흘 만에 부활하셨구나'하고 믿으면 되는 것이다. 로마서 10장 9절은 이렇게 말씀한다. "네가 만일 네 입으로 예수를 주로 시인하며 또 하나님께서 그를 죽은 자 가운데서 살리신 것을 네 마음에 믿으면 구원을 얻으리니". 이것이 복음의 핵심이다.

부활 후 달라지신 주님

예수님은 부활하신 뒤에 그 모습이 변하셨다. 무언가 전과는 달라진 점이 있었다는 말이다. 19절에 제자들이 유대인들을 두려워하여 문을 잠궈 놓았는데 예수님이 들어오셨다. 26절에도 마찬가지로 문이 닫혔는데 예수님이 들어오신 것이다. 이것을 기록한 의도는 예수께서 돌아가시기 전에는 우리와 똑같은 육신을 입고 오셨기에 방에 들어오려면 문을 열고 들어오셔야 했는데, 부활하신 후에는 문을 열지 않고도 들어오실 수 있게 된 것이다.

마가복음에는 예수님이 부활하신 후 변모하셨다고 기록되어 있다. "예수께서 다른 모양으로 저희에게 나타나시니"(막 16:12). 주님은 부활 이전과는 달라지셨다. 우리가 예수님을 믿을 때 마음으로 영접하지 않는가? 주님은 그러면 우리의 마음으로 들어오신다. 그분은 부활하신 후에 물리적인 모든 시공간적인 제한을 벗어버리신 것이다. 어디든지 계실 수 있고 어디든지 가실 수 있게 되셨다. 그렇다고 완전히 영이어서 어떤 실체가 없는 것은 아니다. 실체도 있으셨다. 주님께서는 '영은 뼈와 살이 없는데 나는 있다'라고 증거하셨기에, 부활하신 주님이 과연 어떤 상태가 되신 것인지를 이해하거나 한 마디로 단정하기는 어렵다. 제자들은 주님을 만질 수 있었다. 또한 요한복음 21장에서는 음식을 드시기도 하셨다.

그러므로 부활하신 주님의 모습은 우리의 물질적인 세계에 갇혀있는 생각으로는 상상하기가 어렵다. 그런데 이러한 분이 잠자는 자들의 첫 열매가 되신 것이다. 그것은 무슨 뜻인가? 결국 우리도 다 예수 그리스도의 부활한 몸처럼 그렇게 변모된다는 것이다. 첫 열매이신 주님을 따라 나머지 모든 열매도 그렇게 된다는 것이다. 어떤 사람은 부활하면 재미없을 것 같다고 한다. 영만 있고 아무것도 없을 것 같으니까 그런 생각을 하는 것이다. 그러나 그렇지 않다. 우리의 샘플이신 주님을 보면 알 수 있지 않은가? 우리는 주님의 부활한 몸처럼 될 것이다. '몸이 다시 사는것과 영원히 사는 것을 믿습니다'라고 여러분의 신앙을 고백하지 않는가? 우리는 몸으로 부활할 것이다.

주님에 대한 새로운 인식

기묘한 것은 부활하신 주님을 사람들은 잘 알아보지 못했다는 것이다. 마리아는 주님을 알아보지 못했다. "이 말을 하고 뒤로 돌이켜 예수의 서신 것을 보나 예수신 줄 알지 못하더라"(요 20:4). 제자들도 주님을 알아보지 못했다. "날이 새어갈 때에 예수께서 바닷가에 서셨으나 제자들이 예수신 줄 알지 못하는지라"(요 21:4). 주님이 육신으로 계실 때, 즉 십자가에 돌아가시기 전에는 이런 일이 없었다. 그런데 이제 부활하신 후에는 그분을 잘 아는 사람도 주님을 알아보지 못했던 것이다. 누가복음 24장에서 주님은 엠마오로 가던 두 제자에게 나타나셔서 함께 길을 걸으면서 한참을 이야기했는데도 그들은 그분이 예수신 줄을 몰랐다. 이것은 어떻게 된 일인가?

이제 부활하신 예수 그리스도에 대해서는 우리가 옛날에 알던 그런 방식으로 알아서는 잘 안 되는 부분이 생긴 것이다. 마리아가 부활하신 예수님을 붙잡으려고 하자 주님은 '나를 만지지 말라'고 하셨다. 그것은 주님이 만지지 못할 분이라서 그랬을까? 하지만 나중에는 도마에게 만져보라고 하셨지 않은가? 그러면 그때 마리아에게는 도대체 왜 만지지 말라고 하셨다는 말인가? 마리아는 지금 예수 그리스도께서 영역을 바꾸셨다는 것에 대해서 모르고 있었다. 물질적인 것에서 영적인 세계의 영역으로 바뀌었다는 것에 대해서 알지 못한 채 예전 방식 그대로, 육체대로 주님을 대하려 했던 것은 아니었나 생각할 수 있다. 그래서 주님은 '예전의 방식으로 나를 대하지 말라'고 하신 것은 아닐까?

두 종류의 앎

고린도후서 5장 16절에는 "그러므로 우리가 이제부터는 아무 사람도 육체대로 알지 아니하노라 비록 우리가 그리스도도 육체대로 알았으나 이제부터는 이같이 알지 아니하노라"고 했다. 성경에서는 우리가 아는 방법이 두 가지가 있다고 알려준다. 하나는 육체대로 아는 것이고 또 하나는 영으로 아는 것이다. 영적인 세계는 영으로 알아야 한다. 주님이 니고데모에게도 '네가 거듭나지 않으면 하늘나라를 볼 수 없다'고 말씀하셨다. 이해할 수 없다는 뜻이다. 영적인 세계는 영의 눈을 뜬 사람만이 알 수 있고 볼 수 있는 것이다.

주님의 제자들은 영적인 감각이 깨어난 사람들이다. 하지만 그들이 주님을 만났을 때 순간 육신적인 감각을 가지고 대할 때는 주님을 볼 수 없었고 알 수도 없었다. 그러나 어느 순간 다시 영적인 감각으로 이해했을 때 그들은 눈이 열려 주님을 알 수 있었던 것이다. 이들 잠시 주님을 알아보지 못했다. 21장 12절에 보면 "예수께서 가라사대 와서 조반을 먹으라 하시니 제자들이 주신 줄 아는 고로 당신이 누구냐 감히 묻는 자가 없더라"고 기록되어 있다. 제자들이 알 것도 같고 모를 것도 같은 상황에 있었던 것이다. 묻지는 않았지만 알 수 있었던 것이다.

이 말씀을 기록하신 것은 매우 의미가 깊은 것이다. 부활하신 주님에 대해서는 육체대로 아는 것으로는 안 된다는 것이다. 더 깊은 어떤 세계의 인식으로만 그분을 알 수 있게 된 것이다. 또한 사도 바울은 '아무 사람도 육체대로 알지 아니하노라'고 했는데, 그것은 예수님만 그렇게 아는 것이 아니라 새로운 피조물인 우리 그리스도인들은 아무도 육체대로 알아서는 안 된다는 것을 가르쳐주고 있는 것이다.

이처럼 두 종류의 인식이 있다는 것이다. 오늘날 교회에서 왜 많은 문제가 생기는가? 성도들과의 관계 속에서 첫 번째의 인식을 가지고 보기 때문에, 육체대로 보기 때문에 서로 오해와 문제가 생겨나는 것이다. 그렇게 아는 것은 다 옳지 않은 것이고 제대로 알지 못하는 것이다. 그래서 성도 여러분들은 무엇이든지 영으로 알아야 한다. "우리 주 예수 그리스도의 하나님, 영광의 아버지께서 지혜와 계시의 정신(영)을 너희에게 주사 하나님을 알게 하시고"(엡 1:17). 지혜와 계시의 영을 우리에게 주셔야 하나님을 알 수 있다고 했다. 영이 있어야 한다.

영이 아니면 하나님을 알 수 없다. 육신으로는 영적인 세계에 있는 것들을 알 수 없다. 사도 바울은 이에 대해 고린도 전서 2장, 3장에서 많이 이야기했다. 사람의 지혜는 어리석은 것이라고 했다. 사람의 지혜로는 하나님을 알 수 없고 성령께서 가르쳐 주셔야 알 수 있다고 했다. 고린도 전서 3장 18절에서는 "아무도 자기를 속이지 말라 너희 중에 누구든지 이 세상에서 지혜 있는 줄로 생각하거든 미련한 자가 되어라 그리하여야 지혜로운 자가 되리라"라고 했다. 자신이 무언가를 알 수 있다고 생각하는 사람은 그것을 의지하지 말고 미련한 자가 되라고 했다. 바울은 또한 2장에서 자신은 예수 그리스도와 십자가에 못 박히신 것 외에는 아무것도 알지 않기로 작정했다고 했다. 그는 자기가 아는 것을 신뢰하지 않았다. 그는 그들 가운데 들어갈 때에 약하고 두려움에 심히 떨었다고 간증했다. 그 어떤 것도 자신이 안다고 확신하지 않고 미련한 자가 될 때에 하나님은 그런 사람에게 알려주신다는 것이다.

부활의 삶

부활이란 오늘도 체험할 수 있는 것이다. 오늘도 우리 그리스도인들은 부활 안에서 살 수 있어야 한다. 육체대로 사는 사람들에게는 교회생활이 맞지 않다. 부활이란 자기를 부정하는 사람, 자기를 죽은 자로 여기는 사람들에게 일어나는 일이다. 그리스도와 함께 십자가에 못 박혔다는 죽음을 받아들이는 사람들, 자기를 죽은 자로 믿는 사람들에게 나타나는 삶이다. "내가 그리스도와 함께 십자가에 못 박혔나니 그런즉 이제는 내가 산 것이 아니요 오직 내 안에 그리스도께서 사신 것이라 이제 내가 육체 가운데 사는 것은 나를 사랑하사 나를 위하여 자기 몸을 버리신 하나님의 아들을 믿는 믿음 안에서 사는 것이라"(갈 2:20). 이것이 바로 부활의 삶이다.

그러나 여전히 자기를 의지하고 사는 사람들은 부활의 삶을 살 수 없다. 그런 사람들은 언제나 자기가 가지고 있는 천연적인 총명을 더 내세우기 때문에 하나님을 알 수 없으며 성도들의 상황도 참되게 이해할 수가 없다. 우리는 우리 자신을 항상 죽은 자로 두어야 한다. 민수기 17장에서 고라 일당의 배역이 있었을 때 12지파의 대표자들이 각자의 지팡이를 가져다가 언약궤 안에 밤새 두었을 때, 하룻밤이 지난 후 다른 지팡이는 다 그대로인데, 아론의 지팡이에는 싹이 나고 꽃이 피었던 사건을 읽을 수 있다. 그것이 바로 부활이다. 어두운 밤이 지난 후에 아침에 꽃이 피고 싹이 났다. 우리의 영적 체험이 바로 이렇다. 어떤 것이든 쉽게 '이것이다'라고 확신하지 않고 우리를 죽음에 두고 그 죽음을 통과시킬 때라야 나중에 부활을 통해서 주님이 우리에게 새로운 인식도 주시고 새로운 감각도 주시고 새로운 지혜도 주시는 것이며, 그렇게 될 때만이 참으로 지혜롭게 되는 것이다.

그러므로 먼저 우리는 미련하게 될 필요가 있다. 예수 그리스도의 부활은 주님만의 것이 아니다. 믿는 우리도 부활을 체험할 수 있게 해주셨다. 교회란 부활한 사람들의 모임이다. 예수 그리스도께서 돌아가실 때 주님만 돌아가신 것이 아니다. 우리도 함께 죽었다. 예수님이 부활하실 때 그분만 부활하신 것이 아니고 우리도 부활한 것이다. 예수와 함께 죽고 예수와 함께 부활한 사람들의 모임이 교회이다. 생각해 보라. 머리는 부활해서 새로운 영역에 들어가 있는데 몸은 부활하지 않고 예전 그대로라면 머리와 몸의 본질이 맞지 않는 것이다.

예수님이 부활하셔서 사십 일을 계시면서 무엇을 가르치셨는가? 항상 우리 곁에 계시면 좋겠는데 어떤 때는 나타나셨다가 어떤 때는 나타나지 않으셨다. 우리를 혼동시키시는 것 같다. 왜 그렇게 하셨을까? 그것은 바로 부활하신 주님에 대해서 육체대로 아는 방식으로는 아는 것이 쉽지 않기 때문이다. 특별히 어떤 영적인 인식이 깨어나기 전에는 알 수 없는 것이다. 그래서 주님은 제자들에게 '내가 이렇게 변했다'는 것을 가르쳐 주신 것이다. 부활한 주님의 임재를 체험할 수 있도록 가르쳐주신 것이다. 우리는 그렇게 주님을 접촉할 수 있어야 하고 성도들도 그렇게 접촉할 수 있어야 한다. 주님과의 새로운 관계성을 만들어 내야 그것을 교회라고 할 수 있다. 교회의 성도들은 부활의 영역 안에서 새로운 피조물인 사람과의 대화, 문화의 교류가 있을 때에야 진정한 교회라고 할 수 있는 것이다.

모든 것이 새로워져야 한다. 이전 것은 지나갔다. "그런즉 누구든지 그리스도 안에 있으면 새로운 피조물이라 이전 것은 지나갔으니 보라 새 것이 되었도다"(고후 5:17). 우리도 서로를 새롭게 알아야 한다. 과거는 묻지 말라. 우리는 과거의 사람들이 아니라 모두 다 새롭게 된 사람들이다.

형제라고 부르신 주님

17절에서 주님이 "나를 만지지 말라"고 하신 것에는 큰 의미가 있다. 우리가 초등학교 동창회 같은 곳에 갔을 때 친구들이 이름을 불러가며 어릴 때 놀던 식으로 대하면 기분이 나쁠 때가 있다. 나는 이미 어른이 되어서 옛날의 내가 아닌데 함부로 그렇게 하기 때문이다. 마찬가지로 지금 주님도 예전의 그분이 아니신데 마음대로 접근하니까 "나를 만지지 말라 내가 아직 아버지께로 올라가지 못하였노라 너는 내 형제들에게 가서 이르되 내가 내 아버지 곧 너희 아버지, 내 하나님 곧 너희 하나님께로 올라간다 하라"고 말씀하신 것이다.

그런데 주님은 '내 형제들'이라고 말씀하셨다. 이는 예수님이 부활하시기 전에 이 땅에 계실 때는 쓰지 않으시던 말이다. 그때는 그냥 제자들이었다. 그런데 부활하신 후에는 제자들을 형제라고 부르신 것이다. 그 이유는 무엇인가? 예수 그리스도의 부활에 날에 아주 큰 역사가 있었던 것이다.

베드로전서 1장 3-4절에는 “찬송하리로다 우리 주 예수 그리스도의 아버지 하나님이 그 많으신 긍휼대로 예수 그리스도의 죽은 자 가운데서 부활하심으로 말미암아 우리를 거듭나게 하사 산 소망이 있게 하시며 썩지 않고 더럽지 않고 쇠하지 아니하는 기업을 잇게 하시나니 곧 너희를 위하여 하늘에 간직하신 것이라”라고 했다. 우리가 거듭나게 된 것이 그리스도의 부활로 말미암은 것이라고 하신다. 그리스도의 부활은 우리에게 새 생명을 주셔서 우리를 새로 태어나게 하신 것이라고 말한다. 이것은 참 놀라운 말씀이 아닐 수 없다. 그리스도의 죽음은 우리의 죄를 용서한 사건이다. 피로서 우리의 모든 죄를 다 용서하신 것이다. 그런데 부활은 어떤가? 부활은 우리에게 새 생명을 주셔서 하나님께로 새로 태어나게 한 날이다. 그러므로 그날 제자들의 칭호가 바뀐 것이다. 하나님 아버지로부터 새롭게 태어난 자녀들이 된 것이다.

한 구절을 더 보자. 히브리서 2장 11-12절, “거룩하게 하시는 자와 거룩하게 함을 입은 자들이 다 하나에서 난지라 그러므로 형제라 부르시기를 부끄러워 아니하시고 이르시되 내가 주의 이름을 내 형제들에게 선포하고 내가 주를 교회 중에서 찬송하리라 하셨으며”. 거룩하게 하시는 자인 주님과 거룩하게 함을 입은 자인 우리들이 다 하나님 아버지께로부터 태어났다는 것이다. 예수 그리스도의 부활에 날에 태어난 것이다. 우리가 이것을 상상이나 할 수 있겠는가? 주 예수님은 그날에 맏아들이 되셨고, 여러분과 나는 그분의 형제들이 된 것이다. 그래서 우리 주 예수님은 이제 우리를 형제라 부르시기를 부끄러워하지 않으신 것이다.

12절의 “이르시되 내가 주의 이름을 내 형제들에게 선포하고 내가 주를 교회 중에서 찬송하리라 하셨으며”라는 말씀은 시편 22편에서 그리스도의 고난의 대해서 말한 바로 직후에 이어지는 말씀이다. 바로 부활에 대해 말씀하시는 것이다. “내가 주의 이름을 형제에게 선포하고 회중에서 주를 찬송하리이다”(시 22:22). 그러므로 히브리서에서 주의 이름을 형제들에게 선포했다는 말씀은 구약의 예언된 그대로 이루어진 것이다.

또한 17절에서 예수님은 제자들을 형제라 부르시는 동시에 하나님을 부르시면서 '내 아버지 곧 너희 아버지'라고 하셨다. 주님은 부활하신 날 이 형제들에게 주의 이름을 새롭게 선포한 것이다. '내 아버지 곧 너희 아버지'라는 것이다. 이날 부활의 날에 우리 모두는 그리스도 안에서 새롭게 태어났다. 예수 그리스도는 장자가 되셨고 우리는 형제가 되었다. 예수 그리스도 홀로 아바 아버지라고 부르시던 하나님이 이제는 우리들의 아버지도 되신 것이다! 이것이 부활의 날에 일어난 일이다. 예수 그리스도의 부활이야말로 우리에게 새로운 신분을 주었으며 하나님과의 새로운 관계성을 확립해준 엄청난 사건이었다.

우리는 언제 태어났는가? 언제 거듭나서 새 생명을 얻었는가? 그것은 예수의 부활의 날이라고 성경은 말하고 있다. 이런 놀라운 역사가 예수 그리스도의 부활에 날에 일어났으므로 우리 그리스도인들의 신앙의 근간은 바로 예수님의 부활인 것이다. 우리에게 있어서 가장 중요한 것이 주님의 부활이라는 것을 깨닫기 바란다.

부활하신 주님이 오셔서 자신을 보여주시면서 반복해서 권하신 말씀이 있는데, 그것은 "너희에게 평강이 있을지어다"이다. 주님은 사망 권세를 이기시고 부활로 승리하셨다. 그리고 믿는 우리에게 가장 큰 선물인 평강을 주셨다. 물론 이것은 돌아가시기 전에도 약속하신 것이다. '내가 너희에게 평안을 끼친다'고 하셨다. 이제 부활하신 주님은 평강과 기쁨을 우리에게 주실 수 있는 분이 되셨다. 교회는 그 누구도 깰 수 없는 평강을 부여받았다. 믿는 여러분들에게 말할 수 없는 축복이 임한 것이다. 그 누구도, 그 어떤 것도 그리스도의 부활로 말미암아 우리가 얻은 새 생명과 평안을 빼앗을 수 없다. 일생 은혜 가운데 이 놀라운 평강을 누리는 여러분이 되기를 바란다.

너희가 뉘 죄든지 사하면 사하여질 것이요

"너희가 뉘 죄든지 사하면 사하여 질 것이요 뉘 죄든지 그대로 두면 그대로 두면 그대로 있으리라" 이것은 도대체 무슨 말인가? 우리 사람이 사람의 죄를 사해줄 수 있다는 말이 무슨 뜻인가? 이는 사역자나 전도자에게 사면권이 있다는 말로 해석할 수 없다. 이는 그리스도께서 성령으로 말미암아 복음을 듣는 자의 죄를 사하실 수 있다고 해석해야 한다. 먼저 주님이 내어쉬신 성령의 호흡을 받은 자들은 복음의 증인이 되는 것이다. 그들이 전한 복음을 듣고 받을 때 누구든지 죄사함을 받는다. 가령 사도 바울이 복음을 전할 때 영접하고 그 복음을 순종하는 자들은 사함을 받았다. 이는 바울이 사람의 죄를 용서한 것이 아니라 바울이 전한 복음이 그의 마음에 성령으로 역사하여 죄를 용서받게 한 것이다. 그러니 복음을 위탁받은 사역자들의 권위는 한 편에서 엄중한 것이다. 바울은 자신이 전한 복음을 받는 자들은 생명으로 좇아 생명에 이르며 받지 않는 자들은 사망으로 좇아 사망에 이른다고 말했다(고후2:16).

부활에 대한 확증

24-25절, 열 두 제자 중에 하나인 디두모라 하는 도마는 예수 오셨을 때에 함께 있지 아니한지라 25 다른 제자들이 그에게 이르되 우리가 주를 보았노라 하니 도마가 가로되 내가 그 손의 못자국을 보며 내 손가락을 그 못자국에 넣으며 내 손을 그 옆구리에 넣어 보지 않고는 믿지 아니하겠노라 하니라

도마에게 나타나심

주님이 부활하신 후에 가장 먼저 자신을 나타내 보여주신 사람은 막달라 마리아였다. 그리고 그날 저녁에는 두려워서 문을 닫고 모인 제자들에게 나타나셔서 찔리신 손과 옆구리를 보여주시며 자신이 죽은 자 가운데서 살아나신 것을 확인시키셨다. 그곳에 있었던 도마를 제외한 열 명의 제자들은 주님이 십자가에 달리셔서 피와 물을 다 쏟으시면서 운명하신 것을 보았으며, 특히 요한은 가장 가까이에서 보았다. 그런데 죽으시고 사흘 되던 새벽에 주님은 부활하신 것이다.

주님은 부활하신 날 저녁에 제자들을 찾아오셔서 '너희에게 평강이 있을

지어다' 하시고 숨을 내쉬며 '성령을 받으라'고 하셨다. 그런데 그 자리에 도마가 빠졌던 것이다. 도마는 안타깝게도 그 자리에 참석하지 않은 관계로 제자들이 부활하신 주님을 첫 번째 대면하는 그 순간을 놓쳐버린 것이다. 결과적으로 한 주 동안 다른 제자들은 '예수는 부활하셨다' 하면서 기쁨으로 충만했지만, 도마는 그 축복을 누리지 못했다. 제자들이 도마에게도 주님이 살아나셨음을 말해주었을 것이고 자세하게 설명했을 것이다. 주님이 우리에게 이러이러한 말씀을 하셨고, 우리는 못자국 난 손도 보았고 찔린 옆구리도 보았다고 했을 것이다. 그러나 도마는 믿지 않았다. '나는 너희들이 하는 말을 믿을 수 없다. 내가 직접 그 손과 옆구리를 만져보고 확인하기 전에는 그분이 부활했다는 것을 믿을 수가 없다'고 했던 것이다.

그 일주일 동안 나머지 제자들이 기쁨으로 지내는 동안에 한 사람 도마만은 갈등과 의심 속에 죽어지냈을 것이다.

모임의 중요성

여기서 먼저 우리는 한 가지 생각해볼 것이 있다. 그것은 모임의 중요성이다. 어쨌든 다른 열 명의 제자들은 함께 모였고 주님은 그 모임에 찾아오셨던 것이다. 성도들 중에는 그리스도인들의 모임의 중요성을 아직 충분히 인식하지 못하는 사람들이 많이 있다. 모임에 나온 사람들이 그때 만난 주님에 대하여 말하면서 '너무 좋다, 은혜 받았다'고 할 때에 모임에 빠진 사람들은 시큰둥하며 소극적이 되기 쉽다. 그러므로 성도들은 가급적 모임에 빠지지 않는 것이 좋다.

이것은 하나의 습관이기도 하다. 그래서 바울은 히브리서 10장 25절에서 "모이기를 폐하는 어떤 사람들의 습관과 같이 하지 말고 오직 권하여 그날이 가까움을 볼수록 더욱 그리하자"라고 했던 것이다. 모임에 정기적으로 참석하는 것은 하나의 습관의 문제라는 것이다. 습관이란 연속적인 행동에서 나온다. 조금 피곤하고 가기 싫더라도 한 번 가고, 또 한 번 가고, 지속적으로 모임에 참석할 때에 그것이 습관이 되는 것이다.

모든 그리스도인들은 좋은 성도가 되기를 바라고 이기는 자가 되기를 바라며 그날에 주님께 상급 받기를 원한다. 그러나 영성적인 건강이 하나의 사소한 습관에서 나온다는 것을 아는 사람들은 많지 않다. 결국 학교에서도 공부 잘하고 좋은 대학에 들어가며 정말 부모를 기쁘게 하는 자녀들은 출석을 잘하는 학생들이다. 선생님 말씀을 잘 들어야 좋은 학생이 된다. 그들이 공부도 잘 하고 상급 학교에 입학을 잘한다. 좋은 습관이 영적 건강에 끼치는 영향력이란 말로 다 할 수가 없을 정도이다. 아침에 일어날 때마다 간단하게 기도하는 것, 또 저녁에 잠들기 전에 기도하는 것, 식사할 때마다 형식이 아니라 진심으로 기도하는 것 등이 모두 좋은 습관에 해당된다.

좋은 습관의 중요성

어떤 사람들은 요한복음 3장에서 성령은 바람과 같이 임의로 분다고 했으므로 언제 어떻게 인도하실지 모르는 것이니, 예측할 수 없게 행동하는 것을 성령에 속한 것이라고 생각하기도 한다. 하지만 그렇게 되면 결국 자기가 좋아하는 대로 행동하게 되는 것이다. 우리 주님도 '습관에 따라' 기도하러 다니신 분이심을 기억하라. 습관을 무시하는 사람은 어리석은 사람이다. 좋은 습관을 기르기 바란다. 육신적인 건강도 습관을 무시하기 때문에 잃어버리는 경우가 허다하다. 많은 사람들이 심각한 질병에 걸린 후에야 습관을 고치려고 하지만 이미 때가 늦은 경우가 많다. 대다수의 성인병이나 심각한 질병이 습관에서 온다. 집에 들어갈 때마다 손을 씻는 습관으로 감기 몸살을 상당히 예방할 수 있다. 그것도 하나의 습관이다. 귀찮아도 자꾸 씻다보면 나중에는 씻지 않고는 못견디게 된다.

과식이나 폭식도 많은 병의 원인이 된다. 음식을 천천히 먹는 것이나 소식하는 것도 처음에는 어렵지만 몇 번 하다보면 습관이 된다. 수면도 마찬가지이다. 제 시간에 규칙적으로 자는 것도 중요하다. 새벽 2시, 3시에 자고 밤에 야식하는 습관은 건강에 좋지 않다. 그런데 '밤에 먹지 마라. 건강에 좋지 않다'라고 아무리 말을 해도 먹는 것이 습관으로 고착된 사람은 잠깐 시도해 보다 다시 먹게 된다. 이것은 습관의 문제이다. 안 좋은 습관을 버리고 좋은 습관을 갖는다면 건강해질 것이고 수명도 연장될 것이다.

이처럼 건강이 좋지 않은 것은 대개 좋지 않은 습관으로 인한 것이다. 그로 인해 피가 탁해져서 동맥경화나 혈전이 생겨서 뇌출혈도 일어난다. 이 모든 것이 먹는 습관, 잠자는 습관이 좋지 않아서이다. 그래서 제 시간에 먹고 제 시간에 잠을 자는 것은 대단히 중요하다. 밤에 잠을 잘 자야 좋은 호르몬이 생성되고 피로를 회복시켜주어서 건강을 유지할 수 있기 때문이다.

집회에 참석하는 것도 그 자체가 여러분들의 영성을 매우 건강하게 하는 좋은 습관이다. 책을 읽는 습관도 참으로 중요한 것이다. 늘 좋은 책을 대하기 바란다. 일본 사람들은 우리나라 사람들보다 독서를 더 좋아한다고 한다. 여러분도 성경이나 영적인 서적을 읽는 습관을 갖는다면 심령이 안정되고 영적인 지식을 배양하게 될 것이다. 하루에 늘 조금씩이라도 보는 것이 다 습관의 문제이다. 또한 성도들과 함께 항상 모이기를 힘쓰는 사람들은 유익이 있다. 잠언 8장 34절에는 이런 말씀이 있다. "누구든지 내게 들으며 날마다 내 문 곁에서 기다리며 문설주 옆에서 기다리는 자는 복이 있나니". 또 마태복음 18장 20절에는 "두세 사람이 내 이름으로 모인 곳에는 나도 그들 중에 있느니라". 도마는 그 중요한 때에 한 번 빠졌다. 그 결과는 소극적이 되는 것이다. 주님의 부활을 보고 기뻐하는 사람들에 대해서 별로 기분이 좋지 않은 것이다. 습관적으로 집회에 불참하는 사람들은 집회에 자주 나가는 사람들에 대해서 비평이 생긴다. 결과적으로 영적 건강이 안 좋아지는 것이다.

공동체 생활을 잘 하는 분들 가운데 장수하는 분들이 많다고들 한다. 플랑이라는 교수는 사람의 장수를 저해하는 첫 번째의 원인이 스트레스라고 말했다. 서울대 의대 모 교수는 공동체적인 삶을 장수의 비결로 주목했다. 장수 마을은 공동체적 유대 관계가 끈끈하다는 것이다. 우리 성도님들 가운데 노권사님들이 많으신데 여전히 건강하게 교회 모임에 참석하시는 모습을 볼 때마다 너무나 기쁘고 감사하다. 모임에 참석하려고 두 시간 반이나 걸리는 곳에서 오시는 것을 볼 때마다 얼마나 귀하게 느껴지는지 모른다. 성도들은 교회 모임을 귀히 여기시기 바란다.

26-29절, 여드레를 지나서 제자들이 다시 집 안에 있을 때에 도마
도 함께 있고 문들이 닫혔는데 예수께서 오사 가운데 서서 가라사
대 너희에게 평강이 있을지어다 하시고 27 도마에게 이르시되 네
손가락을 이리 내밀어 내 손을 보고 네 손을 내밀어 내 옆구리에
넣어보라 그리하고 믿음 없는 자가 되지 말고 믿는 자가 되라 28
도마가 대답하여 가로되 나의 주시며 나의 하나님이시니이다 29
예수께서 가라사대 너는 나를 본 고로 믿느냐 보지 못하고 믿는
자들은 복되도다 하시니라

나의 주 나의 하나님

도마가 모임에 한 번 빠지는 바람에 주님의 나타나심을 놓쳤지만, 그러나 주님은 일주일 뒤에 다시 한 번 제자들이 모인 곳에 나타나셔서 도마를 돌보셨다. 주님은 도마의 수준으로 내려오셔서 그에게 손을 내보이셨다. "도마에게 이르시되 네 손가락을 이리 내밀어 내 손을 보고 네 손을 내밀어 내 옆구리에 넣어보라"(27절). 도마는 마침내 주님이 살아나셨다는 사실을 믿게 되었고 부활하신 주님을 보며 "나의 주시며 나의 하나님이시니이다"(28절)라는 위대한 고백을 하기에 이르렀다. 주님은 도마의 이런 고백을 만류하지 않으셨다. 여기서 우리는 주님이 참 하나님이심을 알 수가 있다.

사도행전 10장에서 베드로는 고넬료가 발 앞에 엎드려서 절하려고 할 때 거절했다. '일어서라 나도 사람이다'하면서 절을 하지 못하게 했었다. 사도행전 14장에서 사도 바울은 루스드라는 곳에서 앉은뱅이를 일으켰다. 그에게 믿음이 있는 것을 보시고 '일어나라'고 했을 때 앉은뱅이가 일어났던 것이다. 놀란 루스드라 사람들이 '야! 이것은 신이다'라고 외치며 바울과 바나바 앞에 제사를 지내려고 할 때, 바울은 '왜 이런 일을 하는가? 우리도 너희와 같은 성정을 가진 사람이다'라고 소리를 질렀다. 그러나 부활하신 주님은 도마가 '나의 주시며 나의 하나님이시니이다'라고 고백할 때 말리지 않으셨고 그가 믿는 것을 기뻐하셨다.

그러므로 우리는 주님이 하나님보다 조금 못하거나 덜한 분이 아님을 알 수 있다. 그분은 완전한 하나님이요 하나님의 본체이시다. 그분은 사람이시지만 또한 그분은 분명히 하나님이심을 알 수 있다. 우리를 위해 죽고 부활하신 예수는 우리의 하나님이시다. 주님은 사람이시기에 우리의 연약함을 동정하실 수 있으며 또한 하나님이시기에 전능하신 능력으로 사람들을 완전히 구원하실 수 있으시다. 도마가 의심하다가 일주일 정도 늦게 믿었지만, 그의 고백만큼은 그 누구도 따라올 수 없는 훌륭한 것이었다. 우리 역시 조금 뒤쳐졌더라도 만일 주님의 긍휼로 회복한다면 이렇게 좋은 간증을 할 수 있는 것이다. 그러므로 지금까지 다른 사람만큼 충분한 은혜를 얻지 못했더라도 낙심하고 좌절할 필요없이 주님 앞에 나아가라. 그러면 여러분 또한 큰 은혜를 얻을 수 있을 것이다.

그리스도의 몸인 교회

교회는 부활하신 그리스도의 몸이다. 에베소서 1장에서는 교회가 부활하신 그리스도의 몸임을 계시한다(엡1:19-23). 그리스도께서 지상에 계실 때 아직 교회는 존재하지 않았다. 그분의 부활과 승천, 성령의 강림으로 인해 교회가 존재하게 되었다. 교회는 그리스도의 부활을 증거하기 위해 존재한다. 부활과 성령과 교회는 연결된 실제이다. 성령은 부활의 실제이고 교회는 성령의 부어짐으로 산출되었다. 따라서 교회는 그리스도의 부활이 살아 숨쉬는 곳이다. 주님은 그분의 부활의 큰 능력을 교회에 주신 것이다. 따라서 교회는 어떤 것에도 묶일 수 없고 제한을 받지 않는다. 교회의 머리되신 주 예수께서 이미 부활로 모든 제한을 벗어 버리셨기 때문이다. 우리는 땅에서 풀 때 하늘에서 풀 수 있는 권세를 가지고 있다.

30-31절, 예수께서 제자들 앞에서 이 책에 기록되지 아니한 다른 표적도 많이 행하셨으나 31 오직 이것을 기록함은 너희로 예수께서 하나님의 아들 그리스도이심을 믿게 하려 함이요 또 너희로 믿고 그 이름을 힘입어 생명을 얻게 하려 함이니라

사도 요한은 요한복음을 쓴 목적을 마지막에 밝혔다. 그러므로 이제 모든 글을 마친 것이다. 요한의 복음서 기록 목적은 예수가 하나님의 아들, 그리스도이심을 믿고 그 이름을 힙입어 생명을 얻게 하려 함이었다. 여러분은 믿었는가? 믿었다면 그 귀한 생명을 얻은 것이다.

21 장

우리가 요한복음을 읽을 때마다 느끼는 것이 있는데, 그것은 21장은 책으로 말하면 부록처럼 덧붙여진 내용이라는 것이다. 왜냐하면 20장으로 요한복음 전체의 결론을 매듭지은 것으로 되어 있기 때문이다. 그러나 이는 아주 소중하고 귀한 말씀을 우리에게 전해주고 있다.

일곱 명의 제자에게 나타나신 주님

1절, 그 후에 예수께서 디베랴 바다에서 또 제자들에게 자기를 나타내셨으니 나타내신 일이 이러하니라

부활하신 주님은 한 번만 나타내셔서 믿기 어렵게 하시지 않으시고 제자들이 충분히 믿을 수 있도록 여러 번 나타내셨다. 여기 또 한 번 자신을 나타내신 것을 기록하고 있다. 14절 말씀에 의하면 이것이 제자들에게는 세 번째 나타나신 것이다. 그러나 일반적으로 다른 공관복음과 서신서 등을 참조하면 일곱 번 이상 아니 열두 번 정도 나타나신 것이 나온다. 1)막달라 마리아에게(막16:9, 요20:11-18), 2)여인들에게(마28:9-10), 3)엠마오의 두 제자에게(눅24:13-3), 4)시몬에게(눅24:34, 고전15:5), 5)도마가 없을 때 제자들에게(요20:19-25), 6)도마가 있을 때 제자들에게(요20:26-29), 7)디베랴 바다에서 7제자들에게(요21:1-4), 8)갈릴리 산에서 제자들에게(마28:16-20), 9)500여 형제들에게 일시에(고전15:7), 10)주님의 동생 야고보에게(고전15:7), 11)승천하실 때 감람산에서 11제자에게(행1:4-9), 12)승천 후 다메섹 도상에서 바울에게(행9:3-7), 이외에도 다른 사람에게도 나타나신 것이 있을 것이다(많은 증거로 친히 사심을 나타내사, 행 1:3참조).

2절, 시몬 베드로와 디두모라 하는 도마와 갈릴리 가나 사람 나다나엘과 세베대의 아들들과 또 다른 제자 둘이 함께 있더니

거기에 누구누구가 있었는지 기록하면서 또 다른 두 제자의 이름은 기록하지 않았다. 이 자리에는 모두 일곱 명이 모여 있었다. 나다나엘은 공관복음에 나오는 바돌로매이다(마10:3).

3절, 시몬 베드로가 나는 물고기 잡으러 가노라 하매 저희가 우리도 함께 가겠다 하고 나가서 배에 올랐으나 이 밤에 아무 것도 잡지 못하였더니

이들이 주님을 만나기 전의 직업은 어부였다. 물론 부활하신 주님을 만나기는 했지만, 이들은 앞으로 생활의 대책이 막막했다. 이제 제자들 일곱이 모인 자리에서 언제나 행동이 빠르고 주도적인 베드로가 '나는 물고기 잡으러 간다'고 나섰다. 이럴 것이 아니라 고기라도 잡아야 되지 않겠느냐는 생각을 했을 것이다. 이것은 분명 뒤로 물러선 일이다. 주님은 베드로에게 사람을 낚는 어부가 되라고 하셨기에 그의 본분은 전도였지 어부로 돌아가서는 안되었다. 그렇게 자기 맘대로 주의 주신 직분을 떠나서 성공하는 일은 없다. 그 때 여섯 명의 제자들도 '우리도 함께 가겠다'고 따라 나선 것이다. 이처럼 베드로는 리더형의 사람이다. 그런데 그들은 밤새 고기를 한 마리도 잡지 못했다.

4-6절, 날이 새어갈 때에 예수께서 바닷가에 서셨으나 제자들이 예수신 줄 알지 못하는지라 5 예수께서 이르시되 얘들아 너희에게 고기가 있느냐 대답하되 없나이다 6 가라사대 그물을 배 오른편에 던지라 그리하면 얻으리라 하신대 이에 던졌더니 고기가 많아 그물을 들 수 없더라

이제 예수님이 새벽녘에 나타나셨다. 그들은 밤새 고기잡이를 했지만 한 마리도 잡지 못했다. 우리 성경에는 '얘들아'라고 부르셨지만 헬라어 원문으로는 '여러분들, 거기 고기가 있습니까?'라는 말이다. 즉 자연스런 어투로 그들에게 말을 거신 것이다. 주님은 뒤로 물러간 자들이라고 해도 부드럽고 은혜롭게 대하시며 회복시켜 주신다. 주님은 그분을 섬기는 자들에게 부족한 것이 무엇인지 아시고 그들의 필요를 돌보신다. 그것도 매우 친근하고 부드러운 방법으로이다. 그들은 맥이 빠진 말로 없다고 이야기하자 주님은 배 오른편으로 그물을 던지라고 말씀하셨다. 그리고 말씀대로 오른편으로 그물을 던지니 놀랍게도 수많은 물고기가 올라온 것이다. 153마리라고 기록되어 있다. 고기가 너무 많아서 그물을 들 수가 없을 정도였다.

7절, 예수의 사랑하시는 그 제자가 베드로에게 이르되 주시라 하니 시몬 베드로가 벗고 있다가 주라 하는 말을 듣고 겉옷을 두른 후에 바다로 뛰어 내리더라

가난한 제자들

그때 요한은 베드로에게 그분이 주님이라고 말해주었다. (요한은 총명하고 생각이 빠른 사람이다.) 그들은 주님과 함께 있었던 초기에 이런 일이 한 번 있었다(눅 5:4). 그러기에 요한은 쉽게 그 상황을 떠올리며 그분이 주님인 것을 알 수 있었다. 그러자 시몬 베드로는 벗고 있다가 주님이시라는 말을 듣고 겉옷을 두른 후에 바다로 뛰어들었다. 요한은 베드로가 가장 주님을 알면 기뻐할 사람인 줄 알았다. 그러기에 그에게 말해주었고 예상대로 베드로는 사랑하는 주님께 일분이라도 빨리 나아가기 위해 바다로 뛰어들었다. 주시라 하는 말을 들은 베드로는 순식간에 움직였다. 겉옷을 두르고(주님께 예의를 지키기 위해서 일 것이다), 바다로 뛰어든 것이다.

당시에 제자들은 가난했다. 주님을 삼 년간 따라 다녔어도 이들은 여전히 먹을 것이 없었다. 다시 고기를 잡으러 가야 하는 상황이었다. 오늘날 전 세계의 그리스도인의 초석이 된 사람들은 바로 이처럼 가난하고 별로 배우지 못한 어부들이었다. 주 예수님은 이런 사람들을 사용해서 주님을 증거하게 하신 것이다. 수많은 학자, 의사들, 대통령들, 말할 수 없이 많은 사람들로 예수 그리스도를 믿을 수 있게 한 사람들이 바로 이들이었다. 그러므로 배운 것이 없고 가진 것이 없다고 해서 좌절할 필요가 없는 이유가 여기에 있다.

당시에 플라톤 철학, 아리스토텔레스 철학, 영지주의 이단도 있었던 때에 요한은 요한복음, 요한 일서를 썼고 이 글들에 의해서 소위 고차원적인 지식들이 다 굴복된 것이다. 주님이 요한 같은 사람을 사용하셨다면 여러분도 충분히 사용하실 수 있으시다.

각기 다른 성품과 은사

또 한 가지 기묘한 것은 사도 요한의 기록을 통해서 제자들의 서로 다른 성품이 은연중에 나타났지만, 그러나 이들은 서로 잘 연합했다는 사실이다. 이것은 20장에서도 알 수 있다. 20장 3절부터 읽어보자. "베드로와 그 다른 제자가 나가서 무덤으로 갈새 둘이 같이 달음질하더니 그 다른 제자가 베드로보다 더 빨리 달아나서 먼저 무덤에 이르러 구푸려 세마포 놓인 것을 보았으나 들어가지는 아니하였더니 시몬 베드로도 따라 와서 무덤에 들어가 보니 세마포가 놓였고 또 머리를 쌌던 수건은 세마포와 함께 놓이지 않고 딴 곳에 개켜 있더라 그 때에야 무덤에 먼저 왔던 그 다른 제자도 들어가 보고 믿더라".

베드로와 다른 제자(요한)가 무덤으로 갔을 때 그 둘의 행동은 확연히 다르다. 요한은 자기를 밝히지 않아서 항상 '다른 제자' 혹은 '사랑하는 제자'로 표현했다. 요한은 달리기는 더 빨리 달렸지만 정작 무덤에 도착해서는 들어가지는 않고 구푸려 들여다보았다. 그런데 뒤따라갔던 베드로는 무덤 안으로 성큼성큼 들어갔다. 요한은 베드로가 들어가서 여러 가지를 점검한 후에야 따라가서 확인하는 사람인 것이다. 이처럼 성품이 달랐다. 9절에는 "저희는 성경에 그가 죽은 자 가운데서 다시 살아나야 하리라 하신 말씀을 아직 알지 못하더라"라고 했지만, 8절에서는 "그 다른 제자도 들어가 보고 믿더라"라고 기록되어 있다. 이처럼 믿음이란 조금씩 조금씩 전진하는 것이다.

다시 21장 7절로 돌아가자. “예수의 사랑하시는 그 제자가 베드로에게 이르되 주시라 하니 시몬 베드로가 벗고 있다가 주라 하는 말을 듣고 겉옷을 두른 후에 바다로 뛰어 내리더라”. 요한이 먼저 주님을 알아보았다. 감각이 예민한 사람은 단연 요한이다. 처음에는 주님이 보통 사람인 줄 알았다. 그런데 오른쪽에 그물을 쳤더니 들지 못할 정도로 고기가 잡히는 것이었다. 그들은 누가복음 5장에서 이런 체험을 한 적이 있었다. 머리가 빠른 요한은 그때를 상기했을 것이다. ‘아! 주님이시구나’하고 그분을 알아보았다. 그러자 ‘주시라’는 요한의 말을 들은 베드로는 벗고 있던 겉옷을 두른 후에 바로 바다로 뛰어들었다. 이처럼 베드로는 행동파이다. 뒷일은 어찌 되든 별로 생각하지 않는다. 그러니까 겟세마네에서도 칼을 뽑아 말고의 귀를 쳤던 것이다. 그 후에 주님을 세 번 부인할망정 그 당시에는 치고 보는 것이다. 이것이 베드로이다. 생각이 섬세하고 예민한 요한이 먼저 알아보지만, 그러나 행동은 베드로가 먼저이다. 그래서 그는 리더의 역할을 하는 것이다.

나는 차만 타면 마음이 급해진다. 빨리 가야 하는데 길이 막히면 마음이 급해서 여러 가지 말들을 하게 된다. 하지만 그런 상황에서 내 아내는 별로 말하지 않고 잘 참고 견딘다. 나의 손녀들도 마찬가지이다. 큰 손녀는 생각이 빠르고 생각을 많이 한다. 작은 손녀는 행동이 빨라서 벌써 가버린다. 이렇게 사람마다 다르다. 그러면 무엇이 더 좋은가? 그것은 말하기 어렵다. 어떤 것이 더 좋다고 하기가 어려운 부분이 많기 때문이다.

요한복음 11장을 살펴보면 마르다와 마리아도 매우 다른 성품을 가졌음을 알 수 있다. 마르다는 분주한 사람이다. 행동파라서 일을 많이 한다. 이것저것 해야 하기 때문에 분주하고 근심이 많다. 반면에 마리아는 가만히 앉아서 말씀을 듣는 사람이다. 그때 주님은 ‘네가 좋은 편을 택하였다’ 하시며 마리아를 칭찬하셨다. 그러나 오라비 나사로가 죽었을 때 주님이 오시자 마르다는 행동파라서 얼른 뛰어나가서 주님을 맞이한다. 하지만 마리아는 일어나지 않는다. 좌절과 상처가 너무 큰 것이다. ‘오신다더니 일찍 오셨더라면 내 오라비가 죽지 않았을 텐데’ 하면서 가만히 방에 앉아있는 것이다. 그녀는 이렇게 생각이 깊은 사람이다. 그러므로 어떤 성품이 더 좋다고 말하기는 참 어렵다. 어떤 때는 이 사람이 빛나고 어떤 때는 저 사람이 빛나기 때문에 그것은 참 말하기 어려운 것이다.

하나님은 다만 사람들을 당신의 뜻대로 창조하셨다. 그렇게 만드신 것이다. 그렇다면 우리는 어떻게 해야 하는가? 모든 사람을 다 귀하게 여겨야 한다. 은사는 여러 가지이고 각각 다르다. 하지만 각각의 지체들에게는 다 특징이 있고 그들은 나름대로 다 하나님께 영광을 돌린다.

베드로는 짧은 서신인 베드로 전후서만을 썼다. 하지만 요한을 보라. 요한은 섬세한 사람이다. 요한복음 같은 심오한 책을 썼다. 학자들은 지금도 이 책을 연구하고 또 연구하지만 아직도 다 알 수 없을 만큼 깊은 책이다. 그는 또한 요한 일,이,삼서와 요한 계시록도 썼는데, 그 심오함 때문에 수많은 이단이 생겨났으며 수없이 많은 다른 해석들이 나왔다. 누가 더 좋다라고 말하기는 정말 어려운 것이다. 그러므로 주님이 지으신 여러분의 기질대로 주께 영광을 돌리기 바란다. 나와 같지 않기 때문에 저 사람은 틀렸다, 문제가 있다라고 말하지 말라. 당신은 그러하기 때문에 좋고, 그 사람은 저러하기 때문에 또 좋은 것이다. 내가 하지 못하는 것을 그가 하는 것이다. 이것이 결국은 교회의 원리이다. 그리스도의 몸이란 각양 다른 기능을 가진 지체들로 되어 있기 때문에 그리스도의 몸으로 이루어질 수 있으며 주님이 하시고 싶은 많은 역사를 행할 수 있는 것이다.

각자 주님이 주신 은사들을 가지고 충성을 다하여 자기의 달란트를 교회에 공급할 때 교회는 부요해질 수 있다. 다양한 은사자들이 서로 존중받는 가운데 기능을 발휘할 때 얼마나 놀라운 역사가 일어날지 정말 기대가 된다. 그럴 때 온 세계에 불이 붙을 것이다.

8절, 다른 제자들은 육지에서 상거가 불과 한 오십 간쯤 되므로 작은 배를 타고 고기 든 그물을 끌고 와서

오십 간은 100야드쯤 되는 거리이다. 베드로 외에 다른 제자들은 뛰어내리지 않았기에 작은 배를 타고 고기 든 그물을 끌고 왔다. 베드로는 성격이 급하기 때문에 주님이시라고 하자 천천히 배를 타고 갈 수가 없다. 옷을 걸치고 확 뛰어내려서 물이 좀 깊었으면 헤엄쳤을 것이고 얕으면 걸어서라도 주님께 나아가야만 하는 성격인 것이다. 나는 개인적으로 이런 성격이 좋다. 베드로의 마음은 주님에 대한 사랑과 충성으로 가득한 것이다. 사실 그는 지금 조금 움츠러든 상태이다. 사람 낚는 어부가 되라고 했으면 전도를 하러 가야 하는데 고기나 잡으러 왔기 때문이다. 하지만 그의 마음속에는 불이 들어 있었다. '주시다'라는 작은 음성에 불이 확 일어난 것이다. 메시지를 두 시간 전해도 그 마음이 일어나지 않는 사람보다는 이런 성격이 좋다고 느낀다. 나중에 어떻게 될망정 일단 타오르고 보는 것이 좋다. 그 속이 살아 있기에 몇 마디 말씀으로 다시 살아나서 '주님, 제가 드리겠습니다'라고 헌신할 수 있는 형제자매들이 정말 좋다. 주님도 그런 베드로를 사랑하셨을 것이다.

9-11절, 육지에 올라 보니 숯불이 있는데 그 위에 생선이 놓였고 떡도 있더라 10 예수께서 가라사대 지금 잡은 생선을 좀 가져오라 하신대 11 시몬 베드로가 올라가서 그물을 육지에 끌어 올리니 가득히 찬 큰 고기가 일백 쉰 세 마리라 이같이 많으나 그물이 찢어지지 아니하였더라

9절에는 주님께서 당신의 제자들을 보살피는 것을 볼 수 있다. 그분은 우리의 모든 필요를 돌보시는 주이시다. 진실로 주님을 신뢰하고 그분을 섬기는 자들, 따르는 자들을 주님은 먹이시고 입히실 것이다. 10절에서 주님은 제자들에게 지금 잡은 생선을 좀 가져오라고 하신다. 사실은 지금 잡은 것도 주님이 도와주셔서 잡은 것이다. 모든 공급은 주님으로부터임을 잊지 말자! 이 모든 심부름을 시몬 베드로가 하는 것이다. 물고기가 많이 잡혔지만 그물은 찢어지지 않았다. 주님은 알맞은 양만 그물에 잡히게 하신 것이다. 그분은 만유의 주시다.

12-14절, 예수께서 가라사대 와서 조반을 먹으라 하시니 제자들이

주신 줄 아는 고로 당신이 누구냐 감히 묻는 자가 없더라 13 예수께서 가셔서 떡을 가져다가 저희에게 주시고 생선도 그와 같이 하시니라 14 이것은 예수께서 죽은 자 가운데서 살아나신 후에 세번째로 제자들에게 나타나신 것이라

주님은 잠깐만 보고 가신 것이 아니라 제자들과 말씀도 하시고 음식도 차려 먹게 하시면서 오랜 시간 함께 계셨다. 마가복음의 기록을 보자. "이 말을 할 때에 예수께서 친히 그 가운데 서서 가라사대 너희에게 평강이 있을지어다 하시니 저희가 놀라고 무서워하여 그 보는 것을 영으로 생각하는지라 예수께서 가라사대 어찌하여 두려워하며 어찌하여 마음에 의심이 일어나느냐 내 손과 발을 보고 나인 줄 알라 또 나를 만져보라 영은 살과 뼈가 없으되 너희 보는 바와 같이 나는 있느니라 이 말씀을 하시고 손과 발을 보이시나 저희가 너무 기쁘므로 오히려 믿지 못하고 기이히 여길 때에 이르시되 여기 무슨 먹을 것이 있느냐 하시니 이에 구운 생선 한 토막을 드리매 받으사 그 앞에서 잡수시더라"(눅 24:36-43).

부활하신 주님의 모습은 또 다르시다. 그러면서도 또 같으시다. 손에 못 자국이 있고 옆구리에 창 자국이 있으시다. 만져볼 수도 있다. 그런가 하면 음식도 드신다. 이런 비밀한 몸을 입으신 분이 주님이시며 이분이 잠자는 자들의 첫 열매이시다. 우리도 다 이렇게 된다는 것이다. 먹을 수도 있고 느낄 수도 있으며 성품도 그대로이다. 주님이 '나를 사랑하느냐'고 물으시며 베드로와 나누시는 대화를 보면 부활하시기 전의 그 주님이 그대로 계신 것을 볼 수가 있다. 그렇다면 우리의 변화된 성품은 부활하고 영원한 몸을 입었을 때도 여전히 가질 수 있는 것이다. 우리는 이런 것을 통해서 부활의 소망을 가질 수 있다.

주님은 제자들을 삼년 반이나 가르치셨다. 하지만 주님이 돌아가시고 부활하신 후, 그 증거를 보았음에도 불구하고 다시 생계로 돌아간 제자들을 볼 때 주님의 마음은 어떠하셨겠는가? 내가 만일 사역하다 다른 나라에 가서 1년 있다가 왔더니 교회가 다 흩어졌다면 내 마음이 어떠하겠는가? 그런데 주님은 이런 상황에 있는 그들을 어떻게 대하시는가? 그들의 현재 상황에서 돌보시는 것이다. 뒤로 물러가 있는 자들을 꾸짖지 않으셨다. '너희들 어떻게 이럴 수가 있느냐? 정말 실망했다. 내가 피 흘려 죽어가며 구속하고 부활한 후에 증거까지 보여줬는데도 너희들은 어떻게 이렇게 될 수 있느냐?' 하면서 단 한 마디도 꾸짖지 않으시고 그들의 상태로 내려가셔서 그들을 다시 회복시켜 온전한 상태로 이끌어주시는 것이다. 사도행전을 보면 그들은 놀라운 사람들이 되어 있다. 예수 그리스도의 사역은 우리 같은 사역자들에게 매우 큰 귀감이 된다.

제자들을 돌보시는 주님

우리 주님은 이렇게 자기 생계를 걱정할 정도로 멀리 떠나간 제자들의 수준으로 내려가셨다. 마태복음 6장의 말씀을 그들은 분명히 들었을 것이다. '먹을 것, 입을 것 염려하지 마라, 너희는 먼저 그의 나라와 의를 구하라 그리하면 이 모든 것을 너희에게 더 하시리라' 그럼에도 불구하고 여기서 그들은 다시 먹을 것을 염려하는 수준으로 내려갔던 것이다. 하지만 부활하신 주님은 떡과 물고기를 예비하심으로 그들에게 다시 한 번 보여주시는 것이다. 이들은 오병이어의 사건을 기억하고 있을 것이다. 그런데 주님이 돌아가신 후에 그들은 그런 놀라운 주님에 대해서 잊어버렸다. 자기들이 고기를 잡지 않으면 안 된다고 생각했다.

그런데 이번에도 제자들이 밤새도록 못 잡던 물고기를 말씀 한 마디로 잡게 하시더니 이제 주님께 가보니 이미 떡도 놓여져 있고 생선도 구워져 있는 것이다. 주님은 당신이 이렇게 하실 수 있는 분임을 다시금 알려주시고 계신다. 이때 제자들은 '아! 부활하신 주님은 여전히 우리의 모든 삶을 책임져 주시는 분이구나'라고 믿게 되는 것이다. 우리는 주님이 도와주시지 않으면 잘 믿지 못한다. 나의 일생도 그랬다. 주님의 긍휼로 겸손한 말씀을 드리자면 나는 지금에 와서야 조금 믿을 수 있게 되었다. 주님이 공급하시는 분임을 믿고 염려하지 않고 주님을 섬길 수 있는 그런 믿음을 주님이 조금씩 조금씩 주셨다. 여러분이 정말 진실하게 따른다면 주님이 도와주신다. 그리고 돌보신다. 이렇게 해주시는데 누가 못 믿겠는가! 오병이어의 기적으로 오천 명을 먹이셨고, 그 후에도 사천 명을 먹이셨다. 부활하신 후에도 그런 일을 한 번 더 하셨다고 봐야 한다. 이런데도 누가 믿지 못하겠는가! 주님은 우리의 상황이 낮으면 낮은 대로 도와주셔서 믿도록 해주시는 분이시다.

사랑하는 여러분! 우리 주 예수님은 믿을 만한 분이시다. 그분을 따라가 보라. 부활하신 것도 마찬가지이다. 오늘날 사람들은 예수 그리스도의 부활을 못 믿겠다고 한다. 그러나 일곱 명의 장정들이 환상을 본 것이 아니다. 주님은 직접 나타나셔서 자신을 보여주시면서 믿도록 도와주셨다. 이들이 전부 제 정신이 아니든지, 아니면 이 일은 진실인 것이다. 그래서 베드로는 후에 고넬료의 집에 갔을 때 주님에 대해 이렇게 증거했던 것이다. "우리는 유대인의 땅과 예루살렘에서 그의 행하신 모든 일에 증인이라 그를 저희가 나무에 달아 죽였으나 하나님이 사흘만에 다시 살리사 나타내시되 모든 백성에게 하신 것이 아니요 오직 미리 택하신 증인 곧 죽은 자 가운데서 일어나신 후 모시고 음식을 먹은 우리에게 하신 것이라 우리를 명하사 백성에게 전도하되 하나님이 산 자와 죽은 자의 재판장으로 정하신 자가 곧 이 사람인 것을 증거하게 하셨고 저에 대하여 모든 선지자도 증거하되 저를 믿는 사람들이 다 그 이름을 힘입어 죄 사함을 받는다 하였느니라"(행 10:39-43).

제자들은 매우 친숙했던 갈릴리 해변에서 주 예수 그리스도를 모시고 음식을 먹으면서 부활하신 예수님을 확인하고 또 확인하면서 그들이 목격한 주님의 부활을 다른 사람들도 믿을 수 있도록 하나하나 기록한 것이다. 그들은 이 사실을 전파하다가 매를 맞기도 하고 결국 죽음을 당하기도 했다. 우리가 어찌 이렇게 분명하게 우리의 죄를 속량하기 위해 십자가에서 피 흘려 죽으시고 창에 찔려서 모든 피와 물을 다 쏟으시고 사흘 만에 부활하신 예수 그리스도의 부활을 믿지 않을 수 있다는 말인가! 최소한 제자들 중 한 명은 마지막으로 예수님이 창으로 찔려서 피와 물을 다 쏟은 것을 보았다. 그리고 그 사람이 부활하신 예수를 모시고 대화하고 음식을 먹은 것을 기록하여 우리에게 알려주고 있다. 그런데도 어떻게 이 사실을 부정하고 불신할 수 있다는 말인가!

오늘 여러분이 구원받고 영생할 수 있는 길을 한 가지이다. 예수 그리스도의 부활을 통해서 '예수 그리스도는 과연 하나님의 아들이시요, 그리스도이다'라고 믿으면 된다. 이 사실을 믿는 사람들은 그 이름을 힘입어서 생명을 얻는다고 했다. 죄 사함 받고 생명을 얻는 비결은 이 부활하신 예수가 하나님의 아들이신 것을 믿는 것이다. 교리적으로 또는 지식적으로 예수 그리스도를 믿지 말고 참으로 부활하셨고 살아계신 이 예수님과 인격적인 관계를 통해서 주님과 대화하고 교제하면서 그분과 함께 연합하여 사는 참다운 그리스도인이 되시기 바란다.

가장 좋은 때를 예비하신 주님

12-14절의 말씀은 여러분이 잘 알고 있는 내용일 것이다. 그렇지만 이 내용을 어떻게 이해하느냐에 따라서 그 깊이는 매우 달라진다. 요한이 이 부록 같은 21장을 추가한 것에 대해서는 많은 의미가 내포되었음을 볼 수가 있다. 주님은 그분이 모든 것을 다 행하신 후에 이제 부활하셔서 마지막으로 제자들을 불러서 당신의 부탁할 말씀을 맡기시려고 가장 알맞은 시점을 택하신 것 같다. 지혜로우신 주 예수님은 언제가 제자들에게 양떼를 먹이라고 부탁할 시간인지를 선택하신 것이 분명하다. 그것은 그들이 고기를 잡으러 가서 밤새도록 그물을 치고 고기를 잡기 위해서 애를 썼는데 한 마리도 잡지 못해서 가장 힘이 빠진 그 새벽이었다. '제자들이 실망하고 낙심해서 기력이 빠졌을 때'라는 시점을 주님이 택하셨다고 나는 생각한다.

주님은 제자들에게 이제 '양떼를 부탁한다. 내 양을 먹이라'는 말씀을 하시려고 한다. 말씀을 하시기 위해서는 주님을 사랑하는가에 대한 확인을 받아야 한다. 또 양들을 먹이라는 부탁도 해야 한다. 또 마지막으로 뭔가 하셔야 할 말씀도 있는데 이를 위해서 제자들 7명이 고기를 잡으러 간 바로 그날 새벽에 디베랴 바닷가에 부활하신 주님이 나타나셨다. 제자들은 주님이 말씀하시는 대로 그물을 쳤고 그물 가득하게 물고기를 잡게 되었다. 그들이 배를 타고 육지에 와보니 거기에 이미 숯불이 피워져 있고 빵이 있고 그리고 물고기가 있다. 주님께서 그들에게 '너희들이 잡은 고기를 좀 가져와라'고 말씀하셨음에도 이미 물고기가 마련되어 있었던 것이다. 그러면서 아침을 먹여주시는데, 13절에 보면 예수께서 떡을 가져다가 저희에게 주시고 생선도 주신다. 이럴 때에 이들의 마음이 어떻겠는가? 음식을 먹을 때에 어른이나 혹은 여러분이 존경하는 누군가가 밥 위에 반찬도 놓아주고 먹여주고 하면 그 느낌이 다르다. 주님이 바로 그런 일을 하고 계셨던 것이다.

이는 또한 주님이 부활하신 것에 대한 확실한 확증도 된다. 단지 못 박힌 손과 창에 찔린 옆구리를 보여주신 정도가 아니라 음식을 먹여주셨다는 것이다. 먹을 것을 나누어주시는 주님을 마주 대하도록 하신 것이다. 이것은 다 주님이 그들에게 사명을 주기 위한 예비 작업이다. 지금 배고프고 아무것도 없는데 그들을 앉혀놓고 '너희들에게 내 양을 부탁한다'라고 할 수 있겠는가? 그러니까 주님은 가장 효과적으로 부탁할 순간을 위해 예비하셨다. 그들이 원하는 바를 얻도록 '그물을 오른편에 쳐라' 하셔서 많은 고기를 잡게 하셨다. 다음 순간에 이들이 육지에 도달해보니 그들이 잡은 것이 아니라 주님이 어딘가에서 예비하신(어떻게 예비했는지는 성경에 기록되어 있지 않다.) 그러한 물고기가 있었다. 그러한 빵이 있었다. 그리고 그것을 나누어 주시면서 너희들이 잡은 것도 가져오라고 해서 주신다.

위임을 주시기 위한 주님의 예비하심

여러분은 요한복음 21장을 읽을 때에 이런 것들이 뭔가 비밀스럽거나 의아하게 느껴지지 않는가? 주님께는 이미 구운 생선이 있었다. 이미 준비한 빵이 있었다. 그리고 또 그들에게 고기를 좀 가져오라고 하셨다. 이것이 무엇을 의미하는가? 원래 이들은 어부들이었는데 주님이 '너희는 사람을 낚는 어부가 되라'고 하시면서 직업을 바꾸어주셨다. 그런데 그 임무를 감당하기에는 생계 문제가 막막했다. 먹을 것이 없는 것이다. 그래서 이들은 다시 고기를 잡으러 가는 수밖에 없다고 생각했던 것이 분명하다. 일차적인 필요를 채워야 그 다음에 주님을 위해서 일할 수 있다고 생각했던 것 같다. 그리고는 나가서 그물을 치는데 전혀 고기가 안 잡히는 것이다. 밤새도록 고기를 못 잡다가 주님이 하라는 대로 했을 때 잡은 것이다. 그때 제자들은 이분이 주님이신 줄 알았다. 그리고서 와보니 주님이 예비하신 것이 있다. 두 가지인데, 하나는 주님이 비밀스럽게 예비하신 음식이고 다른 하나는 주님이 잡도록 도와주신 것이다. 그들은 사도행전에서 다시는 고기를 잡으러 간 흔적이 없다. 여기서 그들은 주님으로부터 가장 강한 보충수업을 받은 것이다.

주님이 이렇게 완전하게 두 방면으로 예비해주시지 않고는 누구든지 그분의 위임을 감당하도록 맡기지 않으신다. 첫 번째로는 알 수 없는 데에서 오는 공급과 예비가 있고, 다른 하나는 주님이 도와주심과 우리의 노력이 더해져서 잡은 것이 있다. 이 두 가지 음식이 보태져서 아침 식사를 하게 만들어 주신 것이다. 그렇게 되었을 때 12-14절을 읽으면서 제자들 7명은 주님 앞에서 황송한 느낌이 있었을 것이다. 또 아무 할 말이 없는 것이다. 이 상황에서 이들이 뭐라고 하겠는가? "당신이 누구냐 감히 묻는 자가 없더라"(12절). 아무 말도 없다. 이러한 정황에 도달하도록 주님이 만들어 주셨다.

나는 여기에서 우리에게 대입해서 한 마디를 하고 싶다. 주님이 당신의 일을 여러분들에게 맡기시려면 반드시 베드로같이, 여기에 있는 일곱 제자들처럼 사전에 여러분들로 하여금 주님 앞에 아무 할 말이 없도록 만들어 주시는 절차가 있다는 것을 말하고 싶다. 여러분 중에는 '나는 이런 상황이 아니다. 지금 현재 아무것도 없고 그저 힘써서 애를 써서 고기를 잡을 수밖에 없다. 주님의 비밀스러운 공급도 받아본 적도 없고 주님이 도와주셔서 잡은 고기도 먹어본 적이 없다. 나는 아무것도 없고 그저 힘든 상황뿐이다'하는 분들이 있다면 조금 기다리라. 주님은 반드시 여러분들을 두 방면으로 공급하실 것이다. 어디서 왔는지 모르게 공급하고 채워주시는 것과 주님이 도와주심으로 고기를 잡게 하실 것이다.

또한 우리가 이 구절들을 읽으면서 놀랍다고 생각하게 되는 것이 있는데, 그 순간에 153마리라는 고기를 세었다는 것이다. 153마리라는 숫자를 기록했다는 것에 대해서 성경학자들은 여러 가지 의미를 부여하는데, 이에 대한 내면적인 것을 생각해볼 때 그것은 무엇을 생각나게 하는가? 153

마리는 적은 숫자가 아니다. 돈도 153만원을 세려면 짧은 시간이 아니다. 그런데 고기가 단지 '많다'라고만 하지 않고 153마리를 세었다는 것은 주님이 도와주시고 은혜를 주신 한 가지 한 가지를 우리로 하여금 헤아리도록 만들었다는 뜻이다. '이것도 도와주시고 저것도 도와주셨다. 이렇게 저렇게 채워 주셨다. 정말 우리 하나님은 여호와 이레이시다' 이렇게 각각의 일에서 우리를 도와주신 것을 기억하는 것을 의미한다. 주님은 우리의 모든 필요를 채워주시는데 그 한 가지 한 가지의 은혜를 우리로 하여금 헤아릴 수 있도록 주셨다는 것이다. 이러한 정도로 구체적으로 헤아리도록 은혜를 주시지 않으면 주님으로부터 그분의 사명을 받아 감당할 수 있는 사람은 아무도 없다.

회복시키시는 주님

그러면 베드로와 일곱 제자들에게 있어서 가장 절박한 것은 바로 여기에 있는 생계 문제이다. 어떻게 살 것인가? 앞으로 살 길이 막막하다. 이 부분이 근본적으로 채워지지 않으면 다음 스텝을 뗄 수가 없다. 이것이 이들에게는 일차적인 필요인 것이다. 이 부분에 있어서 그들의 입을 막아야 그 다음 얘기를 할 수 있는 것이 아닌가? 여러분에게도 이 일곱 제자들처럼 절박하고 긴급하게 마음속으로 '나는 이것이 부족하다'라는 것이 있을 것이다. 어떤 사람은 이들과 같이 경제적으로 부족하다. 어떤 사람은 건강이 부족하다고 느낀다. '나는 이렇게 약해서 주님을 섬길 수 없어'라고 생각한다. 어떤 사람은 사회적으로 부족함이 있을 것이다.

여기에서 베드로는 수제자이다. 그는 열두 명 중에 최고이다. 그런데 지금은 그러한 최고의 위치를 잃어버릴 수밖에 없는 상황이다. 왜 그런가? 베드로는 작은 하녀 앞에서 세 번이나 주님을 부인했다. 그 전에 모두 앞에서 장담할 때는 인도자의 자질이 보이고 다른 열한 명이 '야, 저 정도면 우리를 인도할 만하다'고 했다. 그런데 이제는 완전히 기가 꺾여버렸다. 이제 누가 베드로의 말을 듣겠는가? 이러한 상황에서 그를 일으켜 주시려면 주님이 이러한 모든 것을 다 복구시켜 주시지 않으면 안 된다. 더 이상 할 말이 없도록 만들어 주시지 않으면 안 되는 것이다. 여러분 가운데 '나는 이런 상태에까지는 이르지 않았다'라는 분이 있다면 그런 분은 반드시 기다리셔야 한다. 그러나 주님을 믿고 따르라. 그러면 그날이 반드시 온다.

이제 주님은 다른 사람은 부르지 않고 베드로를 불러서 세 번이나 '네가 이 사람들보다 나를 더 사랑하느냐' 물으셨다. 그러면서 '내 양을 치라'고 부탁하셨다. 이것은 주님이 그의 리더쉽을 회복시켜주시는 순간이다. 다른 제자들이 다 듣는 데서 주님은 베드로에게 말씀하신 것이다. 그들 앞에는 숯불이 피워져 있고, 그 숯불이 타오르고 있다. 이 숯불이라는 헬라어 단어는 대제사장의 뜰에서 타올랐던, 그 앞에서 예수를 세 번이나 부인했던 그 숯불과 같은 단어이다. 그때와 같은 온기를 느끼면서 베드로는 주님으로부터 '네가 나를 사랑하느냐'는 질문을 세 번 받은 것이다. 자신이 부인한 그 주님으로부터 '네가 나를 사랑하느냐'고 들은 것이다. 주님이 여러분을 진정으로 택해서 베드로처럼 어떤 사람들을 목양하고 주님을 섬기도록 위임하시려면 반드시 이러한 사전 작업을 하신다. 그렇게 하심으로써 아무 할 말이 없도록 해주시는 것이다. 이것이 이 말씀들의 내면적인 의미인 것이다.

15절, 저희가 조반을 먹은 후에 예수께서 시몬 베드로에게 이르시되 요한의 아들 시몬아 네가 이 사람들보다 나를 더 사랑하느냐 하시니 가로되 주여 그러하외다 내가 주를 사랑하는 줄 주께서 아시나이다 가라사대 내 어린 양을 먹이라 하시고

"저희가 조반을 먹은 후에". 우리 주님이 먼저 이들을 목양하고 그 다음에 저희들에게 '너희들이 또 목양을 하라'고 하시지, 목양을 받지 않은 사람들에게 목양을 하라고 부탁하지는 않으신다. 주님은 주님을 섬기는 자들로 만들려면 먼저 여러분을 목양하실 것이다. '조반을 먹은 후에'라고 했다. 주님은 한 가지 한 가지가 다 섬세하시다. 조반을 먹는 시간에는 주님이 아무 말씀도 하지 않으신다. 어떤 사람은 성질이 급해서 할 말이 가득하면 밥을 먹고 있는 사람에게 말을 많이 하는 사람이 있다. 그러면 밥이 넘어가지 않는다. 그런데 주님은 제자들이 다 먹을 때까지 말씀을 별로 하지 않으셨다. 그들이 먹는 것을 도와주신다. 그들이 다 먹을 때까지 기다리셨다가 베드로를 부르셨다. "요한의 아들 시몬아". 이것은 처음에 베드로가 예수님을 만났을 때 부르셨던 이름이다. 처음 사랑을 기억하게 하는 이름으로 그를 부르신 것이다. 주님이 그때 그를 만나서 '게바'라고 이름을 바꾸어 주셨다. (게바란 곧 베드로, 산 돌이라는 뜻이다.)

"네가 이 사람들보다 나를 더 사랑하느냐". 주님은 사랑의 문제를 제기하셨다. '이 사람들보다'는 영어로는 '이것들보다'이다. 즉 그물, 배, 고기보다, 다른 모든 것들보다 나를 더 사랑하느냐고 물으신 것이다. 여기에서 우리는 주님이 요구하시고 원하시는 사랑이 무엇인지를 배울 필요가 있다. 주님에 대한 사랑에 있어서 주님은 '이것들보다 나를' 사랑하기를 원하신다. 주님이 받고 싶은 사랑은 독점적인 사랑(exclusive love)이다. '그것들보다 나를'인 것이다. 주님을 이렇게 사랑하는 것이 아니면 주님을 섬길 만하지 않은 것이다. 어떤 남자가 자신을 참 좋아하고 사랑하는 것 같다고 생각하는 한 여자가 마음이 기쁘고 좋아서 집에 왔다. 그리고 며칠을 흥분해서 지냈다. 그런데 그 남자를 가만히 보니까 여자란 여자에게는 다 잘해주는 것이다. 그것을 보는 순간 그녀는 기분이 상하게 되었다. 그러한 사랑은 독점적인 사랑이 아니다. 주님도 사랑하고 다른 것도 사랑하고 돈도 사랑하고 이것저것 다 사랑하는 것은 사랑이 아니다. 주님은 그런 사랑을 받고 싶어 하지 않으신다.

여러분은 주님을 어떻게 사랑하는가? 우리 하나님은 질투하시는 하나님이시다. 시기하기까지 사랑하신다. 그분은 다른 것과 동일하게 사랑하는 여러 가지 중의 한 가지로 주님을 사랑하는 것을 원치 않으신다. 그분은 그분 자신이 독점적으로 사랑을 받고 싶어 하신다. 당신 자신만 사랑하는 그 사랑을 받고 싶어 하신다. 이러한 사랑을 주님께 드리는 사람이 아니면 주님은 그에게 당신의 양을 맡길 수가 없으시다.

주님은 '나를 더 사랑하느냐(Do you love me more than these?)'고 하셨다. 주님을 사랑하는 것에 있어서는 다른 것과 차등이 있어야 한다. 그때에 베드로가 대답한다. '주여 그러하외다 주께서 아시나이다'라고 대답했다. 주님이 십자가에 돌아가시기 전이었다면 베드로는 이렇게 대답했을 것이다. '주님, 그것을 말이라고 물으십니까? 저는 주님을 위해서 죽을 것도 각오한 사람입니다'. 그러나 이때 와서 베드로는 변했다. 자신이 그렇게 말해봤자 소용이 없다는 것을 알았다. '내가 목에 힘을 주어서 주님 사랑한다고 말하는 것은 의미가 별로 없습니다. 아시잖아요? 내가 주님을 사랑하는 줄을 주님이 아시면 그것으로 족합니다. 내가 말씀드리는 것은 의미가 없습니다. 주님이 아시는 것이 중요합니다'.

그는 이렇게 자신에 대한 확신이 무너진 상태였다. 이 상황에서 사랑하지 않는다고 말할 수도 없고 사랑한다고 확실히 말할 수도 없다. 그렇게 말했다가 세 번이나 보기 좋게 넘어진 사람이 지금에 와서 그러한 말을 어떻게 또 하겠는가? 이렇게 자신에 대한 신뢰가 무너진 베드로 같은 사람에게 주님은 당신의 양들을 부탁하실 수 있다. 실패의 경험이 없는 사람들은 주님의 양떼를 목양할 수 없는 것이다.

어린 양을 부탁하심

여기서 주님은 그렇게 대답하는 베드로에게 '내 어린 양을 먹이라'고 하셨다. 우리 주님에게는 어린 양이 있다는 이야기이다. 'lamb'은 어린 양이다. 두 번째 질문에서는 'sheep', 내 양을 먹이라고 하셨다. 주님에게는 생명의 분량에 따라서 어린 양이 있고, 조금 자란 양이 있다. 주님이 베드로에게 먼저 부탁한 것이 어린 양, 즉 어린 자들이다. 주님은 이제 곧 승천하시게 되기에 이제 이 땅에서 주님을 믿는 많은 자들을 부탁할 목자들을 찾으신다. 누구에게 부탁하시겠는가? 가장 주님에게서 많이 배운, 3년 반이나 주님을 따른 그들에게 부탁을 하신다. 주님은 그들을 먼저 목양하셨다. 베드로는 실패한 적이 있고 주님을 부인한 적이 있다. 그렇지만 주님이 그를 바라봐 주셨다. 포승에 묶여서 십자가로 나아가실 때 그를 바라보아 주셨다. 그때 베드로는 자기가 부인한 그 주님, 못 박히러 나아가는 주님의 얼굴을 바라보고 한량없이 울었을 것이다. 세 번이나 부인하고 닭이 울었을 때 그는 통곡을 했다고 하였다. 그러한 연후에 베드로는 변했다. 주님은 베드로가 그렇게 실패했지만 '네가 돌이킨 뒤에는 다른 제자들을 돌봐 주어라'라고 하셨다. 이것이 주님이 제자들을 목양하는 방법이다. 조금 더 배운 사람이 덜 배운 사람을 돌봐 주라고 말씀하시는 것이다.

어리다는 것은 주 안에서 배운 지식도 너무 적고 의심도 많다는 것이다. 그리고 어떤 상황이 발생하면 쉽게 낙심하고 좌절하고 비틀거리는 신자들이 어린 양이다. 그러한 사람들이 많이 있다. 그러므로 주님은 조금 더 주님에게서 배우고 또 실패도 많이 겪어본 사람에게 그들을 부탁하신다. 주님은 지금 베드로에게만 부탁하려고 '내 어린 양을 먹이라'고 하시는 것이 아니다. 오늘 여러분을 다 포함해서 말씀하신 것으로 들어야 한다. 왜 베드로만이겠는가? 그는 지금 대표로 듣고 있는 것이다. 오늘 주님은 여러분에게 말씀하신다. 내 어린 양을 먹이라고 하신다. '내 어린 양을 먹이라' 주님은 당신의 피값으로 산 그 성도들을, 당신의 몸을 버려서 구속한 양떼들을 성실하게 순종하는 몇명의 제자들에게 부탁하고 계신다.

주님은 선한 목자이시다. 목자장이시다. 그리고 이제 먼저 목자들 한 무리를 훈련시키셨다. 그리고서 어린 양들을 돌보도록 하시는 그런 분이시다. 마치 '시몬아, 네가 만일 참으로 나를 사랑한다면 그 사랑을 입증하는 가장 좋은 증거는 네가 헌신해서 다른 사람을 위해서 살고 그들을 돌봐주고 섬기며 선을 베푸는 것이다. 나의 양들 가운데 약한 양들을 찾아서 그 연약한 양들이 필요로 하는 것을 돌보아주고 그들을 섬기면서 보살펴 주어라. 나는 이 세상에 잃어버린 양을 찾으러 왔느니라. 나는 섬김을 받으러 온 것이 아니라 섬기러 왔다. 너도 가서 이와 같이 많은 어린 양들을 섬기거라. 가장 많이 나를 닮기 원한다면 너희는 반드시 내가 한 것처럼 너희도 어린 양들을 섬겨야 한다'라고 부탁을 하시는 것 같다.

주님을 진정으로 사랑하는 사람만이 아무런 보상이 없이 사람들을 섬길 수 있는 것이다. 사랑, 이것이 비결이다. 섬기는 우리에게 대가도 주지 않는데, 보상도 해주지 않는데, 알아주지도 않고 도리어 항상 어려움만 끼치는데 우리는 왜 섬겨야 하는가? 주님을 사랑하기 때문이다. 만일 주님에 대한 사랑이 없다면, 우리가 주님을 사랑하는 사랑으로 섬기는 것이 아니라면 거기에는 일적인 관계만 있을 것이다. 일한 것에 대한 대가를 주는 것이 있을 것이다. 돌봄을 받은 대신 돈을 내야하는 그러한 관계가 있을 것이다. 그러나 그것이 아니다. 그것은 삯꾼이 하는 일이다. 우리는 그러한 관계가 아니다. 주님은 요한복음 마지막에서 목양의 본질을 말씀하고 계신다. 다른 모든 것들보다도 주님을 가장 사랑하는 자들만이 주님의 양들을 어떠한 보상도 없이 희생적으로 사랑할 수 있다. 이것이 목양의 본질이다.

16절, 또 두 번째 가라사대 요한의 아들 시몬아 네가 나를 사랑하느냐 하시니 가로되 주여 그러하외다 내가 주를 사랑하는 줄 주께서 아시나이다 가라사대 내 양을 치라 하시고

여기서 주님은 '네가 이것들보다'를 빼고 단지 '나를 사랑하느냐'고 물으셨다. 사랑이 질문의 핵심이다. '주여 그러하외다 내가 주를 사랑하는 줄 주께서 아시나이다' 그때 주님은 다시 한 번 '내 양을 치라'고 하셨다. 그런데 첫 번째는 '내 어린 양'이라고 하셨는데 여기서는 '내 양'이라고 하셨다. 이처럼 주님에게는 어린 양도 있지만 조금 자란 양들도 있다. 조금 자란 양들도 목양의 대상이다. 여기서는 '먹이라'고 하지 않고 '양을 치라'고 하셨다. 첫 번째는 'tend(먹이라)'고 하셨는데 여기서는 'shepherd(양육하라, 치라)'고 하셨다. 베드로는 베드로 전서 5장에서 '네 양무리를 치되'라고 말한다. 이는 '통솔, 인도, 다스림'까지 포함하는 개념이다.

어린 양들은 그냥 먹여야 한다. 어린 애들은 먼저 먹이기만 해야 한다. 어린 애들에게 아직 질서를 잡거나 앞으로 나란히, 옆으로 나란히 하면서 통솔하려고 하면 무슨 소리를 하는지 알지도 못하고 싫어하기만 한다. 어릴 때는 장난치고 아무렇게나 행동하고 강대상에 올라와서 마이크를 잡고 해도 좋다. 계속 먹이는 것이다. 어리기 때문이다. 그러나 이 어린 양들이 조금 양육되어서 자라면 그때에는 질서를 좀 잡아야 한다. 왜냐하면 양떼이기 때문이다. 보호도 해주어야 하고 관심도 해 주어야 한다. 이제 조금 더 자라면 그들도 어떻게 섬겨야 하는지, 또 단체적인 교회생활에서 어떻게 행동해야 하는지 가르쳐야 한다. 양마다 성품이 다르므로 조절해야 하는 것도 있다. 조금 거친 것들이 있으면 거칠지 않게 하고, 치우친 것들이 있으면 치우치지 않게 해야 한다. 이렇게 자란 양들도 보살펴 주어야 할 필요가 있는 것이다. 그러므로 주님은 두 번째로 '네 양을 치라'고 하신 것이다.

17절, 세 번째 가라사대 요한의 아들 시몬아 네가 나를 사랑하느냐 하시니 주께서 세 번째 네가 나를 사랑하느냐 하시므로 베드로가 근심하여 가로되 주여 모든 것을 아시오매 내가 주를 사랑하는 줄을 주께서 아시나이다 예수께서 가라사대 내 양을 먹이라

이제 세 번째로 또 말씀하신다. 세 번이나 물으시니까 베드로가 근심했다고 기록했다. 베드로는 더욱 확신이 없어진 것이다. 주님이 왜 세번씩이나 물으시는가에 대하여 근심이 생겼다. 혹 내가 또 무슨 실수할 일이 또 있단 말인가? 그래서 세 번째 물으실 때 베드로는 근심하면서 '주여 모든 것을 아시오매'라고 한 것이다. 이 지점에 이르렀을 때 베드로는 자기에 대한 확신보다도 주님에 대한 신뢰가 큰 것이다. '주님 당신이 모든 것을 아십니다. 내가 주님을 사랑하는 줄 주께서 아십니다'

그리고 주님은 세 번째 부탁하신다. 세 번 부인한 베드로에게 주님은 세 번 확인을 하신다. 이것이 주님이 양육하시는 온전한 방법이다. 그 새벽에 아주 알맞은 때를 택하셨다. 그 시점이 이러한 부탁을 하기에 아주 알맞다. 그리고 그들이 원하는 모든 것을 다 채워서 만들어 주셨다. 그 다음에 먹이셨다. 사람은 먹어야 기분이 좋아진다. 배가 고프면 별로 다른 사람의 말도 듣고 싶지 않고 신경이 곤두서지만, 먹고 나면 기분이 좋아진다.

마지막에는 '내 양을 먹이라'고 하셨다. 그러므로 자란 양도 먹어야 하는 것이다. 마지막 세 번째에는 '내 양을 치라'고 하시지 않고 '먹이라'고 하셨다. 그러므로 어린 양만 먹는 것이 아니라 자란 양도 양육이 필요하고 공급이 필요한 것이다. 여러분은 어떻게 생각하는가? 주님은 어린 양도 '내 양'이고, 조금 자란 양도 '내 양'이라고 하신다. 오늘날 어떤 목사님들은 (내가 이렇게 말하는 것을 용서하기 바란다) 꼭 성도들을 '내 양'이라고 한다. 그러나 주님은 '네 양'을 치라고 하지 않으셨다. '내 양'을 먹이라고 하셨다. 성도들은 '주님의 양'인 것이다. 교회도 어떤 사람들은 자기 교회인양 '내 교회, 내가 개척했다'라고 한다. 그러나 그렇지 않다. 여전히 주님의 교회이고 예수 그리스도의 교회이다. 주님이 피로 산 교회이다. 진정 그것이 교회라면 그것은 주님의 소유이시다. 어떻게 '내 교회'가 될 수 있는가? 기업이면 '내 기업'이라고 할 수 있다. 자식이라면 내가 낳았으니 '내 자식'이라고 할 수 있을 것이다. 그러나 사실 자식도 주님의 것이지 내 자식이 아니다. 우리가 양육하는 모든 성도들은 주님의 양들인 것을 알아야 한다. 그리고 우리가 충성되게 때를 따라 양식을 공급할 때 목자장이 나타나셔서 섬긴 목자들을 평가하셔서 상을 주신다고 하셨다. 시들지 않는 면류관을 주신다고 하셨다.

여러분도 부활하신 주님으로부터 베드로에게 부탁하신 이 부탁을 다 받으시기 바란다. 어찌 베드로에게만 부탁하신 것이겠는가? 첫째로 여러분은 사람을 낚는 어부가 되어야 한다. 이것 역시 베드로만이 아니라 여러분 모두에게도 다 해당하는 말이다. 믿지 않는 사람들을 전도하여 믿도록 하는 어부가 되는 것이 첫째이다. 그러나 그것만 하면 안 된다. 그 다음은 이제 어린 양들을 먹이는 사람들이 되어야 한다. 그리고 그들이 조금 더 자라면 그들을 치는 목자가 되어야 한다. 그럴 때 결국 주님은 다시 오셔서 여러분들에게 물으실 것이다. '내가 맡긴 내 양들을 어떻게 했는가? 잘 대해 주었는가? 병들 때 가 보았는가?'

우리 모두 다 주님을 목자장으로 모시고 목양을 하는 선한 목자들이 되기를 바란다. 많은 양떼들이 여러분을 통해서 목양을 받고 공급을 받고 돌봄을 받아서 잘 자랄 수 있도록, 그래서 주님의 큰 상급을 받을 수 있게 되기를 바란다.

18절, 내가 진실로 진실로 네게 이르노니 젊어서는 네가 스스로 띠 띠고 원하는 곳으로 다녔거니와 늙어서는 네 팔을 벌리리니 남이 네게 띠 띠우고 원치 아니하는 곳으로 데려가리라

요한은 요한복음을 기록하면서 마지막 부록 같은 한 장을 추가해서 주님이 부활하신 후에 베드로와 마지막으로 대화하신 것과 자기 양들을 부탁하신 말씀을 기록했다. 그리고 특별히 베드로에게 그의 운명, 그가 어떻게 될 것인지를 말씀해주시고 '나를 따르라'하신 말씀을 주신 것을 기록했다. 요한복음의 초반부에는 예수 그리스도를 믿어야 한다는 데 강조점이 있었다. 그리고는 사랑해야 한다는 것에 강조점이 있었고, 마지막으로는 따라야 하는 데 중점이 있다. 그런데 마지막 부분에 와서 주님을 따르는 문제를 이야기할 때, 특별히 두 사람에 대해 기록했는데 하나는 요한이고 하나는 베드로이다. 요한은 이 글을 기록한 당사자이다. 우리는 먼저 요한을 생각해보아야 한다. 주님은 베드로에게 말을 많이 했지만 요한에게는 말을 별로 하지 않으셨다. '나를 사랑하느냐' 묻지도 않으셨고 '내 양을 먹이라'하지도 않으셨다. 그러나 베드로에게는 이것을 다 확인하셨다.

요한의 성품

사람의 성품이 다양하지만 크게 나누면 두 가지라고 볼 수 있다. 하나는 요한과 같은 성품이고 다른 하나는 베드로와 같은 성품이다. 주님의 돌봄과 손길이 더 필요한 사람이 누구인가? 베드로와 같은 사람들이다. 요한에게는 물어보지 않으셨지만 베드로에게는 많이 물어보셨다. 요한에게는 그렇게 많은 말이 필요하지 않았을 수도 있다. 요한은 자기에 대해서 '주님의 사랑하시는 제자'라는 표현으로 기록했다. 그것은 한 구절에만 기록한 것이 아니라 여러 곳에 그렇게 되어 있다. 요한은 본인의 이름을 떳떳하게 밝히기를 항상 원하지 않았다. 베드로의 이름이나 다른 제자들의 이름은 그대로 썼지만 본인에 대해서는 '다른 제자, 사랑하시는 자'등으로 기록했다. 하나님은 모든 사람을 다 사랑하시지만 그러나 특별히 사랑하시는 자가 또 있다는 것이다. 주님은 열 두 제자를 사랑하셨다. 그렇지만 언제나 중요할 때는 세 사람만 데리고 가셨다. 변화산에도, 겟세마네에서도 가까운 곳에는 세 사람만 두었다. 돌던질 만한 거리에다 두고 기도하셨다. 그렇게 좀 더 가까이 하는 사람들이 있으셨는데, 그 가운데 요한은 특별히 '사랑하시는 자'라고 썼고 다른 제자들도 그렇게 쓰는 데 대해서 별로 불만이 없다.

우리가 성경을 살펴볼 때 우리 주님께서는 사랑하는 친구 같은 그런 관계를 갖는 사람도 있다는 것을 알 수 있다. 아브라함도 그런 사람이었다. 당시의 하나님의 백성들이 다 아브라함 같이 하나님의 친구가 된 것이 아니었다. 모세도 하나님과 대면해서 친구처럼 말하는 사람이었다. 당시에 많은 하나님의 백성들이 모세처럼 그렇게 하지는 않았다. 요한 또한 주님과 굉장히 가까운 사람이었다. 그는 사랑을 받는 제자였다. 그러면 요한은 어떤 사람이기에 그렇게 주님이 사랑할 수 있는 사람이었는가를 생각해 볼 필요가 있다.

첫째로 요한은 말수가 적다. 말이 많은 사람은 주님이 그렇게 좋아하시지 않는 것 같다는 것을 알 수가 있다. 복음서에서 요한이 한 말을 다 모아 보아도 그리 많지 않다. 베드로가 '주님을 파는 자가 누구냐'라고 머릿짓을 하면서 주님께 물어보라고 시켰다. 왜냐하면 당시에 요한은 예수님의 품에 의지해서 기대어 앉아 있었기 때문이다. 그때 요한은 예수님에게 '누구입니까?' 이렇게 한 마디로 물었다. 요한복음 21장에서도 부활하신 주님이 나타나셨을 때 요한은 '주시다'라고 한 마디만 하였다. 그는 말이 많지 않았다. 그러나 베드로는 어떤가? 말이 빠르다. 언제나 어떤 상황만 있으면 말할 준비가 되어 있고 또 말을 한다. 요한은 말수가 적은 대신 들은 것을 가만히 깊이 생각하고 간직하는 그러한 사람이었다. 구변은 그렇게 좋지 않았던 것 같다. 여러분도 구변이 좋은 것을 너무 그렇게 부러워할 필요는 없다. 말수가 적은 사람이 더 사랑을 받았다. 이것이 한 가지이다.

둘째로 요한은 속이 따뜻하고 자상한 사람이다. 천성적으로 주님을 많이 닮았다. 그는 온유하고 겸손하기도 하고 나서지 않는다. 어떤 사람이든지 친구가 되려면 서로 편해야 한다. 그럴진대 우리 주 예수님도 인성을 입고 이 땅에 오실 때 가장 주님의 성품과 닮은 사람과 가까이 했을 것이다. 나는 그것이 요한이라고 생각한다. 오늘 이 시대에도 여러분이 주님의 사랑을 많이 받는 사람이 되려면 어쩔 수 없다. 주님과 성품적으로 닮는 비결밖에는 없는 것 같다. 그래서 요한을 주의깊게 보자는 것이다. 어떤 사람이기 때문에 예수님은 요한을 그렇게 사랑했는가?

요한은 온정이 많기 때문에 주님이 돌아가시기 전에 십자가상에서 육신의 어머니를 요한에게 맡기셨다. 주님의 생각에 요한이 잘 돌봐줄 것이라고 생각하신 것이다. 베드로는 언제나 적극적이고 좋지만, 좀 거칠다. 그러므로 어머니를 거칠게 대할까 염려하셨을 것이다. 도마 같은 사람도 생각이 명철하고 예리하지만 그렇게 속이 따뜻하지 않을 듯싶다. 그러나 복음서나 요한 서신이나 계시록을 쓴 것을 보면 요한이라는 사람은 온정을 갖고 있는 사람이었다. 그는 사랑에 대해서 가장 많이 썼다. '서로 사랑하라. 하나님은 사랑이시다' 이는 다 요한이 쓴 말이다. 사랑에 대해서 가장 많은 부담을 갖고 있는 사람이 요한이었다. 요한은 속이 따뜻한 사람이었다. 그러므로 주님은 어머니를 자상하게 보살펴 줄 수 있는 제자가 요한일 것이라고 판단하신 것 같다. 여러분이 주님을 닮아간다면 바로 이러한 사람이 되는 것이다. 그리고 이런 사람이 되어갈 때에 여러분은 주님의 사랑을 더욱 받을 것이라고 나는 생각한다.

셋째로 요한의 특징은 내면적인 것을 중시하는 것이다. 외적인 활동, 일, 형식 같은 것보다는 내면적인 것을 중시한다. 요한복음을 보면 그 특징이 있는데 14장부터 17장까지나 되는 주님의 말씀을 가장 길게 받아쓴 사람이 요한이다. 17장 전체가 주님이 하신 기도인데 그 전체의 말을 다 기억했다가 기록할 수 있는 사람이 요한이었다. 본인은 말을 그렇게 많이 하지 않았지만 들어둔 것은 많았다. 마음속에 주님에 대하여 간직해 둔 것이 많았다. 그리고 그는 내면적인 주님과의 교제를 중시한 사람이다. '내 안에 거하라. 나도 너희 안에 거하리라' 이런 포도나무 비유에서처럼 주 예수와 우리와의 내면적인 관계, 생명의 관계, 생명의 흐름과 연합 이러한 것을 귀히 여긴 사람이 요한이다. 바깥으로 활동하고 형식에 참여하고 회의하는 것에 중점을 둔 사람이 아니고 내면적인 느낌과 주님과의 교제 속에서 의미를 발견하려고 했던 사람, 이런 사람을 주님이 사랑하셨다.

넷째, 계시록을 볼 때에 요한은 하늘에 속한 것들을 관심하는 사람이었다. 사람들을 하늘로 이끌어주는 것이 계시록이다. 하늘의 보좌와 스물네 장로, 그리고 내세와 새 예루살렘 모두가 다 하늘 이야기이다. 그러므로 요한이라는 사람은 이 땅에서 어떻게 돈을 벌고, 어떻게 땅을 사고 투자를 해 놓으면 값이 얼마나 오르고 하는 것에 대해서는 관심이 크지 않고 거룩한 성이 장래 어떻게 아름답게 오는지 말해줌으로써 사람들의 마음을 하늘로 가게 하는 그런 사람이 바로 요한이다. 이런 사람은 주님과 통하는 것이 많을 것이다. 주님도 하늘에 속한 분이시니 하늘에 관심이 많은 사람들끼리 서로 통하는 것이 많으므로 친구가 되는 것이다. 여러분도 주님과 가까워지려면 이런 사람이 되기를 바래야 한다.

베드로의 성품

요한처럼 깊이 있지는 못하지만 그래도 주님을 열심히 따르려고 했던 사람이 바로 베드로인데, 주님은 그런 사람도 그런 사람대로 사랑하시고 돌보시는 것을 볼 수가 있다. 주님은 베드로에 대해서는 '네가 나를 사랑하느냐?' 물으셨고, '내 양을 치라'고 하셨다. 요한에게는 그러한 말씀을 하지 않으셨다. 그리고는 베드로의 장래에 대해서 말씀해주셨다. "젊어서는 네가 스스로 띠 띠고 원하는 곳으로 다녔거니와 늙어서는 네 팔을 벌리리니 남이 네게 띠 띠우고 원치 아니하는 곳으로 데려가리라"(18절). 젊을 때와 늙을 때를 구분해서 말씀해주신다. "남이 네게 띠 띠우고 원치 아니하는 곳으로 데려가리라". 이것은 요한이 해석을 해주었다. "베드로가 어떠한 죽음으로 하나님께 영광을 돌릴 것을 가리키심이러라"(19절).

젊은이들은 어떤가? 젊은 사람들은 에너지가 넘치고 하고자 하는 의지가 강하기 때문에 결국 자기의 뜻대로 많은 일을 한다는 것이다. 주님을 사랑한다고 하지만 똑같다. 나의 지난날도 생각해보면 이렇게 한 것이 많다. 나이가 먹을수록 자기 스스로 하고자 하는 것이 줄어든다. 자기 뜻대로 하는 의지가 줄어든다. 반면에 젊은 사람들은 시행착오가 많다.

19절, 이 말씀을 하심은 베드로가 어떠한 죽음으로 하나님께 영광을 돌릴 것을 가리키심이러라 이 말씀을 하시고 베드로에게 이르시되 나를 따르라 하시니

결국 베드로는 고난 속에서 순교를 통해서 하나님께 영광 돌리는 죽음을 맞게 된다는 것을 주님이 예언하신 것이다. 그런 말을 듣는 베드로는 지금 부활하신 주님을 만나서 가장 주님을 사랑하는 마음으로 충만한 순간이다. 그때 예수님은 '베드로야 너는 이렇게 죽게 된다. 그 죽음은 하나님께 영광을 돌리는 것이다'라고 얘기를 해주는 것이다. 교회 역사가들에 따르면 베드로가 거꾸로 십자가에 못 박혀서 죽었다는 것이 정설로 되어 있다. 이에 대해서는 의심하는 이가 거의 없다. 그렇게 순교함으로써 베드로는 하나님께 지극히 영광을 돌린다. 이로써 우리는 우리의 삶을 통해서만이 아니라 우리의 죽음을 통해서도 영광 돌릴 수 있다는 것을 알 수 있다. 성경에는 살았을 때보다 죽으면서 하나님께 영광 돌리는 사람들을 많이 기록하고 있다. 우리도 그것을 위해 기도할 필요가 있다. 정말 우리가 주님의 긍휼을 입는다면 우리가 죽을 때 가장 하나님께 영광 돌리는 방식으로 떠날 수 있도록 기도해야 한다. 물론 우리가 살았을 때 주님을 맞이한다면 가장 기쁘고 감사할 것이다. 그렇지만 주님이 더디 오신다면 어쩔 수 없는 일이다. 그렇다면 가장 영광 돌리는 방식으로 떠날 수 있기를 바란다.

그런데 여기서 요한에게는 주님이 그런 말을 안 해주신다. 안 해주셔도 될 사람에게는 안 해주신다. 그러나 말을 해주어야 할 사람에게는 또 해주신다. 이것이 21장에 나타난 두 사람의 차이 같다. "이 말씀을 하시고 베드로에게 이르시되 나를 따르라 하시니". 그러면서 이제 '나를 따르라'고 하셨다. 오늘 여러분은 모두 주님의 이 한 마디 음성, '나를 따르라'는 이 음성을 들으시기를 바란다. '너는 나를 따르라' 너무나 귀한 분이 우리에게 따르라고 하시는 것이다. 그런데 '나를 따르라'는 것이 꼭 죽을 때만 따르라는 얘기가 아니라 지금 베드로에게는 '내 양을 먹이라' 하신 것이나 모든 일을 포함해서 주님이 가신 길을 따라오라는 뜻이다.

그런데 이 말을 들은 베드로는 '예, 따르겠습니다'라고 말하지 않고 슬쩍 옆을 쳐다본다. 베드로는 어떤 것이든지 간단하게 넘어가는 사람이 아니다. 그 말을 들으면서 누구를 쳐다보았겠는가? 다름 아닌 요한이다.

20절, 베드로가 돌이켜 예수의 사랑하시는 그 제자가 따르는 것을

보니 그는 만찬석에서 예수의 품에 의지하여 주여 주를 파는 자가 누구오니이까 묻던 자러라

"베드로가 돌이켜 예수의 사랑하시는 그 제자가 따르는 것을 보니". 요한은 베드로처럼 여러 말을 하지 않아도 그냥 따른다. 이미 따르고 있다. 그러므로 예수님은 요한에게는 그런 말을 자세히 할 필요가 없다. 요한은 그냥 따르고 있는 것이다. 왜 그런가? 요한은 주님을 이미 깊이 사랑하고 있기 때문이다. 주님을 따르는 비결은 그분을 사랑하는 것이다.

"그 제자가 따르는 것을 보니 그는 만찬석에서 예수의 품에 의지하여 주여 주를 파는 자가 누구오니이까 묻던 자러라". 그가 바로 요한임을 말해주고 있다.

21절, 이에 베드로가 그를 보고 예수께 여짜오되 주여 이 사람은 어떻게 되겠삽나이까

"주여 이 사람은 어떻게 되겠삽나이까". 저는 그렇게 하나님께 영광을 돌리는 방식으로 죽는데, 순교를 당할텐데, 이 사람 요한은 어떻게 됩니까? 라고 베드로가 물었다.

예수님이 나를 따르라고 하니까 베드로는 '예, 따르겠습니다' 하지 않고 다른 사람을 쳐다보았다. '저 사람은 어떻게 됩니까?'하는 것이다. 내가 지금까지 주님을 섬기면서 보건대, 생각이 활발하게 돌아가는 사람들은 꼭 말을 이렇게 한다.

22-23절, 예수께서 가라사대 내가 올 때까지 그를 머물게 하고자 할지라도 네게 무슨 상관이냐 너는 나를 따르라 하시더라 23 이 말씀이 형제들에게 나가서 그 제자는 죽지 아니하겠다 하였으나 예수의 말씀은 그가 죽지 않겠다 하신 것이 아니라 내가 올 때까지 그를 머물게 하고자 할지라도 네게 무슨 상관이냐 하신 것이러라

너는 나를 따르라

"예수께서 가라사대 내가 올 때까지 그를 머물게 하고자 할지라도 네게 무슨 상관이냐 너는 나를 따르라 하시더라". 베드로의 질문에 주님은 이렇게 말씀하셨다. 베드로에게 나를 따르라는 말씀을 벌써 몇 번 하셨다. 이 말로 인해 '요한은 주님이 오실 때까지 죽지 않는다'는 말이 퍼졌는데, 요한이 그 말을 이렇게 해설해주었다. '그런 뜻이 아니라 주님의 뜻은 그렇게 한다고 하더라도 너한테는 상관이 없는 일이다. 너는 내가 그를 어떻게 하든 상관하지 말고 그저 네 할 일이나 해라. 너는 나를 따르라' 이렇게 말씀하신 것이라고 했다.

베드로는 여기서 자기가 '아, 어느 날 나는 다른 사람들에게 붙들려 가서 내가 원치 않는 곳으로 끌려가서 죽임을 당하겠구나'하는 것을 알았다는 것이다. 자기는 고독하게 그렇게 죽음을 맞을 텐데, 그렇다면 이 사람은 어떻게 될 것인가? 그는 외로운 것이다. 그래서 물은 것이다. 그러자 주님은 '그에게는 그의 길이 있고 너에게는 너의 길이 있다. 너는 너의 길을 따라서 나를 따르라' 하고 답변을 해주신 것이다. 마지막으로 주 예수님은 베드로를 교정해 주신 것이다.

어떻게 따라야 하는가

1. 주님을 닮도록

마지막으로 여러분에게 하고 싶은 말은 주님을 따르는 문제가 가장 핵심이며 중요한 것인데 어떻게 해야 잘 따를 수 있는가 하는 것이다. 첫째로는 우리가 죄 사함도 받고 영혼의 영원한 안전을 보장받았고 구원을 받았지만은 우리는 '주님을 닮도록' 따라야 한다는 것이다. 완전한 영혼의 순결, 그리고 주님의 온전한 성품을 닮아야 한다. 그분은 완전한 분이시다. 지나친 것이 없고 응당 있어야 할 것이 누락된 것이 없는 그런 성품을 지닌 분이 바로 예수이시다. 또 어떤 죄도 없는 온전히 거룩한 분이시다. 그러한 온전하신 예수 그리스도를 바라보고 그분을 향하여서 가는 발걸음, 그것이 바로 예수를 따르는 것이다. 그러다 보면 우리가 그분을 닮게 된다. 우리도 온전한 성결에 이르게 된다. 그리고 그야말로 한 가지도 누락된 것이 없는 또 거칠지 않은 온전한 그분의 성품으로 변화되게 된다. 주님을 닮게 된다. 그러므로 첫째로 우리는 '그리스도를 본받기 위해' 따른다는 것을 알면 된다.

2. 주님을 섬김으로

그리고 둘째는 주님을 따르는 것은 우리의 봉사이다. 섬기는 일이다. 우리 각자는 주님으로부터 부르심을 받을 때 다 섬기는 길이 있다. 나와 같이 설교자로 부르심 받았다면 말씀을 성실하게 전해야 한다. 때를 따라서 성도들에게 양식을 나누어주는 방식으로 그렇게 하는 것이 주님을 따르는 것이다. 그러나 모든 사람이 설교자로 부르심 받은 것이 아니다. 또 어떤 사람은 유치부를 가르치는 자, 중고등부를 섬기는 자, 청년들을 섬기는 자, 또 한 구역을 섬기는 자 등, 이렇게 섬기는 영역을 주님이 할당해 주실 때 그것을 온전히 섬기는 것이다. 그것이 바로 주님을 따르는 것이다. 모든 것을 다 해야 하는 것이 아니다.

주님도 재산을 분배하는 것을 도와달라는 어떤 사람에게 '누가 나를 너희의 재판장이나 물건 나누는 자로 세웠느냐'하시면서 어떤 일은 하지 않으셨다. 또 '나는 잃어버린 이스라엘의 양들에게 왔다'고 하시면서 이방인들에게는 가지 않으셨다. 주님은 하나님이 자신에게 맡기신 것만 하셨다. 그렇게 주님이 나에게 주신 것이 무엇인가를 알아서 섬기는 것, 그것이 그분을 따르는 것이다. 선교를 위해서 부르심 받았는가? 그렇다면 선교를 해야 한다. 그러나 다 나가야 하는 것은 아니다. 이곳에 머물면서 주님의 교회의 작은 한 부분을 맡아서 섬기는 그것이 주님을 따르는 것이다.

3. 다른 사람을 쳐다보지 않음

그런데 주님을 따를 때에 조심해야 할 것을 여기서 주님이 말씀하셨다. 너무 다른 것들, 다른 사람들을 관심하지 말라는 것이다. 주님을 잘 따르기 위해서는 주님처럼 본인에게 맡겨진 것에 충실할 뿐, 다른 사람들을 지나치게 관심하는 사람들은 주님을 잘 따르지 못하게 된다. 어떤 사람들은 '다른 이에게는 물질적인 축복을 많이 주시는데, 나는 왜 안 주시는가'라고 한다. 그러나 다른 사람을 보지 말라. 또 어떤 사람들은 '나는 왜 말씀을 잘 못 전하는가' 염려한다. 이것도 생각할 필요가 없다. 다만 본인에게 주신 은사만큼 분량만큼 하면 되는 것이다. 반대로 어떤 사람들은 다른 이들이 못하는 것을 보고 그들에 대해서 상관하는 사람도 있다. '아, 이 사람은 왜 이렇게 설교를 엉뚱하게 하지? 한심한 사람이네' 이런 식으로 다른 사람을 상관하지 말라. 또 어떤 사람이 교만한 모습을 보면 '저 사람은 왜 이렇게 교만하지?'라고 생각한다. 그런 것도 너무 상관하지 말라. 어떤 사람이 너무 경솔하다, 너무 성격이 빠르다 하는 것도 너무 상관하지 말라. 그렇게 남을 상관하는 사람들은 남들의 그런 부족하고 온전치 못한 것을 보면서 자신은 그렇지 않다고 위안하면서 시간을 보낸다. 그래서 주님을 따르지 못하게 된다.

주님은 이렇게 말씀하시는 것 같다. '네 이웃의 불완전한 것이 너하고 도대체 무슨 상관이 있다는 말이냐? 너는 나를 따르라' 따르는 사람은 자신에게 주신 것을 따라서 섬기면 된다. 다른 사람에 대해서 너무 관심할 필요가 없다. 그것이 주님을 잘 따르는 사람이라도 마찬가지이다. 여기서 주님은 베드로에게 '요한에 대해서 어떻게 하든지 너는 상관하지 말고, 너는 나를 따르라' 하셨다. 어떤 사람들은 이 시대에 부패한 교회를 개혁하겠다고 한다. '다른 교회의 부패한 것을 내가 어떻게 해보겠다'고 말하는 사람들에 대해서는 주님께서 '다른 부패한 교회를 상관하지 말고 너는 나를 따라라'고 하실 것이다.

그러므로 이 모든 말씀들은 사실 우리에게 겸손할 것을 가르치는 말씀이다. 야고보서 4장 11-12절에는 이런 말씀이 있다. "형제들아 피차에 비방하지 말라 형제를 비방하는 자나 형제를 판단하는 자는 곧 율법을 비방하고 율법을 판단하는 것이라 네가 만일 율법을 판단하면 율법의 준행자가 아니요 재판자로다 입법자와 재판자는 오직 하나이시니 능히 구원하기도 하시며 멸하기도 하시느니라 너는 누구관대 이웃을 판단하느냐". 또 로마서 14장 4절은 "남의 하인을 판단하는 너는 누구뇨 그 섰는 것이나 넘어지는 것이 제 주인에게 있으매 저가 세움을 받으리니 이는 저를 세우시는 권능이 주께 있음이니라"고 한다. 사람을 세우고 넘어지게 하는 것은 다 주님이 하실 일이다. 우리는 입법자도 아니고, 창조자도 아니고, 남의 주인도 아니다. 우리는 다 같이 준행자이고 주님의 말씀을 순종하고 따르는 위치에 있는 사람이기 때문에 다른 사람이 어떻게 되는가에 대해 크게 관심할 필요가 없는 것이다.

한 가지 맡은 일에 충실함

우리는 그저 밭에 가서 계속 쟁기질하면 된다. 그런데 할 일은 하지 않고 울타리 옆에 앉아서 동료 쟁기꾼에게 '주인이 채택한 농경 방식이 잘못된 것이다. 이 씨앗 뿌리는 것도 잘못된 것이다. 비료도 잘못된 것을 주고 있다. 나보고 하라고 한다면 더 많은 수확을 얻을 수 있을텐데…' 등 옆에 있는 사람들에게 건설적인 의견이라고 하면서 이렇게 말한다면 그러한 말을 주인이 들을 때 무엇이라고 하겠는가? 만일 주인이 그 사람에게 '당신 지금 뭐하고 있소?' 물어 보았을 때 '저요? 저는 지금 당신이 밭을 갈라고 하지만 그것보다도 원론적인 생각을 하고 있습니다. 당신이 채택한 농경 방법보다 더 훌륭한 방법을 친구에게 설명하고 있는 중입니다'라고 한다면 주인이 뭐라고 할 것 같은가? '당신, 그런 생각 버리지 않으면 당장 쫓아낼 것입니다. 밭가는 일이나 계속하세요. 이 농장 경영은 내 소관입니다' 라고 할 것이다.

주일학교 교사는 교사로서 충실하면 된다. 구역 모임 봉사자들도 그렇게 하면 된다. 교회 전체를 위해서 섬기도록 부르신 자들은 따로 있다. 교회의 부패를 개혁하기 위해서 부르신 종들은 아마 따로 있을지 모른다. 오늘날 우리 가운데 가장 큰 문제는 자기에게 주신 위치와 자기에게 맡기신 것을 알아서 따르는 사람은 별로 없고 다 남을 상관한다는 것에 있다. 이것이 가장 문제가 된다. 이것은 결국 피조물의 위치, 우리 자신의 위치를 벗어나서 입법자의 위치, 재판자의 위치에 서는 것이기 때문에 결코 잘하는 것이 아니며, 주님의 교정을 받아야 하는 생각인 것이다.

마지막으로 한 마디 하자면, 우리의 시간은 한정되어 있다는 것이다. 주님을 따르기 위해서 우리의 인생을 생각해볼 때, 우리는 그렇게 많은 일을 할 수가 없다. 생각은 많이 할 수 있겠지만 그것을 다 할 수 없다. 그래서 정말로 우리에게 맡긴 일을 집중적으로 해야 한다. 지식이 많고 생각이 많은 사람들은 실제로 하는 것이 없다. 밭에 물을 주는 사람으로 비유한다면 이렇다. 제한된 물을 가졌다면 밭의 한 귀퉁이라도 물을 흠뻑 주면 그만큼이라도 자랄 텐데, 욕심만 잔뜩 있어서 '전체 밭에다 다 뿌려주어야지'라고 생각하면서 결국은 하나도 곡식에게 영향을 주지 못하고 끝나버리는 것이 오늘날 많은 사람들의 실수이다.

손양원 목사님이 역량 있고 훌륭한 주님의 종이라는 것은 당시의 사람들도 다 알았다. 사람들이 '목사님은 왜 이렇게 작은 애향원에서 문둥이들과만 있습니까, 평양이나 서울의 큰 교회에 가서 섬길 때에 더 영향력이 있지 않겠습니까?'라고 물었을 때 그분이 하신 말이 있다. "나는 한국 교회를 사랑합니다. 그렇지만 내가 이곳에 이 문둥이들의 작은 무리에 충성을 다 쏟아 붓고 내 인생을 다 여기서 보내는 것, 이것이 내가 모든 그리스도인들을 사랑하는 길입니다."

큰 일만 생각하는 사람들은 헛된 것에 인생을 소비하기가 쉽다. 그러지 말고 정말 내가 할 수 있는 한두 가지를 집중해서 섬겨서 주님께 영광 돌리려는 마음을 가지기 바란다. 나 자신도 여러 가지 일들로 바쁜 나날을 보내지만 실제로 하루를 조사해보면 그렇게 많은 일을 하지 않는다. 내가 가장 많이 시간을 투자해서 하는 일은 글을 쓰는 일이다. 왜 그렇게 하는가? 나는 한국의 모든 성도들을 위해서 나에게 주신 작은 은사라도 사용하기 원하기 때문이다. (나는 너무나 부족해서 주님께 부끄러운 사람이다.) 나는 그 작은 은사를 사용해서 다른 그리스도인들이 조금이나마 말씀을 깨닫고 주님께 나아가며 주님을 사랑하고 섬기도록 돕고 싶은 것이다. 그래서 나의 많은 에너지를 거기에다 투자하는 것이다.

그리고는 외국의 교회들을 돌본다. 100여 교회들이 있지만 그것은 그렇게 많은 것은 아니다. 그 교회들을 위해 기도하며 충성스럽게 섬긴다. 그리고 한국의 주님께서 맡기신 성도들을 섬기고 돌보는 것이다. 나는 성도들이 많아지기를 바라기도 하지만, 사실은 지금 내게 맡겨진 분들도 다 감당할 수가 없다. 한 분 한 분 생각할 때는 늘 미안하다. 내가 시간을 더 드리지 못하고 필요를 다 채워드리지 못하는 점 때문이다. '시간이 좀 있다면 성도들과 시간을 더 보내고 교제를 더 많이 할 텐데'라는 아쉬움이 그치지 않는다. 내가 무슨 큰일을 그렇게 많이 할 수 있겠는가? 내 앞에 놓인 작은 것들도 다 감당을 못해서 항상 버겁다.

나는 여러분 모두가 이 부분의 말씀에서 은혜를 받으시기를 바란다. 여러분에게 맡기신 작은 일이 있을 것이다. 그것에 충성을 다하면 된다. 어머니로서 자기 자녀들을 어떻게든 주님께 인도하려고 하는 것도 작은 일이 아니다. 나는 내 아내를 감상할 때가 있다. 나는 아들이 결혼할 때도 많이 신경 쓰지 못했다. 그때 내 아내가 며느리를 친 부모 이상으로 양육하고 돌보았다. 그리고 딸이 결혼할 때에도 처음부터 끝까지 수고하는 것은 아내이다. 내 아내에게도 그리 큰일이 없다. 하나 더 있다면 이태리어를 하는 불가리아 형제자매들의 통역을 위해서 이태리어를 공부하고 통역해주는 일이다. 사람은 여러 가지 많은 일을 못 한다. 자기에게 맡겨진 작은 일 몇 가지를 잘 섬기면 그것이 주님을 따르는 것이다.

여러분도 거창한 어떤 것을 꿈꾸지 말고 그저 한두 가지 주님이 여러분께 맡기신 것을 신실하게 섬기기 바란다. 그것이 바로 주님을 따르는 것이다. 그렇게 주님을 따르다 보면 베드로처럼 고난과 순교에 이르기까지 하나님께 영광 돌리는 방식으로 생을 마칠 수 있다. 하나님께서 여러분 모두에게 이러한 은혜와 축복을 풍성하게 부어주시기를 간절히 바란다. 주님의 은혜가 모든 성도들 위에 항상 있기를 축원한다.

맺음말

요한복음과 마태복음의 비교

요한복음은 믿고 영생을 얻는 문제를 다루었고 마태복음은 천국에 들어가는 문제를 다루었다. 오늘날 많은 학자들과 그리스도인들이 영생을 얻는 문제와 천국에 들어가는 문제를 구분하지 않고 다룬다. 그저 믿으면 영생을 얻는다, 천국에 들어간다고 말한다. 그러나 성경은 영생을 얻음과 천국에 들어가는 것을 구분한다. 영생을 얻음은 멸망당하지 않고 하나님의 자녀로서 영원한 하나님의 나라에 살 수 있는 생명을 얻었음을 말하는 반면 천국에 들어가는 문제는 마태복음에서 중점적으로 말하는바 행위와 관계가 있다. 요한복음은 다만 믿으면 영생을 얻으나 마태복음은 의로운 행실이 있어야 천국에 들어간다고 말한다.

영생은 영원한 것이지만 천국은 영원한 것이 아니다. 계시록 21장에서 새 하늘과 새 땅이 임할 때 천국은 그치게 된다. 천국은 하나님의 다스림을 대표하며 그 시대를 천국 시대 또는 천년왕국이라고 말한다. 하나님의 주권과 권세가 이 땅에서 실행되는 시기를 말하는 것이다.

헬라어로 천국이란 '하늘의 왕국(kingdom of heaven)'으로서 다니엘서에서는 성도들이 권세를 얻는 시대라고 언급한다. 이때 지극히 높으신 자가 이 땅 열국을 다스리는 권세를 얻게 된다(단 7:27). 그러나 하늘의 권세가 실현되는 시기는 한정적이다. 고린도 전서 15장 24절은 "그 후에는 나중이니 저가 모든 정사와 모든 권세와 능력을 멸하시고 나라를 아버지 하나님께 바칠 때라"고 한다. 이는 주 예수께서 다스리던 왕국을 이제 아버지 하나님께 바칠 때가 있다는 말이다. 그러므로 천국은 제한적인 시간 속에서 진행된다.

그러나 이 천국에 들어가는 문제는 영생을 얻는 것과 매우 다르다. 마태복음에서는 천국에 대하여 32회나 말했는데 천국에 들어가기 위해서는 아버지의 뜻대로 행하는 자가 되어야 한다고 말하며 바리새인과 서기관보다 더 좋은 의가 있어야 한다고 말한다. 이는 영생을 얻는 것과 전혀 다른 것이다. 마태복음 7장 21절은 "나더러 주여 주여 하는 자마다 천국에 다 들어갈 것이 아니요 다만 하늘에 계신 내 아버지의 뜻대로 행하는 자라야 들어가리라"고 말한다. 영생은 믿음의 문제이며 어떤 조건이 없으나 천국은 다른 문제임을 성도들은 반드시 알아야 한다.

마태복음 5장은 심령이 가난한 자가 복이 있으며 천국이 저희들의 것이라고 말한다. 또한 의를 위하여 핍박을 받는 자에게 천국이 저희의 것이라고 말했다. 영생은 핍박을 받지 않아도 하나님의 아들을 믿으면 얻는 것이지만, 천국은 거기에 더하여 영 안에 가난하고 어린아이와 같이 되며 아버지의 뜻을 행하고 바리새인보다 나은 의를 가져야 들어갈 수 있다.

따라서 성경은 영생을 위하여는 '다만 믿으면 된다'고 했지만 천국에 대하여는 '추구하고 침노하라'고 말했다. 영생은 침노해서 얻는 것이 아니고 어떤 선한 행위가 필요한 것도 아니다. 다만 은사(선물)인 것이다. 그러나 천국을 위하여는 의로운 행위가 필요한 것이다. 즉 그리스도와 함께 다스리는 왕권을 얻는 문제는 이 시대에 충성의 정도에 따라 다른 것이다. 그리고 그 나라를 얻는 자들은 매우 적다고 하셨다(눅 12:32). 마태복음 20장의 세배대의 아들들의 일을 생각해보라! 그들은 주의 나라에서 하나는 좌편에 하나는 우편에 앉게 해달라고 말했다. 그때 주님은 그분의 좌우편에 앉는 문제는 아버지께서 누구를 위하여 예비하였든지 그들이 받을 것이라고 말했다. 그러나 주님은 그들이 주님의 침례를 받을 수 있는가를 물었고 그들은 감히 할 수 있다고 말했다. 그때 주 예수는 그들에게 "너희가 과연 마시려니와 내 좌우편에 앉는 것은 내 아버지께서 예비한 자들에게 주어질 것"이라고 말씀하셨다. 즉 그 나라는 다 똑같지 않고 거기에 지위의 차별이 있다는 말이고 분명 주님의 좌우편에 앉는 자들이 있다는 말이다. 주님은 그들의 그러한 말 자체를 부정하지 않으셨다.

계시록 20장에서 천 년 동안 그리스도와 더불어 왕 노릇 하는 자들은 순교자들임을 볼 수 있다. 즉 순교자들이 그 왕국을 얻는다고 말한다. 성경에는 순교해야 영생을 얻는다는 말은 없다. 그러나 죽도록 충성하며 순교하는 자들이 천국을 얻는다고는 말한다. 다음은 부(富)에 대한 것이다. 마태복음 19장에 의하면 부자들은 천국에 들어가기가 낙타가 바늘 귀로 들어가는 것보다 어렵다고 말한다(23-26). 부자도 영생은 얻을 수 있지만 천국은 얻을 수 없다. 자기의 부를 버리지 않는 자들은 그분의 제자도 되지 못하고 천국을 잃게 됨을 기억하기 바란다(눅 14:33).

마태복음 19장 12절은 천국을 위하여 고자가 된 자들이 있다고 말하는데 나는 바울이 그런 사람 중 하나라고 믿는다. 영생을 얻기 위하여는 고자가 될 필요가 없다. 믿으면 된다. 그러나 천국은 다르다. 대가의 지불이 필요한 것이다. 이를 위해 충성된 자들이 역대로 많았다. 오! 이는 매우 심각한 일이 아닐 수 없다. 마태복음 19장 28절은 "세상이 새롭게 되어 인자가 자기의 영광의 보좌에 앉을 때"가 온다고 하였다. 이러한 때가 아직 오지 않았다. 이것이 바로 장래 올 천국이다.

또한 천국에서는 지위의 고하(高下)가 있다는 것이다. 어떤 사람이 천국에 들어갈 수 있다 해도 그 안에서의 지위는 다른 것이다. 어떤 사람은 천국에서 큰 자이고 어떤 자는 작은 자이다. 술 취하고 간음하며 불의하고 거짓말하는 자들은 그 나라를 기업으로 얻지 못한다고 말한다(엡 5:3-5, 갈 5:19-21). 어떤 사람은 천국에 들어감을 넉넉히 얻는가 하면(벧후 1:11), 어떤 사람은 겨우 참여하는 경우가 있다(마 5:19). 결론적으로 성경은 우리가 의롭다함을 받으며 영생을 얻기 위해서는 '하나님의 의'(롬 1:17, 3:21)가 필요함을 말하고 있고, 그리스도의 신부가 되어 영광스럽게 그리스도와의 혼인잔치에 참여하며, 천국에 들어가기 위해서는 '우리의 행한 의'가 필요함을 말하고 있는 것이다(마 5:20, 계 19:8). 나는 요한복음을 다 읽은 여러분이 필자의 마태복음 강해서를 한 번 읽어보기를 권하면서 요한복음의 모든 강해를 맺을까 한다. 모든 찬송과 찬미를 우리의 구속주되신 예수 그리스도께 돌리며 영광이 영원히 그분께 돌아가기 원한다. 독자 여러분에게 진정으로 하나님의 축복이 함께하기를 바란다. 아멘.

요한복음 강해

초판 발행 | 2008년 9월 22일
2판 1쇄 | 2012년 12월 8일

저자 | **유동근**

발행처 | 벧엘서원.IMC
발행인 | 유병헌
신고번호 | 제 387-2012-000037 호

420-867 | 경기도 부천시 원미구 부일로 123 그린프라자 Ⅲ 2F
영업부 : TEL 032)322-3095 FAX 032) 324-3097
편집부 : TEL 032) 326-3096
홈페이지 : www.bethelbook.co.kr
E-mail : bethelbook@bethelbook.co.kr

값 30,000원

ISBN 987-89-92014-25-0 94230
ISBN 987-89-92014-01-4 94230 (세트)